2011中国粮食年鉴
CHINA GRAIN YEARBOOK 2011

主　编　聂振邦

副主编　郄建伟　任正晓　张桂凤　杨　兵　曾丽瑛

图书在版编目（CIP）数据

2011中国粮食年鉴 / 聂振邦主编.—北京：经济管理
出版社，2011.12
ISBN 978-7-5096-1677-2

Ⅰ．①2… Ⅱ．①聂… Ⅲ．①粮食—工作—中国—
2011—年鉴 Ⅳ．①F 326.11-54

中国版本图书馆CIP数据核字（2011）第239545号

出版发行：*经济管理出版社*

北京市海淀区北蜂窝8号中雅大厦11层
电话：（010）51915602　　邮编：100038

印刷：精美彩色印刷有限公司　　　　　　经销：新华书店

责任编辑：张　艳

技术编辑：乔　炜

880mm×1230mm/16　　　　　　　41印张　1103千字

2011年12月第1版　　　　　　　2011年12月第1次印刷

印数：1—3000册　　　　　　　　定价：380.00元

书号：ISBN 978-7-5096-1677-2

聂振邦同志在安徽检查粮食收购工作

聂振邦同志在辽宁调研粮食收购情况

郄建伟同志在江西调研粮食企业遭受洪灾情况

任正晓同志在甘肃舟曲、成县灾区调研

张桂凤同志出席2010年中国优质稻米（武汉）交易会暨第12届湖北粮油精品展示交易会

杨兵同志在安徽调研夏季粮油收购工作

曾丽瑛同志在陕西调研夏季粮油收购和粮食应急保障工作

委　员

王宝伟	国家发展和改革委员会经济贸易司司长
方　言（女）	国家发展和改革委员会农村经济司副司长
曹长庆	国家发展和改革委员会价格司司长
叶贞琴	农业部种植业管理司司长
盛来运	国家统计局国民经济综合统计司司长
赵建华	国家统计局农村社会经济调查司副司长
孙鉴奇	国家粮食局办公室主任
徐京华	国家粮食局人事司司长
刘　韧	国家粮食局外事司司长
卢景波	国家粮食局调控司司长
颜　波	国家粮食局政策法规司司长
程传秀（女）	国家粮食局监督检查司司长
邓亦武	国家粮食局财务司司长
何　毅	国家粮食局流通与科技发展司司长
金　刚	国家粮食局机关党委常务副书记
辛志光	中纪委、监察部驻国家粮食局纪检组副组长、监察局局长
张　普	国家粮食局离退休干部办公室主任
王亚平	国家粮食局机关服务中心主任
张本初	国家粮食局军粮供应中心主任
尚强民	国家粮油信息中心主任
杜　政	国家粮食局标准质量中心主任
夏吉贤	中国粮食经济杂志社社长兼主编
吴子丹	国家粮食局科学研究院党委书记
何松森	中国粮食研究培训中心主任
田雨军	国家粮食局发展交流中心主任
宋丹禾	中国粮食行业协会秘书长
胡承淼	中国粮油学会秘书长
李广禄	北京市粮食局局长
马春波	天津市粮食局局长
徐受棠	河北省粮食局局长
姚高宽	山西省粮食局局长
卫庆国	内蒙古自治区粮食局局长
钱程广	辽宁省农村经济委员会副主任
祝业辉	吉林省粮食局局长

委 员

胡东胜	黑龙江省粮食局局长
张新生	上海市商务委员会副主任、粮食局局长
王元慧（女）	江苏省粮食局局长
陈聪道	浙江省粮食局局长
孙良龙	安徽省粮食局局长
黄希敏（女）	福建省粮食局局长
熊根泉	江西省粮食局局长
孟庆秀	山东省粮食局局长
杨天义	河南省粮食局副局长
孙永平	湖北省粮食局局长
夏文星	湖南省粮食局局长
张 军	广东省发展和改革委员会副主任、粮食局局长
庞栋春	广西壮族自治区粮食局局长
宋建海	海南省粮食局局长
周克勤	重庆市商业委员会主任、粮食局局长
侯 勇	四川省粮食局局长
沈 健	贵州省粮食局局长
苏全忠	云南省粮食局局长
达 拥（女）	西藏自治区粮食局副局长
王成文	陕西省发展和改革委员会副主任、粮食局局长
何水清	甘肃省粮食局局长
顾艳华	青海省粮食局局长
刘金定	宁夏回族自治区粮食局局长
米尔扎依·杜斯买买提	新疆维吾尔自治区粮食局局长
房生修	新疆生产建设兵团发展和改革委员会副主任
韩玉明	大连市服务业委员会主任
黄润华	青岛市粮食局局长
杜钧宝	宁波市粮食局局长
林勇鹏	厦门市粮食局副局长
朱云生	深圳市科技工贸和信息化委员会副主任

撰稿人员
（按姓氏笔画为序）

丁 杰	丁 斌	卜铁彪	万劲松	万富世	于 涛	于英威	于振峰
马新华	孔伟娟	尹成林	方 言	王 旭	王 江	王 松	王 强
王 静	王日宁	王正友	王永圣	王仲涛	王建强	王金云	王骄阳
王鸿鸣	王耀鹏	邓 立	邓亦武	付艳丽	卢景波	史京华	玄红建
田 临	田 野	田雨军	石恩祥	龙伶俐	成 军	仲鹭勃	任昌坤
任洪峰	伍佳丽	关浚哲	刘 平	刘 韧	刘小南	刘冬竹	刘仲秋
刘全光	刘宇宁	刘妍衫	刘青青	刘莉华	刘铁宏	刘惠标	刘嘉楠
匡广忠	孙 冰	孙洪波	向玉旭	安海东	庆 凌	曲贵强	朱六九
朱传碧	次仁旦增	许 策	许正斌	齐朝富	何开波	余 莲	吴少宇
吴永顺	吴征光	吴国梁	张 云	张 凯	张 涛	张 斌	张永刚
张永强	张永福	张亚奇	张庆娥	张延华	张成志	张步先	张勇峰
张树森	张美勇	张鸿玺	李 可	李 红	李 玥	李 洵	李 涛
李亚莉	李志敏	李金团	李青宁	李美琴	李桂萍	李寅铨	李瑜辉
李福君	宋丹丕	杜 政	杨 正	杨卫辰	杨卫路	杨文利	杨航柱
杨绪珍	杨雪丽	肖 玲	肖春阳	肖哲伟	邱 杰	邹 炜	闵 松
陆壮雄	陈 华	陈 玲	陈书玉	陈玉中	陈加乐	陈军生	陈成云
陈秀玲	陈建军	陈家积	周 波	周冠华	周晓耘	林 华	林 潇
林凤刚	林明亮	林善为	欧立中	罗文娟	罗守全	罗俊雄	郁士祥
金 刚	金 贤	金巍巍	鱼金明	姚 海	姚秀敏	洪 荣	祝志光
胡连锋	胡承淼	胡瑶庆	贺 伟	赵 奕	赵文先	赵宇红	赵素丽
郝胜龙	原海明	唐 茂	唐铁军	唐瑞明	徐志宇	徐京华	秦 剑
秦玉云	秦红民	耿晓顿	袁进德	袁 辉	郭 建	郭洪伟	郭晓虹
郭辉星	陶 英	高 波	高美华	商卫国	康 敏	曹文聪	曹颖君
梅 伟	符 俊	符永光	麻 婷	麻国杰	黄 辉	黄加才	黄魁建
龚娣群	彭 波	智振华	曾丽明	曾衍德	游 泳	程传秀	程继伟
蒋心宏	蒋寿光	韩兆轩	韩继志	路玉彬	谭本刚	樊 琦	潘文博
潘祝明	颜 波	黎 霆	魏 然	魏才奎	魏松青		

编审人员
（按姓氏笔画为序）

卢景波 孙鉴奇 严 涛 何松森 夏吉贤 颜 波

编辑部

主　任：何松森

工作人员：刘珊珊 崔菲菲 朱 蓉

编写说明

　　为全面、准确地反映国家和地方粮食工作，国家粮食局从2006年开始组织编撰《中国粮食年鉴》。《中国粮食年鉴》是经新闻出版总署批准出版、由国家粮食局主办并委托中国粮食研究培训中心组编的政府部门年鉴，是粮食行业实用性、资料性工具书。

　　《中国粮食年鉴》全面、系统地记述了上一年度中国粮食工作的主要情况，刊载有重要的粮食政策法规文件和统计资料，与国家粮食局主办并委托中国粮食研究培训中心组编的《中国粮食发展报告》成为姊妹篇。本期年鉴由综述、专文、全国粮食工作、各地粮食工作、粮食政策与法规文件、附录等六部分组成。年鉴收集的数据和资料均未包括我国香港特别行政区、澳门特别行政区和台湾省。各省（自治区、直辖市）的顺序，按照全国行政区划的统一规定排列。年鉴涉及的单位名称、姓名和职务均以截稿日期为准。

　　本期年鉴在编辑出版过程中得到了国家粮食局、国家发展和改革委员会、农业部、国家统计局以及各省（自治区、直辖市）、计划单列市及新疆生产建设兵团粮食行政管理部门的大力支持，在此，我们表示衷心的感谢！不足和错误之处，敬请读者批评指正。

《2011中国粮食年鉴》编辑委员会

中国粮食研究培训中心

二〇一一年九月

目 录

第三篇 全国粮食工作   59

第五篇 粮食政策与法规文件 393

附 录 531

1

第一篇

综 述

2010年全国粮食工作综述

国家粮食局局长、党组书记 聂振邦

2010年，是"十一五"的收官之年，也是粮食市场形势极为复杂、粮食流通工作积极应对严峻考验的一年。粮食部门认真贯彻落实党的十七大、十七届三中、四中、五中全会和中央经济工作会议、中央农村工作会议精神，深入学习实践科学发展观，转变粮食流通发展方式，认真执行中央关于粮食工作的方针政策，按照年初制定的"发展产业壮实力，加强调控保安全"的基本思路，以加强宏观调控、深化体制改革、发展流通产业、推进依法管粮、加强行业建设等为工作着力点，顺利完成了"抓好收购、促农增收、保证供应、稳定市场、统筹发展、保障安全"的各项既定工作目标，为促进国民经济平稳较快发展做出了重要贡献。

一　高度重视农业生产，粮食产量实现"七连增"

2010年粮食生产形势极为复杂，我国部分地区发生了多年不遇的特大自然灾害，国际粮食市场价格大幅波动。面对如此复杂多变的国内外环境，中央进一步加大强农惠农力度，大幅增加涉农补贴资金投入，粮食生产稳步发展。2010年中央财政用于"三农"的支出8579.7亿元，比上年增加1326.7亿元，增长18.3%。其中，支持农业生产支出3427.3亿元，对农民的粮食直补、农资综合补贴、良种补贴、农机购置补贴支出1225.9亿元，农产品储备费用和利息等支出576.2亿元。通过加大农业综合开发支出，改造中低产田、建设高标准农田2411.72万亩，增加粮食综合生产能力311.2万吨。中央一系列强农惠农政策的实施，进一步激发了种粮农民的积极性，促进了粮食生产持续发展和种粮农民收入持续增加。据统计，2010年，全国粮食总产量达到10928亿斤，创历史新高，比上年增加312亿斤，实现了粮食产量的"七连增"；农村居民人均纯收入达5919元，比上年增加766元，剔除价格因素影响，实际增长10.9%。

二　加强和改善粮食宏观调控，确保粮食市场供求和价格基本稳定

认真贯彻落实国家保证粮油供应和稳定消费价格总水平、保障群众基本生活的部署，把握政策性粮油销售节奏，进一步加大宏观调控力度。全年共安排销售政策性粮食1626.6亿斤、食用植物油50.2万吨。在市场粮价过高时果断停止中央储备粮企业入市收购，适时增加玉米投放数量，加强竞买企业资格审核，保证饲料和养殖企业的玉米需要。定向销售最低收购价小麦55.6亿斤，指定大型骨干面粉加工企业按国家要求加工小麦粉投放市场。这些措施的实施，有力有效地保证了粮食市场供应，维护了粮价基本稳定。不断健全粮食产销衔接机制，多次举办粮食产销衔接洽谈会、交易会、粮油产品及设备技术展览会，深化产销合作，促进了产区粮食有稳定的销路，销区粮源有可靠的保障。

加强军粮供应体系建设。积极采取有力措施，保障了部队日常供应、重大活动和应急用粮需要，

军粮供应体系的综合保障能力不断提升。粮食应急体系初步形成，目前各地已确定粮油应急加工定点企业3521家，应急供应定点企业11142家。全年国家专项安排向西南、西北旱灾地区调运粮食28.4亿斤，指定企业限时加工中央储备粳稻5000万斤投放云南市场，及时将7352万斤救灾用粮发放到地震、泥石流灾区的灾民手中。上海、广东等地精心组织安排，有力保障了上海世博会、广州亚运会等重大活动的粮油供应和质量安全。

进一步加强中央储备粮行政管理，调整中央储备粮品种结构和区域布局，提高中央储备食用油、大豆的比重，增加了西南、西北等地区的库存量。利用粮食连续七年丰收的有利时机，进一步充实地方粮油储备，优化了库存粮食的品种结构和区域布局。

三　切实抓好粮食收购，有效保护种粮农民利益

为切实保护种粮农民利益、增加种粮农民收入，2010年国家在综合考虑粮食生产成本、供求形势、价格走势等因素的基础上，继续提高小麦、稻谷最低收购价格，其中白小麦、红小麦和混合麦每斤分别提高到0.9元、0.86元和0.86元，早籼稻、中晚籼稻、粳稻每斤分别提高到0.93元、0.97元和1.05元，小麦、籼稻最低收购价格水平分别较上年提高3.3%～3.6%，粳稻最低收购价提高10.5%。各级粮食部门认真贯彻落实国家粮食收购政策，完善粮食最低收购价预案和临时收储工作方案，切实加强收购工作的组织协调和监督检查，指导和督促国有粮食企业带头执行收购政策，引导和规范多元市场主体有序收购，合理布局收购网点，不断提高服务水平，方便农民售粮。

针对前期市场粮价涨幅较大、多元市场主体入市收购粮食意愿强烈等不同于往年的特殊情况，各级粮食部门认真贯彻落实国务院关于继续做好秋粮收购工作的部署，全面开展粮食企业最高库存量核定和收购资格核查工作，切实维护了收购市场秩序。据统计，全年全国各类粮食企业收购粮食6022亿斤，其中国有粮食企业收购2686亿斤，托市收购粮食（含油料）613亿斤，有效地保护了种粮农民利益、调动了农民种粮积极性，为市场调控提供了重要的物质基础。

四　继续深化粮食流通体制改革，国有粮食企业改革发展取得新成效

各级粮食部门积极转变行政管理职能，加快推进政企分开，规范政府调控与企业经营之间的关系，把工作重心逐步转到市场调控、监管和行业指导、服务上来。在全国25个省（区、市）对8个主要粮油品种进行产销和成本利润调查，及时提出政策性收购粮食价格水平建议，进一步完善粮食价格形成机制。粮食市场体系建设步伐加快，各地继续认真贯彻落实全国粮食市场体系建设"十一五"规划，粮食收购、零售、批发、期货各类市场稳步发展，全国统一的粮食竞价交易系统进一步健全，在配置粮食资源、服务宏观调控中发挥了重要作用。

国有粮食企业改革和发展步伐加快。继续妥善解决国有粮食企业的历史遗留问题，推进企业产权制度改革与发展。截至2010年底，国有粮食企业通过改制改组调整到16549家，比上年减少1614家，企业结构和布局优化，市场竞争力不断提高，资产规模达到8291.6亿元，净资产达到936.7亿元。全年统算盈利60.85亿元，比上年增盈8.45亿元，实现了自2007年以来连续四年统算盈利。大力培育和发展多元市场主体，截至2010年底，取得收购资格的多元主体达到7万多家，基本形成了以国有粮食企业为主导、多元市场主体共同参与的粮食流通新格局。

五	加强粮食流通基础设施建设，加快发展现代粮食流通产业

进一步改善粮食流通基础设施条件，安排中央预算内投资40多亿元，支持粮食仓储和物流设施建设。中央财政安排补助资金4亿元，支持15个启动最低收购价和临时收储政策省区的仓房维修；专门增加补助资金4亿元，对13个省区市水灾损失的粮食仓房进行维修改造。截至2010年末，全国粮食仓储企业有效仓容、罐容、粮食烘干能力、散粮中转设施接收能力分别达到3.2亿吨、1178.4万吨、7.1万吨/小时和47.7万吨/小时。"农户科学储粮专项"成效显著，已累计为农户建设新型小粮仓约200万个，每年可减少农户存粮损失约5.1亿斤。

粮油加工业快速发展，产业化经营水平不断提高。国家粮食局会同中国农业发展银行确认1000多家重点支持的粮油产业化龙头企业，在信贷资金上给予优先支持。目前，规模以上国有粮食产业化龙头企业达到929个，产业链条不断延伸和完善，促进了农民增收、企业增效和粮食流通产业发展。粮油科技创新体系初步建立，关键领域的高技术应用取得明显突破。"放心粮油"工程稳步推进，据不完全统计，全国建立各类"放心粮油"销售网点17万多个，其中农村网点6万多个，粮油产品总体合格率提高到目前的95%以上。

六	加强依法行政和依法管粮，深入推进粮食流通监督检查工作

积极推进粮食法制建设。深入贯彻《粮食流通管理条例》和《中央储备粮管理条例》，积极制修订相关配套制度办法，依法履行工作职责。在《粮食法》列入十一届全国人大立法规划后，国家发展改革委、国家粮食局会同有关部门，认真做好《粮食法》研究起草各项工作，各级粮食部门积极建言献策，给予了大力支持。目前，起草工作进展顺利，已取得阶段性成果。

粮食监督检查工作体系进一步健全，实现了粮食监督检查的经常化、制度化、规范化。截至2010年底，全国省、市、县三级粮食行政管理部门设立监督检查机构的比例分别达到100%、84.1%、71.8%，取得粮食行政执法资格的人员共计2.59万人。2010年，各级粮食部门共开展监督检查行政执法活动10.8万次。参加人员43.8万人次，检查企业36.7万户次，严厉查处违法违规案件19789件，有效维护了粮食流通市场秩序。

全国粮食质量监测体系基本建成，隶属于各级粮食行政管理部门的粮油检验机构达793个。国家粮食局每年对不少于25%的中央储备粮承储库点和部分地方储备粮承储库点进行质量专项抽查，各地粮食部门定期对地方储备粮进行质量普查，促进了储备粮质量合格率和宜存率的提高。

切实做好粮食收购资格审核和中央储备粮代储资格认定工作。截至2010年底，全国具有粮食收购资格的经营者8.75万家，具有中央储备粮（油）代储资格的企业1906户，资格仓容（罐容）9564.9万吨，企业布局趋于合理。加强粮食仓储规范化和粮食安全生产管理。认真贯彻落实《粮油仓储管理办法》，各地和企业积极建立和完善粮油仓储管理的规章制度，开展仓储规范化管理活动，规范仓储管理行为。各级粮食部门切实采取有效措施，强化安全生产，有效提高全行业安全生产水平，2010年未发生重大粮食安全生产事故。

认真组织开展最低收购价和国家临时收储政策落实情况的监督检查，会同有关部门严厉查处损害农民利益、扰乱市场秩序以及"转圈粮"等违法违规行为，促进国家粮食收购政策落到实处。进一步加强对政策性粮食销售出库的监督检查，加大对"出库难"问题的查处力度。完成了食用植物油库存检查试点工作，为2011年全国范围内的检查打下了坚实基础。

七　扎实做好粮食基础性工作，粮食行业整体素质不断提高

深入开展创先争优活动，不断加强粮食系统党的建设，全面推进粮食流通工作科学发展。通过制度建设、加强教育和大力查办案件等方式，促进行业党风廉政建设和反腐败工作。认真组织开展粮食系统对口支援新疆工作，推动新疆粮食流通工作跨越式发展。积极采取措施，支持西藏、宁夏、青海、甘肃等西部地区粮食流通工作发展。大力实施人才兴粮战略，深入开展粮食行业职工培训教育、职业技能培训和鉴定等工作，举办全行业职业技能大赛，人才队伍建设取得显著成绩。

紧紧围绕中心工作，加强粮食重大战略性问题研究、软科学课题研究和统计信息、供需平衡等调查工作，推进粮油市场监测预测预警信息体系建设。积极开展对外交流与合作，成功举办世界粮食日、科技活动周、《粮食流通管理条例》宣传等活动。认真研究编制《粮食行业"十二五"发展规划纲要》及相关专项规划。做好粮食新闻宣传和政务信息公开工作，正确引导舆论，稳定市场预期。

2

第二篇

专文

大力发展现代粮食流通产业
加强和改善粮食宏观调控　切实保障国家粮食安全

——在全国粮食局长会议上的工作报告
国家粮食局局长、党组书记　聂振邦
2010年1月11日

这次会议是经国务院批准召开的。国务院、国家发展改革委领导同志对会议的工作报告作出了重要批示，为开好这次会议和做好今年的粮食流通工作指明了方向，明确了工作重点，我们要认真学习，深刻领会，抓好贯彻落实。会议的主要任务是，深入学习贯彻党的十七大、十七届三中、四中全会和中央经济工作会议、中央农村工作会议精神，总结2009年粮食流通工作，分析当前面临的新形势，研究部署2010年的工作。

一　　求真务实，2009年粮食流通各项工作成效显著

过去的一年，粮食部门深入学习实践科学发展观，认真贯彻落实党中央、国务院关于粮食工作的方针政策，努力克服国际金融危机的冲击和影响，顺利完成年初部署的"抓好收购促增收，充实储备强基础，清仓查库摸家底，加强调控稳市场，深化改革促发展"等重点工作任务，粮食流通各项工作取得新进展，保障了国家粮食安全，为保增长、保民生、保稳定做出了积极贡献。

（一）认真组织开展清仓查库，摸清了粮食库存家底

国务院高度重视全国粮食清仓查库工作，分别召开电视电话会议进行动员部署和总结，中共中央政治局常委、国务院副总理李克强两次到会并作重要讲话，成立了由发展改革委牵头，10个部门和单位共同组成的部际联席会议，办公室设在国家粮食局，具体承担清仓查库的组织协调等工作。地方各级人民政府按照部署和要求，成立相应工作机构，落实职责分工。各级粮食部门科学制定实施方案和检查方法，大规模、多层次培训检查人员。清查中，按照"在地检查"原则，坚持"有仓必到、有粮必查、有账必核、查必彻底"，对发现的问题边查边改，严肃查处涉粮违规违纪案件。据统计，地方各级政府和国家有关部门直接参与检查的人员124756人，清查储粮库点29965个，对1765个重点非国有粮食企业和转化用粮企业的粮食库存进行了典型调查，邀请6375名人大代表和政协委员现场督导清查工作，提高了清查结果的透明度和公信力。

清查结果显示，2009年3月末全国国有粮食企业粮食总库存4508亿斤（原粮，下同），账实相符率99.7%，质量合格率97.1%，宜存率99.1%，全国粮食库存数量真实，质量良好，储存安全，管理比较规范，品种结构趋于合理，区域布局进一步改善。通过清查，达到了国务院领导同志要求的"让政府心中有数、让群众感到放心"的目的，检验和推进了粮食系统各项工作，增进了社会各界对粮食工作的了解，使各级政府落实"米袋子"负责制心中有了底，为加强粮食仓储管理和库存监管积累了丰富经验，为科学实施粮食宏观调控奠定了坚实基础。粮食部门的辛勤工作，得到领导同志的肯定和社会的认可，涌现了一批先进集体和先进个人，在这次会上要进行表彰。

（二）积极抓好粮食收购工作，保护了种粮农民利益

为增加种粮农民收入，2009年国家再次较大幅度提高小麦、稻谷最低收购价格水平，白小麦和红小麦、混合麦分别提高到每斤0.87元和0.83元，提价幅度分别为13%和15%；早籼稻、中晚籼稻和粳稻分别提高到每斤0.90元、0.92元和0.95元，提价幅度分别为17%、16%和16%。加大国家临时存储稻谷、小麦、玉米、大豆和中央储备大豆、菜籽油的收储力度。创新托市收购机制，引导加工企业入市收购，对17个省份的中央直属和地方油脂加工企业托市收购油菜籽给予补贴；对内蒙古自治区和黑龙江、吉林、辽宁省一定规模以上的大豆压榨企业入市收购大豆给予补贴；对南方16个饲料消费省份的定点企业和中央直属企业到东北三省和内蒙古自治区采购玉米给予补贴。对江苏、安徽、山东、河南、湖北等省部分受灾地区的芽麦实行保护性收购。各级粮食行政管理部门认真落实国家粮食收购政策，切实加强收购工作的组织协调和监督检查，指导和督促国有粮食企业发挥主渠道作用，引导和鼓励多元市场主体积极入市收购。初步统计，2009年全国各类粮食经营企业收购粮食5753亿斤，同比减少51亿斤，其中国有粮食企业收购3264亿斤，同比减少138亿斤。全年收购托市粮食（含油菜籽）1839亿斤，其中小麦817亿斤、稻谷223亿斤、玉米550亿斤、大豆92亿斤、油菜籽157亿斤。初步测算，上述政策的实施，拉动市场价格回升，促进农民增收400多亿元，为保护农民种粮积极性、扩大农村消费、促进经济平稳较快发展发挥了积极作用。

各地积极采取措施抓收购，主动掌握调控粮源，努力增加农民收入。据黑龙江省反映，农民出售稻谷、玉米、大豆的收入，比上年增加近70亿元。新疆维吾尔自治区政府决定，对小麦、稻谷按最低收购价敞开收购，并分别给予每公斤0.2元和0.21元的直接补贴，对油葵实行保护价收购，各项措施使农民增收约20亿元。广西、浙江、福建等省（区）进一步完善储备订单与补贴收购相结合的办法，较大幅度提高了补贴标准。

（三）切实落实各项宏观调控措施，维护了全国粮食市场稳定

一是加强中央和地方储备粮管理。服从和服务于国家宏观调控、稳定市场粮价的需要，指导中储粮总公司落实中央储备粮轮换计划、油料收购计划和进口转储备计划。会同有关部门下达食用植物油地方储备规模指导性计划。各地按照要求积极充实地方粮食储备规模，健全储备体系，提高储备粮油管理水平。据统计，2009年末地方粮、油储备分别比上年同期增加2.8%和43%，其中河北、山西、陕西、浙江、新疆等省（区）增加较多。

二是做好政策性粮食竞价销售、移库和产销衔接工作。根据宏观调控的需要，合理安排政策性粮食竞价销售，2009年累计成交1310亿斤，满足了市场需求。将国家临时存储的115亿斤玉米和39亿斤大豆划转给地方作为临时储备，定向销售给加工企业，促进国产玉米和大豆的加工转化。下达181亿斤临时存储粮和1.9万吨中央储备菜籽油跨省移库计划，充实销区库存，优化了库存布局。多次举办粮食产销衔接交易会、贸易洽谈会、精品展销会，签订粮食购销合同400亿斤。认真落实关内销区到东北采购粳稻（大米）运费补贴政策，采购粳稻（大米）125亿斤，有力促进了产销衔接，搞活了粮食流通。

三是加强粮食统计、信息和应急体系建设。加强和改进粮食统计工作，认真完成粮食购销存统计、粮油加工业统计和供需平衡调查等基础工作。建立政策性粮食收购五日报、大米市场监测旬报、临时收储油菜籽和东北地区定向销售月报等制度，调整粮油市场信息监测点布局，健全信息监测系统，加强粮食市场监测预警分析，为粮食宏观调控提供了可靠的决策依据。各地进一步完善本地区粮食应急预案，健全应急保障体系，一些省市积极组织培训和应急演练，不断提高应急保障水平。

四是加强军粮供应管理工作。牢固树立"以兵为本"服务宗旨，落实"平战结合"工作方针，突出抓紧抓好规范化管理和战备应急保障工作。紧贴部队后勤保障需求，推进军粮供应战备应急机制和应急设施建设，不断提升军粮供应体系的综合保障能力，保证了部队日常供应、重大活动和应急用粮需要。

（四）积极推进粮食流通体制改革，国有粮食企业改革取得新成效

一是粮食流通体制改革继续深化。积极推进粮食行政管理部门职能转变，把粮食行政管理部门的工作重心转到粮食市场调控、监管和行业指导、服务上来。加强粮食成本利润调查，及时提出政策性收购粮食价格水平建议，研究完善粮食价格形成机制。积极培育和发展多元市场主体，目前具有收购资格的多元市场主体达到6.7万家。广东、浙江等省逐级签订粮食安全责任书，制定考核办法并组织实施，促进了粮食行政首长负责制的落实。河南、四川等省加快城镇连锁经营店和农村服务网点建设，初步建成了覆盖全省的新型粮油购销服务网络。

二是国有粮食企业改革和发展步伐加快。积极协调和配合有关部门制定政策性粮食财务挂账消化、未占用农发行贷款的政策性亏损处理、占用商业银行贷款挂账划转，以及支持企业消化经营性财务挂账等政策，明确中央和地方储备粮承储企业免征营业税、印花税、房产税和城镇土地使用税等政策，为企业改革发展创造良好政策环境。加强对企业产权制度改革的指导，严格规范改革改制行为，保护职工合法权益。截至2009年底，全国国有粮食企业总数18163个，其中购销企业12567个，比1998年分别减少65%、59%，企业布局和结构进一步优化，提高了市场竞争力。指导和促进企业加强经营管理，提高经济效益。2009年全国国有粮食企业统算盈利45亿元左右，比上年增加1倍多，为历史最好水平。其中国有粮食购销企业统算盈利40亿元，同比增盈22亿元。吉林、黑龙江、河南、云南、陕西、青海等22个省份及新疆生产建设兵团实现了盈利，其中北京、上海、山东、湖南4个省（市）已连续5年盈利。

三是粮食产业化经营积极推进。会同农发行出台支持现代粮食流通产业发展的政策，在政策性粮油收储、自主购销和产业化龙头企业发展等方面，加大对企业的信贷支持力度；重新审核重点支持的1684家产业化龙头企业，继续提供贷款支持，促进企业做大做优做强。各地通过信贷支持、财政贴息、退城进郊兴办粮食产业园区等多种方式，积极培育产业化龙头企业，延长产业链条，促进农民增收、企业增效。安徽省出台一揽子促进粮食产业化发展和精深加工的优惠政策，规划和建设产业园区、产业集聚区98个，已完成投资35.6亿元。湖南省在技改贷款贴息、创建驰名品牌等方面给予政策支持，促进粮食产业化龙头企业发展。

（五）加强粮食流通产业建设，粮食流通现代化水平进一步提高

一是粮食流通基础设施和物流体系建设迈出新步伐。落实国务院"建设粮食储备仓容1500万吨、储备油罐175万吨"的计划，两年安排中央投资42.6亿元用于粮油仓储设施建设。从2008年第四季度到2009年底，已安排中央补助投资29.5亿元用于粮油仓储物流和烘干设施专项建设，进一步缓解我国食用油罐容不足和重点粮食产区仓储、烘干能力不足的压力。落实仓房维修改造资金3亿元，改善15个省份实施政策性粮食收储的设施条件。天津、河北、江苏、福建、广西、甘肃、新疆等地通过直接投资、补助投资或以奖代补等多种形式，加快本地粮食仓储等基础设施建设。

二是粮食市场体系建设取得新进展。继续贯彻落实全国粮食市场体系建设规划，22个省（区、市）出台了本地粮食市场建设规划或指导意见。国家粮食交易中心总数达到22个，全国统一竞价交易平台联网市场已达23家，顺利完成了国家政策性粮食的销售任务。大中城市成品粮油批发市场继续呈

现强劲发展势头，浙江省80%以上的商品口粮通过批发市场中转流通。北京、上海、福建、湖北、广东、江苏、宁夏、浙江、贵州等地出台优惠政策，投入专项资金扶持市场建设。

三是粮油加工业和科技创新取得新成效。粮油加工业多元化主体格局初步形成，技术水平不断提升，主要产品产量和企业效益持续增长。以大型龙头企业和粮食物流枢纽为依托，加工产业园区建设明显加快，内蒙古、江苏、山东、湖北、黑龙江等省（区）在推进精深加工与综合利用等方面亮点突出。组织行业优势资源，申报粮食产后国家工程实验室，国家粮食局科学研究院粮食储藏实验室建设项目正式竣工验收。成功举办以"科学消费植物油"为主题的粮食科技周和科普宣传活动，粮食科技创新体系进一步完善，粮食宏观调控信息保障技术、粮食储藏质量检测等科技研发和推广取得重要成果。

四是"农户科学储粮专项"工程和"放心粮油"工程取得新成绩。认真编制农户科学储粮规划，扩大专项实施范围，在辽宁、吉林、江西等14个粮食产区，安排中央补助、地方配套和农户自筹资金6.7亿元，为57.2万个农户建设标准化小型粮仓，改善农户储粮条件，目前辽宁、山东、安徽等省已基本完成建设任务。"放心粮油"工程已经成为深受广大消费者和社会各方面欢迎的"民心工程"。据不完全统计，全国各地放心粮油生产企业已经建立各类销售网点17万多个，其中农村网点6万多个。山西省和济南、西安等地"放心粮油"工程和"主食厨房"工程成效显著。

（六）加强制度建设和市场监管，粮食依法行政能力和服务水平进一步提高

一是积极推进粮食立法。以贯彻两部条例为主线，研究制定年度普法依法治理要点，全面总结"五五"普法以来粮食行业法制宣传教育工作，河北、浙江、甘肃省粮食部门的普法工作获得中宣部、司法部、全国普法办表彰。继续做好粮食收购资格和中央储备粮代储资格审核工作，目前全国具有粮食收购资格的经营者8.55万家；具有中央储备粮、油代储资格的企业分别为1907户和208户，资格仓容、罐容分别达到10115万吨和319万吨，资格企业布局趋于合理。认真贯彻落实党中央、全国人大和国务院关于制定《粮食法》的要求，成立了由17个部门有关负责同志组成的领导小组及工作组，认真开展专题调研，积极做好《粮食法（草案）》研究起草工作。

二是加强监督检查和标准质量工作。继续巩固和加强监督检查体系、质量监测体系建设成果，全国31个省份及新疆生产建设兵团、82%的市地级和70%的县级粮食部门设立了监督检查机构，纳入国家粮食质量监测体系的质检机构已达197家。进一步完善粮食监督检查和质量安全监管制度，加强粮食市场日常监管和政策性粮食购销专项检查，认真督查、查办涉粮案件和粮食质量安全事件。认真贯彻《食品安全法》，继续抓好标准制修订工作，《稻谷》、《玉米》、《大豆》等国家标准相继实施，认真开展粮食质量与原粮卫生的调查、抽查与监测，积极履行国际标准化组织谷物与豆类分技术委员会秘书处职责和成员国义务。

三是加强粮食仓储规范化管理和安全生产工作。全面启动仓储规范化管理工作，开展粮食行业安全生产执法、治理和宣传"三项行动"。全面总结近年来粮食行业安全生产工作经验，实地调查分析贵州、吉林等地事故发生的原因，开展粮油仓储设施安全隐患排查工作，强化粮油仓储设施使用管理，进一步加强教育培训，增强安全生产意识，规范操作行为，落实安全责任，严防重特大事故发生。

四是加强粮食行业服务工作。发挥粮食行业协会、粮食贸促会、粮油学会、粮经学会等社团组织作用，成功举办新中国成立60周年成就展、粮油精品展、世界粮食日、爱粮节粮周等活动，充分展示粮食系统改革发展的巨大成就和精神风貌。大力开展"放心粮油"进农村、进社区活动。围绕国家粮

食安全研究重大问题，积极组织开展课题研究，提出政策建议。继续加强粮食仓储、物流、加工、科技和信息等方面的对外交流与合作，扩大国际合作领域。继续加强新闻宣传和政务信息公开，为粮食流通工作创造良好的舆论环境。

（七）加强党的建设、廉政建设、作风建设和干部职工队伍建设，粮食行业整体素质进一步提高

认真开展深入学习实践科学发展观活动，贯彻落实十七届四中全会精神，加强和改进党的建设，努力把学习实践科学发展观的成果转化为谋划粮食流通科学发展的思路、促进粮食流通科学发展的措施、领导粮食流通科学发展的能力。落实中纪委全会和国务院廉政工作会议部署，以切实保护种粮农民利益、中央扩大内需投资监督检查和全国粮食清仓查库为重点，整体推进粮食系统党风廉政建设。深入开展"讲党性、重品行、作表率"活动，加强机关作风建设，深入实际开展调查研究，扎扎实实为基层群众解难事、做实事、办好事。抓好职工教育培训和技能人才培养，推进职业技能鉴定工作，提高粮食系统干部职工队伍素质。

二　统一认识，正确把握粮食流通工作面临的新形势

2010年是实施"十一五"规划的最后一年，是巩固和发展粮食流通体制改革成果，进一步完善宏观调控政策措施，继续推进现代粮食流通产业发展的关键之年，粮食流通工作面临新的形势和任务，也将迎接新的机遇和挑战。我们要切实把思想和行动统一到中央对国际国内经济形势的判断上来，统一到深入贯彻落实科学发展观的要求上来，统一到中央关于今年经济工作和农村工作的决策部署上来，坚定信心，顽强拼搏，坚决贯彻中央对经济工作和农村工作的总体要求，全面落实"五个更加注重"，紧紧围绕加大统筹城乡发展力度、进一步夯实农业农村发展基础这个主题，紧密结合粮食流通工作实际，深入分析新形势，正确把握工作重点。

（一）根据中央关于经济形势的分析和粮食工作的部署，正确把握粮食流通工作的重点

近些年来，党中央、国务院不断加大强农惠农政策力度，保护和调动地方抓粮、农民种粮积极性，粮食生产连续6年丰收，国家粮食库存充裕，保证粮食安全的物质基础更加坚实，为有效应对国际金融危机和粮食危机、促进国民经济平稳较快发展、维护社会和谐稳定做出了积极贡献。但国际金融危机对我国农业和农村经济的负面影响仍在持续，国际市场主要农产品价格震荡，国内农业和粮食生产基础仍不稳固，种粮比较效益偏低。当前，我国经济形势总体回升向好，但基础还不牢固，资源性税费和资源性产品价格改革都将形成价格上涨压力，粮食生产成本将进一步增加，考虑到通货膨胀预期和国际粮油市场价格等因素，单纯依靠提高粮食价格带动农民增收的空间缩小，促进种粮农民增收和粮食稳产增产的难度加大。要深入贯彻党的十七大和十七届三中、四中全会精神，认真落实中央经济工作会议、中央农村工作会议部署，粮食流通工作的重点是落实各项强农惠农政策，努力促进粮食稳产增产和种粮农民增收；完善宏观调控政策，维护国内粮食市场和价格基本稳定；充分发挥各方面的积极作用，大力推进现代粮食流通产业发展；强化粮食安全的各项基础性工作，切实保障国家粮食安全。

（二）根据国际国内粮食供求和价格形势变化，正确把握粮食宏观调控的重点

近年来，国际国内粮食供需发生深刻变化，粮食宏观调控面临的形势更加复杂，任务更加艰巨。从国际市场看，经过2007～2008年大幅波动后，全球粮食价格回落，呈现震荡整理状态。联合国粮农组织预计2009/10年度世界谷物产量22.38亿吨，消费22.28亿吨，库存5.10亿吨，库存消费比22.88%，

为2003年以来次高水平。但由于经济衰退、气候变化、许多发展中国家粮食生产水平相对较低等原因，世界粮食生产的不确定性增大；受人口增加、生物燃料发展等因素影响，粮食需求将继续呈刚性增长；加上金融投机行为对粮食市场影响加大，粮价大幅度波动的可能性依然存在，世界粮食形势不容乐观。从国内形势看，2009年我国粮食总产量10616亿斤，创历史新高，粮食消费保持平稳增长，当年粮食产需基本平衡。分品种看，小麦、玉米产需平衡有余较多，稻谷总量平衡有余但粳稻供给趋紧，大豆产需缺口较大，食用植物油对外依存度高。目前国家掌握的粮食库存充裕，油脂油料库存比去年同期增加一倍多，调控的物质基础比较雄厚，但商品周转库存有所下降，"北粮南运"格局日益突出，畅通粮食流通渠道和加强产销衔接的任务繁重，粮食库存品种结构和区域布局还需进一步优化。从长期趋势看，我国农业资源不足的矛盾将长期存在，促进粮食生产稳定发展的长效机制尚未完全形成，保证粮油市场供应和价格基本稳定面临较大压力。粮食宏观调控要立足于促进粮食供求总量、品种结构、区域布局基本平衡和市场基本稳定，重点是完善储备体系，充实销区和薄弱地区粮食库存，增强调控市场能力；安排落实好政策性粮食收购和销售，引导粮食生产结构调整，促进粮食生产和流通协调发展；统筹生产、加工、流通、消费和进出口，综合运用储备调节、进出口、产销衔接等措施，稳定粮油产品价格，避免市场大幅波动。

（三）根据粮食流通体制改革进程，正确把握国有粮食企业改革和发展的重点

随着粮食流通体制改革的不断深入，国有粮食企业改革和发展进入了一个崭新阶段，经营管理状况不断好转，连续3年实现盈利。但是，目前企业产权制度改革依然滞后，政策环境需要进一步改善，具有竞争实力企业不多，尤其是部分基层国有粮食购销企业经营机制不活，经营方式粗放，自主经营困难，保持良好发展态势的基础不牢固。国有粮食企业改革和发展要立足于促进现代粮食流通产业发展，服务粮食宏观调控，构建新型粮食购销服务网络体系，发挥主渠道作用，重点是推进基层粮食购销企业战略性兼并重组，优化产权结构，促进企业做大做优做强；积极推进企业转换经营机制，改进经营方式，增强企业活力；指导企业加强经营管理，继续提高经济效益，不断扩大减亏增盈成果。

（四）根据粮食流通产业发展现状，正确把握推进现代粮食流通产业发展的重点

近年来，在各级政府和有关部门的大力支持下，现代粮食流通产业取得长足发展，但与粮食流通工作实际需要和产业结构优化升级的要求相比还有一定差距。主要是：粮油仓储设施的有效仓容和功能不能满足需要，布局不够合理，部分基层网点设施年久失修，据不完全统计，2000多亿斤仓容亟需维修改造；粮食物流体系和市场体系发展在地区间不平衡，粮油加工产能过剩，科技含量和产品附加值低，推动粮油加工业升级的要求愈显迫切；粮食产业化组织程度低，龙头企业缺少政策和资金支持，对产业发展的带动作用还需要增强；加强行业管理、指导推进产业发展的手段和资源与实际需要差距较大。发展现代粮食流通产业要立足于促进产业结构升级和科学发展，重点是落实好国家扩大内需的政策，切实加强粮食仓储、物流体系和市场体系建设，提高粮食安全储存水平和流通效率；推动粮油加工业升级改造和资源整合，优化产业布局，提高加工产品综合利用率；大力培育和发展粮食产业化龙头企业，延长产业链条，促进农民增收、企业增效和经济发展。

（五）根据全国粮食清仓查库结果，正确把握粮食流通监管工作的重点

在充分肯定粮食仓储管理、库存监管和质量安全监管工作取得明显成效的同时，要高度重视这次清仓查库过程中发现的问题。目前，个别企业政策执行不到位，对库存管理的重要性认识不够，粮食安全储存、安全生产制度落实不到位，存在安全隐患；粮食库存增加，政策性粮食的比重增大，粮食监管机构、队伍建设与新形势下的粮食流通监管任务还不适应；粮食质量安全检验检测手段不完善，

原粮卫生监管难度加大，监测预警工作亟待加强。粮食流通监管工作要立足于保障各项粮食流通政策和制度的贯彻落实，保障粮食库存数量真实、质量良好、储存安全，重点是完善监管制度，落实监管责任，健全监管体系，加大监管力度，强化粮食仓储管理、库存和质量监管，加强对粮食流通政策和制度落实情况的监督检查，维护粮食正常流通秩序和质量安全。

三　开拓进取，扎实做好2010年粮食流通各项工作

新的一年，要认真贯彻落实好国务院、国家发展改革委领导同志的重要批示要求，进一步加强和改善宏观调控，保障国家粮食安全，维护粮食市场和价格基本稳定，服务"三农"，促农增收，深化改革，完善储备体系和手段，发展和壮大现代粮食流通产业，切实抓好粮食流通各项工作。2010年粮食流通工作的总体要求是：全面贯彻党的十七大和十七届三中、四中全会精神，高举中国特色社会主义伟大旗帜，以邓小平理论和"三个代表"重要思想为指导，深入贯彻落实科学发展观，认真落实中央经济工作会议、中央农村工作会议的部署和全国发展改革工作会议的要求，按照"发展产业壮实力、加强调控保安全"的基本思路，以加强宏观调控、深化体制改革、发展流通产业、推进依法管粮、加强行业建设为着力点，实现抓好收购、促农增收、保证供应、稳定市场、统筹发展、保障安全的目标，促进粮食流通事业科学发展，为巩固经济回升向好势头、促进国民经济平稳较快发展发挥特有优势，做出新的贡献。

（一）加强和改善粮食宏观调控，维护粮食市场和价格基本稳定

一是切实抓好粮食收购。2010年白小麦和红小麦、混合麦最低收购价分别提高到每斤0.90元和0.86元，继续提高稻谷最低收购价。各级粮食部门要认真落实小麦、稻谷最低收购价政策，黑龙江、吉林、辽宁、江苏等粳稻主产区要通过储备粮轮换及时充实粳稻储备，南方销区要利用运费补贴等优惠政策组织企业积极到产区采购。国有粮食企业要积极入市收购，力争多掌握稻谷粮源，以备调控、稳定市场和保证供应的需要。要切实抓好玉米、大豆、油菜籽临时收储工作，继续落实和完善对加工企业托市收购的补贴政策。要深入研究分析粮食供求形势和价格走势，加强对粮食收购工作的指导和督促检查，继续发挥国有粮食企业主渠道作用，积极引导多元主体入市收购。各地粮食部门和托市收购主体要提前做好收购准备工作，相互支持，密切配合，共同完成好粮食收购任务，切实把国家粮食收购政策落到实处，防止收购不畅导致"谷贱伤农"。

二是提高服务水平，方便农民售粮。各级粮食行政管理部门、中储粮系统、粮食收购企业和其他托市收购政策执行主体要做好政策宣传，接受农民咨询，提供信息服务，增设收购网点，千方百计方便农民售粮。特别是在售粮高峰期间，要尽量缩短农民排队等候时间，努力做到随到随收，为农民提供热情、周到、细致的服务。要严格执行质价政策，坚持优质优价，不得压级压价损害农民利益，也不得抬级抬价损害国家利益，让农民满意，让党和政府放心。

三是认真搞好粮油市场调控。各级粮食部门和调控执行主体要把认识和行动统一到国家粮食宏观调控的政策措施上来，服从和服务于保证供应、稳定市场的大局。继续做好政策性粮食销售，把握竞价销售节奏和力度，满足市场需要，稳定市场价格。做好政策性粮食跨省移库工作，充实薄弱地区库存。各地要高度重视政策性粮食出库等工作，严格执行有关规定，保证销售和出库工作顺利进行。继续按照"做强企业，深度合作，扩大规模，共同发展"的思路，引导和支持沿海、西南、西北地区的粮食销区与主产区建立多形式、深层次、长期稳定的产销合作关系，促进粮食总量、品

种结构和区域供求基本平衡。落实好国家农产品进出口调控的要求，防止大豆、油料过度进口冲击国内市场。

新春佳节即将到来，各级粮食部门要加强粮油市场调控和监管，精心组织货源，切实保障供给，稳定粮油市场价格，保证粮油产品质量安全，让广大消费者吃上放心粮油。

四是进一步加强储备粮管理。切实加强对中央储备粮的行政管理和监督，完善轮换机制，优化区域布局和品种结构，适时增加稻谷特别是粳稻的储备数量，对今年新增的稻谷储备规模，要利用当前收购旺季的有利时机抓紧落实到位。继续推进中央储备粮轮换通过规范的粮食批发市场公开进行，使轮换与宏观调控要求相适应。完善中央储备粮代储资格认定制度，加强对资格企业的管理，为中央储备粮的存储安全创造条件。配合有关部门开展理顺国债投资建设粮库产权和管理关系的后续工作。各地要进一步加强地方储备粮体系建设和规范管理，充实粮油储备规模和应急成品粮油储备，未完成计划的省份要加大工作力度，按照国家下达的计划抓紧落实到位。

五是不断完善粮食应急体系和统计、信息体系建设。进一步完善粮食应急体系，细化和完善粮油储备应急动用方案，健全应急加工和供应网点体系。继续完善军粮供应管理制度，推进应急保障机制和设施建设，提高应急保障能力，保证任何情况下的军粮供应。加强全社会粮食流通和加工业统计工作，组织好社会粮食、食用植物油和油料供需平衡调查，加强粮食市场信息体系建设，做好粮食市场监测预测和信息发布工作。

（二）充分利用清仓查库成果，健全粮食库存管理长效机制

2009年全国粮食清仓查库在基本原则、组织方式、操作方法等方面有很多创新，发现了各地库存管理中好的做法和经验，也找出了问题和不足。要以这次清仓查库工作为契机，充分利用工作成果，抓紧完善相关制度，用制度管粮、用制度管事、用制度管人，健全粮食库存管理长效机制，加大库存检查力度，推动粮食库存管理工作再上新台阶。完善和落实粮食库存"在地检查"原则，探索建立与粮食事权相适应的库存监管机制。坚持例行检查与专项检查相结合，提前通知与突击暗访相结合，账务检查和实物检查相结合，创新方式方法，规范工作程序，注重检查效果。经常邀请人大代表、政协委员督导监管粮食工作，做好举报和投诉受理工作，及时向社会发布粮食工作信息，增强粮食库存监管工作透明度和公信力。细化仓储管理制度，完善监管机制，督促企业严格内部管理，加强日常管理，逐步实现粮食仓储管理的规范化、精细化。

（三）深化粮食流通体制改革，促进粮食企业健康发展

一是进一步推进粮食行政管理部门职能转变。切实落实中央关于粮食工作的方针政策，按照政府职能定位和保障国家粮食安全的要求，加快推进粮食行政管理部门把工作重心转到宏观调控、市场监管、行业指导和做好服务上来。积极推进现代粮食流通产业发展，着力构建新型粮食购销服务网络体系，努力提高全社会粮食流通管理和服务水平，努力保护种粮农民利益，努力保障粮食有效供给，切实维护粮食市场基本稳定。各地要贯彻落实好国务院文件要求，稳定、加强和充实粮食行政管理机构和职能，落实工作经费，确保地方粮食行政管理部门履行好各项行政管理职责。

二是研究完善粮食价格形成机制。完善粮食价格形成机制是粮食流通体制改革的一项重要任务，摸清各主要粮食品种的生产成本、农民收益等情况，是研究制定粮食价格政策和完善价格形成机制的重要基础。各地要高度重视这项工作，落实调查人员和工作经费，合理选择调查对象，加强分析研究，提出政策措施建议，建立粮食成本利润调查长效机制。

三是大力推进国有粮食购销企业产权制度改革。加大国有粮食购销企业产权制度改革力度，推进

战略性调整，支持企业创新体制机制，完善购销网络，做大做强。支持大型国有粮食经营企业依据有关规定，以资产为纽带，兼并重组基层粮食购销企业，增强购销服务功能和市场竞争力。对规模小、资产质量差、没有区位优势、在粮食流通中不能发挥有效作用，又不能被兼并重组的企业实行租赁或拍卖。积极培育多元市场主体，鼓励和支持多元市场主体参与粮食经营，发挥其发展经济、搞活流通、增加就业的积极作用。

四是加强对国有粮食企业经营管理工作的指导。指导国有粮食企业提高经营管理水平，增加盈利能力，以及通过贷款重组、呆账核销等有效办法，处理好经营性挂账。建立和完善国有粮食企业联系点制度、经营管理信息通报制度和对重点企业的经营分析制度，促进企业经营管理继续保持良好发展态势。加强对国有资产的监管，盘活资产存量，发挥资产使用效益。协调落实粮食收购资金等有关政策，支持基层粮食购销企业创新经营方式，摆脱经营困境。各地要积极争取地方政府的支持，安排专项资金解决富余职工分流安置中的资金缺口，落实好社会保障和再就业政策，切实维护职工合法权益。

（四）积极推进现代粮食流通产业发展，壮大粮食流通产业实力

一是加强粮食流通基础设施建设。积极配合有关部门，完成好1500万吨储备仓容和175万吨储备油罐建设任务，按照有关要求做好项目建设布局，避免低水平重复建设。落实好地方和企业配套资金，加强项目管理，确保如期建成。加快仓房维修改造和技术更新，改善粮食安全储存条件。各地要吸取贵州"10·17"重大安全事故教训，积极争取地方财政支持，加大仓房维修改造力度。加快建设粮食现代物流体系，建设大型物流节点，推广散粮运输，提高粮食流通效率。继续落实粮食市场体系建设规划，完善全国粮食竞价交易系统，规范粮食交易行为，促进粮食市场健康有序发展。各地要积极争取当地政府和有关部门支持，落实配套资金，加快粮食流通基础设施建设进程。

二是加快发展粮食产业化经营。积极争取各级政府的支持，对粮食产业化龙头企业的固定资产购置、技术引进、技术升级改造和粮食生产基地建设所需资金给予专项补助或贷款贴息，全面提升企业自主创新能力和带动农民增收能力。有条件的地区，要依托粮食产业化发展企业集群，建设粮食物流和产业园区，提升粮食流通产业发展水平。进一步推进"放心粮油"进农村进社区活动，惠及广大城乡居民。抓好示范企业建设，培育知名品牌，引导和带动全行业共同发展。

三是推动粮食加工业发展、产业升级和科技创新。落实国家产业调整振兴规划，调整粮食加工业产业结构，防止盲目建设，引导粮油加工业向规模化集约化方向发展，提高科技含量和附加值。会同有关部门编制完善《粮食加工业发展规划》并组织实施，争取有关部门支持一批粮油加工技术改造升级项目。继续加强粮食行业科技创新体系和科技创新平台建设，推动宏观调控信息、绿色储粮、减少储备损失等国家科技支撑计划项目和高技术产业化重点项目实施，引领行业科技进步。

四是切实抓好农户科学储粮专项建设。14个省区务必按照承诺和有关要求，加快实施进度，确保按期完成2009年度农户科学储粮专项建设任务。继续加大对农户科学储粮专项的支持力度，积极争取安排中央补助投资。各地要采取有效措施，积极筹措落实资金，强化项目管理，搞好技术指导和服务，使农户科学储粮专项建设达到预期的效果，真正使农民受益。

（五）加强粮食法制建设，积极推进依法管粮

一是认真完成《粮食法（草案）》研究起草工作。《粮食法（草案）》的研究起草工作是一项系统工程，涉及粮食生产、流通和消费各环节的制度建设，要以确保国家粮食安全为立法宗旨，切实加强调查研究，广泛征求各方面意见，提高立法质量。各地要给予大力支持，积极建言献策，共同完成好这项任务。要继续认真贯彻执行两部条例，进一步做好粮食收购资格审核、粮食行政复议、中央储

备粮代储资格认定和对资格企业的检查工作。

二是加强粮食监督检查和标准质量工作。各级粮食行政管理部门要继续加强粮食监督检查体系和质量检验检测体系建设，尤其要重视加强市、县级监督检查机构和队伍建设，完善规章制度，落实工作经费。推进粮食库存监管信息系统建设，建立健全粮食库存管理和监督检查责任制，落实粮食质量安全地方责任。组织开展面向全社会粮食流通的监督检查、中央和地方储备油库存专项检查，加强对最低收购价、临时存储等粮食库存例行检查和政策性粮食购销活动的监督检查，以及收购资格、代储资格、质量安全等专项检查，加大涉粮案件查处力度。继续开展粮食质量安全调查、抽查与监测，加大库存粮食质量安全隐患排查力度，严防不符合质量安全标准的粮食流入口粮市场。

三是推进粮食仓储管理和安全生产工作。完善粮油仓储制度体系，健全新型粮油仓储管理机制，做好粮油仓储管理办法及其配套制度的宣传和贯彻落实工作。继续深入开展粮油仓储企业规范化管理活动。深刻汲取2009年发生的几起重大安全生产事故教训，强化安全生产意识，深入开展隐患排查治理，规范企业管理行为，落实安全生产领导责任，加强职工安全知识和技能培训教育，提高自我保护能力，确保粮食安全生产。

（六）总结粮食行业发展经验，认真研究制订"十二五"发展规划

全面总结"十一五"期间粮食行业发展经验，认真分析当前和今后一个时期粮食流通工作面临的新形势新任务，按照国家关于编制全国"十二五"规划纲要和各地区各行业专项规划的要求，围绕粮食流通体制改革、宏观调控、产业发展、质量安全等方面，深入研究国家粮食安全战略、流通基础设施建设、现代流通产业发展等重大问题，抓紧编制粮食行业"十二五"发展规划纲要和制修订粮食流通基础设施、市场体系建设、粮油加工业、科技发展、质量安全体系建设等专项规划，明确主要工作任务和工作重点，研究提出重点政策措施，推进确保国家粮食安全战略目标的全面实现和现代粮食流通产业的健康发展。当前这项工作已经启动，各地要积极配合，上下联动，加强对建设项目和政策措施的研究论证，积极争取有关方面支持，增强规划编制的科学性、前瞻性和可行性，切实起到指导和推动粮食行业科学发展的积极作用。各地也要结合实际情况，加强部门互动和沟通衔接，及早研究制定本地区发展规划，并认真做好组织实施工作。

（七）深入贯彻落实十七届四中全会精神，着力加强粮食行业自身建设

落实中央部署，牢牢把握服务中心、建设队伍两大任务，以建设一流机关、打造一流队伍、培育一流作风、创造一流业绩为目标，以改革创新精神加强粮食系统党建工作，通过加强新形势下党的建设的新举措、新成效，保障粮食流通事业又好又快发展。进一步加强粮食系统党风廉政建设，加强党员干部廉洁从政教育和领导干部廉洁自律，加大违法违纪案件查办力度。继续加强干部职工队伍建设，搞好干部职工在职培训，推进行业职业资格制度建设，举办第二届全国粮食行业职业技能大赛，开展全国粮食系统先进集体、先进工作者（劳动模范）表彰活动。加强政务信息公开和电子政务建设工作，不断提高粮食工作信息化水平。充分发挥粮食部门政府网和中国粮食经济杂志、粮油市场报等新闻媒体的作用，积极开展新闻宣传。进一步发挥粮食行业协会、粮食贸促会、粮油学会、粮经学会等社团组织作用，继续加强对外交流与合作，认真开展粮食安全重大战略问题研究，服务粮食流通中心工作。

同志们，做好今年粮食流通工作，任务繁重，责任重大。让我们紧密团结在以胡锦涛同志为总书记的党中央周围，认真落实中央确定的各项方针政策，求真务实，开拓创新，扎实推进粮食流通各项工作，为确保国家粮食安全、促进经济平稳较快发展和社会和谐稳定做出新的更大贡献！

在全国粮食系统纪检监察工作会议上的讲话

国家粮食局局长、党组书记　聂振邦
2010年4月8日

同志们：

　　中央纪委第十七届五次全会和国务院第三次廉政工作会议召开后，国家粮食局党组高度重视，认真学习胡锦涛总书记和温家宝总理的重要讲话精神，专门研究了今年粮食系统党风廉政建设和反腐败工作，杨兵同志将代表党组做具体部署，并已经党组审议通过，我完全同意，下面我讲几点意见。

一　认真学习贯彻胡锦涛总书记和温家宝总理的重要讲话精神，开创粮食系统党风廉政建设和反腐败斗争的新局面

　　第一，充分认识胡锦涛总书记和温家宝总理重要讲话的重大意义，切实抓好贯彻落实。胡锦涛总书记在中纪委五次全会上所作的重要讲话，从党和国家事业发展全局和战略的高度，全面、科学地分析了当前的反腐倡廉形势，明确提出了今年党风廉政建设和反腐败工作的总体要求和主要任务，着重阐述了加强反腐倡廉制度建设的重要性、紧迫性和基本要求，强调要以建立健全惩治和预防腐败体系各项制度为重点，以制约和监督权力为核心，以提高制度执行力为抓手，加强整体规划，抓紧重点突破，逐步建成内容科学、程序严密、配套完备、有效管用的反腐倡廉制度体系，切实提高制度执行力、增强制度实效。胡锦涛总书记的重要讲话，是指导当前和今后一个时期反腐倡廉建设的纲领性文献，具有重大而深远的意义。

　　温家宝总理在国务院第三次廉政会议上指出，今年我国发展稳定任务繁重，加强反腐倡廉建设，是完成各项任务的保证。强调要认真落实中央关于反腐倡廉的各项部署，以重点领域和关键环节为突破口，重点抓好在政府投资项目、财政预算、国有企业和国有金融机构、行政程序、政风建设、领导干部廉洁自律和查处案件等方面的制度建设，为改革发展提供重要保证。

　　粮食系统的广大干部要认真学习深刻领会胡锦涛总书记和温家宝总理的重要讲话精神，结合粮食部门实际，坚决贯彻执行。

　　第二，深刻认识当前粮食系统反腐倡廉的形势，切实增强反腐倡廉建设的使命感和责任感。粮食系统反腐倡廉建设是全党全国反腐倡廉建设的重要组成部分，事关国家粮食安全，事关维护社会和谐稳定和经济平稳较快发展的大局。过去的一年，粮食部门在抓好粮食流通各项业务工作的同时，坚持不懈地抓好反腐倡廉建设，取得了明显成效。粮食系统的各级党组织和纪检监察部门，按照党中央和国务院的统一部署，围绕中心、服务大局，把推进反腐倡廉建设与推进粮食流通事业科学发展和党的建设紧密结合起来，坚决维护党的纪律，确保政令畅通。一是认真开展对国家扩大内需粮食基础设施建设项目的监督检查，对落实国家粮食宏观调控和强农惠农政策情况的监督检查，加强对全国粮

食清仓查库工作的监督检查，把加强粮食系统领导干部党性修养、树立和弘扬良好的作风作为一项重大政治任务来抓，切实解决粮食部门领导干部作风方面的突出问题，促进了党的作风建设的加强，带动了政风进一步好转，保证了中央大政方针的贯彻落实。二是保持惩治腐败强劲势头，坚决查处腐败案件，严肃惩治违纪违法分子，维护党纪国法严肃性；坚决纠正损害群众利益的不正之风，维护了人民群众的根本利益。三是研究制定了粮食工作中的反腐倡廉规章制度，加强了对权力运行的制约和监督，加大从源头上防止腐败的力度，整体推进反腐倡廉建设。四是坚持把粮食系统的纪检监察机构自身建设作为一项重要任务来抓，通过开展"做党的忠诚卫士，当群众的贴心人"的主题实践活动，加强教育和培训，提高了纪检监察干部的整体素质和工作水平。总之，粮食系统的党风廉政建设为服务大局、为国家粮食安全提供了有力的保证。

在充分肯定粮食系统反腐倡廉建设取得显著成绩的同时，也要看到还存在一些亟待解决的问题。主要表现在：一是违纪违法案件在粮食系统时有发生，特别是粮食企业负责人的违法案件占主要比例。2009年粮食系统立案50件，大多数案件均已结案，处分26人，其中县处级9人，科级14人，其他人员3人。二是一些涉粮案件发生在部门的主要领导干部，而且涉案金额较大，违纪违法情节严重，一些腐败分子同时具有多种违纪违法行为，往往集政治蜕变、经济腐败、生活腐化于一身。三是违纪违法行为日趋复杂化，利用职权和职务影响为他人谋利收受钱财案件时有发生。四是在粮食收购环节中个别企业还存在压级压价等损害群众利益的问题。有的基层粮食部门领导干部对群众利益漠不关心、态度粗暴；有的单位还存在用人上的不正之风。这些情况表明，粮食系统反腐倡廉建设的形势仍然严峻，任务十分繁重。

我们要认真学习贯彻胡锦涛总书记和温家宝总理的重要讲话精神，努力完成中央纪委五次全会和国务院第三次廉政工作会议部署的工作任务，全面把握形势，充分认识反腐败斗争的长期性、复杂性、艰巨性，分析和查找出现腐败行为深层次原因，加强教育，牢固树立共产主义的坚定信念和宗旨意识，加强监督，增强拒腐防变的能力，加强制度建设，堵塞漏洞，坚持警钟长鸣，坚决反对腐败。全国粮食系统各级党组织必须认清大局，把握大局，把反腐倡廉建设放在更加突出的位置，以更加坚定的信心、更加坚定的态度、更加有力的措施、更加扎实的工作，抓紧解决反腐倡廉建设中群众反映强烈的突出问题，以党风廉政建设的新成效取信于民，坚定不移地把党风廉政建设和反腐败斗争推向前进。

二　认真贯彻落实党中央、国务院的决策部署，切实推进粮食系统2010年反腐倡廉工作

2010年是全面完成"十一五"规划各项目标的关键之年。做好2010年粮食系统党风廉政建设和反腐败工作，意义特别重大。要从以下几个方面着手，切实抓好反腐倡廉工作。

第一，围绕粮食流通中心工作加强监管，确保中央的政令畅通。围绕中心，服务粮食流通事业科学发展，是粮食系统纪检监察机构的一项重要职责。要认真贯彻中央经济工作会议、中央农村工作会议精神，落实国家粮食宏观调控各项政策措施，加强监管，确保政令畅通，做到理解政策无偏差，执行政策不走样，坚决纠正有令不行、有禁不止行为。要加强对粮食收购工作的监督检查，落实小麦、

稻谷最低收购价政策及玉米、大豆、油菜籽临时收储等托市收购政策，提高服务水平，方便农民售粮，坚持优质优价，保护种粮农民利益，切实把中央的强农惠农政策落到实处。要落实好国家粮食宏观调控的政策措施，严格执行政策性粮食销售、出库、竞价、轮换、移库等相关制度规定，确保粮食市场供应和价格的基本稳定。要认真开展粮油仓储管理制度执行情况的监督检查，巩固清仓查库工作成果，健全粮食库存管理的长效机制，推进储备粮轮换通过规范的粮食批发市场公开进行，增进粮食库存管理工作的透明度和公信力，促进粮油仓储管理工作的规范化和精细化。

第二，认真贯彻落实《廉政准则》，加强对领导干部的教育监督。粮食系统各级党组织和党员领导干部一定要充分认识贯彻实施《廉政准则》的重要意义，进一步增强政治责任感和历史使命感，把贯彻实施《廉政准则》作为当前和今后一个时期党风廉政建设和反腐败工作的一项重要任务。要依据《廉政准则》，认真梳理粮食部门重要权力行使的"风险点"，完善反腐倡廉配套制度，切实加强对领导干部和重点部位、重点环节权力行使的有效监督。各级党员领导干部要以身作则，作贯彻实施《廉政准则》的表率，自觉做到标准更高一些、要求更严一些，切实做到要求一般党员领导干部做到的，主要负责同志必须先做到；要求下级做到的，上级必须首先做到；要求别人做到的，首先自己必须做到。要做接受监督的表率，认真参加民主生活会和述职述廉，切实向党组织报告个人住房、投资、配偶子女从业等有关事项，切实把接受监督作为工作和生活的常态，习惯在监督下行使权力、开展工作。纪检监察机关要加强对贯彻执行《廉政准则》情况的监督检查、强化责任追究、严格执行纪律，切实推动《廉政准则》的贯彻实施。

第三，加强国有粮食企业反腐倡廉建设，切实纠正损害群众利益的不正之风。要高度重视粮食系统国有企业反腐倡廉工作，认真落实国有企业领导人员廉洁从业规定，加强对企业主要负责人的监督管理，强化经济责任审计，坚持重大事项集体决策制度。要落实纠风责任制，加强对收购库点的监管，坚决查处不执行国家粮食收购政策、拒收限收、压级压价等损害农民利益的问题，要方便农民售粮，及时解决农民售粮难的问题。要严肃查处干扰客户正常交易、设置障碍影响粮食出库的违规行为，解决竞价销售出库难的问题。要加强对救灾粮、军粮等政策性用粮购销活动的监督检查，查处掺杂使假、以次充好、克扣数量、销售不符合卫生标准的粮油等损害消费者利益的行为。在国有粮食企业改革改制中，要坚决防止国有资产流失，切实维护国家利益；要高度重视解决社会保障和再就业政策落实中的问题，维护粮食企业职工合法权益。要深入开展行风评议，办好"行风热线"，继续推进"放心粮油"进农村、进社区活动，构建"放心粮油"营销网络，加强农户安全储粮指导和服务工作。

第四，坚决查处违纪违法案件。严肃查办发生在粮食系统领导机关和领导干部中滥用职权、贪污受贿、腐化堕落、失职渎职的案件。严肃惩处利用人事权、行政执法权、行政审批权谋取非法利益的案件。严肃查办商业贿赂案件，在坚决查处受贿行为的同时，加大对行贿行为的查处力度，对有行贿记录的单位和个人，在市场准入、经营资质、贷款审批、投标招标等方面加以严格限制。严肃查办发生在粮食系统的严重侵害群众利益的案件、群体性事件和重大责任事故背后的腐败案件，对造成群众生命财产重大损失的单位要严肃追究有关人员责任。严肃查处发生在粮食系统中的工程建设等腐败现象易发多发领域的案件。严肃查办在中央和地方储备粮购销活动中弄虚作假套取费用补贴，挪用侵吞中央、地方储备粮和临时存储粮粮款，私自倒卖库存粮食非法牟利的案件。严肃查办严重违反政治纪律和组织人事纪律的案件。

要进一步完善反腐败协调工作机制，严格执行有关依纪依法办案和安全文明办案的规定，完善举报人和证人保护制度，进一步发挥查办案件惩戒和治本功能。

第五，加强政风建设，认真解决群众反映强烈的突出问题。政风建设是反腐倡廉建设十分重要的方面。全国粮食系统要按照中纪委五次全会和国务院第三次廉政会议的要求，改进工作作风，加强廉政勤政。一是大力精简会议和文件。要开短会、讲短话、发短文，从严控制全国性会议。二是严格控制庆典、论坛等活动。三是严格控制公务接待、公车使用、因公出国的"三公"消费。要坚持勤俭节约、反对铺张浪费，继续严格控制因公出国（境）团组、人员和经费支出，加强公务用车使用管理，进一步规范和改革公务接待制度，实行经费量化指标控制，公用经费压缩5％。四是继续开展工程建设领域专项治理工作，解决工程建设中突出问题，要努力使每项工程都成为阳光工程、廉洁工程和安全工程。五是继续开展"小金库"治理工作，加强监管，切断"小金库"资金来源，形成长效机制。

三　按照中央的部署和要求着力推进反腐倡廉制度建设，切实提高制度的执行力

（一）坚持不断创新，提高制度建设水平

制度建设既是党的建设的重要内容，又是党的建设的重要保证。加强和改进新形势下党的建设，必须高度重视加强制度建设。反腐倡廉制度建设既是党的制度建设的重要方面，又是反腐倡廉建设的重要保障。改革开放以来，反腐倡廉制度建设随着社会主义市场经济发展而发展，随着党的建设全面推进而推进。这些年来，我们加快反腐倡廉制度建设步伐，坚持深化体制机制改革和创新，建立健全反腐败领导体制和工作机制，完善领导干部廉洁自律和廉政从政教育、查处违纪违法案件、权力运行制约和监督、预防违纪违法和腐败行为、保障党员权利等反腐倡廉实体性制度和程序性法规，反腐倡廉制度建设领域不断拓宽、成效不断显现。国家粮食局机关制定党风廉政建设规章制度近20个，各司室和直属联系单位制定廉洁自律规定近30个，纪检组、监察局还组织编写了《国家粮食局机关和直属联系单位党风廉政建设制度汇编》、《全国粮食系统党风廉政建设制度汇编》等，编辑了《近几年全国粮食系统党风廉政建设优秀论文汇编》等，有力地推动了反腐倡廉制度建设。

反腐倡廉制度建设是惩治和预防腐败体系建设的重要内容。要紧紧围绕教育、制度、监督、改革、纠风、惩治等工作，加快建立健全《惩治和预防腐败体系实施纲要》所确定的各项制度，加快构建惩治和预防腐败体系基本框架，努力探索形成一整套用制度管权、按制度办事、靠制度管人的有效机制，提高反腐倡廉制度化、规范化水平。要以建立健全惩治和预防腐败体系各项制度为重点，以制约和监督权力为核心，以提高制度执行力为抓手，切实提高制度执行力、增强制度实效。当前，要努力抓好以下制度建设。

第一，加强反腐倡廉教育制度建设。一是要坚持和完善党组中心组学习、主要负责同志定期讲廉政党课等制度；二是要建立健全党性定期分析、反腐倡廉专题民主生活会等制度；三是要完善示范教育、警示教育、岗位廉政教育等制度；四是要研究制定贯穿干部培养、选拔、管理、使用全过程的反腐倡廉教育实施办法。

第二，加强监督制度建设。一是要严格执行和不断完善领导干部述职述廉、诚勉谈话、函询、质

询、撤换等制度；二是要推行党政领导干部问责制、廉政承诺制、行政执法责任制；三是要落实重大决策报告制度，健全决策失误纠错改正机制；四是要健全干部选拔任用监督机制和干部选拔任用责任追究制度；五是要落实重要情况报告制度，完善谈心谈话制度；六是要健全党内情况通报制度；七是要建立健全党员定期评议领导班子成员制度等。

第三，加强预防制度建设。要推进廉政风险防控机制建设，从重点领域、重点岗位、重点环节入手，排查廉政风险，健全内控机制，构筑制度防线，形成以积极防范为核心、以强化管理为手段的科学防控机制。建立健全预防腐败信息系统。建立健全防止利益冲突制度，研究制定规范粮食行业协会、粮食市场中介组织等社会领域预防腐败制度等。

第四，加强惩治制度建设。建立健全腐败案件及时揭露、发现、查处机制。建立腐败现象易发多发领域调查分析和专项治理制度。健全查处案件协调机制。要建立健全依法依纪办案的纪律要求以及责任追究制度。要完善举报人和证人保护制度，探索建立举报人奖励制度等。

第五，加强行政程序制度建设。按照法定程序办事，是依法行政的重要内容，也是依法行政的重要保障。粮食行政执法是维护群众利益的重要保证。因此，要进一步健全粮食的行政立法、决策、执法、监督等制度建设。粮食部门的各级领导干部必须树立程序意识，严格按程序办事。对违反行政程序损害群众利益造成后果的行为，要加大查处力度，依纪依法追究责任。

还要及时研究新情况、解决新问题、总结新经验，推进反腐倡廉制度建设创新。把那些经过实践检验的成功做法上升为制度，把那些通过案例剖析得出的规律性认识运用于制度建设，保证反腐倡廉制度行得通、管得住、用得好，进一步提高纪检监察工作能力和水平。

（二）增强落实反腐倡廉制度建设的有效性，不断提高制度执行力

制度的效用取决于制度执行力。建立健全反腐倡廉制度的目的，是要通过执行制度深入推进反腐倡廉建设。抓好制度执行，既是制度建设的基本要求，也是检验制度建设成效的重要标准。

第一，切实加强制度执行的组织领导。推动反腐倡廉制度执行是各级粮食部门党委（党组）、纪检监察机构的重要职责。保证反腐倡廉各项制度得到切实执行，要建立健全保障制度执行的工作机制，完善保障制度执行的程序性规定和违反制度的惩戒性规定，对制度执行各项措施特别是关键环节制度执行的任务进行责任分解，明确责任部门和责任人，明确执行时限和阶段性要求。要力戒形式主义、官僚主义，切实改变那种以会议贯彻会议、以文件贯彻文件、以讲话贯彻讲话的表面上热热闹闹而实际上收效甚微的做法。

第二，切实加强制度宣传教育。增强制度意识，筑牢遵纪守法思想基础，是各级粮食机关反腐倡廉制度建设的重要任务，也是推动反腐倡廉制度执行的重要前提。要努力营造人人维护制度、人人执行制度的良好氛围，要结合典型案例，采取多种形式，通过多种渠道，经常讲、反复讲，使粮食系统的广大党员、干部、群众广泛了解制度，自觉运用制度，有效监督制度执行。

第三，切实加强制度执行情况监督检查。要采用多种检查方式随时掌握制度执行情况，及时发现和解决问题。要完善制度执行监督机制，大力推进党务公开、政务公开，积极创造能够监督、方便监督的平台和条件。要建立健全制度执行问责机制，把制度执行情况纳入党风廉政建设责任制检查考核和领导干部述职述廉内容，对执行制度不力的坚决追究责任。要加强对新颁布制度执行情况的监督检查，同时也要加强对那些虽然颁布已久、但仍属现行有效的制度执行情况的监督检查。各级纪检监察机构要充分发挥职能作用，协助党委（党组）切实做好制度执行情况监督检查。

第四，切实督促领导干部作执行制度的表率。在粮食系统要着力在领导干部中树立法律面前人人平等、制度面前没有特权、制度约束没有例外的意识，要坚持领导干部带头学习制度，严格执行制度，自觉维护制度，在执行制度上率先垂范。只有一级带一级、一级抓一级，做出榜样，抓出成效，才能形成自觉遵守和维护制度的良好风气。领导干部特别是主要领导干部不仅要带头遵守制度，还必须坚持原则、敢抓敢管，维护制度的严肃性和权威性，坚决同一切违反制度的现象作斗争。

第五，切实查处违反制度的行为。这是提高制度执行力的重要保障和根本措施。一些制度不落实，很大程度上是因为违反制度的行为没有及时受到查处。粮食系统的各级领导班子和纪检监察部门要坚持有纪必依、执纪必严、违纪必究，对有令不行、有禁不止、随意变通、恶意规避等严重破坏制度的行为，要发现一起、查处一起。只要触犯了制度，都必须依纪依法处理，决不姑息迁就。越是领导干部违反制度，越是要依纪依法从严处理。

四　求真务实，狠抓落实，以改革创新精神推动党风廉政建设

粮食系统的各级党委（党组）要进一步落实党风廉政建设责任制，高度重视并自觉承担起推进反腐倡廉建设的政治责任和领导责任，党委（党组）主要负责同志要认真履行第一责任人的职责。要把党风廉政建设和反腐败工作纳入党委（党组）总体工作，加强组织领导，协调各方力量，健全工作机构，完善配套制度，及时掌握和全面分析党风廉政建设责任制落实情况，切实解决存在的突出问题。各级党委（党组）要加强对纪检监察工作的指导，支持纪检监察机关履行职责、开展工作，帮助解决纪检监察机关遇到的实际困难和问题，推动落实反腐倡廉各项任务。要注意加强反腐倡廉宣传教育，坚持正确舆论导向，广泛宣传我们党开展反腐败斗争的坚强决心，广泛宣传中央关于反腐倡廉建设取得的显著成绩，形成有利于党风廉政建设和反腐败斗争深入开展的社会氛围和舆论环境。

粮食系统的各级纪检监察干部要按照政治坚强、公正廉洁、纪律严明、业务精通、作风优良的要求，巩固和拓展深入学习实践科学发展观活动成果，将"做党的忠诚卫士、当群众贴心人"主题实践活动取得的成效转化为加强自身建设的长效机制，注重加强思想政治建设和能力建设；要增强政治意识，坚持党性原则，忠实履行职责，对腐败分子和消极腐败现象进行坚决斗争；要增强表率意识，带头讲党性、重品行、作表率，刚直不阿，一身正气，清正廉洁，树立可亲、可信、可敬的形象；要增强法治意识，带头遵守和维护党纪政纪国法，坚决维护党的集中统一，依纪依法履行职责，自觉接受组织和群众的监督；要增强创新意识，不断学习新知识、研究新问题、增长新本领，加强实践，加强锻炼，不断提高工作能力和水平；要增强宗旨意识，坚持立党为公、执政为民，坚持以人为本，真诚倾听群众呼声，真实反映群众愿望，真情关心群众疾苦，始终做到权为民所用、情为民所系、利为民所谋。

同志们，2010年是全面贯彻落实党的十七届四中全会精神、加强和改进新形势下党的建设的重要一年，是夺取应对国际金融危机冲击全面胜利、稳定发展粮食生产、维护粮食市场和价格基本稳定、为"十二五"规划启动实施奠定良好基础的重要一年。我们要紧密团结在以胡锦涛同志为总书记的党中央周围，振奋精神，求真务实，开拓创新，狠抓落实，以党风廉政建设和反腐败斗争的新成效取信于民，不断推进粮食流通工作的又好又快发展。

总结经验　开拓进取
推动粮油仓储企业规范化管理持续发展

——在全国粮油仓储企业规范化
管理活动总结会议上的讲话
国家粮食局副局长、党组成员　郄建伟
2010年6月29日

各位代表:

上午好!

这次会议是全国粮油仓储行业的盛会。来自各省、自治区、直辖市和计划单列市粮食行政管理部门、基层粮食企业、国有大型粮食企业、科研院所、高等院校的代表,本次活动中涌现的"全国粮油仓储规范化管理先进企业"代表以及粮食行业的老典型、老先进代表,大家欢聚一堂,共商粮油仓储行业发展的大计。国家粮食局对这次会议高度重视,聂振邦局长会前做了专门批示,要求通过规范化管理活动和这次总结会议,把我国粮油仓储管理的整体水平提到一个新的高度。

2009年7月,国家粮食局在认真分析全国粮油仓储行业发展状况的基础上,特别是针对全国粮食清仓查库中发现的仓储管理方面存在的问题,决定在全国开展一次以提高粮油仓储企业整体管理水平为目标的专项活动。随后,在湖北恩施、安徽合肥召开的会议上,对规范化管理活动的深入开展提出了更加明确、具体的要求。

2009年12月29日,国家发展和改革委员会发布了《粮油仓储管理办法》(以下简称《办法》)。《办法》的前身是原商业部1987年修订的《国家粮油仓库管理办法》,一直执行了23年,其中很多内容已不能适应当前仓储管理工作的需要。国家粮食局在2004年下半年启动了对原《办法》的修改,大约历经了5年时间,先后3次召开专家论证会议,2次正式征求各地区、各单位和有关部门的意见,最终完成了《办法》的修订。新发布的《办法》是粮油仓储行业必须遵从的法规性文件,它理顺了管理部门和仓储企业的关系,提出了粮油仓储业务应遵循的基本原则,明确了仓储单位必须建立的基本制度序列。与此同时,为配合《办法》的出台,我们还制订了配套的规范性文件,从而为粮油仓储企业规范化管理奠定了制度基础,保证规范化管理活动的开展做到有章可循。

目前,为期一年的粮油仓储企业规范化管理活动已经基本结束。一年来,各地粮食行政管理部门高度重视,加强领导,缜密安排,注重实效;粮油仓储企业积极参与,精心组织,全面投入,大力创新;广大粮油仓储工作者忠于职守,勤于实践,勇于进取,乐于奉献。通过大家的共同努力,活动的各项预定任务圆满完成,取得了丰硕的成功经验,推出了一批先进单位。这次活动对于全国粮油仓储企业的发展具有里程碑的意义。今天,我们召开会议全面总结这次活动,交流规范化管理成功经验、特色做法,研究建立规范化管理的长效机制,促进粮油仓储行业科学发展,进一步巩固粮油储存安全保障能力。下面我讲三点意见:

一 提高认识，实现规范化管理是粮油仓储企业的神圣职责

粮油仓储企业管理水平涉及库存粮油的储存安全，涉及国家粮食的有效供给，涉及人民群众主食食品的卫生安全，也影响粮油仓储行业的科学发展和国家惠农政策的落实。李克强副总理在2009年全国粮食清仓查库工作总结电视电话会议上指出，"粮食安全事关国家经济社会发展大局，事关国家稳定、民心稳定。要不断改进粮食库存日常管理，全面加强粮食仓储管理、质量管理和账务管理。"开展粮油仓储企业规范化管理活动，全面提高粮油仓储企业的管理水平，是落实国务院领导同志讲话精神、保障国家粮食安全的重要措施，也是广大粮油仓储工作者和粮油仓储企业多年的愿望。

（一）新形势新任务对粮油仓储企业规范化管理提出了要求

近年来，国内国际粮食供需发生深刻变化。从国际市场看，一方面受经济危机、气候变化以及一些发展中国家农业生产技术水平落后等因素影响，全球粮食增产的难度加大；另一方面受人口增长、生物燃料产业发展等因素影响，粮食需求呈刚性增长。加之国际市场粮食价格剧烈波动，国际粮食库存总量不稳，全球粮食供应保障能力降低，供求矛盾突出。从国内市场看，虽然我国已经取得连续6年粮食丰收的成绩，但受城市化进程加快、农业种植结构调整、耕地面积减少、生态环境变化和水资源短缺等因素影响，我国粮食进一步增产的难度越来越大，增产的空间越来越小。但粮食需求将呈刚性增长，国内粮食供需平衡的难度日益增加。从我国粮食流通的发展趋势看，随着我国农村经济社会的快速发展，种粮农民逐渐减少，农户储粮数量显著降低，农民的自留粮将更多地进入粮食大流通，从而使需要依靠商品粮保障供应的人口比例日趋增加，对粮油企业仓储的压力和依赖性进一步增加。面对严峻的挑战，粮食行政管理部门、粮油仓储企业、粮油仓储工作者要迎难而上、勇担重任，努力提高自身素质，规范粮油仓储行为，降低损失损耗，增加有效供给，为保障国家粮食安全做出贡献。

（二）新制度新标准为粮油仓储企业规范化管理奠定了基础

2008年，国家粮食局发布了《粮油储藏技术规范》；2009年，国家发展和改革委员会发布了《粮油仓储管理办法》；随后，国家粮食局又发布了《粮油仓储企业规范化管理水平评价暂行办法》、《粮油仓储企业仓房（油罐）编号暂行办法》以及《粮油仓储企业常用表格表样》等配套文件。这些标准、部门规章和规范性文件对粮油仓储行为提出了新的要求。比如《粮油仓储管理办法》规定：粮食行政管理部门应对粮油仓储单位实施备案管理，不符合规定条件的单位，不得从事粮油仓储业务；粮油仓储单位应对库存粮油分类储存，不同等级、水分、杂质、性质的粮油，食用与非食用粮油应分类储存；要建立储粮安全责任制和储粮安全事故报告制度，企业负责人应对本企业库存粮油的数量真实、质量良好、储存安全负全责。《粮油储藏技术规范》要求，粮仓应远离污染源、危险源，能够满足储粮防潮、气密、隔热要求。污染的粮油应单独存放，严重虫粮应在7天内进行除治，危险虫粮应立即封存隔离并在3天内进行灭虫等。《粮油储藏技术规范》和《粮油仓储管理办法》是粮油仓储行业近20年经验的积累，是广大仓储管理、科研人员5年辛勤工作的成果，来之不易，我们要学习贯彻好这些制度和标准，用制度和标准来指导粮油仓储工作，提高企业规范化管理水平，保障储粮安全。

（三）新设施新技术为粮油仓储企业规范化管理创造了条件

1990年以来，国家加大了对粮油仓储设施的投资力度，先后启动了国家储备库项目建设、机械化粮库项目建设、利用世界银行贷款改善中国粮食流通项目建设、3批国债项目建设、物流项目建设以及仓储和油罐项目建设。这些项目的建设极大地提升了我国粮油仓储能力。截至2009年底，我国总

仓容达到36424万吨，油罐总罐容达到1178万吨。在仓容总量增加的同时，粮油仓储设施的技术水平也不断改善。据统计，立筒仓、浅圆仓等机械化程度高的仓型所占总仓容比例已达12%，装备机械通风系统、计算机测温系统、环流熏蒸系统等先进保粮设备的仓容比例已经分别达到75.3%、54.3%和39.8%。另外，近年来，中储粮公司、广西、重庆等单位和地方所属企业在二氧化碳储粮、氮气储粮技术应用方面，北京、天津、上海、广东、浙江等地所属企业在低温储粮技术应用方面进行了许多探索，积累了经验。总体上看，经过20年的集中建设，我国粮油仓储设施发生了翻天覆地的变化。大连北良、辽宁营口、辽宁锦州、广东新沙港、广东东莞、浙江舟山、上海外高桥、江苏扬子江、江苏张家港、四川成都等粮库的总体规模和技术水平，处于国际先进行列。机械通风、粮情测温、环流熏蒸等粮油储藏技术应用，我国处于领先地位，这是了不起的成就。仓储条件改善了，作为粮油仓储工作人员，我们有责任把这些设施管好、用好，让这些设施为国家粮食安全，为粮食流通产业发展做出更大的贡献。

（四）新企业新人员为粮油仓储企业规范化管理提供了保障

近年来，粮油仓储企业的组织结构、管理模式和主营业务都发生了重大变化。一是企业规模越来越大。据统计，2003年粮油仓储企业户均仓容只有0.94万吨，到2009年，户均仓容增加到2.02万吨，6年来增长了1.1倍。到2009年底，仓容规模在10万吨以上的企业达到了599户。二是企业的组织结构发生了变化。随着国有粮油仓储企业改革的深入，企业合并、重组的力度加大，集团公司下辖多个粮库的组织结构成为一种普遍现象。这种组织形式有利于发挥规模效益，实现规范管理。三是非国有企业进入粮油仓储市场的速度在加快。据统计，截至2009年底，全国共有非国有粮油仓储企业（以下简称非国有企业）4372户，有效仓容5172万吨，企业户数和有效仓容较2008年分别增长了24.7%和49.1%。非国有企业有效仓容占全国有效仓容总量的比重从2008年的12%上升到2009年的16%。非国有企业的进入，一方面为粮食市场带来了活力，但也带来了诸如重复建设、储粮安全存在隐患等问题。这些问题需要通过规范化管理逐步解决。四是大型粮油加工企业，外贸、物资、农垦等行业的涉粮企业，国际大粮商等也开始进入粮油仓储行业，这些企业的进入，为我们带来了规范管理的新理念、新思路。另外，近年来，仓储管理人员的结构也出现了一些变化。大批新人进入各级粮食行政管理部门、粮油仓储企业。这些人学历高、素质好、理解能力强，为推行规范化管理带来了活力和生机。

近年来，虽然我国粮油仓储管理工作有所加强，粮油仓储企业管理水平有所提高，但也存在着总体发展不平衡等问题。中国储备粮管理总公司、中粮集团有限公司等大型央企所属企业，规模较大的地方国有粮食企业在仓储管理方面比较规范，但一些小型企业、非国有企业的仓储管理仍然存在一些问题。在2009年全国粮食清仓查库工作中，我们发现部分企业在仓储管理方面还存在以下问题。在库存粮食管理上：一些企业入仓前未按规定对仓房进行清扫消毒，粮食混存，入仓粮食水分、杂质超标，库存粮食发生霉变结块；在设施设备管理上：一些企业密闭隔热措施不到位，缺少必要的防虫、防鼠、防雀措施，仓房设备维修不及时，库区内散养家禽，卫生条件差，排水设施不完善，设施设备档案不完整；在安全生产管理上：一些企业熏蒸作业现场管理混乱，设备药剂管理不符合规定，超设计装粮线和容量装粮，包装码垛不规范，库区火源管理不严格，消防设施不符合规定；在账务管理方面：一些企业损耗处置不及时，未执行国家粮食流通统计制度，账务记载不规范，数据不完整，对原始票据随意涂改，库存粮油货位卡制作和使用不规范，内容与实际不符，账账不符，出库不核销，入库不记账，以表代账等；在日常管理上：一些企业的仓储管理制度不健全，执行不到位，专业人员没有持证上岗，仓储档案管理不规范。针对清仓查库工作中发现的问题，为落实国务院领导同志的指示精神，国家粮食局在随后发出的《关于进一步加强粮食库存管理的若干意见》中对粮油仓储管理提出了一系列新的要求，这些要求需要通过规范化管理工作逐步落实。

二　开拓进取，粮油仓储企业规范化管理活动取得显著成效

粮油仓储企业规范化管理活动是国家粮食局落实科学发展观、转变工作作风、加强行业指导、服务基层企业的一项重要举措。一年来的实践表明，这次活动达到了规范管理、增强素质、提升水平、促进发展的目的。

（一）规范化管理活动的主要特点

一是领导重视、周密组织。国家粮食局党组专题研究了粮油仓储企业规范化管理活动工作，党组书记、局长聂振邦同志要求，要以规范化管理活动为契机，全面提升粮油仓储企业的管理水平，树立新时期粮油仓储企业的先进典型。为了做好规范化管理活动的组织协调工作，国家粮食局建立了《粮油仓储工作简报》制度，在局政府网站上设立了"粮油仓储企业规范化管理活动专栏"。另外，先后在湖北恩施、安徽合肥、云南昆明召开会议，部署工作，研究问题，交流情况，总结经验；各省（区、市）粮食局和中储粮、中粮、华粮、中纺公司也高度重视规范化管理活动，制订实施方案，完善管理制度，创新活动方法，开展业务培训，组织规范化管理先进企业评价等。大部分省份成立了活动领导小组，由主要领导挂帅，加强对活动的协调指导。山东、北京、天津、吉林、四川、陕西、山西、广西等省（区、市）粮食局的主要负责同志亲临一线，具体指导活动组织工作。河北、河南、江苏、浙江、内蒙古、黑龙江、辽宁、江西、安徽等省（区）粮食局多次召开会议，研究如何落实各项活动内容；另外，山东东营、青岛，黑龙江齐齐哈尔，陕西西安，四川成都，河北邢台等地粮食局以粮油仓储企业规范化管理活动为抓手，通过活动全面推动粮食流通工作的规范管理，取得明显成效。

二是充分论证、精心准备。2008年4月，国家粮食局在江苏南京召开的"全国粮食仓储工作会议"上首次提出要在全行业开展"粮油仓储企业规范化管理活动"。随后，国家粮食局进行了为期1年的调研、论证、方案准备工作，在此期间，多次征求有关地方和单位的意见，并借鉴吸收了中国储备粮管理总公司精细化管理活动工作经验、浙江省粮食局星级粮库创建活动工作经验、山西省粮食局示范库（站）建设活动工作经验，山东、河北等省粮食局规范化管理活动工作经验，北京、云南、甘肃、中粮集团有限公司等地区（单位）千分制评价活动工作经验。经过一年多的调研、论证，国家粮食局在2009年7月8日发出通知，正式启动了"粮油仓储企业规范化管理活动"。通知发出后，各地区、各单位精心准备，认真谋划，根据国家粮食局通知精神，结合本地区、本单位实际，分别制订了切实可行的实施方案。例如：河南省粮食局在制订活动方案前，派员赴陕西、甘肃、浙江、安徽等地学习经验，在制订方案过程中，先后2次召集各地市主管仓储工作的局长和业务骨干听取意见。黑龙江、辽宁、贵州、海南等省在制订方案期间，也派员到开展活动较早省份学习经验，保证了活动质量。

三是务实重效、措施得力。务实是本次规范化管理活动最显著的特点。首先，在活动内容上，我们没有一刀切，而是要求各地针对本地区实际情况，结合国家粮食局的总体要求，确定本地区的活动重点。比如山东省在活动内容上增加了管理信息化、储粮科技化的内容。河南省开展了"十佳粮库"评定活动。其次，在活动方式上，充分尊重地方的既有经验。国家粮食局出台的《粮油仓储企业仓房

（油罐）编号暂行办法》、《粮油仓储企业规范化管理水平评价暂行办法》均为推荐性办法，不强制各地执行。在活动过程中，各地区、各单位采取了一系列富有成效的措施，取得了良好效果。比如，山东省粮食局将规范化管理活动开展情况纳入各地区工作绩效考核范围，并根据考核结果给予奖励和处罚。河北省粮食局、北京市粮食局将地方储备粮管理与规范化管理活动挂钩，既调动了企业参与活动的积极性，也为地方储备粮的储存安全提供了保障。浙江省粮食局将规范化管理工作纳入粮食安全责任制目标考核的内容之一，定期对各市进行考核，推动全省粮油仓储工作全面发展。江苏省粮食局、江西省粮食局在活动之初，深入开展粮油仓储企业不规范管理行为检查活动，通过自查、互查，深入查找企业在仓储管理工作中的薄弱环节，为后期有针对性地提出改进措施创造了条件。江苏、陕西、宁夏等地的企业将职工掌握标准和执行制度的情况与本人收入挂钩，极大地调动了职工参与活动的积极性，保证了活动的效果。

四是开拓进取、大胆创新。在活动实施过程中，各地区、各单位认真思索，大胆创新，保证了活动的效果。上海市粮食局在活动中利用互联网，组织了网上规范化管理知识竞赛，共有178人参加。山西省粮食局在国家粮食局发布的《粮油仓储企业规范化管理水平评价暂行办法》基础上，吸收了中储粮山西分公司精细化管理评价工作经验，重新修订了本省示范库（站）创建办法。既体现了国家总体要求，又突出了地方特色。昆明市粮食局创新培训方式，专门委托河南工业大学在郑州对各县、区粮食局长、仓储科长集中培训。江西省粮食局印制了7000张海报，广泛宣传新标准。西安市粮食局编制了《粮油仓储管理办法》宣传要点，要求各区、县粮食局利用各种媒体以及拉横幅、深入企业一线宣传等形式，广泛宣传《粮油仓储管理办法》。山东省粮食局采取"突出重点、全面推进、一年一个台阶、一年一个突破"的方式，利用4～5年的时间，实现了粮油仓储管理从规范化、精细化、信息化到科学化的飞跃。另外，山东、江苏还分别与河南工业大学、南京财经大学进行政校合作，发挥大学的人才、技术、信息优势，推进本地区仓储企业管理水平提高。福建、北京、浙江、广东、陕西、江苏、四川等地积极推动本地区企业实施ISO9000质量体系、HACCP危害分析和临界控制点认证，提高企业规范化管理水平。辽宁、湖南、湖北积极拓展活动覆盖面，吸引非国有企业参与规范化管理活动，取得了良好效果。广东省中山市储备粮管理总公司邀请著名漫画家方唐先生绘制了《我们的企业文化》，以生动的形象对企业文化进行了诠释，使规范管理的理念深入人心。

（二）规范化管理活动取得的主要成绩

一是粮油仓储管理制度和技术标准体系日臻完善。在规范化管理活动准备阶段和活动期间，国家发展改革委正式颁布了《粮油仓储管理办法》，国家粮食局发布了与之配套的《粮油仓储企业规范化管理水平评价暂行办法》等文件。国家粮食局还发布了《粮油储藏技术规范》、《储粮化学药剂管理与使用》以及稻谷、玉米、小麦储存品质判定规则等技术标准，基本形成了一套完整的粮油仓储管理制度和技术标准体系。各地区、各企业也把制度建设和标准建设作为活动的主要内容之一，加大了制度和标准建设工作，出台了一些具有地方特色，能够满足地方管理需要的规范性文件。河南省粮食局出台了《河南省粮油仓储企业规范化管理暂行办法》、《河南省粮油仓储企业规范化管理十佳粮库评价标准》。青岛市粮食局从完善粮油仓储企业"管理标准"、"工作标准"和"技术标准"3大标准体系入手，提升企业的规范化管理水平。齐齐哈尔第一粮库在规范化管理活动中，对企业仓储管理制度和标准进行了修改完善和补充，形成了一个涵盖工作预案、操作规程、技术标准、定额标准、考核标准等内容，共204个规范性文件的制度体系。河南平顶山湛南国家粮食储备库，修订完善了65类规章制度，编写了40万字的《规范化管理文本》。内蒙古赤峰元宝山粮库修订完善了160项管理制度。

制度的完善，企业技术标准体系的建立，为提高企业管理水平打下了坚实的基础。

二是新型粮油仓储管理工作机制基本建立。通过粮油仓储企业规范化管理活动，理顺了各级粮食行政管理部门与粮油仓储企业的关系，进一步明确了粮油仓储行业的工作目标，基本确定了行业指导的工作模式，初步建立了覆盖全行业的监督管理机制，粮油仓储企业经济效益明显提升，竞争能力显著增强。首先，进一步明确了各级粮食行政管理部门和粮食企业的责任。粮食行政管理部门的基本职责是制订制度、开展储粮安全检查以及仓储行业指导。粮油仓储企业的职责是依法经营、严格管理、配合检查、接受指导。其次，进一步明确了粮油仓储行业监管目标。即通过规范企业粮食整理、入库、储存、出库等行为，降低库存粮油损失损耗，延缓粮食品质劣变，增加粮食有效供给，确保库存粮油的数量安全、质量安全和卫生安全。第三，建立了覆盖全行业的仓储监督管理机制。《粮油仓储管理办法》将仓容规模500吨、罐容规模100吨以上的各类所有制性质的粮库、油库均纳入了管理范围。广东、四川等省份还出台了规模以下粮油仓储单位的管理办法。粮油仓储监管实现了全口径全行业覆盖。第四，粮油仓储单位备案制度、熏蒸作业备案制度、储粮安全事故和安全生产事故报告制度等管理制度，强化了部门对企业的监督管理，有利于库存粮油的储存安全。第五，通过规范化管理活动，企业进一步优化了仓储业务流程，细化了仓储业务的工作要求，改善了企业绩效考核方法，提升了企业竞争力。

三是粮油仓储管理队伍素质普遍提高。加强队伍建设是这次活动的重要环节。通过活动，各企业普遍完善了奖优罚劣的绩效评价办法，形成了良性的竞争机制。山东东营国家粮食储备库在活动中通过完善全员考核办法，拉大不同层级的奖励力度，激发了员工学知识、用技术、懂规范、强管理的热情。在活动中，各企业以人为本，先从仓储人员在职教育入手，全面提升工作人员整体素质。青岛开发区储备库是一个只有20多人的小粮库，但每年派2～3名职工到专业院校接受脱产教育。陕西咸阳国家粮食储备库成立学习小组，大家在工作中共同学习、共同研究、共同提高。天津塘沽区购销公司常年坚持每周组织一次业务学习。内蒙古包头东河、中粮八达岭等企业鼓励职工进行小发明小创造，开展"我为规范化管理提建议"等活动，取得了良好效果。2010年4月、5月，国家粮食局举办了两期《办法》宣贯会议，参会人员达1000多人。随后，各地也开展了形式多样的宣传、培训、教育活动，强化了粮油仓储管理人员学习制度、执行制度的意识。

四是粮油仓储企业管理水平显著提高。首先，实现了从人治到法治的转变。过去，由于企业的管理制度不健全，企业的管理主要依赖企业负责人的水平和能力，但是随着企业规模的扩大，这一模式已经不能适应现代企业管理的需要。这次规范化管理活动，我们专门安排了"建立完善粮油仓储管理制度"内容，完善了企业管理制度，企业能够依制度办事，实现了从人治到法治的转变。其次，实现了从粗放管理到精细管理的转变。过去，企业在人均保粮数量、电耗、设备利用率、仓房利用率、器材损耗等方面基本没有控制，现在通过活动，企业能够设定管理定额，加强对仓储业务中电、器材、人工、药剂用量等方面的核计，精确控制仓储管理成本。最后，实现了从传统管理到现代管理的转变。在活动中，北京、福建、山东、广东、四川等地尝试通过ISO9000认证、HACCP认证等管理手段，提升企业管理水平；中国储备粮管理总公司部分企业探索利用全面预算管理手段提升企业管理水平；中粮集团有限公司部分企业运用"业务流程再造"、"全面成本控制"等手段，提升企业竞争力。这些企业在建立现代企业管理制度方面，为大家做出了表率。

五是粮油仓储管理先进典型不断涌现。在规范化管理活动中，涌现出了一批粮油仓储规范化管理先进典型，各地区、各单位共向国家粮食局推荐了326户"全国粮油仓储规范化管理先进企业"。在各地推荐的先进企业代表中，有河北柏乡等老典型代表，有青岛开发区粮库等小企业代表，有陕西省储备粮咸阳直属库等在信息化应用方面有成效的代表，也有北京八达岭华天国家粮食储备库在流程再造方面、广东中山市储备粮管理有限公司在企业文化建设等方面有创新的代表。总体上看，这些企业有以下特点：首先是有广泛的代表性。这次推荐上来的先进企业都是经过层层选拔、广泛听取各方意见、通过社会公示的企业。其次是有较强的创新能力。企业鼓励职工创新，机制推动职工创新，职工勇于创新，形成了企业管理上、技术上的特色。最后是有较强的责任意识。大部分企业把确保库存粮油的"数量安全、质量安全和卫生安全"作为企业的经营理念，贯穿到管理的各个环节。

在这次活动中，各地区、各单位特别注意结合清仓查库发现的问题进行整改，取得了良好的效果。如江西省粮食局在全省开展找问题、提建议活动。首先由企业自查，然后组织各地区交叉检查，同时把发现的问题记录在案，建立台账，明确整改责任人，确保检查到位、整改到位。江苏省粮食局出台了关于加强粮油仓储工作的指导意见，建立了不规范管理行为整治责任机制。大连金州国家粮食储备库在活动中开展查问题、找差距活动，共发现97个制度性缺陷，并有针对性地进行了整改。从我们调研的情况来看，去年以来，粮油仓储企业不规范管理行为基本得到整治。

（三）规范化管理活动取得的主要经验

一是完善制度是实现规范化管理的前提条件。粮油仓储企业的规范管理，必须以科学、严谨的企业管理制度为前提。企业应按照国家和地方出台的一系列法律法规和技术标准，结合本企业的实际情况，健全企业各项规章制度，完善企业主要业务的操作规程，建立企业技术标准体系，并通过优化业务流程、明确岗位职责、细化工作要求、建立定额标准、完善考核机制等方式，切实把这些规定、标准融入企业的日常管理中，通过制度来管人、管事，通过制度来提高企业管理效率。

二是全面发展是实现规范化管理的基本要求。粮油仓储企业要实现规范化管理，必须追求粮情管理、设施设备管理、账务管理、安全生产、人才队伍建设、企业文化建设、创新能力建设以及日常管理等全面发展，避免出现影响企业进步的短板。《河北省省级储备粮承储企业规范化管理标准》设置了粮食入库移库、储存管理、账物管理、设施设备管理等48项指标。山东省粮食局将企业文化建设、信息化建设纳入规范化管理的考核内容。天津市宝坻粮食购销有限公司将档案管理作为规范化管理的重要内容之一，建立了包括粮食成本核算档案、粮食实物档案在内的档案管理体系。

三是开拓创新是实现规范化管理的必由之路。我国地域辽阔，各地储粮条件有很大差异，而粮油仓储的基本制度只能做出原则性的规定。因此，各地的粮食仓储企业必须依据本地区气候特点、管理习惯、企业规模、主营业务类型、经常储存的粮食品种等因素，进行技术创新、管理创新、机制创新、体制创新。并根据客观因素变化和企业发展实际情况，与时俱进，大胆改革。这次表扬的先进企业，很多都具有这个特点。

四是领导重视是实现规范化管理的关键环节。领导在企业管理体系中处于决策、指挥地位。领导控制着企业主要的管理资源，影响企业的走向。粮油仓储企业要实现规范管理，领导认识必须到位。从本次表扬的先进企业经验看，领导干部大都身先士卒，做出表率，成为执行制度、贯彻标准、严格考核的标兵。企业负责人还要随时关注企业管理中出现的问题，并通过完善制度、调整流程、改善环境等方法，及时予以解决，不断提高企业规范化管理的水平。

五是全员参与是实现规范化管理的有力保障。规范化管理是一个系统工程，只有每一项业务、每一个环节实现了规范管理，整个企业才能实现规范管理，因此需要全员参与。从本次活动实践看，在制定制度之初，就需要全员参与，集中大家的智慧；在管理过程中更需要全员参与，只有每一个人都在工作中按照制度要求，做好本职工作，才能实现整个企业的规范管理；在绩效评价环节也需要全员参与，达到鼓励先进、鞭策落后的效果。

六是企业文化是规范化管理的重要内容。企业文化包括企业宗旨、企业目标、企业形象、企业精神、企业作风、员工精神、管理核心理念等。要把企业文化融入企业经营管理的各个环节，融入企业员工的工作和生活中，使之成为企业的灵魂。形成一个以人为本、责任感强、进取心强、创新意识强的工作氛围。

七是求真务实是解决管理不规范问题的有效方法。规范化管理要立足于解决粮油仓储企业管理中的实际问题，立足于提高企业的经营管理效率，立足于确保库存粮油储存安全。在推动规范化管理工作的过程中，要立足实际，不搞形象工程；要因地制宜，不搞一刀切；要精打细算，切忌铺张浪费。"四无"经验、"玉田"经验的共有特点是自力更生、艰苦创业。我们要继续发扬这一优良传统，把粮油仓储企业的管理水平搞上去。

在肯定成绩的同时，我们也要看到当前粮油仓储企业在规范管理上还存在一些问题：一是整体水平还不平衡，不同地区、不同企业之间的差距较大。粮食主产区、粮食主销区企业的规范化管理水平总体比较高，产销平衡区企业的管理水平还有差距。大型企业的规范化管理水平较高，中小企业的管理水平还有差距。系统内企业的管理基础较好，但新进入的民营、加工等企业还有差距。二是存在重硬件、轻管理的倾向。设施设备条件对粮油仓储企业的规范化管理有影响，但对实现规范化管理起决定作用的是人，在逐步改善粮油仓储设施设备条件的同时，更要通过规范管理，提高人的规范意识、业务素质和工作效能，更好地发挥设施设备的作用，提高其利用效率。三是对仓储工作重要性认识不到位。一些地方和企业对粮油仓储工作存在认识误区，认为仓储管理是企业的负担，是花钱的事，而没有看到仓储环节是现代粮食流通的重要组成部分，不仅能够创造利润，而且还是保证搞好粮食流通各项业务的基础。

三　再接再厉，逐步建立规范化管理长效机制

粮油仓储企业规范化管理活动取得了阶段性成果，但规范化管理工作是一项长期、持久的工作。各地区、各单位要认真总结本次活动工作经验，分析粮油仓储工作形势，深入研究粮油仓储企业规范化管理之道，不懈怠、不满足，争取百尺竿头、更进一步，逐步建立规范化管理的长效机制。

（一）提高认识，切实加强粮油仓储管理工作

粮油仓储业务是粮食流通工作的重要一环，库存粮油的储存安全是确保国家粮食安全的基础，粮油仓储企业的管理水平直接关系到库存粮油的数量安全、质量安全和卫生安全。各级粮食行政管理部门对此要有充分认识，继续以粮油仓储企业规范化管理工作为抓手，全力做好粮油仓储行业的指导。当前，粮食流通体制改革不断深化，宏观的行业体制和微观的企业结构都处于调整、完善的过程当中，对库存粮油的储存安全有一定影响。对此，各级粮食行政管理部门要有正确认识，要引导企业加强粮油仓储管理工作。粮油仓储企业要始终坚持储粮安全责任意识，不断完善储粮安全责任制，切实规范各项生产作业行为，确保储粮安全。

（二）重视宣贯，以宣贯为契机进一步完善粮油仓储管理制度

《粮油仓储管理办法》、《粮油储藏技术规范》等规章制度和技术标准是粮油仓储行业的基本制度，是做好粮油仓储工作的基础。国家粮食局已经举办了两期《粮油仓储管理办法》宣传贯彻会议，

各地区、各单位陆续也开展了一些宣贯活动，这些活动促进了新制度新标准的贯彻落实。下一步，各地区、各单位要继续做好这项工作，一是扩大宣贯覆盖面，使各级粮食行政管理部门、各类所有制性质粮油仓储企业都熟悉新制度新标准；二是创新宣贯形式，通过宣讲、研讨、竞赛等方式，使粮油仓储管理人员了解执行新制度新标准的基本做法；三是根据新制度新标准的要求，继续完善地方粮油仓储管理制度和企业制度体系，建立企业技术标准体系。今明两年，国家粮食局将继续修订出台《四无粮库评价办法》、《露天储粮技术规程》、《粮油仓储设施使用办法》等配套文件，组织研究《粮油仓储企业熏蒸作业备案管理办法》、《粮油仓储企业储粮安全事故报告办法》等项规章的修订草案，同时指导地方出台《粮油仓储单位备案管理办法》等配套文件。

（三）大力创新，全面提高粮油仓储企业规范化管理水平

创新是企业发展的源泉，粮油仓储企业在开展规范化管理工作中，要强化企业的创新能力，要把创新与规范化管理结合起来。一是创新管理方法，实现从传统管理模式向现代管理模式的转变。积极推广企业全面质量管理、发展战略管理、竞争力管理、流程再造管理等管理理念，提高企业管理水平。二是创新组织形式，实现粮油仓储企业的跨越式发展。各地区各单位要利用国有粮食企业改革的机会，通过联合、兼并、重组等方式，把企业做大做强。三是建立现代企业制度，理顺出资人、管理层、企业员工等关系，完善公司法人治理结构。四是创新仓储管理手段，研究建立规范的粮油保管账制度，加强库存粮油的数量管理。五是研究建立规范的档案管理制度，为建立粮油产品质量追溯制度创造条件。

（四）科技领先，引领粮油仓储企业规范化管理再上新台阶

粮油仓储企业规范化管理，需要科技引领与支撑。各级粮食行政管理部门、粮油仓储企业和科研院所，要加大对粮油仓储企业管理现状、发展战略的研究，为企业规范管理、科学管理提供理论支持；要加大粮油储藏技术、物流技术、设备仪器等研究，为粮油仓储企业提供先进储粮技术、装备支持。同时，要关注信息技术、生物技术、新能源技术等新兴技术对粮油仓储行业的影响，推动粮油仓储企业节能减排、循环经济等工作的开展。另外，要促进"产学研"相结合，充分整合管理部门、企业、高校及研究院所各自的优势，加强沟通与合作，共同促进仓储行业管理与技术水平的提高。

（五）求真务实，稳步推进规范化管理企业评价常态化

这次表扬的先进企业是粮油仓储企业的优秀代表，在仓储管理上有很多值得借鉴的地方，特别是这次会议特邀的8户企业，他们的管理经验具有一定代表性。这次会议结束后，各地区、各单位要深入贯彻会议精神，结合本地区本企业实际，深入学习先进企业的成功经验。同时，受表扬的企业也要戒骄戒躁，不断进取，进一步提高自身的管理水平，做名副其实的规范化管理先进企业。这次活动没有按原定计划评选"全国粮油仓储规范化管理标兵企业"，主要是因为目前的政策环境和企业条件还不成熟。我们考虑，再经过一年左右时间的运行和实践，力争到明年这个时候全国能够评选出30~50户标兵企业。希望各先进企业继续努力，届时诞生一批像"余杭"、"玉田"那样能够对粮油仓储工作产生重大影响的新标兵。初步设想，标兵企业分两种类型，一种是全面发展型标兵企业，这类企业制度健全、管理规范、运行高效、综合素质比较高。另一种是单项创新型标兵企业，这类企业在综合素质比较好的基础上，又在节能减排、循环经济、生态储粮、信息化、设施设备管理、企业文化建设、流程再造等某一方面特别突出。

（六）突出重点，指导国有粮油仓储企业更好地发挥主渠道作用

目前，国有粮油仓储企业仍是仓储行业的主渠道，据统计，截至2009年底，国有粮食仓储企业数

量为13623户，总仓容30960万吨，数量占全社会总量的75.7%，仓容占全社会总量的85.0%。总体上看，国有粮油仓储企业在设施设备、人员配备等方面都比较好，具备一定的管理基础。因此，各地粮食行政管理部门应从国有粮油仓储企业入手，切实促进国有粮油仓储企业规范化管理水平的提高，进而带动全行业粮油仓储企业整体管理水平的提高。同时非国有粮油仓储企业也要加强管理，不断提升企业规范化管理水平。

　　同志们，粮油仓储企业规范化管理既是一门科学，也是一门艺术，更是我们的事业，需要我们以高度的责任感，强烈的事业心，创新的思维观念，扎实的工作作风，严谨的管理措施，高超的领导艺术，稳步地将规范化管理的各项工作不断推向新的高度。在粮油仓储企业规范化管理的道路上，我们已经成功地迈出了第一步，并取得了较好的阶段性成果，我们一定可以走得更远更宽。各地区、各单位要认真总结这次活动的成功经验，分析粮油仓储企业管理现状，深入研究规范化管理举措的得失，全面落实科学发展观，紧密围绕粮食流通中心工作，脚踏实地、开拓进取、扎实工作、继往开来。可以相信，在各级党委、政府的正确领导下，在广大粮油仓储工作者的共同努力下，我们一定能够在粮油仓储企业规范化管理的广阔大道上取得一个又一个新的胜利。

在全国军粮供应应急保障工作会议上的讲话

国家粮食局副局长、党组成员　任正晓
2010年6月24日

同志们：

今天，我们在甘肃兰州召开全国军粮供应应急保障工作经验交流会，这是第一次以应急保障为主题召开的全国性军粮供应工作会议，会议主题明确，非常重要。国家粮食局党组高度重视这次会议，局党组书记、局长聂振邦同志多次对做好军粮供应保障工作和开好这次会议作出批示和部署，财政部、解放军总后勤部、武警总部和甘肃省委、省人民政府都对这次会议给予了高度关注和大力支持。甘肃省委常委、副省长刘永富，总后军需物资油料部副部长李俊锁、武警部队后勤部军需物资部副部长徐北晨和部队其他领导同志都在百忙之中亲临会议指导，并作重要讲话。在此，我谨代表国家粮食局向长期以来高度重视粮食流通工作、全力支持军粮供应工作的财政部等有关部委、解放军总后勤部、武警部队和甘肃省委、省人民政府表示衷心的感谢！

这次会议的重要内容是典型经验交流。会议将安排甘肃、青海、新疆、湖南、宁夏、四川、浙江等省（区）粮食局向大会作经验介绍，同时还印发了山东、福建省粮食局和成都市两个军供站的典型材料，会议讨论中各地还要相互交流很多好的典型经验。这些宝贵经验和成功做法，都是从军粮应急供应实践中总结出来的，本初同志在工作报告中对这些经验作了比较全面、系统的归纳总结，希望各地加强交流、相互学习，取长补短、共同提高。我们召开这次会议，就是要在科学发展观的指引下，通过总结经验、交流做法，进一步统一思想、提高认识，紧紧抓住综合应急保障这个关键环节，推动全天候军粮供应应急保障体系的建设。下面，我讲三点意见：

一　必须充分肯定近些年来军粮应急保障取得的成绩和经验

2005年5月，我们在"郑州会议"上提出了"以兵为本"的军供工作理念和"平战结合，突出战备；军民兼容，部队优先；主副并进，以副补主"的军供企业改革发展思路，明确强调军粮供应工作要"平战结合，突出战备"，把军粮应急保障工作全面提升到"突出"的位置。几年来，各级粮食行政管理部门和军粮供应战线坚定不移地落实"以兵为本"和"突出战备"的要求，全面推进应急保障体系建设，取得了显著成绩，积累了宝贵经验。军粮供应系统牢固树立"以兵为本"的思想，形成了比较健全的军粮供应组织管理机构和供应服务体系，初步建立起较为系统的应急供应制度机制，加强了粮食战备动员准备，提高了军供信息化水平，培养锻炼了一支过硬的专业化军供保障队伍。2008年以来，我国发生了多次严重自然灾害和重大突发事件。在应对这些严峻考验的斗争中，当英勇的人民解放军和武警官兵冲锋在前，舍生忘死，保卫人民生命财产安全的时候，全国粮食系统广大干部职工特别是军供战线的同志们全力以赴投入应急保障，做了大量艰苦而卓有成效的工作。各级粮食行政管理部门精心部署、得力指挥，军供部门快速反应、积极行动，在抗击冰雪灾害的斗争中，实践和履行了"桥断路断军粮不断"的庄严承诺；在藏区维稳的供应中，取得了长途跋涉、伴随保障的业绩；在汶川、玉树抗震救灾的关键时刻，军供部门充分发挥组织系统完备、供应网络健全的优势，跨区支援、协同保障，真正做到了"部队战斗到哪里、军粮供应就保障到哪里"；在新疆乌鲁木齐"7·5事件"发生后，各族粮食干部职工坚决听党的话，维护民族团结，坚守工作岗位，发挥了军粮供应主渠道和主副食保障平台的积极作用。军粮应急保障工作取得的这些成绩，都得到了各级党委和政府的充分肯定，得到了部队广大官兵的高度赞扬，集中体现了粮食系统军供战线干部职工拥军爱军的光荣传统、爱岗敬业的职业情操和无私无畏的奉献精神。

这些年，军粮应急保障工作在实践中探索、在实战中完善，取得的成绩是实在的、不易的，积累的经验是鲜活的、宝贵的。多年来应急保障的实践告诉我们，要在部队执行紧急任务的关键时刻做好军粮应急保障，至少要求我们具备以下几个方面的"软硬实力"：一要有深厚的爱军情感；二要有强烈的应急意识；三要有坚强的组织领导；四要有过硬的军供队伍；五要有科学的制度机制；六要有坚实的物质装备；七要有可靠的保障条件；八要有密切的军地联动。在下一步推进军粮应急保障体系建设的过程中，我们要很好地运用和弘扬这些得来不易的实战经验，从这几个方面切实加强"软硬实力"建设，把军粮供应特别是应急保障工作做得更实、更好、更贴近部队的需求。

二   必须切实提高对加速提升军粮应急保障水平的认识

首先，我国公共安全面临的严峻形势和挑战，要求我们必须高度重视军粮应急保障工作。和平与发展仍然是当今时代的主题，但世界格局正处于向多极化过渡的重要时期，各种矛盾错综复杂。由于传统安全威胁和非传统安全威胁的各种因素相互交织，当前我国不仅在经济、政治、军事等方面面临重重压力，社会安全也呈现出境内外问题相互渗透，反华敌对分子和三股势力相互勾结，恐怖主义嚣张，群体性事件增多等复杂局面，再加上各种重大自然灾害、事故灾难频发，使得我国公共安全面临日趋严峻的挑战。新时期的人民军队，不仅肩负着传统的保家卫国的军事斗争准备任务，同时还承担着艰巨的反恐、处突、维稳、抢险、救灾等应急任务。在这样的新形势和背景下，军粮供应工作相应面临着"平与战"、"常与急"的双重转换保障任务，在确保常规状态下有效供应的同时，必须高度重视应急保障工作。因此，各地军供部门一定要按照"平战结合，突出战备"的要求，以变应变，突出抓好应对突发事件、紧急状态的军粮战备应急保障工作，随时准备经受紧急突发情况的检验和考验。

第二，我国经济社会全面发展的良好态势，要求我们必须努力提高军粮应急保障水平。在我国建设小康社会、和谐社会进程日益加快、国家经济社会全面发展的形势下，高水平地支持部队完成多样化应急斗争任务，高标准地做好军粮供应应急保障，是粮食部门必须积极面对、努力实践的重大课题。军粮供应不能再沿袭传统的、常规的供应模式，必须加快军粮供应事业发展方式的转变，必须加强综合应急保障能力建设，与部队后勤保障平台有机衔接，提高平战转换能力，才能真正达到保障有力的要求。当前我们的军粮应急保障能力与满足高水平应急供应的要求还有相当大的差距。比如有的地方由于应急供应的不确定性，在物资准备和设施配置上，都存在着平时向战时转换不配套、不顺畅的矛盾，虽然每次都能尽力完成应急保障任务，但确有一些力所难及的问题和困难。用军供站同志的话讲，就是"我们的应急保障任务完成得比较出色，但是我们完成得非常艰难"。也就是说，我们还没有建设好一套完善的、强有力的应急体系，这种"非常艰难"的保障就不能说是可靠的保障，也决不是高水平的保障，这样的保障与国家经济社会的发展还很不协调，与部队新军事变革的要求还极不配套。因此，我们必须从适应国家经济社会全面发展的高度，对军粮应急保障提出更高的要求，做好最充分的准备，真正做到常备不懈，有备无患，努力把应急保障能力提升到更高的水平。

第三，构建全天候军粮供应保障体系，要求我们必须突出抓好军粮应急保障能力建设。我国改革发展处于关键时期，军粮供应工作既要适应粮食流通体制改革不断深化的发展变化，同时还必须跟上新军事变革引发的部队后勤体制的改革创新。回顾这些年军粮供应工作，我们在改革中取得了进步，但面对部队非战争军事行动增多的新形势，也遇到很多新困难、新问题。特别是应急保障工作方面，我们还处于"常态供应驾轻就熟，应急转换亟待提高"的状态，很多"点"上的经验和做法还没有转化为"面"上的行动和能力，应急保障仍然是整个军粮供应工作的薄弱环节。我们必须根据新形势、新任务的要求，加强平战结合军粮供应保障机制建设，努力解决好当前军供工作中应急机制建设滞后、应急物资设施准备不足的问题，从根本上解决好平时"养"与战时"用"的矛盾，完善应急机制，加强应急建设，尽快构建起功能更强、效率更高、反应更快，集平时服务、急时应急、战时应战于一体的全天候军粮供应保障体系。我认为，加强全天候军粮供应保障体系建设，与部队后勤建设同步实现速度、质量、效益相协调的发展，是当前粮食系统军供部门贯彻落实科学发展观、坚持"以兵为本"的必然要求和努力方向。而要建设好全天候的军粮供应保障体系，加强应急保障工作是当务之急，重中之重。

三　必须加快推进全天候军粮应急保障体系建设

这些年，胡锦涛总书记对军队后勤保障工作多次做出重要指示，强调要高度重视军队的现代后勤保障体系建设，全面提高部队后勤保障力和战斗力。温家宝总理在今年的政府工作报告中强调，要"加快全面建设现代军队后勤的步伐"，要切实"加强国防动员和后备力量建设"，要求"各级政府要一如既往地关心支持国防和军队建设，巩固和发展军政军民团结"。当前，部队后勤保障正在朝着现代化、人本化、社会化方向科学发展。在这种形势和背景下，军粮供应工作既面临难得的发展机遇，又面临严峻的现实挑战，必须坚持用科学发展观统领军粮供应工作的全局，切实把加强机制建设、提高应急能力、推动企业改革创新放在更加突出的位置上，努力提高综合应急水平，推动全天候军粮供应保障体系更好更快地建设和发展。在这里，我提出"三个切实"的要求，供同志们参考：

第一，要切实加强应急机制建设。构建全天候军粮供应保障体系的关键是要形成一整套与部队后勤建设相互适应、共同发展的体制机制。立足当前，着眼未来，切实加强机制建设，必须从以下几方面狠下功夫：一要加强应急预案体系建设。当前，各级政府制定的应急管理办法和大粮食应急预案主要侧重于当地出现粮食短缺和粮价异常波动等紧急情况的处理，对部队大规模调动的特殊情况还必须由专项军粮应急预案做出规定。在研究制定预案的过程中，要强调协调性、突出可操作性，无论哪一级的预案，都应当起码达到"好理解无歧义、好启动无阻力、好实施无扯皮"的要求。国家层面要抓住《国防动员法》即将实施的有利时机，抓紧梳理军粮供应政策、业务，对应急保障经验和措施进行总结，高质量地修订《军粮供应管理办法》，高质量地研究制定《国家军粮供应应急预案》，从宏观上建立起制度机制，为粮食战备应急工作做好制度准备。各级粮食行政管理部门也要抓紧做好军粮应急预案或实施细则的制修订工作，统筹规划，积极协调，把预案制定好、落实好。二要加强应急机构建设。应急机构是完成应急任务的组织保证。军供管理部门要承担起应急管理的责任，要明确各级军供部门的职责重心。省级军供机构要在省级粮食行政管理部门的统一领导和指挥下，成为最直接的监管主体和应急指挥中心；地市级军供中心要建设成为辐射能力较强的区域军供保障载体，形成"急、难、险、重"供应任务的组织保障能力。要重点考虑在重要地区和物流节点建设与部队后勤指挥平台相对接的大区域军粮应急指挥配送中心。同时，应急机构要加强应急演练，平时的训练、演练是战时顺利实施保障的关键。要积极争取财政补助一部分演练经费，有计划地组织军供站开展应急演练，尽快形成实战能力。三要加强军地联动机制建设。军粮供应部门的一切应急准备，都要紧紧围绕保障部队军事后勤需求这个中心。"兵马未动，粮草先行"，军地双方要密切配合，建立起严密高效的军地联动机制，保证地方军供与部队后勤保障平台的顺畅对接。在这方面，各级粮食局和军供部门要主动向部队后勤军需部门的首长和专家请教，得到部队的指导和支持，使对接平台更加有效、更加管用。四要加强队伍思想政治建设。粮食系统军供干部职工队伍必须是一支政治过硬、业务精湛、作风扎实的专业队伍。经过近些年一系列重大突发事件的考验和检验，从整体上看，我们这支队伍是优秀的、可靠的。但是面对新的形势、新的任务，我们的军供队伍建设还有很多不适应、不协调、不到位的地方，因此各地必须切实抓好思想政治建设，抓好培训，加强教育，通过扎实有效的思想政治教育工作，打造一支政治上、思想上、业务上、作风上都过硬的职工队伍，从整体上进一步提高军粮供应队伍的战斗力和执行力。

第二，要切实提高应急保障能力。经过南方冰雪灾害、汶川、玉树地震、藏区及新疆维稳等重大自然灾害和突发事件的检验，使我们看到了军供应急保障能力确实还比较脆弱，要求我们必须加快推进应急保障能力建设，迫切需要提高六方面的能力：一要提高应急粮源筹措能力。粮食购销市场化条件下的粮源筹措，可变因素增多，建立稳定可靠的军供粮源筹措机制非常重要。不论平时还是战时，都必须筹措优质粮、新鲜粮、放心粮供应部队。必须进一步提高粮源筹措的组织化程度，省级军供管理部门要切实担负起军粮统筹组织调度和监管的职责，加强粮源筹措能力的建设。军粮供应体系要与粮油加工龙头企业、优质粮油生产基地建立起长期、稳定的产销合作机制，依托大粮食、大市场建立起可靠的军供粮源基地，从生产的源头上着手，充分考虑应对战争、特大灾害、突发事件等多种情况，超前做好军粮应急加工预案，切实提高军粮应急筹措能力。二要提高成品粮油储备能力。近几年，各地原粮储备设施和能力得到了明显加强，但成品粮的储备能力还比较薄弱。各地要加强军供成品粮库建设，将其纳入地方粮食仓储建设一并考虑。军供部门一定要建立、掌控必要的成品粮应急储备，掌握成品粮应急调度粮源。各省粮食局要在企业改组改制的过程中，大力充实军供资产，支持有条件的军供企业承担起政府粮油（包括成品粮油）的储备任务，把社会粮油应急保障与军粮应急保障有机结合起来。有的省市已经这样做到了，事实证明，对于促进地方储备的建立、保障军粮供应都发挥了重要作用。三要提高应急运输保障能力。要高度重视制定军粮应急运输方案，科学规划，整合社会运力资源，提前考虑多种运输路线、运输工具和运输方式，在正常交通被中断的情况下，要有应急运输能力随时保障军粮运送。四要提高军粮质量监管保障能力。必须明确，新时期军粮供应工作的基本要求是：供应要及时可靠，质量要确保优良，食用要绝对安全，保障要坚强有力。确保人民解放军和武警部队官兵在任何时候、任何条件下都要吃得上、吃得饱、吃得好、吃得安全，是我们义不容辞的职责。针对当前食品安全面临的新形势，我们要把确保军供粮油的质量安全放在特别重要的位置上。各级粮食部门一定要进一步加强军供粮油质量监管，督导军供粮油标准的落实，研究加强军粮质量管理的长效机制。要抓好粮源，管好库存，严格检验，从各个环节上加强质量监管，绝不让质量不达标、食用不安全的粮油流入军营。五要提高应急网点建设能力。要加强野战军供站建设，实现军供网络与地方粮食应急供应网络资源共享，做好军粮应急供应网点设置方案，保证粮食部门具备开设临时军供网点的能力和必要条件。六要提高综合保障创新能力。几次重大的军供应急实践表明，部队对主副食，包括蔬菜、快餐食品等的综合保障需求十分突出，这是我在抢险救灾第一线看到的现实状况。要做好应急状态下的主副食综合保障，需要我们在平时就适应部队多样化需求，在供应品种、供应方式、服务措施上大胆创新。2008年3月，我们在珠海会议上提出，供应品种要"由少变多"，包装容器要"由大变小"，供应方式要"有生有熟"。从这次交流的材料看，很多地方都按要求积极探索了供应服务方式的改革，提升了综合保障能力和水平，不仅保证米、面成品粮的及时优质供应，同时还适应部队流动作战的需要，做到副食蔬菜、"生鲜熟热"连带供应。这项工作仅靠军供部门的努力还不够，各省粮食行政管理部门要进一步加大力度，整体推动，使之更成熟、更完善、更贴近部队需求，真正构建起全天候、多方位的服务保障体系。把军粮供应渠道建设成为平战结合的主副食综合保障平台，意义非常重大，需要我们努力开拓，不断创新，积极推进。

第三，要切实做大做强应急保障企业。军粮供应企业是承担军粮供应任务的载体，也是军供应急保障的主力军。军粮企业的发展实力直接体现为军供部门的综合应急保障能力。对比快速发展的现代化军事后勤需求，目前军粮供应企业普遍存在基础还比较弱、发展还不够快、实力还不够强的问题。这已经成为制约军供应急保障水平进一步提高的"瓶颈"，必须下大力气支持军供企业发展，做实、做大、做强应急保障载体。当前要紧紧抓住军供企业存在的突出问题，实行分类指导、重点突破。我这里强调三个方面：一是重点解决"高边岛特"军供网点的正常运行问题。高原、边境、海岛、特殊军事基地的军供网点，大都处于经济欠发达地区，条件艰苦，供应量小，在这些地方市场机制很难发生作用。对于这类网点，要继续狠抓国务院国发〔1996〕50号文件中关于将其"列入事业单位编制"政策的落实，人员工资要纳入财政预算，供应费用采取"抽肥补瘦"的办法倾斜照顾，网点设施则应当主要利用国家和地方财政投入来实施维修改造。要千方百计使这些艰苦地区的军供职工能安心为部队服务，解决他们的后顾之忧，同时也为部队官兵提供安全、稳定的供应保障。二是重点解决驻军集中地区骨干军供站的发展问题。驻军集中地区的军供企业是军粮供应保障的骨干力量。要重点扶持一批有发展潜力的骨干企业，指导它们利用军供优势，集中发展部队需要的粮油食品营销和物流服务，支持这些骨干企业之间加强合作，延伸嫁接产业链，把它们做大做强，培育和发展成具有核心竞争力的军供骨干企业或企业集团。同时也要重视小规模军供站的发展，放宽政策，鼓励它们在做好军供服务的基础上，主副并进，以副补主，因地制宜地开展多种经营，形成"小而强、小而精、小而专"的小企业群，发挥它们军民兼容、军地共享、服务社会、增收保供等方面的作用。三是重点解决战略地位重要、部队演习要地、维稳任务繁重地区的军供应急设施建设问题。在解决好不同类型军供企业生存、发展的基础上，中央和地方应当集中财力，支持一些军供骨干项目的建设。通过集中力量办大事，用几年的时间，建设一批布局合理、实力较强的军供综合应急保障中心，以点带面，带动全国军供应急网络体系良性发展。

以上我从加强应急机制建设、提高应急保障能力、筑牢应急供应载体这三个方面提出一些想法和思路，供大家在谋划和实施军供应急保障体系建设时参考。

同志们，军粮供应工作责任重大，任务艰巨，使命光荣。让我们在科学发展观的指引下，坚定信心，振奋精神，扎实工作，开拓创新，全面推进全天候军粮供应保障体系建设，为国防事业和部队建设提供更加优质、高效、有力的军粮服务保障，不断续写军粮供应事业科学发展的新篇章！

在全国粮食系统机关党建工作情况交流会上的讲话

国家粮食局副局长、党组成员 张桂凤
2011年1月6日

同志们：

　　新年伊始，在全党上下深入学习贯彻党的十七届五中全会和中央经济工作会议精神，认真总结过去一年的工作，谋划新年度工作的时候，我们召开全国粮食系统机关党的建设情况交流会，交流各自结合实际深入开展创先争优活动，加强机关党的建设的好经验、好做法，互相启发，取长补短，非常及时，非常必要。这对于我们动员党组织和广大党员深入推进创先争优活动，认真谋划并展开新年度的工作，在破解发展难题、推动科学发展中创先进、争优秀，为粮食流通事业科学发展提供精神动力和组织保证，具有十分重要的意义。

　　刚才听了一些单位的发言，看了一些单位的书面材料，总的感到，2010年粮食系统机关党建工作活跃扎实，特别是创先争优活动启动以来，各地粮食局机关党委认真贯彻中央的决策部署，紧紧围绕推动科学发展、促进社会和谐、服务人民群众、加强基层组织的总要求，紧密联系实际，精心组织，扎实推进，以创先争优活动为抓手，推动全年党建工作不断创新发展。主要有以下四个明显特点：一是高度重视，组织领导有力。各地粮食局党组高度重视，把开展创先争优活动作为重大政治任务来抓，普遍成立了创先争优活动领导小组，坚持党组负总责，党组书记亲自抓，党组成员分头抓，基层党组织负责人具体抓，建立领导干部联系点，认真落实领导责任。各基层党组织认真制定方案，提出争创目标，向党员群众公开承诺，推动创先争优活动顺利开展，促进了党建工作各项任务的落实。二是主题鲜明，载体灵活多样。把创先争优活动作为促进更好地完成中心任务的有效载体，与粮食流通事业发展中心任务紧密结合，与当地党委政府的中心工作紧密结合，立足自身实际和岗位特点，确立活动主题，积极创新活动内容、方法和载体，精心设计了许多体现时代要求和党员干部需求的活动载体和形式，不断丰富活动内容，拓展活动空间，开展丰富多彩的主题实践和教育活动，增强活动吸引力，使党员愿意参加，群众能够响应，取得了寓教于乐的效果，受到广大党员干部职工的欢迎。三是示范引领，提高党员干部素质。把开展创先争优活动与建设学习型党组织、与开展"讲党性、重品行、作表率"，提高党员干部素质紧密结合，坚持示范带动，典型引导，设立党员责任区、党员先锋岗、党员示范窗口、党员品牌工程、党员攻关项目等，引导党员充分发挥先锋模范作用。积极开展评选表彰活动，树立了一批先进典型，起到了很好的示范引领效应。四是注重实效，服务中心工作。各单位把贯彻落实党中央、国务院重大决策部署，推动中心工作科学发展，完成服务世博、服务亚运、抗洪抢险救灾等各种急难险重的重大政治任务，作为开展创先争优活动最好的实践载体，把党的政治优势、组织优势和密切联系群众的优势转化为巨大的精神力量，用有效促进粮食中心工作各项任务完成的绩效检验创先争优活动的成果，主动融入中心、有效服务中心，确保了全国粮油市场稳定、储备充足、调控有力、运转高效，较好地实现了保障国家粮食安全的目标。

从一年来的工作情况看，对照胡锦涛总书记提出的要求，我们在深入开展创先争优活动、加强机关党建方面还存在一些不足。一是个别单位领导对创先活动认识还不够，工作发展不平衡；有的把创先争优当作一项孤立的任务、阶段性的工作来看，如何把经常性的工作阶段化，使之常流水、不断线，不断掀起高潮，有节奏地推进，还缺乏经验，需要在实践中不断摸索。二是党建工作如何与中心工作紧密结合，如何把解决思想问题与解决实际困难有机结合，如何处理工学矛盾真正做到"两不误、两促进"等方面，还需要进一步研究。三是在学习宣传身边的典型上力度还不够，还需要下大功夫，增强影响力。这些问题需要我们在明年的工作中下大力解决。

同志们，2011年是中国共产党成立90周年，也是应对国内外复杂环境重大挑战、实施"十二五"规划的开局之年，加强和改进机关党的建设至关重要。粮食系统各级党组织要全面贯彻党的十七大和十七届四中、五中全会精神，以邓小平理论和"三个代表"重要思想为指导，深入贯彻落实科学发展观，紧紧围绕加快转变经济发展方式的主线和"稳市场、保安全、强产业、惠民生"的工作重点，为实现"促进生产保安全，加强调控稳市场，保证供应惠民生，壮大产业强实力"的目标，深入开展创先争优活动，积极推进学习型党组织建设，加强理论武装和精神文明建设，全面推进机关党的思想、组织、作风、制度和反腐倡廉建设，为粮食流通中心工作科学发展提供坚强的政治动力和组织保证。下面，我重点讲四点意见：

一　以认真学习贯彻五中全会精神为重点，开展形势政策宣传教育

集中开展形势政策宣传教育，用五中全会精神统一思想和行动，是当前和今后一个时期各级党组织重要的政治任务。粮食系统各级党组织要按照中央有关要求，抓住"十一五"规划完成、"十二五"规划开局的有利契机，在全系统党员干部职工中深入开展形势政策宣传教育，把党员干部的思想和行动统一到党中央、国务院的要求和部署上来。

一是深入学习宣传党的十七届五中全会的重大意义。使党员干部明确全会对国际国内形势作出的基本判断，对我国发展仍处于可以大有作为的重要战略机遇期的科学把握，增强责任感和使命感，振奋精神、抢抓机遇，努力开创科学发展新局面。引导党员干部职工深刻理解掌握党的十七届五中全会精神的丰富内容，明确全会作出的各项部署符合我国国情、符合时代潮流、符合党心民心，切实增强贯彻落实的自觉性和主动性。

二是深入学习宣传"十一五"时期经济社会发展的巨大成就和宝贵经验。使党员干部明确"十一五"时期以胡锦涛同志为总书记的党中央团结带领全国各族人民，战胜各种困难和重大风险挑战，胜利完成"十一五"规划确定的主要目标和任务，使国家面貌发生新的历史性变化。我国社会生产力快速发展，综合国力大幅提升，人民生活明显改善，国际地位和影响力显著提高，社会主义经济建设、政治建设、文化建设、社会建设以及生态文明建设和党的建设取得重大进展。明确党和国家各项事业取得巨大成就的根本原因就是坚持了中国特色社会主义"一面旗帜、一条道路、一个理论体系"。引导全系统干部职工统一思想、认清形势、增强信心，不动摇、不懈怠、不折腾，坚定自觉地跟党走中国特色社会主义道路。

三是深入学习宣传"十二五"时期经济社会发展的指导思想、总体思路、目标任务和重大举措。深刻理解"十二五"规划建议是指导今后五年国民经济和社会发展的纲领性文件。大力宣传以科学发展为主题是时代的要求，以加快转变经济发展方式为主线是推动科学发展的必由之路，进一步明确发

展方向。宣传党的领导是实现"十二五"目标任务的根本保证，必须加强党的执政能力建设和先进性建设，不断提高党领导经济社会发展能力和水平，引导党员干部增强责任感和紧迫感，充分发挥先锋模范作用，带动广大群众团结一心、共同奋斗、创先争优，扎实做好本职工作，努力开创粮食流通工作新局面，为实现"十二五"时期经济社会发展目标做出新的贡献。

二 围绕"十二五"破解发展难题创先争优，为实现"十二五"期间粮食流通发展目标提供政治动力

中央决定以深入学习实践科学发展观为主题开展创先争优活动，是巩固学习实践科学发展观活动成果，推动学习实践科学发展观向深度和广度发展，推动党的建设更好地服务党和国家工作大局、服务本部门中心工作、促进经济社会又好又快发展的迫切需要和重大战略安排。十七届五中全会报告把学习实践科学发展观活动与创先争优活动列为今年中央集中力量抓的几件大事之一。李源潮同志指出，深入学习实践科学发展观，为"十二五"时期科学发展提供政治动力和组织保证，是今后5年全党创先争优活动的方向和主题。围绕科学发展主题组织创先争优，是各级党组织的职责所系。在学习实践科学发展观的活动中，我们查找了影响和制约粮食流通事业科学发展的一些突出问题，并逐条制定了整改措施，明确了完成时限，其中有的已经解决，有的还在继续研究解决，有的解决的难度还很大。围绕"十二五"破解发展难题创先争优，就是一方面要继续解决这些问题，一方面要围绕落实"十二五"发展规划进一步查找难题，动员党员干部在积极参与解决发展难题过程中创先争优，促进问题的解决，推动粮食流通事业科学发展。

一是要紧紧围绕实施"十二五"规划破解发展难题。国家粮食局的"十二五"规划已经制定完成并上报国家发展改革委。各地也会紧紧围绕本地加快转变经济发展方式、提升经济增长质量、科学发展的中心任务，制定发展规划。规划制定只是第一步，更重要的是推进规划落实。要把规划落实好，需要解决的难点问题会很多，我们要根据各自在落实"十二五"规划中的职责分工，认真分析梳理，找出难点，通过创先争优活动这一有效载体，发动党员干部围绕难点问题的解决献计献策，全力突破，保证"十二五"规划的顺利实施。

二是要紧紧围绕贯彻落实中央经济工作会议精神破解发展难题。去年中央经济工作会议指出，做好今年经济工作，有许多有利条件，也存在一些突出矛盾和问题。宏观经济平稳运行面临复杂形势，粮食稳定增产和农民持续增收基础不牢固，经济结构调整压力加大，资源环境约束强化，改善民生和维护社会稳定任务艰巨。要求全面加强价格调控监管工作，保持物价总水平基本稳定。为治理通胀，采取增加农业生产补贴，稳步提高粮食最低收购价，加大粮食主产区投入和利益补偿力度，落实"米袋子"省长负责制等措施。要完成好中央交给的任务，需要解决的难题很多，我们要认真研究，紧紧围绕保障和改善民生，选准突破口并下大力攻坚克难，通过解决难题，确保中央经济工作会议部署的任务顺利完成。

三是紧紧围绕完成今年的重点工作任务破解发展难题。我们要从粮食流通事业发展的全局出发，根据各自的职能和明年的工作任务，围绕解决干部群众反映强烈的突出问题，确定1~2个最需要攻关解决的难题，明确责任人，组织攻关小组，发动党员干部集体攻关，下大力解决，通过破解难题促进

带动全年工作任务的完成。

国家粮食局机关党委在破解发展难题上，采取措施，加强督导，确保破解难题创先争优活动顺利开展，要求局直属各单位将需要破解的难题、责任人、完成时限等书面上报，由机关党委汇总发文公布。利用局域网、简报等形式及时交流创先争优、破解难题攻关的做法和成果，形成破解难题、推动科学发展的浓厚氛围，促进活动开展，取得了较好的成效。

三　以"纪念建党90年"为契机，下大力加强党的基层组织基础建设

胡锦涛总书记指出，国际形势越是复杂多变、我国社会越是深刻变革，改革发展稳定任务越是艰巨繁重，越要做好抓基层打基础的工作。2010年是中国共产党成立90周年，我们要按照中央要求，以"迎接建党90周年"为载体，开展一系列丰富多彩、生动活泼的宣传教育活动，把创先争优活动这一经常性的工作阶段化，有计划、有节奏地推进，努力使党的基层组织基础建设不断加强。

一是要加强党员教育，切实增强党员的党性观念。认真落实《2009~2013年全国党员教育培训工作规划》，对党员进行培训教育。通过举办党史系列讲座，组织观看有关电视文献专题片、影视文艺作品等，使广大党员了解掌握中国共产党90年的伟大历程、光辉成就和宝贵经验。组织党员学习优秀共产党员特别是身边优秀共产党员的先进事迹，激励广大党员增强宗旨意识和党性观念。李源潮同志要求各地各部门都要有先进典型，各行各业也要选树先进典型。国家粮食局机关党委拟在"七一"前评选表彰先进基层党组织和优秀共产党员、优秀党务工作者。建议粮食系统各单位都要深入挖掘本单位优秀共产党员的先进事迹，树立自己的典型。如果有必要，适当的时候由国家粮食局机关党委统一组织编写一本《粮食系统共产党员英雄谱》，供粮食系统广大党员干部学习。

二是以"迎接建党90周年"为主题开展系列纪念活动。为迎接建党90周年，各地紧密结合本单位的实际，安排了一系列纪念活动。国家粮食局机关党委也决定以"破解难题作贡献，迎接建党90周年"为主题，在基层党组织中广泛开展形式多样的主题党日、主题实践活动。准备第二季度组织赴井冈山开展党员干部理想信念教育实践活动，"七一"前组织"庆祝建党90周年群众唱红歌歌咏大会"，举办"纪念建党90周年"书画摄影展，开展走访慰问老党员、老干部活动等。通过多种形式的纪念和宣传教育活动，进一步加深党员干部群众对党的感情，坚定永远跟党走、建设中国特色社会主义的理想信念。

三是努力抓基层打基础，增强基层党组织的生机和活力。今年是贯彻实施新的《中国共产党党和国家机关基层组织工作条例》的第二年。我们要继续以贯彻落实新《条例》为契机，以加强基层组织建设为目标，以创先争优活动为抓手，以改革创新的精神加强基层组织建设，不断增强基层党组织的创造力、凝聚力、战斗力。要抓好基层党组织带头人队伍建设，加强支部书记和党务干部培训，不断提高基层组织做好党务工作、解决自身问题的能力。要积极落实党建工作责任制，认真落实党组管党建、书记抓党建的责任，建立各有关方面齐抓共管的基层党建工作格局和抓基层打基础的长效机制。要严格落实党员领导干部双重组织生活制度，提高民主生活会的质量，加强党内民主建设，积极推进基层党务公开，不断创新基层党组织活动方式，强化基层党组织的功能，充分发挥基层党组织的作用。

四　积极深化党群共建创先争优，以党组织和党员创先争优带动全系统创先争优

胡锦涛总书记强调，要实现"十二五"时期我国经济社会发展目标任务，必须紧紧依靠广大人民群众，充分调动广大人民群众的积极性、主动性、创造性。我们开展创先争优活动、加强党的建设，离不开广大群众的积极参与、支持和监督。

一要发动群众积极参与、监督创先争优。要把群众满意作为评价标准，精心设计符合自身特点、体现时代要求、适应党员需求的活动载体和丰富多彩的活动形式，使党员愿参加、群众能响应，吸引和带动群众积极参与到创先争优活动中来。继续开展好党组织和党员公开承诺活动。按"十二五"目标任务充实承诺内容，运用好公开承诺、领导点评、群众评议、评选表彰等方式，主动接受群众监督。要广泛开展党员示范岗、责任区、志愿服务等活动，影响和带动群众创先争优。

二要抓好结合。要把党组织的争创和本单位争创文明单位结合起来，把争当优秀党员与争当人民满意的公务员、与"讲党性、重品行、作表率"活动紧密结合起来，通过作表率、争当先进模范，激发党员干部职工投身"十二五"建设积极性、主动性和创造性，为我们事业的发展提供强大的精神动力。

三要坚持党建带群建，党群共建创先争优。要通过党组织和党员创先争优影响群众、感染群众、带动群众，带动更多的群众参与创先争优。充分发挥工会、共青团、妇联等组织联系群众的优势和作用，积极参与组织纪念建党90周年各项活动，广泛开展多种形式的群众性宣传教育活动，活跃机关文化生活，推动机关干部职工"健康行动"计划落实，积极推进和谐文明机关建设。通过开展争当岗位能手、创建"青年文明号"、巾帼建功等活动，推动群众积极投身科学发展。

四要营造创先争优的浓厚氛围。坚持深入基层，了解情况，总结经验，及时发现和宣传推广创先争优的好做法、好经验，大力宣传创先争优先进典型，在全系统营造比学习、比工作、比奉献和学习先进、赶超先进、争当先进的浓厚氛围。

同志们，2011年的各项工作已全面展开，新年度的任务将十分繁重。我们一定要按照党中央、国务院的部署要求，认真学习贯彻十七届五中全会精神，进一步增强使命感和责任感，以更加饱满的政治热情、更加求真务实的工作作风、更加奋发有为的精神状态，做好新形势下的机关党建工作。要做到服务党员有感情，开展党建有热情，开拓创新有激情，献身党建有痴情。让我们紧密结合粮食系统工作实际，扎实推进创先争优活动，全面加强基层党的建设，为粮食流通事业科学发展提供精神动力和组织保证。

认真贯彻党的十七届四中全会精神
深入开展粮食系统党风廉政建设和反腐败工作

——在全国粮食系统纪检监察工作会议上的讲话

中纪委驻国家粮食局纪检组组长、国家粮食局党组成员　杨兵

2010年4月8日

同志们：

这次会议的主要任务是：传达贯彻中纪委五次全会和国务院第三次廉政工作会议精神，学习胡锦涛总书记的重要讲话和贺国强同志的工作报告，回顾总结2009年工作，研究和落实2010年任务。国家粮食局党组非常重视这次会议，党组书记、局长聂振邦同志出席会议并作重要讲话，对今年粮食系统党风廉政建设和反腐败工作作出部署，我们要认真学习，抓紧贯彻落实。下面，我受党组的委托就2009年粮食系统纪检监察工作情况和今年的工作安排讲几点具体意见：

一　2009年全国粮食系统党风廉政建设和反腐败工作的回顾

2009年，全国粮食系统认真贯彻落实中纪委三次全会和国务院第二次廉政工作会议精神，围绕粮食中心工作，加强领导干部党性修养和作风建设，坚持标本兼治、惩防并举，以全国粮食清仓查库、中央扩大内需投资监督检查和切实保护种粮农民利益为重点，不断推进惩治和预防腐败体系建设，党风廉政建设和反腐败工作取得了新的成效，为深化粮食流通体制改革和保障国家粮食安全提供了有力保证。

（一）认真贯彻中纪委全会和国务院廉政会议精神，整体推进粮食系统惩防体系建设

2009年，各地粮食部门认真贯彻十七届中央纪委第三次全会和国务院第二次廉政工作会议精神，按照中央"保增长、保民生、保稳定"的工作部署，围绕粮食中心任务，深入开展反腐倡廉教育、制度、监督、纠风、惩治等多项工作。江苏、重庆、青海、天津、甘肃、山东、安徽、上海、海南、陕西、福建、内蒙古、西藏等省（区、市）及时召开系统会，布置全年的各项工作任务，积极落实《工作规划》，整体推进粮食系统惩治和预防腐败体系建设。

一年来，各地粮食部门普遍坚持"一岗双责"，将岗位职责与党风廉政责任制相结合，制定考核办法，认真贯彻落实党风廉政责任制，积极开展监督检查。坚持发挥教育在惩防体系中的抓源治本功能，江苏、浙江、吉林、新疆等省（区）采用项目建设现场廉政教育课、旁听法院审判典型案件、发送廉政短信、举办廉政书法作品展、观看廉政影片等多种方式，开展教育警示活动，积极推进廉政文化建设。坚持严格执行"三重一大"事项决策制度，加强对干部选拔任用工作的监督。北京、湖北等省（市）还积极探索预防腐败新途径，对廉政风险因素进行评定，采取有效监管措施，建立腐败风险预警防控机制。

（二）加大监督检查力度，促进中央关于科学发展等重大决策部署的贯彻落实

近年来粮食系统安排中央补助投资的粮食物流、扩大内需粮油仓储设施和烘干设备项目、黑龙江专项等共计193个，投资总额44.9亿元。根据中央的部署，国家粮食局党组高度重视对中央投资项目的监督检查，成立了国家粮食局治理工程建设领域突出问题工作领导小组，由党组书记、局长聂振邦担任组长，专门下发了《国家粮食局治理工程建设领域突出问题工作意见》，积极开展针对中央扩大内需项目的监督检查。在北京和内蒙古赤峰两次召开专题汇报会，听取中储粮总公司、中粮集团、华粮集团和有关省（区）项目建设情况汇报，并对南方油罐设施建设项目和东北烘干塔及仓储设施建设项目实物工作量进行监督检查，及时了解项目进展情况。从总体情况来看，建设项目基本正常，但也存在部分项目进度滞后、配套资金拨付不到位等问题。黑龙江、吉林、内蒙古、山东、辽宁、江苏等有关省（区）粮食纪检监察部门对当地有关项目认真实施监督检查，督促各施工项目按计划实施、资金专款专用、公开透明、落实工程质量和安全生产领导责任制。

部分省（市）加强对汶川地震灾后恢复重建资金、物资管理使用情况的监督检查，保证灾后恢复重建工作顺利进行。四川省粮食系统各级纪检监察机关，认真组织人员对国家投资粮库维修、粮校宿舍和实验楼建设、储备油罐等建设工程进行检查。全省粮食系统已到位灾后重建资金1.3亿元，开工项目25个，完成25个，投资总额8640万元。同时，省粮食局要求各有关市（州）粮食局对全省90家应急加工调运粮油企业的费用进行审核，组织工作组进行审计抽查，严格救灾资金管理和合理开支。

新疆等地加强对中央关于维护民族团结和社会稳定决策部署贯彻落实情况的监督检查，有力维护社会和谐稳定。乌鲁木齐"7·5"事件发生后，新疆自治区粮食局纪委遵照中央和自治区党委的部署，全面领会胡锦涛总书记"8·25"讲话和四中全会闭幕后关于新疆形势和新疆工作的重要讲话精神，加强监督检查。全区粮食系统广大党员干部严格遵守政治纪律，按照局党委提出的"不计成本、不计代价、不讲条件，超品种、超范围、超常规，先供应、后结算"搞好军粮供应工作的要求，日夜坚守岗位，尽职尽责，确保了部队粮食及副食品的全天候供应。

（三）履行行政监察职责，确保清仓查库工作顺利进行

粮食清仓查库工作，是2009年全国粮食系统的重点工作之一，各地各级粮食纪检监察部门按照国务院的统一部署，全程参与，加强纪律监督，开展案件核查，做了大量工作，为清查工作顺利完成、清查结果的真实可靠提供了有力保证。北京、江西、浙江、湖北、广东、广西等省（区、市）粮食纪检监察机构专门对参加查库人员进行工作纪律、廉政纪律、安全保密纪律培训；黑龙江省粮食局明确提出"六个必须、四个不准、两个严防"纪律要求，纪检组专门下发《关于严肃全省粮食清仓查库工作纪律的通知》，确保了清仓查库工作顺利进行。

清仓查库工作中，各级粮食纪检监察部门克服时间紧、任务重等困难，严格按照"有案必查、查必彻底"的原则，查处了一批群众反映强烈的涉粮案件，尤其妥善处理了一些多次上访、举报的案件，取得了良好的社会效果。全国清仓查库部际联席会议办公室及各省清查办共计收到举报157件，经查属实或部分属实的17件。召开了10省（市）案件检查督办会，严肃处理了相关责任人，并追回了大部分涉案钱款。

（四）切实加强粮食系统领导干部党性修养和作风建设

各地粮食部门认真学习胡锦涛总书记关于加强领导干部党性修养弘扬良好作风的重要讲话精神，把加强粮食系统领导干部党性修养和弘扬良好作风作为一项重大政治任务来抓，结合粮食系统现状，开展"弘扬井冈山精神"、"学习焦裕禄"等多项作风建设主题活动，制定具体措施，着力解决领导

干部作风方面存在的一些突出问题，努力带动政风、行风的进一步好转。各地粮食纪检监察机构认真贯彻落实中央纪委、监察部的相关部署，普遍开展制止党政干部公款出国（境）旅游专项工作、党政机关厉行节约检查、治理"小金库"等专项工作。各地粮食部门领导干部均减少公务出国考察活动。2009年国家粮食局核准出国（境）人员70人次，经费60万元，出国团组、人员、经费相比2008年减少了50%。河南、福建等省从行政经费管理、公务接待开支、公共机构节能等多方面入手，认真落实厉行节约八项要求。四川对直接含有私人股份的川粮米、面、油企业的私人股份进行清理，对61人（次）731.13万股全部进行了清退。吉林对局直单位设立"小金库"问题进行严肃查处，追究责任，免去相关责任人的领导职务。

（五）严明纪律，继续查办违纪违法案件

2009年，各地各级粮食系统纪检监察部门继续加大违纪违法案件的查处力度，取得了良好的社会效果。据不完全统计，2009年，全国省级粮食部门共受理举报621件，立案51件，移交司法机关处理19件。共处分26人，其中县处级9人，乡科级14人。

截至2009年底，驻国家粮食局纪检组监察局共受理各类案件161件。其中清仓查库案件核查组受理106件，日常受理了55件。从举报的内容来看，被举报对象以粮库主任、县粮食局一把手为主，问题多集中在以权谋私、贪污受贿、弄虚作假、套取挪用收购资金、压级压价等方面。河南省粮食系统各级领导重视案件查办工作，去年共受理举报件151件，初核91件，立案45件，结案41件，其中司法机关介入13件，34人受到党政纪处分。湖南省粮食系统对已查办的清仓查库案件实行跟踪督促、整改落实、归纳整理，充分运用案件核查成果，发挥教育警示作用，巩固清仓查库成果。安徽、山西、湖南、甘肃、宁夏等省（区）也在案件查办工作中取得新进展。

目前，粮食系统反腐败任务依然十分艰巨，近年来大案要案时有发生，其中一把手违法违纪比例较高，涉及金额大、人员多，常有窝案串案，性质严重，影响恶劣；随粮食供求关系和市场价格变化，压级压价、"转圈粮"、擅自销售储备粮等问题突出；少数基层单位党风廉政建设薄弱，以权谋私、弄虚作假，损害群众利益的违行为屡禁不止，群众反映强烈，社会各界十分关注。目前粮食系统新发腐败问题隐蔽性强，情况复杂，查办案件难度不断增大，要求我们必须增强突破重要案件的能力，提高办案水平。

（六）保护种粮农民利益，树立粮食行业良好形象

各地粮食纪检监察机构认真贯彻全国纠风工作会议精神，坚持服务"三农"，以落实粮食最低收购价政策、稳定市场粮价为重点，针对最低收购价政策、临时收储政策、菜籽油加工补贴政策执行情况开展监督检查，切实解决农民"卖粮难"、"出库难"、"转圈粮"等损害人民群众利益的问题。湖北、江苏等省针对小麦受灾，质量严重下降等情况，及时启动收购预案，组织力量帮助农民抢收抢晒，多方拓展市场，扩大芽麦销售途径，为农民尽量减少损失；江西加大油菜籽托市收购政策宣传和执行情况检查，确保托市政策对市场价格的拉动作用，促进农民增收。陕西、甘肃、云南、新疆以及大连等省（区、市）坚持为民办实事，继续深入开展"放心粮油进农村、进社区"活动，深受群众欢迎。黑龙江、河北、辽宁、山东、重庆、贵州等省（市），积极推动"农户科学储粮"工程，加强工程资金监管，确保国家惠农措施落到实处，种粮农民见到实效。各地粮食纪检监察机构积极推进"粮食系统行风评议工作"，参加"阳光政务热线节目"、开展"创建满意基层站所活动"，广泛征求各方意见，及时解决反映强烈的突出问题。各地还继续开展对救灾、军供等政策性粮食供应工作的监督检查，增强为民服务意识，提高服务质量。

过去的一年里，全国粮食纪检监察部门和广大纪检监察干部在当地党委、政府和驻在部门党组的领导下，按照党中央和国务院的统一部署，坚持为粮食改革发展服务，积极贯彻落实《工作规划》，着力解决损害群众利益的突出问题，认真查处违法违纪案件，大力加强自身建设，学习王瑛同志先进事迹，求真务实，开拓创新，做了大量艰苦的工作，党风廉政建设和反腐败工作取得了新的成绩。

在肯定成绩的同时，我们也要清醒地看到工作中存在的问题和不足。一是对当前粮食系统反腐败工作中面临的新情况、新问题调查研究不够深入，预防和查处的有效手段不多；二是对粮食系统党风廉政建设工作的指导和督查不够及时有力，与有关单位的协作配合机制还不够健全；三是粮食管理体制不够完善，制度执行力不够，粮食系统内以权谋私、贪污受贿、弄虚作假、套取国家补贴、损害农民利益等问题仍然很突出。对这些问题，我们要高度重视，采取措施认真加以解决。

二　2010年粮食系统纪检监察工作的主要任务

2010年是保持经济平稳较快发展、确保"十一五"规划顺利完成的关键一年，也是全面贯彻党的十七届四中全会精神、加强和改进新形势下党的建设的重要一年。做好粮食系统党风廉政建设和反腐败工作，对于推动粮食流通体制改革、加快粮食事业发展具有重要意义。根据党中央、国务院的统一部署，2010年国家粮食局党风廉政建设和反腐败工作的总体要求是：全面贯彻党的十七大和十七届三中、四中全会精神，高举中国特色社会主义伟大旗帜，以邓小平理论和"三个代表"重要思想为指导，深入贯彻落实科学发展观，坚持标本兼治、综合治理、惩防并举、注重预防的方针，加强以保持党同人民群众血肉联系为重点的作风建设，加强以完善惩治和预防腐败体系为重点的反腐倡廉建设，认真解决粮食行业反腐倡廉建设中群众反映强烈的突出问题，着力推进反腐倡廉制度建设，围绕中心、服务大局、开拓创新、狠抓落实，不断取得党风廉政建设和反腐败斗争新成效，为国家粮食安全提供有力保证。为认真贯彻中央纪委第十七届五次全会和国务院第三次廉政工作会议精神，结合粮食工作实际，今年我们要重点完成好以下主要任务：

（一）深入学习贯彻党的十七届四中全会精神，保证中央重大决策部署的贯彻落实

按照中央四中全会和中央经济工作会议要求，紧紧围绕粮食部门的中心工作，开展监督检查，确保中央政令畅通，努力实现全国粮食局长会议确定的"抓好收购、促农增收、保证供应、稳定市场、统筹发展、保障安全"的工作目标。

1. 落实国家粮食宏观调控政策措施，认真做好政策性粮食销售、出库、竞价、轮换、移库等工作，坚决纠正有令不行、有禁不止的行为，确保粮食市场供应和价格的基本稳定。

2. 落实小麦、稻谷最低收购价政策及玉米、大豆、菜籽油等临时收储的托市收购政策，加强对粮食收购工作的监督检查，提高服务水平，方便农民售粮，坚持优质优价，保护农民利益，切实把中央的强农惠农政策落到实处。

3. 认真开展粮油库存和仓储管理制度执行情况的监督检查，巩固清仓查库工作成果，健全粮食库存管理的长效机制，推进储备粮轮换通过规范的粮食批发市场公开进行，增进粮食库存管理工作的透明度和公信力，促进粮油仓储管理工作的规范化。

（二）认真解决反腐倡廉建设中群众反映强烈的突出问题

1. 坚决查处违纪违法案件，严厉惩处腐败分子和整治消极腐败现象。严肃查办发生在粮食系统领导机关和领导干部中滥用职权、贪污受贿、腐化堕落、失职渎职的案件。严肃惩处利用人事权、行政

执法权、行政审批权谋取非法利益的案件。严肃查办商业贿赂案件，在坚决查处受贿行为的同时，加大对行贿行为的查处力度，对有行贿记录的单位和个人，在市场准入、经营资质、贷款审批、投标招标等方面加以严格限制。依法查处粮食企业在国（境）外的商业贿赂行为以及国（境）外经济组织在我国内地的商业贿赂行为。严肃查办发生在粮食系统的严重侵害群众利益的案件、群体性事件和重大责任事故背后的腐败案件，对造成群众生命财产重大损失的单位要严肃追究有关人员责任。严肃查处发生在粮食系统中的工程建设等腐败现象易发多发领域的案件。严肃查办严重违反政治纪律和组织人事纪律的案件。严肃查办在中央和地方储备粮购销活动中弄虚作假套取费用补贴、挪用侵吞中央、地方储备粮和临时存储粮粮款、私自倒卖库存粮食非法牟利的案件。要完善反腐败协调工作机制。严格执行有关依纪依法办案和安全文明办案的规定。完善举报人和证人保护制度。进一步发挥查办案件惩戒和治本功能。

2. 认真落实党员领导干部报告个人有关事项等制度。要认真执行党员领导干部报告个人有关事项的规定，把住房、投资、配偶子女从业等情况列入报告内容。要加强监督检查，对隐瞒不报、弄虚作假的，要严肃处理。加强对配偶子女均已移居国（境）外的公职人员管理。要认真执行中共中央颁布的《中国共产党党员领导干部廉洁从政若干准则》及其他相关规定，促进领导干部廉洁自律。

3. 坚持勤俭节约，反对铺张浪费，整治奢靡之风。要严格执行中央的有关文件精神，着力抓好以下工作：一要继续严格控制因公出国（境）团组数、人员和经费支出，完善因公出国（境）管理规定。巩固制止公款出国（境）旅游专项工作成效，研究建立禁止公款出国（境）旅游的长效机制。二要加强公务用车使用管理，严禁违反规定为领导干部配置用车，积极稳妥推进公务用车制度改革。三要进一步规范和改革公务接待制度，严禁用公款大吃大喝，不得以参加会议、学习、培训、联谊活动等名义用公款请客送礼。四要从严控制楼堂馆所建设，严禁违反规定购建、装修办公用房。五要认真解决各种庆典、研讨会、论坛过多过滥的问题。对铺张浪费、奢靡享乐、挥霍公款的，必须严肃处理。六要大力精简会议和文件。

4. 继续开展工程建设领域突出问题和"小金库"专项治理工作。认真落实中办国办印发的《关于开展工程建设领域突出问题专项治理工作的意见》，在粮食系统排查工程建设领域重点部位和关键环节存在的突出问题，严肃查处违纪违法问题。深入治理领导干部违规插手干预工程建设以及工程建设招标投标中围标串标等问题。完善工程建设招投标、物资采购等制度，建立健全重大工程的监督机制。加大"小金库"专项治理力度，坚决切断"小金库"的资金来源，完善治理工作的长效机制。加强国有资产管理。

此外，还要积极开展党务公开、政务公开工作，推进预算公开透明，拓宽群众参与反腐倡廉工作渠道，加强反腐倡廉舆情网络信息的收集、研判和处置，积极回应社会关切。

（三）切实加强作风建设，进一步密切党同人民群众的血肉联系

1. 切实加强领导机关和领导干部作风建设。粮食系统的领导机关和领导干部要以大兴密切联系群众之风、求真务实之风、艰苦奋斗之风、批评和自我批评之风为重点，加大对机关和领导干部作风方面突出问题的整顿力度，坚决纠正脱离群众的不良风气。要健全促进科学发展的领导班子和领导干部考核评价机制。要把党性分析作为民主生活会的重要内容，坚决反对上下级和干部之间逢迎讨好、相互吹捧的庸俗作风。要及时发现和纠正少数领导干部在社会交往、休闲娱乐、生活作风方面存在的突出问题。

2. 坚决纠正损害群众利益的不正之风。坚决查处不执行国家粮食收购政策、拒收限收、压级压

价等损害农民利益的问题。要督促检查合理布设收购库点，加强对收购库点的资格审查，增加收购网点，方便农民售粮，及时解决农民交售难的问题。要严肃查处"转圈粮"和干扰客户正常交易、设置障碍影响粮食出库行为，解决竞价销售"出库难"的问题。查处掺杂使假、以次充好、克扣数量、销售不符合卫生标准的粮油等损害消费者利益的行为。加强对军粮、救灾等政策性用粮购销活动的监督检查。要关注社会保障和再就业政策落实情况，维护职工合法权益。高度重视职工群众来信来访工作，采取多种措施化解矛盾，最大限度地为职工群众排忧解难，促进社会和谐稳定。

要落实纠风责任制，坚持"谁主管、谁负责"的原则，深入开展行风评议，办好"行风热线"，继续推进"放心粮油"进农村活动，构建农村"放心粮油"营销网络，落实节约粮食反对铺张浪费措施，加强农户安全储粮指导和服务工作。

要加强行业自律和社会诚信建设，规范行业协会、市场中介组织服务和收费行为。要巩固清理规范评比达标表彰工作成果。

3. 扎实推进粮食系统基层反腐倡廉工作。要高度重视粮食系统国有企业党风建设和反腐倡廉工作。要认真落实薪酬管理规定，规范职务消费。要严格执行《国有企业领导人员廉洁从业若干规定》。要坚持重大事项集体决策制度，加强对重要经营领域、关键管理环节、企业兼并重组过程的监督，加强对经营管理者履职行为的监督。

（四）加强制度建设，进一步做好治本抓源头工作

要坚持用制度管权、管事、管人，通过深化体制机制改革和制度创新，努力在重要领域和关键环节上取得新突破。

要配合有关部门做好以下工作：一要深化行政管理体制改革，进一步减少和规范行政审批。二要规范干部选拔任用提名制度，建立健全干部选拔任用监督机制、违规用人问题立项督促检查制度和干部选拔任用工作责任追究制度；要严格执行党政领导干部选拔任用工作有关规定，匡正选人用人风气，防止和纠正"带病上岗"、"带病提拔"等问题，严厉整治跑官要官、买官卖官、拉票贿选等问题，严肃查处违规违纪用人行为。三要加强财政资金监管，严格执行"收支两条线"规定。四要加强国有产权交易监管，严格执行政府采购制度。五要继续做好规范公务员津贴补贴工作。六要加强行政程序制度建设，严格按程序办事，加强行政权力运行监控，注重廉政风险防范。

制度建设要以落实四中全会《决定》和惩防体系建设《工作规划》为重点，加强反腐倡廉长效机制建设，逐步建立内容科学、程序严密、配套完备、有效管用的反腐倡廉制度体系。要及时总结基层创造的经验，推广一批群众关注、切实可行的制度。要采取有力措施，扎实抓好法规制度的贯彻落实，完善执纪执法保障机制，加强对制度执行情况的监督检查，严肃处理违反制度的行为，提高制度执行力，维护制度权威性。

三　完成2010年粮食系统纪检监察工作主要任务的保证措施

（一）认真学习贯彻胡锦涛总书记讲话精神

胡锦涛总书记的重要讲话，是指导当前和今后一个时期党的制度建设和反腐倡廉建设的纲领性文献，对于深入开展党风廉政建设和反腐败斗争，全面推进党的建设新的伟大工程，具有重大而深远的意义。

1. 要认真学习胡锦涛总书记在中央纪委十七届五次全会上重要讲话精神，充分认清当前的反腐

倡廉形势，明确深入推进党风廉政建设和反腐败斗争的总体要求和主要任务，切实增强反腐倡廉建设的责任感。

2. 要深刻领会胡锦涛总书记重要讲话的精神实质，切实把思想和行动统一到讲话精神上来。充分认识加强反腐倡廉制度建设的重要性、紧迫性和基本要求，充分认识以建立健全惩治和预防腐败体系各项制度为重点，以制约和监督权力为核心，以提高制度执行力为抓手，加强整体规划，抓紧重点突破，逐步建成内容科学、程序严密、配套完备、有效管用的反腐倡廉制度体系，提高制度执行力、增强制度实效的重要性。领导干部带头学习制度、严格执行制度、自觉维护制度，在执行制度上率先垂范。

3. 要按照胡锦涛总书记重要讲话的要求，扎实做好2010年党风廉政建设和反腐败工作。进一步认清形势、把握大局、深入调研、把握规律、解放思想、开拓创新，推动反腐倡廉工作向深度和广度发展。要把学习胡锦涛总书记的重要讲话与贯彻落实中纪委全会精神相结合，与贯彻落实中央经济工作会议和国家粮食局长会议精神相结合，切实抓好反腐倡廉工作任务的落实，不断把粮食系统党风廉政建设和反腐败斗争引向深入。

（二）继续落实党风廉政建设责任制

要继续坚持和完善党风廉政建设和反腐败斗争领导体制和工作机制，各级粮食部门要高度重视并自觉承担起推进反腐倡廉建设的政治责任和领导责任，加强工作指导，狠抓工作落实。党政主要领导要认真履行第一责任人的职责，对重要工作和重大问题要亲自部署、过问、协调和督办。领导班子其他成员要抓好自己职责范围内的反腐倡廉建设。要适时召开专题工作会议，及时掌握落实情况，切实解决突出问题。要坚持责任制报告制度，将执行责任制的情况定期向上级报告。各级粮食纪检监察机关要认真履行组织协调职责，协助党委（党组）研究、部署、督促反腐倡廉各项工作，加强组织协调，开展监督检查，注意充分发挥有关部门的职能作用。要明确责任，突出重点，不断探索新形势下粮食行业反腐倡廉的特点和规律，努力提高反腐倡廉建设质量和水平。

（三）进一步加强纪检监察机关自身建设，为完成全年各项任务提供组织保证

粮食纪检监察机构要认真学习领会中央四中全会精神，巩固和拓展深入学习实践科学发展观活动的成果，认真总结开展"推动科学发展、保障粮食安全、做党的忠诚卫士、当群众的贴心人"主题实践活动的成效和经验，建立加强自身建设的长效机制。

要切实加强思想政治建设和能力建设，积极建设学习型纪检监察机关，健全学习制度，强化实践锻炼，不断提高干部队伍的思想政治素质和业务工作水平。

要切实加强领导班子和干部队伍建设，完善工作机制、议事规则和决策程序，建立健全定期务虚制度，加强对纪检监察重大问题调查研究。

要切实加强领导干部自身建设，认真解决自身作风方面的突出问题，坚持从严管干部、强化政治纪律、工作纪律和保密纪律，进一步加强内部管理和制度建设。要主动接受党组织和党员的监督，接受人民群众和新闻舆论的监督，秉公执纪，勤奋工作，树立纪检监察干部可亲、可信、可敬的良好形象。

同志们，今年我们面临的反腐倡廉任务仍然十分繁重。我们要紧密团结在以胡锦涛同志为总书记的党中央周围，认真贯彻党的十七届四中全会精神，与时俱进、求真务实、开拓创新、扎扎实实地做好各项纪检监察工作，以实际行动推动粮食系统党风廉政建设和反腐败工作取得新的成效，为粮食流通事业的改革发展做出积极的贡献。

加强和改善宏观调控 切实保障国家粮食安全

——在全国粮食调控与统计工作会议上的讲话
国家粮食局副局长、党组成员 曾丽瑛
2010年4月19日

同志们：

　　这次会议的主要任务是，认真贯彻落实全国粮食局长会议精神，回顾总结去年的粮食调控与统计工作，会审汇编2009年度全国粮油统计年报，研究分析2010年粮食形势，安排部署今年粮食调控与统计工作，并公布全国粮食统计工作综合评比先进单位和个人考核结果。国家粮食局高度重视粮食调控与统计工作，党组书记、局长聂振邦同志对这次会议做了重要批示，明确了工作重点，提出了具体要求，我们要认真学习，深刻领会，抓好贯彻落实。下面，我主要讲两个问题。

一 粮食调控工作取得新成绩

　　2009年是新世纪以来我国经济社会发展最为困难的一年，也是我国经济社会发展进程中极不寻常、极不平凡的一年。面对国际金融危机的严重冲击，面对各种自然灾害的严峻挑战，面对国内外农产品市场的异常波动，面对稳定粮食市场的巨大压力，在党中央、国务院的正确领导下，在有关部门的大力支持下，在各级粮食行政管理部门的共同努力下，我们深入学习实践科学发展观，认真贯彻落实党中央、国务院关于粮食工作的方针政策，努力克服国际金融危机的冲击和影响，加强粮食市场调控，促进了粮食生产的稳定发展和农民持续增收，保证了粮食市场供应和粮价基本稳定，顺利完成了积极收购促增收，抓好销售保供应，充实储备增保障，加强调控稳市场，健全统计强基础等重点工作任务，保障了国家粮食安全，为保增长、保民生、保稳定做出了积极贡献。

　　（一）保供应稳市场，调控效果显著

　　1. 政策性粮食销售顺畅。按照国家有关规定，根据市场需求、价格走势以及宏观调控需要等情况，合理安排最低收购价和临时存储粮等政策性粮食的销售工作，全年共成交政策性粮食1310亿斤，有效保证了市场供应，稳定了市场价格。一是进一步完善交易办法。积极推进批发市场联网交易，加强结算管理，简化出库手续，促进竞价销售的制度化和规范化。目前全国开展联网交易的粮食批发市场已增至23个，2009年累计成交国家政策性稻谷185亿斤、小麦796亿斤、玉米326亿斤、大豆3亿斤。二是合理确定销售底价。3次提高最低收购价小麦的竞价销售底价，适当下调进口小麦和国家临时存储籼稻竞价销售底价，及时发出明确信号，有效引导市场预期。三是适时调整粳稻销售方式。为保障粳米市场供应，春节后，采取国家临时存储粳稻对北京、天津、上海、浙江、福建等5个主销区的重点加工企业以定向方式进行竞价销售。目前共成交临储粳稻8亿斤，对遏制粳稻市场价格过快上涨的势头发挥了积极作用。四是对东北地区玉米、大豆加工企业实行定向销售。及时安排将部分国家临时存储玉米和大豆划转给地方，定向销售给加工企业，有效解决了东北地区玉米和大豆加工企业的用粮需求。

2. 跨省移库进展顺利。2009年，国家分批下达了临时存储粮跨省移库计划181亿斤，已全部按时完成。今年以来，已分4批下达国家临时存储等政策性粮食跨省移库计划105亿斤，目前调运工作进展顺利。政策性粮食的跨省移库，不仅缓解了主产区收储压力，充实了销区库存，改善了库存地区结构，而且对稳定市场预期、满足市场需求、保持价格稳定发挥了积极作用。

3. 产销合作步伐加快。粮食产销合作继续健康发展，合作水平不断提高。各地多次举办产销衔接交易会、贸易洽谈会、精品展销会，全年共签订购销合同400亿斤。黑龙江金秋粮交易合作洽谈会、福建七省粮食产销协作洽谈会等已成为粮食产销合作领域的品牌。去年，国家对南方16个饲料消费省份的定点企业和中央直属企业到东北三省和内蒙古自治区采购玉米给予补贴，继续对关内销区采购东北粳稻（大米）入关给予运费补贴。截至目前，南方饲料企业采购东北地区2009年新产玉米218亿斤，关内销区采购2009年新产粳稻（大米）60亿斤，有力地推动了产销衔接，促进了区域平衡，搞活了粮食流通。

（二）积极抓好收购工作，农民利益得到有效保护

1. 粮食最低收购价政策执行顺利。2009年国家再次较大幅度提高了最低收购价水平，我局与有关部门研究制定了2009年小麦、早籼稻和中晚稻最低收购价执行预案，进一步完善预案启动机制和补贴机制，细化具体操作措施，确保了预案的顺利实施。2009年，6个小麦主产省全部启动执行预案，安徽、江西、湖南、湖北等4省启动了早籼稻预案，安徽、江西、湖北、湖南、四川、河南6省启动了中晚稻预案。粮食收购期间，各级粮食行政管理部门及时派出工作组，深入基层调查研究、检查指导收购工作，协调解决收购过程中出现的问题，保证收购工作顺利进行。据统计，2009年共收购最低收购价粮966亿斤，同比增加95亿斤，基本满足了农民的售粮需求。最低收购价政策的贯彻落实，为保护农民种粮积极性发挥了重要作用。

2. 临时收储工作力度不断加大。一是创新油菜籽托市收购机制。2009年国家继续在主产区对油菜籽实行托市收购政策，国家有关部门积极创新托市收购机制，对17个省份的地方油脂加工企业和有关中央直属企业托市收购油菜籽给予补贴，引入加工企业参与托市收购，充分发挥了市场机制作用。截至2010年2月底托市收购执行期结束，中储粮委托企业、中央和地方委托油脂加工企业共托市收购油菜籽142亿斤，对发展油料生产和扶持国内加工企业起到了积极作用。二是改进东北地区秋粮临时收储办法。对东北三省和内蒙古自治区的玉米和大豆继续实行临时收储政策，同时积极引入加工企业参与托市收购。对三省一区一定规模以上的大豆压榨企业入市收购大豆给予补贴，对南方饲料消费省份的定点企业和中央直属企业到东北地区采购玉米给予补贴。截至2010年3月底，各类企业共收购2009年产玉米712亿斤、大豆134亿斤。此外，国家还对新疆维吾尔自治区下达了2009年产小麦临时收储计划，实际收购21亿斤。国家临时收储政策的落实，对保护种粮农民利益，保持粮食市场价格基本稳定，促进粮食产业健康发展发挥了重要作用。

3. 积极帮助受灾地区妥善解决芽麦收购等问题。2009年部分地区受连阴雨天气影响出现芽麦问题，我局和有关部门迅速派出工作组赴灾区进行实地调查，研究芽麦收购的相关措施。明确将5省36个地市不完善粒在20%以内的等内小麦列入最低收购价收购范围；对不完善粒超过20%的芽麦，要求各地按照"政府组织、市场运作、适当补贴、严格监管"的原则，统一组织好专项收购，切实保护受灾地区农民利益。考虑到部分地区灾情较重，中央财政还对损失较大的农户给予了适当的农业生产救灾补助。芽麦收购问题的妥善解决，减少了农民灾后损失，有效防止了芽麦地区的"卖粮难"问题。

4.指导企业积极开展多渠道收购。各级粮食部门认真履行职责，加强指导协调，督促各类企业认真做好粮食收购工作。特别是未实行托市收购政策的地区，积极采取措施，引导企业开展市场收购，自主经营。一方面，充分发挥国有粮食企业主渠道作用，主动掌握粮源；另一方面，积极引导和鼓励多元主体入市收购，搞活粮食流通。初步统计，2009年全国各类粮食经营企业收购粮食5756亿斤（原粮，下同），有力地支撑了粮食市场价格，使农民得到了实惠。另外，新疆维吾尔自治区对小麦、稻谷按最低收购价实行敞开收购，并分别给予每公斤0.2元和0.21元的直接补贴，对油葵实行了保护价收购，这些措施使农民增收约20亿元。广西、浙江、福建等省（区）进一步完善储备订单与补贴收购相结合的办法，较大幅度提高了补贴标准。初步测算，2009年国家实行托市收购政策带动粮价合理回升，促进农民增收400多亿元，为扩大农村消费发挥了积极作用。

（三）完善粮食储备和应急体系，调控保障能力得到提升

一是积极做好中央储备粮油增储和轮换工作。适当增加了大豆和食用油储备规模，中央储备粮油库存进一步充实，增强了国家宏观调控的物质基础。加强对中央储备粮轮换工作的指导，及时下达年度轮换计划并督促实施，同时要求储备粮轮换要把握好时机和节奏，服从和服务于国家宏观调控和稳定市场粮价的需要。到2009年末，中央储备粮轮换计划实际完成95%左右，保证了中央储备粮常储常新、质量良好。

二是地方粮油储备规模进一步落实。2008年我局会同有关部门下达了地方储备粮指导性计划，2009年又下达了食用植物油地方储备规模指导性计划。2009年9月和2010年3月，国家有关部门对地方储备落实情况进行了通报，以督促各地抓紧充实地方储备。到2009年末，地方储备粮油库存数量明显增加，成品粮油（包括小包装）数量也有所增加，储备品种结构继续得到优化，进一步增强了地方政府市场调控和应急保障能力。

三是粮食应急体系进一步完善。按照《中华人民共和国突发事件应对法》和《国家粮食应急预案》要求，各地进一步完善本地区粮食应急预案，积极组织培训和应急演练，健全应急保障体系，粮食应急保障能力不断增强。为进一步做好应急保障工作，我局派出工作组赴部分省（区、市）开展专项检查工作，并向国务院办公厅报送了专项检查的有关情况。此外，按照国务院应急管理办公室的有关要求，我们对当前粮食应急状态分级标准进行了评估分析。

（四）粮食统计工作稳步推进，市场监测水平不断提高

2009年，各级粮食统计机构和广大统计人员恪尽职守，扎实工作，及时准确地报送了大量统计信息和分析报告，较好地完成了粮食流通统计调查任务，为国家粮食宏观调控提供了重要的决策依据。

一是粮食流通统计制度不断完善。根据粮食供求形势的变化和国家粮食收购政策的要求，适时调整统计内容，先后对油菜籽主产区、东北地区和南方饲料消费省份安排了新的统计调查任务，及时增设采购进度和统计报表，了解掌握最新情况。各地粮食部门结合当地实际情况，进一步修订完善统计制度，保障了各项统计调查任务的顺利开展。

二是社会粮食供需平衡调查质量继续提高。2009年是开展全社会粮食供需平衡调查工作的第六个年头。各地进一步完善调查方案和抽样方法，提高调查质量，圆满完成了调查工作。调查结果已成为各级政府和相关部门分析粮食形势、研究制定粮食政策的重要依据。

三是食用植物油及油料供需平衡调查开始起步。2009年首次在全国范围内组织开展了食用植物油及油料供需平衡调查，基本掌握了食用植物油及油料产、消、调、存、进出口等情况。由于食用植物油流通市场化程度高，对外依存度较高，开展这项调查难度很大。不少省份努力克服困难，想方设法

做好调查工作，取得了大量的第一手数据，掌握了不少活情况，为今后进一步做好这项工作积累了经验。

四是全国粮食清仓查库统计账务检查工作顺利完成。各地认真贯彻国务院清仓查库工作会议精神，在认真做好清仓查库统计库存分解登统和整合基础工作的同时，选调大批业务能力强、政策水平高的统计骨干参加清仓查库各阶段的检查，协助编制清仓查库总结报告，较好地完成了所承担的清仓查库有关工作任务。

五是粮油市场信息监测进一步加强。按照统计制度规定，加强报表管理和统计分析，定期向国务院和有关部门报送粮食购、销、存变化情况。收购旺季，适时调整监测频率，及时上报收购进度、市场价格等信息。密切关注各地粮油市场价格变化，及时调整信息监测直报点的布局和数量，随时掌握粮油市场出现的新情况和新动态。继续加强对国内大米市场的监控，建立了大米市场信息监测旬报告制度，及时反映大米市场监测情况，为宏观调控提供可靠的市场监测信息。

此外，进一步加强对粮食流通重大问题的研究，提高调控工作的前瞻性和预见性。配合国家"十二五"规划的制定，组织开展国家粮食安全问题等重大课题的研究，完成了《关于国家粮食安全战略的研究报告》。加强对粮食供求和市场运行情况的分析研究，密切关注粮食购、销、存及价格等变化情况，及时向国务院和有关部门报送专题分析报告，提出宏观调控措施建议，为领导决策提供参考。在新粮上市前，召开主要粮食品种购销工作座谈会，认真分析粮食生产、购销形势和价格走势，对收购工作提出明确要求。积极开展与粮食流通发展有关问题的研究，参与了《全国增产1000亿斤粮食生产能力规划》和《粮食加工业发展规划》的编制工作。

二　开拓进取，扎实做好2010年粮食宏观调控各项工作

2010年是实施"十一五"规划的最后一年，也是粮食宏观调控任务十分艰巨的一年。2010年粮食调控工作的总体要求是：认真贯彻落实党的十七大和十七届三中、四中全会和中央经济工作会议、中央农村工作会议精神，按照全国粮食局长会议提出的"发展产业壮实力、加强调控保安全"的基本思路，准确把握国内外粮食供需形势，加强和改善粮食宏观调控，健全和完善宏观调控体系，着力提高粮食宏观调控水平，努力保持粮食供需基本平衡和价格基本稳定，实现抓好收购促增收、保障供应稳市场、加强调控保安全的目标，推动粮食宏观调控工作科学发展。为此，需要着重抓好以下工作：

（一）认真分析国内外粮食供求形势，适时适度做好粮食宏观调控工作

一是认真研究分析粮食供求形势，促进粮食总量、区域和品种平衡。近年来，国际国内粮食供需发生深刻变化，粮食宏观调控面临的形势更加复杂，任务更加艰巨，保证粮油市场供应和价格基本稳定面临较大压力，这要求我们在粮食调控工作中要具有世界眼光、战略思维，未雨绸缪，及早谋划。要进一步加强对粮食生产、消费、库存、价格和进出口变化情况的分析预测，准确判断粮食供求形势发展变化趋势。既要分析供求总量，又要研究区域布局和品种结构；既要分析国内市场，又要研究国际市场；既要注重当前，又要兼顾长远。要把握好宏观调控的方向、重点、力度和节奏，统筹好国内外两个市场，提出积极有效的应对措施，努力增强粮食调控的预见性、针对性和有效性。

二是做好粮食行业"十二五"规划编制相关工作。编制粮食行业"十二五"规划是2010年的一项重要任务，粮食总量平衡和宏观调控是规划编制的重要内容之一，最近我局召开的粮食行业"十二五"规划编制工作会议对此作了具体部署，各地要认真贯彻落实。要结合本地区情况，认真总

结经验，分析存在的问题和不足，正确把握粮食流通发展变化趋势和规律，合理确定分阶段的调控目标，明确具体调控任务和相关政策措施。规划提出的任务和措施要具有较强的针对性和可操作性，能量化的要尽可能量化，同时要深入研究健全粮食宏观调控机制相关重要问题，增强规划编制的科学性和有效性。

三是适时召开主要粮食品种收购形势座谈会，指导各地做好粮食收购工作。为做好今年的粮食收购工作，在小麦等主要粮食品种上市前，我们将继续组织召开主要粮食品种收购形势座谈会，深入研究分析粮食生产、收购、供求形势和价格走势，并对收购工作做出具体部署和安排。

（二）切实抓好粮食收购工作，保护好种粮农民利益

今年国家继续提高了小麦、稻谷最低收购价水平，以保护种粮农民利益和生产积极性，国家有关部门将进一步完善2010年粮食最低收购价执行预案。同时，今年国家将继续在部分粮食主产区实行临时收储政策，并进一步创新收储方式，充分发挥市场机制作用，调动各方面参与托市收购的积极性。执行粮食最低收购价政策和临时收储政策的省份一定要提前做好各项准备工作，及时将有关政策传达到基层。要牢固树立为农民服务的思想，确保执行政策不走样，落实政策不缩水。各地要督促粮食企业进一步提高服务水平，方便农民售粮。要加强对收购工作的组织协调，主动与相关部门和单位沟通情况，相互支持，齐心协力，认真落实好各项政策措施，共同完成好今年粮食收购任务，让政府放心，让农民满意。

（三）认真搞好粮油市场调控，确保市场供应和价格基本稳定

一是继续做好政策性粮食销售和出库工作。按照《国家临时存储粮食销售办法》的有关规定，我们将会同有关部门根据宏观调控需要和市场价格情况，继续分期分批安排最低收购价粮食和国家临时存储粮食等政策性粮食竞价销售。请各地督促有关承储企业认真履行合同，严格按规定积极出库，保证销售工作顺利进行。要加强对交易过程和合同履约情况的监督检查，对干扰客户正常交易和设置障碍影响粮食出库的承储企业，必须按有关规定严肃处理，并追究企业负责人的责任。主销区粮食行政管理部门要督促本地区购粮企业，加快提货进度，及时加工投放市场，保证市场供应。

二是继续组织好政策性粮食跨省移库。做好国家政策性粮食跨省移库工作，是解决主产区仓容不足问题、保证储粮安全和确保粮食收购工作顺利进行的重要措施，同时也有利于调整和优化粮食库存布局，充实销区库存。对今年国家安排的政策性粮食跨省移库计划，中储粮公司要加大工作力度，加快调运进度，有关省级粮食部门要协助做好出库、发运、接收、入库和监管等工作，争取按时完成移库任务。以后将根据市场调控需要，继续组织好政策性粮食跨省移库工作。

三是积极推动粮食产销合作，促进粮食区域平衡。要继续做好关内销区到东北地区采购粳稻（大米）、玉米的运输工作。各地粮食行政管理部门要加强组织协调，落实好已签订的购销合同，督促买卖双方认真履约。销区粮食部门要及时掌握运输需求，并按时函告产区粮食部门。产区粮食部门要加强与铁路、交通等部门的沟通，及时提报运输计划，共同做好粮食运输工作。要积极推动产销合作，鼓励产区与销区建立多形式、深层次、长期稳定的粮食产销合作关系，努力提升产销合作水平，促进粮食有序顺畅流通。

（四）进一步完善粮食储备调节体系，增强宏观调控物质基础

一是完善中央储备粮体系。进一步加强对中央储备粮的行政管理和监督，完善中央储备粮轮换机制，继续推进中央储备粮轮换通过规范的粮食批发市场公开进行，使中央储备粮轮换与宏观调控要求相适应。进一步搞好产销区中央储备粮的合理布局，适当增加库存薄弱地区的中央储备粮库存。继续

调整和优化储备粮品种结构，适当增加稻谷特别是粳稻的储备数量。配合有关部门开展理顺国债投资建设粮库产权和管理关系的后续工作。

二是进一步充实地方粮油储备。目前，地方粮食储备规模总体落实情况较好，而食用植物油储备规模落实到位率仍然较低。国家有关部门已对地方储备粮油落实情况进行了两次通报，今年这项工作将继续开展下去，并将有关情况报国务院。各地对此一定要高度重视，认真按要求抓紧落实，原则上要在2010年内将地方储备粮油全部落实到位。已经落实到位的地区，可根据本地实际情况适当增加地方粮油储备规模，不受指导性计划的限制。各地要坚持以市场需求为导向，根据粮食应急工作需要，进一步优化地方储备粮布局和品种结构，充实成品粮油应急库存。京、津、沪、渝等大中城市及敏感地区，成品粮油应急储备数量要确保10天以上的供应量，并要有一定数量的小包装粮油储备，保证应急工作需要。要在贫困地区建立必要的地方粮食储备，以增强地方政府宏观调控的物质基础和应对市场异常波动的能力。

（五）大力加强粮食统计工作，为宏观调控提供可靠的信息服务

在今年的全国统计工作会议上，国家统计局就加强部门统计的管理指导和服务提出了明确要求，这对我们开展粮食流通统计工作具有重要指导意义。各级粮食统计机构和统计人员要围绕"提高统计能力、提高统计数据质量"的总体要求，统筹安排各项统计工作，积极推进统计改革、发展和建设，切实做好今年的粮食流通统计工作，进一步提高粮食统计服务水平。

一是加强统计调研和分析，重新修订粮食流通统计制度。要围绕粮食统计工作重点，有针对性地进行调查研究，进一步加强统计分析，研究分析我国粮食流通发展形势，积极撰写统计分析资料，提出调控政策建议。《国家粮食流通统计制度》需要在今年再次修订，希望各地积极探索粮食统计工作的新思路、新方法，为统计制度的修订建言献策，共同把统计制度修订工作做好。

二是做好社会粮食、食用植物油及油料供需平衡调查工作。2009年度社会粮食、食用油及油料供需平衡调查工作，仍然是2010年粮食统计工作的一项重要任务。各地要加强领导，坚持科学调查、依法调查，建立健全调查质量控制体系，加大对重点数据审核抽查力度，全面提高调查数据质量，准确反映国内粮油供需状况。要抓紧完成数据汇总分析和调查报告撰写工作，进一步增强时效性。

三是加强粮食市场监测和分析，增强科学性和预见性。进一步健全粮食市场信息监测体系，扩大监测范围；及时调整监测频率和密度，提高监测工作的针对性和准确性。密切关注国内外市场供求和价格变化情况，准确分析和预测粮油市场走势，增强调控工作的科学性和预见性。目前我国西南地区旱灾严重，已影响到人民群众正常的生产生活，粮食部门要加强市场监测，对发现的趋势性、苗头性问题，要及时向当地政府和有关部门报告。同时，针对旱灾对未来一段时间粮食供求可能造成的影响，也应及早进行研究分析。

四是组织开展粮食统计巡查，完善粮食信息发布制度。今年是新《统计法》实施的第一年，各级粮食统计机构要切实履行好《统计法》赋予的统计监督职责。我们将选取部分省（市）组织开展粮食统计巡查。重点检查粮食流通统计制度的贯彻落实情况，切实推进全社会粮食流通统计工作的顺利开展。建立健全粮食信息发布制度，丰富信息发布内容，拓展信息服务渠道，提高信息发布的及时性，正确引导粮食生产、流通和消费。

（六）进一步健全粮食应急体系，提高应急保障能力

各地要进一步完善粮食应急体系，细化和完善地方粮油储备应急动用方案，健全应急粮油加工和供应网点体系，保障应急能力。特别是大中城市要按照有关规定建立和充实成品粮油应急储备，包括部分小包装成品粮油，确保随时投放市场，保证应急需要。目前云南、贵州、广西等地旱灾十分严重，一些地区夏粮面临绝收，粮油供给存在一定压力。受灾地区粮食部门要采取有效措施，组织落实好本地粮油货源，加强粮油调运和调配，确保市场供应和价格基本稳定。特别是对因灾农村缺粮人口要摸清底数，及早安排落实粮源，保证供应。各地要密切关注当地主要粮油批发市场、重点零售企业的粮油销售价格、销售数量，做好启动预案的各项准备。当市场出现异常情况时，要按照《国家粮食应急预案》和本地区粮食应急预案的要求，及时启动预案，投放地方储备粮油，平抑市场价格，确保市场供应稳定。当前，要认真落实粳米市场保供稳价的有关措施，必要时要及时投放成品粳米地方储备，保证供应，稳定价格。

同志们，做好今年的粮食调控工作，维护粮食市场和价格基本稳定，服务"三农"，促农增收，保障国家粮食安全，任务繁重，责任重大，使命光荣。让我们进一步增强责任意识和创新意识，振奋精神，开拓进取，推进粮食宏观调控工作又好又快发展，为确保国家粮食安全、促进经济平稳较快发展和社会和谐稳定做出新贡献！

3

第三篇

全国粮食工作

粮油生产

一 粮油生产情况

2010年，在党中央、国务院的正确领导下，经过各级党委、政府和农业部门，以及广大农民群众的共同努力，粮食生产克服西南地区特大旱灾、北方地区春季多年少有持续低温、夏季局部地区严重洪涝等灾害影响，粮食总产实现半个世纪以来首次连续七年增产，首次连续四年保持在1万亿斤以上，为管理好通胀预期、保持价格总水平基本稳定和经济平稳较快发展奠定了坚实基础，为应对各种风险挑战、维护改革发展稳定大局发挥了重要作用。油料生产在复杂的天气、市场和政策环境影响下，总产量创历史新纪录，实现自2008年以来的"三连增"，确保食用植物油自给率保持基本稳定。

（一）2010年粮食生产特点

1. 粮食面积稳定增加。2010年粮食播种面积10987.6万公顷，比上年增加89.0万公顷，增幅0.8%，是1957年以来第一次连续七年增加。

2. 粮食单产提高。2010年粮食平均单产每公顷4973.6公斤，比上年提高103.0公斤，增幅2.1%。

3. 粮食总产连续第七年增产。2010年粮食总产54647.7万吨，比上年增产1565.6万吨，增幅2.9%，实现1959年以来第一次连续七年增产。

4. 三季粮食"二减一增"。

夏粮减产：2010年夏粮播种面积2744.0万公顷，比上年增加5.8万公顷，增幅0.2%；总产12315.0万吨，比上年减产33.5万吨，减幅0.3%；单产每公顷4487.9公斤，比上年减少21.7公斤，减幅0.5%。

早稻减产：2010年早稻播种面积579.6万公顷，比上年减少7.4万公顷，减幅1.3%；总产3133.7万吨，比上年减产201.8万吨，减幅6.1%；单产每公顷5406.8公斤，比上年减少275.4公斤，减幅4.8%。

秋粮增产：2010年秋粮播种面积7664.0万公顷，比上年增加90.7万公顷，增幅1.2%；总产39199.0万吨，比上年增产1800.9万吨，增幅4.8%；单产每公顷5114.7公斤，比上年提高176.6公斤，增幅3.6%。

5. 主要粮食品种实现"四增"。

稻谷增产：2010年稻谷播种面积2987.3万公顷，比上年增加24.6万公顷，增幅0.8%；总产19576.1万吨，比上年增产65.8万吨，增幅0.3%；单产每公顷6553.0公斤，比上年减少32.4公斤，减幅0.5%。

小麦增产：2010年小麦播种面积2425.7万公顷，比上年减少3.4万公顷，减幅0.1%；总产11518.1万吨，比上年增产6.6万吨，增幅0.1%；单产每公顷4748.4公斤，比上年增加9.4公斤，增幅0.2%。

玉米增产：2010年玉米播种面积3250.0万公顷，比上年增加131.7万公顷，增幅4.2%；总产17724.5万吨，比上年增产1327.1万吨，增幅8.1%；单产每公顷5453.7公斤，比上年提高195.7公斤，增幅3.7%。

大豆增产：2010年大豆播种面积851.6万公顷，比上年减少67.4万公顷，减幅7.3%；总产1508.3万吨，比上年增产10.2万吨，增幅0.7%；单产每公顷1771.2公斤，比上年提高141.2公斤，增幅8.7%。

6.增产省份多，主产省和非主产省粮食均衡增产。

北京、上海、浙江、福建、江西、湖南、广西、海南、贵州、云南、青海等11省（区、市）减产，其他20个省（区、市）均有不同程度增产，其中黑龙江增产659.8万吨、吉林增产382.5万吨、内蒙古增产176.5万吨、辽宁增产174.4万吨、山西增产143.1万吨。13个粮食主产省粮食产量41184.0万吨，比上年增产1473.9万吨，占全国粮食总产量的75.4%，比上年增加0.6个百分点；18个粮食主销省和产销平衡省粮食产量13463.7万吨，比上年增产91.7万吨，占全国粮食总产量的24.6%，比上年减少0.6个百分点。

（二）2010年油料生产特点

2010年我国油料总产量创历史新纪录，实现"三连增"。据国家统计局统计，全国油料总产量3230万吨，比上年增产76万吨，增长2.4%。但增产量和增长幅度明显低于前两年（2008年油料增产384万吨、增幅约15%；2009年增产201.5万吨，增幅6.8%）。2010年油料生产主要呈现以下特点：

1.面积继续扩大。2010年全国油料作物播种面积为1389.0万公顷，比上年增加23.6万公顷，增幅1.7%。花生、油菜、向日葵等主要油料面积扩大，芝麻、胡麻等特色油料作物面积减少。2010年花生面积452.7万公顷，比上年增加15万公顷，增幅3.4%。油菜面积737万公顷，比上年增加9.2万公顷，增幅1.3%。向日葵面积98.4万公顷，比上年增加2.5万公顷。芝麻、胡麻面积共77.1万公顷，比上年减少4.2万公顷，减幅5.2%。

2.花生增产多。在5个主要油料作物中，增产最多的是花生，2010年全国花生在面积、单产双增加的情况下，产量达到1564.4万吨，创历史新纪录，比上年增加93.6万吨，增幅6.4%。向日葵和胡麻也比上年增产，其中向日葵产量达到229.8万吨，比上年增产34.2万吨；胡麻比上年增产3.5万吨。花生增产占3个作物增产总量的71.3%。2010年油菜籽产量1308.2万吨，比上年减少57.5万吨，减幅4.2%。芝麻比上年减产3.5万吨。

3.增减产的区域集中。2010年全国有20个省（市、区）油料增产，其余减产。增产10万吨以上的有辽宁、吉林、湖南三省，共增产80万吨，其中辽宁增产44万吨、吉林增产20万吨、湖南增产16万吨。减产10万吨以上的有贵州、云南、安徽、江苏四个省，共减产57.3万吨。其中，贵州、云南因严重干旱，油菜产量比上年分别减少18.8万吨和15.4万吨，减幅达27%和37%；安徽因面积减少和冬春低温冻害影响，油菜籽减产24.1万吨，减幅15%。

4.食用植物油自给率基本稳定。2010年油料、大豆增产，棉花减产导致棉籽油减产，茶籽油、玉米油等稳中略增，扣除食用部分，国产油料折油总量1020多万吨。按照2010年食用植物油消费量2400多万吨测算，食用植物油自给率稳定在42%以上。

二　粮油高产创建

2010年，农业部大规模开展粮棉油糖高产创建，在全国建设5000个万亩示范片，比去年增加2400个，覆盖所有农业县，同时开展了整乡整县整建制推进试点。在应对今年多发重发自然灾害中，高产创建示范片率先落实应对技术措施，及时调整适宜品种，全程推进农机农艺结合，辐射带动大面积平衡增产，为实现粮食连续第七年增产和种植业稳定发展发挥了重要作用。

（一）实施成效

1.创建规模继续扩大。2010年，中央财政安排10亿元，建立万亩示范片5000个，覆盖作物由上年的粮棉油扩大到粮棉油糖，覆盖范围从1200多个县增加到所有农业县，共惠及7048个乡镇（次）、37688个村（次）、1260.77万农户（次）。其中，粮食作物4380个（水稻2000个，玉米、小麦各1000个，大豆180个，马铃薯200个），比上年增加2330个；油料作物370个（油菜270个，花生100个），增加20个；棉花200个，新增糖料作物50个。高产创建万亩示范片总面积达6356万亩，带动地方建立万亩示范片2500多个。

2. 高产典型不断涌现。据严格测产验收，2010年高产创建示范片中，亩产超创建目标的小麦示范片占41%、一季稻占59%、双季稻占100%、玉米占39%、大豆占55%、马铃薯占27%、油菜占45%、花生占69%、棉花占40%。河南省鹤壁市淇滨区小麦万亩示范片平均亩产695.4公斤，创造我国万亩小麦单产最高纪录。福建省尤溪县中稻万亩示范片平均亩产达1032公斤，比目标高332公斤。黑龙江省肇源县和平乡玉米万亩示范片平均亩产948.5公斤，比目标高148公斤。山东省滕州市、肥城市和甘肃省庄浪县的三个马铃薯万亩示范片鲜薯亩产超过4100公斤，比目标高1100公斤。安徽省固镇县花生万亩示范片平均亩产455.8公斤，山东省五莲县花生万亩示范片平均亩产452公斤，均比目标高150多公斤。新疆兵团农一师一团棉花万亩示范片平均亩产198.24公斤，比目标高48公斤。

3. 示范带动效应明显增强。2010年，全国4380个粮食万亩示范片平均亩产656公斤，带动全国粮食亩产达331.6公斤，创历史新高。四川省农业厅预计，今年小麦、油菜、水稻、玉米、马铃薯、大豆和花生高产创建项目示范县平均亩产分别为391.4公斤、152.3公斤、546.3公斤、432.6公斤、1322.9公斤、131.3公斤和169.6公斤，比上年增加9.3公斤、5.3公斤、8.2公斤、24.2公斤、76.7公斤、6公斤和5.6公斤。

4. 整乡整县推进试点进展顺利。2010年全国共开展26个整县、285个整乡高产创建整建制推进试点，取得显著成效。甘肃省广河县大力推广全膜双垄沟播技术，带动全县玉米28.2万亩大面积高产，平均亩产达到831.60公斤；河南省浚县王庄乡3万亩示范农田，上茬冬小麦平均亩产611.6公斤、下茬夏玉米平均亩产782.8公斤，首创3万亩以上连片双季亩产超1300公斤的高产纪录；四川省宣汉县30.2万亩玉米平均亩产达到624.9公斤，创造西南地区整县制大面积玉米高产纪录。湖南省赫山区汨罗镇开展整乡制高产创建，19686亩早稻亩产521.1公斤，比去年提高151.1公斤，21905亩晚稻亩产559.2公斤，提高109.2公斤，双季亩产1080.3公斤，提高260.3公斤。

5. 增产增效显著。各地在示范片内集成展示优良品种和配套栽培技术，以点带面、辐射带动，实现增产增效。河北省在遭受春季严重低温冻害的情况下，110个小麦万亩示范片平均亩产达521.5公斤，比上年增加31.5公斤，亩效益比非示范片增加150元以上。山西省103个万亩高产创建示范片，片区内农民人均增收927.8元。陕西省项目县的小麦、玉米、马铃薯、水稻、油菜、棉花、花生、大豆等作物平均亩产增幅均超过20%，带动农民增收10亿元。

（二）主要做法

1. 率先落实抗灾减灾技术。面对自然灾害多发频发重发的严峻形势，各地及时调整技术路线，率先在高产创建示范片上推广小麦弱苗施肥、水稻大棚育秧、玉米地膜覆盖、水稻促早熟增施肥等抗灾增产技术，通过展示示范，引导农民学懂技术、用好技术，带动大面积推广应用。2010年，全国小麦"一喷三防"面积2.36亿亩，东北水稻育秧大棚新增25万栋，南方防寒露风促早熟增施肥面积1.5亿亩，西南地区玉米地膜覆盖面积增加2500多万亩。

2. 率先推广适播对路品种。2010年北方地区发生了持续低温天气，给适期播种带来极大困难。各地及时调换适宜播期、适宜区域的高产作物品种，在高产创建示范片率先推广，严防品种越区种植，确保安全成熟。东北四省区共调整短生育期玉米品种2000多万亩，黑龙江省支持农民调换中早熟玉米品种2200多万公斤，对有越区危险的玉米品种全部进行了调换。西南地区水路不通走旱路，及早调整种植结构，扩大旱地作物种植。云南省"水改旱"面积500万亩，增加间套种2000万亩，增加地膜玉米300万亩，做到小春损失大春补。

3. 率先推进农机农艺有机结合。各地依托农民专业合作社、农民协会、专业服务队等组织，大力推行农机订单作业、承包服务，统一机播、统一标准，尤其是推进农机与良种结合、农机与施肥结合、农机与病虫防控结合，切实把栽培技术物化与机械融合一体。初步统计，2010年全国小麦旋耕及播后镇压面积2.4亿亩，比上年增加7000多万亩；病虫害专业化统防统治达到12%，提高6个百分点；农作物耕种收综合机械化率52%，提高3个百分点。

三　基层农技推广体系改革与建设示范县

（一）基本情况

2010年，中央财政安排8亿元，在全国建设800个全国农技推广示范县。围绕粮食、经济作物、园艺、畜牧、水产等主导产业，遴选和培训8万技术指导员，建设8000个农业科技试验示范基地，培育80万科技示范户，辐射带动1600万周边农户。

（二）主要做法

1. 加强组织领导，提高管理水平。一是加强组织领导。农业部成立农技推广推进小组，各省也成立相应的领导小组。二是加强规范管理。农业部印发了《农业部办公厅关于做好2010年全国农技推广示范县工作的通知》（农办科〔2010〕30号），同时编制了《技术指导员手册》和《科技示范户手册》。各地统一制作了试验示范基地标牌、示范户门牌等。三是加强管理人员培训。农业部分别举办了管理干部和信息管理员培训班；建立中国农业推广网，对项目实行计算机管理。各省专门召开会议统一部署示范县工作，对管理人员进行培训。四是加强对示范县的绩效考核。以电话抽查为主要形式，以服务对象满意度为主要指标，通过示范县自评、省级农业主管部门考评、农业部抽查等程序，对示范县农技推广服务工作开展绩效考评。在各省绩效考评和排序的基础上，农业部最终确定淘汰31个示范县。同时要求各省根据2009年度示范县考评结果，将示范县分为优秀县、合格县、警告县和淘汰县四类。

2. 加大基层农技推广体系改革指导力度，创新体制机制。截至2010年底，全国共有2010个县（市、区）基本完成改革任务。全国31个省、市、自治区全部印发了改革与建设的指导性文件，全都建立了改革与建设工作领导小组。一些省份省委、省政府主要负责同志亲自调研和部署改革与建设工作，亲自开会协调解决工作中存在的困难和问题。河北、安徽、贵州、宁夏、江西、广西、湖北、吉林等省（区）和一些市、县，把理顺管理体制作为推广体系改革的主要工作来抓，着重强化县级主管部门的管理，努力解决管人与管事分离的问题，探索出了比较成功的改革模式。

3. 组建技术队伍，开展巡回指导。一是成立专家组，实现专家技术负责制。农业部、各省和示范县分别成立了专家组，实行专家技术负责制，制定技术实施方案。农业部专家主要依托现代农业产业技术体系和科技入户专家组组成。二是选聘技术指导员，实行技术指导包村联户制。每个示范县按照主导产业和科技示范户的分布，选聘100名技术指导员，每个技术指导员联系1~2个村，负责10个左右科技示范户的技术指导和服务。三是在关键季节、突发事件和农民有需求时实行入户指导。技术指导员在关键季节、突发事件和农民有需求时实行入户指导，每年下乡时间不少于150天。开展"百日科技服务行动"，在春耕、"三夏"、秋冬种等关键季节，动员和组织广大农业科技人员和基层农技人员深入生产一线，下乡、进村、入户开展农业科技服务。

4. 确定主导产业，遴选和推广主导品种、主推技术。农业部推介发布了150个主导品种和80项主推技术，各省也开展了推介工作。各示范县根据当地产业分布，确定3~5个示范主导产业，并围绕每个主导产业，组织专家遴选了主导品种和主推技术，制定技术操作规范和技术推广计划。各省和示范县也根据当地生产实际，推介发布了本地的主导品种和主推技术。

5. 培育科技示范户、落实试验示范基地，发挥示范带动作用。一是遴选和培育科技示范户。各示范县农业行政主管部门按照公开、公平、公正和自愿的原则，按照主导产业分布，遴选1000个具有丰富生产实践经验、生产经营规模较大、种养水平较高的科技示范户，带头学习和运用先进科学技术。二是认定一批农业科技试验示范基地。按照主导产业的分布，每个示范县依托现有科研教学推广单位试验示范基地、良种繁育场、种养大户、涉农企业、农民专业合作组织的基地等，认定10个左右的农业科技试验示范基地，重点开展新品种、新技术、新机具引进、试验、示范、展示和技术培训等工作。三是发挥科技示范户的辐射带动作用。每个示范户辐射带动周边20个农户，传播先进技术。

6. 开展技术培训，提高农技人员素质。按照要求，每个示范县选送100名技术指导员异地开展一周左右的集中培训。将800个示范县8万名县乡两级农技人员集中到高等院校开展示范性培训，全国大范围开展基层农技人员培训累计达到40万人次，江苏、四川、安徽等省农技人员培训工作全面展开。福建、宁波等地通过财政扶持，启动人才补充计划。宁夏在全区开展农技人员考试，探索建立农技人员资格准入制度。一是开展基地认定，夯实培训条件。以农业大学、农业科研院所为主体，在全国认定45个农业部现代农业产业技术培训基地，作为各地开展骨干农技人员培训的依托单位。同时，各地根据示范县农技人员培训要求，在本省认定一批省级现代农业技术培训基地，用于开展普通农技人员培训工作。二是制定培训大纲，确保培训质量。分重点班和普通班，组织专家编写基层农技人员培训大纲，有效促进了全国培训工作的规范化。

（三）主要成效和经验

经过两年实施，各地普遍认为示范县项目思路明确、设计合理，对基层农技推广体系改革与建设工作起到了很好的推动作用，缓解了基层有钱养兵、无钱打仗的现实问题，加速了主导品种和主推技术的示范推广速度，支撑主导产业的发展。

1. 有力促进基层农技推广体系改革与建设。示范县项目的启动实施，为推动改革与建设提供了强有力的"助推剂"，基层农技推广体系改革与建设呈现出良好的发展态势。已列入的示范县加快改革与建设的力度，深化内部运行机制改革；未列入示范县的县也纷纷出台改革文件，加快改革力度。一是强化了公益性职能。各示范县全部明确基层农技推广工作的公益性地位，对农技推广人员纳入财政保障。二是理顺管理体制，合理设置机构。各地按照国务院30号文件、农科教发〔2009〕7号文件的要求，因地制宜设置基层公益性农业技术推广机构，建立健全有利于充分发挥基层农业技术推广体系作用的管理体制，合理确定基层公益性农业技术推广机构的人员编制，保证公益性职能的履行。三是完善内部运行机制。各示范县广泛推行农技推广责任制，在农技人员竞争上岗、定岗定责、考核评价、农民需求反馈、资产管理、县域推广统筹等方面进行了积极探索，取得了明显成效。

2. 加速农业科技成果转化应用，有效支撑主导产业发展。一是加速了主导品种和主推技术的推广力度。每个示范县围绕3~5个主导产业，通过专家和技术指导员的巡回指导和技术服务，大力推广主导品种和主推技术，有效提高技术的入户率和到位率，有力促进了农民增产增收。据统计，示范县主导品种和主推技术入户率达95%以上，示范区平均产量增长10%以上。二是提高了示范户的能力水平，加速培育新型农民。通过入户指导和多种方式的技术培训，增强了示范户的科技意识，提高了示范户的种田水平，示范户的学习接受能力、自我发展能力和辐射带动能力普遍得到提高，示范户逐步成为观念新、技术强、留得住的"乡土专家"，成为发展现代农业的新型农民。三是发挥基地的示范展示作用。项目通过在每个县建立10个左右的农业科技试验示范基地，一方面使之成为上游专家的试验田，另一方面成为下游推广的展示田、辐射田和培训田，让技术指导员不出县乡、农民不出村组，就能看到新品种、新技术的展示与示范。山东省农业厅明确要求，各试验示范基地面积20~50亩，大作物新品种试验示范不少于10个，主推的新技术不少于5项；小作物新品种试验示范不少于5个，主推的新技术不少于3项。各示范县在所试验新品种生长的关键时期，组织科技示范户和技术指导员到试验示范基地进行观摩学习，示范县首席专家在田间地头开展现场培训和教学。

3. 推动了农技推广机制创新。通过示范县项目实施，在加强和改善农业科技推广服务上做了大量积极有益的探索。"推广机构+科技示范户+农户"、"推广机构+969155热线+农户"、"推广机构+专业合作社+农户"、"推广机构+信息服务终端机+农户"、"推广机构+大户（科技示范户）"、"农技人员+示范基地+农户"等模式的创新推广应用，推广了大量农业实用新技术，使粮食得到增产，农民得到增收。

4. 不断提升基层农技人员的服务能力和水平。示范县基层农技人员培训工作，经费比较稳定，要求比较具体，机制比较完善，初步探索了广泛动员农业、科研、教学、推广部门力量开展基层农技人员培训的机制和异地研修、集中办班、现场实训等有效培训模式，为进一步扩大基层农技人员培训覆盖面、建立稳定的基层农技人员知识更新机制奠定了基础。示范县基层农技人员培训工作，满足了广大农技人员的长久祈盼，体现了党和国家对农技推广队伍的关心和重视，极大激发了基层农技推广人员的工作热情，切实增强了基层农技队伍的凝聚力、向心力和工作的责任感、使命感。

5. 搭建良好的技术推广平台，放大惠农政策效果。全国农技推广示范县项目的实施，充分调动了广大农技推广人员的积极性，优化了推广队伍。通过项目带动和政策激励，使想干事、能干事的基层推广人员真正能干成事，起到了"接线、补网、聚能人"的作用，激活了基层农技推广体系。通过搭建行政管理和科技人员两套网络体系和直通车式的服务框架，为落实惠农政策、发挥科技人员作用和实施其他支农项目搭建了平台，有效地整合了项目资源。

四　良种补贴

2010年，中央继续巩固、完善和强化良种补贴政策，各级各部门认真落实、强化管理，实施成效显著，为粮食连续七年增产发挥了重要作用。

（一）良种补贴范围和规模继续扩大

1. 补贴范围扩大。良种补贴范围继续扩大，补贴品种进一步增加，水稻、小麦、玉米和棉花等大宗粮棉作物继续实行全国全覆盖，油菜、大豆等作物继续实行主产区全覆盖；马铃薯原种补贴新增河北、山西、吉林、湖北、陕西5省，实施省份达到14个；启动藏区青稞补贴，实行四川、云南、西藏、甘肃、青海5省（区）藏区全覆盖；启动花生良种补贴试点，重点补贴黄淮海花生集中产区，适当兼顾其他花生主产区，包括河南、山东、河北等12个省（区）。

2. 资金规模扩大。良种补贴资金规模进一步扩大，中央财政拨付补贴资金204亿元，比上年增加5.5亿元。其中，2月份预拨良种补贴资金188亿元，包括水稻65.73亿元，小麦41.77亿元，玉米58.96亿元，大豆9.84亿元，棉花11.34亿元，青稞0.35亿元；6月份，拨付花生良种补贴资金4亿元；9月份，拨付马铃薯原种补贴资金3亿元；11月份，拨付油菜良种补贴资金近10亿元。年底，根据农民实际种植面积，对实行全覆盖补贴的作物追加了部分良种补贴资金。

3. 补贴面积增加。今年在对水稻、小麦、玉米、棉花实行全国覆盖，对油菜、大豆实行主产区全覆盖的基础上，马铃薯、青稞、花生补贴面积增加。马铃薯原种补贴面积比上年增加90万亩，新增青稞补贴面积约350万亩，新增花生补贴面积3200万亩。

4. 惠及农户增加。随着良种补贴项目实施规模和补贴范围的进一步扩大，越来越多的农民享受到良种补贴带来的实惠。其中，粮食作物良种补贴项目涉及全国31个省（区、市）和新疆生产建设兵团、黑龙江农垦、广东农垦，实现所有粮食生产县（市、场）全覆盖。

（二）良种补贴成效显著

良种补贴项目作为国家农业补贴的重要内容，覆盖面广，资金量大，涉及作物类型多，在提升粮棉油大宗农作物生产能力、推广良种良法、提高品质和竞争力、实现农作物增产和农民增收等方面发挥了重要作用。

1. 提高了农民的种粮积极性，促进了粮棉油生产能力提升。实施良种补贴，一方面，采取招标采购差价供种的补贴方式，通过推广优质高产良种和节本增效技术，实现良种良法配套，降低生产成本，提高种植收益；另一方面，采取与面积挂钩直接发放补贴资金到户的补贴方式，可减少农民购买良种的成本支出，降低生产成本。据调查，江苏、安徽、山东等省项目区优质小麦价格普遍高于市场价0.10元/斤左右，花生单产提高5%左右，农民从中得到了经济实惠，种植积极性提高。

2. 加快了良种良法配套技术推广，提高了粮食生产的科技含量。实施良种补贴项目后，各地以推广使用良种为突破口，坚持良种与良法、农机与农艺相结合，大力集成配套先进实用技术，加快标准化生产步伐，农业技术到位率和科技含量大幅度提高。通过举办培训班、发放明白纸、进村入户宣讲、田间地头指导等方式，加大技术培训指导力度，提高农民科学种田水平，大力推广玉米密植栽培、水稻集中育秧和精确定量栽培、小麦精量播种和氮肥后移等标准化栽培技术，进一步提高了粮食生产的科技含量。

3. 推动了粮棉油标准化生产和区域化布局，提高了市场竞争力。良种补贴有效引导优质专用品种向优势产区集中，推进我国优质水稻优势产业带、优质专用小麦优势产业带、专用玉米优势产业带及东北高油大豆优势产业带的形成，粮食区域化布局水平进一步提高。目前，我国农业生产以户为单位小规模经营的现状一时难以改变，通过良种补贴，同一品种或同一品质类型的优良品种实行区域化布局，集中连片规模化种植，有利于统一品种、统一播栽、统一肥水管理、统一病虫防治、统一机械收获，从而提高标准化生产和专业化服务水平，保证优质专用品种的品质稳定，实现小生产与大市场的对接，提高优质专用粮食的市场竞争力和企业预约订单生产的积极性。如黑龙江省严把良种质量关，配套良法良制，全省粮食总产首次超过1000亿斤，粮食品质显著改善，"水苞米、青粒豆、半仁稻"问题得到较好解决，显著提高了主要粮食品种在市场上的竞争力和占有率。

4. 密切了干群关系，促进了农村社会和谐。通过落实良种补贴项目和其他各项惠农政策，基层村组干部和农技人员与当地农民接触交流的机会明显增加，有助于融洽干群关系。各地加强良种补贴政策的宣传，使广大农民群众对惠农政策有了更深入了解，特别是村组干部逐户上门登记核实补贴面积，情况掌握到村、到组、到户、到田块，或者是配合供种企业将补贴良种直接供种到户、送种上门，不仅种子价格便宜，还传授栽培技术，使每个农民都享受实惠。一些地方还结合开展统一耕种、配方施肥，消除农民担心买到假冒伪劣种子、化肥的顾虑。农民在感谢党和国家好政策的同时，对基层干部的信任程度也明显提高。

（三）主要措施和经验

1. 加强组织领导，强化协调配合。各地普遍从政策的高度重视良种补贴工作，成立由相关部门负责人组成的组织领导机构，加强组织领导，落实工作责任；及时总结交流各地好经验、好做法、好典型，以便在全省乃至全国范围内宣传推广，推动面上工作开展；针对良种补贴实施中可能出现的问题，按照公开、公平、公正、透明的原则，严把补贴范围和标准关、资金管理关、公示公告关，确保资金真正落实到农民。

2. 严格规范操作，强化内部监督机制。各地严格按照《中央财政农作物良种补贴资金管理办法》的要求，明确工作程序和操作标准，以村民小组为单位，对种植的农户、核定的补贴面积、补贴标准及补贴金额等据实登记造册，同时切实做好补贴结果的公示工作。设立各级良种补贴举报电话，广泛接受群众监督，及时处理来电来访，做好答疑工作。招标采购差价供种的补贴方式，通过招标采购确定供种企业和价格，以扣除补贴后的优惠价格统一供种到户。

3. 加强督察监管，防范工作漏洞。各地在良种补贴实施过程中，严格按照县级自查、市级普查、省级抽查的工作程序，全面组织开展良种补贴检查工作，积极落实项目责任制、村级公示制度、督查制度、补贴资金报账制度。

4. 注重政策衔接配套，强化宣传和跟踪服务。各地结合其他涉农项目实施，广泛开展分区域、分层次、分季节的技术培训和技术指导；在良种补贴项目区大力开展粮棉油高产创建活动，创新技术推广新形式；采取招投标方式选择信誉好的大型龙头企业与农户签订产销合同；通过新闻媒体、在线访谈、明白纸等方式，强化政策宣传，公开补贴区域、补贴标准、补贴品种、供种企业、良种价格、实施办法、举报电话等，努力做到家喻户晓，提高广大农民群众对良种补贴政策的知晓度、理解度和参与配合积极性，为项目顺利实施奠定良好基础。

五　农机购置补贴

2010年，农业部、财政部认真组织实施农机购置补贴政策，密切配合、全力保障，各级农机化主管部门规范操作、严格管理、迅速推进，补贴政策落实到位，实施效果显著。

（一）基本情况

中央财政继续扩大农机购置补贴资金规模，由2009年的130亿元增加到155亿元。补贴机具种类由2009年的12大类38小类的128个品目，扩大到12大类45小类的180个品目。单机补贴额原则上最高不超过5万元。100马力以上大型拖拉机、高性能青饲料收获机、大型免耕播种机、挤奶机械、大型联合收割机、水稻大型浸种催芽程控设备、烘干机单机补贴限额可提高到12万元；大型棉花采摘机、甘蔗收获机、200马力以上拖拉机单机补贴额可提高到20万元。同一种类、同一档次的产品在全省实行统一的定额补贴标准。

（二）主要做法

1. 明确职责任务，强化组织保障。农业部、财政部在深入调研的基础上，联合制定了农机购置补贴实施指导意见，指导各地补贴工作开展。各地高度重视，加强协调，明确任务，落实责任。许多省（区、市）将实施农机购置补贴列入地方政府对农机化主管部门的考核内容，农机化主管部门和财政部门密切配合，各省（区、市）农机化主管部门行政一把手亲自负责，明确责任处室，为农机购置补贴实施工作提供了强有力的组织保障。

2. 完善各项办法，夯实制度基础。为进一步发挥市场机制的作用、增强企业自主权、有效保护农民权益，农业部、财政部认真研究，创新完善了补贴机具目录确定、补贴产品经销商管理、补贴对象优选条件、补贴资金分配等办法。各地也对补贴资金使用管理办法、绩效考评办法、档案管理办法、补贴产品经销商管理办法等进行了完善。

3. 坚持公开透明，规范操作行为。各级农机化主管部门严格按照程序和规定操作，使补贴实施工作更加科学、规范和高效。邀请纪检监察部门全程参与机具补贴工作，自觉接受监督，努力做到公开、公平、公正。坚持突出重点、兼顾一般的原则，补贴资金向粮食等农产品大省倾斜、向主要农作物生产薄弱环节机械倾斜、向服务组织和农机大户倾斜。按照优选条件确定补贴对象，对农民实际购机情况公示到乡村，接受农民监督。为加快执行进度，采取补贴资金实施结算半月报制度，要求各省保证至少每季度结算一次，减轻企业的资金周转压力。

4. 开展热情服务，方便农民群众。2010年在27个省启用了全国农机购置补贴信息系统，可实现补贴机具目录管理、经销商管理、申请管理、购机管理、结算管理、信息管理及随机抽查的信息化和网络化。各省推出了便民服务的新举措，陕西开展了企业、农民"双满意"活动，把农民群众和企业高兴不高兴、赞同不赞同、满意不满意作为农机购置补贴工作的出发点和落脚点。山西省农机部门、农机企业、经销商联合组成专门技术服务组，开展了"三方万户百日农机大回访"行动，进村入户，跟踪服务，共走访农户9万多户，征求意见建议2100多条。

5. 组织监督检查，严明纪律要求。农业部制定并印发了监督检查方案，派出10个督导组对20个省区市补贴政策实施情况进行重点督导。公布了补贴咨询投诉热线电话，畅通群众反映问题的渠道。实行首问负责制，专人负责记录群众和企业电话举报和反映问题，对重要举报及时派人实地调查处理。利用农机补贴档案管理信息系统，对全国农机补贴实施情况开展电话抽查和重点督查。发现问题，决不姑息，严厉查处，及时在行业内通报，起到了很好的警示教育作用。

6. 加强政策宣传，营造良好环境。年初在《人民日报》、《农民日报》等主要媒体发布农机购置补贴政策信息，回答社会关注的问题，向社会公开补贴政策内容、程序、要求以及实施情况等。联合编印了62万册《2010年农机购置补贴政策解读20问》和40万份《农机购置补贴申请程序图》，全部发放到广大乡村，将补贴政策宣传到村入户。各地广泛利用广播、电视、报纸、网络等媒体宣传补贴政策，采取张贴公告到村、发放指南到户、发送手机短信到人等方式，使补贴政策家喻户晓。据湖北省抽样调查统计，全省农民对购机补贴政策的知晓率达93.3%。

（三）主要成效

2010年农机购置补贴政策实施启动早、进展快、效果好，155亿元农机购置补贴资金已于10月底全部落实到农户，共补贴各类农机具约525万台（套），受益农户近400万户。农机购置补贴政策的实施，取得了一举多效、惠农利工的良好效果。主要表现在以下几个方面：

1. 促进了农机总量快速增长，优化了农机装备结构。农机购置补贴政策有效激发了农民的购机热情，全国农机总动力保持快速增长，2010年达9.2亿千瓦，同比增加5.15%。各级农机化主管部门充分发挥补贴政策的调控作用，将补贴资金向关键环节和重点作物的机械化生产倾斜，引导农民购置大中型、高效复式和薄弱环节的农机具，努力改善农机装备结构存在的"三多三少"问题。水稻插秧机、玉米收获机、谷物收获机、大中型拖拉机分别补贴购置5.99万台、4.72万台、6.76万台、23.2万台，使用补贴资金分别为6亿元、15.7亿元、14.9亿元、43.2亿元，占资金总量的51.5%。

2. 加快了农业机械化进程，增强了农业综合生产能力。2010年全国耕种收综合机械化水平超过52%，农机购置补贴实施7年来机械化水平实现了19个百分点的增幅，相当于政策实施前30年的增幅。主要粮食作物的薄弱环节机械化水平加速发展，全国水稻机插面积达7740万亩，新增1500万亩左右，机械化栽植水平达20%，比上年提高3.3个百分点；全国玉米机收水平超过25%，比上年提高8.1个百分点，山东省玉米机收率达71.5%，在全国率先实现了玉米生产全程机械化。

3. 推进了农机化新技术的应用，促进了农业生产方式转变。农机购置补贴重点支持农民购买先进适用的农业机械，进一步扩大了农机深松作业、保护性耕作、机械化秸秆还田等农机化新技术的应用面积，加快了农业生产方式由人畜力劳动向机械作业为主转变。山西、辽宁、吉林、黑龙江等省把大马力拖拉机和深松机列为补贴重点，有力促进了深松作业的开展。

4. 有效拉动了农村需求，促进了农机工业和服务业发展。农机购置补贴资金发挥了很好的带动作用，直接拉动农民和农业生产经营组织投入409.3亿元，促进了农机购置投入多元化，促进了农机工业产销两旺。据中国农机工业协会统计，2010年农机工业总产值达2838.1亿元，比上年增长26.36%，工业销售产值达2768.15亿元，比上年增长25.46%。生产大型拖拉机15569台，同比增长77.69%。农机作业市场不断发展壮大，农机服务组织蓬勃发展，全国农机专业合作社总数达到2万个，同比增长34.23%。

六　测土配方施肥

2010年，中央财政投入9.5亿元，支持2498个项目县（场、单位）实施测土配方施肥补贴项目，项目覆盖到54.9万个村、1.6亿农户，技术推广面积11亿亩以上，深受广大农民欢迎，为全国粮食连续第七年增产、农民持续增收和农业节能减排作出了重要贡献。

（一）主要成效

1. 促进了作物增产、节本增效和农民增收。据统计，与农民习惯施肥相比，测土配方施肥示范区亩均增产幅度小麦为6.2%、水稻6.3%、玉米6.7%，亩均节本增收小麦为40元、水稻60元、玉米50元。经济园艺作物增收效果更为明显，亩均节本增收80元以上，经济效益相当可观。

2. 促进了节能减排，减轻了农业面源污染。据统计，测土配方施肥示范区一般每亩减少不合理施肥量1~2公斤（折纯），全国减少不合理施肥150万吨，相当于节约燃煤400万吨、减少二氧化碳排放量约1000万吨，节能减排效果明显。

3. 转变了传统施肥观念，提高了农民科学施肥水平。通过测土配方施肥项目的实施，项目县（场）农民科学施肥意识明显增强，重化肥、轻有机肥、偏施氮肥、施肥结构不合理等现象逐步得以转变，测土配方施肥技术已被越来越多的农民所接受。全国效果评价显示，在小麦、水稻和玉米生产中，分别有77.4%、69.0%和66.4%的农户采用了测土配方施肥技术。

4. 构建了科学施肥技术体系，提升了服务能力。各项目县（场、单位）按照农业部制定的《测土配方施肥技术规范》，以土壤测试和田间肥效试验数据为基础，初步建立了主要作物施肥指标体系、测土配方施肥数据库、县域耕地资源管理信息系统、测土配方施肥专家咨询系统、智能化数字配肥供肥系统等。各项目单位化验室年均检测样品能力达到4000个以上，分析化验项次超过2万个。基层土肥技术队伍、服务手段和能力得到加强。

5. 摸清了部分地区耕地土壤养分状况。初步摸清了1200个项目县（场）耕地土壤养分状况，与全国第二次土壤普查时期相比，土壤有效磷含量普遍提高，土壤酸碱度（pH）下降，南方耕地土壤酸化严重；其他肥力指标都发生了不同程度的变化。

（二）主要做法

在财政部大力支持下，2010年农业部继续将测土配方施肥列入为农民办理的实事之一，全面深入推进测土配方施肥持续健康发展。

1. 加强项目监督管理。农业部会同财政部制定印发了《2010年测土配方施肥补贴项目实施指导意见》，组织项目申报、方案审查、资金下达等。农业部印发了《2010年全国测土配方施肥普及行动工作方案》和《全国测土配方施肥技术普及示范县（场）创建工作方案》，举办了全国测土配方施肥普及行动启动仪式，组织召开了全国测土配方施肥工作会。并派出了工作督导组，强化项目管理，规范项目实施。各省（区、市）与项目县（场、单位）签订项目合同书，明确测土配方施肥补贴项目的目标任务、技术指标、质量标准、资金管理以及奖惩办法等。农业部建立了项目管理奖惩制度，制定印发了《省级测土配方施肥工作绩效考评试行方案》，激励先进鞭策落后。

2. 强化政府主导统筹推进。各地积极采取政府主导、多方参与、发挥优势、统筹推进的方式，将部门业务行为转变为政府行为和社会行为，将技术措施上升为强农惠农政策。各项目县成立了由政府领导牵头、有关单位参加的领导小组，20多个省（区、市）由政府协调，财政安排了配套经费，有的项目县将测土配方施肥纳入乡（镇）政府绩效考核内容。充分发挥技术推广、教学科研、肥料供销部门的优势和农民的主体作用，让土肥技术推广的公益性服务与肥料产供销社会化服务有机地结合起来，将农民的科学施肥意识转化为自觉行动。

3. 狠抓技术推广普及。为切实推进测土配方施肥技术进村入户到田，提高技术到位率和覆盖率，农业部在全国范围内组织开展测土配方施肥普及行动，组织专家和农技人员进村入户，深入田间地头，开展巡回指导和技术服务，大力推进"示范片到村、配方肥下地、培训班进田、建议卡上墙"，指导农民按方施肥。各地突出"示范展示、培训宣传、指导服务"等重点，多方位、多角度示范引导农民实施测土配方施肥。以粮棉油糖高产创建示范片、园艺作物标准园创建示范片、种植大户、科技示范户、农民专业合作社等为重点对象，大力示范推广测土配方施肥技术，做到村有百亩示范方、乡有千亩示范片、县有万亩示范区。同时，选择100个项目县（场）开展测土配方施肥技术普及示范县创建活动，在积极探索整村整乡整建制推进测土配方施肥的有效模式和工作机制等方面取得了进展。

4. 注重配方肥推广应用。在指导农民按方选肥、按方配肥和按方施肥的同时，积极探索配方肥产供销用相衔接的有效机制。农业部要求各地在农业生产关键季节，及时公布本区域肥料配方信息，引导、鼓励和支持企业调整产品结构，按照农民需求组织生产供应，确保农民用肥需求。通过探索"大配方、小调整"等生产模式、"连锁、配送、超市"等营销模式和肥料经销网点智能化配肥售肥服务模式，破解肥料规模化生产、批量化供应与配方肥区域性较强、个性化需求的矛盾，为更多生产和经销服务企业参与测土配方施肥提供有效途径。

5. 开展项目效果调查评价。测土配方施肥补贴项目实施效果如何，是社会各界共同关注的。农业部充分发挥教学、科研单位的技术力量，组织专家对92个项目县（场）8521户农户进行实地调查和访问，了解农民的意见和建议，反映农民心声和关切，帮助解决项目实施过程中遇到的技术问题，客观评价测土配方施肥成效，为全面深入推进测土配方施肥做好技术支撑。

实践证明，实施测土配方施肥是促进粮食增产、农业增效、农民增收的重要途径，是转变农业发展方式、促进节能减排、发展低碳农业的重大举措。

七　病虫害防治

2010年粮食作物病虫总体偏重发生。其中，水稻"两迁"害虫、稻瘟病、小麦赤霉病、小麦蚜虫、玉米螟、蝗虫等重大病虫害对粮食安全生产造成严重威胁。初步统计，全国主要粮食作物病虫害发生面积37.5亿亩次，全年累计防治面积44.8亿亩次。经组织有效防治，减少产量损失1874亿斤，为保障粮食连续第七年增产作出了贡献。

（一）主要病虫发生情况

1. 小麦病虫害。为2001年以来第四个重发年份，病虫害累计发生10.0亿亩次。其中，虫害发生5.4亿亩次，病害发生4.6亿亩次。小麦穗期蚜虫在黄淮海主产麦区大发生，发生面积2.5亿亩，为2001年以来第二重发的年份。赤霉病发生9200万亩，为1990年以来第二重发的年份，仅次于暴发流行的1998年，江苏、安徽、湖北、河南南部等长江流域和江淮麦区发生较为普遍，部分感病品种毒素超标严重。小麦条锈病经加大药剂拌种力度，全面落实"带药侦查、发现一点、防治一片"预防控制措施，有效遏制了其扩展蔓延，西南、西北、汉水流域及黄淮麦区大部中等或偏轻发生，发生面积3000万亩，为近年来较小的一年。

2. 水稻病虫害。总体重于2009年，发生面积13.2亿亩次，同比增加3.2%。其中，虫害发生9.4亿亩次，病害发生3.8亿亩次。稻飞虱、稻纵卷叶螟重发范围明显大于上年，华南、西南东部、江南稻区偏重至大发生，西南中北部、长江中下游、江淮稻区中等至偏重发生，累计发生面积分别为3.9亿亩次和3.1亿亩次；稻瘟病江南、东北、西南部分稻区中晚稻感病品种偏重发生，累计发生7670万亩；由白背飞虱传播的恶性病毒病南方水稻黑条矮缩病在华南、江南稻区发生严重，西南稻区范围扩大、程度加重，经加大防控组织力度，落实"治虫防病"措施，减少发病面积3000万亩，但仍发生1890万亩。

3. 玉米病虫害。总体偏重发生，累计发生9.8亿亩次。其中，虫害发生7.2亿亩次，为2000年以来面积最大的年份；病害发生2.6亿亩次。玉米螟发生3.4亿亩次，东北玉米主产区偏重至大发生，华北、黄淮和江淮产区中等发生。玉米叶螨发生3160万亩，受干旱影响河北、山西等地发生危害较重。由灰飞虱传播的玉米粗缩病在山东南部、河南东部、江苏沿海地区偏重发生，全国发生1630万亩，同比略有增加。

4. 农区蝗虫。总体中等程度发生，累计发生近1亿亩次。东亚飞蝗发生面积2243万亩次，环渤海湾沿海、华北湖库和沿黄滩区局部仍然出现高密度蝗蝻点片，但面积和范围同比有所减少。亚洲飞蝗发生154万亩，吉林大安市海坨乡苇塘出现7500亩高密度蝗蝻点片，蝗蝻平均密度每平方米70头，重发区达300头。西藏飞蝗发生140万亩。土蝗发生7500万亩次，程度总体轻于上年，内蒙古中西部、山西和河北北部等局部地区出现蝗蝻批量迁入农田危害现象。

（二）主要措施和成效

针对2010年极端气候事件多，病虫发生形势异常复杂的形势，各级党委政府和农业植保部门高度重视，按照农业部安排部署，将病虫防控作为保产增收、减损增效的重要措施，不断完善政府主导、属地责任、联防联控三大机制，坚决打赢区域性重大病虫歼灭战、局部性重大病虫突击战和重大疫情阻截战"三大战役"，实现了飞蝗不起飞、土蝗不扩散，小麦条锈病、水稻"两迁"害虫等重大病虫害不暴发成灾，苹果蠹蛾、稻水象甲等重大疫情不蔓延危害的防控目标。经各级农业部门共同努力，将病虫危害损失率控制在3%以内，较好地保障了粮食生产安全。

1. 强化防控组织领导。在建立健全防控指挥机构，加大行政推动力度的同时，农业部4月上旬召开了全国植保工作会议，全面分析了病虫发生形势，部署动员了防控行动。在重大病虫防控关键时期，湖南、江苏、安徽、河南、贵州、广西等省（区）政府召开专题会议或下发紧急通知，部署防控行动。中央和地方财政加大病虫防控支持力度，其中中央财政投入近4亿元，省地县三级财政投入10多亿元，比上年增加3亿多元。

2. 强化病虫监测预警。各级农业部门和植保机构严密监测重大病虫发生动态，加强虫情会商，及时准确发布病虫预报和警报，严格执行发生和防控信息周报制度，切实做到底数清、情况明，并通过电视、广播、手机短信、明白纸等多种形式，及时将病虫发生信息和防控技术要点传递到千家万户、田间地头，较好地指导了防控行动。2010年农业部共发布《植物病虫情报》31期、电视预报34期、农作物重大病虫发生防治周报36期。各级植保机构累计发布病虫信息近4.5万期，电视预报近9000期。

3. 强化专业化统防统治。各地按照农业部"百千万行动"的安排部署，加大扶持、引导力度，努力解决一家一户防病治虫难的问题，切实提高病虫防控效率、效益和效果。据统计，截至2010年底，全国已有较规范专业化防治组织4.4万余个，工商部门注册登记的1.29万个；从业人员81.6万人，其中持证上岗22万人；日作业能力达到3680万亩，小麦、水稻等主要作物专业化统防统治覆盖率平均达到12%。实践证明，专业化统防统治一般可减少用药1~2次，降低农药用量20%以上，亩均节本增效达100~200元。

4. 强化病虫应急防控。针对水稻"两迁"害虫、蝗虫、小麦条锈病等迁飞性害虫和流行性病害防控，5月中旬农业部组织应急防控演练，要求各地采取统防统治、联防联控和群防群治措施，确保重大病虫不大面积暴发成灾，努力实现"虫口夺粮"。针对5月下旬贵州突发稻水象甲植物疫情，农业部会同贵州省人民政府要求疫情发生县区按照"县不漏乡，乡不漏村，村不漏户，户不漏田"，以村组为单位全面开展统防统治行动，有效控制了疫情扩散；针对7月中旬吉林省局部出现较大面积亚洲飞蝗高密度点片，农业部会同吉林省农委派员亲临现场，迅速组织指挥防控行动，有效杜绝了起飞成灾风险。

5. 强化防控物资监管。各级农业部门按照农业部"2010年农药市场监管年"的总体要求和部署，共出动农业执法人员52万人（次），检查农药生产企业4908个（次），农药经营单位44万个（次），立案查处9312起，查获不合格产品1500余吨，较好保障了防控用药安全。市场监督抽查结果表明，农药产品质量和标签合格率分别达到86.3%和78.4%，分别比2009年提高了3.7和3.2个百分点

八　防灾减灾

2010年我国气候极端异常，农业生产面临多灾连发、群灾并发、重灾频发的严峻形势，各级农业

部门按照党中央、国务院的决策部署，创新工作思路，推进科学抗灾，及时采取强有力措施，切实做到防在灾害前面、救在第一时间、抗在关键时点，最大限度减轻了灾害损失。大灾之年全国粮食总产再创历史新高，实现了半个世纪以来首次连续七年增产、粮食产量连续四年稳定在1万亿斤以上。

（一）基本情况

2010年农业气象灾害发生种类多、范围广、频率高、程度重，春夏秋冬季季有灾、东西南北处处有灾，给粮食和农业生产带来极大挑战。据统计，2010年全国农作物因气象灾害受灾面积3742.6万公顷，其中成灾1853.8万公顷，绝收486.3万公顷；分别比上年减少978.8万公顷、269.6万公顷和5.4万公顷。因气象灾害损失粮食4160万吨，比上年减少1375万吨。

1. 干旱。2010年全国农作物因干旱受灾面积13258.6公顷，其中成灾8986.5公顷，绝收2672.3公顷。分别比上年减少16000.1公顷、4210.6公顷和596.5公顷，因干旱损失粮食1660万吨，比上年减少1670万吨。

2. 洪涝。2010年全国农作物因洪涝受灾1752.5万公顷，其中成灾702.4万公顷，绝收165.8万公顷；分别比上年增加991.2万公顷、386.2万公顷和87.8万公顷。

3. 台风。2010年全国农作物因台风受灾面积34.2万公顷，其中成灾16.8万公顷，绝收1.2万公顷，分别比上年减少80.4万公顷、31.1万公顷和6.9万公顷。

4. 风雹。2010年全国农作物因风雹受灾面积218.0万公顷，其中成灾91.6万公顷，绝收28.0万公顷；分别比上年减少331.3万公顷、202.8万公顷和25.4万公顷。

5. 低温冻害。2010年全国农作物因低温冻害受灾面积412.1万公顷，比上年增加44.8万公顷；其中成灾144.4万公顷，绝收24.1万公顷，分别比上年减少0.2万公顷和1.1万公顷。

（二）主要做法

面对严峻的防灾减灾形势，农业部门立足抗灾夺丰收，自觉增强主力军意识，转变观念，主动谋划，积极行动，坚持一手抓增产技术推广，一手抓减灾措施落实，紧紧抓住监测预警、灾情调度、争取政策、科学指导等关键环节，充分发挥抗灾救灾主力军作用，有效地将农业灾害损失降到最低程度。

1. 加强预测预判预警，切实做到防在灾害前面。与气象、水利等部门建立信息共享机制，始终密切关注天气变化，第一时间获取灾害性天气信息，及时分析会商灾害影响，适时发布预警信息，提前落实防御措施。去年10月中旬西南地区旱象刚一露头，农业部立即对西南五省抗旱工作进行部署。在冬小麦生长关键时节，先后与中国气象局联合召开8次会商会，研判天气趋势，提出应对措施。在防汛抗洪和防台风的紧要关头，坚持24小时值班制度，发布灾害性天气预警信息120多期，下发防灾紧急通知18份。通过这些措施，牢牢把握了农业防灾抗灾的主动权。

2. 摸清墒情苗情灾情，切实做到救在第一时间。完善信息采集、报送和分析机制，充分发挥农情调度、专家指导组和产业体系专家等多支队伍的作用，深入调查土壤墒情、作物苗情和病虫情，及时发现灾害苗头，掌握灾情发展动态，为适时启动灾害应急响应、争取政策支持提供决策依据。针对今年西南地区的特大干旱，农业部在春季田间管理和大春播种时节启动旱情日报制度，随时掌握干旱动态、抗旱进展及春播进度。针对今年低温天气对小麦生产的影响，在小麦越冬前、返青拔节期、抽穗灌浆期等关键农时，先后派出多批专家，深入主产区调查低温影响和小麦长势，推动早春施肥浇水和后期"一喷三防"等措施及时落实到位，有效扭转了小麦生产的被动局面。针对东北地区的低温影响，密切关注春播天气，逐日调度播种进度，迅速组织专家深入一线，摸情况，出主意，指导农民更换品种，开展大棚育秧，推广机耕机播，确保适期播种。

3. 提出工作措施、技术方案和政策建议，切实做到抗在关键时点。围绕发挥技术优势、科学抗灾救灾，将重点放在工作措施安排、技术方案制定和政策建议提出等方面，进一步明确农业部门做工作的方向，促进行动的统一和资源的整合，更好发挥科学抗灾的主力军作用。针对北方冬麦区苗小苗弱、东北和西南地区春播受阻、部分地区水稻生育期推迟的情况，及时调整技术路线，提出了北方冬麦区小麦促弱转壮、"一喷三防"，东北地区调整短生育期适播玉米品种、发展水稻大棚育秧，西南旱区推行"水改旱"、扩大玉米覆膜种植，南方地区晚稻增施分蘖肥和穗粒肥，西北地区大力推广全膜双垄沟播等技术措施。同时，推动中央出台了小麦弱苗施肥、西南玉米地膜覆盖、东北水稻大棚育秧、水稻增施肥促早熟防病虫等财政补助政策，支持受灾地区落实抗灾增产技术，促进了苗情转化升级、春播顺利开展和作物安全成熟。

4. 强化政策技术物资落实，切实做到防灾增产、抗灾减损。进一步完善农业防灾减灾的行政推动机制，创新工作思路，有效运用会议部署、工作督导、专家指导、科技服务团等多种形式，在关键农时，对重点区域进村入户、驻村蹲点、分片包干，开展工作指导和技术服务，促进了扶持政策、关键技术和救灾物资落实到户到田，充分发挥了政策和技术的减灾增产作用。2010年农业部先后在黑龙江、河北、云南、湖南、辽宁分片召开生产会议，部署落实防灾增产和抗灾减损措施。在春耕、"三夏"、"三秋"等重要农时季节，派出83个工作组、专家指导组和11个科技服务团，组织1万多名专家和50多万名农技人员深入重灾区和粮食主产区，推动战低温、抗大旱、抢农时、促早熟等各项措施落实，商财政部下拨农业生产救灾资金8.25亿元，为实现抗灾夺丰收发挥了关键作用。

5. 抓好宣传引导动员，切实形成农业防灾减灾合力。始终重视舆论引导和宣传动员，面对农业重大自然灾害，坚持做到对上有信息、对下有动作、对外有声音，通过报送信息、下发通知、媒体宣传等方式，及时反映灾情动态、灾害影响，以及农业防灾减的工作部署、措施落实和抗灾成效等情况，引起领导重视和社会关注，动员各级农业部门迅速投入抗灾救灾，营造全社会重农抓粮的良好氛围。在抗击西南特大大旱、北方持续低温和南方洪涝灾害过程中，在《人民日报》、新华社、中央人民广播电台、中央电视台、新华网、人民网等媒体，通过新闻发布、记者采访、网上直播等方式，进行全方位、多层次宣传报道，做到了宣传无空档，信息不间断，月月有重点，周周有消息，对掀起抗灾救灾热潮、争取出台重大政策发挥了至关重要的作用。

粮油生产基地建设

一 　粮食生产基地建设

根据国务院办公厅印发的《全国新增1000亿斤粮食生产能力规划（2009~2020年）》（以下简称《规划》），2010年国家安排中央预算内投资65亿元，在规划确定的800个产粮大县启动实施了田间工程及农技服务体系建设。其中，田间工程项目主要是按照成片区开发、整体推进的原则，加强以小型农田水利为基础的田间设施建设，配套实施土地平整、机耕道、土壤改良等工程、技术措施，逐步把粮食生产核心区和非主产区产粮大县的中产田建成旱涝保收的高产田，把低产田改造成产量稳定的中产田，形成一批区域化、规模化、集中连片的商品粮生产基地；农技服务体系项目主要是按照综合建站、添平补齐的原则，新建或改造县级植保站、土肥站和技术推广站等，改善农技服务条件，提高病虫害防控、地力培肥、技术推广等粮食生产服务能力。

从项目安排结构看，田间工程是项目建设的重点，投资规模占项目总投资80%左右，县级农技服务体系作为粮食生产的支撑保障，投资规模占项目总投资20%左右。从分省投资安排情况看，按照《规划》提出的钱粮挂钩（即资金投入与粮食增产任务挂钩）的原则，粮食主产省是项目投入的重点，13个粮食主产省共计安排中央投资60.3亿元，占中央总投资的92.8%；11个非粮食主产省安排中央投资4.7亿元，占中央总投资的7.2%。

2010年是《规划》田间工程及农技服务体系建设项目全面启动实施的第一年，有关省（区、市）按照要求加强领导，明确责任，统筹规划，合理布局，细化具体建设任务，优化工程建设方案，落实地方配套投资，加强项目建设和资金使用监管，全力抓好项目实施工作。总体上看，项目建设进展顺利，开局良好。初步汇总，通过实施土地平整改良、灌排泵站改造、沟渠整治衬砌等田间工程项目建设，建成高产稳产粮田1300万亩左右，新增和改善灌溉面积800多万亩，形成了成片区的生产基地，实现了粮食规模化、区域化生产，提高了粮食生产能力和规模效益，为促进全国粮食连年增产发挥了积极作用。

此外，国家还安排中央投资60多亿元，用于规划范围内大型灌区续建配套与节水改造、大型灌排泵站更新改造项目建设；安排中央财政农业综合开发资金100多亿元，用于规划内部分产粮大县的中低产田改造、中型灌区节水配套改造和小型农田水利重点县建设补助；安排新增建设用地有偿使用费100多亿元，用于土地整理。初步预计，上述项目实施后，可恢复、改善和新增灌溉面积4000多万亩，项目区新增粮食生产能力80亿斤左右。

二 　油料生产基地建设情况

油料是重要的大宗农产品，食用植物油是城乡居民重要的生活必需品。针对近年来国内食用植物油消费持续快速增长，而油料生产发展相对缓慢，产需缺口不断扩大，油料和食用植物油进口增加的情况，为加快发展国内油料生产，增加食用植物油供给，保证一定自给水平，根据国务院印发的《关于促进油料生产发展的意见》（国办发〔2007〕59号）、《关于促进食用植物油产业健康发展保障供给安全的意见》（国发〔2008〕36号）和国家发展改革委编制的《油料生产基地建设规划》，近年来国家加大了油料生产扶持力度，支持油料主产区建设油菜、花生两大主要油料作物生产基地。其中，"双低"油菜生产基地主要安排在长江流域油菜主产区，榨油花生生产基地主要安排在冀鲁豫、辽西等花生主产区。

根据当前制约我国油料生产的突出因素，油料生产基地建设以提高油料综合生产能力，改善油料品质为主要目标，以地市为单位，统筹规划、集中连片建设。主要建设内容为良种繁育设施、小型农田水利工程，以及病虫害防治、土壤监测培肥等设施，推动油料生产向规模化、标准化、优质化发展。截至2010年底，国家已累计安排中央投资6亿元，先后在湖南、湖北、江西、安徽、四川等省建设了一批"双低"油菜生产基地，在河南、山东、河北等省建设了一批榨油花生生产基地，改善了油料主产区良种繁育、大田生产基础设施条件，增强了油料育种、供种和生产能力，提高了油料单产水平和含油率，改善了油料品质，促进了油料播种面积稳步回升，为缓解我国油料供需矛盾、维护食用植物油安全、促进农民增收做出了积极贡献。

粮食流通

一　2010年粮食商品量32147万吨，商品率59%，比上年提高3个百分点

2010年，全国粮食商品量32147万吨，商品率为59%，比上年提高3个百分点。粮食商品量继续较大幅度增加的主要原因：一是各地特别是粮食主产区在党中央、国务院的坚强领导下，努力克服较为严重的自然灾害等不利因素的影响，粮食生产再创历史最高水平。粮食增产，以及农民生活方式的转变，使得农民出售的余粮数量继续增加，可供市场流通的商品粮数量比上年增加2400万吨，增幅为8%。二是国家继续采取粮食最低收购价和临时收储等强农惠农政策，有效保护了种粮农民利益，促使农民积极售粮。分品种看，除早籼稻由于减产，商品量下降外，其他主要粮食品种均有不同程度的增加。分地区看，商品量增加主要集中在东北和黄淮海地区，全国共有9省（区）商品粮增量在100万吨以上，其中黑龙江、吉林2省增量明显，在500万吨以上。全国有1/4的商品粮出自黑龙江、河南，两省粮食商品量分别为4311万吨和3916万吨。

二　粮食收购同比增加

2010年国家在主产区继续实行小麦、稻谷最低收购价政策，并适当提高了最低收购价水平。江苏、安徽、山东、河南、湖北等5省启动了小麦最低收购价执行预案。开秤后，小麦收购价格逐步走高，在市场价格明显高于最低收购价水平时，国家有关部门果断停止了托市收购，维护了粮食市场稳定。由于稻谷市场价格高于最低收购价水平，预案没有启动。最低收购价政策的贯彻落实，为保护农民种粮积极性发挥了积极作用。2010年国家继续对油菜籽、大豆实行托市收购政策，收储价格也相应有所提高。为鼓励加工企业入市收购，对指定加工企业按照不低于国家确定的托市收购价格挂牌收购农民交售的油菜籽，中央财政继续按每市斤0.1元的标准给予一次性费用补贴，并适当增加了主产区纳入补贴范围的地方油脂加工企业数量。在政策的指引下，各类企业积极入市，收购进度较快，价格明显回升，市场机制得到了有效发挥，既保护了农民利益，促进了油料生产发展，又提高了国内油脂加工企业的竞争力，促进了国内食用油产业的健康发展。此外，为维护新疆地区粮食市场和社会稳定，国家有关部门下达了新疆地区2010年产小麦国家临时收储计划，同时将不完善粒在20%以内的芽麦也列入临时收储范围，由中储粮总公司组织收购。

2010年，社会各类粮食企业（包括国有粮食企业、重点非国有粮食企业和转化用粮企业）共收购粮食27975万吨（贸易粮，下同），与上年相比增加1337万吨。其中，收购小麦9410万吨，同比减少185万吨；大米5093万吨，同比增加247万吨；玉米11715万吨，同比增加1057万吨；大豆1438万吨，同比增加227万吨。

（一）国有粮食企业收购粮食12406万吨，与上年相比减少2817万吨

其中：小麦收购6178万吨，同比减少656万吨；大米2136万吨，同比减少502万吨；玉米3334万

吨，同比减少1655万吨；大豆649万吨，同比减少4万吨。各主要粮食品种收购都减少，主要原因：一是受通胀预期影响，粮食市场价格上涨，小麦、稻谷最低收购价和玉米、大豆国家临时收储价格低于市场价，当年国家政策性收购量锐减；二是多元主体入市收购积极，收购量增加较多，而国有企业虽然自营收购增加，但因国家政策性收购减少较多，收购量占全社会各类企业收购的比重由上年的57%下降到44%。

2010年共收购最低收购价、国家临时收储等政策性粮2816万吨。其中收购最低收购价小麦2311万吨，国家临时存储小麦86万吨、玉米44万吨、大豆374万吨。

（二）重点非国有粮食企业和转化用粮企业粮食收购量继续增加

2010年各级粮食部门继续积极引导和鼓励多元主体入市收购，发挥市场机制，促进粮食流通产业发展，增加农民收入。全年重点非国有粮食企业粮食收购10000万吨，比上年增加2756万吨，其中小麦、大米和玉米三大谷物品种的收购量分别比上年增加430万吨、733万吨、1368万吨，大豆增加208万吨。重点转化用粮企业粮食收购5569万吨，比上年增加1398万吨，其中玉米收购比上年增加1344万吨。

三　粮食销售同比增加

2010年，为实现中央提出的管理好通胀预期、稳定消费价格总水平、保障群众基本生活等目标，国家有关部门适时适量竞价销售政策性粮食，合理安排拍卖粮源，向市场定期投放国家政策性粮食，有针对性地增加了价格敏感地区和重点用粮地区的投放数量，确保了居民口粮消费和企业用粮需要。

国有粮食企业累计销售粮食18911万吨，比上年增加2218万吨，再创历史新高。分品种看，小麦销售7569万吨，同比增加475万吨；大米3048万吨，同比减少6万吨；玉米6455万吨，同比增加1193万吨；大豆1663万吨，同比增加517万吨。销售增加较多的主要原因：一是为确保粮食市场供应和价格稳定，国家有关部门加强宏观调控，增加政策性粮食投放量，同时加大对承储企业粮食出库的督导，政策性粮食销售出库较多；二是随着经济形势好转，饲料和养殖企业、加工和深加工企业开工率提高，粮食需求旺盛；三是市场行情较好，企业购销活跃，国有粮食企业销售增加。

2010年，公开竞价销售的政策性粮油品种和数量均大幅增加，投放数量和成交数量均创历史新高，全年国家政策性粮食销售出库达到7374万吨，占国有粮食企业销售总量的39%。

四　粮油市场价格整体稳步上扬，部分品种价格上涨幅度较大

2010年国内各种自然灾害频发重发，由于受劳动力和土地成本上涨推动种植成本上升、国家继续提高粮食最低收购价格、国际市场粮价上涨等因素的影响，国内粮油市场价格全面持续上行，但涨幅明显小于国际粮价上涨幅度，其中玉米、稻谷收购价格涨势强劲。据监测，2010年末，主产区国内各主要粮食品种每百斤市场收购价为：小麦100元、早籼稻101.6元、中籼稻107.6元、晚籼稻111.2元、粳稻133.3元，分别比上年同期增长7.8%、11.5%、15.3%、16.9%和23%；玉米、大豆收购价格为92.2元和192.6元，同比分别上涨13.1%和3.6%。受原粮收购价格上涨的推动，成品粮油零售价格也出现不同程度上涨。2010年末全国晚籼米、粳米和小麦粉平均零售价格为182元、227元、169元，同比分别上涨10.3%、14.6%、7.6%；豆油、菜籽油和花生油零售价格为534元、591元和983元，同比分别上涨14.1%、13.9%和5.1%。

2010年，国家在主产区继续实行小麦、稻谷最低收购价政策，其中江苏等5个主产省在新粮上市初期启动了小麦最低收购价执行预案；在部分地区继续实行临时收储收购政策，对主产区油菜籽、大豆实行托市收购；对新疆2010年产小麦实行临时收储政策。最低收购价和国家临时收储政策的落实，保护了农民种粮积极性，维护了种粮农民利益，增强了粮食宏观调控能力，为保证市场供应、稳定粮食价格、促进粮食产业健康发展发挥了积极作用。

五　社会粮食库存总量继续增加，库存粮食品种结构和地区结构矛盾依然存在

（一）国有粮食企业库存同比减少

2010年，在党中央国务院的坚强领导和各地各部门的共同努力下，粮食生产实现了连续七年增产，但受经济环境和自然灾害的影响，粮食市场价格上涨压力较大。为稳定市场价格，保证市场供应，国有粮食企业政策性粮食收购减少、销售增加，年末国有粮食企业库存减少，但仍处于较高水平，完全可以保证市场供应。国有粮食企业库存结构发生变化：国家政策性粮食库存减少较多，商品周转库存增加，地方储备库存增加，地方政府调控区域市场的能力进一步增强；小麦、大米、玉米库存减少，大豆库存增加；主产区库存比例下降，主销区、产销平衡区库存比例上升，粮食库存品种结构和区域布局继续优化。

（二）非国有粮食企业库存和转化用粮企业粮食经营量和库存均增

国家有关部门和各地粮食部门采取多种措施，引导和规范各类粮食经营和加工企业的收购行为，积极为各类粮油经营企业提供信息服务，鼓励多元主体参与粮食流通、活跃粮食市场，非国有粮食企业和加工转化企业粮食经营量继续增加，年末非国有粮食企业库存增加，转化用粮企业粮食库存也增加。

（三）城乡居民存粮大幅增加

2010年末农户和城镇居民存粮在30000万吨左右，比上年增加3300万吨。从品种和地区看，小麦、稻谷、玉米等主要粮食品种库存均比上年增加，部分主销区和产销平衡区库存相对平稳，东北三省一区、河北、山西、安徽、山东、新疆等地库存增加较多。城乡居民存粮继续上升的主要原因：一是由于粮食增产较多、农户储粮条件改善、市场价格不断上涨、国家收购政策有力支持等因素，使得农民更加学会关注市场变化，适时出售手中余粮，期待惜售迟销获益。二是人口刚性增长，城镇化进程加快，达到50%，城镇居民存粮增加较多。

粮食调控

2010年是"十一五"的最后一年，也是继续应对国际金融危机的关键一年。一年来，面对国际金融危机的严重冲击，面对各种自然灾害的严重挑战，面对粮价上涨、通货膨胀等多重压力，在党中央、国务院的正确领导下，在有关部门的大力支持下，粮食调控战线的广大干部职工坚持以科学发展观为指导，认真贯彻落实中央的决策部署，加强和改善宏观调控，妥善处理好粮食市场发展与管理通胀预期的关系、市场调节与政府调控的关系、保护农民利益与稳定粮食市场的关系，促进了粮食生产的稳定发展和农民持续增收，保证了粮食市场供应和粮价基本稳定，实现了"抓好收购、促农增收、保证供应、稳定市场、统筹发展、保障安全"的调控目标，工作成效显著，成绩突出，为国家宏观经济发展目标的实现、保持社会和谐稳定做出了重要贡献。

一　完善粮食宏观调控，确保粮食市场和价格基本稳定

（一）加强粮油市场保供稳价工作的组织和指导

为做好粮油市场保供稳价工作，国家有关部门成立了粮油市场保供稳价工作小组，定期召开会议，密切关注各地市场供应情况，研究分析粮油供求形势和价格走势，组织协调粮油市场调控工作，有针对性地提出保证粮油市场供应的具体措施，及时对粮油市场保供稳价工作做出安排和部署，并派出工作组赴部分地区检查落实情况。各地也按国家有关要求及时成立了粮油保供稳价领导小组，结合本地实际研究制定保供稳价工作方案，并认真抓好各项政策措施的落实。北京、天津、上海、浙江、福建等地以保证粳米供应和价格稳定为重点，加强对粮油保供稳价工作的沟通协调。海南省粮食局建立了部门定期会商机制，每周编印《粮油供应和价格情况报告》，并报送相关部门。各地粮食局承担了领导小组办公室的日常工作，及时召集会议，会商相关工作，积极采取相关调控措施，有力地保证了粮油保供稳价目标的顺利实现。

（二）认真做好政策性粮油销售工作

为实现中央提出的管理好通胀预期、稳定消费价格总水平、保障群众基本生活等目标，国家有关部门在地方各级粮食行政管理部门、有关粮食批发市场的积极配合下，适时适量竞价销售政策性粮食，确保了居民口粮消费和企业用粮需要。

为防止粮价过快上涨，合理安排拍卖粮源，向市场定期投放国家政策性粮食，有针对性地增加了部分地区的投放数量。同时不断完善交易细则，对竞买企业的资格条件作了更加严格的限定，要求购买企业尽快运回所购粮食并加工投放市场。各地认真做好竞买企业资格条件的审核工作，督促企业严格执行相关规定，确保了交易活动顺利进行，增强了调控的有效性。全年共成交政策性粮食8134万吨。为确保食用植物油市场供应，在需求高峰期投放了部分食用植物油和大豆，有效地稳定了食用植物油市场价格，全年共成交食用植物油50万吨。为切实做好政策性粮食销售出库工作，国家粮食局会同有关部门下发了《关于严肃纪律切实做好政策性粮食出库工作的通知》（国粮电〔2010〕19号），对出库各环节提出了明确要求，各地认真抓好贯彻落实，维护了国家政策的权威性、严肃性，增强了宏观调控效果。

2010年，公开竞价销售的政策性粮油品种和数量均大幅增加，投放数量和成交数量均创历史新高。地方各级粮食行政管理部门积极配合协调相关工作，加强监督检查，对违规违法行为进行了严肃处理，保证了政策性粮食销售的顺利进行；各地批发市场认真做好竞买资格审核、交割结算和商务处理等相关工作，及时提供交易数据，为竞价销售工作的顺利开展做出了积极贡献。

（三）创新工作机制稳定粮食市场

2010年，针对粮食市场的复杂形势，有关部门加大工作力度，创新工作机制，采取多种办法完善销售方式。安排两次大型加工企业专场小麦定向拍卖，实行5个主销区指定加工企业粳稻定向竞价销售，组织指定加工企业参与食用植物油竞买等。此外，还制定了《发挥骨干企业积极作用健全和完善政府对大宗农产品市场调控体系和机制的总体方案》，探索引导骨干企业作为政府调控市场的主要抓手，健全和完善国家宏观调控体系。

根据国务院有关文件精神，在继续定期安排政策性粮油竞价销售的同时，还定向销售部分小麦，由指定大型骨干面粉加工企业购买，并按国家有关部门要求加工成面粉投放市场，以保证市场供应，稳定市场价格。2010年12月，第一批小麦定向销售278万吨，指定由五得利、中粮、北京古船等5家企业购买，并将面粉销售价格下调3分/斤，调控效果明显。同时，要求各地参照国家定向销售的办法，抓紧制定本地区地方储备粮油定向销售具体方案，与国家定向销售协同运作，确保市场供应和价格基本稳定。

（四）抓好产销衔接和粮食调运

及时下达政策性粮食调运计划，改善了粮食库存区域布局，2010年共下达政策性粮油跨省移库524.5万吨。2009年关内销区采购东北粳稻（大米）运费补贴和玉米采购补贴政策执行期延续到2010年上半年，各地认真做好组织协调工作，及时跟踪掌握调运进度情况。政策执行期内，累计采购运回2009年产粳稻（大米）110亿斤、玉米330亿斤。

二　积极抓好收购工作，切实保护农民利益

（一）精心组织粮食收购工作

为做好粮食收购工作，及时召开夏季粮油、早籼稻、中晚稻、玉米收购工作座谈会，研究分析市场形势，对收购工作做出安排部署。国家粮食局印发了《关于进一步贯彻国办通知精神切实做好秋粮收购等工作的通知》，转发了国家工商总局等部门的有关文件，要求各级粮食部门采取有效措施，引导各类粮食企业有序开展收购工作，加大监管力度，严格核查入市主体收购资格，规范收购行为，严厉打击扰乱市场秩序的违法行为，切实维护好粮食市场秩序，确保粮食收购工作顺利进行。各级粮食行政管理部门多次派出工作组，深入基层调查研究、检查指导收购工作，及时协调解决收购过程中出现的新情况、新问题，保证了各项政策措施真正落实到位。

（二）认真贯彻落实最低收购价政策

2010年国家在主产区继续实行小麦、稻谷最低收购价政策，并适当提高了最低收购价水平。在总结近几年经验的基础上，国家有关部门研究制定并完善了小麦、早籼稻、中晚稻最低收购价执行预案。江苏、安徽、山东、河南、湖北等5省启动了小麦最低收购价执行预案，共收购最低收购价小麦462亿斤。在小麦市场价格明显高于最低收购价水平时，果断停止了托市收购，维护了粮食市场稳定。由于稻谷市场价格高于最低收购价水平，预案没有启动。最低收购价政策的贯彻落实，为保护农民种粮积极性发挥了积极作用。

（三）及时启动临时收储

2010年国家继续对油菜籽、大豆实行托市收购政策，收储价格也相应有所提高。国家有关部门及时启动了油菜籽、大豆临时收储工作。为鼓励加工企业入市收购，对指定加工企业按照不低于国家确定的托市收购价格挂牌收购农民交售的油菜籽，中央财政继续按每市斤0.1元的标准给予一次性费用补贴，并适当增加了主产区纳入补贴范围的地方油脂加工企业数量。临时收储的启动，加快了收购进度，提升了价格，有效发挥了市场机制，既保护了农民利益，促进了油料生产发展，又提高了国内油脂加工企业的竞争力，促进了国内食用油产业的健康发展。

（四）积极支持新疆小麦收购工作

为维护新疆地区粮食市场和社会稳定，国家有关部门下达了新疆地区2010年产小麦国家临时收储计划30亿斤，同时将不完善粒在20%以内的芽麦也列入临时收储范围，由中储粮总公司组织收购。截至2010年底，共收购临储小麦17亿斤。

三　完善粮食储备体系，夯实调控物质基础

（一）中央储备粮油轮换工作有序进行

加强对中央储备粮油轮换工作的指导，及时下达年度轮换计划并督促实施。明确要求优先安排轮换不宜存和储存时间较长的粮油，确保储备粮油品质良好。进一步强调储备粮油轮换要服从和服务于国家宏观调控需要，把握好轮换时机和节奏，防止粮油市场价格出现大幅波动。

（二）地方储备粮油规模进一步充实

2010年3月，国家有关部门对地方储备落实情况进行了通报，督促各地抓紧充实地方储备。2010年地方粮油储备规模稳步增加，调控区域市场的能力进一步增强。同时，各地还积极落实成品粮油和小包装粮油储备，应急保障物质基础进一步增强。

（三）粮食应急体系更加完善

各地进一步细化应急预案，制订实施细则，完善应急供应、运输、紧急动用方案等具体操作规定，健全工作制度，初步形成了准备充分、反应及时、处置果断的粮食应急体系。同时，各地积极组织应急培训和演练，应急组织实施能力不断提高。

四　积极做好救灾粮油供应工作，保证灾区群众生产生活用粮

（一）认真做好旱灾地区粮油市场供应工作

为保证旱灾地区粮食供应，稳定当地粮食市场价格，专项安排向西南、西北旱灾地区调运国家临时存储粮食142万吨。指定应急加工企业限时加工中央储备粳稻2.5万吨投放旱灾地区市场，当地粮食部门也加大了地方储备稻米加工投放力度，满足了灾区大米市场需求。

（二）扎实做好玉树地震灾区粮油市场供应工作

玉树地震发生后，为确保灾区生活困难群众的口粮供应，国家有关部门按每人每天1斤救济粮（成品粮）发放3个月，以及每人一次性发放1桶食用油的标准，分三批下达抗震救灾粮油计划36764吨，按照就地就近、保质保量的要求，从现有中央储备或国家临时存储粮油库存中无偿划拨给地方，由地方粮食部门组织加工后，免费发放给受灾群众，保障了受灾群众的基本生活，维护了灾区社会稳定。

（三）及时启动应急预案保证受灾地区市场供应

甘肃舟曲特大山洪泥石流灾害发生后，甘肃省及时启动了省级粮食应急预案，按照"每人每天1斤粮、时限3个月"的标准动用省级储备粮供应受灾群众。针对强降雨天气带来的灾害，吉林省及时启动粮油应急供应预案，按每人每天1斤成品粮、每月1斤食用植物油的标准，向29个县（市）供应大米5113吨、豆油170吨，有效保证了受灾地区粮油供应，为抢险救灾提供了有力保障。

粮食流通体制改革

2010年，粮食部门深入落实国务院关于粮食流通体制改革的总体部署，积极推进粮食行政管理部门职能转变，完善粮食价格形成机制，深化国有粮食企业改革，加强和改善粮食宏观调控，积极推进现代粮食流通产业发展，加强粮食流通法制体系建设和市场监管，粮食流通体制改革各项工作取得积极进展。

一　积极推进粮食行政管理职能转变

2010年1月，国家粮食局召开全国粮食局长会议，认真贯彻党的十七大、十七届三中、四中全会和中央经济工作会议、中央农村工作会议精神，总结2009年工作，深入分析粮食流通工作面临的新形势，全面部署2010年粮食流通各项工作。会议提出要按照"发展产业壮实力，加强调控保安全"的基本思路，以加强宏观调控、深化体制改革、发展流通产业、推进依法管粮、加强行业建设为着力点，全面实现了抓好收购、促农增收、保证供应、稳定市场、统筹发展、保障安全的目标，促进粮食流通事业科学发展。各级粮食行政管理部门按照全国粮食局长会议部署，积极推进职能转变，把工作重心转移到粮食市场调控、监管和行业指导、服务上来。继续完善政策措施，加快推进政企分开，规范政府调控与企业经营之间的关系。积极推进现代粮食流通产业发展，着力构建新型粮食购销服务网络体系，切实维护粮食市场基本稳定。加强粮食价格形成机制、粳稻供需平衡、国际粮食贸易和食用植物油安全战略等重大战略性问题研究，提出政策措施建议。研究编制《粮食行业"十二五"发展规划纲要》及相关专项规划，确保粮食行业"十二五"开好头、起好步。

二　粮食产销和成本调研工作的长效机制初步形成

综合考虑粮食生产成本、供求关系变化和宏观经济形势等因素，2010年国家继续稳步提高小麦和稻谷最低收购价格，白小麦和红小麦、混合麦最低收购价分别提高到每斤0.90元和0.86元，平均提价幅度为3.5%；早籼稻、中晚籼稻和粳稻分别提高到每斤0.93元、0.97元和1.05元，平均提价幅度为6.5%。油菜籽、大豆临时收储价格由2009年的每斤1.85元分别提高到每斤1.95元、1.90元。

为做好粮食产销和成本利润调研工作，在总结近年来工作经验的基础上，国家粮食局印发了《粮食产销和成本利润调研工作方案》，明确了调查内容、对象、方法和经费补贴等相关事项，并开发了统计软件，印制了《工作手册》。2010年，在全国25个省（区、市）对8个主要粮油品种进行产销和成本利润调查，各地做了大量基础性工作，为合理确定价格水平提供了可靠依据。

三　进一步深化国有粮食企业改革

积极推进企业兼并重组，优化企业布局和结构，支持企业做大、做优、做强。截至2010年底，全国国有粮食企业总数16549个，比"十五"期末减少40.5%；企业净资产878.2亿元，比"十五"期末增加909.3亿元，企业整体市场竞争力明显增强。继续妥善解决企业历史遗留问题，2010年消化处理企业经营性挂账54亿元，占"十一五"期间消化总额的22%，为企业改革和发展创造了良好条件。继续加强对企业经营管理工作的指导，强化扭亏增盈目标考核制度，落实扭亏增盈信息通报制度和对重点企业经营分析制度，调动了企业抓好经营管理的积极性和主动性。2010年国有粮食企业实现盈利60.85亿元，比上年增盈6.81亿元，实现自2007年以来连续四年统算盈利。

四　不断健全粮食宏观调控机制

根据国家保证粮油供应、稳定消费价格总水平和保障群众基本生活的部署，把握政策性粮油销售的节奏和力度。在继续安排定向销售最低收购价小麦的同时，指定大型骨干面粉加工企业按国家要求加工小麦粉投放市场。各地按照国务院关于"把握节奏、保持力度"的要求，与国家调控政策相配合，京、津、沪、浙等粮食主销区加大地方储备粳稻投放力度，有些省增加了大豆、食用植物油投放。这些措施的实施，有力有效地保证了粮食市场供应，维护了粮价基本稳定，为国家管理好通胀预期发挥了重要作用。

进一步加强中央储备粮行政管理，调整中央储备粮品种结构和区域布局，提高了中央储备食用油、大豆的比重，增加了西南、西北等地区的库存量。

五　积极推进现代粮食流通产业发展

粮食流通基础设施建设由以国家全额投资为主逐步转变为以企业投资为主、中央和地方政府给予适当补助投资支持的新模式。在23个省区实施"农户科学储粮专项"工程，为138万农户配置标准化科学储粮装具，总投资约16.7亿元，取得良好的社会和经济效益。为充分发挥重点粮油产业化龙头企业的影响和带动作用，促进企业做大、做优、做强，国家粮食局和中国农业发展银行重新认定了1938个重点支持的粮油产业化龙头企业，在流动资金、固定资产购置、技术升级改造、技术研发引进、粮食生产基地建设、粮油订单收购等方面给予重点支持，促进了粮食产业化经营的发展。"放心粮油"工程继续推进。据不完全统计，截至2010年底，全国建立各类放心粮油网点17万多个，其中农村网点6万多个，粮油产品总体合格率提高到95%以上。

六　加强粮食流通法制体系建设和市场监管

在《粮食法》列入十一届全国人大立法规划后，国家发展改革委、国家粮食局会同有关部门，坚持开门立法、民主立法和科学立法的原则，广泛深入调查研究，多方征求意见建议，各级粮食部门积极建言献策，《粮食法》研究起草工作进展顺利并取得阶段性成果。继续深入贯彻《粮食流通管理条例》和《中央储备粮管理条例》，积极制修订相关配套制度办法，依法履行工作职责。各地加快粮食立法进程，出台相应的地方法规、规章和规范性文件，为推进粮食依法行政提供制度保障。

粮食监督检查工作体系逐步健全，截至2010年底，全国省、市、县三级粮食行政管理部门设立监督检查机构的比例分别达到100%、84.1%、71.8%，取得粮食行政执法资格的人员共计2.59万人。粮食监督检查工作实现了经常化、制度化、规范化,逐步形成长效机制。全国粮食质量监测体系基本建成,截至2010年底,隶属于各级粮食行政管理部门的粮油检验机构达793个。国家粮食局每年对不少于25%的中央储备粮承储库点和部分地方储备粮承储库点进行质量专项抽查,各地粮食部门每年定期对地方储备粮进行质量普查,促进了储备粮质量合格率和宜存率的提高。

国有粮食企业改革

2010年，各级粮食部门以科学发展观为指导，积极应对国内外经济和粮食市场复杂形势，坚持以改革谋发展，以发展促改革，不断深化国有粮食企业改革，加强对企业经营管理的指导，国有粮食企业改革和发展工作取得新进展。

一 加强对粮食流通领域重大问题的调查研究，进一步推动国有粮食企业深化改革

2010年以来，国家粮食局分别赴山西、内蒙古、黑龙江、江西、安徽等地，就国有粮食企业改革和发展及粮食产业化发展情况开展了深入调研。并结合粮食流通面临的新情况和新问题，会同有关部门对深化国有粮食企业改革，完善粮食流通体制问题作了认真研究，提出了有关政策措施意见。

同时，国家粮食局研究制定了《"十二五"国有粮食企业改革和发展指导意见》，提出了未来五年国有粮食企业改革和发展的指导思想、总体目标、主要任务和保障措施。7月初，国家粮食局在哈尔滨召开了部分联系点企业参加的国有粮食企业改革和发展工作联系点座谈会，认真总结和分析了近年来国有粮食企业改革和发展情况，对各地一些好的做法和经验进行了推广。之后，国家粮食局通过多种方式，加强与联系点企业的联系，及时掌握企业改革和发展的动态及有关情况，更好地指导国有粮食企业改革发展工作。各地因地制宜，出台有关改革文件或召开会议，加强对国有粮食企业改革改制的指导，不断深化国有粮食企业改革。

二 进一步优化企业经营环境，切实减轻企业负担

2010年，各地按照国家有关部门的文件精神，限期划转占用商业银行贷款政策性挂账，因地制宜消化经营性挂账，取得明显成效。当年消化经营性粮食财务挂账54亿元。同时，指导企业认真执行《关于部分国家储备商品有关税收政策的通知》（财税〔2009〕151号），落实储备粮企业有关税收减免政策，大大减轻了企业负担。各地还积极采取多项政策，扩大富余职工再就业渠道，维护职工合法权益。通过采取返聘安置、转岗技能培训、加大服务力度等多种措施，千方百计促进富余职工再就业。当年安置国有粮食企业富余职工再就业人数2.2万人，其中粮食部门安置1.5万人。"十一五"期间，累计安置国有粮食企业富余职工再就业人数49.4万人，其中粮食部门安置31.5万人。

三 支持企业做大做优做强，继续发挥国有粮食企业主渠道作用

2010年，各地进一步深化国有粮食企业产权制度改革，通过兼并重组，促进了企业布局和结构进一步优化。截至2010年底，全国国有粮食企业总数16549个，其中购销企业11618个，分别比上年减少

1614个、949个，减幅分别为8.9%、7.6%。现有国有粮食企业中改制企业数10766个，其中购销企业8045个，分别占现有企业数的65.1%、69.2%。尽管国有粮食企业数量减少，但仍继续发挥粮食购销主渠道作用。2010年，国有粮食企业多渠道取得收购资金2700多亿元，收购粮食2686亿斤。同时，国家粮食局与中国农业发展银行联合下发了《关于印发重新审定的重点支持粮油产业化龙头企业名单的通知》（国粮财〔2010〕54号），对重新审核确定的1938家重点支持的粮油产业化龙头企业和其他符合条件的产业化龙头企业予以公布，并继续在生产设备购置、技术升级改造、技术引进和生产基地建设等方面给予信贷支持。2010年农业发展银行发放粮油产业化龙头企业贷款1099.8亿元，其中山东省落实粮油产业化龙头企业贷款67亿元，有力支持粮食产业化龙头企业发展。

四　积极应对国内外经济和粮食市场复杂形势，进一步加强对国有粮食企业经营管理工作的指导，不断提高企业经济运行质量

2010年以来，为积极应对国内外经济和粮食市场复杂形势，各地粮食部门采取多种有效措施，进一步加强对国有粮食企业经营管理工作的指导。尤其是通过进一步完善和落实扭亏增盈目标考核制度、信息通报制度和对重点企业经营分析制度，及时掌握企业经营状况，发现问题，解决问题。3月，国家粮食局在湖南省长沙市组织召开了全国粮食财会工作会议，认真分析了国有粮食企业经营管理情况和存在的突出问题，对2010年的粮食财会工作进行了部署，并对进一步加强企业经营管理工作提出了具体要求。12月，在福建省福州市组织召开了部分省区国有粮食企业经营管理工作座谈会，分析了国有粮食企业经营管理情况及当前面临的新形势、新情况，研究和布置了下一阶段国有粮食企业经营管理工作。

由于各级粮食部门的共同努力，2010年国有粮食企业经营管理继续保持良好态势，全国统算盈利60.9亿元，同比增长12.7%。其中，地方国有粮食企业实现统算盈利28.3亿元，同比增长28.2%，高于全国15个百分点，有27个省（区、市）实现了统算盈利，北京、天津、吉林、上海、江苏、浙江、安徽、山东、河南、广东、新疆等省（区、市）盈利额都在1亿元以上。

粮食流通监督检查

2010年，各级粮食部门深入学习实践科学发展观，认真落实党中央、国务院关于粮食工作的方针政策，围绕粮食工作中心任务，积极开展监督检查工作，在政策性粮食购销活动监督检查、粮油库存检查、粮食流通秩序的规范、监督检查工作体系的完善和长效机制建设等方面取得了新的成绩。

一　积极开展政策性粮食购销活动监督检查

（一）开展收购政策落实情况和市场检查

2010年粮食市场形势复杂，为稳定市场粮价，管理好通胀预期，确保收购政策落实到位，国家粮食局及时下发文件，召开专门会议，部署小麦、油菜籽、早籼稻和秋粮收购专项检查，并派出多个工作组，深入主产省检查指导。各地坚持边收购边检查，以检查促收购，结合粮食品种和当地市场开展了大量卓有成效的工作。小麦收购期间，各小麦主产省及时制定专项检查方案，严格开展检查，其他地区也同步开展了检查工作。秋粮收购开始后，各地按照国务院办公厅通知精神，重点对粮食经营者的收购资格、履行最高库存量义务、执行统计制度等情况开展了检查。通过检查，有效地维护了粮食收购秩序，保证了收购政策落到实处。

（二）不断强化政策性粮食销售出库检查

2010年是政策性粮食销售数量最多的一年，各级粮食部门将政策性粮食销售出库检查摆在更加突出的位置，加大对"出库难"问题的查处力度。国家有关部门多次发文，明确政策、明确要求、明确责任。各级粮食部门及时开展政策性粮食销售出库专项检查，不断加大力度，强化措施，督促承储企业履行粮食出库义务，严厉查处设置障碍拖延、阻挠出库，额外收取费用，以及买方违反规定转手倒卖等行为，按照《条例》的规定，对违规企业从重从快查处，责成有关单位取消违规收储库点的政策性粮食收储业务，取消违规购买企业的入市竞买资格。通过检查，促进了粮食及时有效投放市场，维护了国家政策的严肃性，也促进了国家粮食销售政策措施的不断完善，粮食出库总体顺畅。

二　开展粮食库存检查

（一）深入开展粮食库存检查工作

2010年，各地在总结2009年全国粮食清仓查库经验的基础上，按照国家粮食库存检查工作部署，认真落实在地检查原则，组织企业全面开展自查，加大对重点地区、重点企业、重点环节的复查，并对2009年全国粮食清仓查库提出整改措施的落实情况进行认真复核。在此基础上，国家有关部门对内蒙古等5省（区、市）粮食库存检查工作进行了督查。另外，北京、河北、吉林、江苏、广西、西藏等省（区、市）还对地方储备粮管理和轮换情况进行了专项检查，广东省增加了省级储备粮入库卫生检测指标，海南省对省级储备粮承储企业进行了考核。这些工作，有效地巩固了2009年全国粮食清仓查库工作成果，有力地促进了粮食库存监管长效机制的建立。

（二）做好食用植物油库存检查的调研和试点工作

为保障我国食用植物油安全，2008年，国务院下发《关于促进食用植物油产业健康发展保障供给安全的意见》，要求"对中央和地方储备油进行定期全面检查和经常性随机抽查"。为贯彻落实国务院文件精神，国家有关部门对如何开展食用植物油库存检查进行了大量调研，继2010年3月份赴河南省调研食用植物油库存管理工作后，又派出9个调研组，对7省18市30家重点油脂企业进行深入调研，根据各地实际情况，提出了"先试点、后铺开"的工作思路，在广泛征求意见的基础上，制定了试点工作方案和检查方法。9月份，国家有关部门联合下发通知，决定在湖北省开展库存检查试点，其他省份同步组织实物测量合理误差率试验。为搞好试点，国家有关部门在武汉市对600多名业务骨干进行了专业培训，组织了现场演练，为各地统一定制配发了专用检查设备。10月份，会同湖北省有关部门共同开展了食用植物油库存检查试点。通过试点，摸清了食用植物油库存管理情况，验证了检查方案的可行性、检查方法的科学性、检查工具的适用性，合理确定实物测量差率标准，解决了检查工作的关键技术问题，为今年开展全国食用植物油库存检查积累了经验，做好了准备。

三　开展面向全社会粮食流通的监督检查

2010年，非国有企业粮食收购量已占收购总量的56%。多元主体搞活了流通，但也给监督检查带来挑战。面对这种形势，各级粮食部门积极转变观念和职能，抓紧学法用法，按照《条例》赋予的职责，由过去只管国有企业转向对全社会粮食流通的监督检查。各地结合本地特点，有效开展了粮食收购资格核查、收购市场检查、粮食流通统计制度执行情况检查、粮食经营者履行最高、最低库存量义务检查等。在重大节假日、举办国际国内重要活动期间，在发生重大自然灾害之时，粮食部门及时行动，加强市场粮油供应和质量安全检查，确保了粮食及时供应不断档，质量安全无事故。2010年世博会和亚运会期间，上海、广东两地加强了对粮油市场的监督检查，江苏对供应上海、广东的粮食实行批批质量检验把关。玉树地震发生后，青海省及时部署抗震救灾期间粮油市场检查工作，有效保障了灾区粮油供应。

2010年，各地粮食部门共开展各种形式的监督检查行政执法活动107650次，出动人员437933人次，检查企业367445户次，与上年相比，执法活动次数和检查企业户次分别增加5.2%、7.7%。从行政执法的情况看，粮食购销活动检查、粮食收购资格检查、粮食库存检查、统计制度执行情况检查以及粮食质量检查分别占总检查次数的28.6%、16.9%、15.9%、11.8%、10.3%。粮食收购活动检查、政策性用粮购销活动检查和粮食收购资格检查的次数同比增加幅度较大，分别增加50.4%、41.2%和23.3%，这与今年国家粮食政策力度大，监督检查工作及时跟上的情况相吻合。

四　加强监督检查自身建设

（一）机构和队伍建设相对稳定

截至2010年底，全国32个省级粮食部门（含新疆生产建设兵团粮食局）全部设有监督检查机构，其中独立设立监督检查机构的有28个，与其他处室合署办公的有4个。与上年相比，没有大的变化，机构、队伍相对稳定。全国市（地）级粮食部门中，内设监督检查机构个数为296个，比例达84.1%，比2009年底增加6个，提高了1.7个百分点。县（市）级粮食部门中，内设监督检查机构的有1764个，占71.8%，比2009年底增加33个，提高了1.4个百分点。全国市（地）、县（市）两级粮食部门成立粮食执法队1412个，比2009年底增加32个，其中市（地）级117个，县（市）级1295个。全国取得粮食行政执法资格的人员2.59万人。

（二）执法队伍素质整体提高

为提高执法队伍素质，各级粮食部门广泛开展了形式多样的法律法规和有关粮食政策的学习培训，开展了粮食行政执法、粮食库存检查等业务培训。天津、山西、吉林、江苏、山东、河南、海南等省（市）采取专题调研、专家讲座、典型案例、经验交流等形式，开展了行政执法培训。北京市组织执法人员参加公共法律考试和粮食流通专业知识考试，安徽省集中对市、县粮食局长开展了粮食监督检查业务培训。各地还以开展创先争优活动为契机，不断提高监督检查人员的政治思想素质和政策水平。

（三）执法条件逐步改善

经费紧张是长期以来困扰监督检查工作的一个难题，各级粮食部门不等不靠，积极争取政府和有关部门支持，落实监管经费，配备执法工具。截至2010年底，全国近一半的市（地）、三分之一的县（市）粮食部门得到了同级财政部门监督检查专项经费支持。超过三分之二的省（区、市）配备了一定数量的执法专用车辆，各省及大多数市、县为粮食行政执法配备了电脑等器材设备。随着监督检查工作经费的逐步落实，各地执法条件显著改善，工作效率进一步提高。

（四）启动"全国粮食流通监督检查示范单位"创建活动

为进一步推动监督检查体系、队伍和制度建设，不断提高监督检查工作整体水平，2010年国家粮食局启动了"全国粮食流通监督检查示范单位"创建活动。各地认真学习宣传创建方案，精心组织符合条件的市县粮食部门申报、推荐。经逐级审核把关，共有29个省（区、市）粮食局向全局推荐了62个候选单位，其中市级粮食部门13个，县级粮食部门49个。全局经过严格审核并上网公示，确定了49个市、县级粮食行政管理部门为首批"全国粮食流通监督检查示范单位"。山东、河南等地参照国家粮食局的做法，还开展了本省粮食流通监督检查示范单位创建活动，有力地推动了粮食流通监督检查工作的开展。

粮油标准化与质量安全监管

一 粮油标准制修订和标准化体系建设

（一）粮油标准制修订和实施工作

2010年，国家粮食局组织对现行粮油国家标准中需要进行修订的进行了清理，并根据粮食行业的实际情况，针对粮食质量安全、储存流通等重点方面，提出了152项2010年粮油标准新制修订项目，特别是结合《全国物流标准专项规划》，提出并落实了17项粮食物流标准计划，为促进我国粮食物流行业的发展打下了基础。2010年，国家粮食局报批国家标准21项。2010年，国家标准委发布实施粮油国家标准共计55项，其中新制定标准45项，修订标准10项；国家粮食局发布实施了23项粮食行业标准。

《粮食水分测定——水浸悬浮法》和《水浸悬浮法水分快速测定仪技术条件与实验方法》两项行业标准的发布，解决了东北地区收购高水分冰冻玉米，现场测定玉米水分的技术难题。

积极参与卫生部组织的国家食品安全标准的清理和制订工作，首次承担了《食用大豆粕》国家食品安全标准的制订任务，会同卫生部有关标准管理和技术专家研究确立了粮油食品安全标准的基本定位和结构框架，为建立和完善粮油食品安全标准奠定了基础。

随着粮食生产形势的发展和粮食流通体制的变化，新的粮食质量标准的发布实施，原国家发展计划委员会、国家粮食局、国家质量监督检验检疫总局2001年发布的《关于执行粮油质量标准有关问题的规定》中有些内容已不适应新形势的要求。为更好地贯彻实施粮食质量标准，保证粮食的预案收购、销售拍卖和运输，国家粮食局组织有关单位和专家对《规定》进行了认真修订和反复测算，并多次与国家发改委、财政部、质检总局等有关部门进行了充分沟通，最终与国家发展和改革委员会、财政部、国家质量监督检验检疫总局联合发布了《关于印发〈关于执行粮油质量国家标准有关问题的规定〉的通知》（国粮发〔2010〕178号）。修改后的《规定》，更加符合我国当前粮食生产收购实际情况，将在认真贯彻执行国家粮油质量标准，切实维护粮食生产者、经营者和消费者的利益，确保政策性粮食购销活动顺利进行方面发挥重大作用。

组织开展粮油食品中滥用食品添加剂和非法添加非食用物质调查。依据卫生部等10部门联合发布整顿工作实施方案，制定印发了《国家粮食局办公室关于切实做好2010年粮油食品中违法添加非食用物质和滥用食品添加剂整顿工作的通知》，并结合粮食行政管理部门的职责，部署了切实做好粮油食品中违法添加非食用物质和滥用食品添加剂的整顿工作，开展专题调查和宣传。组织专家对国家标准中对粮油食品中允许使用的食品添加剂的情况进行了梳理汇总，编印了宣传手册，向有关单位提供宣传材料。据不完全统计，共有20个省份粮食部门组织开展了有关工作，在开展宣传的同时，采用调研、座谈、暗访等方式调查各类粮油食品加工企业和批发市场1555个，抽检粮油食品1526个批次，初步发现了一些存在的问题。

（二）国际标准化工作

2010年，国家粮食局标准质量中心具体承担的国际标准化组织（ISO）食品技术委员会谷物与豆类分会秘书处的分技术委员会所属各标准项目按照ISO工作导则时间框架稳步向前推进。2010年，分委员会正式发布国际标准1项，通过了国际标准最终草案（FDIS）2项、国际标准草案（DIS）3项、委员会草案（CD）4项、新立项目（NP）3项。分技术委员会对《小麦及小麦粉面筋含量测定》等7项标准组织进行了复审，根据复审投票意见，这7项标准被确认在今后5年内继续有效。秘书处共组织完成了小麦面筋指数测定（ISO21415-2）、稻谷直链淀粉含量测定（ISO6647-1，-2）等4项国际标准的国际环形试验的工作，9个成员国家的41家实验室参加了国际环形试验，为国际标准的制定提供了真实有效的数据支撑。

2010年5月，秘书处在法国巴黎组织召开了ISO/TC34/SC4第34次年会。阿根廷、加拿大、中国等9个国家以及国际食品法典委员会等4个国际组织的32位专家参加了大会。会议形成了28项决议。

2010年，秘书处在对分委员会所有已发布的和正在制修订的标准项目进行全面分析的基础上，完善了谷物与豆类标准体系框架，为谷物与豆类标准制修订工作的可持续协调发展奠定了基础。在征得成员国同意的基础上，在分委员会中成立了大米直链淀粉、面粉比色测定和词汇术语3个专题工作组，工作组分别由国际水稻研究所、意大利及阿根廷牵头组成。在秘书处的积极推动下，乌拉圭提出申请，从观察员成员国（O成员）成为正式成员国（P成员），孟加拉国从非成员国成为O成员，国际水稻协作网（INQR）申请成为了联络组织（A-LIAISON），发展中国家以及其他国际组织的参与分委员会标准化工作的比例进一步提高。继续加强与相关国际组织的合作，有效地利用国际资源开展谷物与豆类国际标准化工作。开展了与INQR关于大米直链淀粉含量测定环形实验进一步合作；与国际谷物技术协会（ICC）进行了高粱中丹宁的快速测定标准的制修订合作，并且一如既往地同欧盟标准化组织食品技术委员会（CEN/TC338）合作，按照维也纳协议开展标准制修订工作。

2010年，我国所承担的小麦和稻谷潜在出米率测定两项国际标准修订项目研究课题已经通过科技部的验收；组织国内专家完成了13项国际标准各阶段投票工作；对2010年复审的7项标准组织专家对标准在国内的适应性进行研究，提出意见和建议；组织了我国21个实验室参加4项国际标准环形试验。通过参加国际环形试验，我国相关实验室有机会和国外同行同台献技，在客观地了解了自身与国际高水平差距的同时，也锻炼了自己的队伍。

（三）粮油标准化研究工作

2010年，启动了主要蒸煮面食小麦品质评价体系研究项目工作。拟针对加工馒头、面条、饺子等我国主要蒸煮类面食品小麦的品种及品质要求，通过2年的时间，基本完成其三类传统中式食品实验室制作和评价方法和小麦理化品质性状与传统中式食品加工品质的相关性研究，探索新型面团流变学特性分析方法，初步提出中筋小麦品质评价体系的国家标准，为推动我国主要小麦的育种、生产、收储、流通以及传统面制主食品加工提供可操作的品质测定指标和执行标准。

为在保障粮食储存质量安全的同时，提高储存粮食加工、食用品质，提高售粮农民和粮食储存企业效益，国家粮食局有关单位启动了粮食安全储存主要指标与标准研究项目工作。拟通过3年时间，针对稻谷、小麦、玉米、大豆等主要粮食品种，筛选出能够预测粮食储存状态发生突变（如发热、霉变等）的安全储存主要指标，研究粮食安全储存主要指标与粮食水分、温度和储存时间等的对应关系；初步提出粮食安全储存水分、温度、储存时间的关系曲线。

组织专题调查组，赴湖北省就大米加工中使用植物油抛光的情况进行了实地调查。调查主要采取座谈形式，听取各方面汇报和建议。总体来看，确有加工企业为满足客户要求用植物油对大米进行抛光。对此，有关地方和部门迅速反应，积极应对，确保《大米》国家标准的严格执行，维护广大消费者的健康和利益。

针对社会各界高度关注的地沟油问题，国家粮食局组成专题调研组赴湖北，向有关专家了解地沟油使用情况及检测方法等。根据调研结果，国家粮食局在建议各级粮食行政管理部门继续积极配合有关部门加强食用油脂的安全监管的同时，积极组织开展技术研究，就地沟油检测技术和方法问题进行专题研讨，推动地沟油检测方法标准的研制工作。

为配合国家编制标准化"十二五"发展规划，国家粮食局组织全国粮油标准化技术委员会各技术工作组和有关专家召开研讨会，对"十一五"期间粮油标准化工作进行总结，并对粮油标准化在"十二五"期间的工作重点进行了展望和规划。

组织召开了第二届中国粮油标准质量年会。会议围绕粮食质量安全、粮油质检学科发展、粮油质量检验技术等内容进行了学术交流。来自大专院校、科研院所、质检机构、粮油加工企业、仪器设备生产企业的240余位代表参加了此次学术交流活动。会议期间，30位专家学者分别就国内外粮食污染物、真菌毒素和农药残留限量标准制修订背景和最新进展，ISO粮油国际标准最新动态，粮油品质检验与标准，粮油质量安全检验与标准等方面作了报告和专题学术交流，取得了良好效果。

组织编制了《2010年度粮油检验科学技术学科发展报告》，回顾了近年来我国粮油检验学科的发展，比较了当前粮油检验学科的国内外状况，提出了粮油检验学科的发展方向和建议。同时，完成了《粮油标准质量管理与检验》论文汇编工作。该论文集分为"粮油质量检验方法与研究"、"粮油卫生检验方法与研究"、"粮油标准质量管理"、"实验室管理"四大部分，共约83万字，收录了全国粮食行业有关单位的103篇论文，汇总了近年来我国粮食行业院所、院校、检测机构的管理技术人员的工作心得，促进了粮油标准化工作人员的交流。

二　粮食质量安全监管体系建设

（一）粮食质量监管制度建设

2010年，国家粮食局结合工作实际制修订了一系列制度性文件：一是修订发布了《中央储备粮油质量检查扦样检验管理办法》，在总结近年来库存粮食质量检查实际经验的基础上，全面规范了粮食和食用植物油质量抽查扦样、检验和评价办法；二是会同国家发改委、财政部等部门修订发布了《关于执行粮油质量标准有关问题的规定》，对粮食收购、销售过程中非标准品粮食的增扣量（价）办法进行了进一步的完善；三是制定发布了《国家粮食质量检验监测机构管理暂行办法》，对粮食检验监测机构建设、机构任务、管理要求等进行了详细的规定；四是制定发布了《关于切实做好抗震救灾粮油供应质量安全工作的通知》，结合保障抗震救灾供应粮食质量安全的需要，明确了粮油应急保障供应中，质量安全检验把关制度和监管责任。

北京、内蒙古、辽宁、江苏、浙江、安徽、山东、湖北、广东、贵州、云南、陕西、青海、宁夏等14个省（区、市）出台了15项涉及粮食质量安全监管的法规和文件，包括政策性粮食质量管理办法7项，其他质量管理文件8项。

（二）粮食质量检验监测体系建设

2010年，各级粮食部门大力推进粮食质量检验监测体系建设。

一是国家统筹规划。国家粮食局研究编制了《全国粮食质量安全检验监测能力建设规划（2010年~2015年）》，全面规划了各级粮食检验机构、国有粮食收储企业的检验能力建设要求。同时完成第三批国家粮食质量监测机构考核挂牌工作，目前国家粮食质量监测机构已达200个，其中省级32个，地市级138个，县级30个。

二是地方加强建设。截至2010年底，隶属于各级粮食行政管理部门的粮食检验机构共计737个，其中省级32个，市级229个，县级476个；通过计量认证的机构416个。在职人员5000余人，具有高、中级技术职称的近50%，其中专业检验技术人员近4000人。

三是加大投资力度。2010年，各级粮食质量检验机构通过财政拨款和质检机构自筹经费等途径，共获得资金投入1.3亿元，其中省级2751.9万元（28个机构），地市级6952.1万元（145个机构），县级3564.1万元（186个机构）。上述投入资金，为各级粮食检验机构配备单价2000元以上的检验仪器设备2381台（套），新增办公场地、实验室面积近2万平方米。

四是加强培训与考核。2010年，国家粮食局组织全国粮食检验监测机构开展了7项卫生指标检验比对考核，包括铅、镉、汞、无机砷等4项重金属和黄曲霉毒素B1、玉米赤霉烯酮、脱氧雪腐镰刀菌烯醇等3项真菌毒素。地方各级粮食行政管理部门也根据本地实际情况和工作需要，定期开展技术比对与考核。

（三）认真开展粮食质量安全监管工作

2010年，各级粮食部门认真履行监管职责，认真开展各项粮食质量监管工作。

一是继续开展收获粮食质量安全监测与技术服务。在近年来原粮卫生调查的基础上，针对重点区域新收获粮食的重金属、真菌毒素和农药残留等污染情况进行全面监测，在全国26个省（区、市）的1037个产粮县，采集农户样品共计11319份，获得检验数据8.8万个。

二是规范开展库存粮食质量监督抽查。国家粮食局组织开展了2010年全国库存粮食质量安全例行抽查。抽查范围包括中央储备粮、最低收购价粮、国家临时存储粮、地方储备粮和一般商品粮，抽查内容为库存粮食的质量达标率、宜存率和主要卫生项目合格率。共计组织抽查了31个省（区、市）的1157个库点，抽检样品5370份，代表数量912.7万吨，取得检验数据12.45万个。抽查结果为：样品质量达标率97.3%、宜存率99.3%、卫生项目合格率96.9%。

三是开展粮油食品中违法添加非食用物质和滥用食品添加剂专题调查。各省级粮食部门结合本地实际，开展了有针对性的调查和宣传工作。据统计，25个省（区、市）的粮食部门采用调研、座谈、暗访等方式调查各类粮油食品加工企业和批发市场4414个，抽检粮油食品1534个批次。同时，通过座谈、培训、发放宣传材料等多种方式加强宣传，指导各类粮油加工企业，特别是中小企业正确使用食品添加剂。

四是保障救灾粮油供应安全。"4·14"玉树地震发生后，青海地震灾区和宁夏等周边地区粮食部门为确保灾区群众的口粮供应和食用安全，切实加强救灾粮油质量监管，加大了监督检查力度。青海省成立了抗震救灾粮油产品质量监督检验小组，对救灾粮油定点加工企业的原料、成品、计量、包装、标签、运输车辆等情况进行现场监督把关，对粮油产品实施逐批次抽样检验把关；同时在玉树灾区设立了青海国家粮食质量监测中心玉树工作站，在救灾前线对物资发放点的粮食质量进行监测和检查。宁夏对负责救灾大米供应的定点加工企业增加了检验密度和采样比例，严格对每一批大米进行质量安全检测，保障了救灾大米的供应安全。贵州省粮食局认真做好全省抗洪救灾粮食的供应和质量监管，及时开展灾后受浸受潮的储备粮调查工作，指导受灾企业做好受浸受潮粮食处理，减少灾后损失。云南省粮食局积极应对严重旱灾，全面加强对救灾救济粮食出库的质量检查，加大抗旱救灾期间对市场粮油的监督检查，确保全省粮油市场的质量安全。

三　主要粮食收获质量与品质状况分析

2010年，国家粮食局继续在全国开展了小麦、稻谷、玉米和大豆等主要粮食品种收获质量调查工作，并针对安徽、江苏、湖北3省以及河南省驻马店、南阳、漯河等市小麦赤霉病粒较多的情况，及时安排了有关真菌毒素专项检验，检验结果及时向国家卫生行政主管部门和食品安全主管部门进行了通报。通过全国质量调查工作，及时掌握了新收获粮食的质量状况，确保粮食收购工作顺利开展。各有关省份组织开展了行政区内收获粮食质量调查工作，质量调查共计检验样品近1.4万份，取得检验数据近16万个。17个省份开展了小麦、稻谷、玉米和大豆等主要粮食品种的品质测报工作，共采集检测样品6770份，获得检验数据11.6万个，扦样范围累计涉及17省170市761个县（区），基本反映了当年收获的主要粮食品种的内在品质状况。有关各级粮食行政管理部门及时发布了质量品质信息，促进了当地粮食种植品种的优化和优质粮食的产销衔接。

（一）稻谷质量和品质

1. 早籼稻。

收获质量。2010年，全国早籼稻整体质量明显下降。江西、湖南、湖北、安徽、广西、广东6个早稻主产省（区）全部样品质量会检结果为：出糙率变幅70.2%~82.0%，平均值77.3%，一等至五等的比例分别为21%、38%、28%、11%、2%，中等以上的占87%，较上年下降约10个百分点；其中，江西、湖南中等以上比例下降近10个百分点，湖北、安徽中等以上比例分别下降19和33个百分点。整精米率变幅15.1%~73.0%，平均值57.6%，较上年下降1个百分点，其中广西、湖北略有提高，江西、湖南、安徽分别下降2.6、3.2、7.5个百分点；大于等于50%（一等）和44%（三等）的比例分别为80%和91%。不完善粒变幅0.9%~20.7%，平均值5.4%，主要为未熟粒。

浙江、重庆2省（市）调查结果表明，重庆整体质量较上年明显提高，浙江等级比例明显下降，整精米率有所提高。浙江质量在中等以上的占78%，较上年下降13个百分点，平均整精米率53.3%，较上年提高近1个百分点，大于等于50%的比例为73%，较上年提高5个百分点；大于等于44%的比例为96%，与上年持平。重庆市质量在中等以上的占99%，较上年提高近20个百分点，平均整精米率51.6%，较上年提高1.6个百分点，大于等于50%的比例为80%，较上年提高8个百分点；大于等于44%的比例为95%，较上年提高11个百分点。

品种品质。湖北、江西、广东、重庆4省（市）测报结果表明：湖北优质（优良）品种早籼稻全项目符合国家优质籼稻标准的比例为5.7%，与上年基本持平，食味品质评分平均值较上年有所下降，垩白度、垩白粒率较高仍是制约达标的主要因素；建议可因地制宜种植鄂早18、金优402等品种。江西全项达标的比例为22.7%，与上年基本持平，其中赣州市达标率超过70%，整精米率、垩白度、垩白粒率分别是影响达标率的最大因素。广东全项达标比例为4.5%，与上年基本持平，垩白度、垩白粒率是制约达标的最主要因素。重庆样品的垩白度、垩白粒率全部不达标。

2. 中晚籼稻。

收获质量。2010年，我国中晚籼稻整体质量较好。湖北、湖南、江西、四川、安徽、广西、河南、广东8个主产省（区）质量会检结果表明：质量在中等（三等）以上的比例为95%。平均整精米率60.9%，为近年来最高，大于等于50%的比例为90%，大于等于44%的比例为96%，与前两年基本一致。平均不完善粒率为4.6%，较上年增加1个百分点。分省看，湖北质量品质为近年来最好，中等以上比例及整精米率水平均比正常年景有明显提高；江西、四川、广西、河南质量属正常年景；湖南、安徽中等以上比例及整精米率水平均较正常年景有所下降，为近年来最低，且一等品比例明显下降。

2010年，浙江、福建、重庆3省（市）质量调查结果表明：浙江省整体质量与上年基本持平，质量在中等以上的为98%，平均整精米率61.3%，较上年提高3个百分点，大于等于50%的比例为93%，大于等于44%的比例为99%，均与上年基本持平。福建省质量在中等以上比例占92%，平均整精米率57.8%，其中大于等于50%的为91%，大于等于44%的比例为99%。重庆市质量在中等以上的为97%，较上年下降3个百分点，整精米率平均值52.7%，较上年下降1个百分点，大于等于50%的比例为81%，大于等于44%的比例为100%，均较上年提高了2个百分点。

品种品质。2010年，浙江、福建、江西、湖北、广东、重庆6省（市）测报结果表明：优质（优良）品种中晚籼稻全项目符合国家优质籼稻标准的比例，广东为27.4%，较上年提高1.6个百分点；浙江、福建、湖北三省分别为4.6%、12.2%和11.2%，均与上年基本持平；江西为31.6%，较上年下降3.7个百分点；重庆没有全项达标样品。

浙江省优质（优良）品种测报样品中，食味评分超过80分的占三分之二。影响达标的因素，按照影响程度的大小依次为：垩白度、直链淀粉含量、不完善粒、垩白粒率、整精米率。分地区看，丽水、台州、金华、宁波达标率较高。

福建省优质（优良）品种测报样品中，食味评分超过80分的样品比例为94%，垩白度、垩白粒率是影响达标率的主要因素。全部样品胶稠度保持在较高水平，平均值为74mm，达到一级优质籼稻的要求；直链淀粉含量适中，达标率近90%。分地区看，龙岩、宁德达标率较高。

江西省优质（优良）品种测报样品全项达标的比例，一等为9%，二等为12.2%，三等为10.4%，合计31.6%，其中一等品比例明显提高。垩白度、垩白粒率的达标率分别在65%和75%左右，是全项达标率较高的主要原因。全部样品平均食味评分84分，平均胶稠度73mm，直链淀粉含量适中，整精米率较高。分地区看，赣州达标率达到86.4%。

湖北省优质（优良）品种测报样品中，全项达标的以鄂中5号、鉴真2号、黄华占、天两优616、丰两优香一号、扬两优6号、丰两优一号、两优6326等为主。垩白度和垩白粒率仍然是制约达标的主要因素。

广东省优质（优良）品种测报样品中，垩白度、垩白粒率的达标率分别在65%和80%左右，食味评分几乎全部达标，但超过80分的比例不到二成；直链淀粉含量达标率继续保持在70%以上。分地区看，阳江、江门、中山、云浮、清远、惠州等地区达标率均超过50%；分品种看，粤晶丝苗、丰优、美香占、银占、中软占、天优998、博优998、象牙占、航美香占、奥粳占等品种品质表现较好，适宜推广种植。

重庆市优质（优良）品种测报样品食味品质和胶稠度较高，全部达到国家优质籼稻标准要求。垩白度、垩白粒率仍然是制约达标的主要原因，达标率分别为0%、5%，另外，不完善粒达标率也较低。

3. 粳稻。

收获质量。2010年，我国粳稻整体质量略低于上年。黑龙江、吉林、辽宁、江苏、安徽5个主产省质量会检结果表明，5省质量在中等（三等）以上的比例为93%，较上年提高12个百分点；平均整精米率68.7%，较上年提高2个百分点，大于等于61%的比例为93%，较上年提高21个百分点，大于等于55%的比例为96%，与上年基本持平。

分省看，黑龙江质量为近年来最好，一等品比例和整精米率水平大幅提高，但谷外糙米不达标现象非常严重。吉林、辽宁二省中等以上比例和整精米率水平接近近三年平均值，吉林省部分地区等外品比例较大。受生长后期干旱影响，江苏、安徽二省质量有所下降，一等品比例大幅降低；安徽整精米率水平明显降低，不符合等内品要求（大于等于49%）的较多。

2010年，浙江、宁夏二省（区）质量调查结果表明，浙江省等级比例较上年略有下降，整精米率有所提高。全省样品质量在中等以上的占94%，较上年下降4个百分点；平均整精米率66.8%，较上年提高2.5个百分点，大于等于61%比例为95%，与上年持平。宁夏区等级比例较上年有所提高，整精米率有所下降。全区样品质量在中等以上的占99%，较上年提高5个百分点，平均整精米率60.1%，较上年下降1.5个百分点，大于等于61%比例为59%，与上年持平；大于等于55%比例为76%，较上年下降7个百分点。

品种品质。2010年，辽宁、吉林、黑龙江、江苏、浙江、宁夏6省（区）测报结果表明：优质（优良）品种粳稻全项目符合国家优质籼稻标准的比例，宁夏、黑龙江、江苏、浙江分别为58.3%、26.3%、16.8%和14.3%，较上年分别提高45、26.3、8.7和6.7个百分点；吉林为36.6%，与上年持平；辽宁为32.0%，较上年降低5.5个百分点。

辽宁推广种植的优质（优良）品种中达到优质稻谷国家标准的品种约20余个，其中辽星系列、吉粳88、袁氏大穗、盐丰系列等继续种植比例较大，并保持了出糙率、整精米率、食味品质评分较高，直链淀粉含量适中等较好的品质。分品种看，辽星系列在大连、鞍山、锦州、辽阳、铁岭、盘锦等地，盐丰系列在盘锦、锦州、营口等地，袁氏大穗在沈阳、抚顺、辽阳等地，吉粳88在沈阳、抚顺、盘锦等地的品质表现良好。分地区看，大连、沈阳、营口、盘锦的达标率均超过40%。直链淀粉含量和垩白度过高是制约达标的主要因素。

吉林2010年全省主要种植品种约45个，各地区主要稻谷品种都略有不同。主要品种的出糙率、食味评分、胶稠度、垩白度等指标都较上年有所改善。品质表现较好的有：长春、吉林、四平、松原白城地区的吉粳88；吉林、通化、松原、四平、辽源地区的超级稻；长春、四平、通化地区的超级稻307；长春、延边地区的吉粳81；吉林地区的长粒香；吉林、四平地区的九稻39；长春、通化地区的秋田小町。分地区看，四平、松原、通化地区达标率均超过50%。

黑龙江粳稻种植面积较大的有龙粳系列、垦鉴系列、松粳系列、空育131系列、9934等系列品种。这些品种外观和口感较好，胶稠度较高、垩白粒率较低、直链淀粉含量适中。食味评分在80分以上的样品比例约占到八成，较上年有所下降。分地区看，鸡西、伊春、哈尔滨、绥化地区达标率均超过30%。整精米率、直链淀粉含量偏低，是影响其整体达标率的主要因素。

江苏省粳稻垩白度和垩白粒率是制约达标的主要因素。徐稻4号、南粳44延续了较为优秀的品质表现，武运粳21号、南粳44、镇稻10号、武粳15今年品质表现也较好。这些品种直链淀粉含量适中，垩白粒率和垩白度低，口感较好的特性，是能够达标的主要原因。垩白度、垩白粒率过高和胶稠度过低是影响其整体达标率的主要因素。

浙江省秀水系列仍是主推优质（优良）粳稻的主要品种，约占全部样品的三分之二。食味评分在80分以上的比例不到七成，较上年有所下降。分地区看，杭州市达标率较高，达到23%。

（二）小麦质量和品质

收获质量。2010年，国家粮食局组织开展了河北、山西、江苏、安徽、山东、河南、湖北、四川、陕西9省小麦质量调查会检。9省共采集检验样品1168份，样品覆盖88市的304个县。小麦收获期间，部分省份的局部地区受异常气候影响，小麦出现不同程度的赤霉病粒现象，有关省份粮食部门及时采集样品，对小麦感染真菌毒素的情况进行了全面分析。

河北、山东、河南整体质量正常，山东不完善粒较低，河南不完善粒较高；安徽、湖北整体质量为近年来最低，江苏、安徽、湖北小麦赤霉病粒较多；陕西整体质量有所提高，但不完善粒较高；山西整体质量略有下降；四川整体质量明显下降，生芽粒较高。

9省全部样品检测结果为：千粒重变幅25.2g ~ 61.8g，平均值42.9g；容重变幅668g/L ~ 835g/L，平均值778 g/L，一等至五等的比例分别为34%、33%、22%、8%、3%，中等以上占89%，较正常年景下降8个百分点。不完善粒总量平均值为9.4%，符合国家标准（小于等于10%）的比例超过七成。硬度指数变幅22 ~ 79，平均值68，小于等于45的比例为4%，大于等于60的比例为75%；籽粒湿面筋含量平均值30.0%，变幅18.9% ~ 38.6%；粗蛋白含量（干基）平均值14.6%，变幅9.9% ~ 18.4%。

品种品质。2010年，山西、江苏、山东、河南、陕西、宁夏6省（区）测报结果表明：各省（区）优质（优良）品种小麦全项符合国家优质小麦标准的比例，江苏为4.9%，较上年提高2个百分点。稳定时间较低是制约达标的主要因素。

山西省测报样品涉及21个优质小麦品种，其中主要为烟农19、晋麦47、临旱536等，占样品总数的三分之一，主要种植于运城、临汾和晋城等地区。从测报样品来看，全省小麦粗蛋白含量较高，平均粗蛋白质含量（干基，下同）均为14.6%，与上年持平，符合强筋小麦国家标准的比例为77%。稳定时间平均为3.0min，较上年有所增加。

江苏省测报样品涉及29个优质小麦品种，其中主要为烟农19、郑麦9023、矮抗58、淮麦系列、扬麦系列、宁麦系列等，占样品总数的近50%，比例较上年有所下降。从测报样品来看，全省小麦蛋白质含量和稳定时间符合强筋小麦国家标准的比例分别为28%、23%，均较上年有所提高。分地区和品种看，南通地区宁麦13号和扬麦13号保持了较好的弱筋特性；泰州市泰兴市的宁麦13号、宁麦14号也呈现出较好的弱筋特性；无锡地区宁麦9号与去年接近呈中弱筋特性；豫麦34、淮麦系列、扬麦11号、扬麦12号与去年接近呈中筋特性；徐州市铜山县、睢宁县的烟农19粗蛋白质、湿面筋含量、稳定时间都较高，强筋特性保持较好；连云港市的烟农19与去年相比，强筋特性有所提升但仍不明显；盐城地区的郑麦9023强筋特性仍不理想。

河南省测报样品继续以矮抗58、郑麦9023、西农979为主，占到样品总数的近四成；周麦系列种植也较为广泛。从测报样品来看，全省小麦稳定时间保持了上升的势头，平均值由上年的5.2min增加到5.8min，符合强筋、弱筋小麦国家标准的比例均在20%左右。

陕西省测报样品主要为西农系列、小偃22、荔高6号、闫麦8911、晋麦47、晋麦54、长旱58等。这些品种各项指标的平均值为：容重780 g/L、粗蛋白13.4%、湿面筋32.6%、稳定时间4.3min、降落数值234s。从测报样品来看，湿面筋含量和筋力达到中筋水平的有：西农88、西农889、西农928、西农979、晋麦47、晋麦54和长旱58。

宁夏冬小麦测报样品仍然为5010、5012。从测报样品来看，湿面筋含量保持较高水平，达到优质强筋小麦标准要求的比例超过八成；平均粗蛋白含量13.7%，较上年提高近1个百分点，达标比例近四成；受气候影响，今年生芽粒较多，降落数值明显下降。

（三）玉米质量和品质

收获质量。2010年，全国玉米整体质量较好。河北、山西、内蒙古、辽宁、吉林、黑龙江、山东、河南、陕西9个玉米主产省（区）质量会检共采集检验样品1159份，样品覆盖89市的304个县。会检结果表明，中等（容重，≥650 g/L）以上比例接近100%，较上年提高4个百分点。其中，黑龙江、内蒙古、山西、陕西质量明显好于上年，容重和一等品比例有大幅提高，黑龙江、内蒙古不完善粒明显降低；河北、河南质量较上年有所提高；吉林、辽宁、山东等级比例与上年基本一致，但不完善粒和生霉粒均有所增加。

9省全部样品检测结果为：容重变幅633～785 g/L，平均值728 g/L，较上年提高11 g/L；样品全部为中等（容重，≥650 g/L）以上，一等至三等的比例分别为65%、30%、5%。不完善粒变幅0.0%～31.3%，平均值3.2%；其中符合中等要求（≤8.0%）的比例为94%，均与上年基本持平；不完善粒中主要为生霉粒和破碎粒。生霉粒变幅0.0%～28.9%，平均值1.4%，符合标准要求（≤2.0%）的比例为78%，较上年有所降低。

品种品质。2010年，山西、辽宁、吉林、黑龙江、陕西5省测报结果表明：山西省主要测报品种除保持了先锋335、先玉335外，新增了晋玉811、潞玉13、潞玉6、大丰26、屯玉42、富友9、泽玉4等。全部样品平均容重729 g/L，平均淀粉含量69.8%，较上年有所下降，达到淀粉发酵工业用玉米国家标准要求的比例为79%；平均粗蛋白含量9.9%，全部达到饲料用玉米国家标准要求；平均粗脂肪含量4.2%。

辽宁省主要测报品种继续包括东单、郑单、铁单、丹玉等系列，这些品种种植面积有所增加，质量品质表现良好稳定；先玉、登海、盛单等系列也列入今年主要测报品种，且品质表现较好，也适合推广种植。分地区看，各地主要品质变化不大，沈阳、铁岭、阜新等地区淀粉含量较高；沈阳、朝阳、阜新等地区粗蛋白质含量较高；大连、鞍山、辽阳地区粗脂肪含量较高。

吉林省玉米品种越区种植现象越来越少，每个地区都有适合本地种植的主要品种。此次主要测报品种为郑单958、先玉系列、吉单系列、郝育系列、登海系列等。这些主要种植品种的平均容重716g/L，平均淀粉含量为73.1%，平均粗蛋白含量10.0%，平均粗脂肪含量4.1%。分地区和品种看，先玉355在各地区，长春、四平、松原、白城等地区的郑单958，长春、四平、通化的平全13，长春、吉林地区的军单8，吉林、松原地区的长城799，白城地区的白单9，吉林、通化地区的通单24，延边地区的本玉9等具有较好的品质表现。

黑龙江省主要测报品种继续为龙单、绥玉、哲单、先玉、吉单等系列。全部样品平均容重699g/L；平均淀粉含量为72.4%，较上年下降近一个百分点，达标比例为91%；平均粗蛋白含量为9.0%，达标比例为89%，均较上年有所下降；平均粗脂肪4.2%。分地区和品种看，大庆的郑单958、吉单系列，绥化的先玉系列，齐齐哈尔的龙单系列，哈尔滨的平安系列平均淀粉含量超过73%；绥化的鑫鑫系列，牡丹江的哲单、绥玉系列平均粗蛋白含量超过10%；大庆的郑单958、牡丹江的哲单、绥玉系列，哈尔滨、齐齐哈尔的绿单系列平均粗脂肪含量超过4.5%。

陕西省主要测报品种有户单、浚单、秦龙、豫玉、正大、正单和郑单等7个系列。这些品种样品平均容重730 g/L；平均淀粉含量70.2%，较上年大幅提高，达标率为87%；平均粗蛋白含量10.7%，较上年提高近1个百分点；平均粗脂肪4.6%。分品种看，秦龙系列粗蛋白含量较高；郑单系列淀粉含量较高；浚单系列粗脂肪含量较高。

（四）大豆质量和品质

收获质量。2010年，黑龙江、吉林和内蒙古3省（区，以下简称省）质量会检结果表明，受大豆种植期间气候异常，病虫害情况较多的影响，3省大豆损伤粒率（主要是病斑粒和虫蚀粒）较高，总体质量均较上年明显下降。3省样品完整粒率平均值为86.0%，符合国标中等（三等，完整粒率≥85%）以上比例为62%，较上年下降17个百分点；损伤粒率平均值为8.1%，其中符合等内品要求的比例为55%，较上年降低35个百分点，病斑粒平均值为4.9%，虫蚀粒平均值2.5%。

品种品质。2010年，吉林、黑龙江两省测报结果表明：吉林省主推品种约20个，主要包括黑农、绥农、吉育等系列。全部样品平均完整粒率89.8%，平均粗脂肪含量19.4%，较上年下降0.7个百分点，符合高油大豆标准三等（粗脂肪含量≥20%）的比例为21%，较上年明显下降；平均粗蛋白质含量39.9%，与上年基本持平，符合高蛋白大豆标准三等（粗蛋白含量≥40%）的比例为48%，较上年明显下降。

黑龙江省测报主要品种继续包括合丰、绥农、黑河、恳丰、黑农、华疆等系列。全部样品平均完整粒率86.2%，较上年降低3.5个百分点；平均粗脂肪含量19.6%，较上年继续提高1个百分点，符合高油大豆标准三等的比例为42%，较上年提高约30个百分点；平均粗蛋白质含量39.4%，符合高蛋白大豆标准三等的比例为28%，均与上年基本持平；平均水溶性蛋白含量为30.7%，较上年有所下降。

粮油市场体系建设

一　粮食现货与期货市场发展情况

（一）粮食现货市场

2010年，国家和地方粮食部门继续深入贯彻落实《全国粮食市场体系建设"十一五"规划》（以下简称《"十一五"规划》），加大粮食市场体系建设工作力度，引导和支持粮食市场发展，粮食市场体系建设取得明显成效。

一是认真组织实施《"十一五"规划》。国家粮食局在全国粮食局长会议上提出要继续落实粮食市场体系建设规划，规范粮食交易行为，促进粮食市场健康有序发展。各地认真贯彻落实全国粮食局长会议精神，积极组织实施《"十一五"规划》，争取当地政府和有关部门支持，进一步推动了粮食市场体系发展。"十一五"时期，全国共有18个省级粮食行政管理部门根据全国规划出台地方粮食市场建设规划或指导意见。

二是研究制定《全国粮食市场体系建设与发展"十二五"规划》（以下简称《"十二五"规划》）。认真总结"十一五"粮食市场体系建设经验，为研究制定《"十二五"规划》打好基础；采取深入地方开展调研、组织召开规划编制专项会议等方式，广泛征求各方面意见和建议，集中行业智慧，完成《"十二五"规划》编制工作。目前，已将《"十二五"规划》正式送审。

三是依法加强粮食收购市场监管。各级粮食部门不断健全收购资格审核制度，规范许可程序；依法开展粮食收购资格核查，切实加强收购市场监管，及时查处违法违纪行为；积极提供一站式服务和网上申请等便利服务措施，基本实现了审核工作的规范化、程序化和便民化。国家粮食局建立了粮食收购资格动态通报制度，建设了全国粮食收购资格信息系统，并免费提供网上查询，接受社会监督。截至2010年底，全国31个省（区、市）均已出台粮食收购资格审核管理办法，全国具有粮食收购资格的粮食经营者达到8.75万个，比"十五"末增加2.54万个。其中国有及国有控股企业1.75万个，其他多元市场主体7万个，分别占总数的20%、80%。

四是积极引导粮食零售市场创新发展。2010年，各级粮食部门积极引导发展多种粮食零售渠道，粮食零售市场在探索中不断发展，零售供应网络逐步健全，大中城市粮油应急供应网点建设稳步推进。放心粮油进农村、进社区活动继续深入推进，截至2010年底各地放心粮油生产企业已建立各类销售网点17万多个，其中农村网点6万多个。"B-TO-C"粮食电子商务继续稳步发展，一些大型粮油集团也积极拓展网上粮油产品零售渠道，如中粮集团推出了大型网上购物平台"我买网"，直接通过网络销售其粮油产品。粮油产品连锁经营方面也有了一些新的突破，杭州粮油批发市场依托于市场的品牌，在地方财政的支持下，以开设批发市场直销点的模式，在51个社区建立连锁经营店，取得了较好效果。

五是大力推进全国统一粮食竞价交易系统建设。指导和督促国家粮食交易中心严格执行国家粮食宏观调控政策，认真开展政策性粮油竞价交易，切实发挥全国统一粮食竞价交易系统宏观调控载体作用。2010年，24个联网交易的粮食批发市场全年共交易政策性粮食1626.6亿斤、食用植物油50.2万吨，在国家粮食宏观调控中发挥了重要作用。

六是切实加强粮食批发市场建设扶持指导。2010年，各地积极推动粮食批发市场重组整合和升级改造，加大对粮食批发市场建设扶持力度，各类粮食批发市场主体多元化，布局结构趋于合理；基础设施建设得到加强，市场经营环境得到改善，市场综合服务功能进一步提升。到2010年底，我国共有各类粮食批发市场约411家，其中国有及国有控股207家，股份制81家，民营123家；商流市场136家，成品粮市场264家，综合性市场11家。据不完全统计，2010年全国各类批发市场年成交量达1.35亿吨，约占全年粮食商品流通量的46%，成为粮食流通的重要渠道。国家粮食局进一步健全重点联系粮食批发市场制度，实行重点联系单位动态调整制度，确保发挥重点联系市场的龙头和示范作用，更好地为国家粮食宏观调控服务。2010年，新批复郑州庆丰粮油大米市场为国家粮食局重点联系大中城市成品粮批发市场，同时取消河南省方欣粮油批发市场重点联系单位资格。目前，国家粮食局共有重点联系粮食批发市场48家，其中商流粮食批发市场22家，成品粮批发市场26家。

七是修改完善《粮食批发市场管理办法（初稿）》（以下简称《办法》）。在2009年工作的基础上，经过积极申报准备，2010年2月国家发展改革委正式批准将《办法》纳入2010~2015年立法规划立项。此后，赴宁夏、河南、江苏、湖北等地进行了调研，深入了解国家政策性粮食竞价交易、成品粮批发市场建设等方面情况；多次组织召开会议，征求各地、各部门和有关专家意见，根据调研情况和有关意见进行修改完善。2010年底，正式向国家发改委申报列入了2011年立法规划。

（二）粮食期货市场

2010年，受国际大宗商品市场价格巨幅波动、国内农产品市场供求变化等影响，我国农产品期货市场交易活跃，各品种交易价格上涨较多，特别是糖、棉等涨幅较大。相对来看，受我国粮食供需基本面影响，各粮食期货品种价格波动幅度要小很多，但都有一定幅度的上涨。从成交量看，2010年全国粮食期货成交量和成交金额为66521.77万手和303295.61亿元，同比去年分别增长了1.01%和10.04%，其中早籼稻期货交易大幅走高，成交量、成交金额分别比上年增加1276.98%和1457.59%；玉米期货成交也比较活跃，成交量、成交金额分别增长115%和170.3%；硬白小麦成交有所增长，其余品种则出现不同幅度下跌。从价格走势看，各粮食期货品种相比前两年的情况看，波动幅度都有所收窄。主要粮食品种走势：小麦上半年价格平稳，下半年由于国家提高最低收购价、部分产区减产以及通货膨胀预期等多方面因素影响，价格不断走高，之后在国家政策调控下呈现盘整态势；玉米上半年呈现平稳运行、温和上涨的走势，下半年则受国际市场及国内其他粮食品种和下游加工产品价格走高等因素带动影响，快速走强；早籼稻上半年市场价格持续走低，7月份后，受2010年早稻减产预期影响，市场价格普遍看涨，此后在国家宏观政策调控下早稻价格在高位稳定；大豆上半年窄幅波动、横盘整理，下半年在国际市场带动下振荡上扬、稳步走高，在调控政策作用下年底略有回调。

二　粮油市场信息体系建设

（一）加强粮油市场监测预测，积极做好信息服务工作，为国家粮食宏观调控和企业经营提供了信息支持

随着我国粮食流通体制改革的深入进行，粮油市场信息事业快速发展，市场信息需求日益增加。

在各级粮食行政管理部门和粮食信息系统广大干部职工共同努力下，粮油市场信息服务组织不断完善，逐步形成了全国粮油市场信息服务体系，建立了全国粮食市场动态监测系统，市场信息分析预测水平有了新的提高，更加贴近市场，并能抓住热点，深入分析，及时报告，为粮食宏观调控提供了强有力的信息支持，同时为粮食生产者和经营者提供了及时的信息服务。

一是粮油市场信息体系建设不断推进。针对国内外粮油市场的新变化，国家粮油信息中心和各省市区粮油市场信息机构，为进一步提高信息工作质量，积极开展信息工作，不断完善信息业务体系，加强队伍建设，不断提高工作能力，不断提高工作效率和工作水平。各级粮油市场信息机构通过粮油市场信息服务网站、专业媒体、广播和电视、编发专业性的市场报告等多种手段，面向社会提供了大量具有价值的信息，提供了比较优质的信息服务。

二是认真履行了国内外粮油市场监测职能。我国粮食生产连续多年丰收，但是2010年以来，粮食个别品种需求出现超预期的增长，导致个别品种粮食价格出现快速上涨，国内外粮食市场出现一些新情况。国家粮油信息中心和各省市区粮油市场信息机构认真做好市场监测工作，既重视对价格变化的跟踪调查，也重视对供应量的分析，还加强了对未来市场的预测，并及时提出一些有价值的政策性建议。

三是积极组织市场研讨并参与和承担重大课题的研究工作。国家粮油信息中心和各地信息机构积极组织各类粮油市场研讨会，对国内外粮油市场进行分析，对国内外最新市场动向进行研判。各地信息工作人员还积极参加了国家"十二五"发展规划的制定工作。积极承担国家粮食局2010年粮食战略问题研究项目，例如国家粮油信息中心主持了《中国食用植物油安全战略研究》和参与了《粳稻供需平衡战略研究》等。

四是开展了形式多样的信息服务。积极开展面向社会服务，发挥信息引导作用，国家粮油信息中心成功举办了一年一度的粮油市场展望会，扩大了展望会在行业内的知名度和影响力，在统一思想、维护市场秩序、助力市场调控等方面，发挥了积极的作用。拓宽服务渠道，新增了《天下粮人手机报》，通过直接发送至手机的方式服务客户。各地粮油信息机构不断开拓创新，使市场信息工作更加深入和切合实际工作需要。例如黑龙江省粮油信息中心建立全省粮食价格指数体系为核心，紧紧围绕强化对政府、企业和农民的信息服务和打造黑龙江信息品牌的工作目标，通过"龙粮网"、"短信服务系统"、"农民服务热线"等载体，实现了信息工作质和量的新突破。安徽省粮油信息中心完善了粮食竞价交易窗口等新的信息服务和网络应用功能。建立了"合肥国家粮食交易中心价格指数"，分别为："综合指数"、"小麦指数"、"稻谷指数"、"玉米指数"，对指导粮食市场价格，保持市场稳定发挥了重要作用。

五是专业信息网站取得很大进展。根据新时期粮油市场参与者对信息的需要，国家粮油信息中心完成了《中国粮食信息网》网站的升级改造工作，充实了内容，新增加《中国农产品气候状况报告》专栏，服务质量进一步提高。除粮食系统信息机构之外，社会上一些与粮食经营有关的部门和企业也建立了一些信息服务网站如中华粮网、面粉网、大米网、大豆网、玉米网等。这些网站以独特的视角，跟踪粮油市场变化，提供粮油市场信息服务，是全国粮油市场信息服务的一支重要力量。特别是区域性专业网站，如大豆网，由于有区域和品种优势，管理机制灵活，对东北地区所有的县、农场均建立了监测点或提供信息的个人，工作扎实细致，取得很好的成绩。

六是一大批市场分析研究人员崭露头角。随着我国粮油市场与国际市场关系日益紧密，各种影响粮油市场的因素不断增多，市场变化日趋复杂。同时，一大批粮油市场分析和研究人员快速成长，使粮油市场信息工作更加活跃。这些研究分析人员有的在大型企业信息机构，有的在期货业界，有的在新闻媒体，更多的在我国农业、粮食部门的专业信息机构和专业研究部门。他们从不同视角观察和研究国内外粮油市场变化，与国内外同行切磋交流，不断提出新的见解和建议，使粮油市场信息工作能够不断深入进行。

（二）积极做好政策性粮油竞价交易工作，服务粮食宏观调控

"十一五"期间，国家粮食局在各省粮食批发市场的基础上，组建了22个国家粮食交易中心，承担政策性粮食销售任务。各地国家粮食交易中心在组织粮食流通、满足消费需求、调控粮食市场、合理配置粮食资源等方面发挥了积极作用。随着国内外粮食形势不断出现新变化，宏观调控任务十分艰巨，凸显出任务急、变化大、要求高的新特点，粮油竞价交易信息系统工作容不得丝毫马虎和耽搁。2010年以来，国家相关部门曾先后对稻谷、玉米等五个品种的交易细则修订过12次，随着对商户采购资质要求的不断细化，曾连续几周对交易程序进行大的修改，国家粮油信息中心相关工作人员以高度的政治责任心和旺盛的工作热情，一丝不苟地投入到工作中，快速反应，沉着应对，确保了粮油竞价交易工作顺利进行。

2010年政策性粮油投放量和成交量均创历史最高纪录，交易品种包括了所有政策性粮油品种。截至12月31日，国家相关部门依托统一平台先后成功进行了421次集中竞价交易及28周挂牌交易，累计成交量达6389万吨。

针对调控任务繁重的现实，信息中心提出了"加强市场自身建设，做好应急准备工作，认真执行交易细则"的工作要求。为确保体系安全运行，5月在山西召开联网市场业务座谈会，明确要求严格执行交易细则，10月在南京召开全国粮油信息与市场工作会议，联网批发市场负责人共同商讨制定《政策性粮油销售资金管理办法》，确保资金安全；同时进一步规范系统操作流程、严格执行交易细则，理顺服务体系，取得明显成效。

粮油竞价交易工作为粮食宏观调控做出了积极贡献，在保供稳价中发挥了重要作用。2006年以来，国际国内粮食市场价格波动较大。首先是2006~2007年，芝加哥商品交易所CBOT小麦涨幅接近100%，2007年11月下旬，国内小麦市场出现了跟风急涨的苗头，国家有关部门积极应对、科学决策，利用全国统一平台及时增加市场投放数量，全国各地迅速联动，市场供应明显增加，小麦价格趋于回落，最后稳定在相对合理的价格水平，调控效果显著。2010年特别是7月份以来，受自然灾害、季节性波动和投机等综合因素影响，国际市场农产品价格异动，其中小麦最为突出，芝加哥商品交易所的美麦指数从6月30日的470点飙升到8月5日的800点，涨幅70%，其月度涨幅更是创37年来最高；郑州商品交易所小麦期货1101合约也从2294上涨到2491，涨幅8.59%。面对这种形势，为防止国际市场异常波动继续向国内传导，期货市场向现货市场传导，国家有关部门积极应对，通过统一平台，采取了定向销售、核定购买量、专场及加场交易、加大对出库监督检查力度等综合措施，积极引导国家政策性粮食流向，避免进入过多流通环节增加原粮成本，抑制了现货市场投机行为，降低了成品粮价格成本。东北地区的粳稻、玉米销售也同样采取了相应的措施，有效地调控了市场。国家粮食交易中心具有大批量、大规模交易粮食的特点，是体现国家宏观调控粮食供求意图的重要渠道。国家粮食交易中心及各地区粮食批发市场利用全国粮油统一电子竞价交易系统平台很好地完成了国家政策性粮油竞价销售任务，提高了宏观调控效果，降低了调控成本，在最短的时间内调节市场供给，稳定粮食市场价格，为国家宏观调控粮食市场发挥了重要作用。形成我国独特的粮油市场宏观调控体系，使粮食收购与竞价销售紧密衔接，信息工作与宏观调控紧密结合。

三　粮油统计信息

随着社会经济发展，我国粮食流通形势在发生着较为深刻的变化。粮食统计为适应流通工作的需要，及时、全面、准确地反映粮食购销调存基本情况和社会供求总量的变化状况，在不断进行研究、探索和改革，通过修改和完善相关制度、统计调查方法和加强统计队伍建设等，获取和编写了大量、翔实的统计信息和分析材料，为国家和地方政府加强和改善粮食宏观调控，以及企业经营活动提供了决策支持和信息服务。

（一）修订完善《国家粮食流通统计制度》

根据粮食流通市场出现的新情况、新问题，对《国家粮食流通统计制度》进行了及时修订，优化了调查项目，完善了指标体系，使之更加适应粮食形势发展和宏观调控需要。由于近年来外商企业加速进军我国粮食市场，对国内粮食流通体系带来较大影响，新的《国家粮食流通统计制度》正式将外商企业的收购和库存指标纳入统计范围，加强对外商企业的统计监测，确保国家粮食安全。

（二）不断增强粮油市场监测预警能力

根据宏观调控需要，密切关注各地粮油市场价格变化，及时调整监测频率和监测直报点的布局和数量，努力提高监测水平，随时掌握粮油市场的新情况和新动态。2010年西藏自治区的市场监测工作实现了"零的突破"，标志粮油市场监测网络直报系统实现了全国31个省、区、市的全覆盖。

（三）稳步提高统计服务水平

一是继续做好粮食统计旬（月）报、市场价格周报等日常统计工作，及时反映全国粮食收购、销售、库存、价格等变化情况。二是完成了全社会粮油供需平衡调查工作。2010年，全社会粮食供需平衡调查已连续组织开展七年，食用植物油及油料供需平衡调查也在不断进行摸索总结，并在全国范围正式展开，通过调查，对粮油生产、消费、库存等情况有了全面掌握，对全国粮油供求现状和发展趋势作出了深入分析。

（四）充分发挥统计监督职能

一是组织开展了粮食统计执法大检查。2010年根据国家有关部门的统一部署，在全国范围内进行粮食统计执法大检查，共检查粮食行政管理机构2960个、粮食企业40439个。通过检查，掌握了基层统计工作基本情况，纠正了存在的问题，取得了扩大统计影响、改进统计工作、提高统计能力的效果，强化了依法统计、科学统计的理念。二是加强了对企业的监督和制约。2010年国家有关部门在实施粮食宏观调控政策时，将企业是否履行报送统计数据义务情况作为一项参考依据，充分发挥了统计监督职能，促进了粮食流通统计制度的贯彻执行，为开展社会粮食统计工作营造了良好氛围。

（五）改进统计信息系统应用软件

为着力加强统计管理的标准化、规范化水平，逐步实现统计信息化，提高统计工作效率，与软件开发公司继续合作，组织开发了一套灵活、方便、稳定、实用的数据报送平台，完成了统计信息系统的升级换代。该系统嵌套在Excel内部，采用以数据处理为核心的设计理念，可以同时在局域网和互联网上运行，基本实现了各项统计调查内容的任务发布、报表设计、数据处理、传输、公布等工作流程的电子化、网络化和高效化。

粮食流通基础设施建设及投资统计

一   粮食流通基础设施建设

2010年是"十一五"规划实施的最后一年，国家共安排中央补助投资54.8亿元用于粮油仓储设施、粮食现代物流设施建设和仓房维修改造、农户科学储粮专项。同时，各地积极筹措资金，加强粮食流通基础设施建设，取得了显著成效。

（一）大力加强粮油仓储和物流体系建设

国家从2009年第四季度到2010年上半年安排了中央预算内投资42.6亿元，建设粮食储备仓容1500万吨，储备油罐175万吨，其中2010年安排中央预算内投资35.2亿元，用于补助466个粮食储备仓容和储备油罐项目，建设粮食储备仓容1290万吨，储备油罐141万吨。为推进粮食现代物流体系建设，2010年国家安排了中央补助投资6.5亿元，用于重点支持六大跨省流通通道和西部地区重要物流节点的118个粮食现代物流项目的建设工作。为实现《粮食现代物流发展规划》提出的到2015年全国跨省散粮运输比例达到80%的发展目标，国家有关部门积极推进"北粮南运"铁路散粮运输线路筛选研究工作。为贯彻落实中央新疆工作座谈会精神，支持新疆粮食流通产业发展和后备基地建设，国家粮食局组织召开全国粮食系统对口支援新疆工作会议，出台了支持新疆粮食流通发展的相关政策措施。

（二）继续推进粮食仓房维修改造工作

为解决我国粮食连续七年丰收后主产区收储烘干能力不足的矛盾，配合最低价收购政策的执行，中央财政安排4亿元补助资金，用于河北、内蒙古、辽宁、吉林、黑龙江、江苏、安徽、江西、山东、河南、湖北、湖南、广西、四川、新疆等15个启动最低收购价和临时收储政策省区的粮食收储库点的仓房维修改造。为应对当年发生的严重洪涝灾害，中央财政安排补助资金4亿元，对辽宁、吉林、安徽、江西、河南、湖北、湖南、广西、四川、新疆、福建、重庆、陕西等13省（区、市）汛灾损失的粮食仓房进行维修改造，保证了灾区粮食收储安全和粮食供应。2010年全国粮食仓房维修改造共投入资金近23亿元，维修改造仓容约3150万吨，主要集中在粮食主产区，同时，福建、重庆、陕西、广西、新疆等非主产区也积极筹措资金，加大对仓房维修改造的投入。通过维修改造，上述地区的仓储设施得到了较大改善，有效缓解了仓容不足和收储条件差的问题，保证了粮食收购工作的顺利进行。此外，根据汶川大地震和玉树地震及舟曲泥石流灾后粮食流通设施重建规划，国家落实灾后重建资金6亿多元，用于四川、陕西、甘肃、青海等省粮食流通设施实施灾后重建，保证了灾区粮食储存安全与市场供应。

（三）正式实施农户科学储粮专项

在2009年扩大试点成功实施的基础上，2010年正式实施农户科学储粮专项。国家发展改革委安排中央投资补助5亿元，加上地方配套和农户自筹资金，总投资约16.7亿元，在河北、山西、辽宁、吉林、黑龙江、浙江、安徽、福建、江西、山东、湖北、湖南、广东、广西、重庆、四川、贵州、云南、陕西、甘肃、青海、宁夏、新疆等23个省（区、市）为138万农户建设标准化小型粮仓。同时，加大了技术服务体系建设，依托国家粮食科技丰产工程产后课题承担单位成都粮食储藏科学研究所和辽宁、吉林、黑龙江、湖南等省粮食科研机构建立了为专项提供技术支撑、对农户进行技术指导的服务体系。专项实施取得了良好的社会和经济效益，推广了科学储粮技术，减少了农户储粮损失。

（四）认真编制粮食流通基础设施建设规划

根据有关要求及我国粮食流通设施现状，国家粮食局组织相关科研院所专家进行充分调研后，撰写了粮油仓储设施建设、仓房维修改造、粮食物流设施建设、农户科学储粮专项四份研究报告。在此基础上，研究编制了专项规划《"十二五"粮食流通基础设施建设规划》，以及子规划《"十二五"农户科学储粮专项建设规划》和《"十二五"粮食仓房维修改造规划》，明确了"十二五"期间粮食流通基础设施建设工作的目标及任务。各省（区、市）粮食局根据实际情况也积极编制粮食流通基础设施建设规划，北京、内蒙古、吉林等20多个省（区、市）以及中国储备粮管理总公司、中粮集团有限公司、中国华粮物流集团公司、中国中纺集团公司编制了专项设施规划，实现了国家、地方粮食流通基础设施建设规划的有机衔接。

（五）积极制修订粮食工程建设标准

结合扩大内需中央投资粮油仓储物流设施项目建设，加快《粮食物流园区总平面设计规范》、《植物油库设计规范》等粮食工程建设行业标准和《粮食钢板筒仓设计规范（修订）》、《粮食钢板筒仓施工与质量验收规范》等粮食工程建设国家标准的制修订工作。其中，及时发布实施的《粮食工程可行性研究报告编制深度规定》（LS/T8006-2010）、《粮食工程建设标准体系》（LS/T8007-2010）、《粮油仓库工程验收规程》（LS/T8008-2010）、《粮食物流园区总平面设计规范》（LS/T8009-2010）等4项行业标准保证了扩大内需中央投资建设项目的投资管理、技术水平和建设质量。

为做好粮食工程建设标准的宣贯，指导各地做好粮油仓储和物流设施建设项目管理工作，国家粮食局编写出版了《粮食工程建设标准解读》并组织宣贯培训，对粮食工程建设管理人员、设计人员以及施工、监理人员全面掌握粮食工程建设的各项标准和技术要求，严格执行粮食工程建设国家标准和行业标准，不断提高工程建设管理和技术水平起到了积极推进作用。

二　粮食流通基础设施建设投资统计

2010年是粮食流通基础设施建设投资统计制度实施的第四年，按储备粮库项目、粮食物流设施项目、食用植物油罐项目、仓房维修改造项目、粮食检验检测项目、粮食批发市场项目、粮食流通应急设施项目、农户储粮设施项目和其他项目等9类统计。各地认真准备，加强培训和组织力度，扩大统计面，保证了数据的准确度，工作质量显著提高，切实发挥了投资统计工作对设施建设的指导作用。

据统计，2010年度全国粮食流通基础设施建设项目共9386个（其中农户储粮专项605个为项目县数），其中完工项目7491个（占项目总数的80%），在建项目1489个（占16%），前期项目406个；本年度新开工项目4822个，占项目总数的51%，占完工和在建项目的54%。储备粮库、油罐和粮食物流项目共2669个，其中完工项目1491个（占三类项目总数的56%），在建项目949个（占36%），前期项目229个；年度新开工项目1331个，占完工和在建项目的55%。

2010年度全国粮食流通基础设施建设项目总投资678亿元，年度完成投资232亿元，项目累计完成投资346亿元。2010年度各类建设项目新建仓容4234万吨，其中各类仓房4147万吨（其中立筒仓和浅圆仓746万吨），农户小粮仓87万吨；新增油罐354万吨，大修仓容3143万吨；新增粮食专用码头泊位

58个，能力631万吨；新增铁路专用线7.1千米，新增散粮接收发放能力7.7万吨/小时。

统计表明，2010年度建设规模和投资力度继续加大，粮食流通基础设施建设取得了显著成效。由于国家扩大内需政策的实施，大力推进了2010年度的粮食流通基础设施建设。与上年度相比，年度完成投资增加20亿元，增幅9%。新建仓容共增加489万吨，增幅12%；其中立筒仓和浅圆仓仓容增加173万吨，增幅30%。新建油罐增加4万吨，增幅1%。

本年度投资统计也反映出当前设施建设和投资中还存在一些需要进一步完善和解决的问题：

一是粮食流通基础设施投资机制尚需完善。粮食流通设施建设投资与全社会投资相比明显偏少且不稳定，主产区特别是粮食净调出省区投资政策倾斜和补偿力度不够。以粮油仓储设施建设为例，从2004年三批国债储备粮库项目结束到2008年上半年期间中央没有投入，2008年四季度以来为应对全球经济危机扩大内需中央投资政策的实施这一特殊机遇，中央集中投入了56.3亿元补助投资。2006年至2010年，我国全社会固定资产投资约92.3万亿元且逐年增长，而用于粮食流通设施建设的投资约800亿元（仅占0.087%）。

二是建设管理和投资统计机制需要健全。从近几年投资统计工作开展情况看，由于部分省份粮食行政管理部门项目前期储备不足，行业管理和指导力度欠缺，对中央补助投资和财政资金安排的项目情况不掌握，对企业投资统计的监管也缺乏手段，在年度投资统计中对相关项目投资安排情况难以核查，既不利于建设项目的监管，也对投资统计工作带来较大难度，以致部分地区的中央安排补助投资的项目难以全部统计或难以保证统计数据的准确性。

粮食仓储管理及设施统计

2010年，全国粮食仓储工作取得重要进展，以《粮油仓储管理办法》发布为标志，新型粮油仓储管理机制基本确立。以全国粮油仓储企业规范化管理活动总结会议召开为标志，粮油仓储企业规范化管理活动取得阶段性进展。以第三届"粮食储藏技术与管理论坛"闭幕为标志，粮油储藏技术应用取得了新的突破。

一　粮油仓储制度体系建设取得突破

2009年12月29日，国家发展和改革委员会发布了部门规章《粮油仓储管理办法》（以下简称《办法》）。《办法》明确了各级粮食行政管理部门在仓储行业管理方面的职责，建立了"粮油仓储单位备案制度"、"粮油储存事故报告制度"、"安全生产事故报告制度"、"熏蒸作业备案制度"、"入库粮油分类储存制度"等，明确了库存粮油自然损耗的定义、定额标准和处置方法，赋予了粮食行政管理部门必要的处罚权。《办法》的发布实施为粮食仓储行业的依法行政奠定了法律基础，随后国家粮食局发布了《粮油仓储企业规范化管理水平评价暂行办法》（以下简称《评价办法》）、《粮油仓储企业仓房（油罐）编号暂行办法》（以下简称《编号办法》）以及《粮油仓储企业常用表格表样》（以下简称《常用表格表样》）等配套制度。《评价办法》对粮油仓储企业规范化管理水平的评价原则、评价内容、评价方法、评分标准等做出了规定，用于指导地方粮食行政管理部门对企业管理水平的评价工作。《编号办法》对粮油仓储企业仓房油罐的编号方法、仓型代码进行了规范。《常用表格表样》对粮油仓储企业常用表格的表样、内容进行了规范，规定了粮油保管账由粮油保管明细账、粮油保管总账组成，规范了粮油保管账的记账方法，建立了粮油保管账制度。在四川成都、福建福州召开了2期《粮油仓储管理办法》宣贯会议，来自各级粮食行政管理部门、粮食企业的近千名代表参加了会议。

二　粮油仓储企业规范化管理活动取得阶段性成果

2009年，国家粮食局启动了"全国粮油仓储企业规范化管理活动"。经过企业创建，县、市、省粮食局层层评价推荐，最终国家粮食局评价确认了326户"全国粮油仓储规范化管理先进企业"。2010年5月9～11日在青岛召开了"全国粮油仓储企业规范化管理活动总结会议"，会议对规范化管理活动进行了全面总结，介绍了浙江、山东、四川3个省以及北京西南郊粮食收储库等8户企业的典型经验，现场参观了青岛第二粮库的规范化管理典型经验。通过全国粮油仓储企业规范化管理活动的示范效应，在全行业形成了找漏洞、比管理、学先进的氛围，有力地促进了整个行业管理水平的提高。同时，通过规范化管理活动，在全国形成了以北京市为代表的"千分制评价模式"，以浙江省为代表的"星级粮库创建模式"，以河北、山东、江苏等省为代表的"规范化管理企业创建模式"，以山西省为代表的"示范库站建设模式"，以河南省为代表的"十佳粮库评价模式"。

三   成功召开了第三届"粮食储藏技术与管理论坛"

经过近一年的筹备，国家粮食局于2010年8月30～31日在山东济南成功举办了第三届"粮食储藏技术与管理论坛"。本届论坛的主题是"粮油储藏技术与节能减排"。来自企业、行政管理部门、科研院所和大专院校的600余位代表参加了会议。本届论坛共收到论文投稿270余篇，经专家审核，入围汇编成集的论文共132篇。会议期间，共安排了30位专家学者在大会演讲并与与会代表进行了直接交流，11篇论文进行了现场展示，16家粮油仓储装备配套企业进行了现场展览。通过研讨与交流，与会代表达成四项共识：一是节约粮食。节约粮食既能增加粮食有效供给，保障国家粮食安全，又能避免再次生产这些粮食而产生的能源消耗和废弃物排放。节约粮食应该成为粮食行业节能减排的重点。二是粮油仓储行业节能减排大有作为，要着重做好"粮食干燥"和"机械通风"两个环节的节能减排工作。三是要利用管理和技术两个措施来实现节能减排。要进一步优化粮食物流组织，尽量避免粮食的无效流动；要强化企业管理，加强节能减排技术推广应用，做好企业日常节能减排工作。四是科研单位、仓储企业已经积累了一批成熟的节能减排技术和管理经验，要进一步深化校企院企合作，推动节能减排技术的应用。

四   按期完成了2010年度全国粮食仓储设施统计汇编工作

截至2010年底，全国入统粮油仓储企业18326户，仓房总仓容39255.6万吨，油罐总罐容1408.0万吨，简易仓房容量3421.6万吨，罩棚1508.7万平方米，地坪20242.1万平方米。其中：

企业户数增加331户。全国总仓容、有效仓容分别较上年度增加2831.3万吨、2469.8万吨，增长率分别为7.8%、7.6%。分仓型看，平房仓仓容29684.6万吨，占85.0%；浅圆仓仓容1622.7万吨，占4.7%；立筒仓仓容2790.1万吨，占8.0%；楼房仓仓容449.5万吨，占1.3%；地下仓仓容362.4万吨，占1.0%。全国共有油罐20404个，罐容1408.0万吨。

全国共有1224户企业配备了铁路专用线，铁路专用线总长度1599.9千米，有效长度901.7千米；973户企业拥有专用码头，拥有泊位数2041个，泊位总吨位365.3万吨；具备散粮接收能力58.9万吨/小时，散粮发放能力53.1万吨/小时。

全国共有14179.2万吨的仓房装备了环流熏蒸系统，占有效仓容的40.6%；有19167.6万吨仓房实现了计算机测温，占54.9%；有26588.9万吨仓容实现了机械通风，占76.2%。各企业共配备检化验仪器设备22.3万台；通风机18.3万台，输送机械12.7万台，其他移动式设备3.6万台；汽车衡2.0万台；运粮汽车10774辆，火车皮4446节，船舶43艘；谷物冷却机1082台；烘干设备6125台（套），烘干能力7.6万吨/小时，2010年实际烘干粮食5511.6万吨；2010年全国各企业共使用储粮药剂2547.0吨。

粮油仓储企业从业人员共73.1万人，其中粮油保管员13.3万人，粮油质量检验员4.2万人。

中央储备粮代储资格认定

2010年，中央储备粮代储资格认定工作主要围绕两条主线展开，一是加强制度建设，二是开展资格认定。

一 开展2批中央储备粮代储资格认定工作

根据《中央储备粮代储资格认定办法》和《中央储备粮代储资格认定办法实施细则》的规定，分别于2010年上半年和下半年按期开展了2批中央储备粮代储资格认定工作。两批共受理412户企业申请，其中粮食类企业343户，申请仓容1339.9万吨；油脂类企业69户，申请罐容110.6万吨。经专家审核，决定授予182户企业粮食类代储资格，授予资格仓容677.2万吨；授予38户企业油脂类代储资格，授予资格罐容57.0万吨。

二 修订并颁布《中央储备粮代储资格认定办法实施细则》

2010年，针对代储资格认定工作中发现的一些问题，考虑到近年来我国粮油仓储设施条件得到很大改善的实际情况，为了进一步加强对代储资格企业的管理，规范代储资格认定程序，细化代储资格认定标准，做好与《中央储备粮代储资格延续申请办法》等相关制度的衔接，国家粮食局对原《中央储备粮代储资格认定办法实施细则》（简称《细则》）进行了修订，并于2011年10月26日以国家粮食局2010年第8号公告的形式发布，自2011年1月1日起施行。

修订后的《细则》共6章33条，较原《细则》增加了1章4条。主要变化是：增加了代储资格变更管理、代储资格证书管理、资格企业管理、审核标准等内容。调整了企业集团职能等内容。删除了代储资格延续申请、关于县级及县级以上粮食行政管理部门对申请企业仓房条件、检测条件、粮仓设备条件是否符合要求做出鉴定意见等方面的内容。

总体上看新《细则》有以下特点：一是资格认定程序更加严谨，突出了省级粮食行政管理部门的审核责任；二是资格认定标准更加准确，将认定标准作为《细则》的附件一并发布，同时对相关审核指标进行了量化；三是突出了地区特色和管理特色，针对不同地区粮油仓储特点，提出了不同的审核标准。针对部分资格企业取得资格后在管理上出现滑坡的情况，增加了代储资格企业管理方面的条款。

三 中央储备粮代储资格企业总体情况

截至2010年底，共有1849户企业取得了粮食类中央储备粮代储资格，取得资格仓容9288.5万吨；188户企业取得油脂类中央储备粮代储资格，取得资格罐容272.0万吨。

粮食安全生产

2009年，国家粮食局接到涉粮安全生产事故报告15起，死亡34人，是2000年以来死亡人数最多的一年。2009年12月，国家粮食局在安徽合肥召开了全国粮食仓储工作会议，分析了当前粮食行业安全生产形势，总结了近年来安全生产事故经验教训，明确了2010年粮食行业安全生产工作的重点任务和关键环节。2010年以来，各地区、各单位认真贯彻落实全国粮食仓储工作会议和《国家粮食局关于加强粮食行业安全生产工作的指导意见》（国粮管〔2006〕190号）文件精神，强化安全生产工作制度，落实企业安全生产责任，加大隐患排查治理力度，取得了全行业安全生产零死亡的好成绩。

一 抓规范，以企业规范管理和规范操作促生产安全

一方面通过全国粮油仓储企业规范化管理活动，全面夯实粮油仓储企业的管理基础，堵塞安全生产监管上的漏洞。另一方面引导企业建立健全各项生产作业操作规程，完善企业技术标准体系，严格按标准和规程组织作业，尽量消除安全生产隐患。

二 抓培训，用高素质的员工保障生产安全

针对企业生产管理上存在的薄弱环节和问题，辽宁、吉林、黑龙江、江苏、江西、安徽、湖南、四川等省针对粮油仓储企业开展了形式多样的培训活动。吉林等省还专门编写了安全生产培训教材，取得了明显效果。

三 抓重点，及时发现和消除安全生产隐患

针对夏季防汛、秋粮收购作业以及冬季防火形势，国家粮食局发出了《关于确保粮食企业安全度汛的通知》（国粮电〔2010〕14号）、《关于加强秋粮收购期间安全生产工作的通知》（国粮电〔2010〕21号）和《关于做好粮食行业消防工作确保储粮安全的通知》（国粮电〔2010〕29号），分别对汛期的安全生产工作、秋粮收购期间的安全生产工作以及冬季防火工作做出部署。

四 抓宣传，强化企业的安全生产意识

继续通过相关刊物编辑刊印"安全生产小知识"，同时委托专业机构制作了"粮食企业典型生产事故案例动漫"，发放各地区粮食局和有关企业，以直观的方式宣传安全生产事故的危害。

粮食法治建设

一 认真做好《粮食法》研究起草工作

一是成立《粮食法》起草工作专家组。2010年4月，成立了由21位来自不同领域的专家学者组成的《粮食法》起草工作专家组。专家组包括了法律、经济、公共管理、农业、粮食等领域和国际法、世贸规则等方面的专家学者。

二是研究审定《粮食法》基本框架。2月20日，《粮食法》起草工作领导小组召开第二次会议，原则通过了《粮食法》基本框架。根据会议讨论情况，对基本框架作了进一步修改，并再次征求各成员单位意见。4月7日，召开《粮食法》起草工作专家组第一次会议，听取各位专家对基本框架的意见。结合部门意见和专家意见，对基本框架再次进行修改完善，并报请领导小组负责同志审定同意。

三是组织开展《粮食法》专题调研。5月中旬，起草工作领导小组成员兼起草工作组组长、国家粮食局副局长任正晓同志带队，全国人大农委、国务院法制办、国家发展改革委、财政部、国家粮食局组成联合调研组，赴河南省开展调研。5月下旬，国家粮食局派出调研组，赴黑龙江省开展调研。7月至8月，组织赴美国开展立法调研，学习了解美国粮食立法经验和做法。9月中旬，国家粮食局、国家发展改革委、工信部、国家质检总局组成联合调研组赴河南、广东两省开展专题调研。

四是研究起草《粮食法（草案）》条文。6月，在深入调研和充分征求各成员单位、有关专家、地方粮食部门等多方面意见的基础上，经多次认真修改，形成草案稿。8月，起草工作领导小组副组长、国家粮食局局长聂振邦同志亲自主持会议，认真研究各方面反馈的意见建议，逐条修改草案初稿。8月31日，起草工作领导小组召开了第三次会议，研究审议并原则通过了《粮食法》草案稿，并扩大草案稿征求意见的范围。9月，就《粮食法（草案）》征求了31个省级人民政府、新疆生产建设兵团、5个计划单列市人民政府以及国务院37个部门和单位的意见；召开起草工作专家组会议，就《粮食法（草案）》条文征求专家意见。结合征求意见情况，10月11日至13日，聂振邦同志主持召开《粮食法（草案）》（征求意见稿）修改座谈会，邀请全国人大农委、全国人大常委会法工委、国务院法制办、商务部、国家发展改革委和国家粮食局等单位的有关同志以及起草工作专家组的有关专家，对草案稿进行研究讨论和逐条修改。

五是审议通过《粮食法》草案稿。10月28日，《粮食法》起草工作领导小组召开第四次会议，审议并原则通过了《粮食法》草案稿。11月22日，聂振邦同志主持召开国家粮食局局长办公会议，审议并原则通过《粮食法》草案稿。11月底，国家粮食局将《粮食法（草案）》及其说明报送国家发展改革委。

二 积极推进普法依法治理

一是研究制定全国粮食行业2010年普法依法治理工作要点。按照全国普法办要求，结合《全国粮食行业法制宣传教育第五个五年规划》和2010年粮食流通重点工作，研究制定了《2010年全国粮食行业普法依法治理工作要点》，对2010年普法依法治理工作提出了具体要求。

二是组织开展粮食行业"五五"普法检查验收。根据中央宣传部、司法部、全国普法办的统一部署，国家粮食局组织对粮食行业"五五"普法规划的贯彻执行情况进行检查验收，研究制定检查指导标准和工作方案，督促各地做好相关工作。各级粮食部门按照工作方案要求，对照检查验收标准，认真组织检查验收，深入细致地开展工作，圆满完成了检查验收任务。

三是做好《条例》六周年宣传工作。在《粮食流通管理条例》（以下简称《条例》）颁布实施六周年之际，国家粮食局以"提高依法行政能力，保障国家粮食安全"为宣传主题，组织开展了一系列形式多样的宣传活动。召开《条例》颁布实施六周年座谈会，总结交流《条例》颁布实施以来的贯彻落实情况，研究如何推进《粮食法》立法工作；面向全社会举办"我为《粮食法》建言献策"征文活动和《条例》知识竞赛，共收到社会各界征文稿件近300篇，竞赛答卷4万余份；在国家粮食局政府网站开设《条例》颁布实施六周年宣传专栏，介绍《条例》宣传活动的进展情况。

三　做好规章规范性文件清理工作

按照《国务院办公厅关于做好规章清理工作有关问题的通知》（国办发〔2010〕28号）要求，国家粮食局对现行有效的粮食规章规范性文件进行了全面清理。国家粮食局局长聂振邦同志专门主持会议对清理工作进行研究部署，成立了由副局长任正晓同志任组长的粮食规章规范性文件清理工作领导小组，各司室和有关单位主要负责同志为成员，领导小组办公室设在政策法规司和办公室，负责清理的日常工作。研究制定《粮食规章规范性文件清理工作方案》，对清理工作进行统一安排，明确了清理工作的范围、原则、步骤和具体要求。及时研究提出了粮食规章清理范围的建议，对与全局职能相关的规章提出了清理意见的建议。经过全面清理，国家粮食局继续有效的规范性文件89件，失效41件，废止17件，并将清理结果以公告形式向社会公布。

四　依法做好粮食行政许可工作

加强粮食收购资格审核，截至2010年底，全国具有粮食收购资格的经营者8.75万家，其中国有及国有控股粮食企业1.75万家，其他多元市场主体7.00万家。认真做好中央储备粮、油代储资格认定工作，截至2010年底，具有中央储备粮（油）代储资格的企业1906户，资格仓容（罐容）9564.9万吨。

五　积极推进粮食依法行政

根据全国依法行政工作会议精神和国务院《关于加强法治政府建设的意见》（国发〔2010〕33号）要求，对2004年以来粮食部门依法行政情况进行全面总结，抓紧研究制定粮食部门进一步推进依法行政的具体措施。研究制定中央粮食企业最低最高库存量标准和核定办法，认真做好中央粮食企业的最高库存量核定工作，指导督促地方抓紧完善粮食最低最高库存量标准，截至2010年底，全国30个省（区、市）出台了粮食最低最高库存量标准。继续开展粮食依法行政示范创建活动，通过召开座谈会、现场交流、实地查看等方式，总结推广示范单位依法行政工作的典型经验。加强对地方粮食法制工作的指导， 2010年，北京、吉林和江苏无锡分别制（修）订了《北京市储备粮管理办法》、《吉林省〈粮食流通管理条例〉实施办法》、《无锡市粮油安全监督管理条例》等地方法规和规章。

粮食行业发展

一   粮食政务信息体系建设

2010年，国家粮食局紧密围绕粮食工作中心任务，进一步加强粮食政务信息体系建设。粮食信息报送工作进一步加强，政务信息和政府信息公开机制进一步完善，电子政务项目建设进展顺利，网络和系统运行维护管理工作进一步规范。

（一）做好粮食政务信息报送和政府信息公开工作

一是加强粮食政务信息报送工作。2010年，国家粮食局紧密围绕粮食流通工作中心任务，切实加大政务信息报送工作力度，健全政务信息工作制度，改进政务信息工作方式，及时主动地报送粮食政务信息，为各级领导决策提供了重要参考资料。全年共上报中办、国办信息355期，受到了中共中央办公厅和国务院办公厅的充分肯定，并被国务院办公厅评为2010年度信息报送先进单位。认真做好《情况通报》和《粮食工作通讯》等信息刊物的编印工作，全年共编印《情况通报》及增刊120余期、《粮食工作通讯》12期。中央领导同志多次对国家粮食局报送的《粮食信息》和《情况通报（增刊）》作出批示。2010年度，各地共报送粮食政务信息2200余条，内容涉及粮食工作各个方面，为各级领导及时了解各地粮食流通情况、指导粮食工作和宏观调控决策发挥了重要作用。

二是做好政府信息公开工作。2010年，国家粮食局认真贯彻落实《政府信息公开条例》，通过信息公开大力宣传国有关粮食政策，指导基层粮食工作，为种粮农民、消费者和粮食企业提供服务。在主动公开政府信息方面，一年来国家粮食局政府网站共发布信息7300余条，实现了粮食政务信息的资源共享。及时向中国政府网报送粮食系统信息，做好内容保障工作，共140余条信息被中国政府网采用。大力推进政府决策公开、办事公开，推进行政权力公开透明运行和机关自身建设，切实做好政府信息公开保密审查工作。在依法申请公开政府信息方面，2010年国家粮食局共收到政府信息公开申请6件，主要内容涉及粮食进出口、粮食统计数据等问题，已全部办理或答复，办结率100%。

（二）电子政务项目建设进展顺利

一是全国粮食调控信息系统建设全面完成。全国粮食调控信息系统通过最终验收并正式投入运用。2010年，在推进省级粮食局接入发展改革系统纵向网的基础上，对粮调系统业务应用及相关功能部署作了较大调整：局机关内部办公系统（OA系统）部署在机关办公内网上，作为国家粮食局机关内部公文运转、行政事务管理、日常信息交流的主要平台；涉及省级粮食局的业务系统（粮食纵向网应用系统）整体移植到发展改革系统纵向网上，成为国家粮食局与各省级粮食局互联互通的重要渠道。同时，组织完成系统上线测试和省级粮食局系统管理员、联络员集中培训，开展国家粮食局与47个省粮食局节点联合整体试运行。

二是省级粮食局节点接入国家发展改革系统纵向网项目取得重要进展。在国家发展改革委金宏办、办公厅的指导和支持下，国家粮食局从2007年开始全面推进纵向网接入工作。到2010年底，省级粮食局接入发展改革委纵向网项目建设已取得重大进展，天津、河北等40个节点配发了网络设备并完成了网络设备安装调试，实现了在纵向网平台上的互联互通；38个节点配发了专用设备，其中35个节点完成了专用设备安装调试工作。在此基础上，该项目于2010年11月25日通过了初步验收。从相关业务司和省级粮食部门反馈的情况来看，网络联通和系统运行状况总体良好。

三是"金宏"工程粮食综合信息库系统通过最终验收。在"金宏"工程中，国家粮食局主要参与建设战略资源信息系统的粮食子系统——国家粮食综合信息库系统，该项目于2007年4月正式启动，2010年3月"金宏"工程粮食子系统已按项目设计要求完成了全部建设任务，顺利通过项目最终验收。

四是"金农"工程粮食流通数据中心建设任务即将完成。到2010年6月，完成全部软件和硬件设备到货安装、调试和验收工作；2010年10月完成视频会议系统改造建设任务并通过验收，并开始组织系统集成，着手数据查询、数据统计分析、联机分析、全文检索、数据库维护及安全运行维护等工作。项目建设进度达到了"金农"工程建设总体要求。

五是积极开展全国粮食动态信息系统项目申报工作。2010年，完成项目初步设计及投资概算组织编制，组织有关专家赴青海、甘肃等地开展实地调研，进一步完善项目建设内容。项目初步设计及投资概算通过国家发展改革委项目评审中心组织的专家评审，正式报国家发展改革委批复。

六是信息安全基础设施改造项目全部完成。初步实现内网办公的电子印章、手写签批等重要安全功能，为最终实现无纸化办公打下安全基础，并为全国粮食调控信息系统、"金宏"、"金农"等项目的运行维护提供网络安全保障。2010年底，该项目通过专家验收。

（三）网络系统运行维护管理工作进一步强化

一是进一步完善电子政务网络系统。近年来，根据粮食系统电子政务发展需要，国家粮食局先后建设和接入了办公内网、全国发展改革系统纵向网、国务院办公厅"二邮"系统和国家电子政务外网等网络，电子政务网络体系基本完善。2010年，继续加强连接国办网络系统和国家电子政务外网的运维管理，积极配合中共中央办公厅做好中办政务信息专网接入准备工作。

二是开展涉及国家秘密的信息系统分级保护工作。研拟网络和系统安全加强和改进实施方案，落实相关工作。

三是推进信息安全等级保护工作。按照公安部《信息安全等级保护管理办法》和《信息系统安全等级保护定级指南》的要求，确定网站、系统定级对象和安全保护等级，报公安或国家保密部门办理备案手续。2010年11月，公安部会同北京市公安局组成联合检查组，对国家粮食局信息安全等级保护工作进行了检查，并于2010年12月提出《信息安全等级保护监督检查反馈意见书》，提出深入开展等级保护工作的相关建议。

二　粮油加工业发展与指导

2010年，国家粮食局认真贯彻国务院粮食调控一系列决策部署，配合有关部门研究调整完善粮油加工业产业政策，编制中长期规划和"十二五"规划，采取了一系列保价稳供的政策措施，重点向大米、小麦粉、食用植物油和饲料加工企业提供了充足的粮源保障，有效控制了粮油产品价格的大幅上涨，保障了居民基本粮油产品消费。粮油加工业总体平稳较快发展，食品安全检测和监测能力提高。

（一）研究完善产业政策，促进行业科学发展

2010年5月，国家粮食局积极应对新形势下外资进入粮油加工业的情况，研究修订了《外商投资

指导目录》，将外资进入大豆、油菜籽、花生、棉籽等各类食用油脂加工和玉米深加工领域列入限制类类别，针对群众关心的大米过度加工等问题，研究完善了有关大米加工标准和政策。

2010年10月，国家粮食局按照结构调整产业升级的总体思路，研究提出了《产业结构调整目录》（2010年修订）粮食行业相关鼓励、限制内容建议。营养健康型大米、小麦粉及制品的开发生产、传统主食品工业化生产、杂粮加工专用设备开发与生产、薯类变性淀粉、油菜籽、花生、棉籽等食用植物油料加工高效低耗新型生产线及特色油料开发、粮油加工副产物综合利用关键技术开发应用、粮油干燥节能设备、农户储粮生物技术、农户新型储粮仓推广应用、粮油现代物流设施建设列入了鼓励类项目，目录将大豆加工列入非大豆产区限制类项目加以引导，明确淘汰小麦粉增白剂的使用。

2010年9～12月，国家粮食局认真组织编制完成了《粮油加工业"十二五"发展规划》，对"十一五"期间粮油加工业成果和面临形势进行了分析，提出了"十二五"期间粮食加工业发展的指导思想、基本原则和目标、重点任务、产业布局、行业准入、政策措施和重点项目。25个省（区、市）有关中央企业研究编制了本地区《粮油加工业"十二五"发展规划》。会同有关部门广泛修改完善并形成了《粮食加工业中长期规划》（2011～2020年）（送审稿）。

（二）积极服务保价稳供，确保宏观调控措施落实

2010年10月，办公厅下发通知，对秋粮收购和当前粮食市场调控工作做出部署，明确继续对南方饲料消费大省的企业到东北地区采购新产玉米和南方油菜籽产区加工企业委托收购菜籽给予一次性费用补贴。

2010年11月，国务院印发《关于稳定消费价格总水平保障群众基本生活的通知》（国发〔2010〕40号）要求规范农产品经营和深加工秩序，严格粮食收购资格审核，落实经营者最高库存量规定，加强粮食收购资金监管，各省（区、市）人民政府要对玉米深加工企业进行全面清理，关停违规建设的玉米深加工企业。国家取消包括酒精、玉米淀粉等部分商品出口退税政策。

2010年10月，国家发改委印发《关于对玉米深加工已建和在建项目进行清理的紧急通知》（发改办产业〔2010〕2708号）要求控制玉米深加工用粮增长过快，确保饲料企业加工用粮，开展了违规项目清理检查，抑制深加工企业产能盲目扩张，督促地方清理玉米深加工在建和已建项目，有关部门开展了玉米深加工在建项目清理检查后发现，一些企业擅自扩大建设规模或生产规模、在建项目手续不完善、项目建设内容变更，拟续建能力达1082万吨。

2010年3月，国家发改委、国家粮食局《关于国家临时存储粳稻定向销售有关问题的通知》（国粮电〔2010〕4号），向北京、天津、上海、浙江、福建等主销区大米加工企业定向销售临储粳稻。12月制定了《国家临时存储粮食（小麦）竞价销售交易细则》、《国家临时存储粮食（稻谷）竞价销售交易细则》、《国家临时存储食用油竞价销售交易细则》、《国家临时存储粮食（移库大豆）竞价销售交易细则》，鼓励符合资质条件，统计规范的加工企业参加国家政策性粮食销售拍卖。国家加大了政策性存储粮食的定向销售和拍卖力度，确保广大居民消费粮油产品的价格稳定，同时兼顾保证加工企业盈利空间。12月《关于下达最低收购价小麦定向销售出库计划等有关问题的通知》（国粮调〔2010〕201号），下达最低收购价小麦定向销售出库计划，向五得利面粉集团、中粮集团等企业定向销售278万吨国家储备小麦。

2010年，国家分两批安排企业技术改造专项中央补助资金3.45亿元，粮油加工业项目265个，补助金额和项目数量分别占轻工行业2010年获得国家补助资金的14.1%和国家补助投资的项目总数1614项的16.4%。

（三）加强和改进粮油加工业统计工作，为行业规划和产业政策研究奠定基础

进一步加强和改进粮油加工统计工作，健全了加工统计工作体系，完善了加工统计指标体系和网上直报信息系统，汇总各省粮油加工业统计数据和审核。4月在武汉召开"2009年度全国粮油加工业统计汇编会"，对各省区市粮食局上报数据进行了交叉审核，5月份完成2009年度粮油加工业统计汇总和分析工作，编印了《2009年度粮油加工业统计汇编》，为行业发展规划和产业政策的研究提供了有效数据支持。

2010年6月，继续开展了年加工产能10万吨以上重点加工企业1000多家上半年统计监测，8月初编印了《粮油加工业重点企业2010年上半年分析报告》。

2010年12月召开全国2010年度粮油加工业统计工作会议。完善了加工统计指标体系，新增了大米、饼粕、小包装食用油等指标，要求提高统计数据质量，扩大统计范围，尤其是承担政策性收购加工任务的企业要及时填报报表。

（四）采取六项措施推动粮食行业反对浪费，食品安全工作取得新成绩

2010年4月，国家粮食局研究提出了贯彻落实《国务院办公厅关于进一步加强节约粮食反对浪费工作的通知》（国办发〔2010〕7号）六项措施：广泛开展爱粮节粮宣传活动，增强爱粮节粮意识；切实做好粮食收购和仓储管理工作，降低收储环节的损失；加快粮食现代物流设施建设，减少粮食运输损失；科学制定粮油产品标准，提高粮油加工和转化利用率；加强科技支撑，大力研发和推广节粮减损新技术；大力推进放心粮油工程，引导粮油企业爱粮节粮和做好相关服务。

2010年，国家粮食局配合有关部门大力落实《食品安全法》，实施了食品安全检测监测能力专项补助，帮助粮油加工企业建设检测实验室和监测能力。进一步加强对大米、食用油粮油加工产品标准宣贯和实施。配合有关部门提出了落实《轻工业调整与振兴规划》食品安全检测能力检测专项粮油加工业食品安全检测能力建设的支持内容和投资方向，积极争取了有关国债技改投资补助项目支持。

三　粮油加工业统计

为全面了解粮油加工业发展状况，做好新形势下的粮油加工业行业指导工作，国家粮食局2010年度进一步修改完善了粮油加工业统计指标体系，按照大米加工业、小麦粉加工业、食用植物油加工业、玉米加工业、粮食食品加工业、杂粮加工业、饲料加工业、粮机设备及制造8个行业分类，重点加强了对大米、小麦粉、玉米加工和饲料企业统计，统计范围涵盖全社会粮油加工业企业，统计结果显示2010年度我国粮油加工业基本情况如下：

（一）企业数量比上年增长13.7%

2010年度，全国31个省（区、市）粮油加工业企业数量共计16457个，比上年增加1985个。分行业，大米、饲料加工、小麦粉加工、粮食食品加工、杂粮及薯类加工、玉米加工企业分别增加832个、589个、240个、151个、38个、25个。

按企业经济类型划分，民营企业数量占主导地位。民营企业14550个，占企业总数的88.4%，企业数量比上年增加1800个，增幅13.9%；外商及港澳台投资企业数量536家，占企业总数的3.3%，企业数量比上年增加92个，增幅20%；国有及国有控股企业1371个，占企业总数的8.3%，企业数量比上年增加93个，增幅7.1%。

按行业划分，大米加工、小麦粉加工、饲料加工、食用油加工企业数量较多。2010年大米加工企业、小麦粉加工企业、饲料加工企业、食用植物油加工企业分别为8519个、3027个、2031个、1486个，合计15063个，占全国总数的91.5%。大米加工业、小麦粉加工业和食用植物油加工业三个主要行业企业数量为13032个，比2010年的11795个增加1237个，增幅10.5%。大米加工、小麦粉加工、食用植物油加工、玉米加工、粮食食品加工、杂粮及薯类加工和饲料企业数量均有增加，分别增加了832个、240个、165个、25个、151个、38个、589个。

按企业设计生产能力划分，粮油加工企业以中小型加工企业为主。日加工能力在50~200吨的企业数量居多，其中：日加工能力100吨以下的企业7873个，占总数的47.8%，比上年下降8.9%；100~200吨企业4237个，占25.7%；200~400吨企业2635个，占总数的16.1%；400~1000吨以上企业1199个，占总数的7.3%；1000吨以上企业429个，占总数的2.6%。

按区域划分，加工企业主要集中在主产区。内蒙古、吉林、黑龙江、河北、辽宁、山东、河南、江苏、安徽、江西、湖南、湖北、四川13个主产区企业数量12282个，占总数的74.6%，比上年提高1.6个百分点。粮油加工企业数量居全国前3位的省份是黑龙江1652个、湖北1448个、江西1347个。2010年，湖南省企业数量增加692个，比上年增加153.1%，企业数量从2010年度的第10位上升到全国的第5位。

（二）主要经济指标

粮油加工企业实现工业总产值15408.9亿元，比上年增加4225.8亿元，增幅37.8%。按行业分，食用植物油加工业、饲料加工业、大米加工业、小麦粉加工业和玉米加工业实现工业总产值超过千亿，分别为4352.1亿元、2975.9亿元、2805亿元、2251亿元和1825亿元，分别占总量的28.2%、19.5%、18.2%、14.6%和11.6%，分别比上年增加690亿元、1256.4亿元、871.5亿元、656.4亿元和335亿元，增幅分别为18.7%、74.8%、45.4%、41.5%和22.6%。山东、江苏和河南3省工业总产值继续保持全国前3位，分别为2118.2亿元、1434.1亿元和1224.6亿元；前10位中，湖南由2010年的第15位上升至第10位。

粮油加工业企业实现工业增加值1994.8亿元，比上年增加441.7亿元，增幅28.4%。按行业分，食用植物油加工业、大米加工业、饲料加工业、玉米加工业和小麦粉加工业工业增加值分别为489.8亿元、369.6亿元、327.2亿元、310.4亿元和242.4亿元，分别占总量的24.6%、18.6%、16.8%、15.1%和12.1%。分地区，山东、湖北和江苏省位列全国前3位，分别为262.6亿元、258.3亿元和181.2亿元。

粮油加工业企业实现产品销售收入15283.8亿元，比上年增加4185.6亿元，增幅37.7%。按行业分，食用植物油加工业、饲料加工业、大米加工业、小麦粉加工业和玉米加工业产品销售收入分别为4310.6亿元、2937.5亿元、2875.1亿元、2223亿元和1730.8亿元，分别占总量的28.2%、19.4%、18.8%、14.4%和11.1%。分地区，山东、江苏和河南省位列全国前3位，分别为2114.8亿元、1412.9亿元和1185.7亿元。

粮油加工业企业实现利税总额624.8亿元（利润总额432.8亿元），比上年增加174.5亿元，增幅38.8%（利润总额比上年增加120.8亿元，增幅38.7%）。分行业，玉米加工业、食用植物油加工业和饲料加工业利税总额（利润总额）较高，分别为156.9亿元、150.3亿元和86.6亿元，分别占总量的24.4%、24.1%和14.6%（利润总额分别为：104.8亿元、100.7亿元和69.1亿元，分别占总量的24.2%、23.3%和16%）。分地区看，利税总额（利润总额）列前3位的省份分别是山东97.8亿元（69亿元）、河北50亿元（31.1亿元）、河南44.5亿元（31.9亿元）。

（三）粮油加工业产能和产量继续保持快速增长

大米加工业，年处理稻谷能力共计24339.3万吨，比2009年增加4915.6万吨，比上年增长25.3%。大米产量7294.8万吨，比2009年度增加1571万吨，比上年增长27.4%；实际处理稻谷11106.6万吨。日处理稻谷在100~200吨的大米加工企业数量2605个，比上年增加664个，增幅34.2%，产能和产量分别为5981.2吨和1665万吨，分别占总量的24.6%和22.8%；日处理稻谷200~400吨以上企业数量910个，比上年增加343个，增幅60.2%，产能和产量分别为5616.9万吨和1936.2万吨，分别占总量的23.1%和26.5%；日处理稻谷400吨以上加工企业数量219个，比上年增加66个，增幅40.6%，产能和产量分别为4466.7万吨和2028.6万吨，分别占总量的18.4%和27.8%。大米加工业产能和产量主要集中在东北地区及长江中下游地区，黑龙江、江西和湖北三省产能位列前3位，产能分别为4528.1万吨、3016.6万吨和2996.2万吨，分别占总产能的18.6%、12.4%和12.3%。湖北、安徽、黑龙江大米产量居前三位，分别为1062.4万吨、961.1万吨、826.2万吨，分别占总产量的14.6%、13.2%和11.3%；三省大米产量2849.7万吨，占总产量的39.1%。

分品种结构看，以一级米和优质米所占比重较大，产量分别为3553.3万吨和2284.4万吨，分别占总产量的48.7%和31.3%；糙米产量86.2万吨，占总产量的1.3%。年产量10万吨以上大米企业60个，比上年增加14个，总产量达1329万吨，占大米总产量的18.4%。大米企业产量位居前3位的集团企业分别是江西省粮油集团有限公司88.7万吨、湖北福娃集团有限公司72.2万吨、湖北国宝桥米集团72.2万吨。

小麦粉加工业，年处理小麦能力共计15953.7万吨，比上年增加产能3786.7万吨，比上年增长31.1%；小麦粉产量共计7528.6万吨，比上年增加1995.9万吨，增幅36.1%；年实际处理小麦11221.7万吨。日处理小麦200~400吨企业数量711个，比上年增加149个，增幅26.5%，产能和产量分别为4560.5万吨和2133.4万吨，分别占总量的28.6%和28.3%；400~1000吨企业数量345个，数量比上年增加133个，增幅62.7%，产能和产量分别为4642.7万吨和2376.5万吨，分别占总量的29.1%和31.6%；1000吨以上企业数量82个，比上年增加32个，增幅64%，产能和产量分别为2885.9万吨和1868万吨，分别占总量的18.1%和24.8%。小麦粉加工业产能和产量集中在黄淮海平原小麦主产区，河南、山东和安徽3省产能分别为4699.2万吨、2906.1万吨和1427.5万吨，分别占产能的29.5%、18.2%和8.9%；河南、山东、江苏小麦粉产量居前3位，产量分别为2297.9万吨、1378万吨和798.7万吨，分别占产量的30.5%、18.3%和10.6%，三省合计产量4474.6万吨，占总产量的59.4%。

年产量10万吨以上小麦粉企业123个，比上年增加38个，总产量2480.6万吨，占小麦粉企业总产量的33.6%。按产品等级分，特制一等粉和特制二等粉产量所占比例较大，特制一等粉产量3351.7万吨，占总产量的44.5%；特制二等粉产量2035.4万吨，占总产量的27%。小麦粉年产量前3位的企业分别是：河北五得利面粉集团有限公司296.6万吨、中粮集团有限公司119.9万吨、益海嘉里（中国）集团108.1万吨。

食用植物油加工业，年油料处理能力为13111.1万吨，比上年增加油料处理能力2164.8万吨，增幅19.8%；精炼能力3972.5万吨，比上年增加582.6万吨，增幅17.2%。全国食用植物油实际产量为2242.5万吨（从未扣减汇总合计数3154.4万吨中，扣除重复计算的"外购国内原油精炼"数704.1万吨和"外购国内成品油分装"数207.8万吨），比上年减少44.5万吨，降幅2%；实际年处理油料10277.9万吨。食用植物油加工企业规模化程度较高，日处理油料400~1000吨企业数量163个，比上年增加17个，增幅12.2%，油料处理及精炼能力分别为2054.9万吨和635.6万吨，分别占总数的15.7%和16%；1000吨以上的企业数量146个，比上年增加23个，增幅18.7%，油料处理及精炼能力分别为7518.9万吨和1330万吨，分别占总数的57.3%和33.5%，产量1953.7万吨，占总数的62%。按地区分，食用植物油产能主要集中在港口沿海沿江地区，江苏、山东、广东产量列前3位，分别为540.3万吨、408万吨和375.2万吨。食用植物油产量以大豆油、棕榈油、花生油、菜籽油为主，四个品种产量1984.8万吨，占油脂总量的88.5%，其中：大豆油产量1160.2万吨，占总产量的51.8%，比上年增长16.2%；菜籽油512.5万吨，占总量的22.2%，比上年增长13.9%；棕榈油181.6万吨，占总量的8.1%，比上年增长20.6%；花生油产量130.5万吨，占总量的5.8%，比上年增加5.6%。

按照食用植物油等级划分，以一级食用植物油产品为主，产量1353.4万吨，占总产量的42.9%。年产量10万吨以上食用植物油企业73个，比上年增加2个，增长2.8%，总产量达1757.2万吨，占食用植物油企业总产量的55.7%。食用植物油加工企业产量居前3位的分别是：益海嘉里（中国）665.8万吨、中粮集团有限公司245万吨、九三粮油工业集团有限公司107.9万吨。

从大豆压榨及浸出能力来看，全国年处理大豆能力在7063.6万吨，大豆油精炼能力1660.2万吨，分别占油料处理能力和油脂精炼能力总量的54%和48.1%。从区域分布来看，大豆压榨能力主要分布在黑龙江省和沿海港口地区，黑龙江、江苏和山东居前，分别为1442.1万吨、1030.8万吨和881万吨，分别占总量的21%、12%和13%。

玉米加工业，年处理玉米能力6717万吨，比上年增长21.8%；玉米加工企业主要产品产量3373.7万吨，比上年减少4.3%；工业用玉米5152.6万吨，比上年增加601万吨，增幅13.2%。按生产设计能力分，玉米加工业产业集中度较高，日处理玉米400吨以上企业数量142个，比上年增加23个，增幅17.8%，年处理玉米能力5796.4万吨，占产能总数的86.3%，比上年增长23.5%；产量2963.6万吨，占总产量的88.1%。玉米加工业产能和产量集中在吉林、山东、黑龙江、河北、内蒙古、辽宁、河南、安徽8个省份。吉林、山东、黑龙江3省产能列前三，年处理玉米能力分别为1588.8万吨、1351.3万吨和698.4万吨；山东、吉林、河北3省产量较大，产量分别为911.4万吨、719.4和366.5万吨。玉米加工主要产品产量为：淀粉1465.8万吨，变性淀粉36.6万吨，发酵产品228.5万吨，淀粉糖671.7万吨，多元醇56.5万吨，酒精及加工品417.2万吨（其中燃料乙醇144.7万吨）。玉米加工企业产品产量前3位的分别为：长春大成实业集团有限公司333万吨、中粮集团有限公司254万吨、山东西王集团有限公司140万吨。

粮食食品加工业，粮食食品加工企业产品产量1047.2万吨，其中：挂面299.8万吨，比上年增加52.6万吨，增幅21.3%；方便面244.4万吨，比上年减少107.4万吨，降幅30.5%；饼干98.1万吨，比上年增加27.4万吨，增幅38.7%；米粉（米线）50.9万吨，比上年减少4.5万吨，降幅8.1%；速冻米面制品78.7万吨，比上年增加10.9万吨，增幅16.1%；面包糕点29.3万吨，其它粮食食品246.0万吨。

杂粮及薯类加工业，杂粮及薯类加工产品299.9万吨，其中：杂粮加工品256.2万吨，占总量的85.3%，比上年增加137.1万吨，增幅118.2%；薯类加工品43.7万吨，其中：薯类淀粉35.4万吨，薯类食品8.3万吨。

饲料加工业，饲料加工业企业年生产能力14604.6万吨，比上年增加6361.5万吨，增幅77.2%；饲料产量10847.2万吨，比上年增加4490.8万吨，增幅70.7%。饲料加工消费玉米5431.7万吨，比上年增加2710.5万吨，增幅99.6%。

按地区划分，山东、广东、江西饲料产量列全国前3位，分别为1722.5万吨、1181.9万吨、815.9万吨。按品种分，配合饲料产量9234.4万吨，占总产量的85.1%；浓缩饲料877.1万吨，占总产量的8.1%；预混合饲料421.7万吨，占总产量的3.9%。

粮机设备制造业，粮机设备制造业企业产品合计36.12万台（套），比上年减少5.13万台（套），减幅12.4%。分产品类型，大米加工主机设备2.59万台（套），比上年减少0.58万台（套），降幅18.3%；小麦粉加工主机设备6.2万台（套），比上年减少0.57万台（套），降幅8.5%；油脂加工主机设备0.61万台（套），同比产量持平；饲料加工主机设备2.43万台（套），比上年增加0.81万台（套），增幅50%；仓储设备1.46万台（套），比上年减少10.35万台（套），降幅87.6%；检化验（仪器）设备0.82万台（套）、通用设备22万台（套）。分地区，江苏、湖北两省粮机设备制造企业工业产值居前，分别为74.2亿元和10.3亿元，分别占全国粮机设备制造业工业总产值的72.7%和10.1%。

（四）粮油加工业企业从业人员数量

2010年末粮油加工业企业从业人员数总计128.5万人，比上年增加23.2万人，增幅22%，其中：在岗职工115.1万人（含专业技术人员15.1万人，技术工人28万人），其他从业人员13.4万人。按行业分，大米加工业、饲料加工业、玉米加工业、小麦粉加工业、食用植物油加工业对就业贡献较大，从业人员数分别为23.9万人、22.4万人、19万人、18.8万人和17.9万人，分别占总数的18.6%、17.7%、14.6%、14.5%和13.9%。按从业人员数量区域分布看，企业从业人员数较多的前3位的省份是山东、河南和河北，分别为14.5万人、9.1万人和7.9万人。

（五）企业设备原值、库房容量和科研投入情况

粮油加工企业生产设备原值1418.6亿元，设备净值999亿元。分行业看，食用植物油加工业和玉米加工业设备原值较高，分别为333.3亿元和317.2亿元，占总数的23.5%和21.9%。

粮油加工业企业库房有效仓容总量1.35亿吨，油罐容量1537.1万吨，分别比上年增加3500万吨、537.1万吨。按行业分，大米加工业、小麦粉加工业和食用植物油加工业库房有效仓容量较大，分别为5319.9万吨、2752.8万吨和2169.4万吨，分别占总仓容量的38.5%、20.1%和15.8%。按地区分布看，黑龙江、湖北、河南加工企业库房有效容量居前3位，分别为：1573.3万吨、1268万吨和1266.2万吨；江苏、山东和湖北油罐容量列前3位，分别为：246.3万吨、213.9万吨和179.4万吨。

粮油加工业企业科技研发投入经费26亿元，比上年增加2.4亿元，增幅10.2%。分行业情况看，玉米加工业和食用植物油加工业研究开发经费投入分别为5.8亿元和5.2亿元，占总量的22.3%和20%。粮油加工业企业获得专利数量2597件，比上年增加613件，增幅30.9%；其中：发明专利656件，比上年增加128件，增幅24.2%。

（六）粮油加工副产物综合利用情况

大米加工副产物米糠1137.6万吨，比上年增加276.1万吨，增长32%，其中：制油用米糠78.2万吨，占总量的6.9%。大米加工稻壳2073.8万吨，其中：发电用稻壳83.2万吨，占总量的4%；供热用稻壳315.3万吨，占总量的14.7%。

小麦粉加工副产物2014.2万吨，其中：小麦谷朊粉9.9万吨，占总量的0.5%；小麦胚芽14.2万吨，占总量的0.7%；小麦麸皮1917.9万吨，占总量的98%。

食用植物油加工产饼粕5736.6万吨，比上年增加910.3万吨，增长18.9%；其中：豆粕4636.1万吨，菜籽粕702.3万吨，花生粕151.4万吨，棉籽粕246.8万吨。大豆深加工产品15.5万吨，其中：大豆分离蛋白11.9万吨；大豆浓缩蛋白3.6万吨。

玉米加工副产物689.2万吨，比上年增加148.2万吨，增长27.4%；其中：DDGS饲料294.8万吨，玉米胚芽99.8万吨，其它副产物294.6万吨。

（七）能源消耗情况

2010年全国粮油加工业企业用电量244.7亿千瓦时，比上年增加40.3亿千瓦时，增幅19.7%；用水3亿吨，比上年减少0.6亿吨，降幅16.7%；用煤2457万吨，比上年减少1993.9万吨，降幅44.8%。玉米加工业企业电耗、水耗较大，电耗81.9亿度，水耗1.6亿吨。大米加工业吨米平均电耗49.1千瓦时，比上年降低2.2%；小麦粉加工业吨粉电耗65.9千瓦时，同比下降2.9%；食用植物油加工业行业生产每吨油脂耗电103.6千瓦时，同比下降8.1%；玉米加工平均处理每吨玉米耗电158.6千瓦时，比上年降低13.7千瓦时，降低7.9%；玉米加工处理每吨玉米耗水3.1吨，比上年下降2.1吨，降低40%。饲料加工业平均吨饲料耗电26.6千瓦时，比上年下降1.3千瓦时，降低4.6%。

（八）粮油加工产业化龙头企业情况

2010年度，全国粮油加工业产业化龙头企业共3036个，占全国企业数量的18.4%，其中：省级政府或部门认定1302个（国家粮食局与农发行认定1237个），地市级政府或部门认定1646个。分行业看，大米加工、小麦粉加工和食用植物油加工企业，数量分别为1189个、538个、501个，分别占粮油加工业产业化龙头企业数量的39.2%、17.7%和16.5%。粮油加工业产业化龙头企业实现工业总产值6376.8亿元，占粮油加工业总产值的41.4%。

（九）应急加工企业情况

2010年度，全国应急粮油加工企业共2117个，占全国企业数量的12.9%，其中：省级政府或部门认定439个，地市级政府或部门认定565个、县级人民政府或部门认定1113个。分行业看，大米加工、小麦粉加工和食用植物油加工企业，数量分别为1273个、566个、214个，分别占应急加工企业数量的60%、26.7%和10.2%。应急大米加工、小麦粉加工企业年产能分别为9045.8万吨、5269.3万吨，分别占总量的37.2%和33%；应急大米加工、小麦粉加工企业年产量分别为4358.4万吨、2712.7万吨，分别占大米和小麦粉总产量的59.8%和70.8%。

四 国际交流与合作

2010年，国家粮食局认真贯彻党中央、国务院的外交方针政策，围绕粮食行业的中心工作，积极开展国际交流与合作。全年共接待国外来访代表团30多个，来访外宾300多人次；举办国际研讨会2个，签订双边合作协议3个。

（一）热情接待国外来访的团组

2010年是国家粮食局成立以来最繁忙的一年，外国政府和企业粮农代表团比上年有较大幅度的增加。国家粮食局有关领导分别会见和接待了阿根廷外交部长和农牧渔业部长、加拿大农业部长、南非农林渔业部长、马来西亚种植及原产业部长、印度农业和消费者事务、食品和公共分配部国务部长、巴基斯坦总理特别顾问、美国内布拉斯加州农业部长、国际谷物理事会理事长、联合国人权理事会粮食权特别报告员等政府和国际组织等高级代表团以及美国谷物协会总裁、美国嘉吉公司董事长兼首席执行官、加拿大小麦局总裁、丹麦福斯公司总裁、新加坡益海嘉里集团董事长、法国粮食出口协会主席等率领的农粮企业高级代表团。有关局领导向他们介绍了我国粮食生产、消费、贸易、储藏和质量检测等情况，以及深化粮食流通体制改革的情况，并回答了他们所关心的问题，使他们对我国的粮食供需和市场情况有了正确的了解，双方还探讨进一步加强合作与交流的方式和途径。通过接待国外来访团组，进一步加强了全局与国外粮食主管部门、协会和企业的交流与合作。

（二）促进粮食行业的对外交流与合作

2010年，国家粮食局继续将外事工作的重点放在促进粮食科技对外交流与合作方面，并取得了明显的成效。为落实党的十七届三中全会提出的"加强粮食领域国际交流合作，为改善全球粮食供给作出贡献"有关精神，经国家发展改革委和外交部批准，7月份国家粮食局聂振邦局长与巴基斯坦政府代表、巴驻华大使马苏德·汗先生在人民大会堂签署了《中华人民共和国国家粮食局与巴基斯坦伊斯兰共和国食品、农业和畜牧部合作谅解备忘录》，胡锦涛主席和巴基斯坦扎尔达里总统共同出席了有关备忘录的签字仪式。该备忘录的签署旨在建立国家粮食局与巴基斯坦食品、农业和畜牧部之间的长期合作关系，在国家粮食局及其所属有关机构的职能范围内，与巴基斯坦食品、农业和畜牧部就巴基斯坦建立粮食储备、发展相关技术及在相关领域开展合作，建立长期稳定的粮食流通合作交流机制。

2010年1月，国家粮食局科学研究院与阿根廷国家农牧业技术研究院签订了《合作谅解备忘录》。该备忘录的实施将促进两个研究院在粮油科技研发、技术交流和人员培训等方面的交流与合作。为提升两国的粮油科技水平、实现互利共赢，为中阿两国粮油科技发展提供帮助。

2010年4月，中国粮油学会与加拿大豆类协会签订了《合作协议谅解备忘录》。该合作协议签订有利于构建中加两国杂豆联合研究框架，促进双方在豆类研究和开发方面的交流与合作，有助于提升我国在杂豆领域的科研水平，对杂豆加工技术创新与产业快速发展有重要意义。

为了使有关国家驻华使馆外交官了解我国粮食储藏、质量检测、粮食物流和交易市场等方面的情况，以及中国政府为保障粮食安全所做出的努力，2010年5月底，国家粮食局邀请了阿根廷、加拿大、日本、韩国、巴基斯坦等国家驻华使馆主管农业和粮食事务的参赞或专员参观了大连商品交易所和华粮集团北良公司的粮食仓储和物流设施。在参观期间，外交官们与大连商品交易所和北良公司的负责人进行了座谈，他们对大连商品交易所近几年的快速发展和北良公司现代化设施及管理留下了深刻印象，并给予了高度评价。参观结束后，国家粮食局郄建伟副局长会见了来大连参观的外交官们，并向他们介绍了中国粮食流通和仓储设施的发展情况，以及中国粮食生产及供需形势。外交官们一致感谢国家粮食局为他们安排的此次参观活动，通过实地考察，使他们更好地了解了中国粮食期货市场和粮食仓储及物流设施的发展现状，他们希望今后进一步推动本国与中国在粮食流通领域的交流与合作。

为了加强中国和非洲国家在粮食流通领域的合作，落实中非农业合作论坛的后续行动，使有关非洲国家了解我国粮食储藏及加工等方面的经验，2010年11月初，国家粮食局邀请部分非洲国家驻华使馆负责粮农事务的外交官及联合国粮农组织、世界粮食计划署驻京官员参观了华粮物流集团北京粮食中心库和京粮集团北京古船食品公司。参加此次活动的外交官来自埃塞俄比亚、加纳、马拉维、肯尼亚、塞拉利昂、苏丹和乌干达7个非洲国家的驻华使馆，以及联合国粮农组织、世界粮食计划署。新华社、人民日报、中国日报、中央电视台、中国经济导报等国内媒体也派人随团参观。在参观完粮食仓储设施及面粉加工厂后，国家粮食局郄建伟副局长、中联部四局曹白隽局长等与外宾进行了座谈。外宾们一致感谢国家粮食局组织这次参观活动，使他们加深了对中国粮食流通和面粉加工情况的了解。他们称赞中国在保障粮食安全方面所做出的努力和取得的成就，并希望中国向非洲国家介绍在粮食储藏、加工等方面的经验。

（三）积极借鉴国外粮食科学技术和管理经验

2010年，为提高我国粮食质量和标准化工作水平、解决粮食综合加工利用有关技术、油脂技术开发以及粮食储藏先进技术等方面的问题，国家粮食局帮助下属粮食科学研究院、标准质量中心，以及中粮集团的科学研究院向国家外国专家局申请到引进国外技术、管理人才项目6项，合计聘请外国专家21人，资助项目经费60万元。在实施引进国外智力项目过程中，国家粮食局严格执行国家外专局的有关规定，协助项目执行单位缜密策划，精心组织，实施好这些项目，充分发挥引进外国专家的作用，取得了较好的成效。

国家粮食局标准质量中心的"粮食中真菌毒素及检测技术研究"项目，邀请了英国食品研究协会的专家和国际谷物科技协会秘书长兼欧盟食品质量与安全项目总协调人来华，就粮食中真菌毒素及检测技术研究项目给予技术指导。外国专家详细地介绍了欧盟食品安全管理及真菌毒素法规、欧盟真菌毒素案例对社会经济影响的分析，以及真菌毒素的检测和处理方法等。通过外国专家的深入介绍及座谈交流，为我国加强粮食真菌毒素重点领域的研究，加强真菌毒素管理，以及采用先进的标准和检测方法提供了新的思路和借鉴。

国家粮食局科学研究院的储备粮减损新技术研究项目先后邀请了加拿大蒙尼托巴大学、澳大利亚新南威尔士大学和日本北海道大学3位教授来院就该项目进行具体的技术指导。外国专家考察了科研院粮食储藏研究室和昌平中试实验基地，分别在相关实验室与研究人员直接交流，分别对项目中的粮粒传热和粮堆湿热传递参数研究、粮食挥发性物质测定技术和真菌毒素生物削减的研究课题进行了具体的技术指导。外国专家还为科研院带来了国外在储粮害虫生物防控领域的大量信息，并对科研院目前承担的国家科技部"十一五"支撑滚动项目"储备粮减损新技术研究与示范"、"储备粮堆湿热调控减损关键技术和设备研究与示范"课题进行了指导，还对科研院储备粮减损技术研究学科方向的发展提出了建设性建议。通过交流，对提升科研院储藏科技研究水平和保障粮食安全有较大的帮助。

中粮集团科学研究院"粮油食品安全体系建设"项目，邀请了爱尔兰国立都柏林大学、美国农业部西部研究中心、美国药典委员会、南非比勒陀利亚大学5位国外专家来华对粮油食品安全体系建设项目进行指导和交流。国外专家在华期间，举办了5场食品安全相关专题学术报告会，主题涉及食品安全的保障体系，食品安全加工，食品安全无损检测，食品中微生物和化学污染物的法律、法规和标准，以及全谷物食品研发的全球趋势等领域。通过与国外专家直接研讨和交流，使我国专家和技术人员受益匪浅，对我国食品的研发和质量保证具有很强的指导和借鉴意义，为食品质量与安全研发平台的搭建和团队成员业务能力的提高起到良好的促进作用。

中粮集团科学研究院还邀请了美国普渡大学、华盛顿州立大学的4位专家来华就纤维素乙醇中试工艺优化和产业化示范项目进行指导交流。纤维素乙醇也称第二代生物液体燃料，是利用先进技术从包括玉米秸秆、木材等农林业废弃物中获取燃料乙醇；其原料丰富，但因技术难度大，国际上已研究几十年，至今未实现大规模工业化生产。目前研究主要集中在生物酶解发酵路线，许多关键技术有待突破，尤其是高效预处理技术、低成本纤维素酶生产技术和C5糖发酵菌种的问题。中粮作为国内最大的燃料乙醇生产商，从国家战略角度出发，积极开发纤维素乙醇产业化技术。一位专家到中粮科研院交流与指导后，还与中粮科研院签订了菌株技术转让协议。外国专家参观了中试装置，与中粮科研院的专家重点讨论了中试预处理工艺及存在问题，提出加酸蒸煮预处理工艺，降低反应温度，从而达到降低戊糖损失的目的，对中试预处理工艺的改进起到重要作用，有力地推动了纤维素乙醇研发工作与产业化进程。

通过这些引智项目的执行，使项目单位与国外粮油科研机构建立起了良好的合作关系，及时了解和掌握国外最新的粮油科技成果与动态，并有效地解决了当前我国粮油产业和科研中面临的问题，有力地促进了我国粮油科技的进步。

（四）认真组织好出国考察及培训

2010年，为了深化我国的粮食流通体制改革，借鉴国外在粮食管理、流通、储存、加工等方面的经验和技术，国家粮食局领导分别率团赴韩国、日本、越南、以色列、法国、美国、德国、瑞典等国考察粮食流通体制和粮食管理政策，以及粮食储藏、检测和加工等情况，并取得了较好的考察成果。

2010年，国家外专局共批准国家粮食局出国培训项目5个，其中：审批类培训3项，审核类培训2项，批准培训人数共计97人。培训内容涉及粮食管理体制与法制建设；加拿大粮食流通监管体系；粮油食品加工技术和粮食企业发展及经营管理等。如法规司组织的赴美国"粮食管理体制与法制建设培训"、监督检查司组织的赴加拿大"粮食流通监管体系培训"、流通与科技发展司组织的赴巴西"粮油深加工技术与管理培训"、财务司组织的赴巴西"粮食企业发展及经营管理培训"。由于中粮集团有关人员正在筹建研发创新基地，暂缓执行赴美国的粮油食品加工技术培训项目。通过赴国外培训，使地方粮食管理部门和企业的干部及技术人员，了解了国外的先进技术和经验，开阔了眼界，增长了知识，为提高粮食管理与储粮技术水平起到了积极的促进作用。对出国培训团，我们注意加强出国前的外事教育，向他们介绍外交政策、涉外礼仪，强调外事纪律和注意安全等事项。到目前为止，还没有发现全局审批的出访团组有违反外事纪律的情况。

国家粮食局还选派人员出国参加有关粮食的国际会议，如选派有关专家和技术人员参加在葡萄牙举办的"第十届国际储藏物保护大会"、在泰国举办的"2010年世界稻米年会"、在澳大利亚举办的"国际粮食论坛"、在马来西亚举办的"第二届国际真菌毒素大会"、在瑞典举办的"2010年国际健康谷物会议"、在南非举办的"欧盟食品安全科技合作项目工作会议"、在缅甸举办的"亚太食品流通联合机构第15次全体会员大会"、在泰国举办的"东亚大米紧急储备项目工作会议"、在巴西举办的"国际标准化组织食品技术顾问团会议"、在美国举办的"全谷物最新成果及应用推广研讨会"等。我方与会专家和技术人员在国际会议上，分别介绍了我国粮食生产、储藏、质量检测、粮油科技和加工等情况，阐明我们对世界粮食形势的看法和对有关问题的立场，扩大了我国在国际粮食领域的影响。同时，及时了解了国际粮食供求信息和最新的粮油科学技术，学习和借鉴国外实用的管理方法及先进的科学技术。

五　会展

2010年全国举办的各类综合性、专业性的展览会、交易会和公益性展览共7个，分别是2010德州全国粮油食品展销会（3月17～18日）、第六届七省粮食产销协作福建洽谈会（7月16～18日）、2010黑龙江金秋粮食交易合作洽谈会（8月27～28日）、第十届中国国际粮油产品及设备技术展览会暨新中国成立60周年全国粮食行业成就展（10月14～16日）、全国爱粮节粮公益展览会（10月14～16日）、2010中国优质稻米（武汉）交易会暨第十二届湖北粮油食品展示交易会（11月5～7日）。以上会展活动展览总面积共计约26392平方米，展位总数1035个，参加展示、交易的企业总数2357个，参观总人次58500人次。粮油交易总量达1713.75万吨，交易总额48.58亿元（含意向交易），其中，机械设备交易总量465台套，总金额8689.7万元。

六　世界粮食日、爱粮节粮周

（一）世界粮食日

2010年10月16日，"2010世界粮食日"主会场宣传活动在宁波国际会展中心前广场举办。本次世界粮食日活动采用"烛光守夜"的宣传形式。来自农业部、国家发展与改革委员会、国家粮食局、联合国粮农组织驻华代表处、宁波市人民政府有关部门负责同志以及解放军战士、工人、农民、干部、学生、教师、社区居民等代表共300余人参加了活动。

围绕"团结起来，战胜饥饿"这一主题，主会场开展了一系列宣传纪念活动，包括：现场采访与会领导和嘉宾，请他们从各自部门职能角度介绍开展世界粮食日活动的意义；为在近三千万名中小学生中获得长三角地区爱粮节粮征文活动学生（宁波）代表颁发奖状、证书和感谢信；应粮农组织驻华代表维多利亚女士的要求，全场吹响黄哨，以声援全世界近1/6处于饥饿之中的人；获奖学生代表现场朗诵征文比赛一等奖作品；新疆粮食职工以及宁波小学生代表现场为大家表演节目；参与现场活动的领导及与会志愿者在"团结起来，战胜饥饿"的长卷上签名；现场搭建16块宣传板，介绍世界粮食日情况；现场免费发放《爱粮节粮知识图本》，介绍科学膳食、日常家庭储粮小知识等，整个活动通过宁波广电网络进行了直播。

除在宁波主会场举办的"烛光守夜"活动之外，上海、宁夏、青海、西藏等地也举办了不同形式的纪念活动，在全国各地引起很大反响，约有近千万人参与，参与者对当前的国际粮食形势有了了解，宣传范围覆盖全国，达到了预期的效果。

（二）全国爱粮节粮宣传周

2010年1月，国务院办公厅下发了《关于进一步加强节约粮食反对浪费工作的通知》（国办发〔2010〕7号），要求各地区、各部门和各单位从战略高度重视该项工作，采取切实措施，减少粮食、食品损失浪费。随后，国家粮食局为落实国办文件精神，出台了《关于进一步加强节约粮食反对浪费工作的实施意见》（国粮调〔2010〕41号）。这些文件的出台，为进一步做好爱粮节粮宣传工作指明了方向，各地区、各部门和各单位组织爱粮节粮宣传活动的积极性进一步提高。

2010年10月11～17日"全国爱惜粮食节约粮食宣传周"活动以主会场和分会场同时组织活动的形式在全国各地开展，10月16日主会场活动设在宁波，活动包括"全国爱惜粮食节约粮食公益展览""节粮典型经验交流"以及"'节粮在行动'粮油市场报专栏"；"全国爱惜粮食节约粮食公益展览"活动，展示了我们国家在粮食储存、运输、加工、消费等环节存在的浪费现象及取得的节粮成绩，宣传了过度加工对行业发展及人民群众日常生活的影响，宣传了河北玉田粮库、辽宁中稻股份有限公司等6家粮油企事业单位的节粮经验，这些内容还首次被编辑制作成宣传小折页，在展览现场进行了发放；同时，在宣传周期间，还面向全国粮油企事业单位、科研院所征集了节粮典型案例，10个省（区、市）的19家单位参与了该项活动；在粮油市场报开设了"节粮在行动"宣传专栏，宣传了部分粮油仓储、加工企业的节粮实践；另外，还在粮油展门户网站www.cgof.cn开设了爱粮节粮宣传板块，及时转载节粮新闻信息，并对2007～2010年以来的爱粮节粮公益展览内容进行了集中展示。同期，全国15个省（区、市）粮食局也在当地组织开展了各种形式的分会场宣传活动。其中上海市粮食局专门编写了爱粮节粮宣传小册子，在宣传周期间进行了集中发放；江苏省宿迁市粮食局与当地电视台合作，举办爱粮节粮公益晚会；广西壮族自治区粮食局举办了本区爱粮节粮公益展览，河南工业大学组织了爱粮节粮烛光守夜纪念活动。据统计，共有近50万人通过各种形式参与此次活动。

此外，从2010年11月开始，国家粮食局还启动了"全国部分城市粮油消费环节损失浪费情况调查"，此次调查是"全国爱惜粮食节约粮食宣传周"后续内容之一，委托专业数据调查公司首次针对粮油消费环节的损失浪费情况，在国内部分城镇及乡村展开现场实地调查。调查采取定点抽样、由点推面的方式，通过组织被调查单位及个人填写问卷、现场分类称量浪费量等方式取得原始数据，在此基础上推算全国范围内粮油消费环节的损失浪费比例。此调查的范围包括北京（特大城市代表）、辽宁（东部省份代表）、湖北（中部省份代表）、甘肃（西部省份代表）四个省（市）的省会城市、地级城市、县级城市及农业自然村，共计192家各类餐饮场所、390户居民家庭（含150户农村家庭）以及1家航空公司的6个航班。2011年6月底，入户调查工作将全部结束，8月份，将发布包括损失浪费基本情况、损失浪费原因及相应对策等内容的调查报告。

七 放心粮油工程

2010年1月1日，胡锦涛总书记在考察河北三河汇福粮油集团有限公司时提出："向消费者提供更多质优价廉的'放心油'，为保障供给发挥更大作用。"这是对实施放心粮油工程最大的鼓励和鞭策，意义重大，体现了党和政府对这项工作的高度重视，增强了继续实施放心粮油工程的信心和力量。

（一）各级党政和粮食行政主管部门高度重视，大力支持

2010年是放心粮油工程开展的第九个年头，政府对放心粮油工程支持力度、推动力度进一步加大，前所未有。一是在年初全国粮食局长会上对实施放心粮油工程作了部署。聂振邦局长在局长会上指出，"进一步推进'放心粮油'进农村进社区活动，惠及广大城乡居民。抓好示范企业建设，培育知名品牌，引导和带动全行业共同发展"。二是各级政府及粮食行政管理部门加大推动的力度。据24个省、自治区、直辖市的信息显示，山西、江苏、贵州等14个省区及其部分市县政府都把放心粮油工程列入今年政府工作报告、政府工作重点和民生、民心、惠民工程或办实事等；有的由政府发通知、公告进行部署；有16个省级粮食局及其40多个市县粮食局将放心粮油工程列入粮食局工作重点、规划等；或开会、发通知进行部署，或举行启动仪式、授牌仪式等进行推动。据不完全统计，陕西省、四川省等8个省的部分地方政府、粮食局支持配送连锁店的建设资金达亿元以上。如西安市政府为支持放心馒头工程的发展，设立500万元的专项发展基金，对每个验收达标的新建中心厨房，给予80万元的补助。对每年考评验收合格的优秀馒头店给予1万元奖励，区财政给予5000元奖励。对部分公益性岗位人员工资，政府按标准予以补贴。

在政府的高度重视和大力推动下，各地放心粮油工程又有了新的发展方向——放心粮油工业化主食品，并以放心主食厨房、放心快餐、放心早餐和应急供应等多种方式悄然走进老百姓的日常生活。据不完全统计，北京、天津、山东、陕西等十几个省的43个主食加工企业年生产放心馒头、包子等4万多吨，其产量可以满足企业所在地消费量的60%左右。特别是陕西省西安市以"小馒头，大民生"为主题，由副市长亲自挂帅"放心馒头"领导小组组长，加强领导，加强多部门综合协调，在全市范围内成功实施了"放心馒头"工程。目前，以"群众厨房"为品牌的放心馒头加工销售网点基本覆盖了主城区的各大街办和社区，有效满足了市民群众购买便利、食用放心的生活需求。与此同时，在政府的直接指导下，放心粮油工程与粮食应急供应工作紧密结合，为特殊环境下的有效供给提供了可靠

的保证。如陕西省宝鸡市在推进放心粮油进农村、进社区活动中，通过政府补助、统一挂牌、规范标准、动态管理等工作，以全市粮食应急工作指挥部名义在全市范围内对60个粮食应急供应站进行了挂牌，受到了社会各界积极评价，效果良好。

青海省粮食局、省粮食行业协会连续下发《关于增设放心粮油工程建设专业委员会的通知》（青粮协〔2010〕10号）、《关于进一步开展"放心粮油"工程建设的措施意见》（青粮财〔2010〕215号）、《青海省"放心粮油"标志使用管理规定》（青粮财〔2010〕260号）和《关于使用有关企业青海省放心粮油标志使用权的通知》（青粮财〔2010〕261号）等文件，鼓励和支持在非国有粮食企业开展"放心粮油"工程建设，在放心粮油示范企业的评定中不分企业所有制形式并将其延伸到粮油生产加工、销售等环节，规范"放心粮油标志使用"，为更进一步深入开展放心粮油工程建设奠定了良好的基础。

（二）各级粮食行业协会认真组织，深入推进

根据国务院2009年15号文件和国家粮食局《深入推进放心粮油进农村进社区示范工程的实施意见》（国粮办发〔2009〕199号）要求，中国粮食行业协会及地方各级粮食行业协会积极实施放心粮油进农村、进社区示范工程，重点培育放心粮油示范企业，带动放心粮油工程深入发展。

1. 制定行规行约，开展放心粮油示范企业认定工作。为使放心粮油示范企业的质量安全管理和经营服务活动更加科学、有效，中国粮食行业协会组织有关专家在深入调查研究和广泛征求意见的基础上，经过反复研究和修改，制定并印发了《放心粮油示范企业质量安全诚信公约》和《放心粮油示范加工企业和示范主食厨房质量安全管理规则》、《放心粮油示范企业信息报送制度》等，为示范企业实行标准化管理、规范化服务，切实起到示范带动作用提供了制度保证。

5月，中国粮食行业协会正式启动了首批放心粮油示范企业的认定工作，制定了《放心粮油示范企业试点工作实施办法》。经各省市粮食行业协会推荐，协会专家委员会审核，认定495个企业为首批放心粮油示范企业，其中示范加工企业422个、示范销售店61个、示范配送中心9个、示范主食厨房3个。

2. 开展经验交流会，组织产销对接。6月，在西安市召开了全国放心粮油进农村进社区经验交流会，来自各省市粮食行业协会和放心粮油示范企业的代表300余人参加了会议。会议重点推广了西安市粮食局大力发展主食厨房和放心馒头工程的典型经验，参观了西安市放心馒头工程网点建设，听取了贵州、北京、西安、南昌、镇江、伊春、佛山等省市粮食局、粮食行业协会及典型企业的经验介绍。此外，会上还对部分获得首批放心粮油示范企业称号的试点企业颁发了标牌，并讨论通过了《放心粮油示范企业质量安全诚信公约》。会后，中央电视台新闻频道《整点新闻》节目对西安市放心馒头工程进行了专题报道。

7月，中国粮食行业协会组织北京粮食集团有限责任公司、天津市粮油集团有限公司、五得利面粉集团有限公司、山东鲁花集团有限公司等9家放心粮油生产企业参加了由教育部和农业部在天津市滨海新区主办的首届全国"农校对接"洽谈会。会上，参展企业与高校后勤采购方直接进行洽谈，促进了产销对接，得到了参会企业一致好评。

3. 倡导行业自律，维护市场稳定。7月，中国粮食行业协会印发《关于进一步加强行业自律 维护粮油食品安全和市场稳定的通知》（中粮协〔2010〕11号），要求粮油企业服从国家宏观调控，执行国家价格政策，自觉维护粮油市场稳定，确保粮油质量安全。

8月，中国粮食行业协会在北京召开加强大米行业自律新闻发布会，国家发改委、工信部、国家

粮食局等有关部委的代表和新华社、人民网等新闻媒体的记者出席发布会。中粮集团有限公司等13家大米企业在会上联合发出《呼吁企业自律为市场提供放心大米倡议书》。

9月，针对我国小麦粉加工业使用增白剂的问题，中国粮食行业协会再次向卫生部提出《关于禁止在小麦粉中使用过氧化苯钾酰等化学增白剂的建议》（中粮协函〔2010〕47号），协助卫生部有关领导到小麦粉加工企业进行现场调研。在多方的共同努力下卫生部终于对此问题有了明确的答复。12月17日，卫生部监督局网站发布征求意见公告稿，拟从明年12月起禁用面粉增白剂。

4.加强质量监管，提供放心粮油。广东省粮食行业协会发出《关于增加"放心粮油"质量卫生检测项目的通知》，增加参评"放心粮油"大米产品卫生指标镉含量检测。此外，针对媒体对东莞个别粮食经营者掺杂使假的报道，协会立即发出通知，开展引以为鉴教育和进行一次自律检查工作，引导会员企业不断增强社会责任感，按照道德规范自觉生产卫生、安全、营养、健康的高品质"放心粮油"；东莞市粮食协会制定行业《质量承诺书》，向市民和消费者张榜公布，接受社会各界的监督。

四川省重点抓好收购环节把好粮油质量关。省粮食局和行业协会牵头，市县粮食局和行业协会积极配合，组织粮食质量监测人员深入田间地头进行粮油品质监测，并采集相关样品，对其质量进行检测分析，及时、准确上报检测结果，为"放心粮油工程"提供可靠依据。2010年，全省累计抽样调查398份稻谷，涉及11个市州、43个区县、204个乡镇，达到三级以上约占90.4%；二等以上约占44.3%，一等约占12.6%。此外，泸州市粮食行业协会帮助和指导龙头企业建设种植订单基地80万亩，其中优质专用粮油基地60万亩，并帮助利益连接机制，做好产前、产中、产后的服务，做到统一供种、统一施肥、统一管理、统一技术指导、统一收割、统一收购（销售），及时了解掌握种植基地生产动态，降低生产成本，提高粮油品质和生产效益。

5. 开展"放心粮油宣传日"活动。9月，为配合"全国质量月"活动，中国粮食行业协会组织各省粮食行业协会和粮油企业在全行业开展了"放心粮油宣传日"活动。中国粮食行业协会与北京市粮食局、北京市粮食行业协会、京粮集团在西城区红联小区社区广场共同举办了"放心粮油宣传日暨北京市放心粮油示范企业授牌仪式"。会上向获得全国和北京市放心粮油示范企业称号的企业颁发了牌匾。古船食品公司代表放心粮油示范企业宣读了"放心粮油质量安全倡议书"，示范企业代表在倡议书上签字，对市民承诺。同时，各省结合本省、本地区、本单位实际，因地制宜地开展了形式多样、内容丰富的宣传活动。通过咨询会、展销会、宣讲会以及印发宣传材料等多种形式，广泛宣传粮油科学知识和食品安全常识，宣传放心粮油工程，树立了企业和产品形象，使社会各界更加了解、重视、支持放心粮油工程。如由黑龙江省粮食局、黑龙江省粮食行业协会主办，伊春市粮食局、伊春市粮食行业协会承办的"黑龙江放心粮油宣传日伊春主题会场"宣传活动，共发放粮油科普宣传资料15000多份，接待市民咨询2000余人次，提高了消费者对放心粮油工程的认知度。

6. 发展连锁经营，进行网点建设。山东省大力实施居民厨房工程，广设便民服务网点，服务百姓一日三餐，确保粮油食品安全。到2010年底，全省城镇便民粮油供应店发展到6869个，从业人员2.7万人，实现营业收入39亿元；连锁店达到1493家；农村粮油服务网点发展到1.5万个，从业人员近3万；粮油食品经营量40亿公斤。

四川省根据本省实际，按照连锁经营的思路，抓住国家"万村千乡"市场工程的机遇，整合粮食部门购销网点资源，建设乡村粮油超市和连锁店，构建城乡互动的粮食流通网络和为农服务体系，依托这个载体，购农所产、销农所需，大力推进"放心粮油工程"。截至2010年，全省已建成乡村粮油超市和连锁店4585个（其中城区店978个、乡镇店2365个、村级店1242个），全年实现连锁经营销售总收入14.1亿元，粮油经营量达90多万吨，受到了社会各界的广泛关注和广大消费者的普遍好评，四川各大新闻媒体对乡村粮油超市和连锁店都进行了专题报道。

甘肃省酒泉市粮食行业协会把建立城乡销售网点当作放心粮油进农村进社区的重要环节。目前全市共有销售网点5497个，其中农村278个，城市5219个。酒泉双禧250个（农村63个、社区187个），酒泉星火5200个，（农村200个、城市社区5000个），金塔飞富30个（农村8个、城市社区22个），瓜州禾麟17个（农村10个、城市社区7个）。各放心粮油加工企业在城市、农村人口相对集中的中心集镇和中心村积极建立销售兑换点，逐步形成了由点到面，全面覆盖，方便群众的销售网。

7. 开展诚信体系建设和人才培养工作。诚信体系建设是放心粮油工程的重要组成部分。根据商务部市场秩序司和国资委行业协会联系办公室对于信用评价相关工作的要求，中国粮食行业协会在总结首批试点企业信用评价工作经验的基础上，修改完善了粮油加工企业信用评价指标体系和评价方法，决定在第二批试点企业信用评价工作中将试点范围由粮油加工企业扩大到仓储企业，并组织行业内粮油仓储、储藏、检化验等方面的专家研究制订了粮食仓储企业信用评价指标体系和评价方法（试行）。

诚信体系建设的根本是人才的建设。受国家粮食局人事司、国家粮食局职业技能鉴定指导中心委托，中国粮食行业协会于10月25日对小麦粉加工企业员工进行了制粉高级工职业技能培训，有14名学员通过了考核鉴定，获得制粉工（高级）职业技能证书。通过培训，提高了基层操作人员的整体素质，对企业生产高质量的粮油产品、提高企业综合实力和市场竞争力具有重要意义，并将起到示范作用，带动制粉行业技术能力、质量水平的提高与发展。

（三）广大粮油企业积极行动

广大粮油企业作为放心粮油工程开展的主要载体，广泛参与，积极行动，保证了放心粮油工程的发展动力。

1. 结合放心粮油工程，助力企业发展。京粮集团在实施放心粮油工程过程中，逐渐形成了一个机制，即制定全年放心粮油活动计划，由集团总体安排，企业共同参与的机制；形成了一套模式，即统一计划安排、统一指挥、统一培训、统一宣传口径、统一装具和统一服饰的六统一模式；形成了一支高素质的活动宣传队伍。集团放心粮油活动以北京为主，辐射全国主要城市。每年开展各种"放心粮油活动"近百场，全面进入社区、农村、学校、军营、厂矿、机关和超市。

2. 加强渠道建设，建立放心粮油销售网络。中粮北海粮油工业（天津）有限公司完善农村销售渠道，拓展销售领域，将公司优质产品带给更多的农村消费者。由营销公司召开各地区郊县经销商工作会议，由销售公司牵头，动员和安排各地经销商重新对农村销售渠道进行梳理和铺市，制定了"县—乡—镇—村"的销售路线，明确了"把产品销售到村"的目标任务，围绕目标任务的实现，将工作进行分解，责任落实到人。另外，针对农村市场现有的销售渠道，进行了有针对性的拓展，例如与金芦米业合作，用特价支持的形式，配合组建乡村精品粮油销售网点。营销公司还组建了专门的销售宣传队伍，配合经销商对村级市场进行重点铺建，每到一个村，宣传粮油产品的科普知识，普及识假辨假常识，并将公司的优质产品推荐给消费者，在当地开发销售网点，组织经销商做好销售服务工作，真真正正地把"放心油"带给农村消费者。目前，这样的销售网点在华北、东北、西北等地达到了3000余个。

陕西省西安爱菊粮油工业集团为响应市政府、市粮食局创建"放心馒头工程"的号召，依托连锁网点优势，从放心馒头的原料选择、设备引进、配套设施及生产标准入手，严格落实市政府提出的

"让政府持续满意、让百姓持续放心、让企业持续盈利"的要求，先后投资1000多万元建成现代化食品车间1个，引进智能无菌化专用馒头生产线2条、鲜面条生产线1条、烧饼、糕点专用生产线1条，自制一条目前国内最大的日加工能力25吨（面粉）的大型馒头生产线，购置熟食配送车辆30余辆。于2010年12月建立群众厨房销售网点708家，其中放心馒头销售亭近256个。目前销售亭供应的品种包括：馒头、面条、烧饼、糕点、花卷等近20个品种的群众厨房产品和20多个品种规格的米、面、油、小杂粮以及家庭常用的调料品、小食品等，广大市民可足不出"院"就能购买到放心粮油。

重庆红蜻蜓油脂有限责任公司依托"红蜻蜓专营店"，开展进社区服务活动。"红蜻蜓专营店"主要位于主城区的生活小区，属社区店。按照"统一设计、统一标识、统一装修、统一陈列、统一配送"的要求实行连锁经营，做到放心粮油产品相互调剂，及时供货，确保放心粮油产品新鲜齐全，不脱销断档。通过专营店，开展终端社区服务，提高服务社区的质量。各专营店坚持每月定期到居民小区、学校、厂矿等居民集聚区开展促销活动，极大地方便了消费者，培育了消费者的忠诚度，提高了市场份额。通过专营店，就近开展大宗粮油贸易，将放心粮油产品销售给机关、学校、工厂的食堂和餐厅，快速提升销售量。2010年"红蜻蜓专营店"销售米、面、油达12.3万吨，同比增长469%。此外，重庆红蜻蜓油脂有限责任公司还注重通过宣传推广，推动红蜻蜓产品进农村。公司投入宣传费用500万元，制定农村市场促销方案，由公司专业人员到农村组织现场促销、现场宣传、现场买赠等活动。2010年共派出300人次参与农村赶集促销活动。邀请经销商和消费者参加市质监局组织的"质检邀您看企业，食品安全大家行"活动，走进公司的食用油加工厂，让其零距离体验"红蜻蜓"食用油的生产现场和质检过程，取得了很好的宣传效果。

3. 坚持以人为本，用心服务百姓。上海市静安区第六粮油食品商店有限公司坚持为民服务宗旨，开展"双进"工程。"第六粮油"始终坚持"便民、利民、为民"的服务宗旨，坚持"第六粮油"的"五个一"精神，即一支志愿者队伍、一张便民联系卡、一门热线电话、一只便民联系箱、一辆流动服务车。截至2010年，"第六粮油"的流动服务车已增加至五辆，开展了以"便利消费进社区、便民服务进家庭"为载体的"双进"工程，进一步创新服务方法，拓展服务功能，下属五家门店于8月份起深入裕华、高荣、培德、三乐里、静安别墅五个街道的社区开展为民服务设摊活动。

江西良友集团有限公司针对院校用粮的供应商鱼龙混杂，给院校学生用粮带来了安全隐患的问题，以"放心粮油"商品进高校为契机，在提高服务质量上下功夫，组织质优价廉的粮源，采取微利销售、送货上门、定点供应、召回制度等措施，积极扩大院校粮油供应销量，使院校师生的伙食不仅质量上得到了提高，价格比以前也更实惠，赢得了大中院校师生的信赖。大中专院校供应点由原来的几家增加到46家，月供应量由原来的十几万斤增加到150余万公斤。粮油供应的主渠道作用重新显现。针对食用油价格波动的市场状况，公司还对大中专院校食用油实行质优价廉定点供应，并提升南昌市原市级食油储备中心的服务功能和配送功能，建设了一条全自动食用油灌装线，为学校提供安全、放心的食用油。

粮食行业人才队伍建设

一   粮食行业人才发展十年规划

2010年4月1日,中共中央、国务院下发《关于印发〈国家中长期人才发展规划纲要(2010～2020年)〉的通知》(中发〔2010〕6号),同年5月,中央召开全国人才工作会议,对未来十年全国人才工作进行了总体部署。为全面贯彻落实《国家中长期人才发展规划纲要》和全国人才工作会议精神,经国家粮食局党组研究,决定编制《全国粮食行业中长期人才发展规划纲要(2011～2020年)》(以下简称《粮食行业人才规划》)。

2010年7月,由国家粮食局人事司牵头成立了《全国粮食行业中长期人才发展规划纲要(2011～2020年)》(以下简称《粮食行业人才规划》)起草工作组,成员来自国家粮食局相关司室、部分省粮食局人事以及粮食行业高校从事人才工作研究的专家。《粮食行业人才规划》起草工作组在认真研究当前和今后一段时间国家人才发展要求和粮食行业发展环境的基础上,制定了编制《粮食行业人才规划》的工作方案和总体框架。起草工作组按照党政人才、企业经营管理人才、专业技术人才和高技能人才四类人才进行了分工,并分别制定了调研方案,设计了调查问卷(表)。7～9月,规划起草工作组在全国范围内进行了问卷调查,调查范围包括粮食行业各级行政管理部门、科研院所、粮食院校和各类企业。共发出4530份调查问卷,回收问卷4300余份。9月,规划起草工作组赴上海、江苏、安徽、吉林和黑龙江四省一市进行了深入的实地调研,广泛听取了行业内党政干部、管理人员、专业技术人员、技术工人以及退休职工对粮食行业人才队伍建设的意见。在充分调研,认真分析的基础上,规划起草工作组分别起草了粮食行业党政人才、企业经营管理人才、专业技术人才和高技能人才四类人才分规划。在上述工作的基础上,规划起草工作组于10月编制完成了《粮食行业人才规划》初稿,并经三次讨论修改后形成了《粮食行业人才规划》(征求意见稿)。

2010年11月,经国家粮食局领导批准同意,《粮食行业人才规划》(征求意见稿)面向行业内外广泛征求意见,并同时上报中央组织部人才工作局征求意见。征求意见期间,共收到来自各级粮食局和有关中央企业共18个单位反馈的54条修改意见。规划起草工作组对反馈意见逐条分析,对《粮食行业人才规划》进行了进一步的修改。12月,国家粮食局党组正式审议通过了《粮食行业人才规划》,并向社会公开发布。

《粮食行业人才规划》是新中国成立以来第一个粮食行业中长期人才发展规划,是全国人才发展规划体系的重要组成部分,是实施"人才兴粮"战略、推动粮食行业人才队伍建设的总体规划,是当前和今后一个时期粮食行业人才队伍建设的行动纲领。

《粮食行业人才规划》全文约1万余字,共分序言,粮食行业人才指导思想、基本原则和战略目标,主要任务,政策措施,重大人才工程和组织实施等六部分。

《粮食行业人才规划》明确提出的粮食行业中长期人才发展工作的指导思想是:高举中国特色

社会主义伟大旗帜，以邓小平理论和"三个代表"重要思想为指导，深入贯彻落实科学发展观，遵循人才发展规律，大力推进人才兴粮战略，以人才资源能力建设为核心，以高层次人才和高技能人才为重点，以创新人才发展体制机制为动力，以优化人才发展环境为保障，统筹推进行业各类人才队伍建设，为保障国家粮食安全，加快发展现代粮食流通产业提供坚强的人才保证和广泛的智力支持。

《粮食行业人才规划》提出的到2020年我国粮食行业人才发展的战略目标是：培养造就一支数量充足、结构优化、素质优良、富有竞争优势的行业人才队伍，为全面实现国家中长期粮食安全战略目标和粮食事业又好又快发展奠定人才基础。围绕这一目标，《粮食行业人才规划》提出了坚持"服务发展、以用为本、统筹推进、务实创新"的粮食行业人才工作基本原则，明确了粮食行业人才队伍建设的主要任务。一是按照加强党的执政能力建设和先进性建设的要求，以提高领导水平和执政能力为核心，以粮食行业各级领导干部为重点，建设一支政治坚定、精通业务、勇于创新、勤政廉洁、求真务实、奋发有为、善于推动粮食事业科学发展的高素质党政人才队伍；二是按照提高现代经营管理水平和企业核心竞争力的要求，以企业高端经营管理人才为重点，培养造就一批具有全球战略眼光、市场开拓精神、管理创新能力、社会责任感的粮食行业优秀企业家和一支视野开阔、知识丰富、业务娴熟、能力突出的粮食企业经营管理人才队伍；三是根据现代粮食流通产业发展的需要，以提高专业水平和创新能力为核心，以高层次、创新型人才和紧缺人才为重点，培养和造就一支适应粮食行业发展需要的专业技术人才队伍；四是适应粮食流通产业结构优化升级的要求，以提升职业素质和职业技能为核心，以技师和高级技师为重点，形成一支门类齐全、技艺精湛的高技能人才队伍。

《粮食行业人才规划》着眼于破除束缚人才发展的思想观念和制度障碍，围绕用好用活人才，提出了9项政策措施。一是完善人才工作管理体制；二是创新人才培养开发机制；三是加强产学研合作培养创新人才；四是加大力度引进海内外高层次人才；五是创新人才选拔配置机制；六是完善人才使用评价机制；七是健全人才激励保障机制；八是完善人才教育培训体系；九是加强人才培养基础建设。

《粮食行业人才规划》还围绕粮食流通中心工作和粮食行业人才队伍建设的重点领域和关键环节，提出了"党政人才素质能力提升工程"、"企业经营管理人才素质提升工程"、"专业技术人才培养工程"、"高技能人才职业能力建设工程"、"高层次人才引进计划"、"行业人才结构优化计划"、"粮食宏观调控体系人才建设工程"、"粮食现代物流人才开发工程"、"人才培训基地支撑工程"、"人才信息服务计划"等10项重大工程作为粮食行业人才队伍建设的重要抓手。

《粮食行业人才规划》中要求，国家粮食局负责规划纲要实施的统筹协调和宏观指导；各省（区、市）粮食行业管理部门及有关中央企业要以规划纲要为指导，结合实际，编制本地区、本单位的人才发展规划和实施办法，将工作任务层层分解，落实到位。要加大粮食行业人才工作的投入力度，建立健全政府、单位、社会和个人相结合的多元化人才投入机制，保证人才工作的必要投入。要加强对规划纲要实施的监督检查，确保各项工作任务和要求落到实处。要营造规划纲要实施的良好社会环境，引导和调动各方面的积极性，不断推进粮食行业人才队伍建设。

二　粮食系统先进集体和劳动模范（先进工作者）表彰

为表彰先进，树立典型，进一步激励广大粮食工作者工作热情，更好履行粮食部门职能，建设一支高素质粮食干部职工队伍，促进粮食流通事业发展，根据人事部《关于加强对国务院工作部门授予部级荣誉称号工作管理的通知》（人核培发〔1994〕4号）和《关于实行部级荣誉称号评审表彰计划申报制度的通知》（人核培发〔1995〕57号）要求，2009年8月，国家粮食局向人力资源和社会保障部报送了《国家粮食局关于开展粮食系统先进集体和先进个人表彰活动的请示》（国粮人〔2009〕179号），申请联合表彰一批全国粮食系统先进集体和劳动模范（先进工作者）。

2010年3月，人力资源和社会保障部复函同意国家粮食局在2010年表彰90个"全国粮食系统先进集体"、130名"全国粮食系统劳动模范（先进工作者）"。

2010年6月，人力资源和社会保障部、国家粮食局联合下发了《关于评选全国粮食系统先进集体和劳动模范（先进工作者）的通知》（人社部函〔2010〕171号），并成立了评选表彰领导小组及办公室（以下简称全国"双先"评选表彰办公室）。各省（区、市）粮食行政管理部门和人力资源社会保障部门积极响应、协调，相继联合成立了省（区、市）级相应评选活动领导小组及办公室（以下简称省级"双先"评选表彰办公室），认真组织开展评选活动。省级"双先"评选表彰办公室在广泛征求基层单位和当地组织、纪检、监察、人口计生、工商、税务、环境保护、安全生产等多部门意见的基础上，按照层层推荐、逐级审核、公示无异议的程序，向全国"双先"评选表彰办公室上报候选单位和个人。

全国"双先"评选坚持以政治表现、工作业绩和面向基层工作一线为标准原则，尤其注重审核事迹材料的真实性、先进性和模范带头作用。截至规定时间，全国31个省（区、市）和国家粮食局、中储粮总公司共推荐先进集体89个，劳动模范85个，先进工作者44个。2010年12月6日，全国"双先"评选表彰办公室在全国范围内对拟表彰的候选单位和个人进行了公示，2个候选单位经核实不符合全国粮食系统先进集体条件被取消了受表彰资格。

2010年12月22日，人力资源和社会保障部、国家粮食局联合下发了《关于表彰全国粮食系统先进集体劳动模范和先进工作者的决定》（人社部发〔2010〕100号），授予北京市顺义区粮食局等87个单位"全国粮食系统先进集体"荣誉称号；授予张小军等85名同志"全国粮食系统劳动模范"荣誉称号，授予黄燕等44名同志"全国粮食系统先进工作者"荣誉称号。被授予"全国粮食系统劳动模范"和"全国粮食系统先进工作者"荣誉称号的个人，享受省部级劳动模范和先进工作者待遇。

在受表彰的87个"全国粮食系统先进集体"中，机关事业单位48个，占55.17%，其中处级单位23个；企业单位39个，占43.82%。受表彰的129名先进个人中，年龄最大的58岁，年龄最小的32岁，平均42.87岁；女同志14名，占10.85%；少数民族9名，占6.98%；中共党员126名，占97.67%；研究生学历17名，占13.18%；大学学历43名，占33.33%；大专学历52名，占40.31%；中专学历10名，占7.75%；高中学历5名，占3.88%；初中学历2名，占1.55%。

2011年1月20日至21日，经国务院批准，国家粮食局在北京召开了全国粮食局长会议暨全国粮食系统先进集体和劳动模范（先进工作者）表彰大会。会上，人力资源和社会保障部、国家粮食局领导为87个"全国粮食系统先进集体"和129名"全国粮食系统劳动模范"、"全国粮食系统先进工作者"颁发了奖牌、奖章和证书。33名代表参加了先进集体代表和劳动模范（先进工作者）座谈会，代表们结合本单位和个人工作实际，围绕粮食流通工作踊跃发言，一致认为召开全国粮食系统表彰大会，充分体现了党和国家对粮食工作的高度重视和对粮食系统干部职工的亲切关怀，纷纷表示要鼓足干劲，深入开展创先争优活动，进一步提升粮食行业整体素质，促进粮食流通事业科学发展。

三　粮食行业教育与培训

2010年，全国粮食行业教育培训工作稳步推进，共计组织242148人次参加各类学历教育、政治理论和业务培训，参训率达35.93%。

从培训时间来看，参加12天以内的短期培训为213627人次，参加13天以上1个月以内的培训为17854人次，参加1个月至3个月的培训为7152人次，参加3个月以上的培训为3515人次。

从培训内容和人员来看，粮食行业从业人员参加职业技能培训的积极性大幅提高，全年参加粮油保管员、粮油质量检验员、粮油竞价交易员、制米工、制粉工、制油工等粮食行业特有工种职业技能培训79809人次，同比2009年增长10.95%；公务员全年参加培训31614人次，参训率达81.74%；企事业单位管理人员全年参加培训64577人次，参训率达63.84%；专业技术人员全年参加培训45352人次，参训率达58.68%；工人全年参加培训92956人次，参训率达30.41%。

从培训机构来看，参加党校、行政学院培训26144人次，参加粮食行业教育培训机构培训105689人次，参加高校科研机构培训5234人次，参加其它培训机构培训105081人次。

此外，全国各级粮食部门全年举办各类培训班共计17792期，同比2009年减少6.00%，培训405582人次，同比减少5.97%。其中，中央单位举办培训班6258期，培训145733人次；省、自治区、直辖市粮食行政管理部门及下属机构举办培训班1339期，培训57763人次；省辖市、自治州、行署粮食行政管理部门及下属机构举办培训班2626期，培训59267人次；县（市、区）粮食行政管理部门及下属机构举办培训班7569期，培训142819人次。

四　粮食行业技能人才队伍建设

（一）稳步推进粮食行业职业技能鉴定工作

2010年，全国共组织开展粮食行业特有工种职业技能鉴定123期，鉴定职业（工种）包括粮油保管员、粮油质量检验员、粮油竞价交易员、制米工、制粉工、制油工等6个。全行业共有11215人次参加鉴定，其中7572人次通过鉴定考核并获得相应职业资格证书，通过率为67.5%，比2009年降低8.3%。从鉴定职业（工种）来看，参加粮油保管员鉴定6290人次，占鉴定总人数的56.1%；参加粮油质量检验员鉴定4548人次，占鉴定总人数的40.6%；参加其它4个职业（工种）鉴定377人次，占鉴定总人数的3.3%。从鉴定职业资格等级来看，参加初级工鉴定5035人次，占鉴定总人数的44.9%；参加中级工鉴定4678人次，占鉴定总人数的41.7%；参加高级工鉴定1352人次，占鉴定总人数的12.1%；参加技师、高级技师鉴定150人次，占鉴定总人数的1.3%。

2010年，为加强粮食行业特有工种职业技能鉴定管理，国家粮食局对粮油保管员、粮油质量检验员两个工种的理论知识鉴定考试实行统一时间、统一试卷的全国统考，同时印发了《粮食行业特有工种职业技能鉴定理论知识统考实施细则》，进一步规范和细化了考场设置、监考管理、试卷保密、质量督导、阅卷评分、成绩管理等考试环节的规定和要求。全国统考每年4月和9月各举行一次，统考试卷由国家粮食局统一组卷、印制、密封和分发，使用阅卷阅读机统一阅卷评分，同时还采取了AB卷交替排布、全程视频监控录像等措施，提高了鉴定的准确性和工作效率，确保了鉴定质量和公平公正。

（二）进一步夯实技能人才培训和鉴定有关基础性工作

1. 进一步完善粮食行业特有工种职业技能培训教程体系建设。2010年，国家粮食局人事司组织粮食院校和企业的有关专家，启动了制粉工、制米工、制油工（技师、高级技师）和粮食经纪人职业技能培训教程开发工作，其中，制油工（技师、高级技师）职业技能培训教程的开发编制工作已经完成。

2. 进一步加强职业技能鉴定国家试题库粮食行业分库建设。针对2009年国家粮油标准进行了大量修订的情况，国家粮食局及时组织有关专家对粮油质量检验员鉴定试题库进行了修订，以适应国家粮油标准的变化。另外，在组织开发制粉工、制米工、制油工和粮食经纪人四个特有工种职业技能培训教程的同时，也组织专家开发编制相应的鉴定试题，及时补充完善题库资源。

3. 加强粮食行业特有工种职业技能鉴定考评员队伍建设。2010年8月，国家粮食局在银川举办全国粮食行业特有工种职业技能师资暨高级考评员培训班，邀请知名职业教育专家讲学授课，组织优秀培训教师和考评人员交流经验。通过严格考试和审核，新增高级考评员65人、考评员55人，至此全国粮食行业特有工种职业技能鉴定考评员总数达729人，其中高级考评员144人。考评员队伍得到壮大，整体素质进一步提高。

（三）完善高技能人才选拔和表彰机制

1. 成功举办第二届全国粮食行业职业技能竞赛。2010年初，国家粮食局积极指导北京等26个省（区、市）粮食局和中国储备粮管理总公司、中粮集团有限公司开展第二届全国粮食行业职业技能竞赛活动初赛，做好决赛选手的层层选拔工作。2010年5月29日至30日，国家粮食局、中国就业培训技术指导中心、中国财贸轻纺烟草工会在湖北省武汉市成功举办了第二届全国粮食行业职业技能竞赛总决赛。总决赛设置粮油保管员和粮油质量检验员两个竞赛职业（工种）。粮油质量检验员职业根据业务的不同，划分成粮油质检机构组和粮油企业组。全国共有28个省（区、市）和中国储备粮管理总公司、中粮集团有限公司共30支代表队、180名选手参加总决赛。总决赛在竞赛项目设置上更加注重考查选手的职业技能基本功，更加注重贴近工作实际。经过激烈的角逐，安徽省粮食局代表队获得优秀团体一等奖，中国储备粮管理总公司代表队、江苏省粮食局代表队获得优秀团体二等奖，江西省粮食局代表队、湖北省粮食局代表队、山东省粮食局代表队获得优秀团体三等奖；江苏省粮食局代表队乔军，安徽省粮食局代表队陈正根，中国储备粮管理总公司代表队吴文强获得粮油保管员职业比赛一等奖；湖北省粮食局代表队刘利获得粮油质量检验员职业质检机构组比赛一等奖，中国储备粮管理总公司代表队郭赫和赵艳妍获得粮油质量检验员职业企业组比赛一等奖；24名同志获得粮油保管员、粮油质量检验员职业质检机构组和企业组比赛个人二等奖；20名同志获得粮油保管员、粮油质量检验员职业质检机构组和企业组比赛个人三等奖。经向有关部门申报，授予乔军"全国五一劳动奖章"荣誉称号、授予刘利"全国粮食系统先进工作者"荣誉称号、授予郭赫"全国粮食系统劳动模范"荣誉称号，享受省部级劳动模范待遇。6名获得一等奖的个人由人力资源和社会保障部授予"全国技术能手"荣誉称号，24名获得二等奖的个人由国家粮食局授予"全国粮食行业技术能手"荣誉称号。辽宁省粮食局代表队、陕西省粮食局代表队、湖南省粮食局代表队、北京市粮食局代表队、河北省粮食局代表队、浙江省粮食局代表队、四川省粮食局代表队、黑龙江省粮食局代表队等8个代表队获得优秀组织奖。此次竞赛的成功举办，在引导和鼓励粮食行业广大职工钻研业务、爱岗敬业、苦练技能方面发挥了积极的作用，对推进粮食流通产业发展，更好地保障国家粮食安全具有重要的意义。

2. 开展人才评选表彰工作。根据《人力资源和社会保障部关于推荐第十届中华技能大奖全国技术能手候选人和国家技能人才培育突出贡献奖候选单位候选个人的通知》要求，国家粮食局组织开展了有关评选表彰活动。经过评选，决定授予高玉树等22名同志"全国粮食行业技术能手"荣誉称号；授予吴爱国等6名同志"全国粮食行业技能人才培育突出贡献奖个人"荣誉称号；授予南京天悦粮食物流集团有限公司等4家单位"全国粮食行业技能人才培育突出贡献奖单位"荣誉称号。经国家粮食局审核，并经人力资源和社会保障部评选，决定授予张国六、管晓柏、冯国良"全国技术能手荣誉称号"；授予吴爱国"全国技能人才培育突出贡献奖个人"荣誉称号；授予南京天悦粮食物流集团有限公司"全国技能人才培育突出贡献奖单位"荣誉称号。

（四）加大对西部地区技能人才工作的扶持力度

2010年，为贯彻落实中央关于新疆、西藏等地区工作的精神，国家粮食局党组研究提出了粮食行业支持新疆、西藏等地区发展和稳定的具体措施。向新疆地区免费提供粮食行业特有工种职业技能系列培训教程2000册，总价值9.97万元。其中，粮油保管员职业培训教程、考试手册各400册；粮油质量检验员职业培训教程、考试手册各300册；制米工、制粉工、制油工、粮油竞价交易员职业培训教程各150册。为支持西藏地区开展首次粮食行业特有工种职业技能培训和鉴定工作，国家粮食局专门从全国协调选派了具有丰富培训和鉴定工作经验的权威专家进藏授课，并免费提供培训教材。专家们研究制定了针对西藏粮食行业粮油保管和质量检验工作的实际的培训和鉴定工作方案，培训和鉴定取得了良好的效果，为西藏粮食行业继续开展职业技能培训和鉴定工作奠定了基础。

五　粮食行业职业教育教学指导工作

（一）参与修订《中等职业学校专业目录》

国家粮食局人事司根据教育部修订《中等职业学校专业目录》工作要求，在广泛征求粮食院校意见的基础上，提出了"粮油储藏与检验技术"、"粮油饲料加工与检验技术"两个专业的修订意见，在2010年出版的《中等职业学校专业目录》中明确了上述两个专业的培养目标、就业面向、职业能力要求、专业教学主要内容、专业（技能）方向、对应职业（岗位）等。

（二）参与推进面向农村的职业教育工作

2010年4月，国家粮食局开展了粮食院校教育教学资源问卷调查，并实地考察了湖北、甘肃等地的粮食院校，掌握了当前粮食院校现状和粮食行业职业教育教学基本情况。在此基础上，多次会同教育部、科技部、农业部、水利部、国家林业局等部门，商讨推进面向农村的职业教育工作。

（三）成立全国粮食职业教育教学指导委员会

2010年11月，教育部印发了《关于批准成立全国财政职业教育教学指导委员会等43个行业职业教育教学指导委员会的通知》（教职成函〔2010〕7号），批准成立了全国粮食职业教育教学指导委员会。全国粮食职业教育教学指导委员会（粮食教指委）的成立，是粮食行业贯彻落实《国家中长期人才发展规划纲要（2010～2020年）》、《国家中长期教育改革和发展规划纲要（2010～2020年）》的重要体现，是贯彻落实《全国粮食行业中长期人才发展规划纲要（2011～2020年）》的重大举措，标志着粮食行业职业教育步入了规范化管理的轨道，对于指导建立现代粮食职业教育体系，推进产教结合、校企合作，促进粮食职业教育服务市场、服务行业，不断满足粮食行业对高素质劳动者和技能型人才的需要，具有十分重要的意义。

科学研究

一　科技进步与创新

■　国家粮食局

（一）两项粮食科技成果分获国家科技进步一、二等奖

2010年，由国家粮食局科学研究院牵头承担的"粮食储备'四合一'新技术研究开发与集成创新"项目成果和由河南工业大学牵头承担的"大豆磷脂生产关键技术及产业化开发"项目成果分别荣获2010年度国家科技进步一、二等奖，是粮食行业首次获得国家科技进步一等奖。

"粮食储备'四合一'新技术研究开发与集成创新"项目集成创新了粮情测控、智能通风、谷物冷却和低剂量环流熏蒸"四合一"储粮新技术体系，系统解决了我国粮食储备特有的仓型大、储期长的技术难题，大幅度降低了储备粮损失，改善了储粮品质，减少了化学药剂使用量，获得显著的经济和社会效益。使我国储粮技术整体达到国际先进水平。

"大豆磷脂生产关键技术及产业化开发"项目以大豆油脚为原料，独创了具有自主知识产权的磷脂加工技术，创立了我国磷脂加工产业体系，消除了由油脚废弃或生产黑脂酸带来的污染，使油脂行业每年减少废酸水排放300多万吨。

（二）编制"十二五"粮食科技发展指导意见

国家粮食局组织河南工业大学等11家单位的信息、节能减排、装备、生物等领域专家70余人次分别赴河南、江苏、吉林、广东近50家粮食科研院校（所）、粮食仓储企业、加工企业、物流企业（园区）、装备制造企业、批发市场等单位进行"十二五"粮食科技发展规划调研，形成了《信息技术专项》、《生物技术专项》、《节能减排技术专项》和《装备技术专项》等近20万字的"十二五"粮食科技发展规划专题研究报告，获得国家粮食局优秀调研报告一等奖。报告对粮食行业信息技术、生物技术、节能技术和装备技术的应用现状、问题、发展趋势和技术应用前景进行了系统的分析，对"十二五"粮食科技发展提出了意见建议。在此基础上，完成了"十二五"粮食科技发展指导意见草案，明确了粮食行业科技重点发展方向和任务，提出了以信息、生物技术提升粮食流通技术水平，以节能等先进技术改造传统产业，推动先进制造技术在行业的应用，促进产业结构调整，实现跨越式发展的目标。

（三）开展"十一五"粮食科技发展后评价工作

国家粮食局组织开展了"十一五"期间粮食科技项目执行情况后评价和"十一五"粮食科技发展报告的编写工作。向相关部门、部分省市粮食局、科研院所、高等院校、部分粮食行业重点企业等下发调查问卷300多份，详细汇总分析了514个粮食科技项目，完成了约10万多字的《"十一五"粮食科技发展报告》。为编制"十二五"粮食科技发展指导意见提供了坚实的基础。

（四）申报国家工程实验室

由国家粮食局组织申报的粮食产后国家工程实验室建设工作取得重要进展。截至2010年底，有五个单位牵头的三个领域的工程实验室已经具备了立项的条件。即粮食储运国家工程实验室、粮食深加工国家工程实验室（包括共性技术及小麦、稻谷、玉米深加工实验室，稻谷综合利用和发酵工程实验室三个平台）和粮食加工机械装备国家工程实验室。这些国家级工程实验室的建立将有利于粮食产后领域科技体系的完善，可对粮食行业科技发展提供有力支撑。

（五）粮食科技项目取得新的进展

1. 储备粮减损关键技术研究开发与应用示范项目。"储备粮减损关键技术研究开发与应用示范"项目由科技部批复立项，下设5个课题。项目的研究目标是：解决我国现代农业稻谷规模化种植产后低成本节能干燥难题以及技术和设备缺乏等瓶颈问题，降低干燥设备投资和干燥成本20%，为国家储备粮托市收购提供技术保障；开发糙米集装储运新技术，探索散粮集装单元储运新形式，降低储运成本和损耗，提高流通运输效率，开发糙米储运新模式；攻克制约富氮低氧绿色储粮技术大规模推广应用的技术和经济障碍，推广低氧气调储粮150万吨，既保持粮食品质，从源头上确保食物安全，又减少储粮化学药剂的生产和使用，使储粮化学药剂的使用量降低30%，切实保护生态环境；开发新型储备粮堆湿热调控新技术，减少我国储备粮储藏期间损失损耗30%以上；利用现代生物高技术开发替代化学药剂防治储粮害虫和霉菌的新途径，实现储粮虫霉发生的预警预报，为保障国家粮食数量和质量安全提供科技支撑。

2. 节能增效储粮关键技术研究开发与示范项目。国家粮食局组织申报的"节能增效储粮关键技术研究开发与示范"项目被科技部批准立项。该项目下设两个课题，分别是"粮食保质节能烘干及湿热区域低温储粮技术装备的研究开发"和"储粮粮情关键因子调控及害虫生物防治技术的研究与示范"。项目拟解决粮食产后干燥、运输、储藏中的节能增效、绿色减损的瓶颈和关键技术问题，在整合集成前期粮食储藏节能技术和新能源储粮应用技术的基础上，从湿热区域低温储粮节能技术、粮食保质节能烘干技术与装备、储粮害虫生物防治关键技术、储粮粮情关键因子调控技术等方面着手，开展研究与新型装备的开发，形成具有国际先进水平的节能增效绿色储粮减损技术示范体系，达到明显的节能减损和提升储粮品质效果，带动全行业粮食储藏和干燥技术的进步。

3. 农业科技成果转化项目。国家粮食局组织申报了9个农业科技成果转化资金项目，7个获批立项，国拨经费400万元。分别为国家粮食局科学研究院的"高杂粮豆含量营养健康挂面加工技术中试研究"项目（重点项目）；西安油脂科学研究设计院的"菜籽油酶法精炼技术转化"项目；国家粮食局科学研究院的"便携式储粮真菌危害早期检测仪转化与示范"项目；国贸工程设计院的"农用小型移动式秸秆造粒设备技术改造及推广"项目；武汉粮食科学研究设计院的"油茶籽脱壳冷榨生产纯天然油茶籽油成套技术装备"项目；无锡粮食科学研究设计院的"葡萄籽综合利用技术集成与中试"项目；成都粮食储藏科学研究所的"稻谷整精米率测定仪的中试生产"等项目。

4. 院所技术开发专项。国家粮食局组织申报的"400t/d碱炼系统关键技术与装备研究及国产化"、"中转浅园仓自动化出仓技术的研究与开发"两个院所开发专项获得科技部批准立项。

5. 国家软科学项目立项。国家粮食局组织申报的5个国家软科学项目获批立项。分别是"粮食加工业发展若干重大问题研究"、"国外粮油技术装备对我国粮食安全冲击及自主创新战略研究"、"科技进步与粮食安全"、"粮油科技期刊发展战略及对国家粮食安全和科技进步的贡献机制研究"和"从价值链角度解析粮食及制品加工业在改善农业经济质量中的功能作用研究"项目。

（六）25个项目进入"十二五"农业领域国家科技项目库

国家粮食局组织行业科技力量及相关科研单位，在信息、储藏、检测、加工、物流和丰产等6个领域开展预备项目的征集工作。经广泛征集筛选，共向科技部推荐25个预备项目。在科技部组织的项目评选中，这些项目全部通过了科技部的专家审查，进入了"十二五"国家科技预备项目库。

（七）开展"十一五"科技支撑计划项目验收工作

1. 粮食丰产科技工程项目。科技部组织专家对国家粮食局组织实施的粮食丰产科技工程产后领域项目进行了验收；通过专家评审，"粮食丰产科技工程"产后3个课题顺利通过科技部验收。该项目开发了新产品18项，新材料2项，重大工艺改进1项，获国家发明专利1项、申报国家专利20项，获国家科技进步奖1项，部科技一等奖1项，完成国家和行业标准3项。并在全国三大平原12个省建立农户科学储粮示范基地和农户科学储粮核心示范户。项目科研成果得到全面推广，2010年，中央、地方财政等其他投入达到16.7亿元，为保证国家粮食安全和农民增收提供了技术支撑。

2. 安全绿色储粮关键技术研究开发与示范项目。该项目所属七个课题顺利完成研究工作，并通过财务审计，进入验收准备阶段。项目开发了具有自主知识产权的国家粮库数量检测、安全绿色储粮和质量控制技术和设备。在粮情测控、绿色杀虫防霉、原粮绿色储藏、成品粮保鲜、仓库优化设计、粮食干燥和质量快速检测七大重点技术领域开展绿色储粮和质量控制的自主和集成创新研究，取得一大批科技创新成果。

3. 粮食宏观调控信息保障关键技术研究开发与应用示范项目。该项目所属四个课题顺利完成研究工作，并通过财务审计，进入验收准备阶段。项目围绕建立国家粮食宏观调控信息保障体系建设中存在的关键技术问题进行研发和示范，通过粮食收购品质快速检测技术和粮仓清仓查库技术的突破，带动制约粮食宏观调控信息采集瓶颈的解决，提高粮食供应、收购、储藏、流通等宏观调控环节的信息采集、追踪监控、应急信息分析能力，提高粮食宏观调控应急响应能力，从粮食供给、储备、流通、交易价格等四个方面提出应对各种突发事件的宏观调控预案，为全国及区域尺度的粮食宏观调控提供了信息保障，提高了粮食产业的信息化水平。

4. 开展农业科技成果转化资金项目验收工作。国家粮食局组织完成了农业科技成果转化资金2009立项项目的中期监理和2008年度项目验收工作。各项目均完成了《合同书》中规定的转化任务，技术指标达到了预计要求，取得了良好的社会经济效益，引导了粮食行业科技成果为产业服务，促进了成果向市场化过渡，提高了科技成果的转化率，经科技部确认，6个项目全部通过验收。

（八）成功举办粮食科技活动周

国家粮食局成功举办了以"标准——粮油食品安全的保障"为主题的2010年粮食科技活动周。在广州主会场进行了主题宣传，组织了全国31个省（自治区、直辖市）粮食局开展了多种形式的科技周宣传活动；参加了科技部科技周全国主会场活动和科技部科技列车巴中行活动；开展了向巴州区柳林镇凤鸣垭村和兴隆乡土桥村赠送了200套农户科学储粮仓的活动；举办了题为"食品安全与一日三餐的科学"的专题科普讲座活动，在四川巴州举办了3场粮食科技讲座。粮食科技周活动受到了国家和广大参与群众的普遍好评。国家粮食局流通与科技发展司被授予"全国科普工作先进集体"称号。

（九）召开粮食信息化技术研讨会

2010年10月，国家粮食局在无锡主办了主题为"物联网·粮食流通信息化"的粮食信息化技术研讨会。来自全国大专院校、科研院所、信息相关企业、各省、市粮食局及相关单位的共计80多个单位280余名代表参加了会议。会议开展了8场主题报告、技术沙龙、自由发言及专家互动、参加对无锡感知中国中心和常州粮食现代物流中心的考察等活动，取得了较好的效果。

（十）召开粮食收购RFID技术—农户售粮结算卡应用技术研讨会

2010年12月，国家粮食局组织召开粮食收购RFID技术—农户售粮结算卡应用技术研讨会。会议介绍了国家发改委基于RFID的区域粮食流通管理试点应用项目的有关成果，研讨了有关RFID应用技术和应用、推广方式，促进农户售粮结算卡等先进手段的应用范围。

■ 国家粮食局科学研究院

2010年，国家粮食局科学研究院（简称粮科院）在国家粮食局党组的正确领导下，深入贯彻落实科学发展观，积极开展"创先争优"和粮食科技活动，各项工作取得了新的成绩。

（一）科技工作成绩突出

1. "十一五"各类科技计划进展顺利。2010年是"十一五"的收官之年，也是关键之年。在全院上下共同努力下，当年各类在研项目（课题）进展顺利。

院本部当年在研的课题涉及国家科技支撑计划9个项目共33个独立子课题、国家863计划1个子课题、国家自然科学基金项目1个、国家农业科技成果转化资金项目4个、基础性工作专项1个、国家质量监督检验检疫总局公益性行业科研专项经费2个、国家粮食局标准中心科研项目1个、国家粮食局软科学战略研究项目1个、人力资源和社会保障部留学人员科技活动项目1个、教育部留学科研启动基金1个、农业部公益性行业科研专项1个、国家转基因生物新品种培育科技重大专项中独立研究内容1个、植物病虫害生物学国家重点实验室开放基金资助课题1个、国家及行业标准制修订计划项目13个、粮科院自立课题11个，共计73个独立科研课题，平均每个研究组有7个课题或标准制修订计划项目，工作饱满，并顺利完成了当年的研究任务。

粮科院牵头的4个"十一五"国家科技支撑计划课题顺利完成各项科研计划任务，并取得良好阶段性成果。"蚕豆、高粱加工品质评价系统及加工适用性研究"和"低质饼粕饲料高效利用关键技术研究"通过了项目主管单位的验收；"农产品物流包装与技术规程研究"和"储粮高效绿色杀虫防霉技术研究开发"也完成课题验收前的各项准备工作。

粮科院所属国贸工程设计院开展了"十一五"科技支撑计划课题的收尾总结及验收准备工作。包括：

课题一"网络化多功能粮情监控集成技术与系统研究开发"的子课题3："储粮粮情监测专用传感器研究与开发"、子课题4："储粮粮堆温度变化规律与温度传感器布置模型研究"。

课题五"现代粮仓配套新技术材料研究开发"子课题3："储粮仓房建设新材料的研究开发"；子课题1："我国现代粮仓建设的仓型研究"。

课题四"成品粮储存保鲜技术和设备设施的研究开发"的子课题1："大米储存保鲜工艺技术和设备研究开发"。

课题七"粮食品质快速检测关键技术及仪器研究开发"的子课题1："粮食收购质量快速检验数据采集、传输技术及设备研究开发"。

另外，有两个标准规范项目：《粮食工程可行性研究报告编制深度规定》《粮食工程建设标准体系》

完成了审查会后的修改并发布。《植物油库建设标准》项目也完成了最终修改工作。

粮科院所属东方孚德技术发展中心完成了"十一五"科技支撑计划分布在3个课题中的4项内容："吹泡示功仪"、"物性仪"、"大米整精米率检测仪器的研发"、"散粮汽车研究"。等待国家粮食局统一安排项目的验收。其中"吹泡示功仪"、"物性仪"已经具备批量生产条件。"吹泡示功仪"已经开始销售。

另外，国家农转资金项目"智能化稻谷品质综合检测仪"完成设计并于2010年年底初步完成样机试制。

2. 科技成果显著。一是成果奖励情况：《粮食储备"四合一"新技术研究开发与集成创新》项目获国家科技进步一等奖。为了解决大型储备粮库大仓容、高粮堆、储期长，易发生水分转移和结露霉变、熏蒸杀虫不均匀、损耗大、保质难，以及装卸效率低、干燥破碎高等安全储粮的突出问题，推进国债建设的储备粮库技术现代化，粮科院和其他合作单位潜心研究，刻苦攻关，积极从储粮基础参数、规律、方法和理论的系统研究入手，突破现代储粮技术瓶颈，首创了智能粮情检测、低剂量环流熏蒸、智能通风和高效谷物冷却四项技术为一体的"四合一"储粮新技术。建立了中国储粮生态系统理论体系，形成了储粮通风控制窗口理论和模型，提出了抗性害虫治理和低温储粮的新方法。拓展创新了多段变温—缓苏干燥新工艺、高效粮食装卸新装备、多用途散粮汽车和整仓CO_2气调储粮新技术。此项拥有完全自主知识产权的新成果系统地解决了我国储备粮防霉保鲜、抗性害虫治理和降耗减排等诸多问题。通过在全国1000多个中央和地方粮库的应用，大量减少了储粮损耗，逐步消除了陈化粮，改善了出库粮的品质，降低了储粮能耗和储粮费用，储备粮新鲜程度宜存率指标从70%提升到99%，加快了无公害和绿色储粮技术的普及，提高了粮油食品卫生的基础安全水平。

以"四合一"新技术为核心的储备粮新技术体系的成功开发和应用，实现了我国储备粮库技术装备水平向现代化的整体跨越，显著提升了我国粮食产后技术领域的国际地位，在产生巨大经济、社会和生态效益的同时，为国家粮食安全提供了强有力的科技支撑。

2010年，粮科院组织相关单位对该技术进行集成，申报了粮食储备"四合一"新技术研究开发与集成创新项目的国家科技进步奖。并获得"国家科技进步奖一等奖"。这是粮科院历史上的一件大喜事，是建国以来粮食行业获得的最高一项科技奖。

由国贸院组织申报的"北京炼焦化学厂能源研发科技中心项目可行性研究报告"项目，荣获2010年度北京市优秀工程咨询成果二等奖。

二是专利与论文情况。2010年，粮科院（含下属企业）共申报了13项专利，其中7项发明专利，5项实用新型专利，1项计算机软件注册权。在实施科研课题的过程中，科研人员认真总结研究成果，积极撰写科技论文。2010年共发表科技论文90多篇，比2009年增加十多篇。论文等级和质量也有所提高。其中一级以上核心刊物占一半以上。

3. 积极申报国家科研计划课题。粮科院科研人员在努力完成现有科研任务的同时，积极申报国家科研课题，为"十二五"科技发展开好头。2010年，院本部共申报国家课题69个，比2009年有较大幅度的增加，其中包括国家自然科学基金项目7个、北京市自然科学基金项目2个、申报国家标准23项、国家农业科技成果转化资金项目3个、国家质量监督检验检疫总局公益性行业科研专项经费2个、国家科技支撑计划项目1个（节能增效）、科技部国际合作项目2个、国家粮食局软科学战略研究项目1个、人力资源和社会保障部留学人员科技活动项目2个、"十二五"国家科技计划农村领域首批预备项目8个、粮科院基本科研业务费专项课题15个等。

在完成好国家科技计划的同时，为鼓励科研人员走出去，面向社会，面向企业，制定了"国家粮食局科学研究院科技成果转化管理暂行办法"，促进科技成果的应用转化。

国贸院成功申请到国家农转资金项目《农用小型移动式秸秆造粒设备技术改造及推广》。《植物油厂设计规范（修订）》、《粮食楼房仓设计规范》两个设计规范编制项目获得确认，并接受了编制任务。

4. 组建"粮食储运国家工程实验室"。为贯彻落实《全国新增1000亿斤粮食生产能力规划（2010~2020年）》，减少加工流通过程中粮食损失，粮科院申报了由发改委组织的促进粮食增产增收创新能力建设专项中"粮食储运国家工程实验室"。建设国家工程实验室的目的是以粮食储运和运输过程中的保质和减损为重点，开展二氧化碳和氮气气调储藏、高效生物杀虫剂、环保型通风等节能安全的储粮技术研发，突破集装箱、集装袋等安全物流保质减损等关键技术，为提升粮食储运效率提供技术支撑。目前"粮食储运国家工程实验室"已获国家发改委的批准成立。

5. 参加《粮食加工业发展规划（2011~2020）》的起草工作和科技部"十二五"科研备选项目评审工作。

6. 牵头开展"十一五"滚动项目——"储备粮减损新技术研究与示范"，进展顺利。

7. 进行了向国外（乌克兰）输出成套储粮设备和技术工作。

8. 2010年，粮科院"国家粮食局粮油质量检验测试中心"正式对外承接检测任务。为了确保检验工作的公正性、科学性和准确性，检测中心严格实施质量体系文件，制定了2010年检测工作计划、培训计划、管理评审计划、仪器设备期间核查计划等。秉承"科学公正、优质高效、管理规范、客户满意"的质量方针，认真对待每一份样品，检验报告以事实和检测数据为依据，2010年与中粮集团签订了长期检验协议，承接了包括国家发改委公众营养与发展中心"粮油营养入省行"大型公益活动中营养强化产品的检验等共计170多个粮油样品的（原粮、成品粮、粮油制品、油料、油脂及饲料原料等）近80个参数的检测任务。

（二）基础条件建设取得新发展

在国家粮食局、发改委和财政部的大力支持下，粮科院的科研条件逐年改善。

2010年粮科院通过公开招标方式先后三批完成了2010年财政部修购专项"粮油安全评价系统和有害物质防控实验室条件建设项目"，以及2007~2009年财政部修购专项"粮食精深加工实验室条件建设"、"粮食生物工程实验室条件建设"、"粮食生物技术与粮油储存环境模拟系统条件建设"三个项目部分仪器设备的采购任务，共购置粮食生物技术、粮食深加工等相关领域的各类仪器设备72台（套），并完成了部分采购仪器设备的安装、调试工作。

2010年，粮科大厦功能提升、粮油储藏和加工科研仪器购置、粮油质量检测与标准验证实验仪器购置等三个项目通过了粮食局组织的竣工验收。

此外，粮科院申报的2011年财政部修购专项计划"油脂深加工实验室条件平台建设项目"已获财政部批准，并正在进行项目实施的计划工作。预算内投资基建项目"中试基地污水处理设施改扩建项目"、"粮食加工物理改性中试设备购置项目"已获国家粮食局立项批复。

（三）国际交流与合作广泛开展

近年来，粮科院对外科技交流与合作日益加强。2010年先后与阿根廷农牧科学院签订双方《合作谅解备忘录》，建立了双方科技合作交流平台；与澳大利亚BRI公司签订《利用中国和澳大利亚小麦配麦生产高品质面条》合作协议，并共同举办了"面条品质研讨会"，得到了我国面条专用粉和面条生产企业的积极响应和高度好评。

先后邀请加拿大、澳大利亚、日本四位专家来粮科院进行学术交流，为粮科院相关课题的顺利实施发挥了积极作用，较好地完成了2010年的引智项目"储备粮减损新技术研究"。

2010年粮科院共派出9次13人前往喀麦隆、以色列、瑞典、法国、葡萄牙、日本、澳大利亚、巴西、马来西亚、乌克兰等国家参加各类专业学术会议、技术培训、项目考察等活动。

共接待来自法国、加拿大、澳大利亚、美国、印度、叙利亚、丹麦、中国台湾、日本、捷克、阿根廷等国家与地区的农业、粮油等政府部门官员、专业机构研究人员、商业团体负责人等20次81人来访粮科院。

设立了"国家粮食局科学研究院博士后科研工作站"。经过积极申请，2010年8月人力资源和社会保障部、全国博士后管理委员会正式批准粮科院设立博士后科研工作站。博士后科研工作站的设立，为粮科院培养选拔高层人才，改善人才结构；提出和开展高水平科研课题，提高创新能力搭建了一个重要平台。

■ 中国粮油学会

在国家粮食局、国家奖励办和中国科协等有关部门的大力支持和关怀下，经中国粮油学会及所属各专业分会、评审委员和推荐单位的共同努力下，中国粮油学会圆满完成了2010年度中国粮油学会科学技术奖（以下简称"粮油科技奖"）的评审工作。评审委员本着认真、负责、细致、耐心的态度，坚持公开、公平、公正的评审原则，按照评审程序规范进行评审，保证评审工作的科学性、公正性和权威性。评选出一批优秀的粮油科学技术成果以及为粮油科学技术进步做出突出贡献的科技人员和企事业单位，为加速粮油科技进步发挥了重要的作用。

中国粮油学会于2010年4～7月开展粮油科技奖的推荐与申报工作，截至7月初，共收到26个推荐单位的39个科研项目的申报材料，其中有38个项目通过了形式审查并在中国粮油学会网站上进行了受理项目的公示。根据本年度项目申报的实际情况，共划分为食品、油脂、饲料、质检、仓储及物流和其他6个专业组评审组。学会奖励工作办公室将受理项目的申报材料按专业分类提交相应的专业评审小组进行初评。各专业组分别聘请本领域的资深学者、专家70余人，于8～9月组织开展了各专业组的初评工作。各专业评审组分别召开了评审会议，并采取定量和定性评价相结合的方式进行，最终以无记名投票表决产生初评结果，专业组推荐项目共28项。12月3~5日召开综合评审会议，经过评审委员25名专家评审、理事长办公会复审及公示，最终有24个项目获得了2010年度粮油科技奖，其中一等奖4项、二等奖8项、三等奖12项。

二　粮食战略性问题和学术研究

为落实国务院关于"加强对粮食（含植物油，下同）战略性问题的研究"要求，规范对粮食战略性问题研究项目的管理，提高粮食战略性问题研究水平和质量，更好地服务于深化粮食流通体制改革、发展现代粮食流通产业和保障国家粮食安全的需要，2010国家粮食局决定在继续组织加强软科学课题研究的同时，进一步加强对粮食战略性问题的理论与实践研究。为切实组织好这项工作，研究制定了《粮食战略性问题研究项目管理办法（试行）》，对粮食战略性问题研究项目的选题、立项、管理、项目评审及成果和经费管理等方面作了具体规定。

根据管理办法，将"中国粮食国际贸易战略研究"、"中国食用植物油安全战略研究"、"粳稻供需平衡战略研究"、"粮食产销衔接长效机制研究"、"基于宏观层面的国有粮食企业改革和发展战略研究"确定为2010年粮食战略性问题研究项目，并对其中四个项目面向社会公开招标。公开招标项目经专家评审，确定吉林省粮食经济研究所、中国粮食经济学会、国家粮食局科学研究院、湘潭大学为承担单位。项目研究过程中，国家粮食局积极予以指导。各项目承担单位高度重视，根据立项要求深入开展研究工作。

国家粮食局分别组织专家对项目研究成果进行了初审和终审。根据初审意见，项目承担单位对研究成果进行了修改、完善。项目终审专家组一致认为，国家粮食局2010年粮食战略性问题研究项目选题科学，抓住了粮食流通工作中带有全局性、长远性和现实针对性的重要问题。各项目承担单位紧扣粮食流通中心工作，对所承担项目进行了深入细致的研究，提出了许多有价值的政策建议，对制定政策、指导实际工作具有重要参考作用。

（一）国家粮食局软科学课题研究

2010年，国家粮食局围绕中心工作，积极组织开展粮食流通重大战略问题的理论研究工作，软科学课题研究工作取得了明显进展。为增强软科学研究的针对性，年初，国家粮食局软科学评审专家委员会办公室通过审议确立当年的软科学课题研究方向，内容涉及保障国家粮食安全长效机制、现代粮食流通产业、粮食宏观调控机制、粮食价格形成机制、粮食法制建设、粮食流通监督检查机制、粮食质量安全机制、国有粮食企业改革和粮食行业"十二五"发展战略等方面。

各省级粮食行政管理部门对软科学课题研究工作高度重视，在国家粮食局公布的课题研究方向基础上，结合本省粮食工作实际，上报了一批针对性强、立意较新的课题研究项目。2010年，全国粮食系统共提交67篇具有一定理论水平和实践意义的课题研究成果。从评审结果看，"关于全国粮食行业事业单位改革工作的思考"、"大型国有粮食企业资本运营研究"、"保障国家粮食安全长效机制的研究"、"粮食供应链风险控制机制研究"等一批优秀成果，紧密围绕粮食流通工作的热点和难点问题，深入分析研究，引用数据资料翔实准确，具有较高的理论价值和实用价值。

为鼓励各地继续深入开展课题研究工作，进一步提升课题研究的水平，国家粮食局对28个获奖单位给予表彰并授予国家粮食局优秀软科学课题获奖证书。同时，将获奖优秀成果汇编成册，发送各省粮食局供学习参考。

（二）国家粮食局优秀粮食调研报告评选

为推动粮食行业深入开展调查研究，不断推动粮食工作创新发展，国家粮食局组织了粮食系统优秀调研报告征集和评选活动。各地粮食行政管理部门高度重视，积极开展调查研究，为领导决策提供科学的政策建议。2010年各地共上报粮食调研报告百余篇，经国家粮食局软科学评审专家委员会办公室评审，其中有40篇调研报告分别获得一、二、三等奖。获奖的优秀调研报告，能够紧扣粮食流通工作的难点和热点问题，进行了广泛深入的调查研究，其中以"关于河南省夏粮收购情况调研报告"、"全国粮食行业人才队伍建设情况调研报告"、"'十二五'粮食科技发展规划调研报告——总体报告"、"关于当前我国食用植物油市场的调研报告"、"关于粮食流通体制改革和产业发展的调研报告"、"湖北省粮食局关于落实'四个一批'工程战略情况的调研报告"、"陕西省国有粮食企业购销经营情况调研报告"、"对发展宁夏优质大米产业的思考"等调查报告质量较高，具有很强的现实指导意义。部分调研报告所提出的建议还得到上级领导的肯定和重视，并被有关部门采纳，实实在在地推动了粮食流通工作，取得了实效。

　　为鼓励粮食系统干部职工继续深入开展调查研究，国家粮食局对黑龙江省粮食局等40个优秀调研报告获奖单位给予了表彰，同时授予"国家粮食局优秀调研报告"证书。获奖优秀调研成果还汇编成册，发送各省粮食局供学习参考。

党建工作

2010年，国家粮食局直属机关基层党组织和广大党员干部在局党组和上级党委的坚强领导下，以邓小平理论和"三个代表"重要思想为指导，深入学习实践科学发展观，认真贯彻落实党的十七届四中、五中全会和全国机关党建工作会议精神，紧紧围绕服务中心、建设队伍两大任务，全面推进机关党的思想、组织、作风、制度和反腐倡廉建设，努力提高机关党的建设科学化水平，为粮食流通中心工作科学发展提供了坚强的政治动力和组织保证。

一　积极推进学习型党组织建设，党员干部整体素质进一步提高

认真贯彻落实中央关于推进学习型党组织建设的部署要求，坚持用中国特色社会主义理论体系武装头脑，紧密联系实际加强理论学习，积极加强社会主义核心价值体系建设，采取领导荐书、专题讲座、组织读书体会交流、利用局域网自学等方式，广泛开展学习型党组织建设活动。上半年，局办公室、直属机关党委、直属机关团委联合组织开展局党组领导荐书活动，党组书记、局长聂振邦同志向全局党员干部推荐赠送了王梦奎同志编写的《怎样写文章》一书，并结合自己多年的工作体会，就如何读书学习、调查研究和提高公文写作水平进行辅导。为便于大家学习，局机关党委为党员干部推荐、发放各类图书15种。基层党组织不断创新学习方式，普遍采用团队学习、集体学习、个人读书与领导辅导相结合等方式组织学习，增强了学习效果。党员领导干部坚持带头读书学习，努力做到"学习工作化，工作学习化"，营造了读书、学习、思考、创新的良好氛围，促进了党员干部整体素质的提高。

二　深入开展创先争优活动，基层党组织建设进一步加强

局党组对在党的基层组织和党员中深入开展创建先进基层党组织、争当优秀共产党员活动高度重视，成立了国家粮食局创先争优活动领导小组，由局党组成员、副局长兼直属机关党委书记张桂凤同志任组长，局办公室、机关党委、人事司、监察局领导同志为成员，认真研究制定活动方案，确立了"围绕科学发展主题，用好三个活动载体，抓好三个结合，实现四个总体目标"的总体思路，并召开会议进行深入动员部署。根据经常性工作阶段化、务虚的工作有载体有抓手的要求，在实践中把各项工作纳入到创先争优活动中，在基层党组织和党员中普遍开展了创先争优公开承诺活动，党组织和党员都细化创先争优的具体目标和措施，撰写了目标明确、内容具体、切实可行的承诺书，通过在干部职工大会上宣读、张榜公布、局网上公布等形式进行公开，发动群众监督党员在日常工作中践行诺言，激励党员在破解发展难题中争当先锋，创造一流业绩。各基层党组织紧密联系自身实际设计活动载体，注重引导党组织和党员把本职岗位作为创先争优的实践平台，把思想和行动统一到立足本职岗位建功立业上来，把创先争优激发出来的生机和活力，转化为推动粮食流通中心工作重点难点问题

解决的实际行动。如局办公室党支部以"学赶先进、干事创业、争当先锋"为载体，财务司党支部以"我是党员我带头，我的岗位我负责"为载体，都较好地体现了贴近中心、服务大局、立足本职、注重实效的基本原则，使创先争优活动成为推动中心工作的直接动力，促进了中心任务的圆满完成。

6月份，新修订的《中国共产党党和国家机关基层组织工作条例》颁发后，机关党委立即下发通知，对如何学习贯彻做出部署。为提高党务干部落实《条例》做好党务工作的能力，下半年组织40余名专兼职党委（支部）书记、组织委员进行培训，通过专家辅导、观看录像、讨论交流，使党务干部组织创先争优、加强基层党组织建设的能力进一步提高。按照加强党内民主建设，积极推进党务公开的有关要求，在发展党员、党员转正之前进行公示，在向党委会报告党费开支情况的同时，还在局域网上向全局党员报告。积极会同有关单位认真督促指导司级党员领导干部按期召开了民主生活会，及时召开3个座谈会收集了解机关党员、干部的思想情况和意见建议并向局党组反映。加强党员的党性教育，严把入口关，年初用4天时间，对15名入党积极分子进行了集中培训。组织局机关和直属联系单位全体党员参观了抗震救灾展览、全国检察机关惩治和预防渎职侵权犯罪展览。8月份组织基层党组织负责人和部分优秀党员赴延安开展了"弘扬延安精神，积极创先争优"主题党日活动，在张思德塑像前集体学习毛泽东同志的《为人民服务》，重温入党誓词，参观延安革命旧址和纪念馆，收到良好效果。各基层党组织也分别开展了一系列参观、调查研究等主题党日实践活动，进一步增强了党员队伍的党性观念。

三　广泛开展讲党性、重品行、作表率活动，机关作风建设进一步加强

为加强和创新机关党建工作，围绕落实"服务中心、建设队伍"两大任务，与深入学习实践科学发展观活动和"创建文明机关，争做人民满意公务员"活动紧密结合，在全局党员干部中广泛开展"讲党性、重品行、作表率"活动，组织党员干部认真学习党的三代领导集体和胡锦涛总书记关于加强党性修养、树立和弘扬优良作风的重要论述，学习中央关于加强党的建设有关会议精神，深刻理解机关党员干部"讲党性、重品行、作表率"的重要意义，把活动渗透到各项组织生活之中，组织干部职工参加"做文明有礼的中国人"网上签名寄语活动，引导干部职工说文明话、干文明事、做文明人，培育文明道德新风尚，让社会主义核心价值体系的精神内涵融入党员干部的日常工作和生活之中，促进了机关作风建设的进一步加强。

四　加强廉政警示教育，反腐倡廉工作进一步加强

认真落实国家粮食局《建立健全惩治和预防腐败体系2008~2012年工作规划》，积极开展廉政警示教育活动。年初，中央纪委十七届五次全会、国务院第三次廉政工作会议召开后，按照局党组指示组织召开党员干部大会，认真传达贯彻会议精神，学习了胡锦涛总书记和温家宝总理重要讲话。各基层党组织把学习贯彻会议精神作为重要的政治任务，组织深入学习讨论，加深理解，把党员干部的思想和行动统一到了中央精神和局党组的部署要求上来。4月份学习贯彻实施《中国共产党员领导干部廉洁从政若干准则》（以下简称《廉政准则》）电视电话会议召开后，局党组高度重视，组织党组理论学习中心组全体成员和各单位主要负责同志进行了封闭式集中学习，深入学习有关领导讲话，交流学习体会，结合粮食流通工作实际进行重点研讨。局党组集中学习后，机关党委会同驻局纪检组监

察局组织召开机关全体党员干部大会，传达会议精神，就《廉政准则》有关内容进行专题授课讲解。12月份召开全局党员干部廉洁自律警示教育会，传达中央纪委有关案件查处情况的通报，并对发生在粮食系统内的典型违纪案件进行剖析，开展警示教育，引导党员干部自重、自省、自警、自励。通过多种形式的反腐倡廉宣传教育活动，进一步提高了广大党员干部对反腐败斗争复杂性、长期性、艰巨性的认识，增强了党员干部拒腐防变和抵御风险的能力。

五　指导群团组织积极做好群众工作，促进了和谐机关建设

注重党群共建、创先争优，充分发挥工会、共青团、妇联等组织联系群众的优势和作用，积极组织开展各项群众性活动，活跃了机关文化生活，促进了和谐机关建设。

2010年春节，国家粮食局与北京市粮食局和京粮集团联合举办以"欢乐、和谐"为主题的迎新春职工联谊会，干部职工自编自导自演节目，党组领导与群众共同演出，取得圆满成功，受到广泛好评。局直属机关工会认真落实"健康行动"计划，充分发挥各文体协会的作用，组织干部职工350多人次参加第三届中央国家机关职工运动会17个项目的比赛，在女子象棋、广播操、女子乙组铅球的比赛中分别取得了第一名、第三名（优秀奖）、第六名的好成绩，获得中央国家机关第三届职工运动会最佳团队奖。坚持开展送温暖活动，在干部职工生病住院、结婚、生孩子、老人去世以及遇到特殊困难时及时给予补助、看望慰问，全年共计40多人次。局直属机关团委围绕"党建带团建、团建服务党建、团组织和团员青年创先争优"的主题，举办了系列讲座，帮助青年干部拓宽视野，增强宗旨意识，树立正确的价值观。三八节期间，局直属机关妇委会组织开展了"关爱健康、愉悦身心"系列活动，组织机关女同志参观了北京世界花卉大观园，举办健康讲座，发放了2本健康保健书籍，提高了女职工的健康保健意识，激发了工作热情。

六　认真完成了局党组交给的扶贫任务

认真贯彻中央扶贫工作精神，协助国家粮食局负责的四川省金阳县通过产业扶贫增加贫困群众的收入；扶持金阳县新农村建设，从国家粮食局预算内资金中挤出50万元，为金阳县新建农村住房25户；贯彻扶贫扶智政策，投资1万余元为金阳县乡镇干部订购50份《农民日报》，投资5万元帮助金阳中学50名品学兼优的贫困学生解决学费；积极协助金阳县人民医院落实购置医疗设备和门诊大楼建设项目资金。全局干部职工积极向青海玉树、甘肃舟曲灾区捐款73.25万元。

廉政建设

2010年，在中央纪委、监察部的领导和国家粮食局党组的指导下，驻国家粮食局纪检组、监察局认真贯彻十七届中央纪委五次全会和国务院第三次廉政工作会议精神，围绕粮食中心工作，加强党风廉政建设，严肃查办案件，切实履行职责。

一　认真贯彻中央决策，积极推进粮食系统惩防体系建设

（一）认真贯彻落实中纪委全会和国务院廉政工作会议精神

年初，中央纪委十七届五次全会、国务院第三次廉政工作会议召开后，驻局纪检组、监察局立即协助国家粮食局党组，先后在党组扩大会议、机关干部大会上传达贯彻会议精神，同时在江苏南京召开全国粮食系统纪检监察工作会议，部署粮食系统党风廉政建设工作。并制定下发了《2010年国家粮食局党风廉政建设和反腐败工作实施意见》和《任务责任分解意见》。

八月中旬，在安徽召开全国粮食系统纪检监察工作座谈会，进一步深入贯彻中央纪委第十七届五次全会和国务院第三次廉政工作会议精神；总结交流粮食系统反腐倡廉建设工作经验，研究下半年反腐倡廉工作。

（二）认真贯彻实施《中国共产党党员领导干部廉洁从政若干准则》

贯彻实施《中国共产党党员领导干部廉洁从政若干准则》电视电话会议召开后，驻局纪检组、监察局领导高度重视，迅速组织贯彻落实。一是协助国家粮食局党组先后召开党组扩大会议和机关全体干部大会，传达会议精神、组织学习《廉政准则》。二是多次召开驻局纪检组、监察局干部全体会议，研究制定贯彻《廉政准则》实施方案。三是分别给国家粮食局机关全体党员干部和全国粮食系统纪检监察培训班学员就《廉政准则》有关内容进行专题辅导讲解。四是带头学习贯彻《廉政准则》，充分发挥表率作用。五是协助局党组对各单位党员领导干部贯彻《廉政准则》的情况开展专项检查，全面掌握处以上党员干部廉洁从政的情况，及时纠正并严肃处理违反《廉政准则》的行为。

（三）切实加强创新工作

驻局纪检组、监察局认真学习全国反腐倡廉建设创新经验交流会精神，注重对工作经验的总结和工作方式的创新，一是向中央纪委报送了《探索监督新方式　把好干部任用关》和《认真履行监督职责　注重制度创新》等材料；二是在八月中旬召开的全国粮食系统纪检监察工作座谈会上传达了贺国强同志的重要讲话精神，提出创新要求，推荐好的经验做法；三是深入基层调研，推广先进经验，并召开全国粮食系统纪检监察工作研讨会，总结推广创新经验，进一步推进创新工作。

（四）积极推进粮食系统惩防体系建设

继续落实国家粮食局《建立健全惩治和预防腐败体系2008～2012年工作规划》，结合粮食部门实际，认真制定贯彻落实《工作规划》的实施办法，把任务分解落实到各职能部门。并在年底前按照中央有关文件精神，开展了对国家粮食局各单位党风廉政建设责任制落实情况和《建立健全惩治和预防腐败体系2008～2012年工作规划》实施情况的检查工作。

（五）扎实开展反腐倡廉宣传教育活动

1. 深化廉洁自律警示教育。结合落实反腐倡廉工作，组织召开了3次全局党员干部警示教育会，传达中央纪委有关案件查处情况的通报，对发生在粮食系统内的典型违纪案件进行剖析；发放廉政宣教书籍和教材，并在国家粮食局局域网上发布反腐倡廉视频资料，开展警示教育。

2. 研究近年来粮食系统违纪违法典型案例，编辑了《全国粮食系统典型案例剖析》，供全系统纪检监察干部工作借鉴。

（六）加强监督，完善制度，做好领导干部廉洁自律工作

1. 了解掌握局党组成员在用车、住房调整装修、配偶子女就业、出国等方面的变化情况，及时与党组成员交换意见。会同人事部门落实"党员领导干部报告个人有关事项的规定"，6名党组成员和100余名局管干部按期报告了个人有关事项。

2. 严格把关，做好干部提拔、公务员竞争上岗、录用、岗位资格考试等方面廉政监督工作。对申请竞争上岗的人员资格审查并进行廉政考试、面试，履行监督职责。共对28人次进行了廉政考核，其中廉政考试17人次，廉政测评10人次，廉政谈话1人次，1名副司级干部因廉政考核不合格被取消竞争上岗资格。

3. 做好建章立制工作，加强对局属单位党风廉政建设工作的指导。为加强政府采购货物和服务招投标活动的监督管理，制定下发《驻国家粮食局纪检组、监察局对驻在部门招投标监督管理暂行办法》。

4. 继续做好贯彻落实中纪委《关于开展贯彻落实"两办规定"制止党政干部公款出国（境）旅游专项工作的通知》精神和中纪委、监察部、财政部《关于采取有力措施认真贯彻落实厉行节约八项要求的通知》（中纪发〔2010〕11号）精神的有关工作。认真贯彻落实中纪委《关于对党政机关举办庆典、研讨会、论坛活动开展清理摸底的通知》（中纪发〔2010〕30号）精神，对国家粮食局举办庆典、研讨会、论坛活动进行了清理摸底。

5. 继续推动治理"小金库"工作，配合有关单位做好"小金库"治理工作回头看，认真学习和深入贯彻落实贺国强同志关于"小金库"治理工作重要讲话和批示精神，研究制定从源头上防治"小金库"的方式方法，对上一年发现的有关问题整改情况进行跟踪调查。

6. 按照中央纪委等六部委要求对国家粮食局本级及所属二级管理单位规范津贴补贴进行了自查。有针对性地要求重点单位研究公车管理使用问题并出台有关规定。

7. 对粮食系统党风廉政建设情况进行深入调研。驻局纪检组、监察局领导多次带队，对陕西、安徽、浙江、江苏、湖南、广东、山东等省粮食市场、库存管理及党风廉政建设情况进行调查研究。

二　围绕中心工作，加强检查，确保中央部署和政策落实

（一）认真履行监督检查职责，加强对中央扩大内需建设项目的监督检查

驻局纪检组、监察局积极开展对中央2008年新增10亿元国债资金安排的粮油存储设施项目建设和农户储粮等项目的监督检查，会同驻在部门有关司室进行了一系列的监督检查工作，确保资金、工期、招投标、项目监理、施工设计等按规定运行，坚决查处违纪违规行为。一是赴内蒙古自治区通辽市检查中央实施扩大内需政策新增国债投资项目的实施情况。二是作为驻在部门治理工程建设领域突出问题工作小组成员，配合国家发展改革委稽查办对驻在部门若干中央预算项目进行了抽查。三是赴

江苏、上海、山东对中储粮总公司、中粮集团部分2008年第四季度中央扩大内需粮油存储设施8个项目进行了检查。目前大部分项目在验收调试阶段，项目运行顺利，没有发现违规问题。检查后对检查情况向中纪委监察部进行了书面报告。

（二）加强对国家粮食收购政策执行情况和清仓查库工作的监督检查

1. 按照国家发展改革委、财政部、中国农业发展银行、国家粮食局和中储粮总公司的统一部署，驻局纪检组、监察局与驻在部门一起，对湖南、山东、内蒙古、宁夏4省（区）的粮食库存检查工作进行了现场督察。

2. 驻局纪检组、监察局领导先后带队赴陕西、安徽、湖南、广东、山东等地对粮食市场交易、粮食加工、小麦和油菜籽最低价收购准备、外资进入粮油市场等情况进行监督检查。

3. 按照国家统计局、监察部、司法部的统一部署，参加了由国家粮食局组织的全国粮食统计执法大检查，对安徽、江西两省的系统及社会粮食统计工作进行了执法检查。

（三）加强对灾区粮食供应情况的监督检查

玉树地震发生后，驻局纪检组、监察局立即派员会同国家粮食局调控司、监督检查司、质检中心、军粮中心组成联合工作组，分赴青海、宁夏督导抗震救灾粮油供应工作。从整体情况看，玉树地震发生后，粮食部门反应迅速，粮源调度及时，措施得力，保证了灾区群众和救援部队的粮油供应。对检查中发现的一些问题，工作组严格要求当地有关部门，制定相应办法，采取有效措施，迅速予以解决，切实保证灾区粮食供应数量和安全。

三　严肃查办违纪违法案件

按照中纪委全会要求，结合粮食系统的特点，驻局纪检组、监察局对有领导同志批示的案件和重大案件，进行了认真核实、查处。截止到目前，驻局纪检组、监察局共受理各类举报案件93件，全部按照有关规定进行了查处、批转。其中3件作为初核件上报中纪委。

四　加强自身建设，不断提高反腐倡廉工作能力和水平

（一）认真贯彻全国纪检监察系统主题实践活动总结暨加强自身建设电视电话会议精神

驻局纪检组、监察局重视政治理论学习，多次组织全体干部认真学习胡锦涛总书记讲话，学习贺国强同志、何勇同志讲话，结合工作对照检查，指导实践。全国纪检监察系统主题实践活动总结暨加强自身建设电视电话会议召开后，驻局纪检组、监察局两次召开全体会议，传达学习会议精神和贺国强同志、黄树贤同志针对网友评论所作的重要批示。国家粮食局党组成员、驻局纪检组组长杨兵同志对驻局纪检组、监察局全体党员干部提出两点要求：一是要认真学习贺国强同志的重要讲话精神，继续保持发扬主题实践活动中形成的好的成果、做法和经验，以高度的责任感、使命感做好救灾保供、中央扩大内需投资粮食行业建设项目检查和夏粮收购监督检查工作；二是要严格按照"五严守、五禁止"要求，进一步加强驻局纪检组、监察局自身建设，严肃纪律，积极创建学习型机关，努力提高驻局纪检组、监察局干部的政治素质和业务能力，树立纪检监察干部可亲、可信、可敬的良好形象。

（二）积极开展创先争优工作

按照国家粮食局机关党委"创先争优"活动的统一部署，对照创建"五个好"机关先进党组织的

总体要求，驻局纪检组、监察局党支部和全体党员干部结合纪检监察工作特点和岗位职责，作出庄严承诺，公布明示。驻局纪检组、监察局党支部多次召开支部会议，研究"创先争优"活动实施方案，领会活动精神内涵，学习业务知识，扎实开展争先创优工作。

（三）加强业务培训，完善信息制度，提高业务能力

2010年，驻局纪检组、监察局选派1人参加中央党校的学习，举办粮食纪检监察干部业务培训班，近300人参加了学习。同时按照中央纪委的要求，进一步加强了档案管理和信息工作，上报信息、月报、印发简报32期，专报近20份。

粮食新闻宣传工作

2010年，在局党组的正确领导、局领导的高度重视和局内各单位、地方粮食部门的大力支持下，全局新闻宣传工作坚持以邓小平理论和"三个代表"重要思想为指导，深入贯彻落实科学发展观，紧紧围绕粮食流通中心工作，积极宣传和发布粮食流通政策及工作信息，特别是做好全国粮食局长会议、粮食收购、保供稳价和维护粮食秩序、节约粮食反对浪费、粮食法治建设等重点工作的新闻宣传，正面引导了舆论，稳定了市场预期，取得了良好效果，为粮食流通工作营造了良好的舆论氛围。

一 加强新闻宣传工作的计划性和主动性

为及早谋划全年新闻宣传工作思路，2010年初在广泛征求各有关单位意见的基础上制定了《国家粮食局2010年新闻宣传工作要点》，确保新闻宣传的计划性和主动性。各业务司室积极配合接受记者采访，组织相关材料和及时报送信息，确保新闻宣传工作顺利开展。

二 认真做好粮食流通政策的宣传报道工作

围绕全局中心工作，重点宣传国家粮食政策，正面引导舆论，稳定社会预期。邀请新华社、《人民日报》、《经济日报》、《农民日报》等媒体报道全国粮食局长会议，增强公众对粮食工作的了解。针对国内粮食宏观调控和国家粮食安全新形势，在《求是》、《人民日报》、《人民政协报》、《宏观经济管理》等报刊发表局领导署名文章，宣传粮食流通政策和工作。据不完全统计，一年来，中央电视台、新华社、《人民日报》、《求是》、《人民政协报》、《经济日报》、《农民日报》、《粮油市场报》等媒体共刊登和报道反映国家粮食局工作的信息300多篇（条），较上年略有增加。

三 全力做好粮食收购、抗震救灾等重点工作的新闻宣传

积极组织协调局领导和相关业务司、中心负责同志接受中央电视台、央视网、中经网访谈，介绍粮食流通工作情况。一是针对粮油市场供求和价格形势，适时安排局调控司和信息中心的有关负责同志，接受中央电视台采访，介绍国家粮油储备充足、稳定市场措施有力的情况；二是组织协调局领导接受中央电视台采访，介绍全局在稳定消费价格总水平、保障群众基本生活方面的工作情况，正确引导社会预期，较好地发挥了正面引导、稳定市场的作用；三是玉树地震发生后，及时宣传国家粮食局、青海省粮食局等抗灾救灾，确保灾区粮油供应的工作情况，组织协调局领导接受《经济观察报》专访，就确保玉树灾区粮食供应、质量安全等方面回答记者提问，宣传粮食系统抗震救灾工作；四是根据秋粮收购工作的安排部署，研究制定秋粮收购宣传工作方案，认真组织开展秋粮收购期间的新闻宣传工作，宣传国家秋粮收购政策，介绍秋粮收购工作开展情况，为促进秋粮收购营造良好舆论环境；五是中央电视台邀请全局领导参加了《粮安天下》专题节目，宣传国家粮食收购政策；六是落实

国家关于节约粮食、反对浪费的文件精神，组织协调局领导做客央视网，介绍粮食节约工作情况，倡导节约粮食、爱惜粮食的良好风尚；七是组织制作"节约粮食、反对浪费"的公益广告宣传片，在中央电视台1频道、3频道、7频道播放，扩大宣传的受众面，引导社会大众牢固树立"节约粮食光荣、浪费粮食可耻"的思想观念；八是配合粮食科技活动周的新闻宣传，组织协调局有关司、中心负责同志在局政府网站进行在线访谈，宣传国家粮油食品安全标准。

四　认真做好局政府网信息发布和中国政府网内容保障工作

积极协调局内有关单位和省级粮食部门及时提供信息，更新相关栏目，只要不涉及保密内容的信息，第一时间通过局政府网站对外发布，确保信息的权威性和时效性；做好重点专题专栏建设工作。局政府网站根据全局中心工作，推出了"2010年全国粮食局长会议"、"2010年夏粮收购"、"2010年秋粮收购"、"《粮食流通管理条例》颁布实施六周年宣传活动"、"2010年粮食科技活动周"等5个专题，很好地反映了全局阶段性重点工作，取得了较好的宣传效果。密切跟踪监测网上舆情，对互联网上关注度较高的涉粮敏感、热点信息进行筛选、整理，编印《互联网粮食信息摘编》，供局领导参阅。一年来，局政府网站共发布信息7300余条。及时向中国政府网报送重要工作动态信息，共被采用140余条，共编印《摘编》35期。

五　坚持正确的舆论导向，增强《中国粮食经济》的权威性和可读性

2010年，《中国粮食经济》进一步深入贯彻落实科学发展观，坚持正确的舆论导向，大力宣传党中央、国务院粮食工作方针政策，传达国家粮食行政主管部门工作部署，探讨粮食经济理论，交流粮食工作经验，展现粮食工作者的精神风貌，努力发挥机关刊物的权威性、指导性、专业性、贴近性，进一步扩大杂志的影响力和引导力。2010年，共甄选刊发稿件近300篇，要闻资讯300余条，信息公开近40则，共计120余万字。

（一）围绕粮食中心工作和粮食系统重大事件展开宣传报道，体现刊物的权威性和舆论引导能力

随着国家对粮食工作重视程度的提高和国内国际粮食市场的动荡不定，社会各界对粮食工作投以了极大的关注。作为国家粮食局的机关刊物，粮食系统的权威媒体，《中国粮食经济》始终紧跟国家发展改革委、国家粮食局等部门的宣传基调，加强正面新闻宣传，不跟风、不炒作，为粮食工作的顺利开展营造良好的舆论氛围。同时，对于有争议的问题，利用杂志这一开放平台进行客观探讨和分析，为国家宏观调控提出建议和决策参考。

1. 大力宣传国家粮食政策及工作部署。一方面，全面、细致地报道了全国粮食局长会议、全国粮食纪检监察工作会议、中央储备粮工作会议等重要会议精神；另一方面，在"信息公开"栏目全文发布国家中长期粮食方针政策。目前，《中国粮食经济》已成为粮食职工获取粮食政策信息的重要渠道。

2. 广泛宣传2010年粮食重点工作。发挥期刊在深度报道方面的优势，对夏粮收购、粮食行政执法、构建粮食法、落实和完善粮食最低收购价政策等工作以"专题"形式进行综合报道，不仅报道了各地工作动态及经验，还交流了粮食职工对该项工作的分析与思考。

3. 按照国家宏观调控的需要，理性报道粮食市场形势，坚持正确的舆论导向。刊登业内专家和

国家粮油信息中心等机构的权威性较强的文章，对2010年粮价上涨、粮食抢购等形势进行客观、理性的分析，同时在"卷首语"栏目配发《慎对当前粮价》、《维护收购秩序，保护农民利益》等评论性文章，加强正面引导。

（二）进一步完善杂志栏目设置，扩大信息量，增强新闻性与贴近性

1. 增加"视点"栏目。刊登对粮食领域热点事件的分析性文章，增强刊物的时效性与新闻性。如对外资扩张、粮价上涨、加强粮食宏观调控、禁用面粉增白剂等读者关心的话题进行宣传报道。

2. 扩充"新闻概览"、"来稿摘登"栏目内容。增加国际粮食信息和地方粮食工作动态消息，进一步扩大了杂志信息量。

3. 对零散栏目进行整合。调减不合时宜的栏目，增强留存的每个栏目尤其是针对基层工作如"工作研究"、"区域粮食"等栏目的文章分量，增强刊物对基层读者的贴近性。

4. 增加插页。用以编读交流，发布编者宣传要点与征稿需求，刊登读者体会与建议，为进一步做好杂志编辑工作奠定基础。

（三）活跃杂志语言形式与版式，增强可读性

在语言形式上，注重运用通俗易懂的语言来阐述问题；在报道形式上，注重长篇文章或多篇同类文章的拆分组合，以达到最好的宣传效果；在标题编排上，注重采用简短明了的大小标题来明确文章的重点；在版面设计上，注重维护庄重大方又不失活泼的版面风格；在图片运用上，努力做到图文相关，并尽量多地采用粮食系统摄影爱好者的摄影作品，精彩作品还在彩页上予以刊登。

（四）继续做好《〈中国粮食经济〉内部摘编》编辑工作，反映粮食系统重要情况及问题

2010年，广泛采集信息，选取最重要的、亟须向局领导反映的文章纳入《〈中国粮食经济〉内部摘编》，重点刊登了涉及粮食抢购、储备粮出库难、县级粮食部门职能弱化、部分粮库建设与管理混乱等内容的文章，其中多篇受到局领导重视和批示。

（五）中国粮食经济网改版上线，更好地服务于广大读者

2010年，对中国粮食经济网进行了一次全面的更新，年底新网站顺利上线。新网站在网页风格、杂志阅读、会员功能等方面作出了较大幅度的改进，除保留原网站的"粮食新闻"、"本期导读"、"往期浏览"、"供求信息"等栏目之外，新增了"新闻配图"、"我的书架"、"投票"等栏目。截至2010年底，中国粮食经济网共发布13000余条信息，电子版杂志82期，通过网上投稿的稿件已有近1000篇。新版网站更好地发挥了《中国粮食经济》的补充和服务作用，为广大读者提供了更为方便、快捷的阅读方式。

六　各地粮食类期刊立足当地，放眼全局，努力扩大其影响力

2010年，各地粮食类期刊立足于当地粮食中心工作，大力宣传各地粮食行业内的大事要事，服务于当地粮食事业发展。在此基础上，也放眼全国粮食工作大局，关注行业热点问题，并对重要理论及课题展开研究探讨，努力增强其宣传力和影响力。一是围绕本地粮食中心工作展开宣传。除继续在"特稿"、"局长论坛"、"特别报道"等栏目报道各地粮食系统重要会议，传达工作部署外，还大力报道了当地2010年的重点工作。如《贵州粮食》将农户科学储粮工作作为年度宣传重点，《云南粮食经济》和《福建粮食经济》关注了抗旱、抗洪保粮等等。2010年是"十一五"收官之年，《安徽粮食》、《内蒙古粮食经济》等期刊还全面回顾了本地"十一五"粮食工作。二是对行业内热点问题

和新问题的关注度有所提高。许多期刊如《粮食问题研究》、《黑龙江粮食》等就2010年备受关注的粮价上涨问题予以了分析和报道。对于粮食系统近年来谈论比较多的粮食行政执法问题，《齐鲁粮食》、《广西粮食》、《冀粮经济》等期刊开设了"依法管粮"、"依法行政"、"行政执法"等栏目。三是利用各自宣传平台，交流基层粮食工作经验、推广先进典型。如《江西粮食》的"经验交流"、《安徽粮食》的"行业风采"、《齐鲁粮食》的"探索与实践"等栏目，刊登了大量的基层粮食部门有关改革与发展的文章，为推广先进典型经验和做法创建了平台，为本地区粮食事业的整体推进营造了有利的舆论环境。四是满足读者需求，进一步美化杂志形式。各地粮食期刊除在内容上下足工夫外，也不放松对杂志外在的要求。许多期刊在版式设计、纸张印刷等方面上了一个新台阶，有的期刊如《冀粮经济》、《内蒙古粮食经济》等还进行了全新的大幅度改版，收到了良好的效果。

老干部工作

一   总体情况

2010年，在国家粮食局党组的正确领导下，离退休干部办公室以科学发展观为指导，全面贯彻党的十七届四中、五中全会和全国老干部局长会议精神，围绕粮食流通工作大局，创新求实，创先争优，认真落实离退休干部的政治待遇和生活待遇，加强职工队伍建设，完成了各项工作任务。

截至2010年底，国家粮食局共有离退休人员327人。其中，离休122人，退休205人；副部级以上离退休干部7人，司（局）级离退休干部80人，处级以下离退休干部224人，退休工人16人；在离休干部中，红军时期参加革命2人，抗战时期参加革命36人，解放时期参加革命84人；80岁以上离退休人员159人，最高年龄97岁；在老同志中，有中共党员251人。为老干部服务的在职人员34人。

二   认真落实离退休干部的政治待遇

一是及时组织党的路线方针政策和时事政治学习。组织离退休人员学习了胡锦涛等中央领导同志的重要讲话和党的十七届四中、五中全会精神，引导大家深刻领会文件的精神实质，做到团结一心，服务大局，为贯彻落实党的各项方针政策提供了思想保障。组织部分离退休干部召开座谈会，局党组书记、局长聂振邦同志亲自听取老同志对粮食工作的意见和建议。组织有关离退休干部参加了中组部召开的"中央国家机关老同志专题报告会"。请曾丽瑛副局长向老同志们通报2010年粮食流通工作情况，结合春游活动，组织老同志们参观了"三河米业"，满足了老同志关心国家大事，关注粮食事业发展的愿望。二是组织开展"两节"走访慰问和座谈活动，给老同志送上了组织的关怀。三是组织开展了重大节日和事件的纪念活动。组织举办了"迎新春"和迎国庆"歌颂祖国"书画展活动。组织离退休和在职的女同志参观了中国妇女儿童博物馆。为48对金婚夫妻拍摄了金婚纪念照。组织离退休和在职人员参加了世博知识竞赛活动、获得"优秀组织奖"。开展了纪念抗战胜利65周年活动。组织在职人员和离退休人员开展向甘肃玉树和舟曲灾区捐款活动。四是组织开展多种形式的文体活动。开展了贯彻落实"中组部〔2008〕10号文件"精神的"自查"工作。召开了离退办第三次党代会，对办党委、支部进行了换届选举。

三   认真落实离退休干部生活待遇

一是做好对有困难老同志的帮扶工作。为85岁以上和90岁以上的老同志按照不同标准发放了健康长寿慰问金；按照国管局文件精神，为20位遗属调整了生活补助费，为7位老干部调整了自雇费标准。经与机关服务中心协商，解决了部分离退休人员物业费的问题。二是积极做好医疗保健工作。全年完成门诊量6483人次。三是努力改善离退休干部活动条件。为各活动站添置了办公家具、活动设备、器材，配合局机关服务中心修缮了马连道活动站房屋。四是加强财务管理工作。严格执行2010年度预算，认真完成各项资金的申领、使用审核工作和"小金库"治理工作。

四　认真抓好在职干部队伍建设

根据上级部署和本办实际，制定创先争优活动方案，深入动员，逐项落实。在局网"老干部园地"开辟《创先争优》专栏，设立专门展板，将在职人员"创先争优活动公开承诺书"予以公开，增强了党员的责任感和参与创先争优活动的动力。

采取观看专家辅导报告录像和分组讨论的办法，组织在职人员学习贯彻党的十七届五中全会精神，了解党和国家的方针政策。认真学习《廉政准则》，参观"廉政展览"，增强了干部的党性观念和宗旨意识。组织在职干部党员过主题党日，感受革命岁月的艰苦和伟大的革命精神。开展老干部工作政策业务知识百题竞赛活动，促进了大家对老干部工作政策业务知识的理解和掌握，提高了工作人员的服务管理水平，获组织三等奖。

五　积极实行科学民主决策与政务信息公开

办领导班子坚持集体研究决定重大事项，及时下发会议纪要，欢迎民主监督，促进了民主决策的科学化。

按上级的统一安排，完成了本部门处室职能设置和调整工作。配合人事司完成了干部的民主推荐、军队转业干部接收、公务员录用、干部职务晋升、退休办理等工作。认真做好职工工资福利有关工作和计划生育工作。狠抓安全保卫、保密工作、固定资产和车辆管理工作。组织了29个部委老干部部门参加的国管局第四协作组会议。为做好政务信息公开工作，举办了电脑培训。

加强老干部工作研究。3月初，召开了老干部工作研讨会，总结本办老干部工作经验和规律，提出了进一步加强老干部工作的思路和方法。下半年组织人员参加中组部组织的"做好新形势下老干部工作"征文活动，离退办选送稿件《关于加强离退休干部心理疏导的几点思考》被中组部评为二等奖。

及时在国粮局网站发布工作信息，截至11月份，在"老干部园地"栏目登载29条动态信息，有8条信息在局网主页发布。编发离退办简报8期，简报特刊一期。局机关党委简报采用稿件1篇。中央国家机关工委《老干部园地》、《中国粮食经济》、《中国老年》杂志、《中国老年报》、《中国离退休网》等全年共刊发离退办稿件15篇，对外宣传力度明显提高。

4

第四篇

各地粮食工作

北京市粮食工作　基本情况

北京市位于华北平原西北边缘，东南距渤海约150公里，西、北和东北群山环绕，东南是缓缓向渤海倾斜的大平原，地势西北高、东南低。全市土地面积16410平方公里，其中平原面积占38.6%，山区面积占61.4%。北京市常住人口1755万人。其中：户籍人口1245.8万人，外来人口509.2万人；城镇人口1491.8万人，乡村人口263.2万人。2010年，北京市粮食播种面积22.3万公顷，比上年减少0.3万顷；粮食产量115.7万吨，比上年下降7.3%。

"十一五"期间，北京市粮食流通行业紧紧抓住北京奥运会、新中国成立60周年庆典的契机，围绕推动"人文北京、科技北京、绿色北京"建设，深化粮食流通体制改革，不断完善首都粮食安全保障体系，积极应对复杂多变的市场形势，保持了粮食市场平稳运行，为首都经济社会发展做出了重要贡献。

"十一五"期间，北京市粮食年消费量约500万吨，年产量约116万吨。"十一五"末，全市有效粮食仓容达到415万吨，比"十五"末增长12%；油脂罐容达到14.6万吨，比"十五"末增长26%。市级粮食储备和食用油储备规模分别达到全市城乡居民6个月和60天的正常消费量，成品粮油储备规模达到全市城乡居民10天的正常消费量。国有粮食企业全行业连续5年保持盈利，国有粮食购销企业连续9年保持盈利。

2010年粮食工作

2010年是全面实现"十一五"规划目标的关键一年，也是北京实施发展新战略的重要一年。北京市粮食流通行业按照市委市政府加快建设"世界城市"目标的要求，深入贯彻落实科学发展观，继续深化粮食流通体制改革。从保民生、保稳定的高度，加强粮食调控，全力保持首都粮食供应和价格基本稳定。加强粮食产销合作和资源整合，全力推进现代粮食流通产业发展，加强粮食仓储和物流体系建设，推动粮油加工业升级改造和品牌培育，延长产业链条，促进农民增收、企业增效和经济发展。

一　完成保供稳价工作，保证首都粮食市场平稳运行

按照国家发展改革委等五部门保供稳价的工作要求，北京市成立了由主管副市长挂帅的"粮油市

场保供稳价工作小组"，每月向本市加工企业定向销售市储备稻谷，共销售稻谷19万吨。认真组织本市加工企业参与国家临时存储粳稻竞价交易，共采购稻谷57万吨，加工的大米限价出厂、限地销售，有效地稳定了北京市大米市场。根据市政府办公厅《关于做好本市秋粮收购和当前粮食市场调控工作的通知》精神，全面开展了秋粮收购监督检查工作，核查了91家企业的最高库存量和235家企业的收储资格，有力地保障了粮油市场供应，维护了粮价基本稳定。

二　粮食流通体制改革进一步深化

粮食行政管理部门职能进一步转变。积极推进粮食流通体制改革，不断完善政策措施，理顺政府宏观调控与企业自主经营之间的关系。市与区县粮食行政管理部门，加快工作重心向市场调控、监督管理、行业指导和协调服务转变。认真落实储备粮承储企业税收减免政策和东北粳稻入关运费补贴政策，支持企业改革与发展。继续推进国有粮食企业改革。

三　完成了《北京市储备粮管理办法》的修订工作

解决了成品粮油储备、异地储存、仓储设施保护、费用调整机制、损耗处理、轮换方式等难点问题，为进一步提升管理水平创造了条件。制定了《北京市储备粮管理办法》相关配套文件，初步构建起新的法规和制度体系。

四　市储备粮规范化管理取得新进展，管理水平不断提高

推广科学储粮和绿色储粮，圆满完成了稻谷储存3年的试验，启动了糙米储存试验。加快储粮远程监控系统建设，仓储信息化管理水平进一步提高。加强市储备粮规范化管理工作，全面开展规范化"千分制"评价工作，促进了市储备粮规范化管理水平的提高。2010年，北京市6家企业被国家粮食局授予"先进企业"，20家企业被市粮食局评为"优秀企业"。

五　粮食产业实力明显增强

巩固粮油仓储主业。各级财政和企业积极投资建设和维修粮食仓房，储粮设施设备明显改善。调整粮油加工业结构和布局，年小麦处理能力达到100万吨，年稻谷处理能力达到138.4万吨。食用植物油加工能力逐步向本市周边地区和天津港转移，玉米加工、饲料生产企业结构进一步优化。

六　粮食法制建设进一步加强，依法行政工作有序推进

完成粮食"五五"普法总结验收工作。开展了《粮食流通管理条例》颁布实施6周年宣传活动。贯彻实施国家发展改革委出台的《粮油仓储管理办法》，制定《粮油仓储单位备案管理办法》，依法加强对社会粮油仓储的管理。开展粮食库存检查工作，确保首都粮食安全的物质基础真实可靠。开展对国家临时储备稻谷和本市储备稻谷购销情况的检查，监督北京市中标企业履行协议。开展对国家政

策性小麦销售出库情况的检查，确保出库工作顺利进行。2010年市与区县粮食行政管理部门共开展监督检查1105次，出动执法人员3407人次，进一步维护了首都粮食市场正常秩序。

七　应急机制进一步完善

充分发挥市与区县两级粮油信息监测网络的作用，及时捕捉粮油市场信息，客观分析粮油供求与价格走势，准确掌握国际、国内粮油市场动态，完善信息预警机制。健全了市与区县两级粮油储备，规模到位情况和储备管理工作居全国领先水平。落实了粮食工作区县长负责制，建立了区县粮食储备。加强应急演练，落实应急投放网点，进一步提高应急反应能力。

八　军粮供应保障能力进一步提高

严格执行军粮供应政策，积极筹措粮源，完善统一采购办法，保证了军粮的质量和数量。节日期间调供精制大米、饺子粉、红小豆、绿豆，丰富优质军粮供应。完善规章制度和业务流程，实行销售系统网络化、财务管理电算化和进货远程控制，规范化、信息化管理水平稳步提高。以"跟进保障、延伸保障、全天候保障"为内容，制定军粮应急保障预案，应急保障能力进一步提高。

九　粮食市场体系进一步健全

本市基本形成了以北京国家粮食交易中心为龙头，重点粮食批发市场为骨干，大卖场、超市、便利店为居民粮油消费主渠道，"万村千乡"农村连锁销售网点为补充，统一开放、竞争有序的粮食市场体系。北京国家粮油交易中心发挥竞价交易平台的作用，带动了大宗粮油贸易的开展。重点粮食批发市场发挥成品粮油集散中心的作用，丰富了成品粮油的市场供应。大卖场、超市、便利店和社区菜市场普遍经销粮油商品，满足和方便了城乡居民的日常消费。

十　粮食行业教育培训工作取得好成绩

加强对一线从业人员的技能培训和考评工作，共培训177人次，145人取得了国家职业资格等级证书。认真开展考评员继续教育，3人取得了高级考评员资格，5人取得了考评员资格。积极参加第二届全国粮食行业职业技能竞赛，1人获得粮油质量检验员职业（粮油质检机构组）优秀个人三等奖，北京市粮食局代表队获得优秀组织奖。

◆ **北京市粮食局领导班子成员**

李广禄　　　局长、党组书记

周爱华（女）市纪委驻粮食局纪检组长、党组副书记

马长旺　　　副局长、党组成员（2010年9月调离）

朱　雷　　　副局长、党组成员

张　强　　　副局长、党组成员（2010年10月任职）

杨　牧　　　副局长、党组成员（2010年4月任职）

2010年3月，北京市召开会议布置粮食库存检查工作。

2010年10月，北京市粮食局局长李广禄同志（右二）参加团员青年才艺展示活动。

2010年5月15日，北京市举办"粮友伴您，低碳生活"为主题的粮食科技周活动。

2010年9月4日，北京市在西城区红莲社区广场举行"放心粮油宣传日"活动暨北京市放心粮油示范企业授牌仪式。

天津市粮食工作   基本情况

天津市地处华北平原东北部，海河流域下游。东临渤海，与山东、辽东两半岛相望；北依燕山，与河北省、北京市相邻。市域总面积11760.26平方公里，海域面积3000余平方公里。年末全市常住人口1293.8万人，比上年末增加65.6万人。全市生产总值（GDP）完成9108.8亿元，比上年增长17.4%。全市地方一般预算收入完成1068.8亿元，增长30.1%。全市粮食种植面积31.2万公顷，增长1.7%；粮食总产量159.7万吨，增长2.2%，连续7年增产丰收，创近11年来最好水平。粮食自给率31.7%。粮食商品量131.2万吨，比上年增加7.3万吨，粮食商品率达到82.1%。

全市粮食消费总量504.2万吨，人均消费粮食388.1公斤。粮食缺口344.5万吨，比上年扩大了15.5万吨。食用植物油消费总量317374吨，比上年增加49217吨。人均消费量24.43公斤。

全市购进粮食288.3万吨，比上年增加74万吨，外销粮食1.7万吨，比上年减少4.4万吨。

"十一五"期间，按照国家粮食局要求，天津市足额增加了地方储备粮油规模。全市国有粮食购销企业收购粮食39万吨，占粮食经营企业收购总量60%以上。投资8.8亿元，新建133万吨仓容，比2005年末增长了50%，全市仓容达到399万吨。

2010年粮食工作

2010年，天津市各级粮食行政管理部门深入贯彻落实科学发展观，以确保粮食安全为主题，以夯实粮食安全物质基础为主线，以维护粮食市场和价格基本稳定为主攻方向，采取有力措施，加强宏观调控，取得良好成效，为全市经济发展和社会稳定做出了积极贡献。国务院副总理李克强、国家发改委副主任彭森分别考察了天津市粮库、面粉厂等有关单位，对全市粮食工作给予充分肯定。

一　不断完善确保全市粮食安全措施，进一步增强了粮食宏观调控能力

（一）粮食宏观调控的物质基础更加坚实，粮食供应保障能力有新的提高

为确保全市粮食安全，天津市粮食局采取有力措施，保证了地方储备粮常量库存规模。同时，根据市场供求形势和市政府保障供应稳定价格八项措施，协调有关部门，并报请市政府批准，分批调增全市成品小包装米、面、油的储备规模。调整后的小包装米、面、油的储备量将分别达到1.3万吨、1.8万吨和0.4万吨。在落实应急粮源供应的基础上，深入推动各区县应急体系建设，开展应急工作的检查与培训，实现应急工作机制的常态化。进一步完善军粮供应管理制度，军粮供应保障能力稳步提高。

（二）抓好"保供稳价"工作，维护了粮食市场供应和价格基本稳定

根据国家有关部门的部署和要求，天津市成立了由八个委局组成的粮食保供稳价工作领导小组，由市粮食局牵头，定期召开协调工作会，认真落实各项措施。为保证全市大米供应和价格稳定，积极组织8家企业参加定向销售的中央临时储备稻谷的竞买。共竞买28.65万吨，并全部投放天津市场。同时，组织了5家大型饲料加工和养殖企业参加中央移库玉米的竞买，组织2家大型食用植物油加工企业参加了中央临时储备植物油的竞买。

（三）充分发挥粮油批发交易市场作用，有效实施了储备粮的吞吐调节

中国天津粮油批发交易市场组织了5次地方储备粮购销活动，完成交易量21.5万吨，交易额4.6亿元。同时，做好国家专储粮的网上交易，组织竞价交易49次，完成交易量69.7万吨，交易额13亿元。

（四）认真落实粮食收购政策，积极组织推动了粮食收购工作

为搞好粮食收购工作，切实保护好种粮农民利益，各级粮食行政管理部门一方面积极督促国有粮食购销企业发挥主渠道作用，引导和鼓励有资质的粮食企业搞好入市收购。另一方面强化对粮食收购市场的监管，维护好粮食收购秩序，保持粮食市场的基本稳定。国有粮食购销企业按照国家质价标准，合理确定收购价格，提高服务水平，创新服务方式，让农民卖舒心粮、放心粮。全市国有粮食购销企业收购粮食10.8万吨，其中，夏粮4.9万吨，秋粮5.9万吨。

（五）大力加强粮食市场监测和价格监管，及时掌握市场变化

进一步加强了粮食市场价格监测，及时了解市场动态，向国家和市有关部门提供了大量的市场信息和数据，为政府科学决策提供了可靠依据；做好全市粮食价格监测直报单位的监管，确保各个直报单位及时准确报送数据；按照国家粮食局要求，对大米加工重点企业的有关数据及时汇总，按期上报。

（六）深入开展粮食产销合作，稳定全市粮源供应

市粮食局主要负责同志赴河北省衔接粮源，并深入部分市县进行了考察。经与河北省粮食部门协商，河北省对天津市粮源的供给保持在120万吨水平。

积极探索津鲁两省市深化粮食产销合作机制建设。深入研究将山东部分重点骨干粮食加工企业，确定为天津市政策性粮食购销主体，承担粮食应急加工供应任务。

组织了京津冀粮食产销合作购销对接会。三省市粮食行政管理部门的领导与46家粮食企业的百余名代表参加了对接会议，对加强粮食产销合作、搞活粮食流通、增加粮源起到了重要作用。

与7省市粮食局共同主办了第七届黑龙江金秋粮食合作洽谈会。按照"政府推动、部门协调、市场机制、企业运作"的原则，积极组织全市20家粮食企业参加了合作洽谈会，"引粮入津"成交总量达49.7万吨。

做好东北稻谷采购入津工作。按照国家有关文件精神，积极组织企业从黑龙江、吉林、辽宁三省采购粳稻（大米）入关进津99万吨，增强了全市大米市场供应保障能力。

二　努力完善储备粮管理体系，提高了储备粮管理质量

认真做好地方储备粮油轮换工作。为确保全市地方储备粮数量真实，质量良好，以竞价方式进行了地方储备粮轮换。

圆满完成了春、夏两季粮油安全普查工作。经检查，没有发现违规违纪、私自动用地方储备粮油现象，全市地方储备粮油数量真实、质量良好、储存安全。

认真履行监管职责，确保储备粮油安全。市粮食储备公司坚持每季度对承储单位进行库存检查，发现隐患，督促整改。严把粮油入库关，全年共查出并退回不符合质量标准的粮食0.5万吨。对11.8万吨物理指标超标的储备粮，及时下达"质量整改通知书"，保证了储备粮质量。

保证了储备粮油安全防雨防汛。及早动手布置防雨防汛工作，加强与气象、水利等部门的沟通，及时掌握天气和水文变化情况，确保了汛期储粮安全。

较好地完成了地方储备粮油的质量检测和安全监测工作。全年共检测地方储备粮211.5万吨，地方储备油5.4万吨，及时掌握储备粮油质量状况，提高了管理质量。

大力开展粮油科技工作。成功开展了粮油科技周活动。开展了世界粮食日节粮爱粮主题活动宣传。开展了粮油仓储科技课题研究，促进全市科学保粮水平快速提升。

推进实施了新的《粮油仓储管理办法》，全市储备粮规范化管理活动取得新进展。及时维护和更新了地方储备粮油管理信息查询系统，提高了管理效率。

三　深入开展粮食流通监督检查，有效履行粮食行政管理职能

（一）圆满完成粮食库存检查工作和食用植物油库存检查实物测量差率试验工作

粮食库存检查工作取得实效。根据《国家粮食局关于开展2010年全国粮食库存检查工作的通知》精神，市粮食局会同中储粮北京分公司对座落天津的中央储备粮、地方储备粮以及国有及国有控股粮食企业储存的商品粮进行了全面检查，建立健全了粮食库存管理长效机制。

顺利完成食用植物油库存检查实物测量差率试验工作。根据国家发展改革委等部门《关于开展食用植物油库存检查试点工作的通知》精神，市粮食局会同中储粮北京分公司在中央储备粮武清直属库等储油单位选择30个油罐进行差率试验，掌握了食用植物油实物测量检查方法，为库存植物油普查工作打下了良好的基础。

（二）开展了政策性粮食购销活动的监督检查

重点检查政策性粮食交易过程和合同履约情况，监督买卖双方严格执行国家有关政策及标准。督促承储企业认真履行竞价销售合同，按规定及时组织粮食出库。还对指定的大米加工企业参与东北地区临储粳稻竞买等情况进行了监督检查。确保了国家政策性粮食竞价销售工作顺利进行。

（三）开展了全社会粮食流通监督检查

认真开展了对粮食收购企业的核查。按照《粮食流通管理条例》的有关规定，统一组织各区县粮食局（粮办室）对取得"粮食收购许可证"的粮食企业收购资格进行了核查。进一步规范了粮食收购主体行为，保证了多元化的粮食收购市场活而有序。

认真开展了对粮食经营者履行最低和最高库存量义务的检查。全市共有222家粮食收购和规模以上的粮食加工、销售企业基本达到了规定的粮食最低和最高库存量标准，对个别粮食库存超出规定的最高库存量的，粮食行政执法人员向粮食经营者下达了整改通知书责令其限期整改，切实维护了粮食市场正常经营秩序。

认真开展了对粮食收购市场特别是秋粮收购的专项监督检查。重点对取得"粮食收购许可证"的粮食收购企业违反《粮食流通管理条例》有关规定的行为进行监管。加强同工商、物价等部门的联合执法，促进粮食市场有序流通。

认真开展了对粮食应急保障体系的监督检查与核查。定期对16家应急加工企业，279家粮食应急供应网点的生产运行情况进行监督检查。确保粮食应急预案启动后，全市所有应急网络体系都能按照市政府统一安排和调度，承担应急时期粮食市场供应任务。

根据《国家粮食局办公室关于开展全国粮食流通监督检查示范单位创建活动的通知》精神，积极开展了粮食流通监督检查示范单位创建活动。天津市宝坻区粮食局被评为"全国粮食流通监督检查示范单位"。

据统计，全市共开展各种形式的监督检查行政执法活动1310次，共出动监督检查人员4316人次，检查单位4399个次，维护了粮食市场正常流通秩序。

四 转变粮食经济发展方式，推进了现代粮食流通产业深入发展

（一）进一步加强了粮食基础设施建设

全市建成项目13个，新增仓容36万吨，维修仓容11.4万吨，总投资20069.16万元。全市现有国有储粮库点59个；非国有粮食仓储企业10个。国有粮食企业总仓容量373.22万吨。

（二）完善了粮食市场体系建设规划

制定了粮食市场体系建设的长远规划。遵循市场形成和发展规律，搞好统筹规划，充分发挥市场的流通载体和调控依托作用，促进粮食有序、高效流通。

（三）积极促进企业科技创新

引导粮食仓储企业综合应用各种储粮新技术，提高科学储粮水平，降低储粮成本，减少粮食损耗。市级储备粮科保率达到90%以上，区县级储备粮科保率有新的提高。

（四）进一步加强了行业管理工作

针对全市粮食行政管理机构改革后的新变化，市粮食局与各区县有关部门加强沟通、衔接，保证了粮食行政管理工作政令畅通，进一步加强了行业管理。

较好地完成各项社会粮食统计工作，提高了统计质量。完成了社会粮食供需平衡调查工作；继续推动建立统计台账工作；开展了全市粮食统计执法检查工作并取得较好效果。

（五）为企业服务取得新成效

进一步减少了审批事项和审批环节，审批事项减少了30%；粮食收购资格审批从原有要件4件减

少到3件，办结时限由3日减少到2日，实现了行政审批再提速，为企业营造了良好的发展环境。

五　积极加强粮食法制建设，提高了依法行政水平

建立了粮食工作重大行政决策制度。制定出台了《重大行政决策程序规则》和《重大行政决策失误责任追究规定》。建立了科学、民主、依法决策机制。

完善了行政规范性文件管理制度。印发了《关于进一步规范公文管理提高工作效率的通知》，市粮食局制定的行政规范性文件全部在局门户网站向社会公布，保障了公民的知情权。

严格行政执法程序，规范了行政执法行为。深入贯彻落实《天津市粮食行政管理三步式执法实施办法》和《天津市粮食行政管理部门规范行使行政处罚自由裁量权实施规则》，进一步规范了粮食行政执法人员执法行为。

组织开展了"五五"普法检查验收工作。根据国家粮食局《关于组织开展粮食行业"五五"普法检查验收工作的通知》要求，对全市粮食系统各单位 "五五"普法工作进行了检查验收，推动了普法工作深入开展。

六　制定粮食工作长期规划，促进粮食经济持续稳定发展

向国家粮食局报送了天津市"十一五"粮食流通工作总结及"十二五"粮食流通工作思路和重点；编制上报了全市粮食"十二五"行业规划和粮食流通基础设施建设规划；编制上报了粮食质量安全检验检测能力建设规划。

七　深入开展"创先争优"活动，推动党群工作取得新进展

按照中央统一部署和市委具体要求，结合天津粮食工作实际，突出行业特点和实践特色，深入开展了"创先争优"活动，取得良好成效。

认真贯彻落实中纪委四次全会精神和市委、市纪委会议精神，制定下发了加强党风廉政建设和反腐败工作安排意见和局级领导干部党风廉政建设责任制实施方案，推动党风廉政建设深入开展。

◆　**天津市粮食局领导班子成员**

马春波　　　局长、党组书记
周庆平　　　副局长、党组成员
田少生　　　省纪委驻粮食局纪检组长、党组成员
李久彦　　　副巡视员、党组成员
周　海　　　副巡视员、党组成员

天津市粮食局粮食流通统计检查组到滨海新区塘沽经发局检查粮食流通统计基础工作。

天津滨海新区粮食局召开春防普查库存检查总结讲评会。

河北省粮食工作　基本情况

河北省环抱首都北京，东与天津市毗连并紧傍渤海，东南部、南部衔山东、河南两省，西倚太行山与山西省为邻，西北部、北部与内蒙古自治区交界，东北部与辽宁省接壤。全省总面积18.8万平方公里，占全国土地总面积的1.96%，居第14位。下辖11个地级市、22个县级市、114个县、36个市辖区，总人口7193.6万。全省粮食占耕地419.8万公顷，粮食播种面积628.2万公顷。

河北省是全国13个粮食主产省之一，主要生产小麦、玉米。"十一五"期间年粮食产量稳定在2500万吨以上，商品率约50%，粮食产需总量平衡有余，油脂油料缺口较大，主要依靠省外购入和进口弥补。2010年全省粮食总产量2975.9万吨，比上年增加65.7万吨，为历史最好水平，其中小麦1230.6万吨，玉米1508.7万吨，稻谷、杂粮236.6万吨。农民提供的商品粮1990.6万吨，商品率66.8%。全年购进大豆338.6万吨，外销杂粮6.9万吨。全省各类粮食企业累计收购粮食1502万吨，销售粮食2013万吨，其中国有粮食经营企业收购粮食469万吨，销售粮食522万吨。

截至2010年底，全省粮食系统共有购销企业681家，在岗职工1.6万人。

2010年粮食工作

2010年是实施"十一五"规划的最后一年，也是全省粮食工作取得显著成绩的一年。一年来，面对复杂多变的经济形势和粮食形势，在省委、省政府和国家粮食局的正确领导下，全省粮食系统深入贯彻落实科学发展观，扎实开展干部作风建设和创先争优活动，紧紧围绕"保安全、壮实力、增活力、重民生、求突破"工作主线，认真执行粮食政策，继续深化企业改革，加强改善宏观调控，依法规范流通秩序，积极转变发展方式，保持了粮食流通事业健康发展的好势头，较好完成了各项目标任务，多项工作实现了重大突破，为全省"保增长、扩内需、调结构、惠民生"做出了积极贡献。同时，机关党建、精神文明和党风廉政建设也取得了新的成绩。

一　落实国家政策，抓好调控稳市场

2010年，由于多种因素影响，同全国一样，河北省粮食价格一直高位运行，稳价保供成为粮食部门的重要任务。按照国家部署，省政府和有关部门先后出台了一系列调控措施，各级粮食部门认真贯

彻，狠抓落实，达到了预期效果。积极组织粮食收购，在小麦最低收购价执行预案未能启动、玉米市场竞争激烈的情况下，引导各类粮食企业大力开展市场收购，各类粮食企业共收购粮食1502万吨，比上年增加220万吨；加强跨区域产销合作，与北京、天津、黑龙江等省市的购销合作关系更加紧密，从东北采购粳稻53万吨；进一步完善粮食储备体系，认真落实粮油储备计划，完成了部分省储粮库点布局和北部地区储备品种的调整，扩大了省级储备粮规模，市县粮食储备数量增加，全省地方粮食储备规模达到历史最高水平；完善粮食应急保障预案和工作机制，全省新增46家粮食应急加工储运企业，价格监测直报点达到210个，从11月底开始实行了市场价格和加工企业库存日报告制度，制定了越冬粮油应急供应预案，适时修订粮食经营企业最高库存量标准规定并启动监管工作，完成了2857家企业最高库存量的核定，并实施检查。通过强化监控、搞好吞吐和市场调节，保持了全省粮油价格和市场的基本稳定，实现了省政府确定的调控目标，得到了省政府领导的肯定。

二　加大执法力度，依法行政管好粮

配合国家各项调控政策的实施，各级粮食行政管理部门严格依法行政，加强市场监管，行政审批、监督检查等行政执法行为更加规范透明。在全省范围内开展了粮食收购资格核查，审核认定各类粮食收购主体3735个，完成了国有和国有控股粮食经营企业库存检查，制定了《关于进一步加强粮食库存管理的若干意见》，初步建立了库存检查规范化工作机制。积极推进执法实践，开展了小麦收购政策执行、省储粮轮换、秋粮收购、政策性粮食拍卖出库和统计执法等专项检查，全年共查处各类涉粮案件868起，其中责令改正347起，警告138起，罚款处理116起，做到了操作程序合法、运用法律得当。结合库存检查，对所有省储粮油进行了质量普查，按时完成了收获粮食的质量调查。唐山、石家庄等市粮食行政执法已经逐步规范，承德、秦皇岛、邯郸、衡水等地监督检查工作也上了新台阶，粮食执法的社会认知度和影响力得到了显著提高。

三　推进改革发展，振兴国企强实力

坚持把深入推进国有粮食企业改革发展作为壮大行业实力，提高国有粮食经济控制力、影响力和带动力的重要举措，启动了国有粮食企业三年振兴工程，开局之年成效明显。经过整合重组，国有粮食购销企业总数减少了97家，盘活资产5亿元，吸引民间资本2.6亿元，新组建股份制企业21家，新上项目18个，200多家中小企业与大型企业集团开展了多形式联合协作，各地区域性骨干企业达到29家，石家庄、秦皇岛市直企业重组改造迈出了实质性步伐，邢台、衡水大企业、大集团有望提前实现年销售收入5亿元的目标任务，省粮食产业集团和柏粮集团销售收入均接近10亿元，利润均超过1000万元。2010年，全省国有粮食企业统算实现盈利6943万元，同比减亏增盈1.1亿元，其中国有粮食购销企业盈利7676万元，经济效益实现了历史性突破。粮食企业结构优化、实力增强，为实现三年振兴目标奠定了坚实的基础。

四　发展现代物流，规范储粮上水平

立足发展现代物流，紧紧抓住国家加大粮油仓储设施建设投入的机遇，争取国家补助资金8350万元，重点支持了平泉小寺沟粮食物流中心等15个项目建设，与省财政厅落实中央新增农资补贴粮食专项资金8619万元、仓房维修改造资金2782万元，用于了仓储企业附属设施项目和仓房改造升级；立足向管理要效益，企业规范化管理向精细化迈进，80%以上的仓储企业软硬件环境明显改善，181家企业达到了规范化管理要求，14家企业获得了"全国粮油仓储规范化管理先进企业"称号；立足推广科学储粮技术，开展了8项节能减排、绿仓储粮试验，大力推广新一代仓房和科学储粮新技术，正式启动农户科学储粮专项建设，完成了11万套农户小粮仓的制作发放，农户利用率达到90%以上，大大减少了农户储粮损失。大力推行和落实安全生产责任制，被省政府评为"2010年度安全生产目标管理先进单位"。储粮技术的推广、管理水平的提高和安全生产工作进一步加强，有效防止了各类安全事故的发生。

五　转变发展方式，夯实基础增后劲

全省各级粮食部门坚持加快转变粮食经济发展方式，大力推进粮食产业化进程，促进粮食转化增值，重点扶持了一批具有带动能力的龙头企业。全省90家粮食企业被省政府评为省级农业产业化龙头企业，5家进入国家级农业产业化龙头企业行列，"中国名牌"粮油产品达到7个，粮油加工企业产值、收入、利润增幅均在10%以上。在粮食产业项目建设上，积极改变投资理念和方式，激发了各类涉粮企业投资热情，项目建设发展势头强劲，省粮食批发交易中心等一批大项目已经建成并投入使用，粮食市场体系建设迈出了重要步伐。到2010年底，全省粮食行业在建和拟建的重大项目共65个，总投资额97.4亿元，其中亿元以上项目21个，总投资额82.1亿元，为今后的发展积蓄了力量。

六　坚持城乡统筹，拓展网络惠民生

各地深入实施放心粮油工程，大力推广"黑马"连锁经营模式，农村粮油经营网点发展到2000多个，不仅培育了粮食企业新的增长点，也较好地惠及了民生，赢得了良好的社会声誉。在各大中城市，着力加强大众主食工程建设，石家庄、保定、廊坊、秦皇岛等市已经形成了加工、配送、供应一体化主食经营格局，主食产品在当地市场份额显著提高。精心培育放心粮油企业，不断扩大社会影响，确定了首批"放心粮油"示范企业31家，其中16家被推荐认定为全国放心粮油示范企业，在为民服务上发挥了引领作用。2010年，还重点推广了"军粮特供"模式，以网络建设、产品开发、品牌塑造为重点，与省内外30多家放心粮油生产企业开展了合作，经营品种达到120多个，特许加盟店发展到60家，初步形成了以省正道公司（军粮储备库）为龙头、各市军供站为区域配送中心、各军供企业为骨干网点的军粮特供网络框架。

七　加强廉政建设，创先争优树形象

在党的基层组织和全体党员中深入开展创先争优活动，是党中央审时度势作出的重要部署。省局党组高度重视，按照省委统一安排，切实加强组织领导，认真谋划，深入发动，营造氛围，创新载体，扎实有效地开展创先争优和干部作风建设等活动，进一步强化了党员先锋模范意识，增强了基层党组织贯彻执行省委、省政府决策部署的自觉性和坚定性。一是组织开展了重温入党誓词、党性分析和民主评议、专题党课和红色教育、"升国旗、唱国歌"、读书演讲竞赛、爱国歌曲大家唱等系列党性教育活动，广大党员创先争优的自觉意识进一步增强。二是明确了"三个专、八个一"的具体措施，推广了服务中心"八种事、八种办"的做法，通过局领导点评支部书记、支部书记点评普通党员的形式，肯定了成绩，指出了不足，进一步明确了目标和方向，有力地推动了创先争优活动的深入开展。三是认真开展我为"十二五"粮食事业科学发展建言献策和党员领导干部联系点调研等活动，制定了《河北省粮食行业"十二五"总体规划》和四个专项规划，形成了《关于粮食工作服务"三农"问题的思考》等多篇有份量的调查报告，为做好"十二五"工作奠定了基础。四是扎实开展"全面对标、认责承诺、亮牌示范、夺旗争星"等四项活动，引导党员干部立足本职工作创一流、做贡献、促发展。通过开展形式多样的教育活动，全局党员形象有了明显提升，干部作风有了进一步好转，创新能力有了新的提高，党组织的战斗堡垒作用得到充分发挥，形成了全局上下"干事创业谋发展"的浓厚氛围。

同时，按照中纪委、省纪委的要求，严格执行《中国共产党党员领导干部廉洁从政若干准则》等有关规定，切实落实廉政建设责任制，积极开展党风党纪教育，精心组织反腐倡廉活动，建章立制，加强监督，扎实工作，卓有成效，全局没有出现违规违纪案件，确保了各项工作健康发展。

◆　**河北省粮食局领导班子成员**

徐受棠	局长、党组书记
赵学敏	副局长、党组副书记
陈同文	巡视员
伍　林	省纪委驻粮食局纪检组长、党组成员
卢瑞卿	副局长、党组成员
杨洲群	副局长、党组成员
佟军亭	副巡视员

河北省副省长张和（右列中）带领省直有关部门负责同志到省粮食局调研。

河北省粮食局局长徐受棠（右二）出席格瑞大厦落成典礼暨石家庄国家粮食交易中心揭牌仪式。

京、津、冀三省（市）在河北张家口市召开京津冀粮食产购销形势座谈会。

河北省粮食局局长徐受棠（右二）在鹿泉市调研"军粮特供"工作。

山西省粮食工作   基本情况

　　山西省位于黄河中游东岸，华北平原西面的黄土高原上，因居太行山之西而得名。东以太行山与河北省为邻，西、南隔黄河与陕西省、河南省相望，北以外长城为界与内蒙古自治区毗连。全省总面积为15.6万平方公里，约占全国总面积的1.6%，辖11个设区市，119个县、市、区，常住人口3571.21万人。2010年，山西省全年地区生产总值9088.1亿元，比上年增长13.9%，人均地区生产总值26385元。2010年，全年城镇居民人均可支配收入和全年农村居民人均纯收入分别达到15647.7元和4736.3元，同比增长11.8%和11.6%。

　　山西地形多为山地丘陵，山区面积约占全省总面积的80%以上。山西属于典型的温带大陆性气候，干旱少雨，晋南和晋中盆地是重要的商品粮基地。2010年，山西农作物种植面积有376.4万公顷，比上年增加1.9%。其中：粮食种植面积323.9万公顷，增长2.9%；油料种植面积15.7万公顷，减少7.6%；棉花种植面积5.9万公顷，减少16.3%。在粮食种植面积中：玉米种植面积154.9万公顷，增长6.7%；小麦种植面积72.9万公顷，增长0.1%。2010年全省粮食总产量1085.1万吨，比上年增产15.2%。其中：玉米766.0万吨，增产17.1%；小麦232.2万吨，增产10.0%。夏粮总产234.1万吨，增加10.0%；秋粮总产851.0万吨，增产16.7%。山西国有粮食企业总仓容820.1万吨，有效仓容709.9万吨。

2010年粮食工作

　　2010年，山西省粮食局认真贯彻国家的粮食工作政策，围绕粮食经济转型跨越发展，确保全省粮食安全，解放思想，开拓创新，求真务实，团结和带领全省粮食干部职工奋力拼搏，全面完成粮食工作目标任务。粮食购销实现两旺，粮食应急保障能力得到提升，粮食安全保障体系得到加强，"放心粮油"工程建设成效显著，粮食企业大幅减亏，粮食流通秩序得到有效维护，为促进山西转型跨越发展发挥了积极作用。

一　加强粮食宏观调控，保障了粮食市场和价格的基本稳定

　　2010年山西省粮食局落实国家和省粮食流通政策，按照国务院、省政府的部署，制定并出台山西省粮食流通措施，顺利实现了粮食保供稳价目标。

一是加大收购力度，超额完成粮食收购任务。重点是抓好对夏粮、秋粮收购工作的安排，积极协调解决收购中存在的困难和问题，全年收购农民粮食546.65万吨，比省目标责任制考核领导组确定的380万吨目标多收购166.65万吨，超额43.86%。

二是粮食销售目标超额完成，有力保证了全省居民消费需要。全年销售粮食809.35万吨，比380万吨目标多销429.35万吨，超额1.13倍。

三是粮食产销衔接任务超额完成，保证了全省粮食供求平衡。全年通过产销合作调入小麦、大米178.4万吨，比125万吨考核目标多调入53.4万吨，超额42.72%。

四是加强市场监测，及时掌握粮价变化情况。2010年，在全省建立了68个价格监测点，从5月份开始，指定专人对面粉、大米、食油销售数量和价格实行周报制度。从10月份起，实行日报制度。

五是采取有效措施，稳定市场粮价。从11月起向市场投放调控粮油，稳定市场粮价。安排山西古船面粉有限公司加工4万吨小麦，以每公斤低于市场价0.06元的价格在全省销售。安排省直属阳曲库加工11176吨小麦，以每公斤低于市场价0.7元的价格向忻州市部分贫困人口定向供应。组织运城、忻州等市粮食部门以低于市场价格向市场投放面粉、食用油等。

六是制定稳定粮油市场价格预案，充实储备，保障应急。先后制定了《关于稳定当前粮油市场价格的应急预案》、《山西省粮食经营者最低最高库存量标准》，经省人民政府同意印发全省执行。各市根据要求，进一步充实了储备，增强了应急能力。全省省、市地方储备粮和县级政府调控粮储备充足。一旦全省供应紧张，粮价波动，随时可以投放市场，保证供应，平抑粮价，稳定市场。

二　大力推进"放心粮油"工程建设，维护全省城乡居民粮油消费安全

"放心粮油"工程作为一项转型发展工程，同时也是惠民工程。2010年山西省政府将"建设改造100个放心粮油配送中心、1000个骨干示范店和10000个经销网点"，列入为全省人民办的十件实事之一。作为主管牵头部门，山西省粮食局站在"以人为本、关注民生"的高度，建设和管理齐抓，质量和效益并重，全力推进工程建设。先后制定出台了《关于加快推进放心粮油"三个一"工程建设的实施意见》、《区域性和县级放心粮油配送中心验收方案》，以及千家骨干示范店与万家经销店考核验收办法，明确了目标任务和验收标准。加强对"放心粮油"工程建设的安排部署和督促检查，年初作了详细安排。8月份和11月份分别组织开展了专项督查和全面验收。积极争取到省级政府资金2240万元，支持放心粮油工程建设。截至2010年底，全省超额完成全年目标任务，实际建设改造"放心粮油"配送中心147个，占目标任务的147%，其中市级区域性配送中心14个，县级配送中心133个；完善提升骨干示范店1258个，占目标任务的125.8%；建设完善经销网点11971个，占目标任务的119.71%。"放心粮油"网络已覆盖全省84%的乡（镇、街办）、38%的行政村和71%城市社区，覆盖人口占全省总人口的三分之二。"放心粮油"工程受到了城乡消费者的普遍欢迎，发挥了利国、利民、利企的多重效应。

"放心粮油"工程的社会效益和经济效益日益明显。2010年发展建设的万家经销店销售成品粮油88.5万吨，销售收入28.5亿元，实现利润1.36亿元。已建成的"放心粮油"配送中心全年共配送64万吨粮油，销售额达20.7亿元，实现利润3100万元。全省"放心粮油"工程从业人员共计36316人，其中安置国有粮食企业下岗职工4434人。山西省实施"放心粮油"工程建设的做法，得到了国家粮食局、中国粮食行业协会的高度评价。

三　加快粮食现代物流体系建设，加大省级粮食物流中心项目推进力度

　　加快现代粮食物流体系建设，是推进山西省由传统粮食流通产业向现代粮食流通产业转型跨越发展的重要途径。山西省粮食局在《山西省粮食现代物流发展规划》等一系列文件基础上，进一步明确提出了全省现代粮食物流发展的布局、目标、内容、措施等。已开工建设1个物流节点项目，拟开工3个节点项目。太原国家粮食交易中心运行良好，累计实现网上交易粮食138万吨，对加强调控，稳定市场价格发挥了积极作用。为加强对山西粮食物流中心建设的领导，加大项目推进力度。省粮食局成立了山西粮食物流中心建设领导组，为物流中心争取了机构编制，并招聘了18名工作人员。积极与晋中市、榆次区政府沟通，落实项目土地征用。针对山西粮食物流中心建设资金严重缺乏的现实，省粮食局创新思路，通过走招商引资的路子，使山西粮食物流中心项目建设迈出了实质性步伐，取得了突破性进展。到年末，山西粮食物流中心项目完成建设前期等投资5000多万元，项目土地征用工作已完成，全部土地价款已付清，围墙已筑起，临建设施已建成，初步勘探已完成，库外道路、通水、通电、场区土地平整等"三通一平"工作已完成，总体设计方案和子项功能设计定位正在进一步优化完善，建设用地规划许可证的报批手续正在办理，圆满完成了省政府下达的目标责任考核指标任务，为2011年全面开工建设创造了条件。

四　着力提升仓储管理水平，确保库存粮油储存安全

　　仓储管理方面山西省粮食局突出抓了四项工作：一是实施并完善了库存管理制度。二是进行了春秋两季储粮安全大检查。三是狠抓了现代化粮库建设和粮油仓储企业规范化管理。四是组织了省级储备粮动态轮换管理等工作。2010年，省粮食局在原有粮食库存管理制度的基础上，又制定了《山西省粮油仓储企业规范化管理水平评价暂行办法》、《山西省省级储备油库存与轮换管理补充办法（试行）》下发全省执行，粮油库存管理制度的完善，对进一步规范仓储企业的管理行为起到积极的促进作用。通过考核验收，2010年全省有15个粮食仓储企业达到粮食储备库现代化建设标准，超额完成省政府下达的14个建设任务。全系统安全储粮"一符六无"粮仓率达到98.9%以上，超额完成4.9个百分点。全年未发生一起安全储粮事故，确保了储粮安全。

五　积极推进国有粮食企业战略性改革重组，企业活力进一步增强

　　一是周密安排部署。4月份组织召开全省国有粮食企业改革左权现场会，随后召开了运城、长治、大同分片国有粮食企业改革汇报会，推广交流了部分市、县粮食局和企业的改革经验，了解和掌握了各地改革进度和存在的问题。二是完善政策措施。省粮食局与省财政厅、省农发行联合发文，就政策性亏损挂账中企业反映强烈的几个问题明确政策，有力地支持了企业改革和发展。三是加强督促指导。8月和11月，省局分别组织人员对各市企业改革进展情况进行了两次督查，研究解决改革中存在的困难和问题。2010年全省国有粮食购销企业通过兼并重组、改制、破产等多种形式减少企业170个，完成减少任务目标164个的103.7%；保留企业292个，超额完成保留298个的目标任务。国有粮食购销企业经济效益显著好转，2010年较上年减亏幅度达50%以上；购销企业统算不亏损或盈利的市由去年的2个增加到5个。

六　加强全社会粮食流通市场监管，有效维护全省粮食流通秩序和安全

一是健全监督检查内设机构和执法队伍。截至2010年底，省、市两级监督检查内设机构和执法队伍全部建立。114个县级粮食部门中，全部成立了监督检查内设机构，103个县经编制部门批准组建了粮食流通管理稽查队，粮食部门内部组建11个。二是完善监督检查规章制度。针对山西省粮食收购市场现状，制定《粮食个体收购者规范化管理暂行办法》和《"放心粮油"经销网络经营杂粮及制成品质量监管办法》等政策文件，经省政府法制办审核批准，以规范性文件形式下发各地执行。三是精心组织全省粮食库存检查工作。对全省粮食库存实物及账务情况、库存粮食质量、原粮卫生及储粮安全情况等进行了全面自查和复查。检查结果表明，账实基本相符，粮情基本稳定，粮食库存管理和库存安全基本符合规定。四是强化收购市场监管职能。根据粮食市场化后收购主体多元化、收购活动常年化的特点，采取"把好一道关口，强化两季检查"的方法，维护正常的粮食收购市场秩序，确保了国家粮食收购政策落到实处。五是开展节日粮油市场监督检查。据不完全统计，2010年重大节日期间全省共出动监督检查人员1204人次，检查各类粮食经营企业2041个，下达责令改正通知书10余份。通过监督检查，有力地打击了违法经营和扰乱市场的违法行为，维护了节日粮油市场的良好秩序。六是加大政策性粮食销售检查力度。通过安排部署，制定检查方案，进行实地督查，公布举报电话等措施，保证了全省政策性粮食销售出库工作顺利进行。七是组织开展"放心粮油"经销网络专项监督检查。重点对经销网络的各种证照、规章制度、服务承诺、购销台账，质量、价格等情况进行监督检查。通过检查，进一步提升了"放心粮油"经销网络的管理水平和质量安全水平。

七　粮食行业整体素质进一步提升

2010年，全省粮食系统广大干部职工扎实开展深入学习实践科学发展观活动，狠抓党风廉政建设，把党风廉政建设和反腐败工作任务细化分解，落实到人，把反腐倡廉建设工作纳入领导班子和领导干部考核范围。深入推进惩防体系建设，制定了省粮食局严肃工作纪律，改进工作作风"十个严禁"，驻局纪检监察室制定了《全省粮食系统纪检监察重大事项报告制度》、《关于开展党风廉政建设巡视工作的实施方案》等。组织廉政教育，为全系统党员购买了《廉政准则》，并作为政治理论重点作出学习安排，机关纪委还就《廉政准则》组织80多名副处以上干部进行知识测试。严格执行党风廉政建设责任制，部署全年反腐倡廉工作，下发党风廉政建设和反腐败实施意见以及责任制分解意见，与15个单位签订了党风廉政建设责任制。提出精神文明建设工作五年建设规划，并把创建工作纳入日常工作中。加强党风建设，组织局机关干部、局直单位领导等人赴右玉县进行了参观学习，积极营造和谐发展环境，干部职工队伍整体素质得到提升，为完成粮食工作奠定了组织基础。政务信息报送工作，省粮食局荣获全国粮食系统政务信息报送先进单位。维护稳定工作方面，在全系统的努力下，去年上访次数、件数明显减少。截至2010年底，省局机关和7个局属单位、9个市粮食局、48个县粮食局被评为文明和谐单位或标兵单位。在2011年全国粮食局长会议上，太原市粮食局、乡宁县粮食服务中心、山西晋粮植物油库等3个单位和李应祥等4名同志，分别荣获全国粮食系统先进集体和劳动模范（先进工作者）称号。晋中市军粮供应服务中心、大同市军粮供应站等

2个单位和张原晋等3名同志，分别荣获全国军粮供应管理工作先进单位和先进个人称号。山西省总工会与省粮食局联合表彰了"放心粮油"工程建设50个先进集体和100名先进个人。

◆ 山西省粮食局领导班子成员

姚高宽　　　局长、党组书记

杨随亭　　　局长、党组书记（2010年12月任职）

牛银虎　　　副局长、党组成员

张　文　　　副局长、党组成员

吕苛青（女）副局长、党组成员

梁　政　　　总经济师、党组成员

薛愿兵　　　省纪委驻粮食局纪检组长、党组成员（2010年12月任职）

姚允民　　　巡视员（2010年7月任职）

山西省副省长牛仁亮考察"放心粮油"工程。

2010年1月13日，中国粮食行业协会会长白美清（右二）在山西省粮食局局长姚高宽（右三）陪同下调研山西"放心粮油"经销工作。

2010年2月26日，山西省粮食工作会议在太原市召开。

内蒙古自治区粮食工作

基本情况

　　内蒙古自治区位于中国北部边疆，地处北温带，总面积118.3万平方公里，约占全国总面积的12%，居全国第三位。内蒙古自治区是全国成立的第一个少数民族自治区。全区共划分12个盟（市）、两个计划单列市、79个旗（县、市）、24个市辖区（含经济开发区）。2010年第六次全国人口普查时点全区常住人口2470.6万人，其中：汉族人口1965.1万人，占79.5%；蒙古族人口422.6万人，占17.1%；其他少数民族人口83万人，占3.4%。

　　2010年全区生产总值11655亿元，比上年增长14.9%，其中：第一产业增加值1101.4亿元，增长5.8%；第二产业增加值6365.8亿元，增长18.2%；第三产业增加值4187.9亿元，增长12.1%。全年完成地方财政收入1738.1亿元，其中地方财政一般预算收入1070亿元，分别比上年增长26.2%和25.8%。全年地方财政支出2280.5亿元，增长18.4%。全年农作物种植面积700.3万公顷，比上年增加7.5万公顷，其中，粮食作物种植面积549.9万公顷，比上年增加7.5万公顷。

2010年粮食工作

　　2010年是全面实现"十一五"规划目标，为"十二五"发展打好基础的重要一年。全区粮食工作在自治区党委、政府的正确领导和大力支持下，各级粮食部门面对复杂多变的粮食市场形势，全面贯彻落实科学发展观，进一步完善宏观调控政策措施，坚决实施粮食依法管理，推进现代粮食流通产业发展，在巩固和发展粮食流通体制改革成果方面取得显著成效，圆满完成国家粮食局和自治区党委、政府下达的各项工作任务。

一　粮食生产

　　全年粮食总产量2158.3万吨，比上年增产176.6万吨，增长8.9%。其中：小麦165.2万吨，下降3.5%；玉米1465.7万吨，增长9.3%；稻谷74.8万吨，增长15.4%；大豆133.4万吨，增长16.6%；薯类171万吨，增长6%。全年油料产量128.2万吨，增长7.1%。

二　粮食流通

（一）粮食购销

全年收购粮食1289.9万吨，销售801.2万吨，出口12万吨，无进口。商品量1584.8万吨，商品率64.6%。城市口粮206.1万吨，农（牧）区口粮326万吨，工业用粮575万吨，种子用粮62.6万吨，饲料用粮862.9万吨。

（二）秋粮收购工作

国务院关于做好秋粮收购和加强市场调控工作的通知下发后，自治区粮食局对粮食生产、收购有关情况进行了认真的调查，在此基础上，向国家粮食局上报了全区2010年秋粮收购和市场调控方案，并于2010年11月10日召开了全区秋粮收购工作会议，专门部署秋粮收购和市场调控工作。要求各地抓紧做好粮食收购资格审核、企业最高库存量核定、地方储备粮补库计划和实施方案上报备案等工作。核定了全区2697家粮食经营企业最高库存量，建立了秋粮收购价格日报和五日报制度。同时，根据秋粮收购形势，建议自治区成立秋粮收购工作领导小组，自治区政府办公厅以内政办字〔2010〕254号通知，成立了以布小林副主席任组长，以自治区发改委、财政厅、粮食局、工商局、监察厅、农发行分管领导为成员的秋粮收购领导小组，组织、协调秋粮收购工作。

三　完善粮食宏观调控和应急机制

（一）地方储备粮计划完成情况

按照产区3个月、销区6个月的销量标准，建立地方储备粮规模的规定，国家粮食局核定下达了地方储备粮指导性计划，自治区粮食局及时分解下达了自治区级和盟市级地方储备粮计划。截至2010年底，自治区级储备粮数量完成计划的100%，盟市级完成了计划的94%。

（二）举办粮食应急演练

2010年11月10日上午，自治区粮食局指导呼和浩特市进行了粮食应急演练，取得了圆满成功。自治区政府主管粮食工作的布小林副主席和发改委、财政厅、农发行、中储粮内蒙分公司、中国华粮内蒙分公司的领导观摩了应急演练。

（三）完善粮食市场宏观调控体系和机制

按照国家12部门《关于发挥骨干企业积极作用健全和完善政府对大宗农产品市场调控体系和机制的通知》要求，以《内蒙古自治区人民政府办公厅关于报送全区健全和完善政府对大宗农产品市场调控体系和机制工作方案的函》，向国家12部门报送了工作方案，将小麦、稻谷、玉米、大豆和食用植物油确定为自治区的调控品种，将353个粮食流通骨干企业纳入了政府宏观调控体系。

四　宣传贯彻《粮食流通管理条例》，加强粮食流通管理

（一）宣传《粮食流通管理条例》

在《粮食流通管理条例》颁布实施六周年之际，组织开展了《粮食流通管理条例》知识问答活动，广泛宣传《粮食流通管理条例》等相关法规知识。

（二）宣传《粮油仓储管理办法》

《粮油仓储管理办法》出台后，及时组织全区20多名仓储管理骨干参加国家粮食局举办的宣传培训班，全面推进《粮油仓储管理办法》及配套制度在全区粮油仓储企业中的贯彻实施。

（三）开展粮食收购资格审核

对粮食收购许可证的增加、变更、注销等情况进行统计。2010年，全区对4933家企业和个体工商户进行了粮食收购资格审核，保留具备粮食收购资格的企业和个体工商户4114家，注销819家。

（四）加强粮食质量和品质测报及质检体系建设

确定玉米样品140份、大豆样品35份参加全国会检。对全区粮食质量监管工作进行了调查。截至2010年底，全区粮油质检机构25个，质检人员115名，总投资441万元，检测样品4023份，国家授权的质检机构4家。2010年粮食清仓查库共抽验样品186份，合格率99%。

五　加强粮油仓储业务管理

（一）粮油储运能力

截至2010年12月31日，全区共有718户粮食仓储企业，仓房总仓容1224.6万吨，油罐总罐容18.8万吨，简易仓房容量246.6万吨，罩棚100.8万平方米，地坪1259.4万平方米。铁路专用线73.4千米，有效长度47.6千米。具有散粮接收能力1630吨/小时，散装发运能力2330吨/小时。

（二）粮油仓储管理

年初，对呼和浩特市粮食局组织进行的工商户粮油仓储企业规范化管理活动评价进行了实地督促指导。推荐上报34户全国粮油仓储规范化管理企业。通报表彰了315户全区粮油仓储规范化管理先进企业。

（三）临储玉米定向销售

主动协调地方政府和相关部门，努力克服"出库难"等问题，按时完成了全区103.7万吨地方临时储备玉米定向销售和加工任务。

（四）粮油承储企业税收减免

根据国家财政部、税务总局关于国家储备商品有关税收政策的通知精神，明确了全区46个自治区级储备粮油承储企业2009年度、2010年度有关营业税、印花税、房地产税和土地使用税的税收享受减免政策。

六　全区"十二五"粮食流通规划编制工作

根据国家粮食局的要求，在自治区发改委和有关部门的配合下，自治区粮食局编制了《内蒙古自治区粮食行业"十二五"总体规划（2011—2015）》，其中包括《内蒙古自治区粮食总量平衡与宏观调控"十二五"规划》、《内蒙古自治区粮食市场体系建设与发展"十二五"规划》、《内蒙古自治区粮食流通基础设施建设"十二五"规划》和《内蒙古自治区粮油加工业"十二五"发展规划》4个子规划。2011年4月，自治区政府已批准同意将该规划列入自治区总体规划。按照规划，"十二五"期间自治区粮食流通基础设施建设将在信息监测预警系统、宏观调控、质量检测体系、批发市场体系、粮油仓储设施与维修改造、粮食现代物流设施、农户科学储粮、加工体系等八个方面的建设取得突破性进展。

七　粮食流通基础设施建设情况

（一）粮油仓储建设投资及规模

2010年共争取各方面建设资金45928万元，其中：中央资金13378万元，自治区资金3000万元，企业自筹和贷款29550万元。总投资比2009年增加15860万元，增长34.5%。争取国家粮油仓储设施建设项目20个，涉及9个盟市，建设粮食仓容57万吨，建设油罐1.5万吨。

（二）农户小粮仓建设

2009年国家下达内蒙古自治区鄂尔多斯市农户科学储粮专项投资计划农户数量2万户，总投资6000万元，将专项建设资金由自治区下达的国家、自治区、市旗和农户3：3：2：2的比例调整为3：3：3：1，其中中央补助资金1800万元，自治区配套资金1800万元和鄂尔多斯市、旗（县）各配套资金900万元全部落实，到年底，各方面资金到位5445万元，占总投资6000万元的91%，基本完成了小粮仓建设任务。

八　开展粮食行政执法和监督检查

2010年，全区开展各类检查2645次，出动执法人员9006人（次），检查企业11502个（次），查处违法案件646例。先后开展了政策性粮食销售出库专项检查、粮食统计执法检查、粮食库存检查，其中粮食库存检查对3个盟市的6个旗县、10个库（点）、93.1万吨粮食库存实物、财务信贷、费用补贴和承储资格等项目进行了全面检查，约占全区库存总量的20%。检查结果显示，所有被查企业库存数量真实，质量良好，账账相符，账实相符，企业管理比较规范。国家粮食局督查组对全区粮食库存检查工作进行了督查，并给予了高度评价。

九　强化行业管理，推进行业发展

（一）粮食行业协会、学会工作

2010年4月召开了全区粮食行业协会三届二次、粮食经济学会六届二次理事会，增选了理事、常务理事、副会长，确认了新会员。截至2010年底，全区有6个盟市先后成立了粮食行业协会和粮食经济学会，尚未成立的明确了分管领导、联系科室及联系人。

（二）"放心粮油"工作

开展了全区"放心粮油"和"粮油销售放心店"申报工作，向国家粮食局推荐了6家示范企业，全部获得批准。其中：加工企业4家，配送中心1家，主食厨房1家。组织部分盟市赴山西省、陕西省对"放心粮油"工程和粮食行业协会、学会建设进行了学习考察。建议把"放心粮油"工程建设列入自治区为民办实事之中。

（三）积极培育粮食经纪人队伍

据不完全统计，全区8个盟市共有粮食经纪人1.3万人，其中：呼伦贝尔市、兴安盟和乌兰察布市粮食经纪人收购的粮食占当地粮食收购量的50%以上。

十 认真落实党风廉政建设责任制

（一）细化廉政责任制

将全年党风廉政建设责任制细化分解，落实到各处室、局属各单位。坚持"谁主管谁负责"的原则，"一把手"负总责，分管领导各负其责，各处室明确任务，责任到人。明确一级抓一级、层层抓落实，把党风廉政建设贯穿于机关党的建设、业务能力建设和作风建设的全过程，同各项工作有机结合起来，落实在行动上。严格执行党风廉政责任考核制度，坚持平时监督与定期考核相结合，发现问题及时纠正。

（二）纪检干部既参与政务又参与业务

始终坚持纪检监察室负责人列席党组会议、民主生活会，参加局务会议和重要的业务活动。强化对机关重要环节、重点部位的监督，参与对机关干部选拔任用、储备粮、军粮采购招标、粮食工程建设项目招标过程的全程监督和国家储备粮承储企业的监督。

十一 认真开展创先争优活动

加强领导，精心组织，成立创先争优活动领导小组，制定了工作方案；召开动员会，提出具体要求；广泛征求意见，确定公开承诺内容。11个支部（总支）、92名党员公开承诺，11个支部（总支）共承诺74项，92名党员共承诺374项，并在局域网和宣传栏内公示，同时建立了承诺台账；建立领导联系制度，局领导深入基层18次，并进行点评14次。截至2010年底，支部（总支）完成践诺512项，正在落实的23项，党员完成承诺204项，正在落实的170项，践诺率达到100%。区直机关工委创先争优考核组对自治区粮食局创先争优活动给予充分肯定，认为粮食局创先争优活动起点高，落点实，效果好，整个活动组织有序、保障有力、结合实际、有效推进。自治区粮食局创先争优活动因客观因素起步晚，但后来者居上，首先是领导重视，工作扎实；其次是严格程序、注重实效；最后是紧密结合实际、践诺机制和领导点评有创新，创先争优活动取得阶段性成果。

◆ **内蒙古自治区粮食局领导班子成员**

卫庆国	局长、党组书记
康昱幸（蒙古族）	副局长、党组成员
张忠何	副局长、党组成员
王斯琴（女、蒙古族）	副局长、党组成员
刘永旺	副局长、党组成员
张天喜	总经济师、党组成员（2010年7月任职）
巴 图（蒙古族）	自治区纪委驻粮食局纪检组长、党组成员（2010年9月任职）
柯 克（蒙古族）	副巡视员（2010年9月任职）

2010年"八一"前夕，内蒙古自治区粮食局局长卫庆国（中）到内蒙古军区慰问指战员，调研军粮供应工作。

2010年9月12日至19日，内蒙古自治区粮食局党组成员、总经济师兼自治区粮食行业协会副会长张天喜（右一）率部分盟市粮食局负责人，在山西省、陕西省考察"放心粮油"工程。

2010年11月10日上午，呼和浩特市政府粮食应急演练现场。

辽宁省粮食工作　　基本情况

"十一五"期间，面对国际金融危机、粮食危机的冲击和国内自然灾害多发、通胀压力加大的严峻考验，全省粮食系统围绕中心，服务大局，按照国家粮食局和省委、省政府的部署及要求，做了大量卓有成效的工作，保障了粮食流通平稳有序。

一是宏观调控取得成效。市场供应充足，市场价格平稳，地方储备粮食两位数增长，军粮供应保障有力。

二是粮食流通基础设施得到进一步加强。国家和地方政府在粮食市场体系建设、基础设施、烘干设施的维修改造等方面给予了较大投入。

三是监督检查体系建设全面提升。市级监督检查机构建设达到100%，县级达到84%，高于全国平均水平。

四是农户科学储粮工作成效显著。2008年作为全国三个试点省份之一，实施农户科学储粮6000户，试点取得成功。2009年全省落实农户科学储粮5万户。2010年农户科学储粮落实10万户，落实地方配套资金9000万元。3年共形成农户安全储粮能力15.6亿斤，每年可实现粮食产后减损增收3亿元左右。

五是全省国有粮食企业实现扭亏为盈。在连续两年全省国有购销企业统算盈利的基础上，2010年全省国有粮食企业盈利3000多万元，首次实现统算扭亏为盈，取得了历史性的突破。

六是全省粮油检测体系建设取得新进展。国家授权的质检机构达到20个，名列全国第一；省授权的质检机构达到20个，是全国首创。

七是粮食科研工作走在全国前列。省粮食科研所被国家粮食局命名为"国家玉米干燥中心"，成为全国地方所首例。2010年省粮食科研所重点参与的国家《粮食储藏"四合一"新技术开发与集成创新》荣获国家科技进步一等奖，是唯一一家参加国家课题获奖的省级科研部门。

八是省农委直属粮食企业经过五年的努力，经营项目增加，经济实力增强，取得了长足进步。

2010 年粮食工作

2010年，全面完成了国家粮食局和省委、省政府确定的各项工作任务，全省粮食工作实现了持续稳定发展。

一　粮食生产

全省粮食作物播种面积317万公顷，其中水稻、玉米两大主要粮食作物播种面积267万公顷；粮食总产量达到1765.4万吨，其中水稻产量457.6万吨，玉米产量1150.5万吨。粮食作物播种面积和粮食总产量较2009年分别提高1.47%、10.91%。

二　粮食流通

粮食收购：全省共收购粮食1630万吨，比去年同期增加50万吨。在收购入库粮食中，国有粮食经营企业440.5万吨，比去年同期减少305万吨。重点非国有粮食经营及转化企业1188.5万吨，比上年增加355万吨。

粮食销售：全省共销售粮食1601万吨，比去年同期增加167.5万吨。在销售的粮食中，国有粮食经营企业568.5万吨，比去年同期增加42.5万吨。重点非国有粮食经营及转化企业1032万吨，比上年增加19.5万吨。

进出口量：全省原粮进出口总量527.4万吨，其中进口501.9万吨，出口25.5万吨。

三　粮食宏观调控

（一）贯彻落实国家政策，实现全省保供稳价

按照国家发改委等有关部门要求，协调省发改委等部门提出全省保供稳价工作方案，成立保供稳价领导小组，定期会商全省粮油市场供应和价格变动情况；强化对中间环节经营者的管理；合理调度政府手中粮油资源，通过增加供给引导价格稳定。

（二）强化政府管理，完成调控任务

贯彻落实国务院关于做好秋粮收购和粮食市场调控工作的有关要求，会同省发改委等部门联合下发了全省2010年秋粮收购和市场调控工作的实施意见。贯彻落实国家《关于发挥骨干企业积极作用 健全和完善政府对大宗农产品市场调控体系和机制的通知》要求，根据全省的产需状况和消费特点，将玉米、大米（含稻谷）、面粉、食用植物油纳入市场调控的品种范围。将42家粮食企业纳入粮食宏观调控体系，范围覆盖全市14个地级市。将国家新增地方食用油储备任务全部安排省本级储备，并按时完成新增储备任务。及时下达和完成2010年省级储备34.3万吨粮食、0.57万吨食用油的轮换任务。

（三）严格资格审核，规范粮食收购秩序

一是分别于1月和10月就2009年和2010年两个年度全省粮食收购资格进行了集中核查。截至12月底，全省取得粮食收购许可证的经营者3244家，其中国有粮食收购企业424家，非国有粮食企业2817家。二是开展外资企业办理粮食收购资格专项调查，摸清了外资企业的注册资本、总投资额等情况，提出了加强外商投资企业准入条件的建议。完成中央储备粮代储资格申报工作。2010年，全省有12户企业获得了代储资格，35户企业通过了资格延续。重新核发"省级储备粮承储企业资格认定证书"合格企业47户。

（四）继续完善应急体系建设，进一步做好粮油流通调控基础工作

加强了对承担应急工作定点企业的跟踪调查，保证全省成品粮应急储备库存，并落实一定小包装以及装具、罐装、运输等具体措施。按照国家粮食局要求组织开展了年度社会粮食供需平衡调查，对全省3677户农户、4188户城镇居民户、413家国有粮食企业、1987家非国有粮食经营企业、596家转化用粮企业进行了调查。同时密切关注粮食价格，认真分析价格形势，为粮食宏观调控提供准确及时的信息。

四　粮食流通体制改革

紧紧抓住全省大力发展农产品加工业的有利契机，积极推进国有粮食企业产权制度改革，取得阶段性成果。截至年底，全省国有粮食企业为557户，比上年减少32户，当年安置富余职工再就业910人。在粮食购销企业连续两年统算盈利的基础上，2010年全省国有粮食企业统算盈利3000多万元，全省首次扭亏为盈，实现了历史性的突破。

五　粮食行政执法

2010年，全省粮食流通检查系统共执行粮食监督检查任务1595次，出动监督检查人员15542人次，检查单位10174户次。检查中对发现的问题责令改正149例，形成处罚案件203例。其中罚款31例，罚款额21.4万元。暂停粮食收购资格12例，取消粮食收购资格47例。

（一）粮食库存检查工作圆满完成

按照国家粮食局等有关部门的要求，通过对全省526个粮库的自查、督查和复查，做到了库存账实相符、账账相符，库存粮食质量完好、储备安全。

（二）国家政策性粮食竞价销售监督检查取得显著成效

全省共检查买卖双方企业274户、合同2088笔、成交粮食355万吨。对违规企业进行了认真查处，确保了国家粮食保供稳价政策的全面落实。全省制定的一些检查方法被国家粮食局在粮食监督检查工作简报上予以刊载。

（三）全省秋粮收购市场监管到位

按照国家粮食局的文件要求，从2009年12月至2010年4月，全省深入开展了秋粮收购专项监督检查，查处有问题的粮食企业205户。

（四）应急供应预案落实情况的检查卓有成效

5月至6月，对14个市集中开展了粮食应急供应预案落实情况的监督检查。共检查粮食网点24个，对存在的问题提出整改意见，有效促进了各地粮食应急供应预案工作的完善。

（五）案件查处工作取得突破

对省内两家饲料企业转卖国家政策性粮食案件进行认真查办。查实两个企业共转卖国家政策性粮食4300吨，依法对两家企业分别处以4.9万元和10万元罚款的行政处罚。实现粮食行政执法省本级办案罚款零的突破。2010年，全省作为全国粮食案件查处力度较大的3个省份之一，受到国家粮食局的表扬。

（六）执法体系和队伍建设有新进展

一是机构建设又有新进步。全省市级粮食监督检查机构达到100%，县级达到84%。二是执法队伍不断扩大。全省已有市级粮食执法队8个，县级35个。其中，市级粮食执法队全部为参公单位。三是执法队伍素质进一步提高。全省共培训执法人员612人，执法人员综合素质显著提高。

六　粮食行业发展

（一）完成"十二五"规划编制工作

根据国家粮食局的部署和要求，结合全省实际，全面完成了《辽宁省粮食行业"十二五"发展规划》（包括全省粮食行业总体规划和四个子规划）的编制工作。

（二）积极争取资金支持粮食流通基础设施建设

国家和省财政先后下拨全省粮食仓房维修改造等粮食流通基础设施建设资金4738万元，支持相关项目86个，进一步完善了全省粮食仓储等设施，使确保粮食安全的功能得到新的提升。

（三）粮食市场体系建设取得新进展

截至12月底，全省粮食零售市场成交量达484.7万吨，成交额155亿元。粮食批发市场营业面积21万平方米，固定会员（商户）2104个，年成交量907万吨，成交额194亿元。有4个粮食流通产业园区和批发市场物流项目获得省粮食流通建设项目财政补助资金640万元。

（四）农户科学储粮专项工作实现新突破

2010年全省农户储粮专项10万户，总投资3亿元，其中中央投资9000万元。省级配套资金取得突破，省级财政和市级财政各配套4500万元，为项目的顺利实施打下了坚实基础。农户科学储粮专项工作，2010年第1季度被评为省直机关最佳实事。

（五）积极推进全省粮食产业化发展

组织开展全省性的粮食产业发展调研活动，并在调研和专家论证的基础上形成了《关于加快全省现代粮食流通产业发展的报告》和《关于加快全省粮食产业化的报告》，为进一步推进全省粮食产业化发展奠定了良好基础。

（六）仓储管理工作进一步规范

制定了《辽宁省粮油仓储企业规范化管理考评暂行办法》。通过考评，全省22户企业获得了"全省粮油仓储规范化管理先进企业"称号，其中10户获得"全国规范化管理先进企业"称号。根据《国务院办公厅关于进一步加强节约粮食反对浪费工作的通知》（国办发〔2010〕7号）以及《国务院办公厅转发发展改革委农业部关于加快转变东北地区农业发展方式建设现代农业指导意见的通知》（国办发〔2010〕59号）精神，举办了全省"绿色储粮技术培训班"，共培训全省14个市100余人。认真执行"一符三专四落实"的储粮要求，特别加强汛期粮食保管，确保储粮安全。完成仓储设施统计报表会审汇编和《辽宁省2009年度仓储设施统计情况的报告》工作。

（七）首次常年开展粮食产销和成本利润调查工作

制定下发了实施方案，在11个市25个县落实调查农户280户，其中水稻100户，玉米127户，大豆53户。及时足额发放调查农户补助经费。召开全省动员暨培训会议，圆满完成调查工作。开展调研质量评估。有7个市12个县达到优秀等次，有4个市13个县达到合格等次，得到国家粮食局的肯定。

（八）粮食职业技能管理工作取得新成果

加大推行国家职业资格证书制度的宣传力度，编制并印发了10000份职业技能宣传材料。努力抓好培训鉴定工作，全年共培训鉴定306人，合格率为72.3%。召开全省培训鉴定工作座谈会，对获得第二届全省粮食行业技术能手和对培训鉴定工作有突出贡献的单位进行表彰。组织参加第二届全国粮食行业职业技能大赛，全省代表队以综合评价第一名荣获优秀组织奖。

（九）参加全国粮油产品展览会取得好成绩

组织全省粮食部门200余人参加第十届中国国际粮油产品及设备技术展览会，设置展位12个，并获得"优秀展出奖"和"优秀组织奖"两个奖项。

（十）开展粮食行业"双优"竞赛取得好效果

会同省财贸金融工会等相关部门共同组织开展了行业"双优"（优秀业绩、优质服务）竞赛活动，在全省粮食系统逐级评选出"双优"先进集体15个、先进个人17名，促进了全行业文明建设。

七　党群工作

（一）廉政建设方面

认真学习贯彻上级会议和中央领导、省委领导讲话精神，提出《省农委2010年党风廉政建设工作安排意见》，对各项工作任务进行了认真分解。委领导和各部门主要领导能够认真履行"第一责任人"职责，班子成员认真履行"一岗双责"。采取各种措施，推进《廉政准则》的学习宣传和贯彻实施。印发《关于认真学习贯彻〈中国共产党党员领导干部廉洁从政若干准则〉的通知》，将《廉政准则》上传至机关内网供广大党员领导干部学习，组织党员干部开展"修身养德筑防线，廉政为民树新风"主题征文活动，组织学习贯彻《廉政准则》知识测试等，增强了贯彻执行的自觉性。全面开展廉政考核，促进领导干部廉政勤政。对处级领导干部2009年廉政勤政情况，以处为单位进行了民主测评。1119名干部职工从廉洁自律、表率作用、职务行为、思想作风4个方面，对所在单位领导班子成员做出综合评价，总体满意率为87.5%。有力促进了党员领导干部廉洁自律和党风廉政责任制的贯彻落实。

（二）机关建设方面

以推动科学发展为主线，组织开展创先争优活动，开展向沈浩、王彦生、郭明义等模范人物学习活动，"讲党性、重品行、做表率"活动，"下乡村、察民情、解难题"主题实践活动。在具有行政审批、行业执法、检验检测的职能部门，推进政务公开，开展服务窗口规范建设和职业道德教育。每季度组织一次最佳实事评比，全年共评出最佳实事102件，其中有15件被省直机关工委评为最佳实事，在省直机关中位居第一。省农委连续八年被评为省目标责任制考核优秀单位。全委强化了扬正气、树新风思想，营造了干事业、谋发展的环境氛围，激励了昂扬向上的团队精神。各级工会和青年工作委员会围绕党组的中心任务，开展了建功立业竞赛、拓展训练、红诗会等活动。

◆ **辽宁省农村经济委员会（省粮食局）现任领导班子成员**

刘长江　　　主任、党组书记、省农村工作领导小组办公室主任、粮食局局长（兼）

刘凤海　　　副主任、党组副书记、省农村工作领导小组办公室专职副主任（正厅级）

孙　轶　　　副主任、党组副书记

高　伟　　　省纪委驻委（局）纪检组长、党组成员

钱程广　　　副主任、党组成员、粮食局副局长（兼）

张景山　　　副主任、党组成员

王长宏　　　副主任、党组成员

陈　健　　　副主任、党组成员

柴久凤　　　扶贫办主任（副厅级）、党组成员

王振威　　　巡视员

刘福贵　　　副巡视员

杜建一　　　副巡视员

吕子湖　　　副巡视员

曲　平　　　副巡视员

宿丙军　　　副巡视员

张　勇　　　副巡视员

李　凡　　　副巡视员

陈国华　　　总农艺师

刘少鲁　　　总经济师

李永欣　　　总工程师

2010年7月，辽宁省农村经济委员会领导检查全省农户科学储粮工作（前排左二为辽宁省农村经济委员会主任刘长江，左三为副主任钱程广）。

2010年，辽宁省召开全省粮食工作会议（主席台左二为辽宁省农村经济委员会主任刘长江，左三为副主任钱程广）。

2010年3月，辽宁省召开全省粮食质量安全管理工作会议（左四为辽宁省农村经济委员会副主任钱程广）。

吉林省粮食工作 基本情况

　　吉林省位于中国东北地区中部，东界俄罗斯，东南隔图们江、鸭绿江与朝鲜民主主义人民共和国相望，南连辽宁省，西接内蒙古自治区，北邻黑龙江省。总面积18.74万平方公里，约占全国总土地面积的2%，居全国第14位，省会长春市。全省有8个地级市、1个自治州，20个县级市、17个县、3个少数民族自治县、20个市辖区、418个镇、5个少数民族镇、170个乡、28个少数民族乡。全省耕地面积553.5万公顷，其中粮食作物面积433.3万公顷。截至2010年末，全省常住人口为2739.6万人，其中，城镇人口1460.7万人。2010年，全省实现地区生产总值8577.06亿元，增长19.1%。全省城镇居民人均可支配收入达到15411.47元，同比增长10.1%；农村居民人均纯收入达到6237.44元，同比增长18.5%。

　　吉林省是国家重要的商品粮基地，也是全国唯一人均占有吨粮的省份。主要粮食作物有玉米、水稻和大豆三大品种，常年玉米播种面积在286.7万公顷，稻谷面积66.7万公顷，大豆面积60万公顷。玉米大多是角质率在80%的黄玉米，水稻全部是角质率在90%的粳稻，大豆多是高油、高蛋白的品种。

2010年粮食工作

　　2010年全省有效仓容总量为1320万吨，粮食生产总量为2842.5万吨，主要品种为水稻、玉米和大豆，其中水稻588.5万吨、玉米2088万吨、大豆及杂粮为166万吨。全省粮食收购量为2775万吨、销售量为1570万吨、出口量为12.9万吨。全年全省粮食消费总量1750万吨，其中，口粮消费525万吨（城镇口粮240万吨，农村口粮285万吨），饲料用粮450万吨，工业用粮760万吨，种子用粮15万吨。分品种，小麦80万吨，稻谷365万吨，玉米1100万吨，大豆160万吨，其他50万吨。

一　宏观调控能力明显提高

　　针对供求关系和价格变化带来的不利影响，以及市场不确定因素增加等复杂局面，我们强化信息服务，鼓励多元主体入市收购，整顿市场秩序，全省粮食收购进展快，秩序好，价格高。全年累计入库新粮2535万吨，完成年初确定1750万吨收购目标的145%。收购价格与上年度同期相比，水稻平均每市斤提高0.20元、玉米平均每市斤提高0.10元。仅此一项，全省增收55亿元，农民人均增收400元以上，有力地保护了种粮积极性。全年累计销售、省间移库粮食2485万吨，完成年初确定1500万吨目标的166%。特别是销往省外1500万吨，为实现国家管理通胀预期，保障粮食安全奠定了坚实的物质基础。与此同时，建立巡查机制，定期检查市场情况，帮助协调解决实际问题；落实省级储备，指定11户应急加工企业满负荷生产，确保应急需求；建立133个粮食批发、零售市场和农贸市场作为原粮及成品粮油价格监测点，定期报送监测情况，大力维护粮食市场秩序。在农产品价格整体上涨、通胀压力加大的情况下，全省粮食供应充足，价格平稳。

二　粮食流通基础设施建设加快推进

重点实施了粮油仓储设施项目建设，纳入国家项目总体规划，争取中央投资20250万元，建设仓容100万吨，罐容2000万吨，有效地缓解了全省粮食仓容不足的压力。争取到国家仓房维修改造资金3087万元，省财政配套资金500万元，改造仓容100万吨，进一步改善了全省储粮条件。在2009年推广应用3万套科学储粮仓的基础上，积极协调国家有关部门，批准全省建设15万套农户科学储粮仓，中央投资1.67亿元，占全国总投资5亿元的33.4%。全面推进粮油仓储企业规范化管理。一年来，全省粮油仓储管理达标企业超过70%，其中，良好企业达到20%，优秀企业达到10%，企业管理水平进一步提升，安全管理更加规范，全省粮食行业安全生产零事故，这是多年来所没有过的，省粮食局被省政府命名为2010年度安全生产工作目标责任制考核优胜单位。

三　粮食市场体系初具规模

按照全国粮食市场体系建设规划和现代物流发展规划要求，结合全省粮食市场现状和未来发展趋势，紧紧抓住长吉图开发开放先导区建设这一有利契机，以长春国家粮食交易中心为依托，集中力量打造与全省增产百亿斤商品粮相配套的现代粮食物流工程——长春东北亚现代粮食物流中心暨东北亚现代粮食物流市场体系。与省发改委、省财政厅、长春市朝阳区政府针对现代粮食物流进行深入调研，对长春东北亚现代粮食物流中心项目建设达成了共识；完成了长春东北亚现代粮食物流中心规划和设计，确定在长春孟家广场附近地域为长春东北亚现代粮食物流中心项目一期工程建设用地；办理了牵头项目建设运营和管理单位的注册和验资工作，进一步完善了公司法人治理结构；协调引入战略投资者，与中粮集团、大连港达成了合作意向。目前，项目已经省发改委立项，正按照规划有序实施。同时，省内批发市场建设步伐明显加快。吉林市粮油批发市场完成搬迁，启动升级改造，被列为全省农产品批发市场建设储备项目。抚松县依托区位优势，组建松江河粮食综合批发市场，项目总投资1.2亿元。梅河口市着手建立以大米为主要交易品种的区域性物流批发市场。

四　粮食产业化经营取得积极进展

大力实施龙头企业率先突破、科技提升、品牌带动三大战略。全省51户粮油加工企业跨入国家重点支持龙头企业行列；吉林大学、吉林农大、长春光机所等高校和科研院所在吉粮集团、长春大成等大型企业建立实验室，加强新产品的研究与开发，推进粮油科技成果的转化和应用；在保持原有4个"中国名牌产品"的基础上，吉林省德春米业集团有限公司的"御泉"牌商标和吉林裕丰米业有限公司"好雨"牌商标被国家工商总局认定为"中国驰名商标",实现了全省大米行业"中国驰名商标"零的突破。

五　监督检查水平不断提高

2010年1月1日,《吉林省〈粮食流通管理条例〉实施办法》正式实施,为粮食流通监督检查提供了法律武器。一年来,积极开展了粮食收购市场、省级储备粮库存、政策性粮食竞价销售、植物油实物数量等各类专项检查,查处涉粮违法经营案件1422起,打击了违法经营行为,保护了粮食生产者、经营者和消费者的合法权益。特别是按照国家开展全国粮食库存检查的要求,组织对全省国有粮食购销企业2010年3月末的粮食库存、粮食账目、粮食质量、原粮卫生、储备粮轮换和储粮安全等进行全面检查。共检查库点412个、粮食库存1123万吨,结果显示,粮食库存管理规范,储存安全,数量真实,质量良好,账实相符。全省粮食流通监督检查工作得到国家粮食局的表扬和高度认可,连续四年被评为全国粮食流通监督检查工作先进单位。在今年的全国粮食局长会议上做了经验介绍。

六　新农村建设迈出新的步伐

全面启动"三下乡"活动。充分发挥信息、技术、人才等方面的优势,结合新农村建设,指导农户科学售粮、安全储粮,帮助农户增加收益、减少损失,组织全省粮食行业大力开展"三下乡"(送粮油市场信息、安全储粮技术、放心粮油知识)活动,在舒兰市溪河村开展了启动仪式,发放宣传资料3万份,使农民深入了解最新粮油市场动态和庭院安全储粮知识,受到广大农户的欢迎。命名了49户"吉林省放心粮油进农村、进社区示范企业",其中3户被中国粮食行业协会命名为"国家级放心粮油进农村、进社区示范加工企业"称号。

七　服务能力持续提升

争取国家向全省定向销售60万吨国家临时存储玉米,低于同期市场价格,帮助玉米加工企业解决了原料不足问题。同时,将应轮换的28万吨省级储备粮定向销售给中粮生化能源(榆树)有限公司等企业。这些优惠政策的实施,使企业由接近停产转为连续生产,工业产值增加,实现了保增长;避免了企业经营性裁员,职工就业得到保障,实现了保稳定;企业扭亏为盈,为地方提供了税源,实现了保民生。在保证省内军粮正常供应的基础上,克服粮源紧张的困难,提前筹集资金,定点收购水稻,加强对保管、加工、装运各环节的管理,保质、保量完成了国家粮食局、财政部、解放军总后勤部给全省下达调运驻青藏高原部队用粮(特一大米6100吨)任务,确保了驻青藏高原部队口粮需要,得到了解放军总后勤部军粮办的高度评价。全省碘盐合格率达到99.68%,合格碘盐食用率达到99.66%,这些指标位列全国第一,确保了合格碘盐供应。

八　应急保障水平显著增强

2010年入汛以来,全省遭受历史罕见洪涝灾害,各级粮食部门主动为党委政府分忧,超前谋划,精心部署，将行业损失降到最低程度。同时，迅速启动应急预案，在四条线上整体推进。一是确保抗洪抢险部队军粮供应。按沿江流域划片包干，落实军粮供应任务；启动九台、辉南和珲春三个大米定点加工点，满足军供大米需求；突破现行国家军粮供应规定的品种比例标准，按照部队需求进行调剂；克服道路、桥梁等交通设施损毁严重等重重困难，组织粮食职工肩担背扛，不间断地向抗洪抢险部队运送粮油，真正履行了桥断、路断，军粮供应不断的承诺。做到部队战斗在哪里，军粮就供应到哪里；部队需要什么品种，就供应什么品种。二是确保紧急转移灾民口粮供应。指定10户大米加工企业和3户面粉加工企业，加班加点，昼夜生产，每天加工大米1500吨，面粉400吨，有力地保障了灾民口粮需要。会同民政部门及时发放到受灾群众手中，共计向长春市等31个受灾市县供应省级储备大米5113吨，豆油170.3吨。三是确保受灾期间城镇粮油市场供应。增加监测频次和密度，深入全省大型超市、农贸市场巡查，做好粮油库存应急储备，做到了各地粮油批发市场、集贸市场、大型超市和粮油商店货源充足，价格基本稳定。即使是受灾较重的市县，粮油价格也没出现大幅上涨、脱销断档和居民抢购的现象。四是确保灾后重建有序推进。争取国家灾后重建资金1.5亿元，在详细核查灾情的基础上，科学规划，统筹安排，确保新粮上市前，灾区的粮食仓容、烘干设备、器材、人员全部到位。省粮食局被省委、省政府授予全省抗洪抢险先进集体荣誉称号。

九　机关党的建设和反腐败工作不断深入

围绕服务中心、建设队伍，大力推进机关建设。一是学习型机关建设扎实推进。坚持理论学习的长效机制，各党支部每周集中学习1次，每次半天时间；党组成员每天自学1小时；党组理论中心组每季度集中学习1次，每次3天时间。围绕影响全省粮食流通发展的主要问题开展调查研究，确定6个重点调研课题，形成调研报告。省局领导建立创先争优活动联系点单位6个，每位局领导深入联系点，调研指导工作，解决实际问题。二是深入开展主题教育实践活动。在"解放思想、改革创新、转变方式、科学发展"主题教育实践活动中，大力实施投资拉动、项目带动、创新驱动战略，努力在思想观念上实现新突破，在现代粮食物流、产业化经营、粮食流通基础设施建设、服务"三农"上实现新提升，推动粮食经济走上又好又快的科学发展道路。省委"解放思想、改革创新、转变方式、科学发展"主题教育实践活动简报第6期、6月24日吉林日报第一版刊登题为"思路决定出路——吉林省粮食局转变方式"纪实，对全局开展主题教育实践活动情况进行了报道。三是精神文明创建活动取得实效。坚持开展经常性寓教于乐丰富多彩的文体活动，组织召开春节联欢会、"三八"妇女联谊会、"八一"复转军人座谈会，培养职工健康的生活情趣和高尚的道德情操。积极组织局机关和直属单位干部职工为灾区捐款，献爱心。为玉树地震灾区捐款52810元；在抗洪救灾中，共为灾区捐款126100元；在"慈善救助双日捐"中，共捐款68210元。大力开展社会主义新农村建设结对帮扶活动，与柳河县三源浦镇鲜光村对接，为村里安装太阳能路灯，解决了村里的亮化问题，受到村民一致好评。

廉政建设和反腐败各项措施。一是加强监督检查，确保中央和省委重大决策部署的贯彻落实。重点抓好粮食流通基础设施项目和农户科学储粮仓建设的监督检查，加强重点岗位重点人员的廉政教育，坚决杜绝工程建设过程中违规违纪行为的发生，确保项目进度和质量。二是继续深入开展"树新风正气、促和谐发展"主题教育，不断提高党员领导干部的作风建设。坚持以"促转变、惠民生、求实效"为基本要求，大力弘扬密切联系群众的优良作风；大力弘扬求真务实和艰苦奋斗的优良作风；大力弘扬批评和自我批评的优良作风，始终以群众的利益作为工作的出发点，在工作中树正气，在和谐中求发展。三是着眼改善民生、维护民利，不断加强政行风和软环境建设。要紧紧围绕群众反映的突出问题，切实抓好粮食收购过程中的监督检查，坚决查处拒收限收、压级压价等损害农民利益问题，让农民卖上"明白粮"、"放心粮"。此外，要开好每年一次的全省粮食纪检监察工作会议，搞好业务培训，不断加强粮食纪检监察队伍建设，为全省粮食经济的发展保驾护航。

◆ **吉林省粮食局领导班子成员**

祝业辉	局长、党组书记
韩福春	副局长、党组成员
李贺军	副局长（2010年7月退休）
李毅勇	副局长（2010年7月任职）
张宏明	副局长、党组成员
冯春梅（女）	省纪委驻粮食局纪检组长、监察专员、党组成员
沈启地	副巡视员
杨　光	副巡视员（2010年4月任职）

2010年5月7日，吉林省粮食局召开全省粮食行业"十二五"规划编制工作会议。

2010年10月9日，吉林省粮食局召开防汛抗洪抢险救灾暨国有粮食购销企业产权制度改革工作表彰会议。

2010年12月22日，由吉林省粮食局、大连商品交易所、吉林市粮食局、舒兰市人民政府主办，舒兰市粮食局、溪河镇人民政府承办的以送"粮油市场信息、安全储粮技术和放心粮油知识"为主要内容的"三下乡"活动，在舒兰市溪河镇溪河村成功举办。

黑龙江省粮食工作 基本情况

黑龙江省位于中国的东北部，是世界著名的三大黑土带之一，耕地面积和可开发的土地后备资源均居全国首位，境内盛产水稻、大豆、玉米、马铃薯等粮食作物。2010年，黑龙江省认真贯彻落实国家各项方针政策，全力加快结构调整和发展方式转变，筑牢经济发展基础，推进现代农业建设，增强产业发展动力，全省宏观经济发展保持平稳较快增长。全年实现地区生产总值（GDP）10235.0亿元，按可比价格计算比上年增长12.6%；实现地方财政收入1073.3亿元，比上年增长21.2%；粮食总产量5013.0万吨（1002.6亿斤），首次突破千亿斤大关，比上年增长15.2%。现代化大农业建设步伐加快，机械化程度保持全国第一，绿色、有机食品经济总量列全国之首。

"十一五"期间，全省农民余粮销售顺畅，卖粮收入增加，企业改革成果显著，粮食流通产业得到发展壮大。五年来，全省农民共销售余粮16147.5万吨，仅粮价提高因素，农民卖粮累计增收562亿元。产销合作区域范围不断拓展，机制不断完善，每年粮食外销量居全国第一位。国有粮食购销企业"三老"问题基本解决，公司制改造基本完成，资源整合战略重组开始起步，经营管理机制逐步转变，2009年起全省统算实现了盈利。现代粮食加工产业体系初步建立，四大品种粮食实际加工量达到2411.9万吨，培育省级以上粮油加工龙头企业80户；全省粮食有效仓容由1765万吨增加到2355万吨，烘干能力由1900万吨增加到2980万吨；粮食市场、信息和质量检测体系初步建立，服务功能不断增强。粮食市场监管、宏观调控和行风建设力度加大，粮食市场秩序井然，市场和价格基本稳定，粮食行业形象良好。按全省粮食流通统计口径计算，2010年各类粮食经营企业共收购粮食3929.7万吨。

2010年粮食工作

2010年，全省各级粮食行政管理部门在各级党委和政府的正确领导下，认真落实国家和省关于粮食流通工作的重大部署，紧紧围绕服务全省"八大经济区"和"十大工程"建设，积极推进粮改，搞活粮食流通，加强政府调控，维护流通秩序，增加了农民收入，壮大了产业实力，为全省经济社会发展和保障国家粮食安全做出了重要贡献。

一   粮食生产

2010年，黑龙江省积极应对农产品价格大幅波动等复杂局面，克服各种自然灾害，着力发展高产高效优质农业，进一步优化种植结构，加大绿色、有机、无公害粮食种植面积，粮食生产连续七年喜获丰收。全年粮食总产量5013.0万吨，成为全国第二个超千亿斤省份，比上年增长15.2%；粮豆商品量3927万吨，同比增长20%。四大粮食作物产量"两增两减"：水稻1844.0万吨，增长17.1%；玉米2324.5万吨，增长21.1%；小麦92.5万吨，下降20.5%；大豆585.0万吨，下降1.2%。绿色食品产业规模不断扩展，牵动农户183万户。全省绿色食品认证个数1100个，比上年增加20个；绿色食品种植面积6100万亩，增长5.9%。绿色食品加工企业实现增加值105.4亿元，增长9.2%；实现利税35.3亿元，增长8.3%。

二   粮食流通

全省各级粮食行政管理部门准确把握为"发展现代化大农业"和打造"国家可靠大粮仓"服务的战略定位，加快转变粮食流通产业发展方式，努力提升粮食综合流通能力，全面搞活粮食流通，促进了农民余粮顺畅销售，增加了农民卖粮收入。

（一）农民余粮销售顺畅

针对全国粮食市场复杂多变和全省粮食大丰收的实际，加大了对粮食生产、流通、消费市场的监测和调研力度，全面、客观分析和研判市场形势，并积极争取国家支持，稳定和提高了政策性粮食收购价格。各级粮食行政管理部门指导国有粮食购销企业认真落实国家各项收购政策，加强粮食购销组织领导，进一步完善落实粮食收购领导包片负责、分组巡回检查、专人驻库、情况反馈等四项保障机制，充分发挥粮食流通主渠道作用；全面强化市场信息、技术、储粮设施、政策宣传和协调指导等各项优质服务，吸引省内外粮食经营者，促进了农民适时适价出售余粮，增加了卖粮收入。2010年秋粮购销形势总体较好，购销数量大、流通速度快、市场平稳有序。按全省粮食流通统计口径计算，各类粮食经营企业全年共收购粮食3929.7万吨。仅粮价提高因素，预计2010年秋粮收购期全省农民可同比增收258亿元。

（二）粮食企业储粮安全

2010年粮食收购期，各级粮食行政管理部门强化工作措施，认真开展安全检查，及时发现并整改储粮和生产管理中存在的问题，为储粮安全和企业规范化管理奠定了基础。在潮粮烘干、春秋季节交换、汛期等重要烘干、保粮时段，实行潮粮周报制度，随时掌握各地潮粮烘干进度和潮粮粮情，及时派工作组帮助企业解决技术问题，保证企业储粮安全；继续围绕安全生产"四不"（不发生人身伤亡事故，不发生重大火灾事故，不发生丢失、泄漏、爆炸有毒有害的化学药剂事故，不发生重大坏粮事故）目标，突出隐患治理，及时部署粮食收购、潮粮烘干及度夏、度汛等重点时期工作任务，不定期开展专项检查，确保企业生产安全。广泛开展全面规范化管理示范粮库创建活动，培育77户全面规范化管理示范粮库，稳步推进国有粮食购销企业规范化管理，并经过认真筛选和申报，12户企业被国家粮食局授予全国粮油仓储规范化管理先进企业称号。

（三）新粮实现购销平衡

2010年粮食销售（含转化）量达到3532.5万吨，自主经营新粮实现了当年购销平衡。全年工业用粮620万吨、种子用粮105万吨、饲料用粮565万吨；城镇口粮370万吨、农村口粮360万吨；出口量达到95万吨。全年粮食流出量2750万吨，占全国主要净调出省份总量30%以上，其中通过铁路外运粮食累计达到2172万吨，同比增加100万吨，为维护销区市场稳定和保障国家粮食安全做出了积极贡献。继续深入推进粮食产销合作，与上海、天津、浙江、福建、云南等销区省市粮食局建立了粮食铁路运输协调机制，与浙江省签署了政府间产销合作协议和两省粮食局间粮食运输协议；与宁夏自治区签署了两省区《开展粮食产销合作的协议》，产销合作省份扩大到14个，推动了与主销区省市粮食产销合作向更深、更广的层次发展。全省优质粳米在京津沪苏浙闽等主销区大中城市的市场占有率高达40%以上，在京津的市场占有率高达70%左右。成功举办了2010·黑龙江金秋粮食交易合作洽谈会共达成粮食购销合同及意向性协议965.7万吨，比上届交易会增加了5.1%。在福建七省洽谈会上，共签订粮食购销合同、协议185.75万吨，占总成交量的29.4%。

三　粮食调控

认真贯彻落实《黑龙江省省级储备粮管理办法》，加强省级储备粮库存管理和轮换工作，落实了省级应急成品粮动态储备和地市级粮油储备规模。强化了市场监测预警分析工作，坚持开展旬价格会商，加密各地市重点批发市场、规模以上企业购销存加、价格监测；每周开展省内大型大米加工企业产销存及价格等情况监测和信息发布工作。加强粮食流通统计工作，全面落实统计制度，强化人员、经费、物质装配等各项保障，组织全社会粮食和食用植物油供需平衡调查，较好地完成了统计执法大检查工作。按国家部署，认真选择骨干企业参与粮食市场调控，并结合全省粮食商品量大、一季生产、集中上市、常年消费及远离主销区等实际，本着有利于农民卖粮增收、粮食顺畅流通、企业发展、维护粮食市场正常经营秩序的原则，拟定了粮食经营企业最高库存标准，较好地完成了保供稳价工作任务。加强了军粮和食盐供应工作，全省军粮质量合格率达到100%，部队满意率达到100%。2010年，黑龙江省粮食局被国家粮食局评为粮食流通、仓储和投资、粮油工业等统计工作先进单位；被国家粮食局、财政部、解放军总政治部评为全国军粮工作先进集体。

四　粮食企业改革

认真落实国家和省关于完善粮食流通体制改革的总体部署，以加快转变发展方式、深化企业改革为重点，继续推进规范、完善企业产权制度改革，实现传统国有粮库向现代公司制企业转变。积极研究探索国有粮食购销企业改革和发展的途径，针对不同类型企业，加强分类指导，及时查找差距，制定具体整改措施。按照省委、省政府关于"整合国有粮库，组建区域性和大型国有粮食企业集团"的要求，积极推进国有粮食购销企业资源战略重组，推动国有粮食企业向规模化、集团化方向发展，企业组织化程度和竞争力得到了显著提高。2010年底，齐齐哈尔、绥化、伊春、佳木斯、大庆等7个市已组建了区域型粮食企业集团，甘南、肇源、讷河等18个县（市）组建了紧密型企业（粮食企业集团），经营方式和内部机制得到较大转变，企业效益明显增加。全省国有粮食购销企业统算实现盈利1640万元，在13个市（地）和省农垦总局中有10个盈利，在83个市、县（区）中有52个盈利。

五　行政执法

进一步转变部门职能，加强法制和监督检查机构人员队伍建设。修订下发了《全省粮食部门行政执法责任制实施方案》，对地市的专项考核标准进行完善，调整了行政执法责任制组织领导，并对行政执法责任制目标进行逐项分解落实，确保责任落实到位。全省已有9个市（地）成立了专门的法制和监督检查机构，获得监督检查行政执法资格的人数达到589人。认真落实国家和省关于加强秋粮收购和市场调控的部署，重点开展了全社会粮食流通监督检查，全面加大了粮食收购资格核查和临储收购、粮食经营者最高库存限量等监管力度，确保国家惠农政策和粮食宏观调控措施落实到位。对规模以上工业企业和转化用粮企业建立粮食经营台账、执行粮食流通统计制度情况进行了监督检查，为国家宏观调控政策的制定提供了更加可靠的依据；加强了政策性粮食购销活动的监督检查，确保了国家政策落实到位；开展了粮油库存检查，促进了企业加强管理，提升管理水平；进一步规范了执法行为，加强对各项许可办理的监管，纠正许可运行中出现的问题；加大涉粮案件的查处力度，维护了法律法规的权威性和公正性，树立了粮食行政管理部门依法监管的良好形象。

六　行业发展

主动服务于全省 "八大经济区"和"十大工程"建设，积极推进粮食加工业发展。认真编制了《黑龙江省粮油加工业"十二五"发展规划》，进行了重点粮食加工项目的摸底排查，建立了项目库和企业信息台账制度、信息反馈制度、企业联系制度、重大建设项目报告制度，并做好跟踪指导推进服务。认真落实省委、省政府关于"启动建设和整合拓展20个稻米加工园区"的部署，在完善提升去年建成的6个稻米加工园区功能的基础上，在绥化、鹤岗等地启动建设了8个稻米加工园区，全省稻米加工园区已达到14个、先进加工产能达400万吨。围绕搞活粮食购销、稻米加工园区建设、组建企业集团、粮油精深加工等重点工作，狠抓招商引资工作，全省粮食系统共引进到位资金28.3亿元。加强了仓储物流体系建设，完成了10.5亿元国家投资42个粮油仓储项目，建设仓容128万吨、罐容1.5万吨；继续推进实施了农民粮食产后减损安全保障工程。制定实施了《黑龙江省粮食市场体系建设实施方案》，建立了粮食市场信息服务平台，进一步健全了粮食市场体系，改造提升了农垦北大荒和哈尔滨、齐齐哈尔、佳木斯、牡丹江、大庆等区域性骨干粮食批发市场。加强了粮食质检体系建设，初步形成以黑龙江国家粮食质量监测中心为龙头，11个区域监测站（其中国家级站9个）为骨干、67个县（市）站（企业检验室）为基础的全省三级粮食质量检测体系。坚持以发展农村经济为中心，以增加农民收入为目的，以改善农民生产生活条件为重点，多次深入新农村帮建村共同研究确定帮建重点，积极筹措帮建项目资金，选派专业人员指导农业种植和粮食销售，培训粮食经纪人，圆满完成了帮建工作任务；做好职业技能鉴定工作，全年共举办了粮油保管员、粮油质量检验员各4期职业技能培训班，全省粮食行业共810人参加了培训与鉴定，其中有466人取得了国家职业资格证书，促进了全省粮食行业职工队伍建设。组织参加第二届全国粮食行业职业技能大赛，取得全国团体第九名、个人二等奖和优秀组织奖的好成绩。2010年，全省有5个单位、8名个人被国家粮食局分别授予全国粮食系统先进集体和劳动模范（先进个人）光荣称号。

| 七 | 党群工作 |

　　认真贯彻党的十七届四中、五中全会，省委十届九次、十四次全会精神，深入学习实践科学发展观，切实加强了执政能力建设、思想理论建设、精神文明建设、服务型机关以及学习型党组织建设，深入开展了以"创先争优、立足岗位当先锋"为实践载体的创先争优活动和以"讲党性、树新风、优环境、促发展"为主题的作风建设活动，以加强党性修养、树立弘扬优良作风为核心，进一步改进了作风。坚持标本兼治、综合治理、惩防并举、注重预防的方针，严格执行了党风廉政建设责任制，加强了党风廉政教育和领导干部廉洁自律，创造性地抓好反腐倡廉"八项工程"，推进了惩治和预防腐败体系建设，并在全系统开展了群众满意粮库创建活动，端正了粮食行业风气，树立了行业良好形象，为全省粮食流通产业发展提供了有力保障。

◆ **黑龙江省粮食局领导班子成员**

胡东胜	局长、党组书记
金　辉	副局长、党组副书记
张　赋	副局长、党组成员
肖培尧	副局长、党组成员
齐　瑶	副巡视员
陈德志	副巡视员

2010年3月15日，黑龙江省粮食局局长胡东胜在全省局长会议上做工作报告。

2010年11月9日，黑龙江省粮食局局长胡东胜（前左一）在绥化市调查了解秋粮收购进展情况。

2010年8月27日，2010·黑龙江金秋粮食交易合作洽谈会在黑龙江省建三江农垦分局开幕。

上海市粮食工作   基本情况

2010年，上海市全年粮食种植面积17.92万公顷；粮食产量118.4万吨，比上年下降2.7%。夏收粮食播种面积为5.96万公顷，同比减少18.8%；总产量为22.97万吨，同比减少17.6%，其中：小麦播种面积为4.94万公顷，同比14.4%；总产量为19.3万吨，同比减少12.7%。秋收粮食播种面积为11.96万公顷，同比减少0.3%；总产量为95.43万吨，同比增长1.7%，其中：水稻播种面积为10.85万公顷，与上年持平；总产量为90.3万吨，同比增长0.3%。

上海市年粮食需求量大体在592万吨左右，其中口粮消费412万吨，饲料用粮113万吨，工业用粮67万吨；本市食用油年消费量在45万吨左右。全市累计收购小麦6.53万吨、粳稻谷16.5万吨，其中国有粮食购销企业收购了19.86万吨，发挥了主渠道作用。粮食产销合作进一步深化，产销协议数量达120万吨。本市粮食批发市场积极吸纳粮源，在保证市场供应、保障粮食消费方面发挥了重要的支撑作用。据统计，2010年粮食共成交现货152万吨，其中粳米117万吨。

2010年粮食工作

2010年是不平凡的一年，既是上海世博会举办之年，也是贯彻实施"十一五"规划的最后一年。在市委、市政府的领导下，在国家粮食局的指导下，全市各级粮食行政管理部门深入贯彻落实科学发展观，聚焦世博保供应，加强调控促发展，努力提高粮食流通安全保障能力，为上海粮食流通产业发展"十二五"规划启动实施奠定了良好基础，各项重点工作取得新的进展。

一   世博保障服务工作发挥了重要作用

（一）应急供应保障安全高效

上海市粮食局专门制订了世博期间粮食市场应急保障工作预案，并进行应急演练。有针对性地完善世博园区所在的黄浦、卢湾、徐汇、浦东等区的粮食应急供应保障网络，选择良友集团、百联集团和光明集团下属零售网点作为储备粮应急投放指定零售网点，有效提高了应急处置能力。在出现103.27万超大客流时，从良友集团迅速调入园区3万份拌面及8千份自加热方便盒饭，从光明集团调入

4万份八宝粥，保障了超大客流平稳度过；上海良友军粮站紧急配送几百箱方便盒饭，缓解了武警安保部队燃眉之急。

（二）日常供应保持稳定丰富

临时增加成品粳米储备库存，充分发挥粮食骨干企业、粮食批发市场和零售连锁超市的市场主导作用，组织好粮油货源和生产加工，加强配送衔接，安排市场投放。国家粮食局专门从东北等地跨省移库中央储备粳稻，在上海定向销售。落实军供粮油专项保障，协调市财政拨出60万元专款，采购30吨绿豆慰问驻沪世博安保官兵。与市有关部门加强协同，加大粮油质量检测监管，确保供博粮油质量安全。

（三）世博接待和服务工作平稳有序

市和区县粮食部门认真做好世博接待工作，其中市粮食局共接待全国各地104批761人（包括部级领导7人、局级领导91人），广受好评，受到市商务系统表彰。积极组织参加园区柔性维稳、轨交道口执勤等世博志愿服务行动，自觉承担世博安保相关工作，受到市级机关系统表彰。组织开展"保障粮油供应、为世博作贡献"创先争优立功竞赛主题活动，为服务世博提供了思想保障。

二 粮食市场保供稳价工作成效突出

（一）调控节奏和力度把握到位

从年初起，针对粳米等价格上涨的情况，在市粮油保供稳价领导小组领导下，全市粮食部门认真贯彻落实国家和上海保供稳价的部署，衔接购销，主动调控，充分发挥骨干企业的主导作用，组织本市粮食企业参与竞买37批国家临时存储粳稻，从4月29日起每两周一次，分15批定向销售储备粳稻（米），分3批动态投放"藏粮于企"粳米，做到在本市加工、本市销售，保证了本市粳米市场整体保持平稳有序。

（二）地方粮食收储针对性强

重视本地粮源掌控，全市累计收购小麦6.5万吨、粳稻16.1万吨，其中国有粮食购销企业收购量约占80%以上。根据市场情况，抓早调整了市级储备粮品种结构，增加储备粳稻，并有针对性地减少粳稻轮出，减轻外采压力，满足供应需要。专门组织粮食采购代表团赴黑龙江省进一步衔接购销，落实产销合作协议（协议购销粮食99.24万吨），抓紧粮食采购和调运，增加了部分企业商业库存，充实了地方储备库存。

（三）市场预警机制发挥作用

坚持了粳米市场信息日报制度和粮油市场监测周报制度，密切跟踪本市粮食供应商、批发市场和零售市场粳米价格、销售、库存等情况，对粳米价格走势和供求形势及时分析研判。根据国家粮食局要求，实行了本市大米加工企业产销存情况周报制度和参加竞买国家临时存储粳稻加工企业周报告制度。

三 粮食流通监管和质量检测效能明显提高

（一）监督检查工作全面加强

按时保质完成了2010年度本市粮食库存检查，各区县自查、核查工作扎实，确保了本市库存粮食数量真实、质量良好。组织开展了粮食收购专项检查，夏、秋两季总计出动320人开展检查107次，查出违法违规案件20例，取消粮食收购资格证14张，另有无粮食收购资格擅自从事收购活动的6例，有效维护了收购市场秩序和种粮农民利益。开展了最高库存量执行情况核查，184家核查企业中有14家企业的检查时点粮食库存量超标。还开展了春节粮油市场、政策性粮食销售、流通统计制度执行情况检查等，维护了粮食流通正常秩序。

（二）粮食质量检测力度加大

开展了粮油加工企业原粮卫生情况抽查，共抽取34家企业、85份样品，检测结果安全。按季度开展本市流通领域粮油质量卫生情况调查，4次共采集成品粮油样品382份，整体情况良好，个别样品添加剂超标。开展库存粮食质量安全专项抽查，共抽取各类粮食企业31家、70份样品，整体质量良好，少量样品农药残留超标。地方储备粳稻入库质量抽查和储备粮卫生状况专项检查总体情况较好，仅粳稻水分、杂质等质量指标少量不达标。粮食收购质量安全抽查共抽取小麦样品34份、稻谷样品80份，各项检测指标基本正常。检测中发现的问题都及时跟踪处理，必要的移交有关部门查处，保证了粮食质量安全。

四　"十二五"规划研究编制取得实质进展

（一）规划草案初步完成

认真组织开展"十二五"规划大讨论，并抓早启动"十二五"规划专题研究，形成了《上海市粮食安全保障的政策措施研究报告》，初步完成了总体规划和五个专项规划草案。

（二）重点工作和重大项目形成思路

着眼于城市粮食安全，经多次向市政府汇报和研究，形成了一些基本思路。如：要逐步建立和完善"市级储备库+区县中心库+乡镇收纳库"的三级粮食保障架构，明确储备粮库属公益性基础设施，由市级建设财力落实资金，并建议区（县）政府给予重点支持；要充分发挥良友新港的区位功能优势，确立"以市场吸引流量，以价格引导流向"的大市场大流通的粮食工作思路，研究推进现代粮食仓储物流和中心批发市场建设，落实必要的政策支持；要以互联网和物联网为基础，促进信息技术在本市粮食流通业务、政务和商务领域的广泛应用，打造以数字化、网络化、智能化为主要特征的"智慧粮食"工作网络。

◆　**上海市粮食局领导班子成员**

张新生　　市商务委副主任、粮食局局长、党组书记
夏伯锦　　副局长、党组成员
姚　海　　市纪委驻粮食局纪检组长、副局长、党组成员
王建忠　　副局长、党组成员（2010年10月任职）

国家粮食局局长聂振邦调研上海"五一"节日粮油市场。

上海市副市长唐登杰检查建设中的外高桥粮库及码头设施项目。

江苏省粮食工作　基本情况

江苏省位于我国大陆东部沿海中心、长江下游，东濒黄海，东南与浙江和上海毗邻，西连安徽，北接山东。2010年末，全省常住人口为7866万人，居全国第五位。全省现设13个省辖市，下辖105个县（市、区），其中24个县、26个县级市、55个市辖区。

2010年，全省地区生产总值实现40903亿元，比上年增长12.6%；人均GDP超过7700美元。财政总收入11743亿元，其中地方一般预算收入4080亿元，分别增长39.7%、26.4%。城镇居民人均可支配收入22936元，农村居民人均纯收入9118元，分别增长11.6%、13.9%。

全省面积10.26万平方公里，占全国的1.06%，列全国第24位，人均国土面积在全国各省区中最少。全省耕地面积468.8万公顷，占全国的3.85%，人均占有耕地0.91亩。2010年全省粮食产量为3235万吨，实现建国以来首次"七连增"，总产由2005年全国第五位上升到第四位，粮食单产由全国第五位上升到第二位。全社会粮食购销总量5406.9万吨，居全国前列。粮油工业生产总值和销售收入分别达到1265亿元和1250亿元，居全国第二位。

2010年粮食工作

2010年，全省粮食部门坚持以科学发展观为统领，认真贯彻落实中央和省委省政府的决策部署，统筹推进改革发展和粮政管理工作，在保障粮食安全、促进农民增收、推动产业发展等方面取得了显著成效。

一　粮食宏观调控

（一）积极开展粮食收购

在价格波动加剧、农民惜售、政策性收购大幅减少的形势下，科学研判市场，引导企业理性收购。全年累计收购粮食2135万吨，同比增加145万吨。国有粮食企业收购粮食1450万吨，占全社会收购总量的68%，销售2190万吨，较好地发挥了主渠道作用。

（二）突出抓好保供稳价

坚持将保供稳价作为粮食部门的首要任务来抓，印发《江苏省保证粳米市场供应和价格稳定的工作方案》，切实增强调控的主动性和预见性。

一是加强市场监测。严格执行粮油市场价格每日监测预报制度，并对全省价格预警监测点进行充实调整，127个监测点涵盖收购、加工、批发、零售、港口等各个环节，遍布13个市45个县（市）。针对粳米市场供求变化实际，对重点大米加工企业原料、出厂价格及粮食流向进行重点监测。

二是增强应急能力。落实应急加工企业339家，应急供应企业985家。全省成品粮油日应急加工能力6.45万吨，日供应能力5.1万吨。各地特别是南京、苏州、无锡等粮食主销区，按照粮油应急保供要求，完善了粳米保供稳价的应急预案，加工充实储备成品粳米，提高应急能力。

三是落实成品储备。当年省级储备油已全部落实。会同发改委等四部门对市级储备油落实情况进行通报，督促各市落实成品粮油储备。

四是适时投放储备。对稳定市场、平抑粮价起到了重要作用。

（三）加强粮食产销衔接

按照"政府推动、部门协调、市场机制、企业运作"的原则，组织安排省内粮食产销区各类企业先后在苏州、扬州进行现场洽谈签约活动。共签订省内产销区粮食购销衔接协议（合同）280万吨，销区市共在粮产区落实粮食生产基地5.27万公顷。加强与省外产销区间的合作，先后组织参加了七省粮食产销协作福建洽谈会、黑龙江金秋粮食交易合作洽谈会暨首届北大荒稻米节等活动，江苏企业共签订合同协议136.5万吨，调剂省内粮食供需，搞活粮食流通。

二　粮食流通产业发展

（一）加强粮食流通基础设施建设

2010年，申报和落实粮油仓储设施项目12个，获得投资补助5250万元；落实现代粮食物流项目5个，获得投资补助2900万元，各个项目进展顺利，全省"两纵两横"物流格局初步形成。全省各地积极筹划调整仓储建设布局，13个市68个县（市、区）大部分建成中心粮库，粮油仓储设施大大改善。至2010年底，全省仓储企业1406户，库点数2261个，有效仓容达到2024万吨，比"十五"期末增加了898万吨，增幅达80%，基本满足粮食收购和储备需要。在粮食主产区建设粮食烘干中心42个。

（二）推进粮食流通产业转型升级

在"全省粮油精深加工三年行动计划"圆满完成的基础上，自2010年开始，在全省范围实施粮食流通产业转型升级"五个一工程"（全省13个省辖市都要新培育一个县级国有粮食企业做大做强的典型、引进一个大型粮油企业并与之成为合作伙伴、按规划建成或完善一个现代化粮食产业（物流）园区、培育扶持一个省级粮油科技研发中心、新增一个省级以上粮油产品名牌），制定印发《粮食流通产业转型升级"五个一工程"实施意见》，专门召开"五个一工程"动员会，并加强督导和跟踪。全省拟培育国企典型21家，引进9家合作伙伴，建设13个产业园区，建立13家研发机构，培育17个省级名牌。"五个一工程"建设进展迅速，至2010年底，全省国企典型已有4家销售额和利税达标，5家销售额达标；引进8个战略伙伴14个项目，总投资近64亿元；13个产业园区已有12个完成粮食物流主要工程；研发机构已建成9家；省名牌产品新增6个。粮油产业规模不断壮大。2010年粮油工业生产总值和销售收入分别达到1265亿元和1250亿元，居全国第二位。全省销售超亿元企业达到132家，其中20亿元以上企业6家，粮食产业化国家级龙头企业9个、省级47个，全省共有11个粮油类产品被评为"中国名牌产品"，总数位居全国第一。

（三）规范仓储管理

制定粮油仓储争先创优三年计划，建立《全省粮食行业安全生产评优办法》，推进仓储管理规范化。参与编写《粮油仓储管理办法解读》，编制粮库设立、粮食熏蒸、安全生产事故处理备案制度草案。贯彻国家粮食局《粮油仓储规范化管理评价办法》，组织开展先进粮油仓储企业申报，组织专家深入企业现场考评，促进企业改进管理。全省12家企业获得全国先进粮油仓储企业称号，为粮油仓储规范化管理树立标杆。

（四）加快粮食市场体系建设

至2010年底，全省有各类粮食批发市场31个，年交易量约1250万吨，交易额约300亿元，年成交量40万吨以上的达到8家，全省初步形成粮食收购、批发、零售等市场主体互为补充、市场功能有效发挥、市场管理逐步规范的粮食市场体系。

三　粮食流通监管

（一）开展粮食专项检查

根据国家粮食局的统一部署，采取企业自查、市县互查、省级抽查的方式，在全省境内组织了对国有和国有控股粮食购销企业以及承担政策性粮食业务的其他所有制企业的粮食库存检查，全省粮食库存账实相符率达99.99%；按20%的检查覆盖面，随机抽取8个省储粮库点，在库存账实、仓储管理、储备粮管理运作以及政府宏观调控政策执行等方面开展省级储备粮突击检查，并对发现的问题，进行"行政约谈"，督促整改；在全省选取6个市、12个储油库点、41个储存油灌进行油脂库存检查差率试验，结果显示，标准油灌试验误差率为-0.19%~0.25%，非标准油灌在-1.07%~0.96%。2010年，全省开展专项检查3209次，出动检查人员19667人次，检查各类收购主体27789户次，共对1154起违反粮食流通管理的行为进行了查处，其中警告167例、罚款92例、取消收购资格56例。

（二）开展粮食市场督查

结合工商部门对营业执照年度审验，在全省开展粮食收购资格全面核查。经统计，全省具有粮食收购资格的经营者有8778家，其中国有（集体）企业1967家，民营及个体工商户6735家，港澳台及外资企业33家，其他43家；针对粮食收购市场价格上扬、主体增多、竞争激烈的新情况、新特点，积极开展夏秋粮收购监督检查，通过召开收购工作和监督检查工作专题会议，制定巡查工作方案，加强联合执法和全面巡查，有效维护了粮食收购市场秩序。

（三）加强粮食市场稳价保供督查

春节前后在全省范围内开展了政策性粮出库专项检查，监督企业及时按计划组织国家临时存储粮食销售出库，对发生索取额外费用或其他故意拖延粮食出库时间等行为，按有关规定给予行政处罚，确保全省国家政策性粮顺利销售出库，投放市场供应；积极开展大米稳价保供专项检查，检查对象全覆盖，从执行调控措施、打击囤积居奇、垄断或操纵粮食价格等方面，重点检查企业执行政府部门安排的稻谷轮换计划和定点加工以及保供方案的执行情况，有效保障了粮食市场的正常供应和价格稳定。

（四）加强粮食质量监管工作

出台《江苏省粮食质量安全分级监管实施意见》和《江苏省粮食质量安全事件问责意见》，促进粮油安全消费。针对全省与上海、广东存在长期粮食购销合作关系，专项部署上海世博会、广州亚运会期间输沪、粤粮食的质量安全工作。完成全省粮食行业开展诚信体系建设，已建成涵盖省、市、县三级共享的粮食流通企业信用信息数据库。

四　粮油质量监测

（一）全方位推进粮食质量检验机构建设

省粮食局协调省财政专门拿出1500万元专项用于补助全省各市粮油质检机构建设，为每个市添置100万元新仪器设备，至2010年，全省有1家省级、11家市级和5家县级粮油质检机构被国家粮食局挂牌为国家粮食质量监测中心（站），名列全国第二。同时，有14家县级质检机构通过了省质量技术监督局的计量认证。

（二）组织粮食质量安全监测

根据国家局的统一部署，在全省进行了收获和储存环节粮食质量安全监测，其中，收获环节抽取样品677份，储存环节扦取样品180份，代表数量36.5万吨，测试参数9350个，通过检验，全面掌握了全省收获及储存环节粮食质量卫生状况；全年共检验省级储备粮承储企业送检样品417份，代表数量22.6万吨，为省级储备粮的确认提供了客观的检验数据。

（三）加强业务培训

针对各地计量认证复评审专家提出的问题，省粮油质量监测所多次组织实验室内外比对实验，积极参加国际有关环形实验，定期组织市县质检机构和基层质检技术人员进行技术交流，通过多项手段，提高业务水平。积极参加国家粮食局组织的考核比对工作，7个项目有6个项目得到完全合格评价，成绩在全国名列前茅。开展2期粮油质量检验员技能鉴定工作，全省有237人分别获得了初、中级国家粮油质量检验员资格。

五　粮食法制建设

（一）大力推进依法行政

省政府办公厅出台《关于做好新形势下粮食工作的通知》，进一步明确了"米袋子"省长负责制下市县长分级负责制，为今后一段时期全省粮食流通产业的发展指明了方向，提供了政策保障。组织《粮食流通管理条例》颁布实施六周年宣传活动，积极为《粮食法（草案）》起草工作建言献策。组织开展"五五"普法自查、检查验收工作。认真开展粮食收购资格审核及信息管理工作。按照行政权力网上公开运行要求，建立行政权力静态信息调整制度，对已经审核确认公布的行政权力再次进行清理及调整，及时编制有关新增行政权力的内部、外部流程图，局行政权力网上公开运行顺利通过升级验收。

（二）加强粮食法制建设

根据省政府规章清理工作的要求，积极开展本部门规章及规范性文件的清理修订，针对地方储备粮油管理形势的新变化，认真听取地方粮食行政管理部门和企业意见，按时向省政府上报了《江苏省地方储备粮管理办法》修订意见；制定出台《江苏省粮食局规范性文件制定规定》，坚持从实体和程序上，对文件内容和制定程序进行全面、严格的审查，提高规范性文件制作和运行质量；根据国务院《全面推进依法行政实施纲要》等有关规定，制定出台了《江苏省粮食局重大行政决策合法性论证制度》、《江苏省粮食局重大行政决策征求公众意见制度》、《江苏省粮食局重大行政决策专家咨询论证制度》、《江苏省粮食局重大行政处罚案件集体讨论制度》，逐步把行政决策纳入法制化轨道，提高行政决策的法制化、科学化、民主化水平。

（三）编制"十二五"发展规划

按照省政府和国家粮食局编制"十二五"规划要求，经过广泛调研、认真总结、分析研究和专家论证，编制了《江苏省粮食流通"十二五"发展规划》及粮食总量平衡和宏观调控、仓储物流设施建设、粮油加工发展、粮食市场体系建设等四项子规划，并通过论证。

六　国有粮食企业改革

（一）骨干企业建设力度加大

县级粮食购销总公司不断做强做大，部分企业实现由资产管理型向经营型转变，资产整合能力、自身经营能力和带动基层企业的能力得到增强。一些地方打破区域限制，通过企业重组、股份制改革等形式，推进经营要素向优势骨干企业聚集，区域性骨干粮食企业竞争实力得到增强。

（二）改革发展形式不断拓展

对租赁、承包经营方式的弊端认识加深，逐步开始改变租赁、承包经营方式，以企业合并、股份制等形式推进企业改制，形成可持续发展体制机制。

（三）经营管理方式继续规范完善

转变"以租代管"、"以包代管"等传统观念，采取目标管理责任制或完善租赁承包合同等方式，健全绩效考核和责任追究制度，加强对国有粮食企业的监督管理，进一步规范和提高了企业内部经营管理水平。2010年，全省国有粮食企业实现利润25360万元，同比增加73万元。其中，国有粮食购销企业实现利润21595万元。同比增加1441万元，增幅达7.15%。

七　行业自身建设

深入开展学习实践科学发展观活动，积极弘扬"以农为本、安全至上、诚信服务、和谐发展"的新风尚，为农服务、促农增收的意识进一步增强。各级粮食行业协会较好地发挥了联系服务企业的桥梁纽带作用，省粮食行业协会顺利完成了换届工作。建立行风监督员队伍，开展粮食物流中心等重点工程专项检查，反腐倡廉法制化、制度化水平不断提高。2010年，全省粮食系统查办违法违纪案件16件，处理违法违纪人员18人。加强行业人才队伍建设，在第二届全国粮食行业职业技能大赛上获得团体第二名、单项第一等多个奖项。深入开展"创先争优"主题活动，大力推进行风建设。全行业涌现出一大批先进典型，南京天悦粮食集团等5个单位被评为全国先进集体，杜秀珍等6名个人被评为全国先进工作者（劳动模范）；南京市军粮供应站等3个单位被评为"全国军粮供应管理工作先进单位"，史官荣等4名个人被评为"全国军粮供应管理工作先进个人"；省粮食局与省人力资源和社会保障厅联合表彰江苏省粮食集团有限责任公司等35个全省先进集体和焦全清等49名全省先进工作者（劳动模范）。

◆ **江苏省粮食局领导班子成员**

王元慧　　　局长、党组书记

严长俊　　　副局长、党组副书记

于国民　　　副局长、党组成员

沈祖方　　　省纪委驻粮食局纪检组长、党组成员

王建国　　　副局长、党组成员

朱新华　　　副局长、党组成员（2010年10月任职）

刘成龙　　　副巡视员

张生彬　　　办公室主任、党组成员

江苏省省长李学勇（前排右二）在省粮食局局长王元慧（前排左二）的陪同下调研基层夏收夏种工作。

国家粮食局局长聂振邦（前排左一）在省粮食局局长王元慧（前排右二）的陪同下到苏州粮食批发市场调研。

江苏省委常委、副省长黄莉新（前排右二）在省粮食局局长王元慧（前排左二）的陪同下参观江苏省名特优农产品上海交易会。

浙江省粮食工作　基本情况

　　"十一五"期间，浙江省委、省政府高度重视粮食安全，出台了一系列粮食生产扶持政策，有效地推动全省各地抓好粮食生产，使农民的种粮积极性有所提高，效益有所增加。"十一五"期间全省粮食生产基本稳定，与"十五"期间相比实现了恢复性增长。2006年全省粮食播种面积1304.52千公顷，粮食总产量785.50万吨，单产6021公斤/公顷。2007年全省粮食播种面积1270.75千公顷，粮食总产量745.07万吨，单产5863公斤/公顷。2008年全省粮食播种面积1271.63千公顷，粮食总产量775.55万吨，单产6099公斤/公顷。2009年全省粮食播种面积1290.09千公顷，粮食总产量789.15万吨，单产6117公斤/公顷。2010年全省粮食播种面积1275.83千公顷，粮食总产量770.67万吨，单产6041公斤/公顷。

　　"十一五"期间，"订单粮食"数量呈持续增长态势，全省国有粮食企业累计收购"订单粮食"264万吨。"十一五"期间，全省粮食消费总量逐年增长，产需缺口扩大到110多亿公斤，粮食自给率呈下降趋势。2006年全省粮食产需缺口97.25亿公斤，2007年以来超过100亿公斤，2009年达到113.8亿公斤，2010年达到约120亿公斤。全省粮食自给率逐年下降，2010年为39.0%，与2006年相比下降5.7个百分点。

　　"十一五"期间，全省新建、重建粮食批发市场20多家，目前省内主要专业粮食批发市场已有30多家。粮食批发市场年成交量2006年为500万吨，2007年为550万吨，2008年为590万吨，2009年为600万吨，到2010年为630万吨，呈逐年递增态势，其中省外粮源占粮食成交量的85%左右。

2010年粮食工作

　　2010年，世界粮食形势多变，粮油价格屡创新高，粮食问题成为社会广为关注的焦点，保供稳价任务尤其艰巨。面对错综复杂的粮食形势，浙江省各级粮食行政管理部门在省委、省政府和当地党委、政府的正确领导下，始终坚持以科学发展观统领粮食工作全局，紧紧围绕"抓创新、谋发展、保安全、促和谐"的粮食工作方针，按照科学发展、和谐发展的要求，创新发展理念和发展模式，认真落实粮食安全责任，切实加强粮食宏观调控，继续搞活粮食购销，大力发展粮食流通产业，全面推进惠及全省人民的粮食安全体系建设，有效保障了全省粮食市场和价格的基本稳定，确保了全省人民"有饭吃、吃好饭"。

一　坚持科学发展理念，健全完善粮食安全保障机制

浙江省对粮食产销工作实行统一领导、分级负责、分级管理、分级调控。年初，省政府对各市2009年度粮食安全责任制执行情况进行了全面考核。从考核结果看，各地基本做到了责任落实到位、任务分解到位、工作措施到位，年度实绩数均达到省政府下达的考核目标要求。在全省粮食工作会议上，省政府继续与各市政府签订新一轮的《粮食安全责任书》，进一步明确了保护耕地、稳定生产、搞活流通的各项任务。各地紧紧围绕"保耕地、保生产、保储备、保供应"的基本目标，进一步深化各级党政领导对粮食安全责任制的认识，把粮食安全保障工作放到更加突出的位置，确保粮食安全责任制落到实处。

二　坚持发展订单粮食，积极促进粮食生产保持稳定

发展订单粮食，是稳定粮食生产、落实储备粮源、促进农民增收的有效途径，是粮食行政管理部门服务"三农"的重要体现。2010年，省粮食局认真贯彻落实《浙江省人民政府关于抓好2010年粮食生产的通知》精神，及时制定《2010年浙江省省级储备早稻订单奖励实施办法》，积极扶持省内粮食生产稳定发展。各地粮食行政管理部门组织机关干部和国有粮食购销企业职工进村入户，深入田间地头，及时组织开展"五送"惠农服务活动，并会同财政、农业等部门核实早稻订单面积和数量，进一步做细做实早稻订单，扎实做好早稻收购工作。据统计，各地粮食行政管理部门共发放政策明白卡13.84万多张，国有粮食购销企业与10.77万户农户和929个合作社签订粮食订单78.15万吨，订单面积288.86万亩，订单签订数量和面积分别比上年增加7.1%、7.4%。全省共向1215户种粮大户发放预购定金4594万元，发放户数和金额比上年同期分别增加3.1%和22.8%。常山、永康、象山等地积极探索粮食订单质押融资办法，帮助粮农缓解生产资金困难。省粮食局还会同省财政、农业等部门进一步完善浙江省订单粮食管理信息系统，逐步实现粮食订单签订、投售、结算全程计算机管理。早、晚稻收购期间，各地粮食行政管理部门以扶持粮食生产、服务种粮农户为着力点，及时出台粮食收购政策、积极配备粮食收购机械，切实帮助粮农减少因灾损失、减轻售粮劳动强度。据不完全统计，全省2010年分别新增粮食烘干、除杂及输送机械1004台、155台和383台。

2010年，全省国有粮食购销企业累计收购粮食68.9万吨，其中订单粮食58.9万吨，同比增加3.6%。在早稻普遍减产的情况下，全省仍收购了订单早稻35万吨，订单履约率达到了81.3%。

三　坚持夯实安全保障基础，切实增强宏观调控能力

粮食宏观调控能力建设，是保障粮食安全的核心，也是政府实施宏观调控十分重要的载体。2010年2月份以来，浙江省按照中央要求，认真贯彻落实粮油市场保供稳价工作措施，分级落实责任、积极组织粮源、协调铁路运输、加大储备投放、加强监测监管，有效保障了全省粮食市场供应和价格的基本稳定。一是调整优化储备粮布局和品种结构，及时增加晚稻储备数量，并按要求在6月底前落实了成品粮储备，年底前超额落实新增地方储备粮规模。二是组织企业均衡有序地到产区采购粮源。按照国家有关部门要求，积极组织企业竞买国家定向销售中央临储粳稻，加工后投放市场保证供应。三

是加大政策性粮源轮换出库力度。省、市、县按照市场调控的需要，适时安排出库销售地方储备粮，满足了市场需求。四是扎实做好粮食保供稳价工作。将保供稳价工作列入各市粮食安全责任制考核的首要任务，先后4次召开粮食市场供应工作会议和粮食加工企业座谈会，分析粮食市场供应情况，具体部署保供稳价工作。同时，进一步加强粮油市场行情监测和预警工作，密切关注粮食市场动态，定期跟踪监测定向销售临储粳稻运输、加工和销售情况，扎实做好粮食保供稳价工作。由于工作责任分解到位、工作措施落实到位、市场监管到位，在国家相关部委组织的多次专题调研中均得到了充分肯定。五是切实抓好粮食应急管理。各地着力加强粮食应急管理工作，进一步完善粮食安全应急预案，落实应急管理措施，及时开展粮食安全预警和粮情预报工作，初步建立了较为完备的粮食应急管理体系。目前，全省已基本建立了应急供应网络体系。同时，牢固树立"以兵为本"的服务宗旨，认真做好军粮供应工作，提高平战保障能力。配合有关部门做好大中专院校、城市低收入群体、农村缺粮人口等特殊群体的粮食供应保障工作。

四 坚持扩大粮食产销合作，大力拓展省外粮源渠道

为弥补省内粮食产需缺口，近年来浙江省按照"政府引导、部门协调，企业为主、市场运作"和"互惠互利、同等优先"的合作原则，引导和支持省内粮食企业与主产区建立多形式、深层次、长期稳定的产销合作关系，促进粮食总量、品种结构和区域供求基本平衡。2010年，各地继续组织和引导企业到粮食主产区开展产销合作，进一步巩固和拓展粮食产销合作渠道。9月初，由夏宝龙副书记、葛慧君副省长等省领导带队的省党政代表团专程赴吉林、黑龙江两省进一步加强粮食产销合作，并签署了涉及粮食产销合作、粮食运输协调机制等方面的合作协议，进一步稳固了浙江省与东北粮食主产区的合作关系和铁路运输的长效机制。在黑龙江金秋粮交会上，浙江省签订粮食采购协议34万吨。10月份，由省政府和国家粮食局共同主办的第十届中国国际粮油产品及设备技术展览会在宁波市召开，吸引了来自全国28个省、区、市的800多家企业组团参展，有效地推进了浙江省与主产区的产销合作关系，丰富了粮源供给渠道。各地充分利用国家运费补贴政策，组织企业做好东北地区稻米的采购运输工作，省内企业从东北地区采购并运回浙江稻米，享受中央财政补贴。下半年，在国家停止执行东北入关稻米运费补贴政策的情况下，积极出台政策引导鼓励省内企业到产区组织粮源，选择具有较大规模并愿意服从政府宏观调控的粮食骨干企业，对其在东北地区采购并运回省内销售的晚粳稻（米）由财政给予一定补贴。

2010年，全省粮食市场供给充裕，运行有序，主要粮食批发市场成交量继续扩大，全年交易量达到630万吨，同比增长6.8%，其中86%以上的粮源来自省外，有效保证了城乡居民的口粮供给。

五 坚持推进仓储"四化"建设，稳步提升科学管粮水平

2010年，全省各级粮食行政管理部门、国有粮食收储企业按照省粮食局统一部署，以强化粮食仓储基础工作、建立长效机制为目标，深入开展"粮食仓储管理规范化建设年"活动，积极创建"星级粮库"。建立健全粮食库存监管长效机制，推广先进适用科学保粮技术，努力实现全省粮食仓储管理科学化、设施现代化、队伍专业化、环境生态化的目标，推动全省粮食仓储管理水平全面提升，并涌现出了一大批规范化管理先进典型，为全省粮食仓储管理规范化建设做出了重要贡献，推动了粮食库

存管理工作再上新台阶。目前，全省"星级粮库"已超过60个，共有17家企业被评为全国粮油仓储规范化管理先进企业，位列全国第二。省粮食局会同省财政厅、农发行和中储粮浙江分公司等部门组织开展的2010年全省粮食库存检查结果显示，全省库存粮食数量真实可靠、账实相符；库存粮食质量总体良好，粮情稳定，储存安全。储备粮油管理制度健全，地方储备粮规模按计划到位，轮换计划执行规范，财政补助资金专款专用，银行贷款资金占用合理，没有发现擅自动用等违规行为。

| 六 | 坚持加快流通能力建设，着力推进粮食流通产业转型升级 |

各地按照《浙江省粮食物流发展规划》，进一步加快粮食流通基础设施建设，促进区域性粮食物流中心形成，着手构筑开放型、多层次的粮食物流网络体系，积极打造东部沿海"北粮南运"主通道和进口粮集散地，推进粮食流通强省建设，推动粮食流通产业转型升级。2010年，各地粮食物流中心已建成和在建项目用地面积已达4229亩，完成建设总投资约33亿元，占规划总投资约64%左右。舟山、杭州等地的粮食物流中心投入运行以来，充分发挥了粮食流通集散地和市场稳定器的作用，取得了较好的社会和经济效益。嘉兴粮食专用码头年初正式运行后，吞吐量持续攀升，全年超额完成100万吨的外海货运吞吐目标。年交易量达100万吨的温州市粮食物流中心市场项目于9月底正式投入运行。衢州省级粮食储备库项目、省舟山储备中转粮库二期工程以及杭州市地下粮食储备库扩建工程正式动工兴建。衢州市粮食物流中心仓储项目已完成主体工程结项，丽水、绍兴粮食物流中心建设进展顺利。2010年，又有龙泉、桐乡等一批中心粮库新、扩建项目完成建设，目前全省已建成标准市、县中心粮库62个，极大地改善了粮食仓储条件。

| 七 | 坚持围绕中心创先争优，切实加强部门自身建设 |

2010年，全省各级粮食行政管理部门深入开展以学习实践科学发展观为主题的创先争优活动，组织引导基层党组织和党员紧密结合个人思想和工作实际，切实加强政治忠诚教育、道德情操教育、优良作风教育、党的纪律教育和拒腐防变教育，全面提升干部队伍素质，着力推进粮食行政管理部门自身建设，为粮食事业科学发展提供了有力保障。省粮食局坚持把保障粮食安全作为开展创先争优活动最重要的任务，围绕中心创先进，立足本职争优秀，引导广大干部职工充分发扬"宁流千滴汗，不坏一粒粮"的老粮食人精神，推动粮食事业科学发展、创新发展、又好又快发展。2010年，各地粮食行政管理部门积极推进队伍知识化、年轻化，引进吸收具有专业知识和技能的年轻员工，大力培养和引进物流、仓储方面的技术和管理人才，提高专业队伍人才素质，提高驾驭粮食工作的能力和水平。全省粮食系统教育培训工作进一步加强，粮食局长培训、会计人员继续教育以及粮油保管员、粮食质量检验员等各类培训工作深入开展。经培训鉴定，共有189人获得初、中、高级粮油保管员资格，101人获得初、中、高级粮油质量检验员资格。在第二届全国粮食行业职业技能竞赛总决赛中，浙江省代表队荣获优秀组织奖。结对帮扶工作扎实推进，在新一轮"低收入农户奔小康"工程中，作为结对帮扶组长单位，及时研究制订了结对帮扶工作计划，全力督促做好成员单位落实帮扶资金，完成结对帮扶项目88个。

◆ **浙江省粮食局领导班子成员**

陈聪道　　　　局长、党组书记

钟传厚　　　　副局长、党组成员

韩鹤忠　　　　副局长、党组成员

李立民　　　　副局长、党组成员

叶晓云　　　　总工程师、党组成员（2010年7月任职）

龚震源　　　　副巡视员（2010年12月任职）

浙江省委常委、副省长葛慧君（前左）在浙江省粮食局局长陈聪道陪同下调研粮食工作。

浙江省粮食局局长陈聪道参加送订单、送定金等"五送"惠农服务活动。

浙江省粮食局局长陈聪道到粮库慰问一线职工。

安徽省粮食工作　　基本情况

安徽全省总面积13.96万平方公里，现辖17个市、105个县（市区）。2010年末全省总人口6794.5万人，比上年增加53.7万人；城镇化率为42.1%，比上年提高1.6个百分点。全省全年生产总值（GDP）12263.4亿元，按可比价格计算，比上年增长14.5%，已连续7年保持两位数增长；财政收入达到2063.8亿元，比上年增长33%。全年城镇居民人均可支配收入15788元，比上年增长12.1%；农村居民人均纯收入5285元，比上年增长17.3%。

安徽农产品品种比较齐全，其中水稻、小麦占总产量80%左右。2010年粮食作物种植面积6616.4千公顷，比上年扩大10.8千公顷，其中优质专用小麦面积1892.6千公顷，扩大126.1千公顷；油料种植面积944.3千公顷，减少24.6千公顷。全年粮食总产量3080.5万吨，比上年增加10.6万吨，连续7年丰收、5年连创新高。油料产量227.6万吨，下降5.3%。粮食作物优质率提高到90%。

"十一五"期间，安徽粮食系统积极应对自然灾害、金融危机、粮油市场跌宕起伏、粮油价格大幅波动带来的严峻挑战，多措并举加大宏观调控力度，攻坚克难不断推进改革创新，凝心聚力全面推进现代粮食流通产业发展。"十一五"期间，全省累计从生产者收购粮食8052万吨，其中托市收购粮食3328万吨，带动农民增收100多亿元。销往省外粮食4323万吨，为国家粮食安全作出了重大贡献。在全国率先破解"三老"难题的基础上，强力推进产权制度改革，全省国有粮企由2005年的1200家优化重组为714家，累计成功消化企业经营性挂账33亿元，实现利润总额5.20亿元，居全国前列。全省粮油加工业总产值从141亿元一跃跨上877亿元台阶，利税从3.5亿元增加到27.2亿元；全省投入仓储基础设施建设资金33.12亿元，总仓容净增600万吨、维修仓容1264万吨。启动粮食产业园区和物流中心建设，累计投资44.2亿元，建成88家集收购、储存、加工、物流为一体的粮食园区。全省粮食行政执法机构、队伍从无到有，建立各项法规和监督检查制度298件。拥有行政执法人员1140人，其中980人通过培训持有粮食监督检查证和行政执法资格证；审核发放粮食收购许可证9139个家。全省有50个单位被国家和省评为先进集体，有113位同志被国家和省评为劳动模范（先进工作者）；有19个单位被授予国家和省级"青年文明号"。

2010年底，全省入统粮油加工企业866个，稻谷加工能力2293.6万吨、小麦加工能力1290.7万吨、玉米加工能力285.6万吨，油料处理能力483万吨。2010年全省粮食加工总产量1805.2万吨，油脂加工总产量87.4万吨，综合经济指标居全国前列。2010年底，安徽省国有粮食购销企业现有总仓容1765万吨（不含中储粮安徽分公司、中粮集团），其中有效总仓容1492万吨，具备环流熏蒸条件仓容748万吨，98%的仓容实现了机械通风。全省粮库拥有地中衡、清理筛、输送机等保粮设备10691台（套），烘干能力2200吨/小时。拥有铁路专用线18条，专用码头17个，总吨位1.3万吨。安徽省国有粮食系统机构数980个（其中行政单位96个，事业单位74个，企业单位810个）。全省粮食系统现有在岗职工28600人，同比增加了2050人。

2010年粮食工作

　　2010年，是安徽经济社会发展极不平凡的一年，也是粮食工作砥砺奋进、捷报频传的一年。面对粮食生产成本不断攀升、农产品价格异常波动、市场多元主体竞争激烈的严峻考验，全省各级粮食部门自觉以科学发展观为统领，以促进农民持续增收、保障粮食安全为核心，以提高粮食经济运行质量和效益为主线，在强化宏观调控、提升产业发展、推进产权改革、严格依法管粮、加强行业建设等方面取得明显成效，荣获省委、省政府和国家粮食局等授予的9项大奖，为全省经济社会平稳较快发展作出了积极贡献。

一　创新服务，在促进农民增产增收上有力有效

　　2010年，受多种因素影响，粮食收购形势异常复杂。省粮食局审时度势，明确提出 "灵活决策、把握节奏、双轮驱动、对接收购、有效购销"的经营策略，既要不折不扣地落实国家粮食政策，坚持政策性收购不走样，又要全面调整和创新收购方式，强力抓好市场化经营。各地主动加强与中央企业、龙头企业、储备企业及省内外销区的对接，采取坐站收购与上门收购、自主收购与委托收购、订单预约收购与代储代购相结合等方式，扩大收购，灵活经营。收购工作实现了政府、农民双满意。全省累计收购粮食1786万吨，其中国有粮食企业收购699万吨，超额完成省政府下达的500万吨目标。全省累计收购最低收购价小麦395万吨、临储油菜籽24万吨，均居全国前列，阜阳托市收购小麦90万吨，滁州市场化收购中晚稻53万吨，分别居全省第一；利辛、裕安、定远、灵璧、来安、天长市等收购量居全省前六名。政策性收购和市场化经营带动农民增收近30亿元。

二　科学应对，在粮食宏观调控上有力有效

　　针对粮食价格波动异常，各级粮食部门坚决服从中央粮食宏观调控决策部署，把 "保供稳价"作为首要政治任务，切实采取有力措施，加大落实力度，,千方百计稳定价格，保障供应。巩固和放大 "市县储备粮落实年"活动成果，强力推进地方粮油储备和重点城市成品粮油应急储备的落实和管理，全省17个市77个县区储备粮按省政府要求全部到位，马鞍山、淮南、滁州市、当涂县超额完成省下达的储备计划。省级储备粮油规模全部下达，宏观调控物质基础进一步增强。健全粮食应急保障体系，确保全省粮油市场供应不脱销、不断档。全省指定239家应急加工和418家应急供应企业，军供网点布局合理，应急保障能力进一步提升。全省各类粮食批发市场发展到44个，合肥国家粮食交易中心实现跨越式发展，并在国家粮食宏观调控中发挥了稳盘引领作用，2010年成功举办国家政策性粮油竞价交易421次，成交量6389万吨，成交额达1230亿元，双双超历史最好水平，已成为亚洲最大的粮食现货批发市场，2010年三上央视新闻联播。积极拓展与长三角、珠三角等主销区合作与发展，全年销往省外粮食190多亿斤，居全国前列。加大粮食质检体系建设力度，2010年11月安徽国家粮食质量监

测中心成功挂牌，标志着全省粮食质检体系建设进入全国先进序列。全省75个专业粮食质检机构有10家通过国家严格考核挂牌。注重质量管理，首批挂牌7家"军粮定点加工企业"，军粮综合保障能力明显提高。省粮食局等3个单位荣获总后勤部、财政部、国家粮食局授予的全国军粮供应管理工作先进单位。

三　推进转型，在提升粮食产业化发展水平上有力有效

　　紧扣转变发展方式这一主线，以重点开展"五大对接"，全力办好"三大展会"为抓手，着力引进承接一批大粮商，加快建设一批精深加工项目，扶持培育一批骨干龙头，提升打造一批现代营销网络，粮食产业经济在转型中呈现出强劲发展势头。2010年全省入统企业粮油加工产品产量达1951万吨，产值达到877亿元，创历史新高，同比增长37.5%；利税总额达到27亿元，同比增长39.7%；粮油工业主要经济指标均居全国前列，提前两年实现"518提升工程"目标。在省财政厅的大力支持下，安排1800万元扶持资金，重点支持57家龙头企业。2010年全省粮油类省级农业产业化龙头企业达200个，较上年增加77家，占全省农业产业化龙头企业的29%；实现总产值超亿元的龙头企业238家，其中超5亿元27家，分别新增93家、3家。积极跟进省政府实施粮食生产"三大行动"，大力发展优质粮油订单，促进种植结构优化和经营方式的转变；引导359家龙头企业参与农村耕地流转，优质粮油基地建设规模扩大到1071万亩。省粮食局再度荣获省政府"三大行动"先进单位表彰。主动服务产业转型升级，积极牵头组织银企、工商等五大对接，与银行签订33个项目，促成协议贷款14亿元，与科研单位对接科研成果28项，扶持企业做大做强，提升企业科技创新能力。成功举办安徽省第五届粮油精品展示展销会，全面展示"十一五"期间全省粮食产业化发展新成果，精选近千个名、优、特、新产品，充分体现了安徽粮油加工业的最新发展水平。大力推进放心粮油进农村、进社区活动，粮食行业协会的作用得到充分发挥。全省城市连锁店、农村服务社分别发展到3275家和2761家，同比分别新增474家和297家，实现销售收入同比分别增长27.5%和62.9%。宿州、阜阳、淮南、巢湖、安庆等9个市被评为全省粮食产业化先进单位。

四　主动作为，在打造承接产业转移平台上有力有效

　　抢抓皖江城市带承接产业转移示范区建设政策机遇，出台了全省粮食行业承接产业转移实施意见，编印《安徽粮食园区承接产业转移招商项目指南》，在全省农展会上设立"粮食园区承接产业转移"展区，宣传推介承接产业转移招商引资项目。主动采取"走出去、请进来"等方式，由局领导带队组团先后赴长三角、珠三角考察招商。据不完全统计，2010年全省粮食行业在省外招商项目45个，引进投资24.5亿元，其中请进来现场签约项目14个，投资16.5亿元。同时，合肥、芜湖、巢湖、马鞍山、滁州等5市粮食局率先加入长三角地区粮食发展与合作平台，标志着全省粮食部门正式融入长三角粮食经济圈。大力推进粮食产业园区建设，到2010年底，全省规划建设粮食产业园区或产业集聚区99个，建设投资已达44.2亿元，比上年增加投资6亿元；芜湖、铜陵、南谯、颍东等9个园区主体工程竣工投入使用，目前累计有69个园区基本建成并产生效益，安徽现代粮食物流园区、安庆、宿州、寿县等55个粮园区项目列入全省"861"行动计划重点项目，同比增加5个。省粮食局再次被省政府授予实施"861"行动计划突出贡献奖。

五　加大投入，在改善粮食仓储物流设施上有力有效

按照新建骨干库、改造中心库、维修收纳库的总体要求，加大粮食仓储基础设施建设力度，争取中央投资1.17亿元，落地国家重点仓储、油库和物流三类项目28个，省现代粮食物流中心库一期工程竣工，正式储粮储油；争取国家和省里仓储维修和水灾补助资金9859万元，维修基层库点1815个，维修仓容417.04万吨，修复52个县市的水毁工程；争取省储库、中心库、物流项目补助资金3800万元，重点补贴12个园区建设资金4288万元，大大提升了全省现代粮食流通基础设施和装备水平。肥东县政府从产粮大县奖励中一次性拿出600万元，支持粮食仓储建设。注重提高粮食流通效率和质量，粮食"四散"发展势头良好，比例达29%，已超过全国平均水平。大力推广科学储粮、绿色储粮新技术，机械通风、环流熏蒸和双低储粮仓容同比分别提高5%、6.3%和5.2%。全面推进仓储企业规范化管理活动，天业集团储备库、蚌埠一库等12家企业荣获"全国粮油规范化管理先进企业"称号（国粮展〔2010〕94号）。继续开展第五期农户科学储粮示范工程，惠及2.8万个示范户，同比增加3000户。五期农户科学储粮示范工程累计投资2600多万元，惠及8.8万农户，被农民朋友广泛誉为是一项民生好事。

六　创新机制，在提升粮食经济运行质量和效益上有力有效

全面推进"粮食质量效益年"主题活动，并细化融入到粮食业务各个环节。继续深化产权制度改革，加快经营机制转换和发展方式转变，提高企业运行质量和综合竞争力。合肥市政府专项支持2600万元，解决企业改革中的遗留问题；怀远、固镇、枞阳、宣州、郎溪、广德、宿松等地采取资产重组、依法破产等方式化解历史包袱，2010年全省依法核销企业历史遗留的经营性挂账近6亿元。积极落实税收和信贷等优惠政策，促进粮食企业加快发展。2010年全省有781个粮食购销企业享受国家对粮食储备企业的税收优惠政策，年减免税收5000万元以上；配合农发行打造诚信企业，为粮油加工龙头企业争取32亿元信贷支持。紧紧抓住托市收购利好政策，积极开拓市场化经营，建立健全绩效考核和责任追究制度，国有粮食企业经济效益持续增长。去年全省国有粮食购销企业利润总额1.43亿元，位居全国第三。78县区有75个实现盈利，盈利面达96.2%，滁州、阜阳、六安、合肥、淮北5个市盈利超过千万元，肥东、定远、颍上、凤阳、裕安、天长、南谯、淮北市区实现盈利超500万元。

七　强化监管，在依法监督检查上有力有效

围绕"五五"普法总结验收，大力推进行业依法治理。加强粮食系统法制机构和队伍建设，会同省法制办举办粮食行政执法资格认证培训，目前全省有980人通过培训持有粮食监督检查证和行政执法资格证，26个市县成立执法支（大）队。加大对粮食经营者收购资格审核力度，组织开展并全面完成收购资格重新审核工作，全省审核发放粮食收购许可证9139家；会同省发改委修订出台了《安徽省粮食经营者最低和最高库存量标准》，严格落实最高库存量限制规定。坚持监督检查工作常态化、制度化、规范化，会同有关部门组织开展粮食库存年度例行检查和省级储备粮专项检查，顺利完成食用植物油库存实物检查试验，圆满完成省级储备粮专项抽检、原粮收购质量调查和品质测报及新收获

小麦卫生指标的跟踪检测工作。重点开展政策性粮食出库专项检查、最低收购价小麦收购督查，特别是及时出台"六条禁令"，加大处罚力度，确保政策性粮食出库顺畅，有效维护了粮食市场秩序。2010年滁州在全省率先建立企业监督检查数据库存，黄山市成立了粮食行政执法大队。全省依法检查各类粮食企业19959户次，警告处罚361户次，罚款5.10万元，取消收购资格8户，移交其他部门处理案件180起。

八　提升能力，在文明行业创建上有力有效

深入开展创先争优活动，始终坚持把精神文明建设和行业文明创建摆上突出重要位置，广大干部职工的思想观念、精神状态、服务意识、作风建设等明显转变，"以农为本、安全至上、诚信服务、和谐发展"的行业风尚牢固确立。高度重视干部队伍行政能力和业务能力培训，首次在复旦大学举办领导干部研修班，先后举办市县新任粮食局长和各类业务培训班10期，1200多人次参学，粮食职业教育事业有了新的提高和发展。成功举办第二届全省粮食行业职业技能大赛，并蝉联第二届全国粮食行业职业技能大赛团体冠军，多名参赛选手分别被授予"全国技术能手"和"全国粮食行业技术能手"荣誉称号。全省粮食战线涌现出一批全国先进集体、劳动模范（先进工作者），黄山市粮食局等5个单位被人力资源社会保障部和国家粮食局授予"全国粮食系统先进集体"称号，陈灵等7位同志荣获"全国粮食系统劳动模范（先进工作者）"称号，吴先荣等3名同志荣获总后勤部、财政部、国家局授予的全国军粮供应管理先进个人。进一步完善政务信息公开平台，组织编制《省粮食局行政职权目录公告》和《行政运行流程图》，主动公开政府信息585条，受理依申请公开目录36条、信息公开申请2件。"安徽粮食政务网"再度被评为省政务公开先进网站；深入学习贯彻《廉政准则》，领导干部签订廉政承诺书1634份，工程建设领域和"小金库"两个专项治理同步推进，行风政风和机关效能建设常抓不懈，深入持久地推进"三反三正"活动，粮食行业社会形象进一步提升。

◆ **安徽省粮食局领导班子成员**

孙良龙	局长、党组书记
刘　惠	副局长、党组成员
戴绍勤	副局长、党组成员
王用华	省纪委驻粮食局纪检组长、党组成员
谢胜权	副局长、党组成员
马三九	副巡视员（2010年12月任职）

2010年7月6日，安徽省委常委、副省长赵树丛（前排左二）调研夏粮收购工作。

2010年5月25日，安徽省粮食局局长孙良龙（前排左三）考察上海市良友新港粮食物流园。

2010年11月26日，第五届安徽粮油精品展示展销会开幕。

福建省粮食工作　基本情况

　　福建省地处东南沿海，与台湾隔海相望。全省陆地面积12.4万平方公里，海域面积13.6万平方公里，总人口3689.4万。福建是个多山的省份，丘陵和山地占全省总面积的80%以上，有"八山一水一分田"之称，人均耕地面积不及全国人均耕地面积一半的水平，是我国粮食主销省之一。2010年全省粮食种植面积123.2万公顷，比上年增加0.1万公顷，粮食总产量661.9万吨，比上年减少5万吨，其中：小麦1万吨、早籼稻120.3万吨、中晚籼稻387.6万吨、玉米15.2万吨、大豆14.4万吨、薯类及其他123.4万吨。2010年度全省粮食企业购进经营量1993.1万吨，比上年增加681.1万吨；全省粮食企业销售经营量1892.6万吨，比上年增加635.2万吨。2010年度全省从港口、码头、铁路渠道调入的粮食共1216万吨，其中进口382万吨；销往省外粮食223万吨，其中出口2万吨。

　　截至2010年末，全省共有国有及国有控股粮食企业490家，企业从业人员6954人。全省粮食仓容总量为653.8万吨，比上年增加13.8万吨，其中国有粮食仓储企业库区997个，仓容481.8万吨，比上年增加9.4万吨，占全社会总仓容的73.7%。全省油罐仓容49.8万吨，比上年增加12万吨；铁路专用线14465米；专用码头泊位11个，总吨位40万吨。

2010年粮食工作

一　保持订单直补政策的延续，粮食部门进一步优化服务方式，全面完成订单收购任务

　　2010年，福建省继续执行粮食储备订单收购直接补贴政策和粮食最低收购价政策。经省政府批准，2010年省级粮食储备订单补贴标准保持10元/50公斤，早籼稻和中晚籼稻最低收购价由2009年的90元/50公斤、92元/50公斤分别提高到93元/50公斤和97元/50公斤。受早季因灾减产、晚季积温不够推迟上市、秋季农产品价格大幅上涨等因素影响，种粮农民惜售心理加重，对粮食价格上涨预期加强，曾一度影响到全省粮食储备订单收购进度。各级粮食行政管理部门认真贯彻落实国办和省府办关于做好秋粮收购和当前粮食市场调控工作的通知精神，加强粮食收购市场的监督检查，对粮食收购资

格进行了全面核查，规范粮食收购行为，切实落实粮食收购政策，保障了种粮农民利益。进一步加强了对粮食收购工作的组织领导，通过采取定点收购、增加临时收购点、流动收购、预约收购、上门收购等多种便民利民方式，全面完成了粮食储备订单收购任务。2010年，全省共收购订单粮食41.77万吨，其中省级30万吨。

二　把粮食基础设施建设作为工作重点之一，抓紧、抓实、抓好

（一）扎实推进省级粮库建设

按照省级粮库的建设规划和要求，加强与省直相关部门和项目所在地政府的沟通，争取相关部门和单位对项目建设的支持，积极帮助参建单位协调解决项目建设中存在的困难，有力推进了建库工作和主要项目的建设进度。长安库、长汀库、南安库、晋江库相继开工建设，进度较快的长汀库已开始地面工程施工。在建的安溪库完成预验收，浦口库完成土建工程等单项验收进入预验收的前期准备。建成投入使用的将乐库已完成竣工验收，福清、晋江、涵江、南安库决算审核基本完成。

（二）督促指导粮食批发市场建设

2010年，全省各级粮食批发市场新增投资9700万元，市场建设进展顺利。福州粮食批发市场正在建设油脂批发市场和杂粮交易中心；泉州·中国粮食城正在进行第三期建设；漳州浦口粮食批发市场正在进行仓储区建设；莆田市粮食批发市场于5月开工建设；福鼎边界边贸粮食批发市场于5月正式开业。各级粮食批发市场吸纳各种经济成份的企业和会员1400家，交易量达到651万吨，交易金额120多亿元。在推进省级和区域性粮食批发市场建设的同时，根据《省政府关于加快服务业重点项目建设的实施意见》，结合粮食物流园区建设，确定了福鼎、宁化、上杭、诏安等四个重点边界边贸粮食批发市场项目，完善粮食批发市场规划布局。

三　持续推进省内、省际粮食产销协作，探索建立长效机制，切实保障全省粮油市场供应和粮油价格基本稳定

（一）持续推进产销协作

在举办省内产销区粮食购销协作洽谈会的基础上，继续办好省外主产区的产销协作会。2010年"第六届七省粮食产销协作福建洽谈会"，共签订粮食购销合同、协议631.7万吨，比上届增加了25.6万吨；"2010·黑龙江金秋粮食交易合作洽谈会"，省内各类粮食企业共签订购销合同、协议101.5万吨。同时，根据国家采购调运东北粳稻（含粳米）、玉米补贴政策，积极组织本省各类粮食经营企业到东北三省洽谈合作，2010年全省共调入东北粳稻（米）21.6万吨、玉米119万吨，全省各种经济成分粮食企业共获得到国家运费补助10992万元。

（二）落实保供稳价工作

根据国家发展改革委等部门关于做好粮油市场供应和价格稳定工作的通知以及省领导的批示精神，由省粮食局牵头以省政府办公厅名义成立了"福建省粮油市场保供稳价工作协调小组"，成员单位由省发展改革委、省经贸委、省财政厅、省交通厅、省工商局、省物价局、省农发行、省粮食局和

南昌铁路局福州办事处等九个部门组成；制定了福建省粮油市场保供稳价工作方案，明确了主要任务和职责，进一步加强对全省粮油市场保供稳价工作的组织领导。加强对全省34个省级监测点、大中城市、主要批发市场和17家粳稻竞买企业的监测和分析，掌握运输、加工、销售、库存情况及市场价格动态，做到及时预警；加大对全省17家粳稻竞买企业的监管力度，开展对企业到货数量核查确认工作，要求竞买企业严格按国家有关规定履行责任，进一步规范全省企业竞买行为。根据国家发改委等12部委《关于发挥骨干企业积极作用，健全和完善政府对大宗农产品市场调控体系和机制的通知》要求，筛选了27家粮油经营、加工企业作为粮食市场宏观调控的补充。

2010年10月初，国务院办公厅关于做好秋粮收购和当前粮食市场调控工作的通知印发后，省政府下发了全省贯彻实施意见，省粮食局以闽粮办〔2010〕341号文就进一步贯彻落实国办和省府办通知精神提出具体要求。同时，组成由局党组成员分别带队的工作小组，分赴各地检查贯彻落实情况，及时研究解决贯彻落实中存在的问题，确保国办和省府办通知精神落实到位。各级粮食部门加大了粮食收购和市场监管力度，认真对919家粮食收购、加工、批发企业的最高最低库存量进行全面核查；结合市场供给状况，有序安排储备粮轮出，有效保障了全省粮食市场供应稳定。

（三）抗灾救灾积极作为

在省委省政府部署防汛抗灾工作基础上，做好一线救灾减损和保障灾区粮食供应工作。2010年6月18日接到三明市粮食局和省储备粮公司灾情报告后，省粮食局立即组织2批人员到灾情较重的泰宁、邵武、光泽、南平等地指导抢险救灾工作。多次召开紧急会议，认真分析灾情，及时对高温天气下长时间浸水的7678吨省级储备粮食进行紧急处理，尽最大努力把受灾损失减少到最低程度。受灾期间，强暴雨、洪涝导致入闽公路中断、铁路塌方受阻，一度全省主要粮食批发市场商品粮库存量降至临界点，省粮食局先后牵头召开了保供稳价领导小组办公室成员会议和粮食骨干加工企业会议，研究部署全省粮食调运路线，强调各地各骨干企业铁路不行走公路，公路不行走水路，确保全省粮食库存必须保持在安全线上。同时，商请省经贸委和南昌铁路局支持，一旦鹰厦铁路恢复通车，对粮食入闽运力上予以倾斜。由于措施及时、有力，确保了全省和灾区市场供应和粮价基本稳定。在抗灾救灾斗争中，粮食部门涌现出许多感人和动人的事迹，受到各级党委和政府的表彰，其中泰宁县粮食局局长张强光荣地被评为全省抗灾救灾先进个人。

（四）保质保量供应军粮

坚持以兵为本，认真贯彻落实中央和省里各项军供政策，及时下拨军粮差价款，组织做好"三无"岛屿免洗米和营养强化小麦粉的供应，确保驻闽部队军粮供应需要。认真执行军供大米按新国标一级大米质量标准供应和军供小麦粉不得添加增白剂的规定，开展军粮质量抽查检测工作，落实"一批一检一报告"制度，保证军粮供应质量。根据国家粮食局军粮供应办公室关于做好军粮供应地理信息系统修订工作的要求，指导各地做好军粮供应地理信息系统资料的修订工作，确保地理信息系统资料准确完整。组织开展军粮供应管理先进单位和先进个人评选活动，福州市军粮供应站等3个单位被国家粮食局、财政部、总后勤部评为全国军粮供应管理先进单位，厦门市粮食局蒋国荣等3位同志被评为全国军粮供应管理先进个人，在军粮供应系统形成学先进、赶先进的良好氛围。

四　规范仓储管理，加强库存检查，提高储备粮管理水平

按照国家粮食局的部署，深入开展粮油仓储企业规范化管理活动。组织各市（县、区）粮食局、

省储备粮管理公司以及基层粮食购销公司的仓储业务骨干约250人参加国家粮食局在福州举办的培训班，加大《粮油仓储管理办法》等国家新颁储粮标准和管理制度的宣传贯彻力度，提高了仓储从业人员的业务水平；组织开展全省粮油仓储规范化管理先进单位、先进个人评选表彰活动，推荐上报全省粮油仓储规范化管理先进企业，福建省储备粮管理有限公司、厦门市粮食购销有限责任公司等4家企业被国家粮食局评为全国粮油仓储规范化管理先进企业。根据国家粮食局《关于开展2010年全国粮食库存检查工作的通知》精神，结合全省春季粮油安全大普查，开展了全省粮食库存检查，从检查情况看，2009年全省粮食清仓查库发现的一些问题和不足基本整改到位，地方储备粮的库存管理都严格执行储备粮管理的有关规章制度，认真做到"一符、三专、四落实"，全省粮情稳定，粮食库存数量账实相符、品质良好、管理比较规范。根据国家四部委关于开展食用植物油库存检查试点工作的通知精神，认真做好食用植物油库存实物测量差率试验工作，共测量标准油罐的数量10个，非标准油罐的数量20个，对试验结果进行统计分析，进一步验证人工测尺法检查标准油罐和非标准油罐测量计算限定误差的合理取值范围，为2011年组织食用植物油实物检查提供实证依据。

五　科学编制规划，推进企业改革，促进粮食产业发展

（一）做好"十二五"规划编制工作

根据国家粮食局要求，在开展调查与统计的基础上，认真总结"十一五"期间全省粮食流通规划落实情况，分析取得成绩与存在问题，提出"十二五"期间建设目标和项目需求，编制全省粮食流通行业"十二五"规划。《福建省粮食行业"十二五"规划》以粮食总量平衡与宏观调控规划为中心内容，体现粮食市场体系建设、粮食流通基础设施建设、粮食加工业发展建设、粮食科技发展建设等规划内容。

（二）国有粮食企业改革初见成效

据快报显示：2010年，全省国有粮食企业实现利润5517万元，比上年增加1807万元，其中国有粮食购销企业实现利润5748万元，比上年增加1404万元，在全省设立粮食购销企业的74个县市区中，共有73个县市区实现盈利，占98.6%，超额完成省政府下达的目标任务。

（三）粮食流通产业进一步发展

在开展第一、二批重点支持的粮油产业化龙头企业审核工作的基础上，组织各地申报第三批重点支持的粮油产业化龙头企业。全省共有55家企业获得重点支持的粮油产业化龙头企业称号，取得农发行在流动资金、固定资产购置、技术改造、粮食生产基地建设、粮油订单收购等方面的优先贷款支持，共获得农发行扶持贷款额度13亿元；2010年，全省48家粮食产业化龙头企业在省内外建立优质粮食生产基地281万亩，带动农户66万户，落实粮食收购订单132万吨；产业化经营取得显著成效的11家粮食企业受到表彰、奖励，企业开展粮食产业化经营的积极性进一步提高。

（四）行业协会作用加强

2010年7月，粮食行业协会顺利完成换届工作。以粮食行业协会为载体，加强放心粮油示范企业、示范基地建设指导，做好放心粮油示范企业、基地的审核推荐工作，2010年共推荐评选45家企业为放心粮油示范企业。以粮食行业协会为平台，推进粮食行业食品安全信用体系建设；组织骨干企业参加中国粮食行业协会发起的粮油安全百家企业承诺活动；继续在全省粮食行业开展以产品质量和食品安全为重点，加强诚信体系建设和宣传教育活动。

六　加强条例宣传，坚持依法行政，有效维护市场秩序

（一）认真做好粮食行政审批工作

做好骨干粮食加工企业、骨干粮店的年审和新增粮食骨干企业的审核确认工作，2010年全省确定骨干粮食加工企业121家，骨干粮店253家。完成粮食收购企业许可证年检和新受理企业粮食收购资格的审核发证，全省经年审合格的企业938家，在"国家粮食局"和"福建粮食局"网站公告。组织做好全省中央储备粮代储资格申请指导、受理、上报工作，目前全省已取得中央储备粮代储资格粮食类企业29家，资格仓容98.19万吨，油脂类企业2家，资格仓容1.5万吨。

（二）加强粮食监督检查

在加大《粮食流通管理条例》宣传的基础上，继续加大粮食流通监督检查工作体系建设力度。目前，全省9个设区市粮食局和72个县（市、区）粮食局成立了监督检查内设机构，有22个市、县（区）粮食局成立了执法大队，已获得监督检查行政执法资格的有634人，粮食流通监督检查工作机构正逐步健全。各级粮食部门认真履行粮食流通监督职责，积极开展对粮食经营者从事粮食收购、储存、运输活动和政策性用粮的购销活动以及执行国家粮食流通统计制度情况的监督检查，开展粮食经营者收购资格和政策性粮食销售专项检查，督查指导骨干粮食加工企业履行最底和最高库存义务，维护了粮食市场正常秩序。据初步统计，2010年全省共对各类粮食经营企业及相关单位进行1859次的检查。

（三）加强粮油质量监管

在完成省级财政补助资金购买的粮食质量监测机构仪器设备的招标采购工作的基础上，重点抓好各级粮油质量监测机构卫生检测人员的培训、仪器设备的开机使用和粮油质量监测机构进行检验比对考核。有8家机构具备了重金属检测能力，有10家机构具备了农药残留检测能力。根据省政府下达的治理目标和《2010年粮食系统"治理餐桌污染"工作方案》，开展粮油产品质量抽查、卫生抽查和专项检查等共14559批次，从检测结果看，总体质量水平良好。

◆　**福建省粮食局领导班子成员**

黄希敏	局长、党组书记
黄恩盛	省纪委驻粮食局纪检组长、党组成员
徐桂春	副局长、党组成员
冯利辉	副局长、党组成员

2010年7月，福建省副省长张昌平在第六届七省粮食产销协作福建洽谈会上致辞。

2010年7月，福建省粮食行业协会第三届代表大会在福州召开。

2010年11月，福建省粮食局局长黄希敏（女）到三明市调研秋粮收购情况。

2010年11月，福建省粮食局局长黄希敏（右二）到三明市调研市县中心粮库建设情况。

江西省粮食工作　基本情况

"十一五"期间，江西省落实强农惠农政策，不断加大财政投入，实施一系列增产综合措施，粮食生产能力稳步提升，五年间全省粮食产量达到9713.5万吨，为促进粮食流通产业发展奠定了坚实基础。这期间也是全省粮食流通产业发展最快的时期，主要成效体现在：

一、认真执行国家粮食政策，促进了粮食稳定增产和农民持续增收

五年间，全省各类企业共收购粮食3289.5万吨，其中国有粮食企业收购1836.5万吨，占市场份额的60%左右。五年来，按最低收购价、临时收储等政策收购粮食650万吨、收购油菜籽60万吨，保护了农民利益，促进了粮食稳产和农民增收。

二、逐步完善粮食宏观调控体系，维护了粮食市场和价格的基本稳定

建立完善了省市县三级地方储备粮体系，确定了全省储备粮油规模。各级粮食部门加大粮食应急体系建设，保障了低温雨雪冰冻和洪涝等自然灾害期间的应急粮油供应，在近两年国际国内市场粮油价格大幅波动情况下，维护了粮油市场的基本稳定。

三、努力转变发展方式，促进了系统整体效益稳步提升

坚持深化国有粮食企业改革，全系统完成国有粮食企业改革1521家，占2005年企业总数的99%，完成职工身份置换23627人，占2005年企业人数近80%。加快发展粮食产业化经营，有253家粮食企业获得国家、省、市级粮食产业化龙头企业称号（其中加工型龙头企业228家）。"金佳"、"玉珠"牌大米和"春丝"牌面条获"中国名牌产品"称号。全系统经济效益持续好转，自2006年以来连续5年保持盈利，累计实现利润3.1亿元。

四、着力加强粮食物流体系建设，粮食流通效率进一步提高

五年来，通过争取中央财政专项资金、省财政配套资金及企业自筹资金加大全省粮食仓储、油罐等设施进行维修和改扩建力度，全省地方国有粮食企业始终保持了1000万吨以上的有效仓容，基本满足了粮食收购需求。加快了粮食市场体系的培育，经营主体多元化、交易方式多样化、现货与期货市场共同发展的市场格局初具雏形。

五、继续转变行政职能，依法行政体系建设日趋完善

基本实现了粮食行政管理部门依法对全社会粮食流通管理的职能转变，依法行政制度建设逐渐完善，行政审批事项精减33%，行政执法行为逐步规范，粮食流通监督检查体系基本确立。积极开展粮食流通监督检查，维护了粮食市场秩序，提升了粮食行政管理部门的影响力，锻炼了执法队伍，积累了执法经验。

六、进一步抓好行风建设，和谐行业建设呈现新面貌

全省各级粮食部门相继开展了创建"人民群众满意的粮食行政管理部门"的民主评议政风行风、"机关效能年"、"创业服务年"和创先争优等主题实践活动，干部职工服务意识普遍增强。全系统党建工作、反腐倡廉建设、精神文明创建、干部职工队伍建设、安全生产、群众信访及治安防范等工作都取得佳绩，党风、政风、行风进一步好转。

2010年粮食工作

一　服务"三农"、服务企业和服务消费者取得新成效

近年来，按照省委省政府安排，省局机关开展了效能建设、创业服务年等主题教育活动，干部职工服务意识普遍增强，取得较好成效。一是为农民服务。春播前，及时向农民推荐923、外引7号等市场适销对路的优质品种。2010年923、外引7号市场收购价格在每百斤150元左右，高于市场常规稻售价10%~20%，成为农民增收的主要品种；收购时，及时在省局政府网站公布收购市场动态，强化价格指导，合理引导市场预期，为粮食经营者和农民售粮提供及时信息服务。2010年全省共收购粮食530.7万吨，虽比上年减少99.9万吨，但农民从售粮中获得的收入是增加的。此外，争取中央和省财政支持，落实建设资金1236万元，推广科学储粮仓专项建设项目，惠及5万农户。二是为企业服务。建立了全省粮食产业化骨干企业创业服务点，对30家企业进行重点跟踪服务。积极支持与帮助经营用粮企业参与政策性粮食购销活动，为企业创业服务。全年组织67家企业统一赴东北采购2009年新产玉米53万多吨，为企业申请采购玉米费用补贴3727万元；组织10家油脂加工企业参与政策性油菜籽收购11.6万吨，获得国家补贴款2327万元；帮助29家企业通过国家粮食局玉米竞拍资格审核，并参与省内40万吨移库玉米竞拍活动，可为省内饲料企业降低成本8000万元左右；有190多家企业获得临储稻谷竞拍资格。争取省财税部门的支持，继续为国有粮食企业免征三年土地使用税、房产税、营业税、印花税等，减轻了企业负担。同时，先后组织了60多家企业参与各类粮食产销协作洽谈会，加快省内粮食销售进度，提升省内粮食品牌的市场影响力，促进粮食稳定增产和农民增收。三是为粮食消费者服务。举办了科技活动周、广播电视宣传等粮油科技知识普及活动，大力推广放心粮油进农村、进社区、进校园和进军营等活动。加强了对原粮卫生质量的监管，在原来原粮卫生抽查的基础上，开展了原粮的卫生普查，及粮食收购、储存等环节的质量安全监督检查，从源头上确保城乡居民粮食食用安全。

二　国有粮食企业改革取得新突破

按照省委省政府七个系统国企改革统一部署，全力推进全省国有粮食企业改革工作。一是拟定了改革的指导意见，明确了目标任务。多次召开研讨会，成立了起草班子，并在反复征求意见的基础上，先后几易其稿、几上几下，历时6个月之久，拟定了全省国有粮食企业改革指导意见，明确了全系统改革的目标任务、工作重点和主要工作措施等，得到了省七个系统国企改革办的充分肯定，并由省七个系统国企改革办印发各地执行，为推进全省粮食系统国有企业改革的顺利进行起到了重要指导作用。二是开展了大规模调研摸底，分县、分企业了解清楚基本情况，摸清系统家底和工作底数，为推进改革奠定了扎实基础。三是突出工作重点。将工作重点放在做好职工身份置换和35个改革任务

较重的主要县（区）和市局直属企业上，帮助各地进一步理解和正确掌握改革政策，明确操作要求，指导各地解决资金筹措难题。同时，健全完善领导干部联系点制度、统计、信息报送及维稳联络员制度，强化工作调度。四是切实维护稳定，确保国企改革健康有序推进。先后制订《全省国有粮食企业改革维稳工作指导意见》、《全省国有粮食企业改革维护稳定工作应急预案》、《全省国有粮食企业改革有关政策汇编》等，及时成立处置上访事件工作领导小组，明确职责分工、工作程序和工作要求。加强对职工思想动态跟踪，密切关注网络舆情，加强矛盾隐患排查，及时采取措施防范，确保了改革平稳推进。

截至2010年底，全省粮食系统列入本次改革范围的950户企业中，已有940户完成改制，占应改制企业总户数的98.9%；完成职工身份置换人数占总人数的近80%。全省粮食系统改革工作得到了省委省政府领导的充分肯定。经过改革，国有粮食企业改革管理体制进一步理顺，政企职责进一步明晰，企业机制进一步创新，市场竞争力逐步增强。全行业经济效益持续好转，连续5年保持盈利，实现利润8075万元，比上年增加974万元。其中，购销企业盈利5886万元，比上年增加276万元。

三　粮食宏观调控能力经受住新考验

由于早稻遭遇严重水灾、中晚稻受寒露风影响，加上物价指数上涨因素，去年粮食市场收购价格突破历史新高，保供稳价成为2010年粮食宏观调控的主要任务。一是加强粮食市场监测和形势分析，正确引导市场预期。增加了监测的密度，重点搜集省内各地粮油市场信息，积极与广东、福建、浙江、安徽等省外主要粮油市场建立信息交换机制，及时掌握外省市场粮食收购、销售价格情况，并在省局政府网上及时发布监测数据。二是完善了储备体系建设，加强了对储备粮的管理。积极落实地方储备油规模，做好省级储备粮轮换工作，全省下达省级储备粮轮换任务20.3万吨，全部完成粮食轮出工作，已完成轮入数量19.2万吨。三是进一步完善应急体系建设。修订了《江西省粮食经营者最低和最高库存量标准》等制度，督促各地建立完善的粮食生产加工及销售企业名录库，掌握全省粮食生产流通情况，为进一步加强粮食应急供应能力奠定了良好基础；充实完善了全省粮油应急加工企业，目前全省粮食应急供应、加工、运输网络已初步形成。四是做好应急粮油供应。去年全省受强降雨和长江中上游来水共同影响，部分地区遭遇洪灾，粮油供应受到影响。省粮油集团连夜加班加工了100多吨大米和调集了10吨食用油及时发往鹰潭市的受灾地区，凸显了骨干龙头企业在粮食宏观调控中的主力军作用。省局还多方努力做好抗洪救灾部队应急粮油供应，保障了部队用粮需求，受到抗洪救灾指挥部和部队官兵的肯定和好评。

四　粮食基础设施建设再上新台阶

粮食仓储设施是粮食流通工作的重要环节，去年一年全省粮食仓储设施建设取得长足发展。一是根据《粮食仓储管理办法》（国家发改委第五号令）要求，组织对全省地方国有及国有控股粮食企业的粮食仓储设施和油脂油罐设施情况进行了一次全面普查，摸清了全省粮油仓储设施的建设年代、建筑结构、产权归属、仓房性能及配套设施等家底，为建立仓储设施建设长效机制奠定了基础。二是多方筹措资金，加大投入，加快仓储基础设施建设。积极争取国家拉动内需建设项目21个，争取国家建设资金8575万元，项目竣工后可新增仓容50万吨；争取中央和省财政资金1.4亿元，对全省危旧及遭受特大洪涝灾害仓库进行修缮。2010年全省粮食系统获得国家和省财政用于粮食仓储和物流设施建设补助资金近2.3亿元，是近年来投入资金最大的一年。

五　粮食依法行政迈出新步伐

一是加强依法行政制度建设。积极参与《粮食法》起草调研工作，为完善粮食流通法律制度建言献策；协助省政府法制办公室进一步完善了《江西省省级储备粮管理办法》；组织编制了《江西省粮食行业"十二五"发展规划》及四个子规划，指导行业科学发展。二是积极开展粮食流通监督检查。重点加强了秋粮收购监督检查，对全省粮食收购资格进行了全面核查，加大了对企业执行国家政策性粮食收购和销售政策的监督检查，督促各地严格执行国家有关政策及标准，维护农民利益。认真做好国家政策性粮食竞价销售出库工作。对全省范围内所有政策性粮食以及国有及国有控股粮食企业的商品粮库存情况进行了专项检查。检查结果表明，各类库存粮食账实相符、账账相符，库存粮食质量和卫生安全良好。三是加强了对原粮质量的监管。指导各地不断完善粮食质量安全监管工作机制，健全粮食质量安全监管制度和责任制度，有效发挥粮食行政管理部门的监管作用。四是开展了粮食流通监督检查规范执法示范单位创建活动，2个单位被授予全国粮食流通监督检查规范执法示范单位称号，促进了粮食执法队伍建设。

六　机关自身建设呈现新气象

继续推进机关党建、廉政建设、干部队伍建设，为完成各项任务提供了强有力的政治、思想、组织保证。一是全面加强机关党建和党风廉政建设。省局机关及直属各级党组织进一步规范基层组织建设，在充分体现政治核心、做好思想政治工作和凝聚人心等方面发挥了战斗堡垒作用，有力推动了各项业务工作的开展；进一步落实了党风廉政建设和反腐败工作责任，突出抓好"三重一大"事项集体决策制度的贯彻执行和风险岗位廉能管理，党风廉政建设成果进一步巩固。二是组织开展创业服务年和创先争优活动。参与了"万名群众评机关"，组织开展"机关干部下基层、进企业"等活动，虚心征求基层及企业干部职工、粮食从业人员和社区居民对省局意见，促进了机关作风的进一步好转。扎实开展了创先争优活动，各级党组织和党员都作出了公开承诺，组织了六场典型事迹报告会，营造了百舸争流、创先争优的浓厚氛围。三是机关政务事务取得新进展。省局公文运转、政务信息报送、政府信息公开、机要保密及政府网站建设等工作取得新成绩，省局政府网站被评为江西省第六届优秀政务网站。事务管理进一步规范，解决了机关阳光津贴费用，建立健全了内部管理制度，降低行政运行成本，较好地完成了各项公务接待，为服务全局中心工作提供了可靠的后勤保障。完成了全局"十一五"期末耗能比"十五"期末降低20%的节能目标。四是加强了干部职工队伍建设。全局举办各类知识讲座和培训班13期，参加培训1085人次。组织开展了全省粮食行业职业技能大赛和特有职业（工种）技能培训与考核鉴定，圆满完成全年职业技能鉴定计划任务。五是强化社会治安综合治理。围绕上海世博会、广州亚运会等重点时期，周密部署开展综治排查、安全维稳、信访等工作，指导省局各责任单位、各设区市粮食局全力抓好综治维稳工作，确保了全系统的安全和稳定。六是老干部、工青妇、粮食行业协会、粮经学会等继续发挥群团组织桥梁纽带作用，为全局各项业务工作的开展和精神文明创建等做出了有益贡献。

七 直属各单位发展取得新进展

一年来，省局积极争取各有关部门支持，加强局属各企事业单位班子建设，统筹改革发展稳定工作，充分发挥各自优势，局属各企事业单位呈现稳步发展良好局面。一是省粮油集团公司顺利完成了新干二期项目建设，整个新干项目全部竣工投入生产运营；经济效益继续保持了较快增长，集团公司及所属企业全年累计完成销售收入14亿元，实现利润1900多万元；顺利完成井岗山开发区、泰和县、吉安县整合国有粮食企业资源合作项目框架协议签约，做大做强方面迈出新步伐。二是省粮油批发市场顺利完成了与南方市场的资源整合，实现了磨合期的平稳过渡。2010年，市场全年各类粮油交易总成交量由2009年的35.37万吨增至324万吨，交易金额也由2009年的6.58亿元增至65亿元，各项数据同比去年均有接近10倍的涨幅，创下市场成立以来的最好纪录。三是省粮油科研所落实事业单位全额拨款经费，争取到国家和省财政支持的科研项目经费190万元，获得4个国家课题立项，是近年来最多的一年。技术服务项目合同金额共计311万元。取得省级科技成果1项，申请国家发明专利2项，全所呈现队伍稳定、事业发展、效益提高的喜人景象。四是省粮油质监中心按照国家粮食局和省局要求完成了早稻会检、原粮卫生普查、全省粮食库存检查和省级储备粮检查工作，样品检测数量和经济效益持续增长；顺利通过了省级实验室资质认定复评审及食品检验机构资质评审工作，自身建设上了新台阶。五是省储备粮管理公司认真履行职责，强化省级储备粮常态化管理，开展省级储备粮巡查和省级储备粮春秋两季抽查与普查，加强省储粮轮换监管，确保了省级储备粮的数量真实、储存安全，各项资金和费用也及时拨付到位。同时，启动永修直属库建设。六是江西工业贸易职业技术学院有效化解财务风险，缓解还贷压力，为学院持续发展赢得宝贵机会。学院在深化教育教学改革、推进教学质量工程建设、加强校企合作、对外交流和提高学生就业率等方面加大了工作力度，起家一步扩大了学院知名度和影响力。

◆ **江西省粮食局领导班子成员**

熊根泉	局长、党组书记
蔡厚勇	省纪委驻粮食局纪检组长、党组成员
罗　洪	副局长、党组成员
刘福元	副局长、党组成员
路　线	巡视员
刘承芳	巡视员

2010年，江西全省粮食部门奋力投入抗洪抢险，确保了洪涝灾害期间粮油市场稳定。图为国家粮食局副局长郄建伟（前左二）在灾区指导抗灾。

江西省全省国有粮食企业改革工作会议在南昌召开。

江西省粮食局大力推广农户科学储粮仓专项建设项目，5万农户从中受益。

江西省粮油集团项目竣工庆典主会场。

山东省粮食工作   基本情况

2010年，山东全省实现生产总值39416.2亿元，年均增长13.1%；地方财政收入2749.3亿元，年均增长20.7%；城镇居民人均可支配收入、农民人均纯收入分别达到19946元、6990元，年均分别增长13.2%、12.2%。

2010年，全省粮食播种面积1085千公顷，连续八年实现粮食增产，总产量达到4335万吨，粮食商品率在60%左右。全省社会粮食消费总量4299万吨，其中城镇口粮574万吨，农村口粮1152万吨；工业用粮664万吨、种子用粮113万吨，饲料用粮1428万吨。

2010年，全省纳入统计范围的粮油加工企业1157家。其中：大米加工企业50家，年生产能力126.5万吨；小麦粉加工企业525家，年生产能力1361.2万吨；食用植物油加工企业107家，年油料处理能力1722.7万吨，精炼能力362.2万吨；玉米加工、粮油食品加工、杂粮加工、饲料加工及粮油机械制造等企业474家。

2010年，全省纳入统计范围的仓储企业870家，其中国有企业453家；总仓容1562.1万吨，其中有效仓容1361.3万吨。

2010年，全省国有粮食企业全年实现销售收入328亿元，比上年增长20%，综合经济效益3.28亿元，比上年增长11%。17个市全部实现统算盈利，13个市盈利额过千万元。

2010年粮食工作

2010年，山东全省各级粮食部门认真贯彻省委、省政府决策部署，紧紧围绕保障粮食安全服务全省经济社会发展这个中心，健全完善四大体系，突出抓好六项能力建设，各项工作都取得新的进展。

一 粮食安全保障能力显著提高

积极落实保供稳价措施，成立了保供稳价领导小组，制定了地方储备粮动用方案，有效保证了全省粮食市场和价格基本稳定。认真抓好粮食购销工作，2010年各类粮食经营企业收购粮食4802.4万吨，比上年增加667.4万吨；销售粮食2755.7万吨，比上年增加346万吨。全省统算已完成省政府下达的地方储备粮规模。粮食应急体系进一步完善。省、市两级和129个县（市、区）建立粮食应急预案。粮食应急加工、供应企业分别达到323家和1305家。17市全部出台最低最高库存制度。粮情监测和流通统计工作进一步加强。实行了价格、市场日监测报告制度，全省纳入统计范围企业达到4324家，设立农户粮情监测点6168个，城镇粮情调查点3000个，省级粮油价格监测点33个，国家级粮油价格监测点18个。加强军粮质量监管和军粮应急保障机制建设，军粮供应服务保障水平进一步提高，省粮食局等4个单位被国家局、财政部、总后勤部评为军粮供应管理先进单位。

二　粮食市场流通能力显著提高

粮食市场体系建设步伐加快。全省取得粮食收购资格的法人、其它经济组织和个体工商户达到6497家，其中国有及国有控股1108家，占17.1%。建成大型粮食批发市场24家，会员及商户1703家。粮食仓储设施建设有力推进。2010年，国家发改委批复全省中央预算内粮食仓储设施投资项目16个，总投资55560万元，补助中央预算内投资7355万元。粮食现代物流项目7个，中央补助3000万元。财政部拨付全省仓库维修补助资金2735万元。全省新增仓储容量70多万吨。省际间粮食产销协作取得新进展。从东北三省采购粳稻（大米）108万吨。组织省内粮食企业参加福建七省粮食产销协作洽谈会和黑龙江金秋粮食交易合作洽谈会，签约粮食61.9万吨。

三　粮食依法行政能力显著提高

大力开展粮食规范化执法示范县创建活动。全省44个县（市、区）达到粮食规范化执法示范县标准。着力抓好监督检查工作体系建设。全省成立粮食行政执法大队107个，专职（兼职）执法人员1705名，配备统一标识粮食执法车122部，落实专项经费595.7万元。执法制度进一步健全，省粮食局出台了《山东省粮食行政处罚自由裁量权实施办法（试行）》、《山东省粮食流通监督检查行政执法过错责任追究办法（试行）》。积极开展粮食行政执法工作。2010年共出动检查人员1.8万余人次，检查粮食经营业户1.4万余个次，核查粮食收购资格许可证6078例，责令改正583例，暂停或取消收购资格107家，移交其他部门查处106例。着力抓好储备粮管理。全省34家企业被省局评为规范化管理示范粮库，19家企业被国家粮食局评为全国粮油仓储规范化管理先进企业，总数居全国第一位。制定了《山东省粮油仓储单位备案管理办法》，建立并开通了山东省粮油仓储信息化管理系统。

四　粮食产业竞争能力显著提高

龙头企业实力进一步增强。省粮食局重点指导和培育的十强粮油加工业龙头企业实现销售收入485亿元，比上年增长34%。实现利税38.2亿元，资产总值达到287亿元。列入国家局和农发总行重点支持的粮油产业化龙头企业全年共争取贷款67亿元。全省粮油加工转化能力和主要经济指标继续位居全国前列。粮食产业园区进一步发展。全省十大粮油产业园区占地面积达到2万余亩，累计投资180多亿元，全年实现经营总收入697亿元，利税51亿元。粮油科技创新和品牌创建能力进一步增强。全省投入粮食科技研发资金12.6亿元，获得专利123件，省级以上企业技术中心达到26个。新增米面及制品山东名牌9个，新认定粮油食品著名商标16个。粮食经济运行质量良好。全省国有粮食企业综合经济效益居全国同行业第三位。

五　粮食服务民生能力显著提高

　　放心粮油工程深入推进。全省放心粮油服务网点发展到2.2万个，较2009年末增加2000多个，从业人员5万多名。农户科学储粮试点范围进一步扩大。2010年度共落实农户科学储粮专项投资计划10万户、中央补助资金和省级配套资金2100万元，工程涉及10个市72个县（市、区）。粮食质量监管工作进一步加强。全省粮食质量检测机构达到64家，其中10家检测站被国家局认定为国家粮食质量检测机构。全省扦取检测库存粮食和新收获小麦、玉米样品2000余份，为粮食质量安全提供了可靠依据。

◆ **山东省粮食局领导班子成员**

　　孟庆秀　　　局长、党组书记

　　张翠玉（女）巡视员（任职至2010年8月）

　　乔延亭　　　副局长、党组成员

　　王顺厚　　　省纪委驻粮食局纪检组长、监察专员、党组成员

　　糇怀祯　　　副局长、党组成员

　　丁兆石　　　副巡视员

2010年2月3日，山东省召开全省粮食工作会议。省委常委、常务副省长王仁元（主席台左七）到会并作重要讲话，省粮食局局长孟庆秀（主席台左九）做工作报告。

2010年12月22日，山东省粮食局局长孟庆秀（中）陪同省直机关工委领导到省级文明单位、省粮食局直属齐河国家粮食储备库检查工作。

河南省粮食工作   基本情况

　　河南省是全国农业大省和粮食主产省，粮棉油肉等主要农产品产量均居全国前列，连续多年保持粮食总产占全国十分之一、小麦产量占全国四分之一。2010年，河南实施"粮食稳产保收行动计划"，克服持续低温、暴雨沥涝等不利因素，粮食生产再获丰收。全省第一产业实现增加值3263.2亿元，比上年增长4.5%；粮食总产量达到5437万吨，增长0.9%，连续5年超过5000万吨、连续7年创历史新高、连续11年居全国首位，为保障国家粮食安全、服务全国大局做出了重要贡献。

　　河南大力发展农副产品精深加工和综合利用，进一步加大对农业龙头企业的扶持力度，"特色"龙头、"集群"龙头、"品牌"龙头不断壮大。全省农业产业化龙头企业达6248家，规模以上农产品加工企业实现营业收入9900多亿元、比上年增长31.3%，实现增加值2348亿元、增长20.2%；粮食、肉类、乳品加工能力分别达到3771万吨、858万吨和392万吨，火腿肠、味精、面粉、方便面、挂面、汤圆等产品的产量均居全国首位。全国17家企业的21个产品荣获"中国名牌"、24个农业龙头企业的商标被国家认定为"中国驰名商标"。食品工业成为全省工业第一大支柱产业，也是全省的经济增长点。

2010年粮食工作

一　粮食生产

　　河南全省耕地面积为792.64万公顷，人均0.08公顷，低于全国人均耕地面积。河南省始终把"三农"工作作为全省工作的重中之重，把稳定提高粮食综合生产能力作为中原经济区探索"三化"协调科学发展路子的前提，不断加大强农惠农政策力度，加快农业发展方式转变，农业基础地位进一步巩固。农业结构调整稳步推进，农产品区域布局进一步优化，优质粮食种植面积占粮食播种面积的73.6%。主要农作物有小麦、玉米、水稻、大豆、红薯、花生、油菜和多种小杂粮。粮食总产量达到5437万吨，其中夏粮3090.5万吨，秋粮2346.5万吨。

二　粮食流通

全省共收购粮食2630万吨，其中：按最低价收购1670.5万吨，有效地促进了种粮农民增产增收。完成粮食销售2220万吨，其中最低收购价小麦竞价销售累计成交1790万吨，有效保证了市场供应，稳定了市场价格。

三　粮食调控

（一）粮食市场调控能力不断增强

认真落实《河南省省级储备粮管理办法》和国家下达的地方储备油规模，优化省级储备粮布局和品种结构，适当增加成品粮油库存和食用植物油储备。组织开展了中央和省级储备粮代储企业资格重新申报检查，受理审核企业155家。强化省级储备粮管理，规范了轮换计划、轮换备案、出入库管理、检验验收等程序，对29家企业轮换的省级储备粮油进行了验收确认，确保了储备粮数量真实、质量完好。指导和督促市、县充实粮油储备，增强了粮食调控的物质基础。

（二）粮油市场和价格保持基本稳定

完善粮油价格监测体系，全省建立了28个价格直报点，对主要粮食品种收购、销售、批发价格实时监测，每周一报；夏粮收购实行5日报制度，增强了粮食调控的有效性。及时下达轮换计划并督促实施，有效地保证了市场供应，稳定了市场价格。

（三）粮食应急保障能力得到提高

省局修订完善了省级粮食应急预案，18个省辖市和部分县（市、区）也相继制定出台了本地区粮食应急预案，分级确定了粮食预警调控指标、责任单位和应急保障的原粮、加工、储运、供应等部门。认真落实国家保供稳价要求，加快建立粮油应急监测体系，下发了《河南省粮油保供稳价工作方案》，确定了122家粮油应急供应、加工企业和必须保持的应急储备规模，将63家粮油骨干企业纳入调控范围。研究制定了粮食经营企业最低和最高库存量标准，健全应急工作机制，全省粮食应急保障网络初步建立。

四　粮食流通体制改革

（一）粮食市场主体多元化体系日益完善

各地认真做好粮食收购资格许可工作，做到随申请、随受理、随审核，规范许可程序。组织开展了粮食收购资格年度审核和核查工作，加强指导、服务和管理，继续培育多元市场主体，全省累计批准了6064家多种所有制粮食经营企业从事粮食购销活动，其中：各类非国有主体3833家，占63%。充分发挥粮食行业协会中介作用，促进了粮食市场健康发展，活跃了粮食流通。

（二）巩固国有粮食企业改革成果

省局全面完成直属企业的脱钩改制任务，平稳有序地做好了划转企业移交工作。各级粮食部门深入基层和企业调查研究，对国有粮食企业的后续改革进行了督促检查，河南金地集团和漯河舞阳县中粮粮油有限责任公司被国家粮食局确定为全国粮食企业改革联系点。妥善解决企业改革遗留问题，为推动企业健康发展创造了良好环境。

（三）国有粮食企业经济效益持续提高

协调争取有关部门妥善处理粮食财务挂账，政策性挂账遗留问题基本解决，经营性挂账消化10亿元；积极争取营业税、房产税、土地使用税等税收优惠政策，全省300多家粮食储备企业纳入免税名单，切实减轻了企业负担。加强企业内部管理，继续抓好扭亏增盈工作，严格控制不合理费用支出，费用同比减少近3亿元，企业盈利水平明显提高。不剔除历史包袱，全省国有粮食购销企业实现盈利1.14亿元，连续3年盈利超亿元。

（四）认真做好军粮等政策性粮食供应

严格执行军供政策，认真落实军粮省级统筹采购办法，完善配送供应机制，加强军粮质量监管，做到了军供粮源可靠稳定、供应及时有序、质量绝对安全、保障坚强有力，受到驻豫部队官兵一致好评。妥善安排好节日和敏感时期以及灾区、贫困区、库区移民等政策性粮油保障工作，确保了社会和谐稳定。

五　行政执法

（一）粮食行政职能转变稳步推进

各级粮食行政管理部门加快职能转变，把工作重点转移到粮食调控、市场监管和指导服务上来。加强粮食法制建设，修改完成了《河南省粮食收购资格审核管理办法》（草案）。积极配合国家《粮食法》起草调研和中国社科院河南农业现代化问题调研工作，研究提出了14条立法意见和建议。大力推进粮食依法行政，认真落实依法行政目标管理责任制，开展了规范行政处罚裁量检查工作；组织开展了行政执法人员培训考试和换证工作，培训600多人；积极推进行政复议工作，认真开展了规范性文件清理工作，建立了规范性文件审核备案制度。省局共审核、报备规范性文件287份。开展了"5·26"《条例》纪念日、"10·16"世界粮食日、"12·4"法制宣传日和"法律六进"等法制宣传教育活动，提高了粮食依法行政能力和社会认知度。

（二）粮食监督检查工作机制逐步健全

积极争取当地党委、政府和有关部门支持，加快建立粮食流通监督检查体系，健全机构，充实人员，落实经费。全省18个省辖市粮食局和121个县级粮食局设立了监督检查机构，县级机构设立比例达95%。加强粮食行政执法队伍建设，全省已取得粮食行政执法资格人员1594人，为有效开展各项粮食监督检查工作奠定了良好基础。

（三）粮食流通市场执法监管活动有效开展

严格检查国家粮食购销政策执行情况，制定下发了《河南省粮食局关于开展夏粮收购督促检查的通知》和《河南省国家政策性粮食竞价销售专项检查实施方案》，加强对小麦、稻谷最低价粮食收购和储备粮油库存以及其他政策性用粮的专项检查。认真组织开展各项粮食监督检查活动，加大涉粮案件查处力度，各级粮食行政管理部门出动检查人员32600多人次，共开展粮食行政执法活动7600多次，检查企业19870个次，共查处各种涉粮案件1362起。各地扎实开展粮食库存例行检查，省局复查了65个企业的93个存储库点，数量334万吨。认真做好食用植物油库存检查试点试验工作，确定了河南油脂库存差率试验建议标准。积极配合有关部门加强食品安全督查，严厉打击掺杂使假、以次充好、囤积居奇、哄抬粮价、扰乱市场秩序的不法行为，维护了正常的粮食流通秩序。

（四）库存粮油储存安全

各地强化安全储粮责任制，开展了经常性的粮油安全普查和粮情检查，扎实开展了春、冬两季粮油安全检查工作，确保了粮油储存安全。全省科学储粮率继续保持在85%以上，"四无"粮油率98%以上。认真开展了安全生产"三项行动"和节日前后的安全生产大检查，严格落实安全生产责任制，加强储粮化学药剂管理，全年未发生人为重大安全事故。

（五）粮食统计、质量检测工作取得新进展

推进依法统计工作，在全省开展了粮食统计工作执法大检查，提高了统计数据质量和统计公信力。对全省面粉、大米、食用植物油加工企业进行了普查，完成了粮食流通基础设施建设投资统计和粮油加工业统计工作。组织开展了全省粮食、食用植物油及油料供需平衡调查工作，分别对6000户农户、1300户城镇居民、2400家企业的收入、支出及库存情况进行调查，取得调查数据6460个。扎实开展粮食成本利润调查，对13个地市的480个农户进行了小麦、稻谷、玉米、大豆、油菜籽抽样调查，为国家完善粮食支持保护政策和粮食经营管理提供了准确的信息资料。编制上报了《河南省粮食质量安全检验检测能力建设规划》，积极参与国家粮油标准起草和修订工作。加强粮食质检机构建设，全省粮食质检机构已达31个，其中：省级1个、市级16个、县级14个，成功申报国家粮食局授权挂牌机构14个，省、市、县三级粮食质量检测体系初步建立。认真开展了夏粮质量抽样、粮食库存复查抽检、储备粮抽查检验、军供粮油检验、粮油饲料产品检验等项工作，确保了粮食质量安全。

六　行业发展

（一）粮食现代物流业快速发展

围绕《河南粮食生产核心区建设规划》，加快推进粮食物流园区和粮食物流节点建设。河南省粮食物流园区征地93公顷，完成投资1.5亿元。新乡、开封、鹤壁、固始等市、县的区域性物流园区颇具规模。郑州、许昌粮食产业园区已列入本市"十二五"规划和重点项目。积极推进散粮运输方式变革，全省公路散粮运输普及率70%以上，粮食"四散"比重明显提高；初步形成了通往省外的4个散粮流通通道，促进了粮食有序流通。

（二）粮食产业化经营持续发展

继续推广延津县"公司+合作社+基地+农户"的粮食产业化经营模式，提高了粮食产业化组织程度，拉长粮食产业链条。全省粮食企业粮食订单收购400万吨。各地以食品安全、精深加工、品牌营销为重点，大力推进主食工业化，积极培育粮油加工龙头企业和名牌产品，粮油食品工业不断发展。目前，全省工厂化粮食加工企业3156家，160家企业被国家粮食局和农发总行认定为全国粮油产业化龙头企业，131家粮油加工企业被审定为第四批省级农业产业龙头企业，20个粮油加工类产品被认定为河南名牌产品，153家粮油企业的282个产品获"放心粮油"称号。

（三）农村服务保障工作成效明显

积极推进城乡统筹发展，省局与新乡市政府签订了《共同推进河南省统筹城乡发展实验区建设合作框架协议》。大力发展农产品、农业生产资料和消费品连锁经营，加强农村粮油服务组织建设，全省粮食行业城镇连锁经营店及农村服务网点累计达到16468个。在全省6个市、县820个农户中成功开展粮食丰产示范仓试验的基础上，落实国家补助资金240万元，在登封市、永城市和原阳县顺利完成

了2万户农户科学储粮专项建设项目，有效减少了农民产后损失。继续开展"放心粮油"进农村、进社区活动，5家企业获得全国"放心粮油"进农村先进单位。

（四）会展及招商引资工作取得新进展

先后组织100多家企业参加了2010年全国农产品加工业贸易洽谈会、第十届中国国际粮油产品暨设备技术展览会和第八届全国农产品博览交易会，并获得了多项参展大奖。加大招商引资力度，对外经济技术交流得到加强。推动中粮集团与新乡市粮食局合作建设新乡粮油食品产业园区，一期粮食仓储物流项目完成投资7.74亿元。

（五）粮食行业规划编制工作顺利完成

各地认真总结"十一五"规划实施情况、深入分析粮食行业"十二五"发展形势，上下联动，积极配合，广泛开展调研，组织专家论证，形成了全省粮食行业"十二五"规划基本思路和目标任务，编制了全省粮食总量和宏观调控、粮食市场体系建设、粮食流通基础设施建设、粮油加工业发展等四个专项规划。深入研究粮食流通工作中的重大战略问题，开展了小麦精深加工、构建粮食产业链、粮食企业集团化发展等专题调研，为指导和推进粮食行业科学发展奠定了基础。

（六）推进粮食科技创新，职业教育培训成效明显

积极推介科研项目，省局推荐两个科研项目分别被列为省重点科技攻关项目和软科学研究项目。省质检站承担了国家项目《主要蒸煮面食小麦品质评价体系的研究》工作。加强干部职工业务培训和技能人才培养，举办了首期全省粮食质量监测站站长培训班，组织参加了第二届全国粮食行业职业技能大赛，分级分层次培训人员12000多人次；顺利完成了267名在校生职业技能鉴定工作，116人取得了国家职业资格证书。河南工业贸易职业学院按副厅级单位落实了人员编制、领导级别和职数，顺利举办了60年校庆活动，提高了学校的知名度和影响力。省局直属3所院校狠抓教育教学质量，办学水平进一步提高，全年共实现招生11795人，毕业生推荐就业率均保持在96％以上。

七　党群工作

（一）基层党建工作明显加强

认真贯彻十七届五中全会精神，学习宣传《党和国家机关基层组织工作条例》，强力推进基层党组织的思想、组织、作风和制度建设，各级党组织和领导班子建设明显加强。按照中央和省委的统一部署，深入开展了以创建"五个好"先进基层党组织、争做"五个表率"优秀共产党员为主要内容的"创先争优"活动。各基层党组织以"做科学发展先锋队、当中原崛起排头兵"为主题，统筹推进党的建设，党员领导干部带头公开承诺、扎实践诺，自觉接受监督，严格考评履诺情况，增强了基层党组织的凝聚力和战斗力。

（二）党风廉政建设取得新成绩

深入学习贯彻中纪委、省纪委全会和省政府廉政工作会议精神，加强以完善惩治和预防腐败体系为重点的反腐倡廉建设，严格落实党风廉政建设责任制，签订责任目标，强化监督检查，认真落实各项监督制度，年终进行严格考核，确保了反腐倡廉各项任务的落实。深入开展"小金库"专项治理和厉行节约专项治理工作，促进了领导干部廉洁从政。严肃查处违纪违规案件，全省粮食纪检监察机关共受理信访举报99件，初步核实71件，立案38件，结案35件，有力维护了党纪国法的严肃性。加强粮

食系统平安建设和信访稳定工作，扎实有效推进社会矛盾化解、社会管理创新、公正廉洁执法"三项重点工作"，化解系统内突出矛盾，确保了粮食行业和谐稳定。

（三）粮食行业政风行风持续好转

坚持"三具两基一抓手"，加强行政审批监管，落实行政执法责任，规范了行政权力，切实转变工作作风。省局制定下发了《2010年"两转两提"和优化经济发展环境工作的意见》，不断提升粮食行政效能和服务水平。继续在全系统内广泛开展民主评议政风行风活动，认真开展重点处室民主评议工作，整改落实了群众提出的83条意见建议，切实纠正行业不正之风。认真做好了联县驻村帮扶工作，落实省政府南水北调移民安置工作部署，千方百计为移民群众办实事、办好事、解难题，第一批移民155户共1872人顺利搬迁。积极向玉树地震灾区捐款近12万元，帮助灾民解决实际困难。制定了对口援疆工作计划，积极开展对口支援新疆工作。

（四）机关建设取得新进展

深化机构改革，理顺机关内部职责，积极推进政务公开和政府信息公开，机关工作进一步制度化、规范化。加强机关后勤保障，基础服务设施明显改善。扎实开展节能降耗工作，倡导低碳文明的工作生活方式。省局被评为"河南省公共机构节能减排工作优秀单位"。认真抓好离退休干部工作，千方百计落实老干部政治待遇和生活待遇。推进精神文明建设，举办了丰富多彩的文体活动，营造了机关和谐发展的良好氛围。公文处理、新闻宣传、督促检查、机要档案、保密教育、史志编纂、工、青、妇、团和计划生育等工作也都有新的提高。

◆ 河南省粮食局领导班子成员

曹濮生	局长、党组书记
杨天义	副局长、党组成员
黄东民	巡视员、党组成员
于前锋	省纪委驻粮食局纪检组长、党组成员
刘大贵	副局长、党组成员
李国范	副局长、党组成员
乔心冰	副局长、党组成员
葛巧红	副局长、党组成员
李志强	副巡视员

2010年1月6日，国家粮食局局长聂振邦和河南省副省长刘满仓到河南省粮食交易物流市场调研。

2010年1月22日，河南省全省粮食工作会议在郑州召开。

2010年5月27日，河南省粮食局举办法律法规知识竞赛。

湖北省粮食工作　基本情况

　　湖北省位于中国的中部，长江中游的洞庭湖以北，故称湖北。现设12个省辖市、1个自治州、3个直管市、1个林区、24个县级市、40个县。湖北省土地面积为185897平方公里，占全国土地总面积的1.94%。2010年末，全省常住人口5724万人，城镇人口2696万人，乡村人口3028万人。2010年，全省完成生产总值15806.09亿元，地方财政一般预算收入1011.23亿元，城镇居民人均可支配收入16058元，农民人均纯收入5832.27元。

　　湖北省是粮食主产省和全国重要的商品粮生产基地。粮食作物主要有水稻、小麦、油菜籽。全省粮食商品率一般在35%左右。2010年，全省粮食播种面积406.84万公顷（其中稻谷203.8万公顷，小麦100万公顷），粮食总产量321.58亿公斤。油料播种面积144.87万公顷（其中油菜籽115.97万公顷，花生18.93万公顷），油料总产量31.2亿公斤。2010年，全年全省纳入统计的各类粮食企业共收购粮食111.85亿公斤，比上年增加11.35亿公斤。收购油菜籽216.2万吨，与上年基本持平。

　　"十一五"期间，全省粮食流通工作和粮食经济发展取得了显著成效。与2006年相比，全省地方粮食储备和食用植物油储备数量大幅增加，地方政府粮食宏观调控能力显著增强；粮油食品工业企业总销售收入由204亿元增加到987亿元，粮食产业化发展迈上新的台阶；全省共投入资金7亿多元建设改造骨干粮库，达标仓容由18.5亿公斤增加至32亿公斤，粮油基础设施条件进一步改善；建立健全了较为完善的粮食行政执法监督检查体系，初步形成了覆盖全省的省、市、县三级粮油质量监测网络；国有粮食企业改革进一步深化，国有购销企业由673个调减为300个，职工由3万人精简到1.1万人，企业经济效益稳步提升。

2010年粮食工作

　　2010年是"十一五"的收官之年。湖北全省粮食部门在省委省政府的正确领导下，坚持以科学发展观为统领，继续秉持"大粮食、强产业、活流通"的理念，落实粮食保供稳价措施，加快推进粮食产业发展，加强粮食基础设施建设，不断强化粮食流通监管，积极服务"三农"，全面完成了全年粮食工作各项目标任务，为全省"十一五"粮食工作划上了圆满句号。

一 粮食宏观调控

认真落实粮食宏观调控措施，抓好粮食收购和储备，提高粮食安全保障能力，维持粮食市场稳定。

（一）协调落实粮油收购政策，保护种粮农民利益

2010年，全省粮食收购市场形势发生新的变化，市场粮价一路上行，早、中、晚稻收购价格高开高走，最低收购价执行预案没有启动。各级粮食部门从保障粮食安全、维护粮农利益的大局出发，积极主动地开展工作。加强粮食市场监测分析，提前做好应对准备。积极争取支持，增加地方油脂加工企业参与油菜籽托市收购。坚持收购工作联席会议制度，与中储粮湖北分公司、省农发行密切协作，与中粮、中纺等中央在鄂企业及时沟通，协调落实收购企业名单、委托收储库点和资金保障问题。组织召开不同形式的专门会议，研究部署各粮食品种的收购工作。支持和督促国有粮食收储企业发挥主渠道作用，引导和鼓励各类市场主体积极入市收购。加强政策宣传和监督检查，自觉接受社会监督，有力维护了粮食收购市场秩序。2010年，全省参与油菜籽托市收购的地方油脂加工企业达35家，较上年增加了16家，收购托市油菜籽64万吨。参与国家油菜籽临时收储和托市收购的中央、地方企业达到142家。小麦收购库点达1143家，方便了农民售粮。农民出售粮油的收益比上年增加40亿元以上，有效地维护了种粮农民利益和种粮积极性。

（二）落实地方粮油储备，夯实保障粮食安全的物质基础

经过各级粮食部门卓有成效的工作，2010年7月，省政府正式出台《关于落实新增地方储备粮计划及有关问题的通知》，落实了全省地方储备粮和地方储备油规模，以及省级储备粮油的利息费用补贴。省局联合省发改委、省财政厅和省农发行制定出台了《湖北省地方储备粮油管理暂行办法》，联合省财政厅制定了地方储备粮财务管理和会计核算两个管理办法，与省级商业储备粮承储企业签订代储合同，明确了双方权利和义务。目前，全省新增地方储备粮中，省级新增储备粮按照分两年到位的要求，已经到位50%；省级和武汉市储备油已落实到位，新增市县级粮食储备到位60%。地方粮食储备问题的圆满解决，大大提升了各级政府调控粮食市场、保障粮食安全的能力。

（三）做好保供稳价工作，确保粮食市场供应基本稳定

2010年，国内市场粮价上涨较快，通胀压力不断加大。时任省长李鸿忠同志主持召开省政府常务会议，专题研究部署农副产品市场保供稳价工作。省政府成立了粮油市场保供稳价工作小组和市场价格调控联席会议，统一协调指导粮食市场监管和调控工作。11月中旬，田承忠副省长率省粮食局、省财政厅、省农发行和中储粮湖北分公司负责人，专程赴荆州市调研指导秋粮收购和市场调控工作，要求确保粮油市场稳定可控。

2010年，全省纳入统计的各类粮食企业销售粮食126.4亿公斤，比上年同期增加29.6亿公斤。通过华中粮食中心批发市场拍卖成交国家政策性粮油274万吨，同比增加108万吨。全省粮食购销保持基本平衡，粮食市场供应和价格保持基本稳定。

（四）完善粮食应急预案，多措并举做好应急准备

各级粮食部门加强协调联络，加强全社会粮食流通统计、供需平衡调查、市场监测分析和正面宣传引导，扎实开展粮食统计执法检查，依托31个国家级和省级价格监测点采集价格信息，及时向省政府报送相关情况，为省政府领导提供决策依据。认真开展粮食收购资格审核，落实粮食经营者最高库

存限定规定，引导骨干企业发挥稳定粮食市场作用。不断完善粮食应急管理，修订完善《湖北省粮食应急预案》，积极做好各项应急准备。依托骨干军供企业和军供大米、面粉定点加工企业，建立省级军供应急成品粮储备。积极协调组织购销，掌控市场粮源。把握好政策性粮食的吞吐节奏，组织企业采购东北粳稻、玉米，调剂短缺品种。

二　粮油食品工业发展

2010年是实施省委省政府农产品加工业"四个一批"工程的第一年。为了加快推进粮油食品工业发展，省粮食局把培育扶持"十强龙头企业、十优品牌企业、十佳特色企业、十个成长型企业、十大加工物流园区"，作为贯彻落实"四个一批"工程战略的重要措施和抓手，在全省组织开展了"五个十"的考核评定工作。召开市、州粮食局长会议和部分龙头企业座谈会，组织开展"四个一批"工程专题调研督办。积极争取省委省政府支持，从产粮、产油大县新增奖励资金中，安排2000万元用于所在县市区发展壮大粮油食品加工龙头企业，使全省粮油加工贷款贴息规模达到4000万元。进一步加强和规范项目资金管理，及时修订出台贷款贴息项目资金管理办法。集中政策扶优扶强，支持加工龙头企业参与国家政策性粮油收储，把2.5亿公斤省级商业储备安排给大型龙头企业承储，扶持粮油加工龙头企业发展。成功举办2010中国优质稻米（武汉）交易会暨第十二届湖北粮油精品展示交易会，企业参展热情高涨，展示水平与现场观摩人数均达到历史新高。展会期间，仅现场零售额就达到1138万元。各地结合实施国有粮食企业"一县一企"改革，推动粮油加工龙头企业与国有粮食收储企业之间的资源整合和联营合作，实现粮油资源利用的最大化。支持粮油加工龙头企业与大专院校、科研院所合作，加强粮油工业统计，积极为企业提供品牌申报和信息服务。引导企业建设优质粮基地，发展租地经营，建立与种粮农民的利益连接机制，有力促进了全省粮油食品工业的快速发展。

2010年，全省粮油食品工业企业总销售收入987亿元，同比增长39%。襄阳、荆门、孝感、荆州、随州等5个市的增幅分别超过50%，监利、京山两县被中国粮食行业协会授予"中国稻米加工强县"的称号。品牌建设取得新的进展，钟祥广源被评为中国驰名商标。龙头企业规模、产能迅速扩大，工艺设备进一步改进，技术水平逐年提高，经营理念、企业文化正在发生新的变化，贯彻落实"四个一批"工程战略初见成效。

三　粮食基础设施建设

（一）推进中心骨干粮库建设改造

2010年，是全省中心骨干粮库建设改造规划实施的第三年。我们积极争取国家支持，安排全省16个粮油仓储设施项目补助资金5750万元，开工兴建了一批储粮、储油设施。加快推进中心骨干粮库建设改造，将国家安排全省仓库维修改造补助资金3061万元和省预算安排2000万元捆绑使用，按照"市县投资、省里补贴、一县一库"的原则，集中支持28个中心骨干库的建设改造。安排财政资金500万元，用于维修因灾毁损仓库。荆州、襄阳等地抓住机遇，退城进郊，粮库建设改造成效显著。十堰市直、恩施宣恩等山区市县克服困难，不等不靠，加快中心骨干库建设改造。各地坚持一手抓仓储基础设施建设，一手抓仓储规范化管理，认真开展粮食仓储规范化管理活动，全省粮油仓储设施布局进一步优化，仓储条件进一步改善，管理水平进一步提高。2010年，全省安全储粮比例达到99.7%，"一符四无"粮仓达到96.1%。省粮油储备公司等10家企业被国家粮食局授予"全国粮油仓储规范化管理先进企业"荣誉称号。

（二）推进粮食物流项目建设

积极争取国家政策资金扶持和地方政府支持，重点推进区域性粮食物流园区建设。武汉国家粮食交易中心等4个项目纳入国家粮食现代物流项目中央预算内投资计划，补助资金2100万元。一部分项目已初步建成并初显成效，继宜昌三峡粮食物流园区之后，襄阳粮食现代物流园已和荆门市粮食战略装车点基本建成并投入使用，十堰、随州、黄石等一批区域性粮食物流园区项目开工建设。

（三）推进农户科学储粮工程

进一步扩大农户科学储粮示范面，争取国家粮食局下达全省8万套科学储粮专项投资计划，安排资金1080万元。落实省级配套资金1215万元，重点在全省35个县市区组织实施农户科学储粮专项。荆门东宝区和恩施利川、宣恩等县市工作扎实，进展很快，在全省起到了较好的示范作用。农户科学储粮项目的实施，一方面，大幅减少了农户储粮损失，节约了粮食资源；另一方面，做到了藏粮于民，为国家粮食安全提供了有效补充。

四　粮食流通监管

各级粮食部门根据粮食流通形势的新变化，顺应粮食生产者、经营者和消费者的新要求，大力加强粮食流通监管，着力推进粮食流通监管方式实现"三个转变"：一是实现了由重粮食数量监管向数量、质量监管并重转变。加强粮油质监体系建设，强化粮油质量卫生监管，制订并实施全省粮食检验检测体系建设规划，省财政安排专项资金3780万元，重点对全省40多个市、县级粮油质检机构进行技术武装和设备更新。依托各级质检机构，严把粮食出入库质量关，组织开展了粮食品质测报、原粮卫生调查、粮油质量抽检工作，保障了全省粮油质量安全。二是实现了由重粮食库存监管向粮食库存、食用植物油监管并重转变。组织开展了全省粮食清仓查库工作，顺利完成了全国食用植物油库存检查试点工作。对全省范围内所有中央储备粮油、地方储备粮油、最低收购价粮、国家临时储备粮油、国有及国有控股粮食企业储存的商品粮油进行了全面清查。结果显示，全省粮食、食用植物油库存账实相符，质量良好，储存安全，差率远低于国家规定标准。三是实现了由重专项检查向专项检查、案件查办并重转变。坚持政策性粮食监管联席会议制度，联合工商、物价等相关部门，先后开展了小麦最低收购价、油菜籽委托市收购、秋粮收购和国家政策性粮食竞价销售出库等政策执行情况的专项检查。同时，对各类涉粮投诉举报案件进行了严肃查处，有力维护了粮食市场秩序。

五　粮食部门自身建设

各级粮食部门在抓好粮食业务工作的同时，十分注重部门自身建设，以争先创优活动为动力，取得了"三个文明"建设的新成效。切实转变工作作风，组织开展了落实"四个一批"工程、粮食物流建设、国有粮食企业改革发展、培育发展粮食经纪人队伍等重点专题的调查研究。省委张昌尔常委和赵斌副省长分别对粮食部门落实"四个一批"工程的调研报告作出重要批示，省政府办公厅还根据赵斌副省长批示要求，专门召开协调会，研究解决加快全省粮油食品工业发展有关问题。落实党风廉政建设责任制，加强腐败风险预警防控体系建设，扎实开展全省粮食系统行风政风评议活动，并取得良好效果。加强粮食法治建设，深入推进全省粮食行业普法依法治理，顺利通过了国家粮食局和省政府组织的"五五"普法总结验收。注重粮食干部职工队伍建设，全省粮食系统培育了一大批先进典型。在第二届全国粮食行业职业技能竞赛中，全省取得1个一等奖、2个二等奖、1个三等奖及团体三等奖的优异成绩。襄阳市粮食局等4家单位被国家人力资源和社会保障部、国家粮食局授予全国粮食系统先进集体，肖生红等8位同志被评为全国粮食系统先进工作者（劳动模范）。这些先进集体和先进人物所取得的成绩，是"十一五"时期全省粮食事业发展的缩影，是全体湖北粮食人的骄傲。

◆ 湖北省粮食局领导班子成员

孙永平	局长、党组书记
沈桥梁	副局长、党组成员
赵启玉	副局长、党组成员
马木炎	副局长、党组成员
余日福	副局长、党组成员
李　涛	副局长、党组成员
闵建华	省纪委驻粮食局纪检组长、党组成员
朱运清	巡视员
谭富生	副巡视员
齐　明	华中粮食中心批发市场管委会办公室主任（副厅级）

2010年2月2日，湖北省全省粮食工作会议在武汉召开。

2010年5月10日，湖北省粮食局局长孙永平（中）在中央储备粮襄樊直属库调研。

2010年11月5日，湖北省粮食局局长孙永平在第十二届湖北粮油精品展交会开幕式上致欢迎辞。

2010年11月5日，中国粮食行业协会、经济学会会长白美清（右三）、国家粮食局副局长张桂凤（左四）参观指导第十二届湖北粮油精品展交会，湖北省人民政府副省长田承忠（左三）、省粮食局局长孙永平（左二）陪同。

湖南省粮食工作 基本情况

　　湖南省位于我国东南腹地，长江中游，是连接东部沿海省份与西部内陆省份的桥梁地带，有着连接东西、贯穿南北的区位优势和交通优势。东西线长667公里，南北线长774公里，土地总面积21.18万平方公里，占全国土地总面积的2.21％，在全国各省市区中居第10位。全省总人口为6925.1万人，其中城镇人口2980.89万人，农村人口3919.31万人。2010年，全省生产总值15902.12亿元，人均约23000元。财政总收入1862.9亿元，城乡居民人均收入分别达到16500元、5500元。

　　湖南是粮食生产大省，全国稻谷生产第一省，素有"鱼米之乡"和"湖广熟，天下足"之美誉。全省粮食种植面积480.91万公顷，粮食总产量保持稳定，连续保持在600亿斤以上，为确保国家粮食安全作出重要贡献。

2010年粮食工作

　　2010年，在省委、省政府的正确领导下，湖南全省粮食系统围绕富民强省目标和"四化两型"建设要求，坚持"大粮食、大市场、大物流、大产业"的发展理念，以实施湖南粮油"千亿产业"、"百亿物流"两大工程为重要抓手，着力推进湖南由粮食生产大省向粮食经济强省转变，各项工作保持平稳上升的发展势头，粮食行业呈现又好又快发展的喜人局面。

一　粮食生产与流通

　　2010年，全省粮食系统认真落实国家粮食收购政策，及时研究部署，制定相关措施，重点在规范企业入市行为、稳定粮食购销价格和市场预期上下功夫，确保秋粮收购工作有序进行。代省政府拟定的《湖南省粮食市场调控工作方案》被国家粮食局转发全国并予以通报表彰。2010年，全年累计收购粮食572万吨（不含中储粮），比上年增加26.3万吨，促进农民增收达16亿元。认真落实国家油菜籽临时收储政策，托市收购油菜籽18.3万吨，申请中央财政补贴3661万元，促进农民增收近1亿元。加大产销协作力度，与"两广"、云南、福建、黑龙江等省份的粮食产销合作进一步加强。全年销售粮食1323万吨，比上年增加331万吨，其中销往省外137万吨；销售食用植物油46.8万吨，其中销往省外1万吨。

二   粮食宏观调控

一是加强地方储备粮制度建设。完善了省级储备粮质量监督管理、调节储备粮管理、储备粮轮换管理等制度。二是注重加强储备粮轮换管理。全年完成轮换计划27.8万吨，轮入新粮扦样检验的等级合格率为86%，较上年提高10.8%。三是加强骨干粮库和仓储设施建设。全年投入维修资金1.63亿元，加强了骨干粮库功能提升、维修改造、设备更新以及粮食应急网络建设。四是深入开展"粮食仓储示范库"创建活动，强化粮食仓储规范化管理。采取市县自查、随机抽查、突击检查的办法，加强粮食库存检查，全省国有粮食企业库存粮食账实相符率99.89%。五是加强粮油市场价格监测和应急体系建设。全省建立国家粮油市场监测直报点13个、省粮油市场监测直报点51个、粮食应急加工企业54个、省级粮食应急供应企业158个、军粮定点加工单位15家，提高了粮油保供稳价、军粮供应和应急保障能力。

三   "千亿产业" "百亿物流" 两大工程

2010年初，省粮食局党组紧紧围绕省委、省政府"一化三基"和"四化两型"战略，着眼实现由粮食生产大省向粮食经济强省转变的工作目标，立足于带动农民增收和农村致富，竭力为湖南4000多万农民谋利，多次召开专题会议，研究确立了全面实施湖南粮油"千亿产业"和"百亿物流"两大工程的发展战略。提出用3~5年时间，实现全省粮油工业及物流总产值突破1000亿元，粮食加工转化率达60%，副产品综合利用率达80%，深加工和副产品循环利用成为全省粮油经济的主要增长点。在深入市州、县区调研和借鉴兄弟省份经验的基础上，经过充分论证，反复研究，形成了"千亿产业" "百亿物流" 两大工程实施方案，得到省委、省政府的高度重视。10月29日，省政府第66次常务会议审定通过《实施湖南粮油深加工及物流千亿产业工程实施方案》，专门下发了《关于实施粮油深加工及物流千亿产业工程的意见》，决定自2011年起省财政连续5年每年新增1亿元专项资金，扶持粮油深加工及物流千亿产业的发展。省政府专门成立了于来山常务副省长任组长的湖南粮油千亿产业工程领导小组。经过近一年的努力，取得了阶段性成果。为充分发挥长沙金霞粮食物流园区位优势、资源优势、产业优势、政策优势，做优做强长沙粮食品牌，长沙市政府与省粮食局联手整合园区内金霞粮食产业有限公司、湖南粮食中心批发市场、霞凝国家粮食储备库3家国有企业，组建成湖南粮食集团有限责任公司，并于2010年12月26日正式挂牌。集团公司占地1356亩，总资产和净资产分别为32.29亿元和9.47亿元，年大米加工能力24万吨，物流吞吐量353万吨，粮食收储能力53万吨，其规模一举进入全国粮食十强，成为湖南粮食产业航母。

四   粮油加工与产业化

全省在建与规划建设粮油物流项目96个，规划投资127亿元，其中完成投资32.2亿元。2010年，争取中央预算投资8825万元，支持7个物流项目建设、14个粮油仓储设施项目建设。全力支持龙头企业发展精深加工，重点支持42家龙头企业完成技术改造投资2.98亿元，安排财政技改贷款贴息资金2200万元。组织召开稻谷深加工及副产品综合利用专家讲座，以及新技术、新工艺、新设备推介研讨会。全省现有规模以上粮油加工企业1148家，国家级农业产业化龙头企业9家，省级63家。粮油加工业实现利税21.1亿元，利润16.5亿元。粮油加工量持续增长，大米、食用植物油和挂面总量分别由"十一五"初期的211万吨、10.6万吨和5万吨，增加到610万吨、106.7万吨和35.2万吨。全省规模以上粮油加工业总产值605.3亿元。2010年新增4个中国驰名商标，全省现有"中国名牌"5个、"中国驰名商标"9个、"湖南名牌"30个。

五　科技创新能力

注重产学研相结合，坚持在科技竞争中谋求发展。常德市2010年全行业投入科研经费2500万元、技改资金1.5亿元，加速高新技术成果转化。金健米业6项发明获国家专利，"粮食保质干燥与储运减损增效技术开发"获国家科技进步二等奖；万福生科研发的大米口服结晶葡萄糖项目获国家专利，填补了国际空白，"稻米深加工高效转化与副产品综合利用"获湖南省科技进步一等奖；郴州邦尔泰苏仙油脂公司开发的"山茶护肤精油"生产工艺获国家专利。积极开展农户科学储粮专项建设，服务"三农"，提高科技对社会的贡献率。共确定22个县（市）的15万农户实施科学储粮工程，落实总投资6750万元。

六　粮食行政执法

一是建立完善法规制度。2010年2月11日，省政府第248号令正式颁布《湖南省地方储备粮管理办法》，4月1日全面施行。同时，制定和重新修订了《粮食经营者最低最高库存量标准》等配套制度，出台了《粮食行政管理部门行政处罚裁量权基准制度》等规范性文件，为粮食依法行政提供了制度保证。二是健全监督检查体系。各市州局100%、县市区97%设立了监督检查机构，7个市州局、113个县市局成立了行政执法队，1426人取得行政执法资格，1012人获得粮食监督检查证。落实监督检查专项经费772.3万元。三是狠抓粮食市场监管。注重把好粮食市场监管的源头，认真开展粮食收购资格核查工作。至年底，全省办理《粮食收购资格许可证》的经营主体3830家。秋粮收购期间，按在地原则对1987家粮食经营企业核定了粮食最高库存量。加强粮食行政执法和政策性粮油竞价销售及出库情况检查、粮食质量安全和统计执法检查，年内查办各类涉粮案件1786例，其中暂停粮食收购资格16例，取消粮食收购资格178例，维护了粮食流通秩序。

七　行业自身建设

一是深入贯彻落实科学发展观，广泛开展"讲党性、重品行、作表率"和创先争优活动，全面加强党的建设和党风廉政建设。二是大力实施人才兴粮战略。成功举办了"金霞杯"湖南省首届粮食行业职业技能大赛，两名选手被授予"湖南省五一先锋"、"湖南省技术能手"荣誉称号。三是着力推进干部人事制度改革。根据省委、省政府的统一部署，圆满完成了省粮食局机构改革工作。局机关加大轮岗交流、竞争上岗和双向选择、上下交流力度，形成了干部选拔任用双向交流、上下交流的良性机制和德才兼备、选贤任能的用人导向。四是着力推行粮食工作绩效考核。通过考核，所有市州粮食局全部达标。2010年，全省国有及国有控股粮食企业全部盈利，年初下达利润目标

3470万元，实现利润5422万元，超计划完成56.2%。五是大力宣传和学习先进典型。在全国粮食工作会议上，全省7个单位被评为全国粮食系统先进集体和军粮供应管理工作先进单位，10名同志荣获全国粮食系统劳动模范、先进工作者和军粮供应管理工作先进个人的称号。

◆ 湖南省粮食局领导班子成员

夏文星	局长、党组书记
向才昂	副局长、党组副书记
焦小毅	副局长、党组成员
邓德林	副局长、党组成员
石少龙	副局长、党组成员
彭利萍	省纪委驻粮食局纪检组长、党组成员
余新奇	副巡视员

2010年3月30日，湖南省粮食工作会议在长沙召开。省委常委、常务副省长于来山（前排中）到会并作了讲话。

2010年11月，湖南省实施粮油"千亿产业""百亿物流"工程动员大会在长沙召开。

2010年12月26日，湖南粮食集团有限责任公司在长沙成立。

广东省粮食工作   基本情况

　　广东省是我国大陆最南端的省份，北枕南岭，南临南海，全境共辖2个副省级市、19个地级市、23个县级市、54个市辖区、41个县、3个自治县。2010年常住人口10430.3万人，其中：城镇人口占66.2％，乡村人口占33.8%。全省陆地面积18.0万平方公里，约占全国陆地面积的1.9%。2010年，全省生产总值45472.8亿元，比上年增长12.2%；地方财政一般预算收入4515.7亿元，比上年增长23.8%；城镇居民人均可支配收入23897.8元，比上年增长10.8%；农村居民人均纯收入7890.3元，比上年增长14.2%。

　　2010年，全省粮食作物播种面积2531.9千公顷，比上年下降0.3%；粮食产量1316.5万吨，比上年增长0.2%，其中：稻谷1060.6万吨、大豆14.7万吨、薯类及其他241.2万吨。按照常住人口计算，年人均粮食占有量126.2公斤。全省粮食消费量3908万吨，比上年增长6%；粮食产消缺口2591.5万吨，自给率33.7%。

2010年粮食工作

　　2010年，广东充分发挥粮食安全保障机制的作用，全面落实各项政策措施，粮食安全责任届满前考核工作有序开展，粮油市场保供稳价目标顺利实现，广州亚运会和亚残运会粮油供应得到保障，地方粮油储备明显增加，争当全国军粮供应管理排头兵工作有序推进，粮食安全得到确保，为全省巩固和扩大应对国际金融危机的成果、进一步保障和改善民生提供了重要的基础支撑。

一　粮油市场保供稳价目标实现

　　全省粮食系统开展了社会粮食、食用油以及油料供需平衡调查，坚持实行粮油市场形势每日监测和每句一报制度，为粮油市场调控提供决策依据。全省各地粮食部门积极抓好夏粮和秋粮收购工作，开展粮食经营者最低最高库存量标准核查，防止粮食经营者囤积居奇、哄抬价格。在加强粮食产销合作方面，广东省和吉林省政府举行了粮食产销合作洽谈会，签订产销合作协议涉及粮食数量216万吨、金额43亿元。全省企业采购东北玉米135.6万吨、东北粳稻（米）47.5万吨。省粮食局制定了广州亚运会和亚残运会粮油供应保障专项预案。广州以及相关赛区粮食部门认真细致地做好粮源组织和应急准备工作，为广州亚运会和亚残运会的顺利举行提供了可靠的粮油保障。2010年，全省粮食流通顺畅、供需平衡、价格稳定，没有发生供应紧缺、断档脱销、群众抢购等现象。全省五大港口来粮2078万吨，同比增加6.7%。全年外购粮约2700万吨，粮食产需缺口得到有效解决。全省粮食价格指数上涨5.2%，比全国涨幅低1.4个百分点。

二 粮食安全保障机制进一步完善

全省继续发挥粮食流通体制改革先行地的作用，着力完善粮食安全保障长效机制，确保粮食流通市场化形势下的粮食安全。根据省政府在全国率先出台的《广东省粮食安全责任考核办法》，省粮食局联合有关部门开展了对各地级以上市政府粮食安全责任的届满前考核工作，推进落实粮食工作各级政府负责制。在《广东省粮食安全保障条例》颁布实施一周年之际，全省粮食系统开展了宣传月活动。省粮食局和韶关市政府联合举行了宣传月活动启动仪式。全省各地积极采取丰富多彩的形式，广泛深入宣传《粮食流通管理条例》和《广东省粮食安全保障条例》。配合国务院批准的《珠江三角洲地区改革发展规划纲要》实施工作，省粮食局出台了关于推进全省粮食工作一体化的意见，通过整合优化全省粮食安全保障资源，提高粮食安全保障整体能力。珠海、中山、江门粮食部门制定了紧密合作框架协议，大粤东地区粮食工作协作会议召开，地区粮食工作的沟通与交流进一步密切。《广东省粮食行业发展"十二五"规划》、《广东省粮食流通基础设施建设"十二五"规划》以及《广东省粮食质量安全检验监测能力建设规划（2010~2015年）》编制完成，提出了今后一段时期粮食工作的总体安排以及相关工作的基本思路、主要目标和政策措施等。

三 粮油储备和应急体系建设进一步推进

省粮食局向全省各地以及省直有关部门印发了《关于贯彻落实朱小丹常务副省长重要批示的通知》、《关于抓紧落实全省地方储备粮油规模的通知》，要求采取有效措施落实新增的地方粮油储备规模。省政府专门召开协调会，部署落实地方粮油储备规模，并于10月下旬派出6个工作组，对全省地方储备粮油计划落实情况进行了全面检查。截至12月底，全省地方储备粮规模落实比例达90%，比年初提高12个百分点；食用植物油储备规模落实比例在年初19%的基础上，大幅提高到77%。省粮食局联合有关部门调增了省级储备粮包干轮换和质量检测费用标准，建立了延期轮换制度并会同有关单位制定了《广东省省级储备食用植物油管理实施细则》，政府粮油储备管理得到进一步加强。省政府召开了全省粮食应急演练总结暨粮食应急工作电视电话会议，总结全省粮食应急演练情况，分析当前粮食应急工作面临的形势，部署进一步做好粮食应急准备。截至年底，全省超过半数的地级以上市开展了粮食应急演练，粮食应急保障能力不断增强。

四 粮食流通基础设施进一步发展

全省启动了新一批粮油仓储设施和物流项目建设，全年共争取中央投资补助5475万元。省油脂储备配送中心项目一期1万吨储油罐工程竣工。省粮食应急加工动员基地湛江加工厂投产，东莞加工厂奠基。省储备粮直属东莞库二期、汕头库项目前期工作完成，韶关、罗定库扩建工程启动。同时，各地粮食流通基础设施建设也取得新的成效。汕头（粤东）粮食批发市场已揭牌运作，韶关（粤北）粮食交易中心主体工程、潮州市市级储备粮库已完工，江门、佛山、中山等地粮库建设顺利推进。

五　粮食仓储管理水平进一步提高

《广东省农户科学储粮管理实施细则》和《广东省农户科学储粮2010年度实施方案》制定实施。粤西片农户科学储粮专项建设启动工作会议召开。省粮食局与有关市粮食局、县（市）政府、县（市）粮食局签订了三级主体责任书，农户科学储粮专项建设工作有序开展。第五届全国粮食科技活动周主会场活动在广东举行，促进提高现代科学技术在粮食行业的应用水平，普及粮食科学知识。低温储粮和氮气储粮等储粮新技术在省直属库以及佛山等地粮库得到应用。此外，《广东省省级储备粮仓储管理暂行规定》、《省直属储备粮库仓储管理考评办法》等规章制度出台实施。全省开展了粮食仓储管理规范化评比活动，粮食仓储管理水平不断提高。

六　军粮供应保障能力进一步增强

省粮食局制定了《关于深入贯彻落实科学发展观　争当军粮供应管理工作排头兵的实施意见》，出台了对各地军粮供应管理工作的年度考评办法，努力争当全国军粮供应管理工作的排头兵。在食用油统筹方面，驻粤陆军部队食用油统筹供应协议覆盖率约90%，履行率超过100%。在供应管理方面，省粮食局联合广州军区联勤部军需物资油料部印发了《关于跨省跨地市移防和执行任务部队办理军粮供应手续有关问题的通知》，进一步规范军粮供应手续。在军粮质量管理方面，省粮食局与省财政厅、广州军区联勤部军需物资油料部联合转发了《国家粮食局财政部总后勤部关于军供大米执行国家新颁大米标准的通知》。根据《中南五省区军粮质量军地联合抽检暂行办法》，省粮食局联合广州军区联勤部军需物资油料部在全省开展了军粮质量军地联合抽检。在信息系统建设方面，《广东省军粮供应管理信息系统及设备使用管理办法》出台实施，进一步规范了军粮供应信息管理工作。

七　粮食流通监管水平进一步提升

全省认真开展春秋两季粮食库存检查和质量抽查工作，确保了在库粮油储存安全。省粮食局与中储粮广州分公司、广东华南粮食交易中心组成联合检查组，对政策性粮食销售出库情况进行多次专项抽查，确保政策性粮食竞价销售工作顺利进行。全省各级粮食部门积极组织执法队伍，深入粮食收购一线开展检查，有效维护了粮食收购秩序，保障了粮农利益。省和各市成立了粮食质量安全监管协调领导小组，负责粮食质量安全监管协调工作。省级储备粮入库质量检验增加了卫生指标，对入库粮食的质量要求不断提高。全省2009年度稻谷质量调查和品质测报、原粮卫生调查工作顺利完成，结果显示全省粮食质量总体良好。省级粮食流通监督检查工作部门协作机制正式运作，省粮食、物价、工商等部门于亚运期间在广州市粮油市场开展了联合执法，确保亚运期间粮油市场秩序良好。一年来，省粮食局直接查处涉粮案件9宗，转地方有关部门办理案件1宗；各地粮食部门查处涉粮案件60宗，有效维护了正常的粮食流通秩序。2010年，全省共出动1万多人次开展粮食流通监督检查，保障了粮食市场健康、有序运行。

八　粮食系统建设进一步加强

　　各地积极推进粮食管理机构建设。茂名、清远、惠州等地粮食行政管理机构得到加强，为进一步开展好工作奠定了坚实的基础。《广东粮食60年》一书出版，系统回顾了全省粮食工作的发展历程、重要成就和基本经验，为全省粮食工作今后进一步科学发展提供了参考。在第十届中国国际粮油产品和设备技术展览会上，广东代表团获得优秀组织奖。全省有2家单位和3名个人被人力资源和社会保障部、国家粮食局评为全国粮食系统先进集体和劳动模范（先进工作者），4家单位和3名个人被国家粮食局、财政部、总后勤部评为全国军粮供应管理工作先进单位和先进个人。省储备粮湛江直属库被省委、省政府授予"广东省精神文明建设先进单位"荣誉称号，顺德直属库被省总工会授予"工人先锋号"荣誉称号。全省有5家企业被国家粮食局评为"全国粮油仓储规范化管理先进企业"，25家企业获得"广东省粮油仓储规范化管理优秀企业"称号。全省国有粮食企业年度盈利5800多万元，同比增加41%，实现自2007年以来的连续4年盈利。

◆ 广东省粮食局领导班子成员

张　军	广东省发展和改革委员会副主任、党组副书记、粮食局局长
李　敏	副局长
冯晓光	副局长
骆裕根	副局长

2010年11月，国家粮食局局长聂振邦同志（前排左）在广东省发展和改革委员会副主任、党组副书记、粮食局局长张军同志（前排右）的陪同下，到惠州市储备军粮供应公司粮库检查指导工作。

2010年4月，广东省委常委、常务副省长朱小丹（右）出席吉粤粮食产销合作洽谈会，代表广东省政府与吉林省政府签订粮食产销合作协议。

广东省粮食局与韶关市政府联合举行《广东省粮食安全保障条例》施行一周年宣传活动启动仪式（左六为广东省发展和改革委员会党组副书记、副主任、粮食局局长张军，右六为广东省人大法工委副主任袁古洁，左五为韶关市副市长孔云龙，右五为广东省粮食局副局长李敏，左四为广东省粮食局副局长冯晓光，右四为广东省粮食局副局长骆裕根）。

广西壮族自治区粮食工作

基本情况

广西壮族自治区地处华南、西南结合部，是我国面向东盟的重要门户和前沿地带，是西南地区最便捷的出海大通道，在促进区域协调发展、深化与东盟开放合作、维护国家安全和西南边疆稳定中具有重要战略地位。

2010年全区生产总值9502.4亿元，比上年增长14.2%。全年财政收入1228.8亿元，比上年增长27.1%。全年农村居民人均纯收入4543元，剔除价格因素，比上年实际增长10.4%，城镇居民人均可支配收入17064元，实际增长7.2%。

2010年全区粮食种植面积3061.1千公顷，比上年减少6.5千公顷。油料种植面积192.9千公顷，比上年增加11.8千公顷。全年粮食产量1412.3万吨，比上年减少3.5%。油料生产45.8万吨，增产8.9%。全区人均粮食占有量275公斤，粮食商品率为28%。全年全区国有和重点非国有粮食经营转化企业共购进粮食约1178万吨（贸易粮，下同），比上年增加265万吨；共销售粮食710万吨。2010年全区粮食消费量1954万吨，比上年增加25万吨，其中农村口粮881万吨，城镇口粮178万吨，饲料用粮718万吨，工业用粮167万吨，种子用粮10万吨。

2010年末，广西国有粮食企业共885家，从业人员0.9万人。其中国有粮食购销企业502家，从业人员0.7万人；粮食附营企业383家，从业人员0.2万人。全行业实现利润3031万元，其中购销企业盈利4673万元，附营企业亏损1642万元。

2010年粮食工作

2010年以来，广西粮食系统在自治区党委、自治区人民政府的正确领导下，紧紧围绕党委、政府的中心工作和年初确定的工作目标，切实加强粮食宏观调控，积极稳步地推进国有粮食企业改革，努力加快粮食行业发展，取得了明显成效。

一　认真做好粮食宏观调控工作，确保了粮食市场供应和价格基本稳定

（一）积极应对自然灾害，及时制定落实粮食保供稳价措施

根据发改电〔2010〕184号通知精神，结合广西遭受严重旱涝灾害的实际情况，由自治区粮食局

代拟并以自治区人民政府名义下发了《关于进一步做好粮油市场供应和价格稳定工作的实施方案》、《关于进一步做好粮油市场供应和价格稳定工作的通知》和《关于建立粮油保供稳价监测体系的通知》等文件，提出了保供稳价工作措施，对做好保供稳价工作进行了部署。为及时充实灾区粮食库存，确保灾区粮食供应，还从武鸣、临桂等8个县（库）移库1.5万吨自治区本级储备粮到马山、三江等22个重灾县储存，充实当地库存，以备紧急情况下出库投放市场。

（二）抓好粮食购销工作，保障市场供应

各级粮食部门严格按照自治区人民政府桂政办发〔2010〕118号文件要求，扎实做好储备粮直补订单收购工作，全年累计收购直补订单粮食74.3万吨；全年共轮换出库各级地方储备粮79.8万吨，其中轮换出库自治区本级储备粮60万吨；2010年全区国有（控股）和重点非国有粮食经营、转化企业共购进粮食118.7亿公斤（贸易粮，下同），比上年增长30%；销售粮食70.9亿公斤，同比增长24%；转化用粮32.9亿公斤，同比增长18%，确保了市场特别是灾区粮食供应，使市场粮价稳定在合理范围之内。

（三）做好粮食产销衔接和政策性粮食供应工作

加强与粮食主产省的协调，做好区外粮食采购调运工作，派出专人常驻北京协调粮食采购调运工作，全年协调从北方粮食主产省区调入粮食一百多万吨。按质按量按时做好军粮供应、水库移民、救灾等政策性用粮的供应工作。

二　认真落实新增地方储备粮规模，进一步完善粮食储备体系

自治区人民政府确定增加全区地方储备粮规模50万吨，从2009年起分3年落实到位。按照自治区人民政府要求，至2010年底已按时将新增储备规模落实到位。自治区人民政府还组织督查组到各地督查地方储备粮规模落实情况，督查报告得到自治区主席马飚、常务副主席李金早、副主席林念修等领导作出重要批示。为了加强和规范储备粮管理，进一步提高储备粮管理水平，自治区粮食局组织草拟了《广西壮族自治区储备粮异地储存管理办法（试行）》、《广西壮族自治区储备粮轮换管理办法（试行）》等，还组织开展了粮油仓储企业规范化管理活动，柳州国家粮食储备库等6家企业被国家粮食局评为"全国粮油仓储规范化管理先进企业"。

三　加强粮食应急网点建设，完善粮食应急体系

为了提高应对各种自然灾害的粮食应急加工能力，进一步完善全区粮食应急加工体系，2010年共落实320万元补助资金安排给资源县等16个县（市、区）建立粮食应急加工网点，有力保障了当地的粮食供应。

四　加快粮食基础设施规划建设，保持固定资产投资稳步增长

根据广西粮食仓储设施落后的实际，2010年自治区粮食局把推动粮食仓储设施规划建设作为工作突破口来抓，组织编制了《广西壮族自治区粮食仓储设施建设维修规划》。2010年全区粮食系统共完成固定资产投资4亿多元，其中区局本级完成固定资产投资3.2亿元，占自治区人民政府下达全年1.5亿元任务的213%。

五　充分发挥粮食行业优势，积极推动实施"放心粮油工程"

为深入贯彻落实《中华人民共和国食品安全法》和国家关于实施食品药品放心工程的部署，进一步提高广西粮油食品质量安全水平，自治区人民政府办公厅于2010年9月下发了《关于实施放心粮油工程的意见》（桂政办发〔2010〕182号），并成立了由自治区副主席陈章良为组长的自治区实施放心粮油工程领导小组。自治区粮食局按照自治区的部署积极推动实施"放心粮油工程"，研究制定了"放心粮油工程"具体实施意见和管理办法，规划在全区建设由市级区域性物流（配送）中心、县级放心粮油配送中心和乡镇、社区放心粮油店组成的放心粮油经营网络，对放心粮油的进货、储存、加工、检测、配送、销售等全过程进行制度化、规范化管理，确保人民群众吃上质量安全的放心粮油。2010年已在南宁开始试点并深受群众欢迎。

六　进一步深化国有粮食企业改革，企业经营效益明显提高

（一）企业人员分流安置工作加快推进

各地按照自治区的统一部署，积极筹措资金，加快国有粮食企业人员分流安置工作。2010年全区共筹措资金1000万元，分流安置近1000人，全区完成人员分流安置率比上年提高2个百分点。

（二）企业效益稳步提高

去年全区粮油行业实现销售收入415.3亿元，同比增长43.8%；利税总额17.2亿元，同比增长112.3%。其中国有粮食购销企业主营业务销售收入45.6亿元，比上年同期增长40.35%；实现利润4673万元，同比增长8.22%。

七　积极抓好安全生产和维护稳定工作，促进社会和谐稳定

（一）安全生产提高到新水平

全区各级粮食部门全面落实安全生产责任制，加大安全生产工作的宣传力度，加强安全生产大检查，严排安全隐患，抓好整改，加强安全培训，树立安全发展观念。全年没有发生安全生产事故，受到国家粮食局的表扬。

（二）维护稳定工作取得新成效

按照《信访条例》规定和中央、自治区工作部署要求，围绕广西粮食部门改革、发展、稳定大局，针对各地粮食系统信访突出问题，认真抓好群众来信来访和案件举报线索查处工作。2010年，来信来访大幅减少，没有群体性赴邕进京上访情况发生，工作成效得到自治区领导和有关部门肯定。

八　认真做好党群工作，党风廉政建设和机关精神文明建设扎实推进

一是认真传达学习贯彻中纪委五次全会、国务院廉政工作会议、自治区纪委八次全会、全国粮食系统纪检监察工作会议和《中国共产党党员领导干部廉洁从政若干准则》，加强惩防体系建设，惩防并举，标本兼治，逐步建立和完善用制度管权、按制度办事、靠制度管人的长效机制，2010年，局机关和直属企事业单位均没有发生违纪违法案件。

　　二是加强政风行风建设，坚决纠正损害群众利益的不正之风。按照中央和自治区要求，认真抓好粮食系统"强农惠农"政策贯彻落实工作。对不执行国家粮食收购政策，拒收、限收、压级压价收购、虚购虚销、搞"转圈粮"等套取骗取国家财政资金或损害群众利益的行为，坚决查处和纠正。2010年9~11月，在全区粮食系统开展了储备粮直补订单收购政策落实情况专项检查工作，检查面覆盖全区各地市、县（市、区）粮食行政管理部门和基层粮食收储企业等，使全区粮食系统广大干部职工普遍受到警示教育，有效提高了遵纪守法和预防犯罪意识。

　　三是以加强党组织建设为主线，以创先争优为重点，以推进学习型党组织建设为契机，以开展结对共建，先锋同行等活动为载体，推进机关党的建设和精神文明建设。积极举办各种培训班、开展各种文体活动，活跃干部职工的文化生活，提高党员干部整体素质，进一步增强粮食系统的团结拼博、开拓创新精神，提升粮食行业的良好形象。

◆ **广西壮族自治区粮食局领导班子成员**

庞栋春	局长、党组书记
黄显阳	副局长、党组成员
谢 俊	副局长、党组成员
杨 斌	副局长、党组成员
刘文志	自治区纪委驻粮食局纪检组长、党组成员
何孔健	副巡视员

2010年3月30日，广西壮族自治区人民政府在南宁召开全区粮食工作电视电话会议。自治区人民政府副主席陈章良（左三）到会并作了讲话。

2010年9月1日，广西壮族自治区副主席陈章良（左四）在自治区粮食局局长庞栋春（左三）的陪同下，到南宁市武鸣县检查指导粮食收购工作。

2010年9月28日，自治区粮食局在南宁召开全区储备粮直补订单收购政策落实情况专项检查工作电视电话会议。

2010年11月2日，自治区粮食局局长庞栋春（左三）在南宁检查广西放心粮油门店。

海南省粮食工作　基本情况

海南省地处祖国南疆，隔琼州海峡与广东省相望。陆地面积3.4万平方公里，海洋面积200多万平方公里，是我国最大的海洋省。

2010年末，全省工农业生产总值（GDP）2052.12亿元，比上年增长15.8%，全省人均GDP 23644元，城镇居民人均可支配收入15581元，农村居民人均纯收入5275元，收入绝对水平在全国排列21位。2010年国家确定海南为国际旅游岛，为我国著名的旅游胜地。当年全省接待旅游人数2587.34万人次，比上年增长15.0%。

全省粮食耕地面积72.99万公顷，粮食总产量180.4万吨，其中稻谷138.5万吨，比上年减少3.8%。全年从省外购进粮食194.4万吨，其中国有粮食企业购进72.8万吨。当年食品及工业用粮6.4万吨，种子用粮1.1万吨，饲料用粮180.2万吨，城乡居民口粮190.2万吨。全省国有粮食企业52个，职工909人。

2010年粮食工作

一　加强调控，确保全省粮食市场供应和价格基本稳定

2010年，海南全省上半年遇旱，下半年遭受60年来最严重的强降雨灾害，造成粮食减产，产需缺口扩大。面对新形势，认真贯彻落实中央和省关于粮食宏观调控的部署，扎实做好粮食各项调控工作，促进全省粮食供求平衡，保持全省粮食市场供应和价格的基本稳定。

（一）建立粮油市场保供稳价日常工作机制

6月省政府成立海南省粮油市场保供稳价工作小组，由主管副省长任组长，省粮食局长任副组长兼办公室主任，省发改、财政、交通、商务、工商、物价和农发行派员参加办公室工作。一是建立会商工作制度。二是认真组织粮油市场供应和价格情况会商。三是及时报告会商情况。四是特别情况及时会商。对全省粮油市场供应和价格形势进行分析判断，研究布置做好救灾口粮供应和市场供应重点工作。

（二）切实抓好保供稳价基础性工作

一是加强面上工作指导，部署稳定粮油市场供应工作。二是加强对重点情况的掌握。做好6个国家级粮情直报点和31个省级粮情监测点的工作。三是根据市场需求和调控需要，提出优化省级储备稻谷品种结构的意见，以省政府办公厅文件下发各市县贯彻执行。四是加强粮油信息服务，加大粮油信息采集、分析和发布力度，提供粮油信息服务。

（三）加强对粮油重点企业的监管

省政府部署了对粮油重点企业监管工作，明确工作要求、管理对象和管理内容。一是组织全面展开排查，确定粮油重点企业。二是加强工作指导，落实保供稳价责任。三是推进统计报表报送制度的落实。四是推进最低和最高粮食库存量标准规定的落实。

（四）发挥国有粮食购销企业保证市场供应的主要渠道作用

一是指导国有粮食购销企业严格执行国家粮食收购政策，开展粮食收购，搞好服务，方便农民售粮。二是国有粮食购销企业积极开展省外粮食调销业务，满足省内市场需求。三是根据市场变化情况，适时适度轮换储备粮调节市场供应。四是根据抗洪救灾市场供应的实际，加快轮换节奏，及时将成品粮或稻谷加工大米供应市场。五是国有粮食购销企业加大粮源采购力度，保证粮源的持续补给。

（五）发挥多元粮食经营主体保证市场供应的积极作用

一是根据财政部等部门关于采购东北粳稻和玉米运费给予补贴的政策，从东北采购粳稻（大米）、玉米供应省内市场。二是组织做好国家移库玉米竞价交易企业报名资格审核工作，将6家具备参加玉米竞价交易资格企业的情况上报国家粮食局。三是统计报表上报工作，促进经营者落实最低库存量。四是引导多元经营主体加强与粮食主产区合作，确保省内粮源持续补给。

（六）做好粮食应急日常工作，完善粮食应急工作机制

一是按照《海南省人民政府突发事件总体应急预案》的规定和要求，提出《海南省粮食应急预案》修订意见。二是对粮食应急有关情况和数据进行更新，编制《2010年度海南省粮食应急工作手册》。三是做好全省粮食应急销售网点和加工企业的核实及签订应急协议工作，18个市县粮食局与70家应急加工企业和224家应急销售企业签订应急加工、销售协议。四是加强对粮食应急加工、销售企业的跟踪了解，确保应急时用得上、供得上。

二　做好抗洪救灾的粮食供应和储粮安全工作

9月30日至10月9日，海南遭遇60年来最严重的持续强降雨袭击，全省16个市、县受灾，受灾人口300多万。贯彻省委、省政府关于抗洪救灾和安排好生产生活的部署，做好抗洪救灾粮食市场供应和救助口粮供应。

（一）做好抗洪救灾的储粮安全防范工作

一是及时部署。密切关注汛情发展，将汛情发展态势电话通报给全省各粮食储备库，将防汛抗洪工作提上重要议事日程。二是做好储粮安全防范。各地粮食部门紧急行动，实行24小时值班、领导带班和灾情报告制度，积极组织人力物力，投入储粮安全防范工作。三是指导企业及时处理受潮粮食，减少受灾粮食的损失。四是指导做好灾后恢复生产经营。

（二）做好抗洪救灾的粮食市场供应和救灾口粮供应工作

一是发明传电报《海南省粮食局关于抗洪救灾做好粮食市场供应和价格稳定工作的紧急通

知》，承担起本地政府安排的救灾口粮供应工作。二是掌握确保抗洪救灾粮食供应的家底。组织开展全省国有粮食购销企业和其他粮食重点企业的粮食库存情况，保证粮食供应。三是指导国有粮食购销企业加快储备粮的轮换，保证市场需求。四是确定承担救灾供应的国有粮食购销企业，落实粮源。五是及时部署灾后粮食供应工作，做好粮食市场供应和救灾口粮供应、加强产销衔接保证省外粮食持续补给、优化省级储备稻谷品种结构、落实粮食市县长负责制等八项粮食市场供应和调控工作。

三　加强储备粮管理，增强政府粮食调控能力

（一）充实储备规模优化储备结构，增强政府粮食调控能力

一是按照国家下达全省的地方粮食储备指导计划，会同省发改、财政、农发行等部门下达新增省级储备计划小麦与玉米，使全省地方粮食储备达到国家核定总规模。二是落实省级储备粮计划，督促市、县落实市、县级粮食储备。三是综合考虑全省粮食市场供求形势，调整储备计划，进一步优化省级储备粮布局。四是贯彻落实琼府办2010年154号文，将省级储备稻谷由省内生产稻谷调整为省外生产稻谷，贴近市场需求实际，增强政府调控粮食的市场能力。五是落实成品粮储备，增强政府应对市场紧急的调控能力。

（二）加强储备粮的监管

一是做好储存粮油的数量监管。根据国家粮食局关于开展2010全国粮食库存检查的工作部署。检查工作分为企业自查，市、县粮食局普查和省粮食局复查三个阶段进行。检查结果表明：国有粮食购销企业账账相符，账实相符，中央、地方储备粮2009年度都按计划进行了轮换；中央、地方储备粮补贴全部都按时拨付到位。补贴资金专款专用，没有发现挤占、挪用现象。农发行粮食收购资金贷款基本做到账账相符、账实相符，库贷挂钩。二是做好库存粮油的质量监管。6月组织对全省国有粮食购销企业库存粮油进行抽样检验，稻谷质量合格率93.3%，宜存率92%；食用植物油质量合格率100%。三是加强对省级储备粮轮换指导。一方面，指导企业广泛采取设点收购、流动收购、委托收购、先销后购、加工轮换。另一方面，鼓励省级储备粮承储企业拓宽渠道到省外购粮，确保了省级储备粮的正常轮换。四是抓好省级储备粮承储管理年度考核。五是采用信息化、网络化手段实施管理，实现储备粮管理数据共享。

（三）巩固清仓查库成果，整顿治理粮油仓储管理不规范行为

一是健全完善粮油仓储管理制度，规范仓储业务管理流程。二是整治委托储粮点管理不规范行为。针对委托储粮点粮情监测及记录不规范、粮堆形状不规整、熏蒸记录不齐全、清洁卫生差等管理粗放的问题，集中进行整改。三是规范仓储保管。统一印制保管账本、库存粮油货位卡，做好三账记账、粮油货位管理工作，规范企业的仓储管理。

（四）协助做好中央在琼储备粮的管理工作，指导做好市县级储备粮管理工作

协同中央储备粮管理总公司海南联络处做好在琼的中央储备粮管理工作，指导省直企业做好中央储备粮的代储管理工作。督促市、县抓紧落实市县储备规模，加强管理，搞好轮换，充分发挥市县级储备粮对市县粮食市场的调节作用。

四　强化军粮质量管理，保证军队粮食供应

（一）贯彻落实军供大米执行国家新颁标准

落实国家粮食局、财政部、总后勤部关于军供大米执行国家新颁大米标准的规定。按照国家标准和有关规定统一制作粮食等级样品，设置军粮标准样品陈列台，接受部队购粮单位质量监督。举办全省军粮质量管理培训班，学习国家新颁布大米标准等有关粮油质量标准知识，强化质量意识。

（二）加强军粮质量管理

执行《海南省军粮质量监管办法》，落实军粮管理各项规章制度，加强军粮供应各个环节的监管，严格粮食采购、加工、入库和销售质量关，坚决杜绝不符合国家粮食质量和卫生标准的粮食进入军供渠道，确保军队官兵食品安全。

（三）加强军粮管理基础工作

严格按有关规定使用管理军用购粮卡系统设备，保障军用购粮卡运行顺畅；做好军粮供应地理信息调查工作，认真审核上报军粮供应地理信息、军供电子地图信息；严格执行密码管理规章制度，加强密码设备安全防护，完善普通密码信息网络工作。

（四）提高服务质量

认真履行《军粮供应服务公约》，创新服务方式，拓宽服务领域。实行24小时预约服务，千方百计精心组织优质粮源满足部队需求，全省送粮率达75%。采取多种形式广泛听取基层官兵对军粮质量和服务质量的意见和建议，不断改进军供工作。

（五）做好抗洪救灾确保军粮安全

指导各市县做好防范自然灾害工作。对军粮仓储设施的渗水墙面、破损窗户进行防护和加固，对库房周边的排水设施进行疏通，对不宜存放的粮食进行转移，确保军粮储存的安全。加强与各方的协调与配合，保证军粮供应安全可靠。

五　加强粮食流通监督，履行粮食市场监管职责

（一）加强粮食流通统计工作

一是加强对全社会粮食经营户转化用粮食企业的指导，依法报送粮食统计报表，提高统计数字的准确率。二是执行粮食统计台账和统计报表制度。做好粮食统计周报、旬报、月报和年报的汇总上报和统计资料的整理分析预测工作。三是组织开展粮食供需平衡调查。四是根据国家粮食局关于开展粮食统计执法大检查的通知要求，组织粮食统计执法大检查，重点检查统计违法行为及查处情况、统计基础建设和工作保障等情况。

（二）加强原粮质量管理

根据《国家粮食局关于开展粮食质量安全监测工作的通知》要求，制定《海南省2010年粮食质量安全监测工作实施方案》，组织开展粮食质量安全监测工作。对中央、省、市（县）三级储备粮和社会原粮进行质量安全监测，获取监测数据库400个，监测结果100%合格。

（三）加强粮食收购许可管理

健全粮食收购许可管理的各项制度，按照规定和程序审核、发放粮食收购许可证，做好粮食收购

资格审核档案管理，对外地收购的粮食企业办理备案，加强取得收购资格企业的指导、监管和服务，及时处理粮食收购许可管理过程中的情况和问题，推进粮食收购许可管理规范化。

（四）积极推进社会粮食库存管理

切实做好《海南省粮食经营者最低和最高库存量标准化》的组织实施工作，加大对粮食经营者执行《海南省粮食经营者最低和最高库存量标准规定》情况的检查力度，逐步推行全社会粮食库存管理工作。

（五）开展秋粮收购监督检查

根据国家粮食局关于开展2010年秋粮收购监督检查工作的部署，认真组织开展全省秋粮收购监督检查。对秋粮收购活动中违法违规经营行为给予责令改正、警告、暂停或取消收购资格处理。粮食经营企业依法从事粮食收购经营活动，遵守国家有关政策法规，履行各项法定义务。

（六）加强粮食市场流通监管工作

一是做好食品安全监管工作，督促粮食部门进一步落实粮油安全监督职责，加大粮油安全监管力度，提高粮油安全监管水平。二是做好省人大常委会办公厅《关于开展食品安全执法检查的通知》的落实工作。三是配合质检部门做好加工领域食用植物油的质量抽查。四是协助工商部门做好市场粮油质量执法检查，防止不合格粮油进入流通领域。五是做好民政部门救灾大米的质量把关，保证救灾粮食的质量安全。

（七）加强粮食流通监督检查队伍建设

举办全省粮食行政监督检查人员培训班，认真学习《行政许可法》、《行政处罚法》、《行政复议法》、《行政诉讼法》、《国家赔偿法》和《粮食流通管理条例》等行政法律法规知识，邀请省法制办和国家粮食局监督检查司有关领导、专家讲课，省法制办组织考试和资格认定。取得行政执法资格，发给省政府统一制发的《行政执法证》。

六　继续推进国有粮食企业改革工作

（一）指导企业做好各项基本工作

一是协调农发行完善粮食收购资金信贷管理办法，支持国有粮食购销企业开展粮食购销业务。二是指导国有粮食储备企业落实国家有关免税政策。三是与农发行联合审定重点粮油产业化龙头企业。四是指导企业做好粮食财务工作。协调有关部门研究解决国有粮食购销企业政策性粮食财务挂账认定、剥离中的遗留问题；梳理企业经营性挂账，及时与财政部门核对拨补相关财政补贴资金，确保不形成欠账，不留呆账坏账。五是加强企业国有资产的管理，梳理已关闭省直企业存量资产，对省属企业未入账土地、资产进行统计汇总。六是抓好国有粮食购销企业财务统计和分析，会审汇编年度国有粮食企业会计决算表，督促和指导企业加强经营管理，规范财务核算，降低成本费用，提高经济效益。七是做好粮油加工业、粮食仓储设施的统计、汇总和上报。

（二）完成省饲料厂企业改革工作

落实省政府对国有粮食企业改革的总体部署，做好省饲料厂企业关闭和职工安置工作。

（三）协调解决省八所粮食储备经营公司新库上收和老库资产整体打包转让工作

贯彻落实省政府专题会议纪要〔2010〕116号精神，推进八所公司新库划转、老库区资产整体打包转让、关闭八所公司和配合做好东方边贸城建设项目道路施工等四项工作。

（四）开展对已关闭、破产的省直企业资产整合前期工作

一是对2004年以来实行关闭、破产的15家国有粮食企业的存粮资产进行盘点，全面掌握关闭、破产企业的存量资产状况。对资产较多的三亚面粉厂、海南省粮食物资公司、海南省粮油工贸公司、海南省饲料厂和省粮食局湛江中转站等5家企业的存量资产进行核定登记。二是根据国家、省有关国有资产管理规定展开盘活海南省饲料厂、海南省粮食物资公司、海南粮油工贸公司有效资产的前期调研工作。

（五）加强粮食流通基础设施建设

一是推进洋浦粮食储备库项目的建设。增加5万吨储备仓容，增强地方政府实施粮食调控的物质基础。二是抓住有利时机，认真落实国家对国有粮食购销企业的扶持政策，积极推进海南丰源油脂有限公司马村食用油储备库扩建项目建设。三是根据国家粮食局关于做好2010年粮食仓储和物流设施建设项目储备工作的通知，做好全省关于2011年粮食流通领域储备项目的上报工作。

七　做好粮食行业"十一五"总结和"十二五"发展规划编制工作

认真贯彻全国粮食行业"十二五"规划编制会议和《国家粮食局办公室关于印发粮食行业"十二五"四个专项规划编制工作方案的通知》的要求，全面总结全省"十一五"期间粮食行业工作，完成全省粮食产业"十二五"规划编制工作。

八　加强机关自身建设，提高干部队伍素质

（一）加强领导干部理论学习，抓好干部教育培训

抓好领导干部理论学习。坚持中心组理论学习制度，围绕粮食的重点工作，开展服务海南国际旅游岛建设、贯彻党的十七届五中全会精神、严格遵守领导干部廉洁从政若干准则、贯彻落实领导干部选拔任用工作监督制度、抓好粮食流通保供稳价工作等5个专题的学习，有效地促进了各项粮食工作的顺利进行。抓好局机关党员干部的学习和培训。

（二）加强局机关作风建设，促进重点工作的贯彻落实

切实转变机关工作作风，加强调研，扎实推进，讲求实效，促进了各项重点工作的贯彻落实。

（三）落实党风廉政建设责任制，抓好机关党建工作

认真贯彻落实党风廉政建设责任制。局党组坚持一手抓党风廉政建设，一手抓粮食业务工作，把党风廉政建设工作列入党组工作的重要议事日程。贯彻落实领导干部廉洁自律各项制度。认真抓好"小金库"专项治理和违规违纪收送款物专项治理工作。加强机关党的组织建设。进一步充实和加强基层党的基层组织；结合粮食工作的实际，建立《省粮食局机关党委工作规则》等规章制度，进一步完善机关党建工作制度。

◆ **海南省粮食局领导班子成员**

宋建海	局长、党组书记
黄　驹	副局长、党组成员
杨树珉	副局长、党组成员
王新华	副巡视员

海南省召开全省粮油市场保供稳价工作会议。

海口市白水塘粮食储备库。

重庆市粮食工作   基本情况

2010年，重庆全市粮食播种面积224.4万公顷；粮食产量1156万吨（稻谷520万吨、玉米240万吨、小麦50万吨），比上年增加19万吨。油料播种面积25.53万公顷，其中油菜籽播种面积19.2万公顷，产量34万吨，比上年增加3万吨。

全市粮食消费量1300万吨，其中口粮540万吨左右；饲料用粮650万吨；工业用粮和种子用粮110万吨。食用植物油消费量38万吨。

全社会商品粮总购进340万吨，其中市内农村收购原粮139万吨，市外购入201万吨，进口大豆50万吨。全社会粮食总销售385万吨，其中市内销售356万吨，市外销售29万吨。食用油市内销售30万吨。

2010年粮食工作

2010年，重庆市粮食工作坚持以科学发展观为指导，以民生导向为发展重点，以加强调控，保障供给，注重基础，促进发展为工作主线，突出抓好粮油供给、粮油市场、粮油监测和执法保障四大体系建设，大力实施科学储粮、放心粮油、信息化和企业培育四大工程，促进了粮食工作开展。

一　加强粮食宏观调控，着力保障粮油供给

一是继续增加地方储备粮油。在2009年增加6万吨市级储备粮的基础上，2010年又增加了6万吨市级储备粮，5000吨市级储备油，增强了保障能力。二是争取中央临时移库粮食23万吨，增加了粮源，确保了全市粮油供应（含军粮供应）。三是加强了应急保障体系建设，增加了保供企业和保供物资，开展了应急演练，提高了处置突发事件的应对能力。四是加强对粮油市场的运行监测，及时掌握市场动态。

二　深化国有粮食企业改革，积极探索发展新路

一是组建了重庆粮食集团。充分发挥国有大型企业在承担政府宏观调控上的载体作用，保证了

粮油市场供应，稳定了粮油价格，增强了企业实力，提高了企业效益。2010年重庆粮食集团实现利润5004万元，比上年增加1419万元，增长40%。二是大力实施"一业为主，多种经营"和品牌战略的发展模式，不断扩大市场占有额和企业知名度。三是积极推动粮食企业"走出去"发展，探索和建立了"基地建设+仓储加工物流+农业投资服务+国际贸易"的发展模式。四是成立了市级储备粮管理公司，为储备粮的规范化管理、安全储存、方便使用创造了条件。

三 加强粮油基础设施建设，改善仓储及物流条件

一是强化中央投资补助项目监管。加强进度跟踪和质量督查，大足和西彭粮食储备库改扩建工程竣工投用，丰都改扩建工程基本完工。二是加快重点粮油设施建设。大力推进江北油厂迁扩建工程和上桥粮食物流中心一期工程建设，中粮（重庆）有限公司油脂加工项目、益海嘉里（重庆）粮油有限公司油脂加工项目如期投产。三是加强粮油仓储基础管理。制定了《"一符四无"粮仓、油罐标准及评定实施办法》、《粮油仓储企业备案管理实施办法》、《粮油仓储企业仓房（油罐）编号暂行办法》、《粮油储存货位卡》等三个办法一项制度，完成了全市粮食仓储设施摸底调查工作。四是积极实施农户科学储粮工程。推广彩钢仓32590套，改善了农民储粮条件。

四 强化储备粮油实物监管，确保粮食储存安全

一是加强制度建设。起草了《重庆市市级储备粮油管理办法》，已进入立法调研阶段。二是对市级储备粮进行了数量核查和质量鉴定。市级储备粮账实相符、数量真实、质量良好，粮食品质宜存率96.3%。三是完成市储粮轮换入库验收工作。验收仓间182个，粮食129177吨。四是加强储粮管理工作。全市储备粮"四无"达99.8%，"双低"储粮达91.9%，规范化储粮达82.1%。

五 加大粮油市场监管力度，维护粮食流通秩序

一是开展了粮食收购资格证清理工作。对已过期和办证后未从事粮食收购的进行了收回，并重新审核发放了新的许可证。二是对粮油经营市场开展了执法监督检查，打击了违法经营行为，规范了市场秩序，全年共查处违法行为260余件。三是大力实施"放心粮油"示范工程。全市新创建示范销售店531个，示范加工企业39户，示范配送中心27个，保障了食品安全，维护了群众利益。四是加强粮油质量监测。编制了《重庆市粮食质量安全检验监测能力建设规划（2010~2015年）》，加强粮食收获质量调查、品质测报及原粮卫生调查，开展了粮食科技活动周。

六 加强粮食行业工作指导，不断提高行业管理水平

一是制定了《重庆市粮食行业和粮油加工业"十二五"发展规划》，明确了发展思路和工作重点。二是组织开展了粮食行业特有工种职业技能培训，对全市粮油保管员进行了职业资格鉴定。三是加强粮食协会建设。指导重庆市粮食协会完成了换届选举。

◆ **重庆市商业委员会（重庆市粮食局）领导班子成员**

周克勤　　主任（局长）、党组副书记

张　敏　　副主任、党组书记

黄　伟　　副主任、党组成员

陈国华　　副主任、党组成员

刘天高　　副主任、党组成员

范光明　　副主任、党组成员

赖　蛟　　副主任、党组成员

蒋寿光　　副主任、党组成员

付灿忠　　市纪委驻委（局）纪检组长、监察专员、党组成员

尤祖才　　主任助理、党组成员

孙华培　　主任助理、党组成员

杨元亮　　副巡视员

肖建平　　副巡视员

王　伶　　副巡视员

重庆市政府在永川区举行农户储粮彩钢仓发放仪式。

重庆市商业委员会（粮食局）主任（局长）周克勤检查粮油市场供应工作。

重庆市商业委员会（粮食局）主任（局长）周克勤检查粮食储备工作。

四川省粮食工作   基本情况

　　四川省所辖21个市州、182个县（市、区），有粮食行业机构1339个，其中行政管理机构181个，各级粮食行政管理机构所属事业单位109个，全社会粮食经营企业1049户，其中国有及国有控股企业548户。粮食行业从业人员24803人，其中行政管理部门3012人，事业单位1482人，国有及国有控股企业13866人。全系统总资产193.4亿元，其中固定资产53.7亿元、固定资产净值36.8亿元、流动资产130.2亿元，负债总额157.3亿元。2010年全省认真执行粮食最低收购价政策，敞开收购农民余粮，实际收购粮食580.1万吨，收购油菜籽81.3万吨。全年销售粮食总量912万吨，销售食用油75.1万吨，完成了管好各级储备及商品粮库存和新增省级临储菜油的任务，保持了市场基本稳定，保障了全省的市场供应。

2010年粮食工作

一　认真抓好粮食保供稳价工作

　　一是保证了地震灾区粮食供应。青海玉树 "4·14" 地震发生后，第一时间了解和掌握甘孜州受灾情况，安排部署抗震救灾和保供应工作，先后两次向国家申请安排抗震救灾粮油3500吨，并及时下拨甘孜州粮食局供应受灾群众，确保了受灾群众口粮供应。二是确保了 "7·14" 特大洪灾、"8·13" 特大泥石流灾害的粮食应急供应。灾害发生后，全省粮食部门积极开展救灾保供工作，共向受灾群众发放救灾粮油3373.21吨，其中大米2790.2吨，面粉43.2吨，面条256.5吨，青稞220.5吨，食用油62.8吨。三是积极采取措施，认真抓好保供稳价工作。10月份，全省粮油市场价格持续大幅上涨。省粮食局严格落实国务院关于抓好秋粮收购和市场调控工作的通知要求，及时代政府起草了做好大春收购和市场调控工作的通知，多次下文安排部署保供稳价工作。抓好大春收购，抢占粮源，加大市场供应量，满足市场消费需求，积极组织省内加工企业参与国家粮油竞拍，充实全省市场供应量，认真开展粮食收购资格核查和粮食经营者最高库存量核定工作，及时查处打击囤积居奇等违法经营行为。在政府调控下，全省粮油价保持基本稳定，市场供应平稳有序。

二 农户科学储粮专项呈现三个新特点

2010年，全省农户科学储粮专项任务是在56个项目县为6.7万农户配置彩色钢板组合仓。同上年相比，呈现三个特点：

（一）保障能力有所提高

一是加强组织领导，落实工作责任。乐至、荣县等地专门成立了以政府分管领导或粮食部门主要领导为组长的农户科学储粮专项工作领导小组，配备了具体抓落实的管理人员和专门工作人员，做到了机构、责任、工作三落实。二是广泛宣传动员，明确工作目标。犍为、射洪等地充分利用广播、电视、报纸、标语、会议等形式，广泛宣传农户科学储粮的重大意义和相关政策。三是结合本地实际，科学制定方案。元坝区、南江县等地结合新农村建设示范村、产业发展及民居改造，在粮源相对集中、交通比较方便的村社，成片成规模建设，并制定了详尽的实施方案，提高了工作效率，也使专项建设能够发挥最大的效益。四是加大了储粮技术指导和储粮药剂发放力度，进一步建立健全农户储粮技术服务体系。

（二）地方政府投入有新增加

全省农户科学储粮专项除中央和省财政投入外，有12个县主动安排财政资金206.4万元，支持农户科学储粮项目，县级配套资金足额到位。西充县除县级财政兑现地方配套资金17.2万元以外，还专门安排了工作经费2.8万元用于项目建设和管理。

（三）监督检查力度进一步加大

专项实施以来，各地加强了对农户科学储粮建设的监督检查。由省粮食局领导带队，先后派出10多个工作组，深入到20多个项目县开展监督检查。江油、泸县等地成立了专项建设监督检查领导小组，从农户登记入选、项目招投标、企业生产、资金拨付、竣工验收等全过程进行了监督检查，对发现的隐患和问题及时作了纠正，确保了专项建设资金安全和小粮仓质量。

三 全省粮食基础设施建设项目取得新成效

2010年是实现汶川地震灾区"三年重建任务两年基本完成"的决胜之年，又是中央预算内投资全省粮食现代物流及粮油仓储设施项目最多、金额最大、任务最重之年。全省各级粮食部门抢抓机遇，克服困难，千方百计抢时间、赶进度、添措施、攻难关，粮食基础设施建设项目取得了新成效。

（一）项目建设进展顺利

全省粮食系统列入灾后重建中期项目272个，中央预算内投资全省粮油仓储设施项目17个、粮食现代物流项目7个，年底完工率达97%以上。雅安市雨城区多营省粮食储备库、大邑县粮食仓储中心等新建项目陆续完工。浙江省援建青川县的竹园坝粮食储备库1.5万吨仓容及配套设施竣工并交付使用。

（二）项目资金到位较好

全省粮食系统灾后重建项目和中央预算内投资项目规划总投资358579万元。2010年全省粮食系统争取中央扩大内需粮食物流项目资金1500万元，粮油仓储设施项目资金6400万元，地方配套资金2亿多元。广元市粮食系统除争取中央灾后重建外，还争取对口援建资金、政府融资及水利工程移民资金高达7000万元。

四 粮食购销企业连续八年保持盈利

四川各级粮食行政管理部门围绕"推进粮食流通产业发展，提高粮食安全保障能力"工作主题，认真履行职责，支持国有粮食企业进一步深化改革，促进企业活力进一步增强，经济、社会效益进一步提高，粮食安全保障能力进一步增强。一是多方筹资，加大投入，以狠抓项目促发展。按照"以投资拉动项目，以项目促进发展"思路，采取企业自筹上项目、向国家争取补贴促项目、地方配套扶项目、招商引资强项目的方法解决项目资金。二是落实政策，争取资金，以优质服务促发展。坚持优质服务理念，主动作为，积极协调有关部门，着力落实有关政策，争取各方资金，服务企业发展。争取中央和省级财政资金投入，带动地方财政配置和企业投入用于企业发展和惠农。三是强化责任，合理用财，以规范运作促发展。始终坚持科学理财观念，注意将有限资金合理用于政策有规定、市场有需要，有利于企业发展、有利于提高粮食安全保障能力之处。

2010年，全省国有及国有控股粮食购销企业在比去年同期减少9户，固定资产净额达到32.12亿元，增加2200多万元；在建工程4.58亿元，增加1.4亿元；实现利润为2003年以来最高的一年，达到4000多万元，同比增加1800多万元，实现连续八年保持盈利。

五 坚持做好军粮供应工作

2010年，全省粮食部门严格执行军粮供应政策，不断拓宽军粮供应领域，完成跨区野战演习和抗击特大山洪泥石流灾害等军粮供应任务。全省军粮供应部门最大限度地为驻军部队提供更多更好更周到的服务，为部队的建设和战斗力的提升提供更安全更可靠的后勤保障。在应对突发事件上体现了"兵马未动，粮草先行"，特别在抗击特大山洪泥石流灾害、部队跨区演习中，克服重重困难，保障部队供应，极大地激发了官兵的斗志。四川军粮供应工作做到了"三好"：一是军供作用发挥好。做到了从市（州）县（区）到军供站保障有力，受到了总部、军区和外区的好评。二是军供模式改革好。在省粮食和财政部门的指导下，西昌首推了野战供应保障的新模式，从主食供应向副食供应转变，从固定供应向活动供应转变，从本地供应向外地供应转变，"三个转变"在全军带了好头。三是军粮保障服务好。各级粮食部门及军供站是真心实意为部队服务的，服务意识特别强。特别在前运粮供应方面，利用市场竞争机制选择最好的厂家来供应，做到了服务好、质量高、时效快，解决了驻藏部队的后勤保障的问题。

六 首届全省粮食行业职业技能大赛

2010年4月15日至16日在成都举办了四川省首届粮食行业职业技能大赛。由四川省粮食局主办，四川省粮食学校协办。全省共有21个参赛队126名选手参加了决赛。本次大赛是全省粮食行业举办的第一次全省性技能比赛，参赛选手水平普遍较高，在赛场上有的参赛选手表现出扎实的技术功底，有的具有高超的技能水平和绝招、绝活，有的经验丰富，解决实际问题的能力很强，充分体现出粮油保管员、粮油质量检验员两个职业的技术含量。经过理论知识和技能操作两方面的角逐，选手们充分发扬粮食行业的优良传统，锐意进取，奋勇拼搏，表现出良好的精神风貌，大赛展示了粮食行业职工的素质和技能，展现了粮食职工的风采。在公平、公正的原则下，经大赛组委会严格评审，共有6个参赛队获得了团体一、二、三等奖，12名选手获得了个人一、二、三等奖，3个参赛队获得了优秀组织奖。

七　评选表彰全国粮食系统先进集体和劳动模范（先进工作者）

根据人力资源社会保障部、国家粮食局《关于评选全国粮食系统先进集体和劳动模范（先进工作者）的通知》（人社部函〔2010〕171号）要求，经各级人力资源社会保障部门、粮食行政管理部门按照文件精神和有关政策规定推荐，全国粮食系统先进集体和劳动模范（先进工作者）评选表彰工作领导小组办公室审核，全省有6个单位、6名个人获得表彰。

全省获得全国粮食系统先进集体的是：崇州市粮食局、遂宁市粮食局、广安市粮食局、四川巴中国家粮食储备库、甘孜藏族自治州粮食局、若尔盖县粮食局。

全省获得全国粮食系统劳动模范的是：周玉敏（宜宾黄桷庄粮油集团有限公司董事长、总经理）、喻建军（四川乐山五通桥国家粮食储备库主任）、张旭军（绵阳市高新粮油购销公司经理、党支部书记）、潘生禄（四川什邡方亭省粮食储备库主任）、陈林（泸州市龙马潭区天绿粮油购销有限公司总经理）。

全省获得全国粮食系统先进工作者的是：徐盛惠（达州市粮食局党组书记、局长）。

八　省领导对粮食工作给予充分肯定

省委常委、副省长钟勉批示：2010年省粮食局和全省粮食部门服从大局，顺利、平稳完成机构改革任务，广大干部职工积极作为，各项工作有序推进取得新的成绩，确保了全省粮油市场、价格基本稳定和灾区粮油供应，促进了农民种粮增收和粮油产业化经营，圆满完成了各项目标任务，实属不易，可喜可贺！

副省长王宁批示："省粮食局工作扎实，措施到位，研判准确，准备充分，望再接再厉，切不可松懈，进一步切实做好保供应和调控工作。"

九　省粮食局机构改革完成

根据《中共四川省委、四川省人民政府关于印发〈四川省人民政府机构改革方案〉和〈关于四川省人民政府机构改革方案的实施意见〉的通知》，经省政府批准，《四川省人民政府办公厅关于印发四川省粮食局主要职责内设机构和人员编制规定的通知》（川办发〔2010〕23号），设立四川省粮食局（副厅级），为四川省发展和改革委员会管理的行政机构。

（一）职责调整

一是取消已由省政府公布取消的行政审批事项。

二是加强对粮食（含食用植物油，下同）战略性问题的研究；完善地方粮食储备体系，加强省级储备粮管理。

三是健全粮食监测预警体系和应急机制，组织协调粮食进出川工作，提高全省粮食供应保障能力。

四是加强对全省粮食购销和粮食流通产业发展的指导协调，加强农村科学储粮指导，推广先进适用的农户储粮技术和粮仓。

（二）内设机构、人员编制

9个内设机构：办公室；政策法规处（行政审批处）；调控处；产业发展处；仓储管理处；监督检查处；财务处；人事教育处；离退休人员工作处。

机关党委由省粮食局党组按照省委规定确定。

机关行政编制58名。省纪委、监察厅派驻纪检监察专项编制3名。

◆ 四川省粮食局领导班子成员

侯　勇	省粮食局局长、党组书记、省发展和改革委员会党组成员
石恩祥	副局长、党组成员
黎　明	副局长、党组成员
张书冬	副局长、党组成员
刘孟元	省纪委驻粮食局纪检组长、党组成员
黄自友	机关党委书记、党组成员

2010年10月12日，四川省粮食局、省粮食行业协会和南充市商业银行在成都共同召开了银企合作座谈会，探索解决新形势下粮食企业收购资金贷款难问题，探讨新形势下银企合作机制和模式。

会上，省粮食局与中德合资南充市商业银行成都分行签署了战略合作协议，为符合国家产业政策的粮食流通资金需求项目提供金融服务。

贵州省粮食工作　基本情况

　　贵州省位于祖国西南部，是一个风光秀丽、气候怡人、资源丰富、发展潜力巨大的省份，也是历史悠久的革命老区。全省国土面积17.6万平方公里，辖9个市（州、地），88个县（市、区、特区），总人口约4189万人，其中少数民族人口占全省总人口的38.9%。

　　2010年，全省GDP为4594.0亿元，比上年增长17.4%，财政总收入为969.7亿元，增长24.4%；全省城镇居民人均可支配收入为14142.7元，增长10%；农民人均纯收入为3471.9元，增长15.5%；粮食总产量为1112.3万吨，减少4.8%；油菜籽产量51.6万吨，减少26.9%。

　　2010年，全省粮食系统独立核算单位3217个，较上年减少15个；在职职工20808人，较上年增加1318人。其中：粮食行政机构92个，在职职工1284人；事业机构54个，在职职工1065人；流通企业1118个，在职职工8699人；加工企业234个，在职职工3766人；多种经营企业1719个，在职职工5994人。

2010年粮食工作

　　2010年，在省委、省政府的正确领导下，在国家粮食局的具体指导下，贵州省粮食局坚持以邓小平理论和"三个代表"重要思想为指导，深入贯彻落实科学发展观，始终以保障粮食供给和市场稳定、确保省内粮食安全为目标，把提高粮食经济发展水平和促进农民增收作为重点，加强和改善粮食宏观调控，强化粮食市场监管，加快国有粮食企业改革步伐，大力推进粮食产业化发展，努力提高服务民生能力，为促进贵州经济社会又好又快、更好更快发展和全面建设小康社会作出了积极贡献。

一　粮食安全保障基础进一步夯实

　　督促各地落实地方储备粮规模，至2010年底，落实粮食储备规模占国家下达全省计划的104%，同比增幅为8%，落实食用植物油规模占国家下达全省计划的34.2%，同比增幅为17.4 %。积极协调省政府有关部门，明确认定享受税收优惠政策的企业127户，解决了长期困扰全省地方储备粮承储企业的难点问题。积极开展粮油购销，2010年，纳入统计范围的社会粮食经营多元主体及国有粮食企业收购粮食86.3万吨，销售粮食70.2万吨；收购油菜籽10.5万吨。指导粮油企业按照诚信合作、互利共赢的原则，与黑龙江、安徽、江苏、湖北等粮食生产大省建立良好产销合作关系。为建立保障贵州省粮食安全的长效机制，启动了《贵州省粮食安全保障条例》的起草工作，通过深入调研和反复讨论、修改、征求意见，形成《条例》（草案）送审稿，申请列入省人大2011年立法项目。在深入开展调查研究的基础上，及时完成了全省粮食行业"十二五"规划编制工作，明确了贵州粮食行业"十二五"的发展任务、目标、指导思想、基本原则、总体布局，提出了对策措施，为做好"十二五"粮食工作指明了方向。

二　抗旱保供成效明显

2010年，贵州遭遇百年不遇的严重旱情，全省粮食系统及时采取有效措施应对。强化调控工作，扎实做好各项调控应急工作，及时组织收购、加工，加大粮食调运和市场投放力度，全省国有粮食企业调运救灾粮25.7万吨，向市场投放粮食18.5万吨，确保了灾区粮食供应，维护了粮价基本稳定。搞好粮食市场动态监测预报，扩大监测范围，三大粮食批发市场监测结果实行日报，各地粮食市场综合情况实行半月报。加强工作协调，及时向国家粮食局请求安排中央临时储备粮15万吨，其中稻谷14万吨，小麦1万吨。

三　粮食产业化水平不断提高

近年来，始终把推进粮食产业化发展作为深入贯彻落实科学发展观、破解粮食经济发展难题、提高粮食经济运行质量和促进粮食生产、维护省内粮食安全的重要举措来抓。2010年，全省完成优质粮油订单278万亩，占任务的115.8%，带动农民增收3.1亿元。抓好粮油基地建设，重点推广金五丰油脂公司等9家单位的经验，推动典型引路和示范带动。大力培育龙头企业，与省农发行联合推选贵州茅贡米业等9家企业作为国家粮食局和国家农业发展银行2010年重点扶持的企业，确定20家龙头企业作为重点联系单位，执行扶持龙头企业发展的政策措施。实施科技带动战略，南方嘉木公司产品茶叶籽油企业标准上升为地方标准（DB52/575-2009茶叶籽油），公司自主研发的《低温低水分压榨纯物理精炼技术》通过省级科技成果鉴定。加强区域经济合作，部分粮油企业通过引进、重组、兼并等形式，加强企业间合作。做好粮食物流项目申报和建设工作，国家对省储直属粮库扩建等8个项目给予3100万元的投资补助。全省粮食基础设施在建项目达44个（其中仓房项目22个，油罐项目14个，市场项目8个），项目概算总投资近11亿元，累计已完成投资2.3亿元，项目实施进展顺利。

四　民生工程取得实效

省粮食局将2010年定为"放心粮油工程建设年"，及时制定出台了《贵州省2010~2014年放心粮油工程建设规划》和《2010年放心粮油建设年活动方案》，明确了建设任务、工作步骤，提出了保障措施，会同省发改委等8部门联合下发了《关于实施放心粮油工程的意见》，合力推动放心粮油工程建设深入发展。截至2010年底，全省共建成放心粮店445个，超额完成400个城镇放心粮店的建设任务。"放心粮油工程"建设覆盖了189个乡（镇）、295个行政村、89个社区、405万人，除了安置253个国有粮食企业人员外，还向社会提供众多就业岗位，促进企业实现经济效益和社会效益双丰收。积极实施农户科学储粮专项，编制《贵州省2009~2012年农户科学储粮专项规划》，争取中央财政预算内资金补助675万元，省财政预算内补贴资金200万元，农户自筹资金710.9万元，在60115户农户中开展了科学储粮工作，超额完成国家粮食局下达的5万户计划。通过开展农户科学储粮，农户储粮损失率由8%降至2%，户均减少储粮损失约72公斤，户均增收165.6元，取得良好的社会效益和经济效益。

五　行政执法工作水平明显提升

大力推进全省粮食质量体系建设，对《贵州省粮食质量检验能力认定程序》进行修订完善，对到期的65家取得粮食质量检验能力认定资质的单位进行年审，重新发放了认定证书。认真实施粮食收购行政许可，全省共核发《粮食收购许可证》2248份，其中，法人和其它经济组织624份、个体工商户1624份。开展粮食质量安全监测，对全省中央储备粮、国家临时存储粮、地方储备粮和商品粮进行质量状况、储存品质和主要卫生指标的监测抽查。扦取、检验样品52个，通过检验样品全部符合国家粮食质量标准。组织开展粮食库存、粮食统计、政策性粮食油菜籽托市收购、粮食收购市场、粮食应急预案等专项检查及粮食收购资格核查，切实履行监管职责，共执法检查2362次，检查各类对象7318个次，行政处罚133例（其中责令改正和警告129例），有效维护了粮食市场秩序。研究全省粮食行政执法自由裁量权指导标准，制定了贵州省粮食行政执法自由裁量权指导标准及参照执行标准，进一步规范了粮食行政处罚行为。

六　党的建设和作风建设有新的加强

以开展"三级联创进机关"活动和"创先争优"活动为载体，强化理论学习，加强党员教育管理，抓好党员队伍建设，加大党建帮扶工作力度，开展走访慰问活动，切实把党建工作抓好、抓实。组织开展创先争优和践行宗旨教育活动，认真找好创先争优和践行宗旨教育活动结合点，使省直粮食系统全体党员干部更加清醒地认识到党员责任与义务，责任意识、大局意识、创新意识和自律意识明显增强，综合素质得到进一步提升。全面加强"四型"机关建设。在抓好中心组、处级干部、支部理论学习的同时，组织开展"两月一讲"活动，举办读书交流专题座谈会，"我为粮食工作添光彩"主题演讲比赛等，营造良好的学习氛围。以转变机关作风为突破口，推行首问责任制，努力改进服务态度和服务方式，不断提高服务质量。按照"减少办事环节、简化办事程序、缩短办事时限、提高工作效率"原则，明确了行政审批项目和服务项目办理时限，编制工作流程图。开展局机关副处级干部竞争上岗工作，选拔任用副处级干部5名。根据干部教育培训规划，选派了1名地厅级后备干部参加清华大学现代公共管理高级研修班，组织11名局机关干部参加全省干部在线学习活动。进一步贯彻落实完善惩治和预防腐败体系，深入开展反腐倡廉教育，扎实抓好廉政文化建设，开展财政扶持性资金使用情况等专项监督检查，促进各项粮食工作的健康、顺利开展。

◆ **贵州省粮食局领导班子成员**

沈　健　　　局长、党组书记

张和林　　　副局长、党组成员

乔鲁毅　　　副局长、党组成员

章　萍　　　机关党委书记、党组成员

何武林　　　总经济师、党组成员

吴青春　　　副局长、党组成员

韦　苇　　　省纪委驻粮食局纪检组长、党组成员（2010年4月任职）

2010年8月6日，贵州省常务副省长王晓东（左三）、省粮食局局长沈健（左二）在国家粮食局汇报工作。

贵州省粮食局局长沈健（右一）在遵义市指导粮食产业园区建设。

2010年贵州省农户科学储粮小粮仓发放仪式。

云南省粮食工作   基本情况

　　"十一五"期间，在云南省委、省政府的坚强领导下，全省粮食系统用改革凝聚人心、用发展振奋精神、用服务树立形象，始终把确保粮农增收作为工作的出发点，把确保粮食安全作为工作的落脚点，把深化企业改革、实现扭亏增盈作为工作的突破口，坚持全心全意为农业、农村、农民服务，全心全意为城镇居民服务，全心全意为基层和企业服务，尽心竭力为政府确保粮食安全服务，围绕国企改革攻坚战、扭亏增盈翻身仗以及确保粮食安全持久战的目标，全省粮食系统干部职工扎实工作。通过几年来坚持不懈的努力，全省粮食系统基本实现了思想观念由计划经济到市场经济的转变，工作职能由微观管理、直接经营到宏观管理、引导、调控、监管、服务的转变，国企改革由小步慢走，到大胆突破的转变；基本解决了长期困扰云南粮食的老人、老粮、老账问题；基本建立了云南粮食的市场机制和各级政府的调控机制。初步构建了职责明确、分工合理、生产发展、供给稳定、储备充足、调控有力、反应灵敏、运转高效的粮食安全保障体系，确保了粮油有效供给，确保了粮油价格基本稳定，确保了粮食质量安全，确保了各级政府的调控应急需要，开创了云南粮食流通工作新局面。

　　2010年全省粮食总产量1531万吨，其中稻谷617万吨，小麦46万吨，玉米613万吨，大豆28万吨，薯类和其他杂粮227万吨。粮食收购量170万吨，粮食总销售458万吨。粮食商品量455万吨，进口粮食39万吨。粮食消费量1963万吨，其中城镇口粮264万吨，农村口粮734万吨，饲料用粮784万吨，工业用粮55万吨，种子用粮75万吨，食品、副食用粮51万吨。据铁路部门统计，全年调入粮食307.2万吨，销往省外粮食15万吨，销往省外的粮食主要以薯类和杂粮为主。从今后发展趋势看，随着工业化、城镇化的发展以及人口增加、旅游业和人民生活水平提高，粮食消费需求将继续呈刚性增加。从粮食流通的角度，云南已由原来的产销基本平衡区转变为销区，省内口粮产需缺口不断扩大，粮食销售调入量逐年增加，对外依存度越来越大，保障粮食安全的任务十分艰巨。

2010年粮食工作

　　2010年，面对百年未遇的严重旱灾和各类频发的自然灾害导致的粮食供应偏紧局面，面对国际农产品价格大幅波动引起的国内粮食市场变化，面对粮食主产区价格持续上涨以及运输费用上涨引发的粮食价格波动，面对入秋以来谷熟米涨价、通胀预期增强，农民惜售心理突出、供需偏紧、缺口加大等严峻形势，在省委、省政府的坚强领导下，在国家粮食局和主产区粮食部门的关心支持下，云南省粮食局团结带领全省粮食系统干部职工，沉着应对、果断处置、认真履职、积极作为，结合云南粮食流通工作新变化、新特点，坚定不移地贯彻党中央、国务院和省委、省政府确保粮食安全的一系列决策部署，坚定不移地落实搞活流通稳供给、发展产业壮实力、加强调控保安全的工作要求，在极其严峻、极其复杂的供求形势下，加强向省委、省政府和国家发改委、国家粮食局的请示汇报，加强与省级有关部门的协调联系，通过增加调入、加大投放、改善预期、加强监管、规范市场、适时调控等措施，有效预防和控制了特大灾害以及国际农产品价格上涨引起的市场异常波动，确保了云南粮食有效供给，确保了粮油市场基本稳定，确保了粮油质量安全，确保了各级政府的调控应急需要，粮食部门的特有优势和不可替代作用得到充分体现。

一　中央领导关注云南粮食安全

　　2010年春节后，由于长期干旱及省外进货价格上涨等原因，云南地产大米、东北米、江苏米以及安徽米价格出现小幅上涨。云南的粮食供应问题，引起了党中央、国务院和省委、省政府领导的高度关注。3月中旬以后，胡锦涛总书记、温家宝总理、李克强副总理，云南省委白恩培书记、秦光荣省长、李纪恒副书记、罗正富常务副省长等领导分别对确保云南粮油有效供给、价格基本稳定作出一系列重要批示、指示和工作部署，对粮食工作提出了具体的调控目标和明确的工作要求。秦光荣省长亲自组织调研，对稳定市场、稳定价格、保障供应、保障民生提出了明确要求。罗正富常务副省长多次召开专题会议，多次深入粮食市场调研，确定了积极应对的一系列政策措施。在省委、省政府的坚强领导下，云南省粮食局坚决贯彻落实党中央、国务院和省委、省政府领导的重要批示、指示和工作部署，加强向国家发改委、国家粮食局和省级有关部门汇报联系，加强粮食调运投放，加强储备吞吐调控，确保了云南粮油有效供给，确保了云南粮油市场基本稳定，确保了云南粮食质量安全，确保了灾区粮食供应不断档、救济口粮有保障。

二　全力以赴抗大旱保供给

　　面对百年不遇的严重旱灾和国际农产品价格大幅波动、国内粮食主产区价格持续上涨的严峻挑战，全省粮食部门坚决贯彻党中央、国务院和省委、省政府领导关于稳定物价、保障供应的一系列重要批示、指示和工作部署，围绕"抗大旱、保民生、抓生产、促发展"的工作重心，千方百计抓粮源、全力以赴保供给、尽心竭力为民生、恪尽职守稳市场，积极应对，妥善处置，坚定不移稳市场、保供给。一是正确引导舆论，稳定民心，改善预期。3月上旬昆明等地粮价出现小幅上涨，云南省粮食局及时向省政府领导和省委宣传部汇报，协调各大主流媒体，加强正面舆论宣传，改善预期，安定人心，引导群众理性对待粮油市场价格变化。二是及时吞吐调控，丰富市场，稳定价格。3月中旬，对全省9个受灾严重的州（市），下达第一批省级储备粮提前轮换计划，及时组织省市4家骨干国有粮食企业动用1万多吨商品周转库存粮食投放昆明市场，安排云南省粮油工业公司等骨干企业组织近1万吨东北大米，按略低于市场价格公开挂牌销售。5、6月份，又连续下达第二、第三批省级储备粮轮换计划，省级储备粮的及时轮出，丰富了全省市场供应。三是出台最低收购价，保护和调动粮农种粮积极性。及时向省政府汇报，建议按国家最低收购价标准，出台云南粮食最低收购价格，切实保护粮农的种粮积极性，力争实现小春损失大春补。同时，实施3.6万户、投资1350万元的农户科学储粮项目，深受农民群众的欢迎。四是积极汇报协调，争取政策，稳定粮源。3月中旬和4月下旬，国家粮食局领导和国家发改委经贸司负责人先后到云南调研。3月下旬以来，国家发改委、国家粮食局分别下达云南国家临时存储粮食跨省移库计划和稻谷定向销售计划保障市场供应，稳定市场价格。五是建立临时储备，增强调控能力。及时与省级有关部门研究并报省政府领导同意，增加3万吨省级成品粮（大米）临时储备。六是动用地方储备，确保灾区供应。为保证灾区群众基本生活，3月份，省粮食局与省民政厅等部门研究，决定动用地方粮食储备解决因灾生活困难群众的口粮供应。七是加强产销合作，活跃粮油市场。研究制定地方储备粮补库计划和粮源采购安排方案，积极稳妥地与黑龙江、吉林、湖南等主产省做好粮食产销衔接，加强组织协调，组织企业均衡有序到产区采购粮食。八是加强监测监管，维护市场秩序。加强对全省粮食价格监测点粮情监测密度和频率。配合工商、价格行政部门，对昆明市凉亭粮食批发市场和五里多粮油交易市场进行专项检查，维护正常的粮食流通秩序。

三　切实做好保供稳价工作

《国务院关于稳定消费价格总水平保障群众基本生活的通知》（国发〔2010〕40号）下发后，省政府及时召开常务会议，研究部署具体贯彻意见。11月25日，省政府下发《云南省人民政府贯彻落实〈国务院关于稳定消费价格总水平保障群众基本生活的通知〉的意见》，对稳定消费价格总水平，保障群众基本生活提出了二十条措施。按照国务院和省政府关于稳定消费价格总水平，保障群众基本生活的工作部署和要求，云南省粮食局及时制定并实行粮油保供稳价工作方案和储备粮抛售预案平抑市场粮价，制定粮油骨干企业参与市场调控的工作方案和政策扶持奖励办法等一系列应急保障措施，切实做好秋粮收购和市场调控工作，继续完善粮食购销的市场机制和各级政府的调控机制，合理吞吐调节，加大储备投放，加大粮食调入，保证了市场充足的流动性，粮食市场呈现了供需两旺的良好势头。2010年，全省全社会销售粮食458万吨，其中国有粮食企业销售155万吨，分别比去年同期增长20.2%和5.4%。

四　进一步加强产销合作

积极组织省内骨干企业前往粮食主产省调入地方储备粮补库粮源，推进落实省级动态储备任务。截至10月底，与黑龙江、吉林、湖南等粮食主产省签订的2009至2010年度1亿公斤动态储备合作任务全部完成，并拉动了数十亿公斤东北及其它主产区的粮食进入云南，保证了云南粮食市场充足的流动性。据铁路运输统计，2010年，云南从省外调入粮食307.2万吨，比上年增加88.9万吨，增幅达40.7%。11月份以来，不断加强与省外粮食主产省区的产销衔接，先后与湖南、黑龙江、吉林三省粮食局以及中储粮吉林分公司、中储粮北京分公司、中储粮黑龙江分公司举行粮食产销座谈会，签订了2010至2011年度15万吨省级粮食动态储备协议。湖南、黑龙江、吉林三省承诺，当云南需要时将及时组织调入150万吨粮食供应云南市场。省粮食局局长还赴新加坡和马来西亚等国，与益海嘉里集团高层洽谈合作，组织充足的食用植物油源供应云南市场。

五　积极营造政策环境

云南省粮食局加强与相关部门沟通协调，争取了对全省183户地方储备粮承储企业减免2009年至2010年的营业税、印花税、房产税、城镇土地使用税等税收优惠政策。下达了第二批全省2万吨食用植物油地方储备计划，协调有关州市按照动态储备政策落实食用油地方储备计划，积极落实粮食企业到省内外粮食主产区采购和调运粮食的财政运费补贴。在抗旱救灾期间，积极向国家粮食局和国家发改委汇报，争取到23万吨的中央移库粮和1.2万吨定向销售粮。同时，组织编制云南省粮食流通"十二五"发展规划，积极向国家发改委、国家粮食局争取到4个中央补助粮库和油罐建设项目。据不完全统计，一年来，仅省级财政投入粮食流通工作的经费就在原来基础上增加了2150万元。

六　不断增强调控能力

云南省粮食局与省级有关部门研究并报省政府领导同意，增加了3万吨省级成品粮（大米）临时储备。在省政府同意2010至2011年度实施10万吨省级动态储备合作的基础上，又批准增加5万吨动态储备规模。与省民政厅等部门研究，动用地方粮食储备解决因灾生活困难群众的口粮供应，全年共动用22万吨地方储备粮保障救灾救济口粮供应和市场供应。同时，根据国务院和省政府关于稳定消费价格总水平，保障群众基本生活的工作部署和要求，及时提出了粮油保供稳价的8条工作措施，全省每个县、市、区增加2至3个销售网点，以略低于市场的价格定点挂牌销售粮油，切实保障全省粮油市场有效供给和粮油市场基本稳定。

七　积极破解发展难题

与省农发行组织召开银企座谈会，筛选18家企业在信贷资金上给予支持，年初普遍反映出来的企业贷款难问题得到了较好的缓解。全省军供网点建设和应急能力提升项目顺利推进，全省军供应急保障能力和粮食仓储加工物流建设能力有望得到明显提升。创新省级储备粮管理体制机制，进一步发挥省级储备粮的宏观调控效能和作用。加强对各地粮食流通体制改革的指导，局党组集体深入基层调研，帮助基层和直属单位理清发展思路，破解发展难题，明确发展方向。积极探索"以粮为本求生存、跳出粮字谋发展"的工作思路，争取扶持政策，引导国有粮食企业深化改革，加强管理，开展资产经营，实行科技创新，切实抓好政策性经营，积极推进经营性业务，狠抓扭亏增盈，进一步推进一批有实力、有效益的粮油企业做优做强做大，全省国有粮食企业实现财务统计利润1.1亿元，关键时刻国有骨干粮食企业充分发挥了稳定价格、保障供应的主渠道作用。

◆ **云南省粮食局领导班子成员**

苏全忠	局长、党组书记
何庄元	副局长、党组成员
张 睿（苗族）	副局长、党组成员
许建平	副局长、党组成员
杨韵玲（女，白族）	省纪委驻粮食局纪检组长、党组成员
马红跃	副局长、党组成员
官悠房	副局长、党组成员（2011年1月任职）
孙卫平	副巡视员、机关党委书记
李国文	副巡视员

2010年4月14日，云南省委副书记、省长秦光荣（前排右二），副省长高峰（前排右三）在省粮食局局长苏全忠（前排右一）陪同下到云南商务信息工程学校调研。

2010年11月12日，云南省委常委、常务副省长罗正富（右二）在省粮食局局长苏全忠（左二）陪同下到昆明市凉亭粮食批发交易市场调研。

云南省粮食局局长苏全忠（前排右一）与湖南省粮食局局长夏文星（前排左一）签订2010~2011年度粮食动态储备合作协议。

西藏自治区粮食工作

基本情况

　　"十一五"时期，是西藏经济社会发展进程中极不寻常的五年。面对国际金融危机的严重冲击和各种自然灾害的严峻挑战，稳定粮食市场的压力巨大，稳定社会局势的任务艰巨，在自治区党委、政府的正确领导下，在国家粮食局的宏观指导下，全区各级粮食部门高举中国特色社会主义伟大旗帜，以邓小平理论和"三个代表"重要思想为指导，深入贯彻落实科学发展观，认真贯彻落实中央关于粮食工作的方针政策，适应社会主义市场经济发展要求和符合全区区情的粮食流通体制基本框架初步建立，各项粮食流通工作取得了丰硕成果。

　　自治区党委、政府历来高度重视粮食工作。"十一五"时期，全区粮食播种面积稳定在256.1万亩左右，油菜籽播种面积稳定在36.1万亩左右；粮食产量稳定在92.6万吨以上，油菜籽产量稳定在5.6万吨以上；全区年均消费粮食98.4万吨左右；每年从省外调入粮食15.6万吨左右。

　　2010年，全区粮食播种面积255.2万亩，粮食总产量为91.2万吨，其中青稞60.2万吨，小麦24.3万吨。全区粮食消费总量97.9万吨。全年国有粮食企业粮食收购1.3万吨，销售6.8万吨，省外调入3.4万吨。

2010年粮食工作

　　2010年，西藏各级粮食部门认真贯彻落实中央第五次西藏工作座谈会精神，深入贯彻落实科学发展观，始终围绕区党委、政府的中心工作，开拓创新，奋发进取，主动服务，坚持"四个统一"，切实做到"五个维护"，努力实现国家粮食局确定的"抓好收购、促农增收、保证供应、稳定市场、统筹发展、保障安全"的工作目标，正确把握粮食供求形势，有效实施宏观调控，保证了粮油市场供应和价格基本稳定，全区粮食流通工作成效显著，为西藏经济社会更好更快发展做出了积极贡献。

一　粮食宏观调控体制机制进一步健全，种粮农民利益得到保障，粮食市场保持基本稳定

（一）认真抓好粮食收购，保护种粮农民利益

　　粮食收购是农民增收的重要途径。一直以来特别是中央第五次西藏工作座谈会以来，各级粮食部

门进一步提高认识，把抓好粮食收购、增加种粮农民收入作为保障和改善民生的出发点和落脚点，加强领导、细化措施，争取支持，充分发挥国有粮食企业主渠道作用和价格导向作用，千方百计收购粮食，引导和鼓励多元市场主体积极入市收购，切实为耕者谋利，有效保护了种粮农民利益，为政府粮食宏观调控奠定了物质基础。在2009年和2010年旺季粮食收购中，粮食主产区青稞收购价格和全区种粮农民售粮增收连续两年创历史新高。完善了青稞最低收购价机制，为保护农民利益，确保全区青稞安全提供了政策保障。

（二）认真做好粮食供应，满足消费需求

进一步加大调控力度，特别是在各种自然灾害以及粮食供求关系和价格发生变化时，及时加强对全区粮食供求形势的分析预测，积极应对市场变化，采取果断有效的调控措施，加大指导、协调和监督力度，充分发挥国有粮食企业保供稳价的重要作用，引导非国有粮食经营者参与粮食流通，加大产销合作，积极组织粮源投放市场，保障供应，满足了各层次的消费需求，确保了全区粮食供求总量平衡和粮食市场供应、价格的基本稳定。

（三）加强粮食供求形势分析，做好粮情预测工作

2010年，针对年初受国内大米市场影响全区大米市场特别是粳米价格小幅上涨、全区前期持续干旱、后期连续降雨的异常天气以及青海玉树受灾使全区不同程度出现糌粑供不应求等供求关系变化的影响，加大了对全区粮食市场的监测和对大米、糌粑等重点粮食品种供求形势的分析与预测，提出调控建议，为政府决策提供了参考。建立了国家粮油市场信息监测直报点，突出监测重点，加大对重点地市和重要粮油品种的监测力度，加强粮油市场信息采集、分析和通报工作，做好粮食供求形势、价格动态分析预测，增强了粮油市场监测工作的前瞻性、预见性和针对性，提高了监测水平，为政府调控粮食市场服务。

（四）进一步完善粮食应急体系，应急能力增强

按照《自治区粮食应急预案》的要求，逐步建立了自治区、地市、县级粮食应急预案。粮食主销区基本建立了地区级、县级粮食应急储备，到2010年底，落实地、县级应急储备粮523万公斤，进一步增强了粮食调控的物质基础。阿里地区率先组织开展了粮食应急预案演练，促进了应急能力的提高和应急措施的完善。为进一步完善应急体系，有效解决全区粮食应急手段和载体单一问题，不断加强全区粮食应急能力建设，提出了建立全区粮食应急调控机制的意见。

（五）全社会粮食流通统计工作稳步推进，服务水平逐步提高

及时总结经验，2010年初，针对全区粮食流通统计工作中存在的突出问题，下发了《关于认真做好2010年粮食流通统计工作的通知》，对进一步做好全社会粮食流通统计工作进行了安排部署，对非国有粮食经营者的统计工作取得新成效。认真开展了2009年度社会粮油供需平衡调查，调查质量不断提高。组织开展了全区粮食统计执法大检查，进一步规范了各类粮食经营者的统计行为。

二 自治区储备粮管理能力进一步提高

（一）全力抓好自治区储备粮油轮换工作

按照《自治区储备粮轮换管理试行办法》的有关规定，争取有关部门支持，继续抓好自治区储备粮轮换工作，确保自治区储备粮质量良好。

（二）仓储设施进一步改善

在自治区发展改革委的支持下，全区2400吨食用植物油罐建设项目已于2010年正式批准建设。落实仓库维修资金543.7万元，对全区7个粮食储存库点的仓储设施进行了维修，改善了存储条件，确保了自治区储备粮的安全储存。

（三）认真开展业务培训

组织开展了自治区储备粮管理规范落实年活动和全区粮油保管员、质量检验员职业技能培训，强化了制度落实，加强了队伍建设，提高了自治区储备粮管理水平。

三　国有粮食企业改革继续稳步推进并取得实效

放开粮食购销市场后，面对激烈的市场竞争和严峻的生存发展形势，全区各级国有粮食企业在当地党委、政府的正确领导和支持下，积极稳妥推进改革，主动参与市场竞争，拓展经营范围，加强经营管理，部分企业积极探索尝试合并重组等改革方式，通过共同努力，全区国有粮食企业经营状况有所改善，管理水平得到提升，经济效益有所提高，企业职工收入增加，实现历史跨越，改革取得了一定成效。特别是自治区粮食局四个直属单位通过几年改革实践，从2006年全部亏损，亏损总额达1100多万元到2010年实现全部扭亏为盈，盈利总额达800多万元，增长2倍，改革成效显著。

四　切实做好监督检查工作，依法管粮进一步推进

（一）切实履行职能，深入开展调研

2010年，自治区粮食局组织调研组深入全区七地市36个单位开展实地调研，全面了解和掌握粮食流通体制改革工作进展情况，促进了粮食流通政策措施的进一步落实，并针对存在的问题，提出政策建议，为政府决策提供了参考。

（二）继续做好粮食收购资格审核工作

2010年认真开展了专项粮食收购资格核查，维护了收购市场秩序，截至2010年底，全区已办理粮食收购许可证的经营者120户。

（三）做好市场监管工作

继续在全区开展《粮食流通管理条例》及国家和自治区粮食流通管理工作的有关政策、粮食依法行政等法律法规及粮油食品安全生活常识宣传，为维护粮食流通秩序、保障全区粮食安全起到了积极的推动作用。2010年多次与自治区发展改革委、财政厅、工商局、铁路办等单位对拉萨粮油市场供应和销售价格进行全面检查，维护了粮食市场的正常秩序。继续开展全区粮食库存专项检查，全面摸清了全区国有粮食企业粮食库存家底。加强执法培训，全区已有111人取得了《粮食监督检查证》。积极与有关执法部门形成执法合力，定期开展成品粮市场价格、质量、储存等检查，严厉打击各类违法违规行为，有效维护了粮食市场的正常秩序和消费者合法权益。

五　全力维护社会稳定

（一）扎实开展维护稳定工作

各级粮食部门严格按照区党委、政府的要求，坚持把反分裂斗争和维护稳定工作放在首位，以

确保粮食流通工作有序推进和努力构建和谐社会为目标，充分认识西藏工作面临的主要矛盾和特殊矛盾，始终把认清达赖反动本质作为反分裂斗争的前提，坚持旗帜鲜明、针锋相对、掌握主动、争取人心、强基固本的基本方针，深入持久地开展同达赖集团的斗争，真正筑牢反对分裂维护稳定的第一道防线。健全了维稳工作机制，落实了责任，加大督促检查力度，强化责任追究制度，扎实做好常态下和非常态下的维护稳定工作，确保了系统内的持续稳定

（二）落实政策，推动工作新局面

立足全区区情和粮情，紧密结合粮食流通工作实际，深化对中央第五次西藏工作座谈会精神的认识，深刻理解、准确把握精神实质，在做好结合文章上下功夫，在涉及民生、涉及粮食安全等重大问题上拓宽思路，创新方式，在贯彻落实上加大执行力，提高战斗力，形成推动力，达到了提高认识，凝聚力量，创新思路，推动工作的目的。

（三）加强学习，狠抓党风廉政建设

按照自治区党委的要求，周密部署、精心组织，认真开展了深入学习效能建设年、创先争优、党员密切联系群众和建设学习型党组织等活动，狠抓党风廉政建设和反腐败工作，狠抓理论武装，全面加强领导班子和干部队伍建设，强化了宗旨意识、责任意识、实干意识和廉洁意识，党建工作成效显著。

◆　西藏自治区粮食局领导班子成员

次旺诺布（藏族）　　副局长、党委书记（2011年1月任职）

张　虹（女）　　　　局长、党委副书记（2011年1月任职）

达　拥（女，藏族）　副局长、党委委员

何长春　　　　　　　副局长、党委委员

西藏自治区粮食局慰问扶贫乡贫困群众，为他们分发粮食、茶叶等生活物品。

西藏自治区全区粮油保管员、质量检验员职业技能培训班开班仪式。

庆祝建党89周年，西藏自治区粮食局开展职工文体活动。

陕西省粮食工作   基本情况

陕西省地处祖国内陆腹地，黄河中游，是连接中国东、中部地区和西南、西北的交通枢纽。全省设10个省辖市和国家级杨凌农业高新技术产业示范区，有3个县级市、80个县和24个市辖区。2010年第六次全国人口普查陕西省常住总人口为3732.7万人。

2010年，陕西省生产总值10021.53亿元，比上年增长14.5%。全省城镇居民人均可支配收入15695元，比上年增加1566元，增长11.1%，扣除价格因素实际增长7.1%；农村居民人均纯收入4105元，比上年增加667元，增长19.4%，扣除价格因素实际增长12%。

陕西主要粮食品种为小麦、玉米、稻谷，辅以各类杂粮，属于粮食基本平衡省份。2010年，粮食总产量1164.9万吨，较上年增长3%。其中夏粮产量449.3万吨，秋粮产量715.6万吨。当年全省粮食收购量517.6万吨，粮食销售量722.4万吨。2010年全省粮食消费总量1449.5万吨，其中工业用粮254.5万吨，饲料用粮369.9万吨，城镇口粮225.5万吨，农村口粮563.5万吨，种子用粮34.6万吨。

2010年末，陕西省有国有粮食企业392个，职工11596人，其中国有粮食购销企业281个，职工7796人。改制后新组建国有或国有控股粮食企业240个。全省粮食仓容总量733.5万吨，较上年715.4万吨增加18.1万吨。其中有效仓容647.1万吨，占总仓容的88.2%，较上年646.1万吨增加1.0万吨。食用油罐总罐容由去年的38.5万吨增加到41.2万吨，净增2.7万吨，增幅为7%。

"十一五"期间，陕西省粮食流通体制改革不断深化，长期困扰国有粮食购销企业的"老人"、"老账"和"老粮"问题基本解决。97个县（市区）基本完成了国有粮食企业产权制度改革。纳入统计的国有粮食企业比"十五"时期减亏17.91亿元。国有粮食企业净资产比"十五"末增加33.56亿元。省、市、县三级粮油储备规模进一步得到充实，粮油应急保障和市场监控能力明显提高。全省各类粮食企业累计收购粮食2357.2万吨，比"十五"期间多收购307.7万吨，平均每年增加61.6万吨；累计商品粮销售3214.4万吨，比"十五"期间多销售1088.3万吨，平均每年多销售217.7万吨。中央和省级财政投入粮食仓库设施建设、物流建设和仓房维修改造等投资约1.2亿元。全省粮食有效仓容达到647万吨，油罐容量41万吨，分别比2005年增长了22%和222%。各级粮食行政管理部门加大对全社会粮食流通的监管，开展形式多样的监督检查活动，维护粮食流通秩序。全省投入2300多万元，完成了省市11个粮油质检机构的建设，省粮油质检所和6个市级质检机构获得国家局的授权挂牌，全省粮油质量检验监测体系初具规模。

2010年粮食工作

一　粮食生产和流通

粮食生产。2010年，陕西省粮食总产量1164.9万吨，较上年增长3％。其中夏粮产量449.3万吨，秋粮产量715.6万吨。分品种看，小麦403.8万吨，玉米532万吨，稻谷81万吨，杂粮108.4万吨，大豆39.7万吨。

粮食流通。全省各级粮食部门高度重视粮食收购工作，动手早，准备充分，舆论宣传力度大，政策执行到位。全社会各类粮食企业累计收购粮食517.6万吨，同比增加18.6万吨，增幅为3.7％；其中：国有粮食经营企业收购177.7万吨，占收购总量的34.3％。全社会各类粮食企业累计销售粮食722.4万吨，同比增加50.4万吨，增幅为7.5％；其中：国有粮食经营企业销售227.9万吨，占销售总量的31.5％。全省具有粮食收购资格的企业已发展到2245户，其中非国有企业1805户。纳入统计的非国有粮食收购主体2010年收购粮食339.9万吨、销售粮食494.5万吨，分别占总收购量和总销售量的65.7％和68.5％。全年粮食购销数量超额完成了省委、省政府下达的"全年收购粮食60亿斤、销售粮食70亿斤"的年度目标任务，并且创下历史最高水平。各类粮食收购主体入市收购积极，价格高开高走，收购价格较上年上涨0.20～0.24元/公斤。按收购总量估算，因价格上涨，全省农民可增加收入约10亿元。各级粮食部门认真贯彻落实国家有关油菜籽托市收购和东北稻谷（大米）采购任务，累计托市收购油菜籽20.5万吨，采购入关粳稻（大米）19.6万吨，累计为相关企业争取价格和运费补贴合计4802万元。

二　粮食调控

全省建立完善储备粮管理和应急机制，充实省、市、县三级粮油储备库存，政府调控能力进一步增强。省级粮油储备规模全部落实到位，市、县级食油储备全部完成，储备粮规模完成计划的94.65％。省、市、县三级粮油储备库存均达历史最高水平。全省地方储备粮管理工作规范化、精细化、信息化和规模化水平进一步提高。全省粮食部门加强市场价格信息监测工作，密切关注市场粮油价格走势，及时反馈动态，为政府调控提供依据。进一步完善应急预案，10月19日，省粮食局和省应急管理办公室共同组织召开了《陕西省粮食应急预案》专家评审会，省粮食应急工作指挥部15个成员单位参加会议，对《陕西省粮食应急预案》修改稿进行评审论证。注重理顺全省军粮管理体制，研究军队粮油供应中存在的问题，从单一服务逐步向全方位服务转变，完成了军品粮油供应任务。7月中旬，陕西部分地区遭受特大洪水和泥石流灾害，各地粮食部门按照粮食应急预案要求迅速行动，率先动用市县级储备粮迅速组织救灾供应，确保灾区群众在应急期的基本口粮需求和市场稳定。根据省政府的决定，参照"5·12"补助对象和补助标准，省粮食局与民政、财政等部门密切配合，对全省救灾粮供应工作做出全面安排部署，完成了全省855万公斤救灾粮的供应任务。下半年，受成本推动及国际市场大宗商品价格持续走高等因素影响，国内粮油等主要农副产品价格持续上涨。各级粮食部门先后两次安排抛售1.22亿公斤省级储备小麦和2136万公斤省级储备食用油，确保粮食市场的基本稳定。2010年后两个月，全省各类粮食经营企业共组织销售粮食145.1万吨，完成33.3万吨省级储备粮和2075.7万公斤省级储备油轮换任务，并通过省粮食批发市场对7.5万吨省级储备稻谷进行了竞价拍卖，发挥了省级储备粮油对市场的调节作用。

三　粮食企业改革和扭亏增盈

企业改革。针对国有粮食企业历史包袱沉重的实际情况，各级粮食部门认真开展调研，科学制定方案，争取有关政策，推进国有粮食企业深化改革，企业发展环境进一步改善。省粮食局与省财政厅联合下发了《国有粮食企业化解债务"以奖代补"资金管理办法》，对已消化的经营性财务挂账按比例实行奖励。截至12月底，全省已经上报审核资料的6个设区市、43个县（市、区）实际化解债务27.6亿元，占全省经营性财务挂账额的71%，其中渭南市已实际化解债务11亿元，占经营性财务挂账额的92%。

扭亏增盈。各级粮食部门高度重视企业扭亏增盈工作，采取多种措施，指导企业不断加强内部管理，积极盘活国有粮食企业资产，转换经营机制，提高经济效益。2010年全省国有粮食企业累计实现营业收入51.35亿元，同比增加7.92亿元；统算实现盈利5149万元，同比增加814万元。全省11个设区市（区）和省粮食局直属企业全部盈利。183个新组建国有粮食企业有168个实现盈利，盈利面占91.8%，统算盈利4245万元。全省国有粮食企业自2008年以来连续三年统算实现盈利。

四　粮食依法行政和监督检查

全省各级粮食行政管理部门加强法制宣传，坚持依法行政，认真开展"五五"普法依法治理检查和《粮食流通管理条例》实施6周年宣传活动，积极配合国家粮食局做好《粮食法》调研起草工作。省、市、县三级监督检查机构和行政执法体系初步建立，为开展粮食监督检查工作奠定了坚实的物质基础。截至2010年底，全省10个市级粮食局全部设立粮食监督检查机构，占100%；107个县级粮食局设立监督检查机构的有93个，占87%。全省成立粮食行政执法队56个，其中市级执法队4个，县级执法队52个。省、市、县三级1025人取得监督检查证或行政执法证。按照国家局的要求，2010年在全省范围开展了"全国粮食流通监督检查示范单位创建活动"，进一步巩固和推进市县粮食监督检查体系建设工作。重点开展全省年度粮食库存检查和粮食收购、国家政策性粮食竞价销售工作监督检查。全省各地粮食行政管理部门开展各类监督检查2987次，出动人员13951人次，检查单位16953个（次），依法查处涉粮案件853起，责令整改424起，警告382例。维护了正常的粮食流通秩序。

五　粮食行业发展

粮食流通基础设施建设。制定实施《陕西省粮油仓储设施建设规划》，第一批10个粮油仓储建设项目累计完成投资3.22亿元，新增仓容4.08亿斤、罐容4.75万吨。完成《陕西省粮食行业"十二五"

发展规划》的编制上报工作，得到了国家粮食局的充分肯定。

粮食物流园区建设。杨凌、兴平和泾阳三大粮食物流园区项目累计完成投资4.3亿元，新增仓容8.2亿斤、罐容3.2万吨和日精炼250吨食用油产能。

粮食市场体系建设。2010年，省粮食批发市场年交易量11.4亿斤，交易金额13亿元；市级粮食批发市场建设步伐加快，西安成品粮批发交易市场成为国家粮食局重点联系的大中城市成品粮批发市场，宝鸡粮食综合批发市场、咸阳成品粮油批发市场初具规模。全省以省级粮食批发市场为龙头的省、市、县三级粮食批发市场体系初步建立。

农户科学储粮专项工程。自2008年启动实施农户科学储粮专项工程以来，中央和地方各级累计投入1500多万元，为43730户农户配置标准化储粮装具。其中，2010年中央和地方各级政府投入595万元，为17000户农户配置标准化储粮装具。

粮食科技发展。依托省粮科院组建的"国家粮食局粮情测控工程技术研究中心"成为全国3个粮食类工程技术研究中心之一。8月4日，陕西省发展和改革委员会组织有关部门和专家，对陕西省粮科院的"陕西省油料植物蛋白工程研究中心"建设项目进行了评审。

粮油加工业发展。2010年全省粮油加工业总产值220亿元，位居西北地区首位。截至2010年，有"陕富"、"老牛"2个粮油品牌获"中国名牌"称号，18个粮油品牌获"陕西名牌"称号，17家粮油加工企业的21个粮油产品获得"陕西省名牌产品"称号，26家粮油企业的32个品牌107个产品被中国粮食行业协会授予"放心粮油"称号。

粮食质量管理工作。编制完成了《陕西省粮食质量安全检验监测能力建设规划（2010~2015）》。全省隶属于各级粮食行政管理部门的质检机构达18个，其中省级机构1个、市级机构10个、县级机构7个。全省有8个省、市级粮食质检机构通过了计量认证，有7个机构被国家粮食局批准为"国家粮食质量监测机构"。

放心粮油工程。6月12日，由中国粮食行业协会主办，陕西省粮食局、陕西省粮食行业协会、西安市粮食局承办的"全国放心粮油进农村进社区暨粮食经纪人培育发展工作经验交流会"在西安举行。各省市粮食行业协会和放心粮油示范企业的代表300余人参加会议。国家粮食局副局长曾丽瑛、中国粮食行业协会会长白美清、陕西省人民政府副秘书长周玉明、西安市人民政府副市长韩松等出席会议并讲话。与会代表参观了西安市放心馒头工程，听取了陕西省粮食局等11个单位的经验介绍，讨论通过了《放心粮油示范企业质量安全诚信公约》。中国粮食行业协会还向首批放心粮油示范企业颁发了证书和标牌。

六　党风廉政建设和职工队伍建设

党风廉政建设。坚持一手抓粮食流通改革和发展，一手抓党风廉政建设和反腐败工作。深入开展反腐倡廉教育，领导干部廉洁自律工作得到进一步加强。结合粮食流通实际，有序推进惩治和预防腐败体系建设向前发展。多措并举，从源头上预防和治理腐败。进一步加大案件查处工作力度，积极开展行政监察和效能监察。9月1日，陕西省粮食局在西安举办廉政教育学习班，省粮食局机关副处以上领导干部、局属各单位班子成员共60余人参加学习。11月17日至18日，由国家粮食局主办，陕西省粮食局、西安市粮食局共同承办的全国粮食系统第十九次纪检监察工作研讨会在西安召开。中纪委监察部派驻国家粮食局纪检组、监察局领导和全国35个省、区、直辖市、计划单列市及部分省会城市粮食系统的纪检组长（纪委书记）和监察室主任共计80余人参加会议。重庆、沈阳、河南、南京等4个省市粮食局在大会做交流，31个单位提交了书面交流材料。

职工队伍建设。按照省委统一部署，在全系统开展"创先争优"活动，全系统基层党组织和党员在本职岗位上创先进、在日常工作中争优秀。充分发挥党组织和党员的先锋模范作用，全面提升全系统各项工作整体水平。积极推进机关政务公开和干部队伍建设，认真做好干部职工培训，加强电子政务建设，完善政务信息公开制度。省粮食局通过局门户网站和新闻媒体等途径，主动公开政务信息，宣传各项粮食流通政策措施，服务群众，接受监督，省粮食局连续四年荣获全国粮食系统政务信息报送先进单位。省粮食局与省财贸工会共同举办了陕西省粮食行业首届职工职业技能大赛，组队参加了第二届全国粮食行业职业技能竞赛，取得良好成绩。参加陕西省委组织部、陕西省总工会、陕西省人力资源和社会保障厅、陕西省科学技术厅、共青团陕西省委联合组织的"2010年陕西省职业技能大赛"，有2名选手获"陕西省技术状元"称号，4名选手获"陕西省技术能手"称号，3名选手获"陕西省青年岗位能手"称号。陕西省粮食局、陕西省储备粮管理公司、西安市粮食局、铜川市粮食局等4个单位获优秀组织奖。西安爱菊粮油工业集团、富平县粮食局和省储备粮咸阳直属库等3个单位被评为全国粮食系统先进集体，省油脂集团宓奇、靖边省粮食储备库白泽澄和宜川县新丰粮油收储有限责任公司张建祥等3人被评为全国粮食系统劳动模范，受到了人力资源和社会保障部和国家粮食局的联合表彰。陕西军粮供应站、渭南军粮供应站、临潼军粮供应站、延安市军粮采购供应站被评为全国军粮供应管理工作先进单位，省军粮供应中心代剑声、宝鸡市军粮供应公司韩广田、闫良军粮供应站李敏、榆林市军粮采购供应站方凯被评为全国军粮供应管理工作先进个人，受到国家粮食局、财政部、总后勤部的联合表彰。省人力资源和社会保障厅与省粮食局联合下发《陕西省人力资源和社会保障厅、陕西省粮食局关于表彰全省粮食系统先进集体和先进工作者的决定》，对全省粮食系统21个先进集体和30个先进工作者给予表彰奖励。

◆ 陕西省粮食局领导班子成员

王成文　省发改委副主任（正厅级）、党组副书记，省粮食局局长、党组书记（2011年1月任职）

姚增战　省发改委副主任（正厅级）、党组成员，省粮食局局长、党组书记（2011年1月离任）

王　勇　副局长、党组成员

秦克勤　省纪委驻粮食局纪检组长、党组成员

岳万民　副局长、党组成员

赵　策　副巡视员

2010年4月27日，陕西省发改委副主任、省粮食局局长姚增战（左二）、省总工会副主席王淑琳（左三）等参加陕西省粮食行业首届职工职业技能大赛开幕式。

2010年5月26日，陕西省发改委副主任、省粮食局局长姚增战（左二）、省发改委主任祝作利（左四）参加陕西油脂集团杨凌来富油脂有限公司生产线和陕西粮食物流集团杨凌仓储设施启动仪式。

2010年9月27日，陕西省粮食局在西安组织召开全省粮食行业"十二五"规划论证评审会。

2010年10月19日，陕西省粮食局和省应急管理办公室在西安共同组织召开了《陕西省粮食应急预案》专家评审会。

甘肃省粮食工作 基本情况

　　甘肃省位于黄河上游，地处黄土高原、内蒙古高原和青藏高原交汇处，总土地面积45.4万平方公里，占全国总面积的4.72%，居第7位。省境地形狭长，东西长1655公里，南北宽530公里。现辖12个地级市、2个自治州、4个县级市、58个县、7个自治县、17个市辖区。2010年，甘肃省实现生产总值4119.97亿元，比上年增长11.7%，人均生产总值16109元，比上年增长17.9%。农民人均纯收入3424.7元，增长14.9%。财政收入745.25亿元，比上年增长23.39%；一般预算收入353.56亿元，增长23.37%。全省粮食种植面积279.98万公顷，比上年增加5.98%，全省粮食总产量达到958.3万吨，比上年增产5.8%，人均粮食占有量375公斤，其中：夏粮总产330.8万吨，减产3.1%；秋粮总产627.5万吨，增产11.1%。棉花种植面积4.79万公顷，减少0.78万公顷；油料种植面积34.57万公顷，减少0.62万公顷；糖料种植面积0.51万公顷，增加0.06万公顷；蔬菜种植面积39.5万公顷，增加2.33万公顷。全省常住人口2557.53万人。其中：城镇人口923.66万人，占常住人口的36.12%；乡村人口1633.87万人，占常住人口的63.88%。

2010年粮食工作

　　2010年，在省委、省政府的正确领导和国家粮食局的有力指导下，全省粮食系统以邓小平理论和"三个代表"重要思想为指导，深入贯彻科学发展观，认真落实中央和省委、省政府关于粮食工作的一系列方针政策，全力抓好粮油购销、市场调控、项目建设和舟曲抢险救灾等重点工作，全面完成了"十一五"规划主要目标任务，奠定了粮食工作"十二五"发展的坚实基础，为全省经济社会发展做出了积极贡献。

　　全年收购粮食282.4万吨，同比增加5.5%，其中从省外收购80.1万吨；收购食用油5.6万吨，同比增加35.1%，其中托市收购菜籽油3.6万吨。销售粮食294.7万吨，同比减少2.8%；销售食用油6.0万吨，同比增加27.5%。

　　截至12月底，全省国有粮食企业资产总额87.7亿元，企业资产负债率88%。全省国有粮食企业统算实现盈利1480万元，同比增加530万元，其中13个市州、74个县市区统算盈利，2个县盈亏持平，企业盈利面85%。

一　加强调控，保供稳价，确保全省粮食市场供需基本平衡和价格基本稳定

2010年以来，受国际、国内粮油价格上涨影响，全省粮油价格出现逐渐上涨态势。在粮油价格温和上涨阶段，全省粮食部门密切监测粮油市场，大力开展省内外粮油收购，确保了全省粮油供需总量基本平衡和品种结构基本平衡。特别是9月份以来省内粮油价格迅速上涨，国家和省出台了一系列控制通胀、保供稳价的政策措施，全省粮食部门迅速贯彻落实，通过积极组织优惠面粉直销、加大政策性粮油投放力度等得力措施，有效抑制了粮油价格快速上涨的势头，进入11月，粮油价格连续小幅回落。

（一）粮油购销有序开展

各级粮食部门高度重视，统一思想，切实把粮油收购作为做好粮食工作、保障粮油消费安全的重要工作来抓。一是切实抓好省内粮油收购。省粮食局在认真分析预测全省粮食生产、供需状况的基础上，下达了分市州粮油收购指导计划，并在夏粮、秋粮集中上市期间，深入基层检查指导，督促各级粮食部门认真落实国家及省粮油收购政策，积极协调解决收购过程中出现的问题，千方百计掌握粮源。二是充分利用全国粮食流通大市场补充粮源。针对省内主食品种不足的实际，通过落实省际间粮油购销协议、组团采购东北大米、争取国家跨省移库粮等方式，努力"引粮入甘"，弥补省内缺口。三是认真贯彻国家油菜籽临时收储政策。积极与省财政厅、农发行甘肃分行沟通衔接，确定了6户油脂加工企业，报经省政府审核、财政部和国家粮食局备案后，承担油菜籽临时收储任务。四是指导企业适时投放适销对路的粮油，有序增加节假日粮油供应花色品种，积极开展放心粮油进社区、进农村、进校园，有效满足了不同消费群体对粮油的多种需求。

1~12月，全省各类市场主体仅从粮食生产者收购粮食282.4万吨（其中从省外购进80.1万吨），同比增加5.5%，其中小麦160.6万吨、大米25.4万吨、玉米62.4万吨、其他34.0万吨；收购食用油5.6万吨（其中托市收购菜籽油3.6万吨），同比增加35.1%，其中菜籽油4.8万吨、亚麻油0.2万吨、豆油0.2万吨、其他0.4万吨。销售粮食293.9万吨，同比减少3.1%，其中小麦202.6万吨、大米27.5万吨、玉米38.3万吨、其他25.5万吨；销售食用油6.0万吨，同比增加27.5%，其中菜籽油4.7万吨、亚麻油0.3万吨、豆油0.2万吨、其他0.8万吨。

（二）努力争取国家政策性粮源

为保障市场粮食供应、稳定市场粮价，省粮食局多次向国家粮食局汇报衔接，积极争取国家政策性粮食销售指标。全年国家粮食局在兰州国家粮食交易中心以竞卖的方式，定向安排全省政策性粮食销售指标102.5万吨（其中小麦35.0万吨，玉米67.5万吨），成交66.0万吨（其中小麦28.5万吨，玉米37.5万吨）。通过批量向省内市场定向投放国家政策性粮食，有效增加了市场粮食供应量，保证了中央和省委、省政府调控粮价措施的落实。

（三）积极组织优惠面粉直销

为认真落实省政府《关于稳定市场价格水平保障群众基本生活的通知》和省政府第67次常务会议精神，省粮食局认真研究，把组织优惠面粉直销作为平抑粮油价格的一个重要手段积极推进，采取政府补贴、面粉加工企业和零售网点让利的办法，在省会兰州先行试点、再视粮食市场形势在全省推

开。先期投放兰州市场的面粉选定为国有控股的景泰金源面业公司、新红梅粮油工贸公司生产的"甘粮"、"红梅"牌特一面粉，统一价格为每袋（25公斤，下同）79元，比原有价格每袋82元低3元；选择80个周边居民群众相对集中、交通便利的"放心粮店"进行零售直销，并统一制作悬挂了黄底红字的"甘肃省粮食局、兰州市粮食局优惠面粉直销点"牌子。零售直销的对象主要为兰州市居民群众及大中专院校。从11月29日开始，80个"放心粮店"开始统一销售优惠面粉，到12月底的一个月时间里，共销售优惠面粉0.1万吨。通过组织优惠面粉直销市场，有效平抑了兰州市场面粉价格。优惠面粉直销市场当天，兰州市场销售的山东"军嫂情"牌特一面粉每袋从83元降到了79元。随后，优惠面粉直销活动的效应不断放大，带动兰州市场主销的大品牌面粉主动降价，武威红太阳面业公司的"甘青"牌各等级面粉批发、零售价格每袋统一下调了2元，在省内市场占有较大份额的河北"五得利"牌、新疆"天山"牌特一面粉每袋批发价分别下降了1~2元。据省粮食局粮油价格监测显示，从2010年11月29日到2011年1月15日，兰州市场面粉价格已连续6周环比下降。

（四）加强市县粮油储备建设

各级粮食部门坚持"既要依托省级储备，同时也要落实市县储备"的工作思路，认真落实省政府批准下达的粮油储备规模指导计划，积极争取各级党政支持，大力推进市县粮油储备建设，取得了新的进展。目前，14个市州全部建立了市县级粮油储备，实际到位储备粮、储备油分别比年初增加35.7%和7%。兰州、天水、嘉峪关、平凉、临夏等5市州建立了成品粮油应急储备，其中兰州、嘉峪关2市成品粮油储备可以有效保证城市人口10天的消费量。

二 快速反应，全力以赴，圆满完成舟曲特大山洪泥石流灾害群众口粮供应

"8·8"舟曲特大山洪泥石流灾害发生后，全省粮食部门快速反应，全力以赴投入了抢险救灾工作，确保了受灾群众基本生活所需的口粮供应。

（一）建立机构，加强领导

灾害发生当天，省粮食局立即成立抢险救灾工作领导小组，要求所有成员24小时开通手机，保持通讯畅通；实行24小时应急值班制度，在办公楼专设值班室，由处级干部轮流值班，及时处置突发应急情况；第一时间启动了《甘肃省粮食监测预警和保障应急预案》，动员兰州、定西等地的定点粮油加工应急企业备足面粉等应急粮源，确保救灾粮在关键时刻调得动、用得上。同时，发出紧急通知，要求甘南州及邻近市州粮食局，切实加强粮油安全保管，服务灾区群众生活。粮食系统抢险救灾工作得到了上级的坚强领导和有力支持，省委、省政府领导多次听取汇报，作出明确指示；国家粮食局局长聂振邦、副局长任正晓在灾害发生当天，立即了解舟曲灾情和粮食储备、市场供应和军粮保障情况，并派出工作组与省粮食局一起现场指导粮油供应工作。在舟曲粮油市场恢复的关键时期，任正晓副局长代表国家粮食局深入灾区，现场检查指导群众口粮、救灾部队军粮供应及粮食质量安全保障工作，充分肯定了全省粮食部门在抢险救灾工作中取得的成绩。

（二）靠前指挥，迅速行动

鉴于舟曲地处山区、交通不便，甘南州和舟曲县粮食局工作人员力量不足的实际，为尽快掌握灾区的粮油供应情况，提前做好救灾粮供应准备工作，省粮食局主要负责同志带队于灾害发生第二天到达舟曲县城，与甘南州和舟曲县政府领导沟通，了解受灾人员和必需口粮短缺等情况。同时，考虑到灾害发生初期灾区急需方便食品的情况，紧急采购了2080箱桶装方便面运往灾区。

（三）精心组织，全力做好灾区群众生活救助

省政府《关于甘南州舟曲县特大山洪泥石流地质灾害受灾群众生活安置有关问题的意见》下发后，借鉴抗击"5·12"特大地震保障灾区群众口粮供给的成功经验，经报请省政府批准，动用省级储备粮供应舟曲受灾群众。一是按照应急需要，安排新红梅粮油工贸公司自筹粮源，提前加工生产了首批运往舟曲灾区的240吨救灾面粉。二是按照就地就近的原则，确定由兰州小西坪粮油储备库承担省级储备小麦出库任务，由地处同一库区的新红梅公司承担面粉加工任务，避免大运大调，节省人力物力。三是分别与原粮出库企业和面粉加工企业签订责任书，对出库小麦、救灾面粉质量数量等做出严格规定，确保救灾粮的足量优质。四是鉴于舟曲灾区房屋受损严重、面粉安全保管难度大的实际，根据口粮供应情况，随时需要随时调运。到12月底，共出库省级储备小麦1630.5吨、加工面粉1125.0吨，供应给了2.5万受灾群众，圆满完成了"每人每天0.5公斤粮、时限3个月"的供应任务。

另外，省粮食局机关和直属单位干部职工发扬一方有难、八方支援的精神，踊跃捐款81855元；从办公经费中挤出10万元支持舟曲县粮食局开展自救；筹措4万元慰问金，到抢险救灾前线慰问了武警甘南支队和武警水电部队官兵。

三 平战结合，统筹调度，有力保障军粮供应

全省粮食部门牢固树立"以兵为本"的服务宗旨，认真贯彻国家军粮"平战结合"的供应政策，有效保证了驻甘部队日常供应、重大活动和应急用粮需要。

（一）突出抓好军粮供应规范化管理

各军粮供应单位紧贴部队后勤保障需求，不断推进军粮供应规范化管理，切实抓好军粮储备、筹措、加工、配送各环节的工作，同时定期、不定期征求部队官兵对军粮供应工作的意见建议，不断调整、改进和强化服务措施，军粮供应呈现出渠道畅通、质量稳定、服务优质、保障有力的良好局面，达到了让驻甘部队满意、让省委省政府放心的目标。省东风军粮供应公司等6个单位和4名个人被国家粮食局、财政部、总后勤部评为全国军粮供应管理工作先进，榆中县军粮供应站等5个单位和5名个人被兰州军区、省政府评为军粮供应管理工作先进。

（二）认真做好玉树地震抢险救灾部队军粮保障

4月14日，青海玉树发生7.1级地震后，驻扎在全省河西等地的部队奉命赴玉树执行抗震救灾任务。为做好赴灾区部队的军粮供应，省粮食局第一时间安排省军粮配送服务中心向武威、金昌、张掖等市州紧急调运军供大米600吨，兰州、武威、金昌等市州粮食部门在部队出发前很短时间内配齐了粮油及副食品，并根据部队需要开展了全过程的伴随保障，保证了全省赴玉树地震灾区抢险救灾部队的军粮供应及时到位。

（三）切实保障舟曲抢险救灾部队军粮供应

舟曲特大山洪泥石流灾害发生后，省军粮配送服务中心和相关市州粮食局立即启动军粮应急保障机制，积极与抢险救灾部队保持密切联系，为参加抢险救灾的部队备足了自带军粮和副食品，以最大限度、最优服务保障抢险救灾部队粮油供应。针对舟曲县城军粮站严重毁损的实际，在城外地势较高的安全地带租借房屋，设立了2个抢险救灾部队临时应急军粮供应站。仅在抢险救灾前10天的紧急救援阶段，共为抢险救灾部队应急供应大米、面粉219.1吨，食用油7.7吨，挂面3.5吨，绿豆0.3吨，方便面、矿泉水、午餐肉450箱，为部队抢险救灾提供了有力的后勤服务保障。

| 四 | 抢抓机遇，积极争取，粮食行业整体发展实力继续增强 |

2010年，全省以粮食物流项目、灾后重建项目为重点，开展了仓储物流、粮油加工、饲料养殖、跨行业经营等方面的92个建设项目，其中竣工47个，在建37个，立项8个。概算总投资10.02亿元，目前已完成投资5.01亿元。

（一）切实抓好国家投资项目建设

在国家实施新增1500万吨粮食仓容、175万吨食用油罐容政策中，各级粮食部门积极行动，省直属王家墩、武威南、山丹、长城粮油储备库及兰州花庄、定西西源、平凉十里铺等7个企业争取到7.5万吨、2万吨油罐建设项目，落实中央预算内资金2000万元。在省实施扩大内需政策中，省直属皋兰、天水、长城粮油储备库及金昌金禾、陇西穗丰、泾川盛谷、天水一库等7个企业争取到5万吨粮仓建设项目，落实地方政府债券项目投资1000万元。目前，上述项目已全部开工建设。纳入国家扩大内需投资项目的兰州省级粮食现代物流中心和河西、定西两个区域物流中心，在2009年落实中央预算内资金400万元、地方政府债券投资3000万元的基础上，2010年又新争取到中央预算内资金600万元。到12月底，兰州省级物流中心主体工程全部完工，进入设备安装阶段；河西区域物流中心已通过项目预验收，设备运转正常；定西区域物流中心平房仓工程全部完工，浅圆仓工程已完成工程量的70%以上。兰州粮油食品连锁配送项目，落实中央预算内资金700万元、省财政补助资金600万元，项目设计初审、供水连网、土地出让等工作已基本完成。

（二）做好灾后恢复重建项目建设

舟曲特大山洪泥石流灾害恢复重建中，6个粮油经营网点和2个粮油交易市场，纳入了全省恢复重建整体规划，共落实中央补助资金632万元。继续做好"5·12"特大地震灾后恢复重建项目，陇南市10个地震灾后恢复重建项目，共落实中央灾后重建资金2287万元、深圳援建资金300万元，其中4个工程整体完工，3个主体工程基本建成，其余3个正在抓紧建设；舟曲大川粮库地震灾后恢复重建项目，落实中央灾后重建资金1228万元，其中2栋平房仓已通过工程预验收，另外1栋即将开工建设。

（三）积极推进行业重点项目建设

全省粮食部门通过采取招商、引资、联营等方式，建成和启动了一批增强行业发展后劲的项目，其中较大项目有：临夏州粮油批发市场项目，总投资5642万元，建成粮库2万吨、油库1.5万吨、商铺1.5万平方米，已正式投入运营。兰州昌盛植物油公司新厂建设项目，概算总投资6850万元、年设计加工能力1.9万吨，厂房建设基本完成。兰州焦家湾粮库扩建改造项目，概算总投资2.8亿元，首批6500万元资金已经到位。景泰三福粮油公司日处理200吨植物油技改项目，总投资2482万元，已正式投入运行。武山县城关粮油收储站退城进郊项目，计划总投资2300万元，已开工建设。金昌市"放心粮油"工程招商引资1540万元、争取地方政府扶持资金500万元，前期各项准备工作已就序。平凉市年产4000吨馒头及早餐食品生产线项目，计划投资2612万元，正在筹备招标，预计2011年上半年建成投产。嘉峪关市军粮站迁建项目，总投资810万元、建筑面积4000平方米，已进驻运营。省东风军粮供应公司军供设施项目，总投资400万元，已于9月底完工。

| 五 | 强化管理，靠实责任，粮食保管水平稳步提升 |

各级粮食部门以国有粮食企业储粮安全为重点，继续实行粮食安全保管分级管理、分级负责制度，不断靠实权责统一、监管并重的责任机制，粮食整体库存质量处于历史最好水平。

（一）全面落实各项保粮措施

深入开展粮油仓储企业规范化管理活动，全省有58户粮油仓储企业达到了规范化管理标准，其中6户企业被国家粮食局授予"全国粮油仓储规范化管理先进企业"称号。继续坚持开展春、秋两季粮油安全大普查，按照"有仓必到、有粮必查、查必彻底"的原则，组织4076人次对181个储粮单位进行了普查，检查的储粮单位和储粮数量均达到了100%，并对查出的储粮安全隐患及时进行了处理。继续巩固和发展"一符四无"粮仓建设成果，各类"一符四无"粮仓达到了总仓容量的99%。大力推广科学保粮新技术，根据全省气候环境差异，因地制宜推广应用先进和实用性强的储粮科学技术，38.2%的仓容装备了机械通风系统，30.1%的仓容装备了环流熏蒸系统，42.3%的仓容装备了计算机粮情监测系统，储粮工作稳步向节能、绿色、生态方向发展。目前，全省科学保粮率85%，同比提高1个百分点。

（二）不断加强储备粮油监管

各级粮食部门以储备粮油储存安全为重点，严格落实管理责任和管理制度，各级储备粮都存放在了设施优、条件好的粮库。突出抓好省级储备粮油管理，继续实行承储资格年审制度、质量档案管理制度，有效保证了省储粮油的储存安全。以储存品质为依据、储存年限为参考，将2005年以前入库的省级储备粮和2008年以前入库的省级储备油全部进行了轮换，轮入的粮油均符合规定的质量标准、卫生标准和安全储存水分标准。为进一步规范省级储备粮油轮换工作，在广泛征求意见的基础上，研究制定了新的轮换办法，自2011年起，省级储备粮轮换将逐步采取在粮油批发市场公开竞价交易的方式进行。

（三）积极开展农户科学储粮专项工程

针对全省农户储粮技术落后、产后损失较大的实际，积极探索为农户储粮提供科学技术服务的新路子，研究制定了《甘肃省2010~2012年农户科学储粮专项建设规划》。积极争取国家粮食局支持，2010年安排全省农户科学储粮专项建设资金750万元，为庆阳、天水、临夏、张掖、酒泉、武威、金昌、白银8个市（州）、22个县（市、区）的20399户农户配备彩钢板组合仓的工作正在抓紧进行，天水、白银、酒泉等市已开始发放。目前，正在向国家粮食局争取落实全省2011年的建设计划。

| 六 | 强化指导，拓展服务，国有粮食企业经济效益稳步提高 |

2010年，各级粮食部门坚持把巩固扭亏增盈成果、提高企业效益作为重点工作来抓，全省国有粮食企业在2009年首次实现整体扭亏为盈的基础上，实现盈利1480万元，同比增加530万元。14个市州中13个统算实现盈利，86个县市区中74个盈利、2个盈亏持平。

（一）继续实行和强化扭亏增盈目标考核制度

从2008年开始，省粮食局连续3年以国有粮食企业经济效益为重点，对各市州和各直属企业整体工作进行综合评价并兑现奖励，同时在考核指标中逐年加大企业经济效益的比重，有效调动了各地各单位狠抓企业经济效益的积极性。天水、白银、金昌、定西、庆阳、临夏、甘南等市州也制定和完善了目标考核责任制和奖惩制度，层层签订责任书、落实责任人，保持了国有粮食企业经营状况的良好态势。

（二）切实加强对企业经营管理的指导

各级粮食部门坚持向管理要效益、用管理促发展，进一步完善企业扭亏增盈信息通报制度和重点企业经营分析制度，及时了解和掌握企业经营状况，指导企业搞活经营，规避风险，提高经济运行质量；对亏损严重的企业，及时开展专题调研，分析原因，提出整改措施；认真履行国有粮食企业资产监管职责，督促企业不断加强财务管理，规范会计核算，完善内控措施，盘活资产，降低成本费用。平凉、庆阳、张掖、酒泉等市和省粮油储运公司适时召开经营工作专题会、重点工作调度会，指导企业准确把握市场走势，依托区位优势发展经营。兰州、天水、武威、张掖、酒泉、嘉峪关等市和省粮油贸易、购销公司在做好粮食主营业务的同时，大力发展啤酒大麦、小杂粮、葵花籽、棉壳等多种经营，开展代储代收业务，拓宽了企业增收渠道。

（三）努力创造良好的企业发展环境

粮食行政管理机关在全行业开展"为企业服务年"活动，切实抓好财务政策落实，进一步理顺政策性补贴拨补渠道，保证了各类补贴资金的及时足额到位；认真研究信贷政策，在积极争取各级农发行支持的同时，指导企业创新融资模式，发挥其他商业性金融机构支持粮食购销的作用，拓宽资金来源渠道，解决企业贷款难问题；积极争取税收优惠政策，帮助全省国有粮食企业减免税费5000万元，切实减轻了企业负担。

七　健全机构，依法行政，粮食流通监管规范有力

各级粮食部门从努力营造粮油安全消费环境、不断加强粮食流通执法体系建设入手，积极探索日常监管与专项检查相结合的有效模式，全年共开展各类监督检查2821次，出动人数10899人次，查处违法违规案件1357例，有效维护了正常的粮食流通秩序。

（一）扎实开展《粮食流通管理条例》及粮食政策法规宣传

在《粮食流通管理条例》颁布实施6周年之际，结合2010年粮食科技活动周，以"标准——粮油食品安全的保障"为主题，以"关注食品安全标准、认识粮食科技、保障大众健康"为主要内容，组织全省粮食部门扎实开展了粮油质量卫生安全宣传。全省共设立宣传点452个，悬挂张贴条幅、标语7000多条，出动宣传车316次，发放资料33.4万份，有42家媒体参与报道，现场接受宣传的群众达240万人次。以提升粮食行政管理部门依法行政能力为出发点，组织5016名粮食干部职工参加了粮食流通法律法规知识竞赛。另外，省粮食局作为省食品安全委员会成员单位，在《食品安全法》颁布实施一周年之际，认真组织参加全省食品安全法宣传周启动仪式，设置粮油食品安全政策咨询点和精品粮油展示台，向市民散发宣传材料1万多份，并现场接受群众对粮油质量卫生、安全储存等问题的咨询。各级粮食部门通过丰富多彩的宣传形式、活动内容，宣传粮油食品安全的国家政策、标准规范和消费科普知识，受到了广大城乡居民群众的普遍欢迎。

（二）不断完善粮食流通执法体系建设

各级粮食部门以构建"责权明确、行为规范、监督有效、保障有力"的粮食流通执法体系为目标，积极争取当地党委、政府和有关部门支持，粮食执法机构建设取得了积极进展。目前，14个市州

和80个设有粮食局的县市区中，经编制部门批准，嘉峪关、张掖、白银、金昌、武威5市和3县区设立了监督检查科（股），兰州、天水、张掖、平凉、庆阳、临夏、甘南7市州和57个县区成立了粮食执法队。积极推行执法人员资格审核和持证上岗制度，全省经各级政府法制机构批准取得粮食执法资格的人员达到了599人，其中获得粮食监督检查证的228人、获得行政执法证的371人，为有效开展粮食流通执法奠定了基础。

（三）切实加强粮食流通全过程监管

积极会同工商、卫生、质监等部门，不断加强对大型粮油批发市场、重点超市、农村集贸市场的监督检查力度，努力探索日常监管与专项检查相结合的有效模式，保持了对粮油市场各种违法违规行为的高压态势。一是加强粮食库存检查，省市县三级粮食部门成立领导机构，制订实施方案，扎实开展粮食库存检查。结果显示，全省国有粮食企业库存账实相符、账账对应、库贷合理、管理规范。按照国家粮食局安排，认真组织食用油库存检查实物测量差率试验，为开展全省食用油库存普查奠定了基础。二是认真开展粮食收购资格核查，对全省1786户办理粮食收购资格的粮食经营企业进行了核查，经查实，符合收购资格的1697户，暂停收购资格2户，取消收购资格87户。三是对各类粮食经营者执行粮食统计制度情况进行全面检查，对未建立粮食经营台账及未严格执行统计制度的50户企业，予以警告，责令改正。四是对各类储备粮轮换和跨省移库粮竞价销售等政策性粮油销售情况，进行全程跟踪监督和检查，对未严格执行国家粮食质量标准的11户企业进行了纠正，有效防止了恶意串通等行为的发生，保证了交易公开、公平、公正和按约履行合同。

八　结合实际，科学规划，为实现全省粮食流通产业跨越式发展创造条件

（一）科学制定全省粮食行业"十二五"规划

根据国家粮食局、省政府"十二五"规划编制工作精神，在认真回顾总结过去五年粮食流通工作成绩和经验的基础上，省粮食局组织力量深入基层、深入一线，调查研究、征求意见，深刻分析当前全省粮食工作面临的机遇和挑战，明确了今后五年粮食工作的基本思路、奋斗目标和工作重点，提出了粮食行业"十二五"发展规划的基本框架。目前，全省粮食行业"十二五"发展规划纲要及粮食宏观调控、粮食流通基础设施建设、粮食行业市场体系建设与发展、粮油加工业发展、粮食行业科技发展等五个专项规划已上报国家粮食局审定。积极与省发展改革委合作，共同完成了全省粮食安全规划的编制工作。

（二）积极争取国家政策支持

国务院办公厅《关于进一步支持甘肃经济社会发展的若干意见》出台后，按照省委、省政府安排部署，省粮食局把贯彻落实《意见》作为一项重大政治任务，积极行动，向国家粮食局请示汇报，争取政策支持。10月29日，国家粮食局下发了《关于支持甘肃省粮食流通产业发展的意见》，从增强粮食供需平衡能力、提高粮食仓储现代化水平、提升粮食流通服务水平、推动现代粮食流通产业创新发展、构建粮食流通科学发展长效工作机制等5个方面，提出了支持全省粮食流通产业又好又快发展的18条具体措施。

九　转变作风，廉洁从政，粮食行业干部职工队伍建设和整体素质进一步提高

（一）不断加强党建工作

按照省委总体部署，省粮食局紧紧围绕粮食中心工作任务，以"作风建设年"活动和"创先争优"活动为抓手，精心组织，扎实推进，推动党建工作不断创新发展。一是扎实开展"作风建设年"活动。通过组织干部职工认真学习省委有关作风建设年活动的文件精神，撰写学习笔记和心得体会等，进一步提高了党员干部改进工作作风、提高工作能力、提升服务水平的意识。按照多方征询意见建议的要求，向上级领导机关、省直有关部门、省属企业及部分驻甘央企发放征求意见表186份，对征求到的22条意见建议，逐一制定整改措施，现已全部整改，达到了省委提出的"工作态度明显改善、工作效率明显提高、工作质量明显提升、工作纪律明显加强"的目标要求，群众满意度测评达到了100%。二是深入开展"创先争优"活动。坚持把"创先争优"活动作为深入贯彻落实科学发展观、推动基层党组织建设的重要抓手积极推进，成立领导机构，制定实施方案，汇编《省粮食局深入开展创先争优活动学习读本》，通过开展一系列丰富多彩、生动活泼的宣传教育活动，把创先争优这一经常性的工作阶段化，已完成了党员承诺、领导点评、满意度测评等环节的工作，党员干部创先争优的意识不断增强，工作热情和工作积极性得到进一步激发，基层党组织建设不断加强。三是努力推进学习型党组织建设。以加强党的执政能力和先进性建设为目标，通过宣传专栏、书刊、报纸、网络信息、自学和研讨等方式，坚持开展党的基本理论、基本纲领、基本路线教育和中国特色社会主义理论、社会主义核心价值体系教育，广大党员干部的思想政治修养和学习能力、干事能力、创新能力有了新的提高。

（二）切实落实党风廉政建设责任制

始终坚持"标本兼治、综合治理、惩防并举、注重预防"的方针，年初召开省粮食局系统纪检监察工作会议，全面安排部署党风廉政工作，并与直属各单位党委签订了2010年党风廉政建设责任书，把5个方面35项任务分解到各牵头处室和有关单位，进一步明确了全年反腐倡廉工作的基本要求、工作原则和主要任务。同时，通过党组中心组理论学习会、党组扩大会议、组织生活会、专题辅导和交流座谈等，深入开展示范教育、警示教育和岗位廉政教育，引导党员干部坚定理想信念，树立正确政绩观和利益观。进一步建立健全党风廉政建设各项规章制度，严格执行党员领导干部个人有关事项报告制度，建立处级以上领导干部廉政档案，不断健全和完善干部监督机制，努力做到反腐倡廉工作关口前移。

（三）积极营造努力向上的工作氛围

在全省粮食系统继续开展了粮食行业特有工种职业技能培训鉴定工作，又有43名中级粮油保管员、15名高级粮油保管员、20名中级粮油质检员取得了相应资格证，目前全省经培训鉴定合格、持有粮食行业特有工种职业资格证书的中高级粮油保管员、质检员达到了562人，行业技术水平和职工素质有了新的提高。按照人力资源和社会保障部、国家粮食局关于评选全国粮食系统先进集体和劳动模范、先进工作者的通知精神，省粮食局、省人社厅联合成立评选工作领导小组，在全省粮食系统1.2万名干部职工中深入开展了评优选优活动。经层层推选，省武威南粮油储备库当选全国粮食系统先进集体，有3人当选全国粮食系统先进工作者（劳动模范）。同时，有1人当选省劳动模范。通过在全行业开展评优选优活动，进一步营造了广大粮食职工崇尚先进、学习先进、爱岗敬业、苦练技能的良好

氛围。严格按照《党政领导干部选拔任用工作条例》，在省粮食局机关和直属企事业单位选拔任用县处级干部14名，安排8名县处级干部进行了轮岗交流，进一步优化了领导干部结构。不断创新选人用人机制，通过对123名直属企业干部进行笔试、公开演讲、民主测评等环节的综合考察，将50多名脱颖而出的干部纳入了直属企业正、副县级后备人才库，为提高干部选拔任用工作质量和效率、实现人才资源整合奠定了基础。

◆ 甘肃省粮食局领导班子成员

何水清　　　局长、党组书记

韩卫江　　　副局长、党组成员

成文生　　　副局长、党组成员

陈玉皎　　　副局长、党组成员

王水兵　　　省纪委驻粮食局纪检组长、党组成员

2010年6月24日至25日，全国军粮供应应急保障工作经验交流会在兰州召开，甘肃省委常委、副省长刘永富（左五）应邀出席会议并致辞，国家粮食局党组成员、副局长任正晓（左六）作了重要讲话。

2010年8月8日，甘肃省甘南舟曲县发生特大山洪泥石流地质灾害，省粮食局快速启动应急预案，调运面粉、方便面等救灾物资，图为省粮食局局长何水清（右二）、副局长成文生（左四）组织车辆运送救灾物资。

2010年12月27日，为保障市场粮油供应，甘肃省委常委、副省长刘永富（右二）和省粮食局局长何水清（左三）到兰州市焦家湾粮油批发市场检查粮油储存和供应情况。

青海省粮食工作   基本情况

2010年，青海省工农业生产总值1350.43亿元，按可比价计算，比上年增长15.3%，是近30年来最高增速。全年全省财政一般预算收入204.97亿元，比上年增长23.1%。其中：地方一般预算收入110.21亿元，增长25.6%；中央一般预算收入94.75亿元，增长20.4%。全年城镇居民人均可支配收入13854.99元，比上年增长9.2%，人均消费支出9613.79元，比上年增长12.1%；农牧民人均纯收入3862.68元，比上年增长15.4%，人均生活消费支出3858.50元。

全年全省农作物播种面积51.6万公顷，比上年增长0.4%，其中粮食播种面积27.5万公顷，减少0.4%。粮食作物中：小麦播种面积10.1万公顷，下降3%；豆类3.6万公顷，增长14.5%；马铃薯8.7万公顷，增长1%；油料播种面积17.5万公顷，增长1.5%（其中油菜籽17.3万公顷，增长1.4%）。粮食总产量102.03万吨，减少0.7%。其中：小麦为37.28万吨，下降4.5%；豆类8.53万吨，下降21.1%；马铃薯36.55万吨，减少4.6%；油料36.91万吨，增长0.9%（其中油菜籽36.44万吨，增长0.7%）。

2010年全省粮食需求量为212.53万吨，产消缺口110.5万吨，自给率为48%，粮食供需平衡主要通过省际间购入解决。粮食消费量为208.79万吨，其中农村口粮78.42万吨、城镇居民口粮37.32万吨、种子用粮9.47万吨、饲料用粮70.49万吨、工业用粮6.29万吨。

2010年粮食工作

2010年，青海全省粮食工作在省委、省政府及省发改委的正确领导下，在有关部门的积极支持和全省粮食系统广大干部职工的共同努力下，以邓小平理论和"三个代表"重要思想为指导，深入贯彻落实科学发展观，紧紧围绕粮食安全与发展这条主线，突出确保玉树抗震救灾粮食应急供应这个重点，按照年初安排，统筹兼顾，全面推进，确保抗震救灾和业务工作两手抓、两推进，较好地完成了各项任务。

一   抗震救灾

一是行动迅速，统筹谋划，确保了灾区救济粮油供应。"4·14"玉树地震后，全局迅速反应，成立了省粮食局抗震救灾粮食应急供应领导小组和玉树抗震救灾粮油供应办公室（前线工作组）。紧急部署，3 小时后将第一批粮食运往灾区，1 名副局长当日带领 19 人的救灾队伍，装运救灾物资赶赴玉树结古镇，立即展开核灾、救灾及粮食供应工作。根据省玉树抗震救灾指挥部的部署，当天迅速启动了省级粮食应急预案。震后三天内将 358 吨大米、216 吨食用油、200 吨面粉和大饼、馒头等方便食品送达灾区。为确保灾区粮油供应，积极与省民政厅等 12 个部门协商，报经省玉树抗震救灾指挥部和省粮食应急领导小组同意，印发了《青海省玉树抗震救灾粮油供应管理办法》。及时编写了《青海省玉树抗震救灾粮油供应管理办法的问答》，通过报纸、电视、广播等媒体广泛宣传，让灾区群众和社会各界了解党和国家的政策，把党和国家对灾区群众的关心宣传到位。制定了《青海省玉树抗震救灾粮油质量管理办法》、《青海省玉树抗震救灾粮油交接办法》等涉及救灾粮油出库、加工、调运、交付等各环节的制度，为确保灾区粮油供应提供了坚实的制度基础。国家发改委、粮食局、财政部、农发行四部委先后分三批下达了灾区群众 6 个月的中央储备粮油抗震救灾供应计划。经过与中储粮西安、兰州分公司和宁夏粮食局及省民政厅、玉树州县民政等部门的积极衔接落实，按时保质保量完成了 6 个月玉树州受灾群众 223176 人 21557.91 吨救济粮油加工、调运、交付工作，其中：面粉 8212.878 吨（其中挂面 100 吨）、大米 9931.333 吨、青稞 2674.541 吨、食用油 739.158 吨。在这次抗震救灾中，国家粮食局等部门在救济政策上给予了全省最大的支持，全部动用中央储备粮油解决了玉树抗震救灾的粮源和油源，全省争取到了等级最高、质量最好、品种丰富、救济时间最长的救济粮油供应政策。灾区群众对党和政府的救济粮油政策是满意的。

二是周密安排，军粮供应保障有力。"4·14"地震后，大批救援部队奔赴灾区，部队到哪里，军粮就要供到哪里，省军队粮油采购供应站快速反应，成立省玉树抗震救灾军粮供应站，发扬"以兵为本、服务部队"的职业精神，分批赴玉树积极开展军粮供应。工作人员迎难而上，克服高原缺氧，条件艰苦等困难，深入各部队驻地走访慰问，座谈了解部队需求，积极主动衔接供给关系。累计为数十支救援部队供应粮油 663 吨，军粮供应工作得到了抗震救灾部队官兵的赞扬和肯定。部队官兵普遍反映"青海的军粮供应反应快，调整工作迅速，灾区的军粮库存充裕，军粮供应能力强"。

三是迅速恢复灾区粮油供应，粮油市场保障有序。为尽快恢复灾区粮油市场，研究制定了《玉树地震灾后恢复重建期间市场粮油供应方案》，成立了省州县粮油供应联动协调工作组，实行组织机构、粮油资源和供应设施的互补联动，迅速恢复并保障玉树市场的粮油供应。先期在玉树结古镇设立 3 个帐篷式"国有放心粮油销售点"、2 台流动式"国有放心粮油销售车"，后迁入板房式粮油经营点进行市场销售。地震发生后 1 个月内全州恢复经营的民营和个体粮油经营户达到 101 户，基本恢复了覆盖玉树全州的粮油供应销售网点。指导玉树州发改委组织工商、质检、卫生等部门根据抗震救灾期间全省粮油市场专项检查实施方案的要求对结古镇应急市场及粮油门店进行了检查。考虑玉树地区的特殊性和重要性，增加了玉树地区青稞、面粉、大米、食用油的库存。为关注灾区生活，11 月底对玉树州 6 县 184 户，受灾群众 903 人的口粮情况和玉树州粮油经营者粮食收购资格、最高库存量、经营状况进行了调查。目前，玉树灾区国有粮食储备和应急粮油储备充裕到位，灾区粮食市场稳定，粮油市场秩序良好，保证了玉树灾区的粮油供应。

四是措施得力，粮食系统灾后重建工作取得初步实效。地震发生后，及时组织人员对灾后粮食系统粮食流通设施的损毁情况进行认真统计和反复核算，向省政府报送并积极跟踪汇总到全省的灾情报告中。衔接做好灾后仓房设施损毁的技术鉴定工作。根据"奋战3年，跨越20年"的要求，编制上报了重建规划，规划的各项目已全部纳入了《玉树地震灾后恢复重建市场服务体系规划》之中。根据省发改委下达的项目投资计划，省玉树粮食储备库、玉树州粮食物流中心、玉树县粮食购销公司作为极重灾区的企业进行恢复重建，共投资13229万元，其中，中央投资10000万元，社会捐赠资金3229万元。同时积极协调玉树县城建局、玉树县政府、中规院、玉树州发改委及玉树州政府等部门对《结古镇控制性详细规划》中确定的用地规模进行了调整，明确了规划意见，为2011年重建工作奠定了重要基础。

五是加强领导，形成合力，保障各项工作的高效落实。地震发生后，灾区粮食基础设施损毁严重，县级粮库夷为平地，州级粮库全部塌陷，省级粮库仓房四角屋顶与墙体连接处拉裂，粮食职工数人受伤、职工亲属有遇难和受重伤的情况，州县粮食应急系统瘫痪，无法发挥作用。面对突如其来的灾难，省局表现出了坚强的组织指挥能力和行政执行能力。局主要领导、主管领导及局机关干部、直属单位干部职工共计500余人几上玉树赶赴灾区一线，参加抗震救灾和灾后重建工作。玉树前方和西宁后方形成合力保证了加工调运、质量检验、青稞灌包、救灾粮油的保管及交付、人员调配、信息宣传、后勤保障、市场粮油供应、灾后重建等方面的工作有序进行，较好地完成了玉树抗震救灾粮油应急供应、军粮应急供应及粮食系统灾后重建等各项工作，充分展示了粮食人在大难国殇面前敢于担当、默默奉献的朴实胸怀和奉献精神。"一方有难、八方援助"，全局系统为玉树灾区捐款24.3910万元，局属8个单位共计为玉树灾区捐助价值10.670874万元的生活用品及方便食品等物资，安康粮油集团公司等省内民营粮食企业积极承担社会责任为灾区捐助价值30.8万元的面粉、菜籽油等物品。国家粮食局及兄弟省（市、区）粮食局为灾区捐款46万余元。武警青海总队第四支队的60多名官兵在完成省玉树粮食储备库守卫勤务工作的同时，大力协助前线工作组共搬运、灌装和发放救济粮油、军供粮油5948吨。同时，我们认真调查和分析灾区粮食部门实际情况，为灾区粮食部门拨付100万元的资金，价值近30万元的车辆等物资，帮助灾区粮食部门（企业）解决了突出困难。

二　保供稳价

一是建立了全省粮油市场保供稳价工作机制。根据《青海省人民政府办公厅关于进一步做好粮油市场供应和价格稳定工作方案的通知》要求，成立了省发改委、粮食、财政等7个部门为成员单位的粮油市场保供稳价工作协调小组。印发了《关于进一步做好粮油市场供应和价格稳定工作方案的通知》等3个相关文件，明确各成员单位职责，完善了粮油市场保供稳价协调机制和工作方案，落实了保供稳价的各项措施。各州（地、市）也相应制定了粮食市场保供稳价工作方案，有效地开展了保供稳价工作。为确保玉树灾区粮油市场的稳定，积极与玉树州发改委、玉树州粮油购销公司等单位协商，制定了《关于做好玉树灾后重建期间粮油市场供应和价格稳定工作的方案》。

二是密切关注市场，强化市场监测和监督检查。为及时掌握全省粮油市场价格变化情况，提高了全省23个价格监测点和11家重点超市粮油价格监测频率，将每周一报调整为每日监测、每日报告。向省委、省政府及相关部门报送了80余份市场行情分析和100多份价格监测报告。加大玉树地区监测力度，在原有基础上又增加了5名信息员监测粮油市场价格。组织各州（地、市）粮食行政管理部门在全省范围内开展了对粮食收购资格、落实收购政策和最低、最高库存量制度及执行粮食流通统计制度等情况的专项检查，对372家具有一定规模的粮食经营者的最高、最低库存量进行了核定，规范了粮食流通市场秩序。

三是督导粮油骨干企业积极参与保供稳价工作。在全省保供稳价的关键时间，全局多次召集省级重点粮油骨干企业开会，对贯彻落实稳定全省粮油市场的各项措施进行了再安排、再部署。要求各骨干企业带头执行粮食收购政策，并在维护粮食收购市场秩序，稳定粮食购销市场和价格中发挥作用。

四是加大采购力度，及时充实粮油库存。督导各地指导企业做好商品粮油的采购供应，充实本地成品粮库存。要求各州（地、市）按照保障本级人口不少于3天口粮供应标准，充实小包装应急成品粮油。目前，各级应急成品粮库存已达到全省人口18天的供应量。加大大米采购力度，协调解决铁路运输问题，国务院联合督查组对全省反映的大米铁路运输困难问题十分重视，12月3日，铁道部下发了《关于加强装到西北地区粮食运输组织工作的通知》。从12月4日起，全省滞留在东北的40多车大米开始陆续启运。为保障"两节"期间的市场供应，省内骨干企业又与省外供货企业了签订了1.6万吨大米采购合同，缓解了全省近期大米市场供应的压力。

五是落实保供稳价措施，向市场投放平价粮油。为进一步贯彻落实省政府关于做好稳定物价工作保障群众基本生活的紧急安排部署，加大省级储备粮油投放力度，安排当前及"两节"期间投放面粉1万吨、大米2000吨、食用油2000吨，实行平价挂牌销售。第一阶段自12月22日起，在西宁市华联、大百、青百、王府井百货、惠客家、华润万家、西宁市国粮公司7户企业的16个大中型超市及销售网点挂牌销售平价粮油，经过近10天的投放，控价的成效已初步显现。第二阶段自2011年1月4日起，在全省人口较为集中的13个重点县筛选38个销售网点开始投放政府平价粮油。

三　应急保障

一是按照《青海省应急成品粮"7+3"方案》、《青海省应急成品粮储备实施办法》，对承担省级应急成品粮储存的5家粮油加工企业的落实和管理情况进行了巡查。

二是进一步优化省级储备粮的品种和结构，充实小包装应急成品粮库存。

三是督导各州地市粮食行政管理部门核定粮食应急定点供应、加工和运输企业，完善本级粮食应急保障体系。目前全省有40户州级粮食应急加工、供应和运输企业。

四是通过"十二五"规划的编制完善粮食应急供应网点的布局建设，力争形成覆盖全省城市、乡镇、社区切实有效的应急供应网络。由于全局对应急管理工作的高度重视，基础工作扎实，落实了各项应急措施，提升了应急处置能力，避免了仓促应急，才能在玉树地震这种突发事件的粮油应急供应中表现出敢于担当、应急不乱、反应迅速、行动快捷、指挥得当、高效协调、执行有力、确保供应。全省粮食应急管理的能力和水平在玉树抗震救灾中经受住了考验，受到了国家粮食局、省政府和有关部门的肯定，也得到了灾区群众的好评。

四　质量管理

一是进一步强化粮食质量安全监管的责任机制，认真落实《关于完善全省粮油批发市场质量监管长效机制的意见》，发挥粮食流通监管联席会议制度的作用，会同省发改委、工商、质监等部门对全省主要粮油批发市场开展了粮油质量专项监督检查，对存在的问题进行了现场纠正。

二是结合全省粮食库存检查工作，采取现场了解情况和现场抽样检验的方式，对各地及直属单位学习贯彻落实《青海省地方储备粮质量管理暂行办法》、《青海省军供粮质量管理暂行办法》、《青海省放心粮油销售店粮油产品质量管理暂行办法》的情况进行了检查。

三是组织人员赴陕西、河南、山东等粮食主产区调研粮源质量状况，建立了全省粮食质量档案和青海省储备粮管理数据库。完成了全省青稞产区种植及质量情况的调研，为全省储备粮轮换提供了参考依据。

四是依据国家粮食局的总体规划内容，结合全省实际，编写了2010~2015年青海省粮食质量安全检验监测能力建设规划。对建立健全全省粮食质量检验检测体系的建设目标、建设内容和建设标准进行了详细规划。

五是按照《青海省玉树抗震救灾粮油质量管理办法》，认真做好救济粮及军供粮出库、加工、调运、接收全过程的质量监管工作。先后选派21人/次检测业务骨干赴玉树灾区和宁夏救灾大米定点加工企业对救灾粮油产品质量实施现场把关，共扦取样品310份，代表数量5.96万吨。救济粮油供应工作结束后，组织人员对玉树地区粮油产品质量状况进行了调研和检查。

五　粮油储备

及时与省财政厅、省农发行协商下达了2010年度省级储备粮、省级储备油轮换计划。督促、指导各储粮企业抓好轮换时机，早安排、早行动，加快轮换进度。各承储企业精心安排，积极行动，抢抓市场机遇，截至11月底，提前完成了4597.5万公斤省级储备粮，200万公斤省级储备油的轮换任务，并取得了较好的轮换收益。省玉树粮食储备库承担玉树灾区救济粮青稞供应任务后及时完成了2674.54吨青稞的补库工作。为全面完成国家下达全省地方储备规模的任务，加强与省财政厅、省农发行的协调，落实了1500万公斤省级储备粮和41.5万公斤储备油的补库计划。省西宁、西宁陶家寨粮食储备库及互助县军粮供应站按要求落实了新增省级储备粮油的补库工作。增加省级储备规模对增强政府的宏观调控能力，确保全省粮食安全具有重要意义。

六　仓储管理

一是开展全省粮油仓储企业规范化管理活动。各州（地、市）粮食部门及直属各单位加强领导、精心组织、创新方法、制定实施细则和方案，狠抓工作落实。重点查找了问题症结，突出工作重点，完善了各项制度，细抓关键环节，规范了各项管理，提升了管理水平。同时开展了品质化管理的探索工作，积极推动了规范化活动的开展。省西宁粮食储备库、省大通粮食储备库、互助县粮食购销总公司荣获"全国粮油仓储规范化管理先进企业"称号。

二是局直属各粮食储备库开展了以队伍建设、科学储粮技术应用、仓储设施维护、库容库貌整治、储备粮台账建立和仓储管理制度建设为主要内容的"星级目标"管理和星级粮库创建活动。制定了仓储精细化管理的实施细则，细化了工作流程，加大了考核力度，取得了明显的成效。

三是组织开展全省粮油储藏检测技术培训，对全省31名粮油保管员、检测员进行了为期10天的业务理论和实际操作培训。同时，邀请国家粮食局流通与科技发展司领导对粮油仓储企业规范化管理、粮食行业安全生产、《粮食仓储管理办法》、中央储备粮代储资格认定等内容进行了专题讲座，深化了全省各级粮食行政管理部门和各级粮油仓储企业对规范化管理的认识。

七　科学储粮

认真开展调查研究，了解收集海西州实施农户科学储粮试点的各县农村总人口、农户总数、粮食总产量和现阶段农户家庭储粮等情况。组织人员赴陕西省考察学习农户科学储粮工作的先进经验。根据国家粮食局下达的2010年度农户科学储粮项目计划，落实了格尔木市、德令哈市、都兰县、乌兰县2万农户科学储粮项目建设计划，共计投资1000万元，其中中央投资300万元，地方配套400万元，农户自筹300万元。督导海西州做好农户科学储粮建设项目的招投标等准备工作，争取尽快组织实施。此外，还组织开展了《粮食流通管理条例》颁布六周年宣传月及2010年粮食科技周和世界粮食日宣传活动。

八　油料收购

一是顺利完成了2009年度油菜籽托市收购。经省财政厅、财政部驻青专员办复审确认收购数量20.4943万吨（占2009年全省油菜籽总产量36.2万吨的56%），并上报财政部申请落实了补贴资金。

二是认真安排2010年的收购工作。结合全省实际，从具有一定资质条件和规模、统计工作规范、银行信用等级良好、省级以上产业化龙头企业及粮油应急加工企业中筛选，并会同省财政厅、省农业发展银行共同向省政府、国家粮食局上报了全省2010年油菜籽托市收购企业名单（共11家）。

三是督促承担油菜籽收购任务的企业在做好油菜籽收购资金、加工设施设备维修等准备工作的基础上如期展开收购。截至12月25日，全省累积收购油菜籽数量为13.99万吨。

四是多次组织收购企业召开油菜籽收购专题座谈会。鼓励并要求收购企业不辜负省委、省政府的重托，承担起企业的社会责任和义务，在兼顾农民、企业利益的同时争取多收购油菜籽，确保收购工作规范、有序，确保收购数量真实。

五是根据国家粮食局的要求，开展了对11家油菜籽托市收购企业和按照政策规定享受中央财政补贴的中央和地方油脂加工企业执行全省油菜籽收购政策情况的专项检查，确保国家油菜籽临时收储政策落实到位。

九　企业发展

一是继续深入推进"放心粮油工程"建设。会同省粮食行业协会印发了《关于进一步开展"放心粮油"工程建设的措施意见》，鼓励和支持非国有粮食企业开展"放心粮油"工程建设。强化组织机构，成立了青海省粮食行业协会"放心粮油"工程建设专业委员会。会同省粮食行业协会、工商、质检部门对全省申报的放心粮油示范企业进行审核，授予乐都县军粮供应站等11家企业为全省"放心粮油店"称号。省军队粮油采购供应站营业部等5家企业被评为首批"全国放心粮油进农村进社区示范工程示范销售店"。制定了《青海省"放心粮油"标志使用管理规定》，对青海江河源农牧科技发展有限公司等28家企业授予青海省"放心粮油"标志使用权。争取财政扶持国有粮食企业发展补助资金，安排了海南、黄南州和省军供站3个"放心粮油"配送中心建设项目。组织全省开展了以"发展放心粮油工程、促进和谐社会建设"为主题的宣传活动，扩大了社会影响力，推进了"放心粮油工程"建设的深入开展。

二是指导全省国有粮食购销企业做好扭亏增盈工作。结合实际下达了2010年度直属企事业单位经济考核目标。为鼓励先进、鞭策后进，对全省2009年扭亏增盈工作先进单位进行了通报表彰。研究制定了各地扭亏增盈工作目标和措施，印发了《关于进一步做好全省国有粮食企业扭亏增盈工作的通知》。每季度对全省国有粮食购销企业经营状况、财务状况和盈亏增减变化的原因进行深入分析并通报各地。建立了全省国有粮食企业经济运行分析工作机制，组织召开了全省国有粮食企业经济运行座谈会，就进一步推进全省国有粮食企业发展进行了研讨。组织财务人员赴省外学习全面预算管理及计算机软件应用，加强指导和督查，不断提升全省国有粮食购销企业全面预算管理工作的水平。与财政厅、审计厅、农发行等六部门按照有关要求，对经省政府核实确认的1992年4月1日至1998年5月31日占用商业银行的政策性粮食挂账进行集中管理，推动国有粮食企业健康持续发展。全省国有粮食企业克服重重困难，截至11月末，实现盈利180万元，继续保持了企业运行效益良好状况，这个收效来之不易。

十　园区建设

根据省政府主管领导的批示精神，协调青海江河源农牧科技发展有限公司等4家发起企业积极与有关部门、企业做好公司组建、土地征用、资金筹措及论证等前期工作。在省政府及有关部门的大力支持下，5月初，青海安康粮油集团股份有限公司正式挂牌成立。后期进一步加强了与相关部门的沟通协调，做好了相关政策的沟通衔接与落实。公司是以油品加工为龙头，带动面粉加工、饲料加工、杂粮加工、食品加工、市场贸易为一体的粮食物流园区，预计投资4.6亿元。公司的成立对新形势下进一步增强全省粮油宏观调控能力，确保粮油供应，发展粮油循环经济，推动关联产业发展，提升粮油流通水平将发挥重要作用。

十一　信息服务

一是召开季度粮油市场行情分析会，每季度对储备粮轮换、生产消费季节、重要节日、气候异常可能导致粮油价格波动，市场走势，供需状况等进行前瞻性分析、预测。

二是进一步强化粮油信息工作效率，提高信息质量，每天坚持进行粮油市场监测、分析和报送工作，坚持严格的信息审核程序，严把信息质量关，确保了信息的真实性和科学性。

三是主动加强信息服务。4月初编写了《西南旱区对我国粮食生产的影响分析》，召开了行情通报会。10月中旬为确保全省油菜籽收购工作顺利进行，及时提供油菜籽、菜籽油市场行情报告。每周向收购加工企业提供油菜籽及菜籽油市场价格的走势和行情，为企业收购提供信息服务。采取有力措施，为确保全省粮油市场保供稳价提供及时、准确、具有前瞻性的信息服务。

四是召开了全省粮油市场信息工作会议，提出了要求，明确了责任，夯实了工作基础。采取走出去、请进来的方式加强信息业务工作的培训，有效提高了信息的采集、整理和预测分析的能力，信息的采报编数量创历史新高。全年共编发粮食工作信息138期，粮食工作动态88期，抗震救灾粮油供应专报31期，抗震救灾快讯30期。在内网上发布粮油市场行情信息2300余条，编发《中外粮油信息》青海版网刊24期，粮油市场信息快报40期，食用油市场动态39期。玉树抗震救灾期间的粮食工作信息得到省委办公厅表扬，年度政务信息得到国家粮食局的通报表彰。

十二　编制规划

及时成立了领导小组和规划编制工作办公室，明确了编写任务、要求及完成时限。多次召开会议，深入研究"十二五"期间全省粮食流通的指导思想、基本原则和发展目标及重点项目空间布局等重大问题。突出把健全粮食批发市场体系，建设粮食物流园区，健全粮油应急配送中心和供应网点，完善粮油储备库体系，发展粮油加工业，健全粮食检测检验体系，实施农户科学储粮等七个方面列入粮食安全与流通发展"十二五"规划。规划被列入省政府20个专项规划之一，经过两次专家论证，并邀请国家粮食局科技发展司、河南工业大学的专家指导修改，按时完成了规划编制任务。

十三　创先争优

全省创先争优活动开展以来，局直属机关党委高度重视，结合全省粮食流通中心工作谋划主题，创新载体，强化督导，营造氛围，确保了全局创先争优活动扎实高效开展。

一是加强领导，成立了局创先争优活动领导小组，召开了动员大会，制定活动实施方案，明确各阶段工作目标和任务。通过开展公开承诺、民主评议、学习竞赛、表彰先进、设立党员示范岗、总结评比等形式，创新了活动载体，丰富了活动内容。

二是加强局机关作风建设，加大绩效考核的力度，努力营造比学先进的浓厚氛围，深化了"讲安全、讲发展、讲创新、讲规范"和"规范、高效、透明"的工作作风和工作机制。

三是全局各级党组织和广大党员、党员领导干部在抗震救灾的关键时刻，充分发挥基层党组织的战斗堡垒作用，领导干部的表率带头作用和党员的先锋模范作用，展示了粮食人的时代风采，为党旗增添了新的光辉。2名同志因表现突出，在玉树抗震救灾前线火线入党。1名党员荣获全省玉树抗震救灾优秀共产党员称号。省玉树粮食储备库被评选为省直机关民族团结先进集体。

四是树立先进，培养典型。结合纪念建党61周年活动，对全局8个先进基层党组织、22名优秀共产党员、9名优秀党务工作者进行了表彰。省玉树粮食储备库获得全国粮食系统先进集体称号，省粮食局和省玉树州军粮供应站被评为全国军粮供应管理先进单位，全省粮食系统有2名同志获得全国粮食系统劳动模范称号，3名同志被评为全国军粮供应管理先进个人。全局的精神文明建设在创先争优活动中呈现出健康良好的发展势头，取得了丰硕成果。局机关再次被省直属机关精神文明委命名为省直机关文明单位，省西宁粮食储备库继续保持全国文明单位和省级文明单位标兵称号，省西宁陶家寨粮食储备库继续保持省级文明单位称号，省军队粮油采购供应站、省大通粮食储备库被命名为西宁市文明单位标兵，省粮油检测防治所、局机关后勤服务中心再次被命名为西宁市文明单位。

◆ **青海省粮食局领导班子成员**

顾艳华　　　　　　局长、直属机关党委书记

乔正善（土族）　　副局长、直属机关党委委员

商卫国　　　　　　副局长、直属机关党委委员（2010年3月任省发展和改革委员会副巡视员）

国家粮食局副局长任正晓（中）到青海省救灾粮加工企业检查工作。

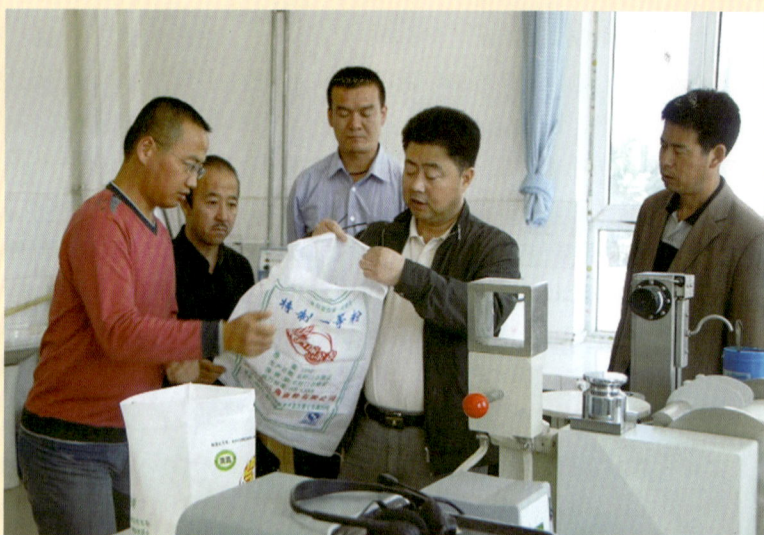

青海省粮食局局长顾艳华（右二）检查救灾粮包装物质量。

青海省粮食局紧急组织调运政府救济粮。

军民齐心搬运救济粮。

宁夏回族自治区粮食工作

基本情况

2010年，宁夏回族自治区面对复杂多变的国内外经济环境，沉着应对，攻坚克难，取得保增长、转方式、调结构、惠民生等一系列成绩。全年实现地区生产总值1643亿元，同比增长13.4%，是新世纪以来增速最快的一年。财政一般预算总收入287亿元，增长34.3%。实现连续7年粮食增产，全区常住人口人均粮食产量达到565.9公斤。

2010年，宁夏粮食工作紧紧围绕确保粮食安全这一目标，抓调控、稳粮价，争资金、上项目，重管理、提效益，取得佳绩。设立覆盖全区的粮食市场监测点国家级5个、自治区级43个、市级49个，掌握市场动态；加强监督检查，维护粮食流通秩序；积极收购，总库存同比增加23.4%，其中国有粮食企业商品周转库存同比增加1.2倍；与中储粮西安分公司建立联席会议制度，发挥地方储备粮和在宁中央储备粮两种资源的作用调控宁夏粮食市场；设立自治区粮油应急定点供应单位，完善应急保障体系；争取到中央预算内粮油仓储设施建设、购置粮油检化验设备、开展农户科学储粮试点等项目6个，中央财政资金年内实际到位10996万元，为10年来首次成功争取国家投资支持发展之年。自治区粮食局直属企业全年实现利润2010万元，直属储备企业在职员工普调月基本工资350元。

2010年粮食工作

一　粮食生产

2010年，宁夏引黄、扬黄灌溉面积达46.67万公顷，山区高标准旱作基本农田33.33万公顷，按全区常住人口计算，人均水浇地0.07公顷、旱作基本农田0.05公顷。粮食播种面积为84.41万公顷，比2009年增加1.72万公顷。由于政策支持、科技支撑、价格拉动、抗灾有力，2010年粮食总产量达356.5万吨，同比增长4.6%，再创历史新高。全区粮食综合平均每公顷产量为4224公斤，为历史最高水平。9月24日，农业部玉米高产创建验收组对同心县河西镇玉米万亩示范片进行现场测产，结果显示：

示范片核心攻关区平均每公顷产玉米18000公斤，其中面积为0.37公顷的一个田块平均每公顷产玉米19722公斤。2010年，全区推广优质小麦品种面积5.1万公顷、优质水稻品种面积5.9万公顷，优质率达到87%。截至2010年，全区共落实粮油高产创建田8.4万公顷。

二　粮食市场调控

上半年，宁夏粮价随国际、国内粮价不断上扬而攀升。自治区粮食局向自治区党委、人民政府报送《全区粮食供需趋势及应对措施专报》，自治区人民政府领导批示后，立即组织实施。加大粮食市场监测密度和频次，在敏感时期启动成品粮油日监测日报告制度、大中型企业收购原粮3日报制度。组织储备企业、加工企业采购外省区粳稻6.97万吨，这是2004年以后采购外省区粮食最多的一年。5月起，区内粳稻价格涨速加快，最高价达2.90元/公斤，涨幅40%。自治区粮食局责成宁夏粮油批发交易市场每10天举办一场交易会，向区内粮食市场持续投放粳稻。

7月起，国内CPI连续3个月超过3%，10月创25个月以来的新高。自治区粮食局根据国务院、国家粮食局、自治区人民政府的通知精神，把调控粮食市场作为中心任务，采取措施遏制粮价过快上涨的势头。

规范自治区直属储备企业、中央在宁粮食企业、大型粮食转化企业、粮油加工龙头企业的经营行为，加强行政执法，维护粮食流通秩序；修改粮食经营者最低、最高库存量标准，逐户核定粮食收购、加工和销售企业商品粮最高库存量，并定期检查企业执行情况，防止出现恶意炒作、恶意囤积现象；扩大地方储备粮规模，向国有粮食企业下达指令性计划多收购粮食充分掌握粮源；管住、管好储备粮油，保证调得动、用得上；建立宁夏回族自治区粮食局与中储粮西安分公司联席会议制度，整合中央、地方两种粮食资源调控宁夏市场。

年内，全区共安排用于调控市场的粮食68.8万吨，其中小麦22.3万吨、稻谷21.6万吨、玉米24.9万吨。

12月8日，国务院督察组在宁夏稳定物价保障群众基本生活工作情况汇报会上表示，宁夏认真贯彻落实国务院有关会议和通知精神，工作主动，措施得力，成效显著，市场里的粮、油等必需品种丰富，储备到位，供应充足，价格总体水平趋于稳定。

三　应急成品粮油储备与供应

（一）应急成品粮油储备

2010年，宁夏区级应急成品粮储备达到供应全区地级市城区常住人口10天口粮的规模，应急食用油储备达到供应全区常住人口1个月的规模。年内，新建市、县（区）级应急成品粮油储备1345吨。

3月，各市粮食局组织审核辖区内应急成品粮油企业的储备资格。5月，自治区粮食局组织复审，调整布局，确定33家粮油加工企业为自治区应急成品粮油承储企业。9月20~30日，各市粮食局检查辖区内应急成品粮储存情况。10月10~15日，自治区粮食局检查各市粮食局对应急成品粮油储备的监管工作，抽查储存情况。10月18~23日，自治区粮食局会同有关部门组成联合检查组，按不低于30%的比例抽查承储企业库存。10月的这两次检查结果均显示，各市粮食局监管应急成品粮油储备基础工作扎实，未发现应急成品粮有数量、质量问题。

（二）设立应急成品粮油定点供应单位

5月28日，自治区粮食局印发《宁夏回族自治区应急成品粮油定点供应单位管理办法（试行）》，自6月1日起，设立自治区应急成品粮油定点供应单位，地级市每5万城镇常住人口设立1个，县城每3万人设立1个。各市粮食局于8月30日前评审出辖区内的粮食应急定点供应单位，全区共评审出78家。11月12日，自治区粮食局举行授牌仪式，为这78家企业授予"宁夏粮食应急定点供应单位"标牌。

至此，宁夏以10家原粮储备企业、38家应急定点加工企业、33家自治区应急成品粮油承储企业、78家应急定点供应单位以及应急运输力量为骨干的粮食应急供应保障体系更加完善。

四　粮食收购

（一）组织签订粮食订单

2010年年初，自治区粮食部门组织全区各类粮食企业与297个乡镇、1365个行政村的41.4万户农民以及10个国营农场签订粮食订单14768份，订单粮食面积18.18万公顷，数量110.3万吨，订单品种扩展到油葵、蚕豆、荞麦、马铃薯等。据自治区粮食局统计，订单履约率为84%。

（二）出台市场信息参考价

在小麦、粳稻收购前，兼顾生产者、经营者、消费者利益和政府财政负担出台收购市场信息参考价，冬麦、春麦同等同价，开秤价每公斤为2.06元（三等品，下同），比2009年提高3%，稻谷2.40元，提高10%，小麦、粳稻市场信息参考价均高于国家出台的主产区最低收购价。收购期间，自治区粮食局多次召开收购价格衔接会议，国有粮食企业带头执行市场信息参考价，发挥主渠道作用，控制粮食市场。

（三）充分掌握粮源

自治区粮食局向直属储备企业、产粮县重点国有粮食购销企业下达收购稻谷115858吨、玉米175000吨的指令性计划，要求企业必须完成。

2010年，宁夏玉米总产量达到166万吨，玉米产量跃居各粮食品种的第一位。由于玉米水分高，易发热霉变，农民不愿意长时间储存，但企业收购资金不足，难以大量收购。自治区粮食局与农发行宁夏分行多次协商，落实收购资金，并协调储备企业与伊品等大型玉米加工企业联合经营，规避风险，锁定利润，开展代收代储业务。截至2011年1月15日，直属储备企业共收购玉米10.2万吨。

（四）粮食市场监管

严格市场准入制度，开展粮食收购许可证年审工作。年审中，对40家企业提出整改意见，注销了53家企业的粮食收购许可证，5月末，年审结束。

秋粮收购期间，市县（区）粮食行政管理部门核查辖区内粮食收购企业的收购资格，共派出22个检查组，核查了770家收购企业，给予警告或责令整改的收购企业为45家，注销收购许可证的40家。

根据自治区人民政府办公厅《关于做好秋粮收购和当前粮食市场调控工作的通知》，由自治区粮食局、监察厅、发展改革委、财政厅、工商局、物价局组成秋粮收购和粮食市场联合检查工作组，于11月23~26日开展检查工作。检查内容为收购资格审核落实情况、库存量限定规定落实情况、政策性粮食调控节奏把握情况，粮食行政首长负责制落实情况等9项。这次检查，各级人民政府周密部署，精心组织，认真开展，对检查中发现和要求限期整改的问题归口管理并跟踪落实，整改落实情况上报自治区粮食局。

（五）粮食经纪人管理

宁夏国有粮食收储企业粮改后职工由1.2万人减少到900人，收购期间人力严重不足，需要发挥粮食经纪人的作用。全区粮食经纪人只有1315人，但年经营量却在90万吨以上。自治区粮食局制定《宁夏回族自治区粮食经纪人管理试点办法》，开展管理试点活动。市县（区）粮食局培训粮食经纪人，为合格者颁发证书，组织粮食经纪人加入粮食经纪人协会（或粮食经纪人服务社、粮食行业协会粮食经纪人分会）。国有粮食企业监管为本企业工作的粮食经纪人的经营活动。11月5日，自治区粮食局召开全区粮食经纪人管理试点经验交流会，通报情况，交流经验。

2010年，全区各类粮食企业共收购粮食204.4万吨（含收购区外粮食55.6万吨），比2009年增加32.8万吨，增幅19.1%，拉动农民增收3.2亿元。冬麦收购量比2009年增加6000多吨，水稻收购量达到50万吨，均创历史新高。

五　政策性粮食供应

（一）军粮供应

宁夏军粮供应工作坚持以招标采购形式筹集军粮，军供粮食价格稳定，坚持军供、民供相结合，义务送粮，上门服务。5月，自治区粮食局印发《关于开展创建百强军粮供应站活动的通知》，成立创建评价领导小组，进一步推动军粮供应工作。

4月14日7时49分，青海省玉树县发生7.1级地震。9时10分，驻中卫市某部接到赴玉树抗震救灾命令。9时40分，该部通知中卫市军粮供应站，要求提供粮油保障。中卫市军粮供应站于12时前把部队需要的大米、面粉、食用油、挂面及其他生活必需品准备齐全送到部队驻地，从接到通知到完成任务只用2个多小时。

7月初，中国和巴基斯坦国在青铜峡地区举行"友谊——2010"陆军联合反恐训练，自治区粮食局在部队驻地设立野战军粮供应站供应粮油、蔬菜、副食及生活用品，并提供伴随保障，部队走到哪里，服务跟到哪里，部队需要什么，就组织供应什么。8月3日，自治区粮食局局长刘金定带领有关人员冒雨到野战军粮供应站检查指导工作，刘金定指出，随着形势的发展，部队野战演练后勤保障工作将呈现出常态化趋势，我们要从战略和讲政治的高度充分认识做好野战和应急军粮供应工作的重要性，要结合去年和今年的野战军供工作，建立起野战和应急军粮供应的长效机制，使常规军粮供应工作与野战和应急军粮供应工作有机结合。

8月8日6时10分，驻宁某部工兵团接到赴甘肃省舟曲县抢险救灾命令，工兵团当即通知中卫市军粮供应站值班人员提供粮油保障要求。中卫市军粮供应站立即组织人力、物力、运力，调用4辆车于7时10分将部队需要的大米、面粉、食用油、挂面、杂粮及生活日用品准备齐全，全部送到部队驻地。这时，离职工正常上班时间还有50分钟，从接到通知到完成任务没用上1个小时。工兵团官兵交口称赞中卫市军粮供应站作风过硬，宁夏军粮供应工作做得好。

10月10~11日，兰州军区在银川召开西北五省（区）军粮供应座谈暨供应管理表彰会，表彰自治区粮食局军粮供应管理中心等为军粮供应管理先进单位。

10月中下旬，"使命行动——2010"遂行跨区机动演练在青铜峡地区举行，自治区粮食局分片设立野战军供中心和野战超市，仍以定点保障、伴随保障方式供应演练部队粮油、蔬菜、副食及生活日用品，圆满完成各项保障任务。10月31日，解放军某部致信自治区人民政府，感谢自治区粮食局为这次演习提供的优质高效的保障服务。自治区人民政府副主席刘慧在这封感谢信上作出批示：请粮食局同志阅，并予致谢！

12月，国家粮食局、财政部、总后勤部联合表彰宁夏回族自治区粮食局为2010年度全国军粮供应管理工作先进集体。

（二）退耕还林（草）补助粮供应

2010年，对2003~2006年退耕还林地21.59万公顷，按每公顷补助现金1350元、原粮450公斤（锁定购粮款为750元）向退耕农户兑付，供应粮食价款超过750元的部分，由县（区）财政承担。补助粮供应小麦、玉米，各占50%，允许县（区）人民政府根据退耕户要求折算成单一品种或者成品粮供应。对2000~2002年退耕还林地8.17万公顷，每公顷补助1050元，全部通过"一卡通"向退耕户支付现金。

退耕县（区）人民政府以公开竞价方式采购退耕粮，委托经营设施齐全、信誉好的粮食企业供应。承供企业根据县（区）林业部门提供的退耕还林进度、质量检验验收凭证供应，12月底前完成供应工作。地级市财政、粮食、林业等部门组建联合督查组，每半年检查一次退耕补助粮供应情况。自治区财政、粮食、林业等部门组建监查组监查退耕补助粮供应工作。

（三）救灾粮供应

4月16日，国家粮食局等部委发出《关于下达2010年中央储备粮抗震救灾计划的通知》，要求宁夏安排大米920吨供应青海省玉树地震灾区灾民。自治区粮食局接到通知后，立即落实任务，组织加工、调运，配合青海省粮食局把最好的粮食足数、及时送到灾区。5月14日，国家粮食局等部委联合发出《关于下达2010年第二批中央储备粮油抗震救灾计划的通知》，要求宁夏继续向青海玉树灾区提供救灾大米。自治区粮食局接到通知后继续做好配合、衔接工作，圆满完成任务。

自治区粮食局对救灾大米生产一批检测一批，共检测了178批次，保证大米质量和卫生指标全部合格。

六　国有粮食企业改革与发展

自治区粮食局对直属企业实行目标管理，年初与企业签订目标管理责任书，企业分解落实目标、任务、制定措施、明确奖惩办法。年内，自治区粮食局为粮食储备企业、应急成品粮油承储企业、军粮供应企业（6家）分别争取到享受免征营业税、印花税、房产税、城镇土地使用税和企业所得税（地方留成部分）等优惠政策，为企业发展创造出宽松环境；以军粮供应站为依托，在5市市区设立国有粮店平抑粮价应对突发事件，中卫市、固原市也在乡镇建设国有粮店；在城乡发展粮油超市、连锁店、配送中心，开展"放心粮油"、"放心粮店"活动，转变企业经营方式；实行全面预算管理，增收节支；规范竞价销售和采购行为，提高库存粮食轮换效益；加强企业间的合作，开展代收代储业务；自治区粮食局定期召开国有粮食企业经济运行分析会，通报经济运行情况，分析形势，交流经验，部署工作。

年底，全区国有粮食企业统算实现利润1775万元，同比增长131%，其中直属企业实现利润2010万元，同比增长49.44%，直属储备企业连续两年盈利。县（区）国有粮食购销企业仍存在负债重、欠息多，无法取得收购贷款等问题，效益比去年稍好。12月，自治区党委办公厅、人民政府办公厅印发《进一步深化粮食流通体制改革 促进现代粮食流通业发展的意见》，提出加强行政管理，完善储备体系建设，深化国有粮食购销企业改革，强化改革发展中财政、税收、土地使用、社会保险扶持政策等措施，发展宁夏粮食流通业。

七 粮油仓储管理

（一）开展粮油仓储规范化活动

国家粮食局于2009年7月在全国粮油仓储企业开展为期1年的粮油仓储规范化管理活动，自治区粮食局按时完成这次活动的各项任务。主要做法，一是以近年来国家和地方出台的粮食法规、粮改政策、管理制度、技术标准、操作规程为主要内容，开展宣传教育活动。二是实行精细化管理，完善库存粮油管理，仓储设施管理，化学药剂管理等制度，实行负责制。三是投资720万元维修改造粮食仓房93栋（仓容量16.7万吨）、地坪1.3万平方米、门窗517个、围墙508米。投资350万元集中采购仓储机械设备142台，提高企业装备水平。四是投资143万元，在储备企业中推广应用低温密闭压盖保湿技术，延缓粮食陈化，防止虫害，减少水分散失0.3个百分点；推广应用储粮调质通风技术，投入产出比达到1∶10；推广应用高水分粮就垛干燥技术，吨粮费用降低7.6元。投资33万元在兴庆国家粮食储备库开展仓房喷涂太阳热反射涂料应用试验，降低仓温5℃以上，提高仓内湿度约10%。五是建立、完善自治区粮食储备企业远程监控点220个，监控储备粮单个货位粮食进出、粮情及实物台账等。

年内，自治区粮食储备企业机械通风、粮情检测覆盖率达到100%，低温储藏45%以上；"四无粮仓"达标率、账实相符率、品质宜存率常年保持100%。经评定，自治区国家粮食储备企业全部达到规范化仓储企业标准。国有粮食购销企业达标者为20家，占全区国有粮食购销企业的16%。6月，国家粮食局表彰石嘴山、兴庆、青铜峡3家国家粮食储备库为全国粮油仓储规范化管理先进企业。

（二）粮油库存检查

2010年粮油库存检查工作分自查、复查、督察和汇总整改4个阶段进行。自查后，自治区粮食局会同财政厅、农业发展银行宁夏分行、中储粮西安分公司等部门组成检查组复查，中央事权粮食实际复查比例为22%、地方事权粮食22.5%、应急成品粮54.5%。复查结果表明，库存数量真实、质量良好、粮情稳定、储存安全，安全生产良好。4月26~30日，国家粮食局等部委组成联合工作组随机检查银川、吴忠、中卫3市辖区内的中央直属库、自治区直属库、市县购销公司等7家企业的粮油库存检查工作。联合工作组确认，"宁夏粮食库存检查工作领导高度重视，组织落实到位，程序方法规范，工作细致认真，结果真实可靠，库存数量真实、质量良好、储存安全"。

（三）农户科学储粮专项建设

据自治区粮食局调查，全区农村户均年收获粮食4703公斤，其中有2161公斤在家储存，储存时间平均为9个月，由于鼠害、虫害、霉变等原因造成的损失占储粮的5.35%。年初，自治区粮食局向国家粮食局报送《宁夏农户科学储粮专项建设2010年度实施计划》，并获准实施。8月，自治区粮食局在第二届中国（宁夏）园艺博览会上展出农户标准化储粮仓。10月20日，自治区粮食局、中卫市人民政府在中卫市柔远乡举行农户科学储粮示范工程启动仪式，配发农户标准化储粮仓1000套。截至年底，自治区粮食局为5个地级市，31个行政村的5000个试点户，共配发农户标准化储粮仓5000套，资金由中央补贴、自治区配套和农户自筹解决，大约各占1/3，中央财政共补贴1050万元。自治区十届人大五次会议将农户科学储粮专项建设列入2011年为民办30件实事的民生计划，为4万农户每户配备1个标准化储粮仓。

八 粮食质量监管

加强粮食质量监测机构建设。截至年底，全区有省级粮食质量检验监测机构1个、地市级2个，均挂牌为国家粮食质量检验监测机构。自治区粮食储备企业内设化验室共11个。年内，自治区粮食局筹措资金1681215元，购置检化验仪器397台（套），提升自治区、地级市质检机构、粮食储备企业化验室的硬件水平。

提高质检人员的业务水平。全年办班两期，请国家粮油质检中心、区外专家授课。经近年来的多次培训，提高了质检人员业务水平。在5月28~30日举行的第二届全国粮食行业职业技能大赛中，宁夏代表队获团体第16名，1人获得粮油质量检验员职业企业组优秀个人二等奖。

开展前移储备粮质量关口试点。试点企业将质量责任落实到人，签订责任书。粮食入库时，对地产粮食逐车检验；对从外省采购的粮食，先检查对方出具的质检报告，后逐车（或车皮）检验。自治区粮食局委托自治区粮食质检中心对入库粮食做随机抽检。监管政策性粮食储存期间和供应环节的粮食质量。

开展2010年度粮食收购环节质量安全监测和小麦、稻谷、玉米质量调查品质测报工作。在小麦、水稻、玉米收获的第一时间，组织扦样、会检，开展监测与测报，为粮食收购、推荐优质粮食品种提供依据。

检查整顿粮油食品中违法添加非食用物质和滥用食品添加剂情况。宁夏粮食加工企业使用过氧化苯甲酰、面粉改良剂为面粉增白，使用面得筋、筋力素、面粉强筋剂、面粉品质改良剂为面粉增筋。经抽查检测114个批次的面粉样品，没有发现超标使用情况。

九 行业发展

（一）粮油仓储设施建设

2010年，中央安排给宁夏预算内粮油仓储设施建设项目4项。一是兴庆国家粮食储备库改扩建2.5万吨仓储设施项目，新建平房仓4幢、机械罩棚1058平方米、器材库1058平方米，购置粮仓机械、通风熏蒸、粮情检测、远程监控设备等。年底完成。二是青铜峡国家粮食储备库1万吨食用油储油罐建设项目，7月20日开工，年底建成。三是新城国家粮食储备库、粮食物流中心整体搬迁项目，这是根据铁道部、自治区人民政府《关于银川火车站改造工程可行性研究的批复》和银川市城市建设总体规划的要求实施的搬迁工程。自治区粮食局征用平吉堡农场一般农用地24公顷，规划建设15万吨粮仓、1万吨食用油储油罐、2公里铁路专用线、9000平方米铁路罩棚及粮食物流设施等。项目一次设计分期实施，2010年实施2.5万吨仓储设施建设项目和0.5万吨食用油储油罐建设项目，10月9日开工。四是银川粮油购销公司中心粮库搬迁建设项目。该库原有仓容3.15万吨，国家发展改革委批准扩建3万吨仓容，因中心库库区占地被银川市全部规划为商住用地无法扩建，自治区粮食局征用通贵乡一般农用地7.33公顷，建设仓容5万吨新粮库，9月26日开工。

（二）粮食加工

2010年，全区日处理原料能力在50~100吨的粮油加工企业有68家，100~200吨33家，200~400吨16家，400~1000吨9家，1000吨以上2家，规模以下的粮油加工企业占88.19%，大米加工企业产能利用率最低（29.75%）。全区粮油加工企业实现工业总产值117.77亿元，同比增长27.48%，产品销售收入112.18亿元，同比增长37.34%，实现利税8.1亿元，同比增长28.39%。

2010年，全区有1家粮油加工企业获得国家"驰名商标"，16家获得自治区"著名商标"；1个粮油产品获得"中国名牌"称号，28个粮油产品被评为"宁夏名牌"。

全国第七届粳稻发展论坛鉴定认为，用宁粳43号稻谷加工的宁夏大米品质超过日本"越光"大米。2010年，农业部登记"宁夏大米"为农产品地理标志产品，自治区粮食局向自治区党委、人民政府提出《关于大力发展全区优质大米产业的思考和建议》，获准后，自治区粮食局配合有关部门组织实施优质大米工程，大米产量增加，优质米和一级米增幅较大。7月，在北京召开宁夏优质大米产品推介会，宣传宁夏大米。宁夏有机米、蟹田米、胚芽米、富硒米等产品进入北京、上海、广州、深圳市场后，身价大增，有机米每公斤售价40元，蟹田米25元左右，金贡胚芽米在广州、深圳市场每公斤高达210元。

（三）支持冬麦北移工程

2007~2010年，自治区粮食局共组织投入资金100多万元研究开发以冬麦为主要原料的面粉新产品，支持冬麦北移工程。5月10日，自治区粮食局组织验收2009/2010年度冬麦研发课题。验收结论为，从冬麦收购到新产品配方实验、新产品推广、资料分析和数据整理，研发出的新产品各项指标均达到国家质量标准，试验思路明晰，过程严谨，予以通过。至此，自治区粮食局共组织研究开发出冬麦新产品4大类、16个品种。据承担研究课题的某企业负责人介绍，用宁夏灌区冬麦研发出的馒头粉，面筋值高于山东、河南同类产品，企业采购地产冬麦与采购外地小麦相比每吨节省成本100元，新产品产销率在96%以上，农民种植冬麦每亩增收300多元。

✛　机关效能建设

一是自治区粮食局将自治区党委、人民政府下达的效能目标任务细化为58个大项213个小项，责任到单位、到人，与机关各处室签订责任书，并开展日常检查、半年自查和年终考核工作。二是开展督查督办工作，大事、要事限时办结。三是开展强化机关管理活动。自4月10日至5月10日，分学习、排查、整改3个阶段，解决办事效率低下、纪律松垮、管理不力等问题。四是结合创先争优活动，建设学习型机关，开展"读书月"活动、创建学习型党组织、争做学习型党员活动。五是开展廉政风险防范管理工作。成立领导小组，制订实施方案，规范操作。查找出廉政风险点、廉政风险环节20个、表现形式29种，制定出38条防范措施，其中一级廉政风险由局廉政风险防范管理工作领导小组重点监控。六是开展"反腐倡廉制度建设推进年"活动，清理制度93项，其中需要修订完善的制度7项。2010年，自治区直机关工委再次授予自治区粮食局"文明机关"称号。

◆ **宁夏回族自治区粮食局领导班子成员**

刘金定　　　　局长、党组书记

严彦召　　　　副局长、党组成员

赵银祥　　　　副局长、党组成员

吴长青　　　　副局长、党组成员

丁　军　　　　自治区纪委驻粮食局纪检组长、党组成员（2010年3月任职）

解　涛　　　　副巡视员

2010年7月，自治区粮食局局长刘金定（右四）与参加第二届全国粮食行业职业技能大赛的宁夏选手合影。

2010年12月，国家粮食局、财政部、总后勤部联合表彰宁夏回族自治区粮食局为2010年度全国军粮供应管理工作先进集体。图为周丽（前排左二，女，自治区粮食局军粮供应管理中心主任）受自治区粮食局局长刘金定委托，代表自治区粮食局领奖。

图为一位宁夏粮食经纪人和他的粮食收购用车。挡风玻璃下面置放的是自治区粮食局核发的"宁夏粮食经纪人粮食收购车"车牌，车牌注有统一编号。粮食经纪人持证、挂牌、着装上岗。

新疆维吾尔自治区粮食工作

基本情况

新疆维吾尔自治区位于祖国的西北部，总面积163多万平方公里，是全国面积最大的省区。2010年，实现生产总值5418.8亿元，首次突破5000亿元大关，比上年增长10.6%；全社会固定资产投资3539亿元，比上年增长25.2%；全口径财政收入1190.8亿元，比上年增长34.8%；地方财政收入693.3亿元，增长40.6%；城镇居民人均可支配收入13644元，比上年增长11.3%；农村居民人均纯收入4643元，增长19.6%。

"十一五"期间，自治区党委、政府实施了一系列扶持粮食生产的政策措施，有效调动了农民种粮和各地抓粮的积极性，粮食总产由2005年的877万吨增加到2010年的1171万吨。各级粮食部门认真贯彻执行自治区粮食收购政策，切实加强粮食收购工作，国有粮食购销企业充分发挥主渠道作用，严格执行敞开收购、敞开直补政策，粮食收购量由2005年的250万吨增加到2010年超过435万吨，创历史新高。2010年，新疆粮食播种面积202.9万公顷，比上年增长1.8%。其中小麦111.9万公顷亩，水稻6.7万公顷，玉米63.6万公顷，油料27.3万公顷。全年粮食产量1171万吨，增长1.6%。其中小麦623万吨，水稻62万吨，玉米415万吨，油料67万吨。

2010年粮食工作

2010年，全区各级粮食部门在自治区党委、人民政府的正确领导下，在各有关部门的大力支持下，坚持以科学发展观统领粮食工作，认真贯彻落实国家和自治区各项粮食方针政策，解放思想、开拓创新，不断深化粮食流通体制改革，完善粮食宏观调控体系，加快粮食仓储设施建设和产业化发展进程，不断提高军需民食保障能力和依法管粮水平，有力地促进了全区粮食流通全面发展。

一　贯彻落实中央新疆工作座谈会精神，对口支援新疆工作取得明显成效

（一）及时召开自治区粮食工作座谈会

自治区党委七届九次全委（扩大）会议后，自治区粮食局及时召开局党委会议，就推进粮食流通跨越式发展进行了认真研究，并于6月23日召开了自治区粮食工作座谈会。围绕既执行好政策、确保粮食安全，又做到面向市场、推进产业化发展这一目标，从13个方面研究分析面临的有利条件和不利因素，理清了思路，对粮食流通实现跨越式发展进行了全面部署，统一了思想，振奋了精神，形成了实现跨越式发展的共识。

（二）科学编制粮食流通"十二五"发展规划

"十二五"是实现粮食流通跨越发展的关键时期，编制好"十二五"规划具有重大意义。自治区粮食局高度重视"十二五"发展规划的编制工作，成立专门班子，历时数月，多易其稿，完成了新疆粮食流通产业"十二五"发展规划，明确了"十二五"期间粮食流通的发展思路、发展目标、主要内容和重点任务。

（三）积极争取国家粮食局的支持

2010 年 5 月，国家粮食局调研组对全区粮食流通跨越式发展进行专题调研。9 月 14 日，国家粮食局在乌鲁木齐成功召开了全国粮食系统对口支援新疆工作会议，会后印发了《国家粮食局关于支持新疆粮食流通工作跨越式发展的意见》，制定了在政策、资金、项目、人才、科技、管理等 10 个方面支援新疆粮食流通跨越式发展的政策措施。

（四）加强与兄弟省市粮食部门的联系

在国家粮食局的指导下，自治区粮食局采取请进来、走出去的方式，积极主动加强与19个对口支援新疆省市粮食部门的联系与沟通，实现了广泛对接，19个兄弟省市粮食局都积极争取将全区粮食流通项目列入本省对口援建项目中，并取得了一定进展。

（五）积极推进新疆粮油产品走出去

组团参加第十届中国国际粮油产品及技术设备展览会，在向参展的国内外厂商宣传新疆特色粮油产品的同时，成功举办了新疆粮食产业项目推介会暨对口援疆签约大会，扩大了新疆粮油产品的影响，签订了一批合作协议和意向，探讨了新疆粮油产品走出去的新路子。

二　切实抓好粮食收购，有效保护了粮农利益

2010年，新疆继续执行小麦敞开收购、敞开直补政策，凡农民交售给国有粮食购销企业的小麦每公斤补贴0.20元；提高小麦最低收购信息参考价格，在2009年基础上每公斤提高0.06，即标准级小麦最低收购价为每公斤1.80元；继续对种植小麦实行综合补贴，计划内每亩补贴90元。稻谷继续执行敞开收购、敞开直补政策，凡农民交售给国有粮食购销企业的稻谷每公斤补贴0.21元，稻谷最低收购价由2009年的每公斤1.90元提高到2.10元。油葵籽继续执行自治区最低保护价敞开收购政策，最低保护价每公斤3.20元。油菜籽纳入国家政策性油料收购范围，由指定油脂加工企业按3.90~4.20元托市价挂牌收购，财政部给予每公斤0.20元补贴。各级粮食行政管理部门认真贯彻执行国家和自治区粮食收购政策，切实加强收购工作的组织协调和监督检查，指导和督促国有粮食企业充分发挥主渠道作用，坚持做到敞开收购、敞开直补，对农民愿意交售符合国家质量标准的粮食，全部予以收购，坚持做到不压级压价、不抬级抬价，坚持做到服务农民、方便农民。2010年，全区国有粮食购销企业共收购小麦379万吨，比上年增加17万吨，再创历史新高。其中地方国有粮食购销企业收购小麦238.9万吨，增加34.2万吨；大米25.8万吨，增加5.2万吨；油料收购形势好于往年，油葵最低保护价没有启动，主要由市场购销。

三　实施粮食保供稳价措施，保证了市场供应和价格基本稳定

根据国家发改委、粮食局等部门的要求，成立了自治区保供稳价工作组，进一步加大对市场的监测能力。在全区重新确定17家重点粮食购销企业、23家重点粮油加工企业、14家重点粮油供应企业为粮油市场价格监测点，定期对全区市场粮油价格实施动态分析预测。各级粮食行政管理部门强化了价格监测，对定点企业、市场价格变化情况实行周报制，对重点地区实行月报制。地方国有粮食购销企业和中储粮各直属库按顺价销售原则，坚持向市场敞开供应粮食，充分满足粮油加工企业生产所需，国有粮食购销企业主渠道作用得到充分发挥。2010年，全区地方国有粮食购销企业销售粮食249.5万吨，同比增加33.5万吨。其中小麦193.6万吨，增加19.4万吨；大米22.3万吨，减少0.1万吨；玉米13.4万吨，增加6.6万吨。委托新疆粮油中心批发市场以公开竞价形式定期对自治区临时储备油进行拍卖，既满足市场需求，又稳定了市场价格。

四　加快产权制度改革，粮食企业实力进一步增强

认真贯彻落实自治区人民政府《关于贯彻落实国务院完善粮食流通体制改革政策措施意见的通知》（新政发〔2007〕17号）精神，按照有效调控市场，国有粮食购销业务覆盖全区的要求，以产权制度改革和转变内部经营机制为突破口，大胆改革，创新机制，增强企业市场竞争力，提高国有粮食购销企业综合实力。2010年末，全区国有粮食企业226家，其中国有粮食购销企业119家。全区130家国有粮食企业实现统算盈利，盈利额为10696万元，其中87家国有粮食购销企业实现统算盈利，盈利额为9792万元。

五　加大资金投入，粮食流通基础设施建设步伐加快

2010年，以县城中心粮库建设为重点，积极争取自治区粮食仓储设施建设维修资金4000万元，中央财政补助资金2045万元，新建仓容20万吨，维修仓容25万吨。全区地方国有粮食购销企业总仓容达到441万吨，有效仓容334万吨。全区油脂企业油脂罐容53万吨，其中国有粮食企业总罐容18万吨。粮食物流体系建设开始起步，会同有关部门编制完成了《新疆维吾尔自治区"十二五"期间商品流通（粮油仓储、粮食现代物流）建设规划》，其中乌鲁木齐、伊犁州直和阿克苏3个一级物流节点的储备粮库正在建设，喀什、塔城等16个二级物流节点和全区粮食主产县的15个三级物流节点已结合仓储设施建设开工建设。农户科学储粮项目建设范围扩大到南疆五地州。争取中央财政补助资金和自治区配套资金2496万元，农户自筹1664万元，完成农户科学储粮装具5.2万套建设任务。

六　推进产业化发展，粮食流通现代化水平明显提高

2010年，发挥自治区1000万元粮食产业化发展基金引领作用，带动项目单位投资10亿多元，有力支持和促进了自治区级涉粮类农业产业化龙头企业发展。在全区入统的391家粮食加工企业中，国家级、自治区涉粮类农业产业化重点龙头企业66个（其中国家级3个），全年实现工业总产值148亿元，

产品销售收入146亿元，利税总额3.6亿元。企业总资产173亿元，年末从业人数1.6万人。进一步加快推进"放心粮油"工程建设，全区14家企业被评为第一批全国"放心粮油"示范企业，4个产品被推荐为自治区名牌产品。全区共有"放心粮油"生产企业65个，品牌68个，产品120个，"放心粮油"示范销售店582个，"放心粮油"配送中心2个，示范企业指导种植基地200万亩。全区国家级名牌产品1个，自治区级名牌产品19个。自治区粮食行业协会成立了油脂分会，进一步加强了组织建设，通过举办各种学术报告会、新技术推广交流会、市场分析会等活动，加强行业技术交流和推广，对全区粮油加工业的发展起到了积极的促进作用。

七 加强设施建设，军供应急保障能力得到有效提升

2010年，争取国家粮食局给予全区军供网点维修改造的支持，改善了全区基层军供站点设施条件。制定了军供体系建设规划意见，重点对加强军粮应急成品库建设和边境县军供站建设进行了统筹规划。积极开展2010年全国及西北五省（区）军粮供应管理先进单位和先进个人评选工作。全区6个单位和6名同志被评选为全国军粮供应管理先进单位和先进个人，5个单位及5名同志被评选为西北五省（区）军粮供应管理先进单位和先进个人。

八 建立粮食执法队伍，粮食依法行政能力逐步提高

2010年，根据国家关于政策性粮食收购、销售和粮食市场监管的安排部署，对全区7个地州的13家中央和地方国有粮食购销企业执行国家、自治区粮食购销政策以及粮食数量、质量、补贴、贷款和价格等方面进行监督检查。对昌吉、伊犁启动油料托市收购的部分企业进行了专项检查。会同质检部门在14家企业抽检粮食样品201份，委托自治区质检机构重点对粮食储存品质、卫生指标及重金属含量进行检验。对检查中发现的问题，及时提出处理意见。同时，加强粮食质检体系建设，争取国家粮食局配备了100万元专业检测设备，提升了新疆粮油质检站的粮油检验检测能力。克拉玛依、阿克苏筹建了区域性粮油质检站，地州市粮食质检体系建设迈出新步伐。

九 加强合作，粮食信息化建设开始起步

2010年，自治区粮食局与中国移动新疆公司共同加快推进全区粮食系统信息化建设进程，双方合作规划建设的新疆粮食综合信息管理系统，将借助网络和信息化手段，提升粮食系统信息采集分析能力、粮食流通宏观调控能力、粮食行业管理效能和水平。截至2010年底，该系统已完成立项、可研报告评审和招投标等各项前期工作以及自治区至各地、州、市共16个节点的网络建设任务。

机构调整情况

2010年3月18日，新疆维吾尔自治区人民政府办公厅印发了《新疆维吾尔自治区粮食局主要职责内设机构和人员编制规定的通知》（新政办发〔2010〕76号）。通知明确，根据中共中央办公厅、国务院办公厅《关于印发新疆维吾尔自治区人民政府机构改革方案的通知》（厅字〔2009〕7号），设

立新疆维吾尔自治区粮食局，为自治区人民政府直属机构。

一、职责调整

一是取消已由自治区人民政府公布取消的行政审批事项。

二是新增依法加强粮食流通行政管理和监督检查；实施粮食收购资格和军粮供应资格行政许可；健全粮食监测预警体系和应急机制等职责。

二、主要职责

一是贯彻执行国家和自治区粮食工作方针政策和粮食行业法律法规，拟订自治区粮食流通和地方储备粮管理的法规、规章草案和有关政策、制度。

二是负责自治区粮食流通宏观调控的具体实施工作，研究提出自治区粮食宏观调控、总量平衡和粮食流通中长期规划、进出口总量计划及地方储备粮规模、收储和动用的建议，负责拟订自治区粮食流通体制改革方案并组织实施，推动国有粮食企业改革，研究提出自治区现代粮食流通产业发展战略的建议。

三是承担粮食监测预警和应急责任，参与粮食风险基金和粮食专项资金管理，研究提出使用的意见及粮食购销价格建议，指导协调政策性粮食购销和粮食产销合作，负责政策性粮食供应和军粮供应与管理，承担自治区有关粮食流通统计和信息工作。

四是负责自治区粮食流通行业管理，研究提出粮食产业化发展规划和政策建议，实施粮食收购资格和军粮供应资格行政许可，指导粮食流通的科技进步、技术改造和新技术推广，会同有关部门制定粮食产品地方质量标准、检测制度及有关技术规范并监督执行，制定粮食储存、运输的技术规范并监督执行，开展粮食流通的对外合作与交流。

五是负责自治区粮食流通监督检查，指导自治区粮食行政管理部门依法行政，监督有关粮食流通的法律法规及政策制度的执行。

六是负责自治区地方储备粮行政管理工作，指导和协调地方储备粮管理，研究提出地方储备粮总体布局和收购、销售、轮换计划建议，对地方储备粮的品种、数量、质量和储存安全实施监督检查，制定地方储备粮管理的技术规范并监督执行，支持中储粮新疆分公司工作，发挥在新疆粮食宏观调控总体布局中的作用。

七是研究提出自治区粮食市场体系建设与发展规划的建议，会同自治区有关部门编制粮食流通、仓储、加工设施建设规划，研究提出有关粮食流通设施自治区投资项目的建议，加强对自治区国有粮食企业经营管理的指导，按照有关规定监管粮食企业国有资产。

八是指导自治区粮食行业人才队伍建设和教育培训工作。

九是指导自治区粮食行业协会和粮食经济学会工作，承担自治区粮食产业化指导小组办公室日常事务。

十是承办自治区人民政府交办的其他事项。

三、内设机构

根据上述职责，自治区粮食局设9个内设机构：办公室、购销处、政策法规处、监督检查处、产业发展处、仓储处、企业管理处、财务处、人事处，并按规定设置机关党委、监察室（与纪委合署办公）和离退休干部工作处。

四、人员编制

自治区粮食局机关行政编制为71名（含纪检监察）。其中：厅级领导职数6名（含纪委书记），总经济师1名，处级领导职数29 名（含监察室主任1名，机关党委专职副书记1名，离退休干部工作处领导职数3名）。

◆ **新疆维吾尔自治区粮食局领导班子成员**

雍其新	副局长、党委书记
米尔扎依·杜斯买买提（塔吉克族）	局长、党委副书记
刘会军	副局长、党委委员
王卫军	副局长、党委委员
杨　力（回族）	纪委书记、党委委员
折为民	总经济师、党委委员
唐阿塔尔·克力马洪（哈萨克族）	副局长、党委委员
黄国粹	副巡视员、党委委员

2010年9月，新疆维吾尔自治区粮食局局长米尔扎依·杜斯买买提（左三）一行赴阿勒泰地区调研夏粮收购及仓储设施建设等情况。

2010年10月，新疆维吾尔自治区粮食局在宁波会展中心召开新疆粮食产业项目推介会暨对口援疆签约会。

新疆生产建设兵团粮食工作

基本情况

新疆生产建设兵团（以下简称兵团）组建于1954年，是新疆维吾尔自治区的组成部分，承担着党和国家赋予的屯垦戍边职责，在自己所辖的垦区内，依照国家和新疆维吾尔自治区的法律、法规，自行管理内部的行政、司法事务，是一个既屯垦又戍边，既融入新疆社会又高度集中统一、党政军企合一，是在国家实行计划单列的特殊社会组织，受中央政府和新疆维吾尔自治区人民政府双重领导。兵团辖有14个师，阿拉尔、图木舒克、五家渠、石河子4个城市，175个农牧团场，2200连队，4000多户工业、建筑、运输、商业企业（其中上市公司13家），分布在新疆各地州境内。与蒙古、哈萨克斯坦、吉尔吉斯坦3国接壤，管辖着2019千米的国界线。辖区内土地总面积7.46万平方公里，其中耕地总面积109.05万公顷。总人口257.31万人。兵团有健全的科研、教育、文化、卫生、体育、金融、保险等社会事业和公安、人民检察、人民法院等司法机构。

2010年，兵团辖区内有粮食仓储企业79个，总仓容39.2万吨，其中有效仓容22.92万吨，简易仓、需大修仓、待报废仓容16.28万吨。低温准低温仓5.2万吨，占有效仓容23%；1998年前建设仓容12.58万吨，占有效仓容的55%。入统油罐220个，总罐容11.24万吨。粮油加工企业共37家，其中大米加工企业10家，年加工生产能力25.5万吨；小麦粉加工企业11家，年加工生产能力28.43万吨；食用植物油加工企业14家，年油料处理能力28万吨，油脂精炼能力20.88万吨；饲料加工企业1家，年生产能力6.25万吨，玉米加工企业1家，年生产能力0.03万吨。全年共生产大米8.13万吨，小麦粉3.41万吨，食用植物油6.97万吨。兵团粮食行政机构管理机构13个、事业单位1个、粮食经营企业65个。现有从业人员2254人，较上年相比减少18人。

2010年粮食工作

一 粮食行业管理

2010年，兵团粮食局坚持以科学发展观统领粮食工作，认真贯彻落实国家、自治区、兵团各项粮食方针政策，解放思想、开拓创新。根据对全区粮食流通形势的预测分析，认真分析预测了2010年兵团粮食流通形势，引导各师、团合理安排粮食生产和流通。调整下达了兵团2010年小麦收购指导性计划，并及时分解下达到各师。按照国家粮食局的有关要求，认真完成了粮食行业机构、从业人员及职工教育培训情况、粮油加工业、粮食仓储设施等行业统计和粮食企业会计决算等报表的汇总上报工作，粮食处芦珍琼同志连续6年荣获统计报表先进个人。是年根据国家粮食局《关于开展2010年全国粮食库存检查工作的通知》（国粮检〔2010〕28号）要求，安排布置兵团粮油仓储企业对库存实物、账实相符、账账相符情况认真进行了自查，自查结果兵团发改委（粮食局）予以备案存档，并配合自治区在全区范围内开展粮食清仓查库工作。是年完成《新疆兵团粮食质量检测（2010～2015）规划》并上报国家粮食局。是年认真组织《粮食流通管理条例》知识竞赛，十二个师761人参加知识竞赛活动。是年新疆博乐新赛油脂有限公司、新疆新光油脂有限公司、新疆震企油脂有限公司、奇台县春蕾麦芽制造有限公司、新疆北屯油脂化工有限公司、新疆天山雪米农业有限责任公司等六户粮油产业化龙头企业批准为国家粮食局和中国农业发展银行重点支持的粮油产业化龙头企业。新疆天山雪米有限责任公司荣获国家首批（加工企业）放心粮油示范企业；天山雪米有限责任公司、71团粮库荣获国家仓储管理先进企业。

二　粮食生产

2010年，全兵团粮食总播面积417.86万亩，较上年减少42.78万亩，减幅9.3%，粮食总产209.40万吨，较上年减少2.33万吨，减幅1.1%。其中小麦播种面积234.30万亩，较上年减少61.32万亩，减幅20.3%；总产96万吨，较上年减少23.62万吨，减幅19.7%。水稻播种面积27.29万亩，较上年减少5.37万亩，减幅16.4%，预计产量19万吨，减幅5.6%。玉米播种面积128.27万亩，较上年增加35.0%，预计产量85万吨，增幅40.7%。

三　粮食流通

2010年，自治区人民政府继续执行小麦、水稻敞开收购、敞开直补政策，补贴标准不变仍为小麦0.2元/公斤、大米0.3元/公斤。小麦收购价格全区统一为白小麦（标准级）最低收购信息参考价1.80元/公斤，较上年提高0.06元/公斤，增幅1%；红麦、混合麦（标准级）1.74元/公斤，相邻等级价差0.03元/公斤。水稻实行最低保护价政策，统一执行2.1元/公斤（标准级），较上年提高0.20元/公斤，增幅11.1%，相邻等级差为0.03元。全区小麦收购计划300万吨。其中收购兵团小麦计划60万吨，与去年收购计划相同。水稻收购指导性计划不变，仍为全区5万吨，兵团1.2万吨。全兵团累计交售小麦71.48万吨，完成计划119.13%；累计交售水稻13.7万吨，完成计划11倍。其中超额完成小麦交售计划的师有农二师、农四师、农五师、农六师、农八师、农九师、农十三师。超额完成水稻交售计划的师有农一师、农四师。

2010年，自治区给兵团下达种植小麦补贴亩数150万亩，每亩为90元，取消2009年的计划内和计划外差额。粮食直补资兑付原则上通过"一卡通"拨付农户。

四　行政执法

　　根据《国家粮食局办公室关于做好〈粮食流通管理条例〉六周年宣传活动的通知》精神，结合兵团实际，通过张贴宣传画，向群众发放宣传资料、进行新闻报道等形式开展了条例六周年宣传活动。

五　党群工作

　　2010年兵团发展改革委（粮食局）深入学习贯彻中央新疆工作座谈会精神，以改革创新精神加强新形势下机关党的思想建设、组织建设、作风建设、制度建设和反腐倡廉建设，党组织的凝聚力、战斗力、创造力、亲和力不断增强，机关党建工作取得新成效。建立了每周学习日制度，邀请专家做了关于民族团结、外交事业、金融政策等方面11次专题讲座。坚持和完善"三会一课"、民主评议党员等制度，不断提高组织生活质量。党总支召集了12次会议，商议党建工作，总支牵头安排，支部自主活动。积极开展创先争优活动，将创优争先活动与兵团发展改革委（粮食局）的工作实际紧密结合起来，与争创精神文明部局紧密结合起来，与促进新疆实现跨越式发展和长治久安结合起来，增强党员干部参与活动的积极性。兵团发改委（粮食局）党总支把加强作风建设作为党建工作重要目标，把作风建设与落实《党员领导干部廉洁从政若干准则》、创先争优活动、目标绩效考核结合起来，探索创新，把"真、准、精、深、实"作为强化责任，努力从管理型向服务型机关转变，形成公正透明、廉洁高效的工作作风。到扶贫挂钩团场168团调研慰问，积极为基层送政策、送知识、送科技、送温暖，为贫困团场职工群众捐款、捐物，深入基层关心广大职工群众的生产、生活。严格落实党风廉政责任制。把贯彻落实《兵团机关2010年反腐倡廉工作任务》的分工意见与落实党风廉政建设责任制紧密结合起来，制定了《2010年兵团发展改革委（粮食局）纪检监察工作要点》，并纳入党组和行政重要议事日程，逐级签订党风廉政建设责任书，形成党组书记负总责，纪检组长牵头抓，分管领导、责任处室具体抓的工作机制。

◆　**新疆生产建设兵团发展改革委（粮食局）领导班子成员**

朱新祥	主任、党组书记
郭毅峰	副主任、党组成员
张叔俊	副主任、党组成员
王　淼	副主任（纪检组长）、党组成员
赵世民	副主任、党组成员
刘新兰	副主任、党组成员
朱东方	副主任（援疆干部）、党组成员
房生修	副主任（援疆干部）、党组成员
白永明	副主任（援疆干部）、党组成员
闫海燕	副主任、党组成员
乔永新	副主任、党组成员
闫新梅	助理巡视员

新疆生产建设兵团发展改革委副主任房生修（右一）在农九师167团查看小麦长势情况。

新疆生产建设兵团发展改革委副主任房生修（右二）在新疆图木舒克市超市调研成品粮销售。

大连市粮食工作　基本情况

　　大连市地处欧亚大陆东岸，中国东北辽东半岛最南端，东濒黄海，西临渤海，南与山东半岛隔海相望，北依辽阔的东北平原。是东北、华北、华东以及世界各地的海上门户，是重要的港口、贸易、工业、旅游城市。

　　全市总面积12574平方公里。区内山地丘陵多，平原低地少。现辖3个县级市（瓦房店市、普兰店市、庄河市）、1个县（长海县）和6个区（中山区、西岗区、沙河口区、甘井子区、旅顺口区、金州新区）。另外，还有保税区、高新技术产业园区2个国家级对外开放先导区，以及长兴岛临港工业区和花园口经济区。

　　"十一五"期间，粮食总产量765万吨，年均153万吨，连续五年丰收。总消费量1730万吨，年均346万吨，自给率26%；规模以上企业总经营量7330万吨，年均1500万吨；粮食仓储能力550万吨，年均粮食仓储量300万吨；粮油加工业总加工量1500万吨，年均300万吨。

　　2010年，国民经济保持平稳较快发展。初步核算，全年生产总值5158.1亿元，按可比价格计算比上年增长15.2%。全年地方财政一般预算收入500.8亿元，比上年增长25.1%。

　　年末户籍人口586.4万人，比上年末净增1.6万人，其中非农业人口363.5万人，比重为62.0%。全年粮食总产量149.3万吨，比上年下降2.7%。

2010年粮食工作

一　粮食收购和粮食轮换工作

　　2010年，大连全市共收购粮食27.6万吨，同比多收购1.5万吨，增长5.4%。其中水稻5.79万吨，玉米21.77万吨。国有粮食企业完成收购12.39万吨，占总收购量的44.9%，重点社会粮食企业完成收购15.17万吨，占总收购量的55.1%。2010年，完成市级储备粮轮换16.97万吨，其中玉米完成6.48万吨，完成计划的100%；水稻完成3.8万吨，完成计划的100%；小麦5.69万吨，完成计划的100%；成品粮轮换1万吨；食用油轮换完成8000吨，完成计划的100%。

二　粮食仓储管理工作

2010年，大连市国有粮食企业库存高水分粮食共14.8万吨，其中玉米8.3万吨，水稻6.5万吨。由于天气和市场行情变化等的因素，国有粮食企业收购的粮食水分大大高于往年，其中库存玉米大部分水分在18.1%以上，高于储存安全水分近4个百分点；库存水稻大部分水分也在16%以上，高于安全水分2个百分点。粮食晾晒任务重、责任大。通过组织仓储企业开展机械通风、倒垛和粮食晾晒工作，普遍进行了两次晾晒等降水处理，确保了储备粮的安全度夏。

三　粮食仓储设施维修改造工作

2010年，各国有粮食仓储企业加大了对仓储设施维修改造投资的力度。共投资1132.8万元，新建库房10个，库容8000吨，新建烘干塔一座，维修库房14533平方米，库容6200吨，维修地坪59697平方米，购置、维修输送机等配套设施171套，极大地改善了粮食的储存条件。

四　粮油仓储管理更加规范

组织全社会粮油仓储企业开展了规范化管理活动，举办各类学习培训班83个，完善各项规章制度387项，提升了粮油仓储的规范化管理水平，确保了高水分粮食的安全。大连金州国家粮食储备库、大连友谊国家粮食储备中转库被评为"全国、全省粮油仓储规范化管理先进企业"。

五　加强粮食行政许可管理，切实维护粮食市场流通秩序

一是根据《辽宁省粮食收购资格审核管理暂行办法》和《大连市〈粮食收购许可证〉年检暂行办法》的规定，通过大连商业网向全社会发布了《关于〈粮食收购许可证〉年检的通知》及《粮食收购许可证》年检的具体办理办法和程序。于1～3月中旬，对市内四区2009年12月31日前取得《粮食收购许可证》的171家粮食收购企业的资质情况进行了核查，对符合条件的150家企业给予了年检或变更换证，对不符合年检条件的17家企业实施了查处整改。

二是按照《粮食流通管理条例》和《辽宁省粮食收购资格审核管理暂行办法》的规定，经大连市行政服务中心本局窗口受理、审核后，全年共新发放《粮食收购许可证》48份（其中新办证企业28家）。全部办件均按照市政府法制办的相关要求和程序，严格履行现场实地核查、填写《现场检查记录》，出具《粮食收购行政许可决定书》、《送达回证》等统一、规范的行政许可文书。办理过程中，坚持"方便企业、快办快结"的原则，绝大多数的办件均在1～3个工作日之内完成。做到三个百分之百，即做到办结率百分之百、服务满意率百分之百、办证归档率百分之百，无一例投诉情况发生。

三是继续加大对全地区粮食收购行政许可工作的指导力度，通过日常工作中的答疑解惑、考察以及提供样卷等各种方式，及时对区市县粮食收购行政许可工作给予指导，10月份，对全地区粮食收购行政许可档案管理工作进行了一次检查，在此基础上，于12月份举办了一期粮食收购行政许可业务培

训班，进一步完善、规范《粮食收购许可证》办理文书的填写和建、归档工作，从而提升了粮食收购行政许可工作的法制化水平。此外，在大连市法制办组织的行政许可及档案管理工作检查中，粮食收购行政许可工作没有出现任何差错。

四是为管理好全市农村粮食经纪人队伍，下发了《关于对粮食经纪人情况调查的通知》，对全市全地区农村粮食经纪人情况进行了一次全面的普查。普查结果显示：目前全市农村共有粮食经纪人170人，年收购粮食27.3万吨。其中，瓦房店市101人，收购量7.79万吨（省内玉米5.19万吨，当地玉米2.6万吨）；庄河市52人，收购量5.26万吨（省外小麦0.8万吨，当地玉米2.01万吨、水稻2.45万吨）；普兰店市14人，收购量14.1万吨（当地玉米12.1万吨、水稻2.0万吨）；金州区3人，收购量0.15万吨（全为当地玉米）。在此基础上，于9~10月份，分别组织普兰店、瓦房店、庄河市部分粮食经纪人代表和国有粮食企业代表召开座谈会，听取了他们的意见和建议，掌握了农村粮食经纪人的第一手基本情况，为下一步做好粮食经纪人培训工作奠定了基础。

六　粮食供求平衡及秋粮产量调查工作

为全面了解大连市粮食供需平衡状况，根据辽宁省农委的工作部署，大连市服务业委员会安排专人负责，进行培训，积极协调，历时两个月，于3月初完成了2009年度大连市粮食供求平衡调查工作。此次调查，共深入城镇居民642户、农村居民386户、国有粮食企业41个、社会粮食经营和转化企业141个，并形成了专门的调研报告，为领导决策提供了较翔实的资料。

通过调查，摸清了大连市粮油供求总的状况；摸清了农户、城镇居民、国有粮食经营企业、非国有粮食经营企业、粮食转化企业等粮食收支存情况，以及农户、城镇居民、餐饮企业、单位食堂等食用油脂收支存情况，为各级领导加强宏观调控提供了决策依据。

2010年，大连市气候异常，风、雨天气较多，对庄稼生长影响较大。为切实了解粮食生产受灾情况，掌握粮食的收获量，以及粮食的商品量，为粮食收购做好充分的准备，市粮食局组织人员积极深入田间地头、农户家中，采取询问种粮农民和实际测算的方式，对北三市和金州新区等全市粮食主产区的秋粮产量进行调查。共调查4县区、8个乡镇、17个村屯和49个农户。预计今年秋粮产量149.3万吨，其中水稻18.7万吨，玉米107.3万吨，大豆9.5万吨，尽管今年粮食单产有所下降，但粮食播种面积增加，粮食总产量略有减少。

七　粮食应急保障能力建设得以加强

调整了《粮油市场应急供应保障预案》，与大连市应急办联合对相关成员单位及加工、运输、销售企业进行了专题培训，增强了粮食应急供应保障的主动性和预见性。为市级成品粮油承储企业购置了必要的应急设备，提高了粮食应急保障的快速反应能力。

八　军粮供应管理水平不断提升

圆满完成了对大连驻军军粮的供应保障工作，做到了部队满意、政府放心。大连军粮供应站被评为"全国军粮供应管理先进单位"，为大连市"双拥模范城"建设做出了积极贡献。

九　"十二五"规划编制工作

　　2010年，是"十一五"的最后一年。"十一五"期间，大连市粮食累计总产量765万吨，总消费1730万吨；粮食经营总量7330万吨；油脂产量200万吨，销售193.5万吨。"十一五"期间，全市共收购粮食121.85万吨，国有粮食企业收购45.5万吨，社会企业收购75万吨，临时收储1.35万吨。大连市不断加强粮食产销合作，先后与河南、山东、江苏、黑龙江、吉林等粮食主产区建立了长期稳定的采购和供应协作关系，促进了粮食的流通顺畅。

　　"十一五"期间，大力加强市县两级储备建设，地方储备粮实物和各项管理办法、各项管理制度都得到很好的落实，地方储备粮轮换、经营进展顺利，做到了储得住、调得动、用得上。粮食应急体系健全，2009年建立了规模为1万吨的成品粮储备体系，制订了《大连市粮油市场应急供应预案》，多次得到国家和省领导的充分肯定。

　　大连市"十二五"粮食总量平衡和宏观调控的目标是：进一步改善和加强粮食宏观调控，健全粮食宏观调控体系，保持粮食总量基本平衡和粮食价格在合理水平上；做好粮食收购工作，促进粮食生产稳定发展，确保粮食购得进，销得出，保护种粮农民的利益；完善地方粮食储备体系，提高政府宏观调控能力，做好粮食应急供应工作，确保地方粮食安全。主要任务和措施是：积极做好粮食收购工作，保护农民的种粮积极性；进一步健全产销合作机制；逐步完善粮食储备体系；健全粮食应急体系，逐步建立县级成品粮储备体系；完善粮食预警监测体系。

◆ 大连市服务业委会（粮食局）领导班子成员

张跃良　　　主任（局长）、党委书记（2011年10月任职）

李　光　　　副主任（副局长）、党委委员

周传富　　　副主任（副局长）、党委委员

尼松发　　　副书记、党委委员

陈祥立　　　副主任（副局长）、党委委员

朱保奎　　　副巡视员

高宪明　　　副巡视员

大连市召开全市粮食工作会议。

大连市召开军粮供应工作会议。

青岛市粮食工作 基本情况

2010年，青岛市生产总值实现5666.2亿元，同比增长12.9%。规模以上工业增加值达2798.3亿元，增长16.1%。地方财政一般预算收入达452.6亿元，增长20.1%。居民收入稳步提高，城市居民人均可支配收入和农民人均纯收入分别达24998元和10550元，增长11.8%和14.1%。

2010年，全市国有粮食企业完成购销总量242.5万吨，同比增长20%；实现销售收入20.7亿元，同比增长34%；实现利润953万元，实现国有企业保值增值，局直企业职工工资有较大幅度增长。全市重点粮油加工企业累计加工面粉50.8万吨、食用植物油74.7万吨，消耗原料391万吨；完成工业总产值184.2亿元，同比增长5%；实现产品销售收入196.8亿元，同比增长11.4%；实现利润总额6.1亿元，同比增长7%。

2010年粮食工作

一　加强粮食宏观调控，稳定粮食市场价格，粮食安全得到有效保障

一是多措并举加强粮源建设。全市粮食部门准确分析判断市场走势，提前部署，强化措施，扎实推进了夏秋两季粮食收购各项工作，国有粮食企业收购粮食125.2万吨，平均价格每市斤高于上年0.1元，增加农民收入2亿多元。二是充实地方粮油储备，抓好储备粮轮换。全面落实了省下达的一期食用油储备计划，二期增储计划落实过半，市本级储备油计划已全部落实到位；圆满完成了两级地方储备粮年度轮换任务，全市粮食库存充裕，质量稳定，供应充足。三是创新思路推进储备管理规范化建设。组织全市仓储企业深入开展了储备粮规范化管理活动。通过建立和规范管理、技术和工作标准，推行标准化考核，组织实施质量管理、环境管理体系认证，开展节能减排科技储粮活动，举办粮食技能大赛等措施，全市储备粮规范化管理水平全面提高。四是加强粮食市场安全监测预警和粮油保供应急管理。强化了价格日常监测和企业动态监管，适时启动监测日报制度，增强了粮价波动应对能力。修订并发布了《青岛市粮食应急预案》和《操作手册》，开展了储备库安全生产应急演练和大米保供应急演练，调整了市区100余处粮油保供网点，并与12家应急加工定点企业签订了协议书，粮油保供工作机制和各项应急措施进一步完善。

二　推进重点项目建设，完善仓储流通设施，粮食安全保障基础进一步稳固

一是扎实推进粮食储备库项目建设。市级储备库三期工程竣工，新建仓容5万吨。市级储备油罐容量扩建项目顺利竣工，新建罐体容量3000吨；平度、即墨等市储备库建设项目进展顺利，累计新建仓容4.6万吨。二是扎实推进粮食市场项目建设。市粮食综合批发交易市场粮油精品区改造项目竣工投入使用，新增交易区面积1500平方米，新增摊位26个，市场总面积扩大到1.2万平方米；莱西市粮食物流项目已完成10处基层收纳库点改造，新增流转仓容2万吨；全市专业粮食批发市场年交易量达到50万吨，交易额17亿元。

三　深化粮食流通市场化改革，推进粮食产业化经营，粮食转方式调结构迈出新步伐

一是规范粮食市场主体多元化发展。完善粮食经纪人制度，胶州、莱西、即墨等市经纪人组织继续发展；加强市场准入监管，对205家收购许可对象进行了资格核查，依法清理31户。二是推动落实各项财税政策。积极落实加工企业减免所得税等优惠政策，落实了56家粮食企业免征房产税和土地税等税收项目；协调市财政足额拨付各类专项基金，保证了资金和经费及时到位。三是开展"放心粮油进社区、进农村"活动。指导企业扩大放心粮油直销店在青岛市和周边区市的布点工作，举办了山东省暨青岛市2010年粮食科技周活动，全市放心粮油进社区、进农村活动向纵深发展。四是加强行业指导和服务，推进产业化发展。依托行业组织筛选、审核、推荐上报了22家国家级重点粮油加工产业化龙头企业，其中20家获得批准，得到国家政策支持。落实安全生产责任，全面推行网格化管理，开展"安全生产月"活动和"安康杯"竞赛活动获得优异成绩，全市粮食行业保持了安全生产无事故。

四　夯实粮食执法基础，加强粮食流通监管，粮食行政执法再上新台阶

一是完善执法工作保障体系。全市落实粮食执法经费33万元、执法车11辆、执法人员108名，胶州、即墨、莱西等市成立了粮食执法队。二是加强流通秩序监督检查。全市出动执法人员1180人次，对813家粮食经营者进行了执法检查；市局先后8次对全市夏粮收购执法情况进行了督导。三是加强粮食市场监管。依法对社会原粮卫生、储备粮等进行了检查，累计抽查113批次；市粮油质量检测中心完成检测11000余批次，粮食消费安全得到维护。四是积极开展"全省粮食规范化执法示范县"创建活动。市局和胶州市粮办被评为全省粮食执法先进单位，即墨市、胶州市被评为全省规范化粮食执法示范县，即墨市粮食局被评为全国粮食系统先进集体和全国粮食执法先进单位。

五　完善保障机制，拓宽服务渠道，军供工作保持全省先进

一是强化军粮质量管理。全面执行新的质量标准，扎实完成了驻青部队军粮保障任务。二是加

强军供基础设施建设。争取国家支持改造扩建了城阳军供站，胶南军供站搬迁改造工作顺利推进。三是强化服务措施。加强了文明服务窗口建设，延伸了服务项目和领域，为部队义务送粮率达到95%以上。四是积极开展双拥工作。通过召开座谈会、走访慰问等形式加强与部队的联系，密切了军地关系。即墨市军供站被评为全国军粮供应管理工作先进单位，青岛市军供站被评为"全省双十佳"先进单位；全市"山东省十强军供站"达到3家，"山东省规范化管理示范站"达到4家，先进单位数量位居全省首位。

<table>
<tr><td>六</td><td>转变工作作风，提高行政效能，队伍建设、党群建设和廉政建设取得新成效</td></tr>
</table>

一是大力实施人才兴粮战略。创新干部引进、培养方式，跨区市选拔优秀人才充实领导班子，选派机关干部和企业干部双向挂职，延伸干部培养链；稳妥推进机关机构改革，处级干部竞争上岗工作顺利推进；推行主任（站长）助理制，进高等院校招聘急需人才，举办全行业职业技能大赛，人才队伍建设取得显著成绩。二是突出加强作风建设。教育、规范、督查三措并举，在党员干部中开展了治理慵懒行为等工作，认真学习贯彻落实干部选拔任用"四项监督制度"，制定出台《领导干部外出请销假管理暂行规定》、《新闻宣传报道管理规定》等制度，进一步规范了领导干部从政行为，工作效能得到进一步提升。期间，1名领导干部因工作不力被调整，1名中层干部因拉票行为被取消主任助理资格。三是切实加强党群建设和廉政建设。深入开展"创先争优创建党建品牌"以及"增强制度意识、争做执行表率"等主题活动，全局创先争优的做法先后两次在全市交流，纪检监察工作也多次在全国、全省粮食系统进行交流；局机关被评为"省级文明机关"、"青岛市廉政文化示范点"；"崇廉安粮"廉政品牌被评为"青岛市廉政文化品牌"。工会工作取得好成绩，市局工会荣获"全国模范职工之家"称号，全市有6家单位荣获"青岛市先进职工之家"称号。

◆ **青岛市粮食局领导班子成员**

黄润华	局长、党委书记
安郁宏	副局长、党委委员
岳　军	副局长、党委委员
孙一宇	市纪委驻粮食局纪委书记、党委委员
于莲华	副局长、党委委员

2010年6月，全国粮油仓储企业规范化管理活动总结会议在青岛召开。

青岛市级储备库三期工程竣工。

青岛市级储备油罐容量扩建项目顺利竣工。

宁波市粮食工作　基本情况

宁波市全市陆域总面积9816平方公里，其中市区面积为2461平方公里。全市海域总面积为9758平方公里，岸线总长为1562公里，其中大陆岸线为788公里，岛屿岸线为774公里，占全省海岸线的三分之一。截至2010年底，全市拥有户籍人口574.08万人，其中市区223.35万人。宁波辖海曙、江东、江北、镇海、北仑、鄞州6个区，宁海、象山2个县，慈溪、余姚、奉化3个县级市。共有78个镇、11个乡、63个街道办事处、617个社区和居民委员会和2576个村民委员会。

2010年，全市实现地区生产总值5125.8亿元，按可比价计算，比上年增长12.4%，按年均汇率折算人均GDP达10068美元（按常住人口计算）；财政一般预算收入达到1171.7亿元，其中地方财政收入530.9亿元，分别增长21.3%和22.7%；市区居民人均可支配收入30166元，增长10.2%，农村居民人均纯收入14261元，增长12.8%。2010年世界知名商业杂志《财富》评出中国五大最具商业发展潜力城市，宁波市成功上榜。这是宁波继上年10月蝉联《福布斯》中国大陆最佳商业城市前十强后获得的又一殊荣。同年，在中国城市国际形象调查活动中，宁波又荣膺"中国（大陆）国际形象最佳城市"。

2010年，全市农作物播种面积32.17万公顷，其中粮食播种面积14.81万公顷，粮食产量86.32万吨；建成粮食生产功能区109个，面积29.0万亩，其中市级粮食生产功能区46个，面积18.2万亩。全年新开工农村产业基地20个，新验收20个，全市产业基地总数达到105个，71个建成通过验收。全市粮食总需求量296.34万吨，其中口粮190.80万吨，饲料用粮54.15万吨，工业用粮50.31万吨，其他用粮1.08万吨。全市粮食产需缺口209.15万吨，全年向外采购粮食282.62万吨，向外销售粮食80.09万吨，省外购销渠道已拓展到16个省区。

截至2010年末，全市共有国有粮食购销企业17家，市本级国有粮食购销企业从业人员266人。

2010年粮食工作

2010年是宁波市粮食事业全面、协调、可持续的发展年。一年来，在市委、市政府和上级粮食部门的领导下，宁波市粮食局认真学习贯彻党的十七届四中、五中全会精神，以科学发展观为指导，以稳定粮食市场和保障粮食安全为总抓手，全面落实政府宏观调控措施，积极培育和发展粮食市场体系，大力推进粮食物流设施建设，切实加强党的建设和精神文明建设，如期完成了年初确定的各项工作目标，实现了宁波市粮食事业平稳较快发展。

一　积极保供，努力稳价，确保粮食有效供给和市场稳定

（一）搞好预期管理，粮食保供稳价工作运行良好

各级粮食部门认真组织开展全社会粮食产需供求情况的全面调查统计，切实掌握区域粮食流通情况，为各级政府和粮食部门制定粮食安全保障措施提供了决策依据。根据调查，2009年末全市人口965万（其中外来人口394万），全年粮食消费59亿斤，产需缺口42亿斤，其中稻谷缺口26亿斤（粳稻缺口14.5亿斤）。及时分析判断粮食宏观形势和发展趋势，深入了解粮食加工、批发和零售经营情况，掌握购销库存动态，协调各个环节保持紧密衔接。加强粮食供求和价格监测，完善监测管理网络，全面、及时、准确反映市场真实情况，为落实粮食保供稳价措施奠定基础。积极争取4家骨干加工企业参与中央储备粳稻谷邀标竞购资格，共拍得东北粳稻谷2.95亿斤，并督促企业按政策规定进行销售，稳定市场和价格。利用中央财政对购调东北稻米实行运费补贴政策，共采购稻米2.09亿斤，获取补贴资金1250万元。引导和发动粮食批发市场和贸易企业采购成品粮油，丰富市场供应货源，市粮食批发市场全年交易粮油达6.53亿斤。国有粮食收储企业服从调控要求，充分利用储备轮换和当地收购的政策性粮源，有节奏地调节市场供求，全年共投放市场粮食3.93亿斤。切实抓好军粮供应工作，严肃执行军粮供应政策，保证粮油质量全年全部合格。鄞州区和市区军粮供应站分别获得全国军粮供应先进集体和先进个人1名，象山县和鄞州区军粮供应站分别获得南京战区先进单位和先进个人1名。全市粮食市场和军需民食的供给稳定得到了有效保证。

（二）拓展流通渠道，粮食产销合作更加紧密

坚持"远交东北大粮仓、近联毗邻产粮省、扶持民营企业参与"的基本方针，在巩固原有产销合作网络的基础上，加强与主产区粮食加工经营企业的合作，进一步拓宽、申畅粮食流入通道。千方百计吸纳产区粮食进入全市，增加市场有效供给。白沙粮库与黑龙江万源粮油食品有限公司签署《粮食储销合作协议》，免费提供储粮库容，帮助组建"宁波江北万鹤源粮油食品有限公司"，常年销售东北大米，全年销售优质东北大米2000万斤以上。不断深化国有粮食购销企业与粮食主产区的产销合作关系。慈溪市分别与江西九江、铅山和安徽宣州建立粮食生产基地10万亩，年提供粮食6000万斤，用于地方储备粮轮换补库；北仑区在安徽巢湖投资近800万元，扩建改造仓储设施，建立收储基地，全年收购粮食达2000万斤；市区、镇海区与江西高安市合作开展早籼稻代购代储，委托代储粮食3200万斤；奉化市与江西景德镇合作，委托代储早籼稻储备200万斤。继续推进民营企业与粮食主产区加大产销合作力度。梁桥、米氏、祥祥等粮食加工经营企业在东北等地建立稳固的粳稻米收储基地，粮食批发市场经营大户与东北产区大米加工企业进行厂商直接挂钩，合作关系愈加紧密。粮食产销合作关系的深入推进，有效促进了主产区粮食的稳定调入。

（三）加大扶持力度，促进粮食市场主体拓展经营

各地粮食行政管理部门从当地实际出发，认真研究制定激励措施，协调和推动多元主体的粮食企业增加投入，开拓经营。为了确保居民口粮供应，积极鼓励企业采购东北稻米，在国家取消运费补贴的情况下，经调研提议并报市政府批准，对全市12家骨干粮食企业采购东北稻米实行运费补贴，安排

采购计划3亿斤，落实财政补贴资金1500万元。大力支持粮食加工企业建设仓储、烘干设施，改造厂房，更新设备。梁桥米业公司连续两年投资5000多万元进行技术改造，全局和鄞州区贸易粮食局协调落实技改贴息和烘干机械补贴政策，调动企业投资积极性，增强粮食加工能力。通过探索和实践，加强地方储备粮和应急成品粮储备与市场经营粮源的有机结合，委托市场主体企业代理采购和轮换，既减轻了企业仓储、利息费用负担，又节约了财政补贴资金。充分利用国有粮食收储企业仓储、中转等流通设施的优势，为各类粮食加工、批发企业提供代储、转运服务，支持企业积极向外采购粮食，增加库存，保障供给。竭诚帮助解决东北粮源的运输困难，多次商请协调黑龙江省粮食局和哈尔滨铁路局给予大力支持，2010年1月落实紧急调运车皮960只，运输粮食1.14亿斤。市场主体企业的拓展经营和发展壮大，有效提高了全市粮食市场调节、市场平衡能力。

二　强化措施，改善服务，粮食订单收购和收购市场管理工作顺利开展

（一）落实支农惠农政策，充分调动农民种粮售粮积极性

各地坚持从有利于保护农民利益，有利于调动农民种粮积极性，有利于掌握调控粮源的要求出发，认真研究制定粮食产销政策方案，协调统一有关部门的思想认识，提供各级政府正确决策。坚持以市场价加价外补贴的订单粮食定价政策，确定市场收购价为每50公斤——小麦90元（红、混小麦86元），提高4%；早稻100元，提高2%；晚粳稻130元，提高27%。价外补贴、市定种粮大户补贴全额兑现，有的县（市）区还实行运费补贴、烘干补贴等政策，促进农民增加种粮收益。认真做好粮食收购订单签订工作，全市4.27万农户与国有粮食购销企业签订粮食收购订单4.138亿斤，全部落实到户。同时，全市高度统一政策，努力满足农民投售余粮的需求。

（二）改善收粮条件，加强为农服务工作

全市各地精心部署粮食收购优质服务活动，千方百计解决农民晒粮难问题，减轻农民劳动力负担。全市粮食收购站点配备粮食烘干机81台，帮助梁桥米业公司投资1000万元，安装烘干能力500吨的大型烘干机2台，全面提供农民烘干稻谷。主要收购站点安装大吨位地磅，179台粮食输送机投入收购使用，大大减轻了农民晒粮和售粮成本。严格执行订单粮食收购价格政策，坚持公开、公平、公正的按质论价作价办法，不折不扣兑现价外补贴和种粮大户补贴款，确保农民投售放心粮、明白粮。全市发放粮食预购定金309万元，象山县还积极主动与信用联社联合推行订单粮食联保贷款试点工作，为种粮农户尤其是种粮大户排难解忧。积极实施"四上墙"、"五公开"、"三优先"等传统的优质服务措施，并不断予以创新，提高农民满意度，使农民对粮食收购满意率达到99%。截至2010年12月26日，全市已收购粮食2.81亿斤，其中小麦1500万斤，早稻1.426亿斤，晚稻1.234亿斤，预计全年可收购粮食3亿斤以上。

（三）依法加强管理，维护正常的粮食收购市场秩序

按照国务院《关于做好秋粮收购和粮食市场调控工作的通知》精神，各级粮食行政管理部门认真开展粮食收购资格和收购市场检查，依法核查收购企业148家，其中国有企业72家，民营企业74家，外资企业2家，依法注销粮食收购资格企业4家，核定粮食最高库存企业72家。规范粮食收购者从事跨地区收购备案制度，引导各类粮食收购企业遵守《粮食流通管理条例》，依法入市收购粮食。同时，深入粮食市场和企业了解掌握粮食购销和库存动态，严格防止囤积居奇、相互串通、哄抬价格、操纵市场等违法经营行为发生，确保粮食市场收购有序，供应稳定。

三　完善制度，加强管理，粮食安全责任制全面落实

（一）强化分级责任意识，全面实施粮食安全责任制考核

根据省委、省政府关于建立完善粮食安全行政首长负责制并严格考核的要求，各级粮食行政管理部门认真履行粮食安全工作协调小组办公室的职责，主动会同相关部门制定考核办法和现场考核实施方案，细化粮食供需平衡、粮食生产、粮食生产能力保护和粮食储备及应急能力的具体指标评分办法，力求客观、公正地评议区域粮食安全保障工作。市和县（市）区政府全面签订《粮食安全责任书》，各级政府按照责任书要求，认真落实扶持粮食生产政策，切实采取措施保护耕地，确保粮食供给安全。经过市对县（市）区和省对市的考核，全市各地全面完成粮食安全责任制考核目标。通过考核，进一步增强了各级各部门粮食安全责任意识，加强了对粮食工作的政策支持和措施落实，为保障区域粮食安全奠定了重要基础。

（二）加强地方储备粮油管理，确保储备充足、数量真实、品种合理

各地全面落实粮食和食用油储备规模，确保3940万斤成品粮和100万斤包装食用油应急储备到位，做到规模落实，粮源到位，管理规范，保证政府调控措施落到实处。切实搞好储备粮油推陈出新，全年轮换粮食出库3.15亿斤、补库2.41亿斤。为充分发挥储备粮调节市场供求，提高保供的有效性，根据市场实际需要，积极调整储备粮品种结构，增加晚稻储备比重，全市晚稻储备比例在20%以上，市本级达到42%。配合贸易和财政部门，调整储存玉米1000万斤，大豆240万斤，增强"菜篮子"保障能力。切实加强储备粮油规范管理和库存检查，按照国家统一部署，扎实开展粮食清仓查库工作，认真落实县级自查、市级普查、省级复查，做到"有仓必到、有粮必查、有账必核、查必彻底"。通过各级查库情况反馈，全市粮食库存继续保持账实一致、库贷合规、质量完好、管理到位的良好基础。

（三）开展粮食仓储规范化管理活动，切实提高国有粮食购销企业的管理水平

根据省粮食局统一部署，积极选派仓储专业人员参加国家和省粮食局举办的专项培训，认真组织各县（市）区仓储管理骨干进行业务培训，学习储粮技术规范和仓储管理办法，提高理论业务水平。制定粮食仓储规范化管理实施方案，全面清理和完善仓储管理制度，修订仓储管理人员岗位责任制。加强仓储硬件设施投入，改善仓储设施环境和条件。建立仓储规范化管理评议小组，按照实施办法对仓储管理进行验收评价，有效提高了粮食仓储管理水平。深入开展"星级粮库"和"一符四无"粮仓鉴定验收活动，对"一符四无"粮仓实行"一月一自查、一季全面查、全年总评议"。积极推行科学保粮，大力推广环流熏蒸、无线测控、粮面压盖、薄膜密闭等新技术，降低防治成本，提高保粮效果。经检验，全市粮食仓储全面合格，达到"一符四无"标准，无一坏粮、烂粮事故发生。

四　突出重点，加紧实施，粮食流通设施建设取得新的进展

（一）破解难题，努力完成市（庄桥）粮食批发市场建设任务

该项目于2009年4月正式动工，总投资2.7亿元，是全市粮食基建项目的重中之重。一年来，全局上下紧密配合，扎实工作，及时落实建设资金，克服管理、施工方面人事变动的影响，确保工程质量，努力推进建设进度。项目土建工程竣工并通过验收，配电设备和弱电安装、二次装修、绿化等配

套项目和消防改进工作正在加紧进行。认真研究制定经营户整体搬迁方案，预计2011年春节后即可正式开张营业。

（二）消除空白，各县（市）区中心粮库项目全面实施

各县（市）区中心粮库建设筹建、施工、运行"三箭"齐发，形势看好。到2010年底，中心粮库筹建2处、在建3处、完成4处。余姚市、慈溪市、鄞州区和奉化市中心粮库建成并投入使用；宁海县、象山县和余姚市长亭中心粮库正在兴建；镇海区、北仑区中心粮库已经立项，进入筹建阶段。深入调研市本级现有仓储设施现状，摸清资源和布局，与海曙区、江北区政府部门多次接洽沟通，就规划拆迁方案问题进行磋商，决定兴建市本级粮食储备库，前期工作开始启动。

（三）物流中心项目艰难推进，现有设施功能继续发挥

分析粮食产需和物流业态的长远发展形势，粮食物流中心是全市粮食安全体系中最核心的枢纽设施。自规划筹建以来，已先后完成投资主体注册，项目功能和基建规模确定，规划设计、可行性报告并通过立项。继续加强与有关政府部门的衔接协调，以及与中粮、中储粮等国家大型企业的沟通交流，努力推进招商引资工作。该项目虽然受土地、资金、码头等因素制约，梗阻较大，前期工作进展维艰，却得到了市政府的高度重视，现已列入"十二五"发展规划。同时，各地因地制宜，统筹安排，科学整合和优化基础设施，充分发挥现有设施的基本功能。市本级全年安排仓储改造和设备购置资金237万元，已全部完成。

五　教育先导，制度保证，粮食部门队伍建设和内部管理得到加强

（一）以开展创先争优活动为契机，全面提升党建工作水平

紧密结合粮食部门实际，围绕主题，丰富载体，承诺践诺，扎实推进创先争优活动。以党委中心组学习为龙头，紧扣理论武装学，紧扣形势政策学，紧扣党性修养学，紧扣粮食工作学，切实加强学习型党组织建设。深入开展"深化作风年"、"创建服务型机关、促进企业发展"、民主评议机关活动和机关效能建设，不断提高作风建设的实效。认真落实党风廉政建设责任制，结合粮食部门的两起案例，开展反腐倡廉专题教育，吸取教训，完善制度，增强拒腐防变的自觉性。搞好直属企业领导干部选拔聘用和事业单位岗位设置工作，探索建立人才教育培训基地，进一步加强了干部人才队伍的建设与管理。

（二）以创建"和谐粮食"为内核，认真抓好安全生产和综合治理工作

全面部署"安全生产年"工作，组织搞好"安全生产月"活动，把握好宣传教育、安全监管、隐患整治三个关键环节。经常排查不安定因素，超前管理，维护企业稳定和社会和谐。全年机关和直属企业未发生一起交通、消防、生产、食品卫生等各类上报责任事故，未发生一起群访、越级信访事件。认真抓好老干部管理、扶贫帮困、农村指导员工作，圆满完成粮交会参展、参观和接待等工作任务，热忱受理人大代表建议、政协委员提案，做到程序规范，态度诚恳，服务周到，受到了工作对象的广泛好评。

（三）以目标考核为手段，切实提高管理绩效

认真抓好系统各项绩效管理，做到年初有目标，年底有考核，全年有督查，成为提高机关工作效能和企业社会效益、经济收益的得力举措。进一步完善企业财务管理，堵塞漏洞，充分挖掘内部潜力，搞好增收节支。加强国有资产管理，坚持市场化经营，规范化运作，实现国资保值和增值。全市

国有粮食购销企业无一家亏损，市本级企业全部超额完成利润指标。 积极引进金融机构在粮批市场设立营业网点，为市场提供金融服务。顺利完成市本级三年一轮的粮食收储业务财政补贴核算工作，为政策性粮食工作的高效运行提供了经济保障。全局在全省粮食系统年度考评中，连续六年荣获一等奖。网络信息工作再创佳绩，政务信息网被评定为市级优秀单位，信息报导工作再列全省前茅。

◆ **宁波市粮食局领导班子成员**

杜钧宝	局长、党委书记
胡望荣	副局长、党委委员（任职至2010年4月）
徐常升	副局长、党委委员
杨久义	副局长、党委委员
冯沛福	副局长、党委委员
徐 挺	副局长、党委委员（2010年9月任职）

2010年1月28日，宁波市全市粮食局长会议在余姚召开，市粮食局局长杜钧宝讲话，对2010年全市粮食工作做了部署。

2010年8月4日，市粮食局局长杜钧宝检查江北、镇海两地早稻收购工作，并慰问一线收粮职工。

2010年11月8日，市粮食局局长杜钧宝在市粮食局"三思三创"活动动员暨党风廉政建设大会上发言。

厦门市粮食工作

基本情况

厦门地处我国东南沿海、台湾海峡西岸，位于闽南金三角中心，是全国首批经济特区和副省级计划单列市。陆地面积1565平方公里，海域面积300多平方公里。现辖岛内思明区、湖里区和岛外集美区、海沧区、同安区、翔安区6个行政区。

"十一五"期间，厦门市粮食工作取得显著成效。理顺全市粮食行政部门管理体制机制，解决粮食行政管理"一市三制"的管理机制不顺畅、不统一问题。率先实施粮食购销市场化改革，将经营性国有粮食企业原粮食集团公司划转夏商集团，把6家政策性国有粮食企业整合成1家，并完成原市属、区属各粮食收储（购销）企业合并组建成厦门市粮食购销有限责任公司的任务，有效解决了"老人、老粮、老账"的"三老"问题。投资3.6亿元，新建5个现代化粮库，新增库容32万吨，实现了"一个行政区建一个中心粮库"和"三年建库、三十年无忧"的目标，仓储管理工作走在全国同行前列，科技储粮水平进一步提高。引粮入厦渠道持续拓宽，粮食产销协作关系不断延伸，粮食供给总量从2005年的234.5万吨增加到2010年的340万吨，净增105.5万吨，增加45%。自觉实现粮食行政职能的"两个转变"，粮油市场监管与服务水平不断提升，注重抓市场秩序促规范、抓市场主体培育促发展，获得了国家和省市粮油优质品牌16个。制定完善各项应急预案27个，确认14家骨干粮食加工企业和25个骨干粮店。

2010年，厦门市国内生产总值2053亿元，增长15.1%，其中第一、二、三次产业增加值分别为23.00亿元、1026.86亿元和1003.88亿元，分别增长3.2%、20.4%和9.7%。人均GDP达到1万美元，城镇居民人均可支配收入2.9万元，农民人均纯收入首次突破1万元。年末常住人口353.1万人，户籍人口180.2万人。

全年农作物播种面积43.2万亩，其中粮食播种面积44.22万亩，产量4.5万吨，与上年持平。粮食购销、存储总量再创新高，中转贸易数量持续增加，购销两旺趋势保持延续。全社会粮食总供给340.06万吨原粮，比上年增加62.02万吨，增长22.31%。其中国内购进量286.98万吨，进口48.58万吨（增加4.84万吨）；总需求317.69万吨，增加36.6万吨，增长13.02%。年末粮食总库存比上年增加48.3%。全市食用植物油总需求量49.01万吨，增长10.38%。全市重点油脂企业食用油总购进量38.84万吨，比上年减少10.9%，总销售39.11万吨，减少3.67%。

2010年末，全市粮食经营、加工转化和用粮企业989家，其中具有粮食收购资格企业44家，中央及地方粮食储备企业6家。大中型粮油加工企业31家，其中大米加工13家、面粉加工9家、食用油加工3家，粮食复制品加工7家。获得国家和省市优质粮油品牌16个，其中国家级2个、省级6个。

2010年粮食工作

2010年，厦门市粮食局深入学习贯彻落实胡锦涛总书记、习近平副主席视察福建厦门的重要讲话精神，积极采取措施应对粮价上涨的影响，推进粮食工作不断取得新进步，先后获得了"全国粮食流通监督检查工作先进单位"、"全国军粮供应管理先进单位"、"全国粮油仓储规范化管理先进企业"等荣誉。

一　巩固发展产销协作，入厦粮源渠道不断拓宽

（一）落实产销协作，积极引粮入厦

积极开展省际和省内间对接洽谈、政府间或企业间产销协作，加大引粮入厦工作力度。配合省粮食局做好在厦门召开的七省粮食产销协作洽谈会筹备工作，组织29家粮食企业参会，完成意向购粮66.8万吨，现场签约34.6万吨，创历届最高水平；组织14家粮食企业参加第九届省内产销协作洽谈会，意向购粮12.4万吨，签订粮食购销合同7.9万吨；协助全市2家粮食企业参与东北粳稻定向拍卖会，成功采购2.1万吨粳稻入厦。

（二）加强调运协调，实现购销两旺

主动加强与铁路、交通等部门的沟通协调，帮助解决调粮疏运问题，保证引粮入厦交通运输通畅。全市粮食市场购销两旺，保持连续增长态势，据百家重点粮油企业统计：全年购入粮食420.37万吨，比上年增加167.78万吨，比增66.42%；销售和转化用粮392.37万吨，比上年增加153.72万吨，比增64.41%；食用油购入38.84万吨，比增－10.94%；食用油销售39.11万吨，比增－3.69%。年末粮食库存量比上年增加16.26万吨，创20年来新高。

（三）培育市场主体，推动创新发展

引导粮油企业走产学研相结合、一体化经营、科技兴企的路子，鼓励走高端、创品牌，引进新技术、新设备，加快产业化改造升级，做强做大产业规模。"9·8"投资洽谈会期间，厦门中盛粮油集团有限公司与马来西亚东海岸经济特区发展理事会签署谅解备忘录，首创兴建马来西亚棕榈油生产基地；煌发米业公司与台湾创新农业生物科技研究中心合作，引进台湾"越光米"在省内成功种植近千亩，首开两岸粮食经济合作先河。发挥市粮食协会的桥梁纽带作用，组织大中型粮油企业赴台开展经贸考察交流，牵线搭桥帮助会员企业解决融资难问题，有7家粮食企业获得民生银行贷款3150万元，另有5家获得3000万元额度贷款。

二　加强储备粮油管理，宏观调控能力持续提升

（一）超前谋划，顺利完成市级储备粮轮换任务

针对年度轮换任务较重，产区受灾、夏粮减产、收获期推迟等新情况，做到早计划、早安排、早

启动，主动加强与主产区粮食部门的联系协调，贯彻落实储备粮定价工作联席会议制度，精心组织2场轮换储备粮轮换拍卖会和3场政府招标采购会，圆满完成全年6.35万吨储备粮轮换任务。经协调并报市政府同意，自翌年始增加市级储备粮1.5万吨。

（二）注重协调，落实部分储备粮定向加工供应

协调并报市政府同意，在6月和11月各安排1.2万吨和1万吨的市级储备稻谷由夏商粮食发展公司负责组织加工，以优惠价（团体每500克1.42元，零售价1.49元）定向销售给厦门市大伙食团体（含在厦高校）及社会低收入群体。通过采取提升大米品质、增加岛内外6个团购提货点、增加供应网点至50多个等办法，受到市民普遍欢迎，特别是采取增加投放量、开设导购服务电话、拆包零卖限购、加强监督检查等应对措施，迅速协调解决追加1万吨定向加工刚投放市场时个别零售点脱销问题，发挥了平抑粮价、保障低收入群体的作用。

（三）强化管理，开展粮食仓储企业规范化管理活动

组织对市粮食购销公司所属7家国有粮油仓储企业进行达标考核，积极推广运用科技储粮新技术；创建旗山粮库示范库，以点带面推进全市粮油仓储规范化管理创新发展，使该项工作走在全国同行前列，荣获"全国粮油仓储规范化管理先进企业"称号。

（四）搞好统筹，编制完成粮食行业"十二五"规划

认真总结厦门市粮食行业"十一五"规划，编制完成《厦门市粮食行业"十二五"规划》，明确了"十二五"发展目标、工作思路和政策措施，力争实现以下规划目标：建立满足300万常住人口的供应保障体系，增加市级储备粮4万吨、食用植物油0.45万吨；期末粮食总供给量达到400万吨以上，对市外贸易流通量达到本市消费量的2倍以上；新建优质粮源生产基地15万～20万亩，新增总量翻一番，基地所产粮食供给量占本地消费量20%以上；督导粮油企业按计划投资8.8亿元建设加工、仓储设施项目，做强做大百亿粮油加工产业链，争取有1～2家国家级农产品加工龙头企业上市；加快粮食批发市场建设，逐步建成闽南地区和赣、浙、粤铁路粮食物流枢纽。

三　加大依法管粮力度，流通市场秩序规范有序

（一）加强监督检查，确保粮油质量

坚持季度粮油质量分析会和考评工作通报等制度，积极开展全市粮油质量季度考评工作，随机抽查63家粮油企业107批次粮油及其复制品，四大必检卫生指标均符合标准。组织8次较大规模的粮油市场监督检查，抽查121家粮食企业、现场抽取496份样品，卫生指标合格率达100%，较好地督导落实粮食经营企业最高、最低库存量规定。4月份完成市粮油质量监督站的搬迁扩建，投入100多万元改造办公设施和添置检测仪器设备，实现软、硬件设施建设质的飞跃。

（二）推进"放心粮油"工程，参与治理"餐桌污染"

组织专项检查小组开展全市粮食安全、粮油供应质量卫生、治理"餐桌污染"专项检查行动，随机抽取38家粮食企业的大米、面粉、食用植物油样品进行检测检验，跟踪检测推荐的24家放心粮油示范企业的粮油质量安全保障情况。组织开展第三十个"世界粮食日"宣传周纪念活动，在10月16日《厦门日报》上开辟宣传专版介绍厦门市粮食系统改革发展成效，在集美区侨英街道北区文化广场举办专场纪念活动暨放心粮油进社区活动，组织专家上街咨询服务，引导市民健康消费。

（三）简化行政审批环节，搞好粮油价格监测

实行行政审批统一窗口收件，规范内部流转，完善审批制度，网上审批办理4家粮食收购资格证，完成全市44家粮食收购企业的资质审核和14家骨干粮食加工企业、25家骨干粮店的年审，并在市粮食局网站上公布。建立18个市场价格监测点，实行周报、旬报和月分析制度，随时掌握粮油市场动态及其趋势分析和预测。2010年粮油价格保持整体平稳上涨态势，1～8月份涨幅不大，9～11月上涨加快，12月高位横盘。早籼米平均零售价每500克（下同）1.95元，比年初涨18.9%，同比涨21.6%；晚籼米2.27元，比年初涨18.9%，同比涨20.1%；东北粳米2.47元，比年初涨34.2%，同比涨35.7%。面粉1.84元，比年初涨1.1%，同比涨1.1%。散装大豆油5.28元，比年初涨14.8%，同比涨14.8%；调和油6.3元，比年初涨11.3%，同比涨16.2%；花生油10.23元，比年初涨8.8%，同比涨20.1%。

（四）强化安全生产工作，信息报送取得突破

逐级签订安全生产责任书，扎实开展"安全生产月"、安全生产大检查、企业安全生产级别评定等专项行动，狠抓安全隐患的排查整治，实现了全系统安全生产零死亡零事故的"双零"目标，受到了福建省、厦门市安委会考评组的充分肯定。全年被厦门市委市政府两办采用信息达到66条，比去年增加26条，远超市两办下达的录用指标17条要求，创历史之最，取得了量与质的双突破。

四　认真履行军供职责，服务保障水平不断提高

（一）实行关口前移，确保军粮质量

健全军粮质量分析联席会议制度，初步建成军粮供应链全过程的质量监管体系。市军供站配备专职检验员对每批拟采购的军供粮油先行取样初验，从源头上把好质量关，实现关口前移。加强对夏季军供粳米质量的监管，完善应急预案，提高应急处置能力。强化军供大米执行新国标情况的检查督导，召开专题分析会，研制军供大米执行新国标的质量保障措施。

（二）增强服务意识，密切军地关系

坚持召开军供工作春节座谈会、开展建军节期间走访慰问活动，广泛征求部队对军供工作和"三无岛屿"专供免淘米、强化面粉等方面的意见建议。积极与省粮食局沟通协调水警区请求的供应舰艇部队免淘米和强化面粉问题，努力改善军供服务设施条件和海岛供应。

（三）扩大经营范围，拓宽服务领域

按照军供"主副并进、以副补主"的经营思路，积极开拓副营业务，增加供应适销对路的其它粮油食品和日用品，进一步满足部队官兵生活需要。

五　开展创先争优活动，精神文明创建再上新台阶

（一）开展创先争优活动，营造积极向上氛围

召开全系统党组织书记座谈会，开展创先争优宣传月、国庆读书月、"三级联创"，举办以"着力四个提升、推动科学发展"为主题的党课教育等活动，指导所属党组织拟定"履职创先"目标和每个党员"岗位争优"计划，公开向职工群众作出承诺。组织干部职工参观市规划展览馆、气象馆等活动，做好帮扶慰问困难党员、职工和老同志等工作。

（二）开展文明创建活动，努力提高机关效能

制定局机关效能建设工作意见，细化考核指标，分解工作责任，做好迎接市直机关文明办的市级文明单位考评准备，获得市级文明单位，并指导第一分局和第二分局做好文明单位的参评。市粮食购销公司、市军供站、市粮食局和翔安购销公司分别保留省、市和市直机关文明单位称号。组织机关人员向舟曲灾区和南平灾区捐款12.94万元。

（三）加强党风廉政建设，做好人事、老干部工作

编辑《廉政准则》8个禁止52条不准规定分发各级领导学习，指导市军供站、市粮食购销公司制定完善相关制度，跟踪督导规范运作。扎实做好干部考核、人事调动、工资、档案、信息等工作，贯彻落实《干部选拔任用工作四项监督制度》等干部管理制度，选派9名处级及处级以上干部参加市委党校培训，组织机关工作人员参加学习。

◆ 厦门市粮食局领导班子成员

曾耀民	局长、党组书记
郭勇鹏	副局长、党组成员
林育周	市纪委驻粮食局纪检组长、党组成员
林勇鹏	副局长、党组成员
张伟生	副局长、党组成员

2010年11月，厦门市粮食局邀请10个粮食主产区同行参加产销协作会。

厦门市军粮供应站荣获全2010年"全国军粮供应管理工作先进单位"称号。

厦门市政府从2010年5月起，安排2.2万吨市级储备粮定向加工，以优惠价供应低收入群体。

深圳市粮食工作　基本情况

　　深圳市1979年设市，1980年设立经济特区，现为国家副省级计划单列城市。深圳市东临大亚湾和大鹏湾，西濒珠江口，北与东莞、惠州两市接壤，南与我国香港特别行政区一河之隔。全市土地总面积1991.64平方公里，现辖罗湖、福田、南山、盐田、宝安、龙岗等六个行政区以及光明新区、坪山新区。2009年，深圳市机构改革对粮食行政管理体制作了调整，即由原发改局负责的粮食行政管理调整为由市发改委负责组织制订重要物资（含粮食）储备的计划和政策；由市科工贸信委承担粮食行政管理职责，组织实施粮食等重要物资储备和市场供应。

2010年粮食工作

　　2010年，深圳市纳入粮食流通统计范围的粮食企业共43家，其中国有粮食企业3家。政府和国有粮食企业粮食仓容总量为39.5万吨。深圳市2010年度粮食需求总量约450万吨，由于深圳市是粮食纯销区，粮食供给全部依靠国内调入和进口解决，由市外调入粮食约350万吨，进口约100万吨。

一　及时进入角色，切实肩负起粮食管理的责任

　　科工贸信委积极支持并坚决执行市委、市政府的决定，按照新的职能有效地开展粮食行政管理工作。一是迅速与市发改委做好人员和工作的交接，确保工作的连续性；二是由分管委领导带队赴粮食集团、宝安区粮食公司、龙岗区粮食公司及市属平湖粮库调研，全面了解掌握全市粮食工作现状；三是多次主动上门与市发改委、财政委、农发行等相关单位和部门，深入探讨粮食储备管理的具体分工和下一步做法；四是认真完成省粮食局交办的临时性工作任务；五是组织库房安全和库存数量清查工作；六是审核11家粮食企业2009年在东北地区收购秋粮18.92万吨运费补贴工作，共计补贴2284.41万元；七是按照省粮食局的要求，认真做好粮油仓储规范化管理评价和军粮供给工作；八是开展《粮食流通管理条例》颁布实施六周年和《2010年全国粮食行业普法依法治理工作要点》等宣传活动。

二　建立粮食应急保障体系

为加强粮食应急保障体系建设，规范粮食应急保障网点的认定管理，落实粮食应急加工、运输、供应，增强粮食应急保障能力，确保全市粮食安全和社会稳定，科工贸信委于2010年3月10日对24家粮食应急保障网点企业挂牌。其中，大米加工企业8家、面粉加工企业3家、油脂加工企业3家、大型经营超市4家、物流运输企业6家。应急保障网点日加工大米1392吨，日库存大米30660吨；日加工面粉2300吨，日库存面粉6600吨；日加工油脂6200吨，日库存油脂95406.28吨；运输车辆340台，核定载重量达11461吨。挂牌的粮食应急保障网点具有点多、线长、面广、机动性强等特点，网点将覆盖全市8个行政区的56个街道和社区。

三　全面落实储备粮油指标任务

2010年省下达全市储备粮比以往同比增加229.73%，新下达全市储备油增加100%。在库房紧张、任务繁重的情况下，克服困难，科学安排，合理利用现有库房，将任务分布到各点、各库。至5月底，按照省下达储备粮油指标任务已全部进库，进库率达102%。至6月底，完成省下达储备油进库率达100%。

四　建立粮油市场保供稳价机构

为切实承担起粮油市场供应价格稳定的责任，科工贸信委协商发改、财政、市场监督管理局等单位，成立粮油市场保供稳价工作小组，负责统一组织协调全市粮油市场供应和价格稳定工作，并制订了《深圳市保证粮油市场供应和价格稳定工作方案》（深科工贸信市场字〔2010〕324号）。工作小组由市政府袁宝成副市长任组长；科工贸信委副主任朱云生、财政委副主任张福通、市场监督管理局副局长廖远飞任副组长；成员由科工贸信委流通市场处处长陈斌、副处长蔡少玲；发改委产业协调处调研员骆跃飞、价格处主任科员谭茂芹；财政委科技工贸和金融处调研员李红燕；市场监督管理局价格监督检查分局副局长李又新、副主任科员郭铭新；市粮食集团副总经理卢启光、企管部部长王常青、职员罗广平等人员组成，具体工作由科工贸信委牵头。工作小组主要任务：一是协调市有关单位按职责分工认真做好粮油市场供应和价格稳定工作；二是定期召开分析会，通报市场变化情况，预测市场变动趋势，根据会商分析结果，及时部署成员单位做好应急准备，必要时提前采取相应的先期处理措施；三是建立重点粮油企业联系制度，将具有一定规模的加工、批发、零售企业纳入管理范围，并建立沟通和联系制度，及时掌握企业采购、加工、销售、库存等情况，防止囤积、哄抬价格；四是合理调度政府储备粮油，当出现《深圳市粮食应急预案》规定应急状态时，及时、准确、有效地将地方储备粮油投放市场，通过增加供给引导稳定市场价格；五是指导粮油企业加强购销合作，加强市场监督，提高地方粮油市场调控能力，做好保供稳价的各项工作。

五　加强储备粮油监测，确保粮食安全

为确保储备粮质量安全，科工贸信委从6月开始，与广东省农科所粮油质量检测站联系，投入16

万元，对全市储备粮进行质量检测。其中对储备大米扦样124份，铅含量最高为0.063mg／kg；镉含量最高为0.19mg／kg；铅含量最低为0.029mg／kg；2009年生产2010年6月和7月入库的5402.247吨东北大米尚未检测出重金属含量。12月9日由科工贸信委组织召开质量检测情况通报会。通过检测，全市储备粮合格率达100%。

六　及时做好市场监测，准确预测行情变化

年初，针对持续的自然灾害，及时对粮油价格和供应情况进行调研，通过市场监测，从2009年底到2010年3月，主产区品种大米收购价格有较大幅度的上涨，其中东北粳米收购价每吨从3000元上涨到3600元，优质东北粳米收购价每吨从3300元上涨到4000元；南方主产区籼米价格相继上涨5%~10%。深圳市粮油市场批发和零售价格增长幅度明显小于产区收购价，其中东北粳米批发价增幅约10%，零售价格出现5%～8%升幅，米价小幅上涨对深圳市居民日常消费影响不大，市场反应比较平静。通过及时准确的市场监测，为确保粮食市场的稳定奠定了坚实基础。

七　组织培训提升企业员工素质

科工贸信委承担上报省粮食局的各种统计报表，如粮油价格检测周报、社会粮食供需平衡调查表、地方储备粮省外购入报表共计26种，其中有周报、月报、旬报和年报，特别是填报对象90%以上是民营企业，填报积极性不高。今年来，组织了全市30多家粮油企业负责人和统计人员共50多人（次），进行现行粮油政策法规宣传及统计工作培训班，粮油企业反映较好。

八　加强军粮的管理与供给工作

深圳市承担并保障驻军伙食单位的粮油供应计划的落实、军粮供应设施的维护改造及军粮质量监管、应急保障体系建设、供应业务培训、供应管理信息化建设、供应管理统计等工作。

九　组织粮食企业赴东北采购优质粮源

为保障深圳市粮食市场供应和价格稳定，科工贸信委首次组团于8月底赴黑龙江省佳木斯建三江参加粮食交易治谈会，协议采购优质东北粳米约53万吨。其中市粮食集团18万吨、中泰米业公司13万吨、稼贾福公司12万吨、春谷园精米加工厂10万吨。

十　周密部署，严密组织届满考核工作

根据省《关于开展全省粮食安全责任届满前考核和地方储备粮油计划落实情况检查的通知》（粤办函〔2010〕612号）精神，先后多次协调发改委、财政委、规划国土委、农业局、市场监督管理局和农发行等单位，积极组织考核前各项准备工作，使深圳市粮食安全责任工作自评成绩达到97分，顺利通过了省政府组织的考核验收，并得到了考核组的充分肯定。

◆　**深圳市科技工贸和信息化委员会领导班子成员**

王学为　　　　主任、党组书记

王晓春　　　　副主任、党组成员

殷　勇　　　　副主任、党组成员

彭新叶　　　　副主任、党组成员

贾兴东　　　　副主任、党组成员

陆　健　　　　副主任、党组成员

谢建民　　　　副主任、党组成员（分管粮食工作）

刘　锦　　　　副主任、党组成员

邱　宣　　　　副主任、党组成员

高　林　　　　副主任、党组成员

5

第五篇

粮食政策与法规文件

国务院办公厅文件

关于进一步加强节约粮食反对浪费工作的通知

（国务院办公厅 国办发〔2010〕7号 2010年1月18日）

各省、自治区、直辖市人民政府，国务院各部委、各直属机构：

为贯彻落实科学发展观，进一步增强全民爱惜粮食、节约粮食意识，切实做好节约粮食、反对浪费工作，保障国家粮食安全，经国务院同意，现就有关问题通知如下：

一 充分认识节约粮食、反对浪费工作的重要意义

近几年我国粮食综合生产能力稳步提高，连年获得丰收，食物供给日益丰富，基本可以满足人民群众生产生活需要。但是随着工业化、城镇化加快推进以及人口增加和人民生活水平提高，粮食消费需求呈刚性增长，而耕地减少、水资源短缺、气候变化等对粮食生产的约束日益突出，粮食供需将长期处于紧平衡状态。同时，粮食和食品在生产、储存、加工、运输、消费等环节损失浪费现象严重，尤其是讲排场、比阔气等不良消费方式造成的食品浪费令人触目惊心。为此，必须一手抓粮食生产，稳定和提高粮食产量；一手抓粮食节约，提高粮食综合利用率，抑制不合理的需求。要做到温饱不忘饥寒，丰年不忘灾年，增产不忘节约，消费不能浪费。加强粮食节约、反对浪费，有利于保障粮食供应，有利于在全社会形成勤俭节约的良好风尚，是一项长期的任务。各地区、各部门和各单位要从战略高度重视节约粮食、反对浪费工作，采取切实有力措施，努力抓出成效。

二 节约粮食、反对浪费的主要措施

（一）加强粮食生产和养殖业节约

重点抓好农作物播种、田间管理、收获及畜禽饲养等环节的节约。大力推广种子精选包衣和精确定量栽培技术，加大病虫草鼠害防治力度，加强高性能复式农业机械的研发，推广适时机械收获和产地烘干等先进实用技术，减少生产损失。抓紧制定节粮型畜牧养殖业发展规划，大力发展节粮型草食牲畜，积极开发利用秸秆等非粮食物资源。改进畜禽饲养方式，促进畜牧业规模化、集约化发展，提高饲料转化率。

（二）做好粮食储存和保管工作

修订和完善储粮损耗率标准，加强储粮基础设施建设，改善储粮条件，提高粮食储存质量。推广温控气控储存、低温低氧低剂量"绿色"储存、机械通风储存等先进储粮技术，减缓粮食品质下降

速度，避免库存粮食发生霉变。加强和改进管理，减少粮食入库、出库、倒库、清库等环节的遗洒损失。针对农户储粮分散、面广、装具落后等特点，进一步普及科学储粮知识，提高农户防治病虫鼠害技能，加大实施农村粮食产后减损安全保障工程力度，扩大农户储粮减损试点规模，大力推广先进适用的新装具、新技术，改善农户储粮条件，降低储粮损耗。鼓励粮食购销企业积极面向农户开展粮食代储代销、代加工业务。

（三）提高粮食加工和转化利用率

积极推广新技术、新工艺、新装备，加快淘汰高耗粮、高耗能、高污染的落后生产能力，提高成品粮油出品率和副产品利用率。重点抓好酿酒、发酵、食品添加剂、焙烤等领域的粮食综合利用工作。结合我国粮食供应水平和品种特点，优化工业用粮生产结构，研究推广非粮作物替代粮食作物，控制粮食不合理加工转化。

（四）狠抓粮食运输节约

结合编制实施粮食现代物流发展规划，大力发展新型粮食运输装备，严格执行粮食装卸作业标准，推广粮食"四散"（散装、散运、散卸、散储）技术，加强散粮运输中转、接收、发放设施及检验检测等配套设施建设。大力发展铁海联运，完善粮食集疏运网络，减少运输环节，缩短运输周期，减少粮食运输环节的损失浪费。

（五）大力推进餐饮业节约

要按照营养、健康、适量、节俭的原则，制定完善餐饮服务标准和文明用餐规范，引导消费者科学消费、合理消费、文明消费。有条件的餐饮企业，要积极为顾客提供营养配餐服务。鼓励发展大众化餐饮和餐饮业连锁经营，加快主食加工配送中心建设，积极创建"绿色"饭店。加快餐饮业信息化建设，减少粮食和食品采购、储运、加工环节的浪费。加强餐厨垃圾管理，积极推进餐厨垃圾的资源化利用。

（六）切实抓好食堂节约

机关、学校、企事业单位食堂要转变经营和服务机制，积极推广餐饮服务外包，强化经济核算和成本控制，加强粮食、副食品和原材料的采购、储存及加工管理。要实行精细化管理，改进供餐、用餐方式，多供应小份量食品，方便用餐人员适量选取。要在餐厅摆放提示牌或张贴宣传画，提醒用餐人员注意节约，管理人员要加强巡视，对造成浪费的要进行批评教育。

（七）行政机关带头节约粮食

各级行政机关特别是领导干部，要切实发挥表率作用，带头做好节约粮食、反对浪费工作。严格遵守《党政机关国内公务接待管理规定》，严禁用公款大吃大喝。制定和完善公务接待费管理办法，严格执行公务接待定点用餐制度，不得超标准安排用餐，提倡采取自助餐形式，一般不安排宴请。

三　加大宣传教育力度

（一）加强对青少年和儿童的节粮教育

采取多种形式教育青少年和儿童养成爱惜粮食、节约粮食的好习惯。将我国人口增加、耕地减少、水资源短缺、粮食安全压力大等情况编入中小学教材，有条件的学校要组织学生开展农业生产体验活动，让学生感受劳动的艰辛和粮食生产的艰难，培养艰苦奋斗、勤俭节约的美德，自觉爱惜每一粒粮食。

（二）广泛开展节粮宣传活动

宣传部门要组织新闻媒体广泛宣传节约粮食、反对浪费的重要性、紧迫性，报道节粮典型和经验，曝光浪费现象。要移风易俗，大力破除讲排场、比阔气等陋习。积极倡导崇尚节俭、科学饮食、健康消费的生活理念和饮食文化，减少食品的不合理消费，摒弃不健康的消费习惯，促进形成科学合理的膳食结构。继续开展世界粮食日和爱惜粮食、节约粮食宣传周活动，提高全社会节粮意识。

四　加强组织领导和监督检查

（一）明确任务和责任

发展改革委负责节约粮食、反对浪费工作的组织协调工作。农业部、粮食局、工业和信息化部、交通运输部、铁道部、商务部要按照职责分工，抓好粮食生产、储存、加工、运输和消费环节的节约工作。财政部、国管局、教育部要抓好公务接待活动、行政机关、学校等领域的节约粮食工作。质检总局牵头负责相关标准的制订修订工作。科技、卫生、旅游、工会、共青团、妇联、科协等部门和单位要结合各自的特点，积极做好节约粮食工作。地方各级人民政府要结合实际制定具体实施方案，确保各项节粮措施落到实处。

（二）强化监督检查

国务院有关部门和地方各级人民政府要定期组织节约粮食专项检查，重点加强对公务接待活动、餐饮企业、宾馆饭店、机关、学校的检查，对发现的突出问题，要督促整改，通报批评；对工作中好的经验做法，要及时总结推广。要充分发挥社会监督和舆论监督作用，表扬先进，鞭策落后，营造节约粮食、反对浪费的良好社会氛围。

联合发文

关于提高2010年稻谷最低收购价格的通知

（国家发展改革委 财政部 农业部 国家粮食局 中国农业发展银行
发改电〔2010〕115号 2010年2月20日）

各省、自治区、直辖市发展改革委、物价局、财政厅（局）、农业厅（局、委、办）、粮食局、农业
发展银行分行：

　　为贯彻落实十七届三中全会精神，进一步加大对种粮农民的支持力度，保护农民种粮积极性，
促进粮食生产发展，经国务院批准，决定从今年新粮上市起适当提高主产区2010年生产的稻谷最低收
购价水平。每50公斤早籼稻（三等，下同）、中晚籼稻、粳稻最低收购价格分别提高到93元、97元、
105元，比2009年分别提高3元、5元、10元。早籼稻播种在即，各地要做好宣传工作，以调动农民种
粮积极性，促进粮食生产稳定发展。

关于做好2010年油菜籽收购有关工作的通知

（国家发展改革委 财政部
国家粮食局 农业发展银行 中储粮总公司
发改经贸〔2010〕992号 2010年5月13日）

各省、自治区、直辖市发展改革委、财政厅、粮食局、物价局、农业发展银行分行，中储粮有关分公司：

根据4月19日国务院常务会议精神，今年国家继续按照有利于保证农民种植油菜籽能够获得基本收益、有利于充分发挥市场机制作用、有利于促进国内食用油产业持续健康发展的原则，在主产区对油菜籽实行托市收购，发挥托市稳价、引导购销的作用。目前国内油菜籽大量上市在即，为做好油菜籽收购工作，保护农民利益和发展油料生产的积极性，经国务院批准，现就做好今年油菜籽托市收购有关工作通知如下：

一　明确托市收购的价格水平、执行区域和时间

今年油菜籽临时收储价格（即托市收购价格，下同）为每市斤1.95元（国标三等），比去年每斤提高0.1元。具体执行区域为湖北、四川、安徽、江苏、湖南、河南、贵州、江西、青海、陕西、浙江、甘肃、重庆、内蒙古、云南、新疆、西藏等17个油菜产区。其中，冬播油菜产区执行期限为2010年5月21日~10月底；春播油菜产区为2010年9月1日~2011年2月底。

二　明确国家临时收储的执行主体和操作方式

中储粮总公司受国家委托，承担国家临时收储任务，安排直属企业或委托有一定资质的国有或民营粮油企业按国家确定的临时收储价格挂牌收购农民交售的油菜籽。具体委托企业名单由中储粮有关分公司负责提出，商地方粮食部门和农发行研究确定，报中储粮总公司备案后对外公布，并抄报省级人民政府和国家有关部门。中储粮总公司委托收购的油菜籽，要适时委托加工企业加工成菜籽油，转入国家临时存储，今后视市场情况再择机安排销售。油菜籽临时收储数量暂按500万吨掌握。

有关省（区、市）人民政府，要按照国家有关部门下达的食用植物油地方储备规模指导性计划（国粮调〔2009〕50号），指定地方储备粮企业择机入市收购农民交售的油菜籽，加工成菜籽油充实地方储备。地方储备粮企业入市收购油菜籽的价格不得低于国家规定的临时收储价格，以保护农民利益。

三　鼓励和引导油脂加工企业积极入市收购

为鼓励和引导加工企业入市收购，国家委托一部分中央直属粮油企业和上述17个油菜产区地方国有或民营油脂加工企业，按照不低于国家确定的临时收储价格挂牌收购农民交售的油菜籽，并加工成

菜籽油自行销售，自负盈亏。中央财政给予委托企业每市斤0.1元的一次性费用补贴，如果油菜籽市场价格回升到每市斤2.1元以上，停止补贴。所有纳入一次性补贴范围的委托油脂加工企业，不得安排油菜籽国家临时收储任务。申领补贴的油菜籽收购总量不超过该企业200天的加工能力，补贴收购期限与国家临时收储政策执行期限一致。具体补贴办法由财政部另行制定下发。

受国家委托的中央直属企业所属油脂加工企业具体名单，由企业总部审核确定，并报国家粮食局、财政部备案。受委托的地方油脂加工企业具体名单，由省级粮食部门会同财政部门、农业发展银行根据"企业自愿、自主申报、自担风险"的原则研究提出，经省级人民政府审核同意后，于5月18日前报国家粮食局、财政部备案。省级人民政府选择确定的油脂加工企业须为当地具有一定资质条件和规模、统计工作规范的加工企业，银行信用等级较好、省级以上产业化龙头企业（含农垦企业）及粮油应急加工企业应优先选用。受委托油脂加工企业的数量可在上年数量基础上适当增加，新增加的企业数量和具体名单（包括油菜籽日处理能力）报国家粮食局会同有关部门审核确定。

各相关省级人民政府也要按照粮食省长负责制的要求，切实采取措施，支持本地其他油脂加工企业入市收购，满足农民交售油菜籽需要，保护农民利益。

四　加强监督检查

各地和各有关部门要按照职责分工，加强对油菜籽托市收购政策执行情况的监督检查，确保国家的惠农政策落到实处。中储粮总公司作为国家临时收储的执行主体，对其收购的油菜籽及加工后的菜籽油数量、质量和库存管理等负总责。各有关省级人民政府要按照粮食省长负责制的要求，切实承担起落实地方储备、保护农民利益的责任，加强对本地区执行油菜籽托市收购政策的地方储备企业、加工企业的监管，并对国家委托的地方加工企业油菜籽收购数量和收购、加工凭证等的真实性负责。各地粮食部门和价格主管部门要会同有关单位组成联合检查组，按照在地原则，加强对本地区油菜籽收购政策执行情况的检查。对违反油菜籽收购质价政策的，要严肃查处；对有虚报收购数量套取国家补贴行为的，一经查实，从严处理，并追究有关企业负责人的法律责任。国家有关部门将加强督导，并组织巡查。所有执行临时收储政策的收储企业和接受委托、享受中央财政费用补贴的油脂加工企业名单向社会公布，接受社会监督。

五　加强市场监测

中储粮系统和地方各级粮食行政管理部门要加强对油菜籽收购进度的统计，及时汇总报送收购进展情况。各级价格主管部门要加强油菜籽市场价格的监测，及时掌握市场价格变化情况。

各地方、各有关部门要按照通知要求，精心组织、密切配合，认真做好今年油菜籽收购的各项准备和组织实施工作。要加强对今年油菜籽托市收购政策的宣传，明确市场预期，引导加工企业积极入市收购，指导农民合理安排油菜籽出售。各地相关部门要在省级人民政府的统一领导下，认真研究、及时解决油菜籽收购中出现的矛盾和问题，确保收购工作顺利进行。

关于印发2010年小麦最低收购价执行预案的通知

**（国家发展改革委 财政部 农业部
国家粮食局 农业发展银行 中储粮总公司
发改经贸〔2010〕994号 2010年5月14日）**

各省、自治区、直辖市发展改革委、财政厅、农业厅、粮食局、物价局、农业发展银行分行，中储粮有关分公司：

为贯彻落实中共中央、国务院中发〔2010〕1号文件关于"落实小麦最低收购价政策"和今年4月19日国务院常务会议精神，做好今年小麦收购工作，保护农民利益，经国务院批准，现将《2010年小麦最低收购价执行预案》（以下简称《预案》）印发给你们，并就做好小麦收购工作通知如下：

一　明确最低收购价格水平、执行区域和时间

2010年小麦最低收购价格水平，白小麦（国标三等，下同）每市斤0.90元，红小麦和混合麦每市斤0.86元。执行区域为河北、江苏、安徽、山东、河南、湖北等6个主产省。执行期限为2010年5月21日至9月30日。在此期间，当小麦市场价格低于上述最低收购价格时，由各承贷库点和委托收储库点按照国家确定的最低收购价格，在上述主产区自动挂牌收购农民交售的小麦。

二　完善委托收储库点确定程序

中储粮有关公司负责提出的委托收储库点名单，要商省级粮食行政管理部门和农业发展银行省分行研究确定，报中储粮总公司备案后对外公布，并抄报省级人民政府和国家有关部门。在确定委托收储库点时，要统筹考虑中储粮公司直属库、中粮集团有限公司和中国华粮物流集团公司所属企业及地方国有粮库，以充分利用现有仓储资源，确保储粮安全。

三　规范执行企业行为

委托收储库点在收购场所要张榜公布国家最低收购价小麦收购价格、质量标准、水杂增扣量增扣价方式、结算方式和执行时间等政策信息，让农民交"放心粮"；不得拒收农民交售的符合质量标准的粮食。国家有关部门安排最低收购价小麦销售后，委托收储库点要按要求及时出库，并及时归还农业发展银行贷款。中储粮有关分公司要规范管理，统一最低收购价粮食委托收购合同文本；对委托存储库点要足额拨付保管费用，不得对已确定的委托收储库点实行租仓储粮，不得变相租仓降低保管费用补贴标准，保证安全储粮。

四　强化监督检查

今年预案执行期间，中央和地方储备粮的承储企业以及承担小麦最低收购价收储任务的库点一律不得直接和间接购买国家拍卖的最低收购价小麦，防止收购中出现"转圈粮"等问题。中储粮总公司及其相关分公司执行最低收购价政策收购的小麦，粮权属国务院，未经国家批准不得动用。地方粮食、物价部门和农业发展银行按在地原则对政策执行情况履行监督检查职责，对违反有关规定的，取消委托收储库点资格，并按照《价格法》、《粮食流通管理条例》等有关规定进行查处。

五　加强对小麦收购工作的领导

各地方、各部门要高度重视，按照《预案》的要求，精心安排，周密部署，密切配合，认真做好今年小麦最低收购价执行预案的各项准备和组织实施工作。各地要抓紧腾仓并库和仓库维修，抓好临时存储粮食销售和出库，确保新粮收购仓容。各省（区、市）有关部门要在省级人民政府的统一领导下，认真研究、及时解决小麦收购中出现的矛盾和问题，确保小麦收购工作的顺利进行。

特此通知。

2010年小麦最低收购价执行预案

第一条　为认真贯彻落实小麦最低收购价政策，切实保护种粮农民利益，根据《中共中央国务院关于加大统筹城乡发展力度进一步夯实农业农村发展基础的若干意见》（中发〔2010〕1号）和《粮食流通管理条例》有关精神，制定本预案。

第二条　执行本预案的小麦主产区为河北、江苏、安徽、山东、河南、湖北6省。

其他小麦产区是否实行最低收购价政策，由省级人民政府自主决定。

第三条　小麦最低收购价以2010年生产的国标三等小麦为标准品，白麦每市斤0.90元，红麦、混合麦每市斤0.86元。白麦分为硬质白小麦和软质白小麦，其中种皮为白色或黄白色的麦粒不低于90%，硬度指数不低于60的为硬质白小麦，硬度指数不高于45的为软质白小麦。红麦分为硬质红小麦和软质红小麦，其中种皮为深红色或红褐色的麦粒不低于90%，硬度指数不低于60的为硬质红小麦，硬度指数不高于45的为软质红小麦。不符合以上标准的为混合麦。标准品的具体质量标准为：容重750～770g/L（含750g/L），水分12.5%以内，杂质1%以内，不完善粒8%以内。执行最低收购价的小麦为2010年生产的等内品。相邻等级之间等级差价按每市斤0.02元掌握。最低收购价是指承担向农民直接收购的收储库点的到库收购价。

非标准品小麦的具体收购价格水平，由委托收购企业根据等级、水分、杂质等情况，按照《国家计委、国家粮食局、国家质检总局关于发布〈关于执行粮油质量标准有关问题的规定〉的通知》（国粮发〔2001〕146号）有关规定确定。

第四条　在河北、江苏、安徽、山东、河南、湖北6个小麦主产区执行最低收购价的企业为：（1）中储粮总公司及其有关分公司，中粮集团有限公司、中国华粮物流集团公司所属企业；（2）上述6省地方储备粮管理公司（或单位）；（3）北京、天津、上海、浙江、福建、广东、海南等7个主销区省级地方储备粮管理公司（或单位）。

第五条　按照"有利于保护农民利益、有利于粮食安全储存、有利于监管、有利于销售"的原则，合理确定执行小麦最低收购价的委托收储库点。委托收储库点应具有农发行贷款资格，有一定的规模和库容量，仓房条件符合《粮油储藏技术规范》要求，具有较高管理水平和良好信誉。在确定委托收储库点时，要统筹考虑中储粮直属库、中粮集团有限公司和中国华粮物流集团公司所属企业及地方国有粮库，以充分利用现有仓储资源，确保储粮安全。

中储粮有关分公司按照上述要求负责提出委托收储库点名单，商省级粮食行政管理部门和农业发展银行省分行研究确定，报中储粮总公司备案后对外公布，并抄报省级人民政府和国家有关部门。

委托收储库点可根据农民售粮需要设点延伸收购，在不增加国家费用补贴的前提下，必须自行负责将延伸收购点收购的小麦集并到委托收储库点。

地方储备粮管理公司（或单位）也要根据实际需要，设定一定数量的委托收储库点，并积极入市收购，充实地方储备。地方储备粮管理公司（或单位）设定的委托收储库点要与中储粮公司确定的委托收储库点相互衔接。

委托收储库点确定后，由中储粮分公司和地方储备粮管理公司（或单位）分别与其委托收储库点签订委托收购合同，统一规范合同范本，明确有关政策及双方权利、义务等。委托收储库点要严格按照国家有关规定进行收购。中储粮总公司及相关分公司要加强对收购入库粮食数量和质量的监管。

第六条　第三条规定的最低收购价适用时间为2010年5月21日至9月30日。在此期间，当小麦市场价格低于最低收购价格时，由各承贷库点和委托收储库点按照本预案第三条规定的最低收购价格，在上述小麦主产区自动挂牌收购农民交售的小麦。

第七条　小麦上市后，地方各级政府和粮食行政管理部门要引导和鼓励各类粮食经营和加工企业切实履行收购义务，积极入市收购新粮。国有和国有控股粮食企业要按照《粮食流通管理条例》有关规定，切实发挥主渠道作用。农业发展银行要积极为各类收购主体入市收购提供信贷支持，保证具备贷款条件的国有和国有控股粮食企业资金供应。

第八条　预案执行期间，中央和地方储备轮入的小麦应不低于国家规定的最低收购价格水平。主销区地方政府要督促当地储备粮管理公司（或单位）按照不低于国家规定的最低收购价格积极到主产区收购小麦。

第九条　为满足市场对陈麦的需求，预案执行期间继续竞价销售2009年及以前年份临时存储最低收购价小麦，要按照顺价销售、保证市场供应、保持市场粮价基本稳定的原则，合理制定销售底价，并把握好销售力度和节奏。

预案执行期间，中央和地方储备粮的承储企业应积极入市收购新粮用于轮换。为防止出现"转圈粮"等问题，预案执行期间，中央和地方储备粮的承储企业以及承担小麦最低收购价收储任务的库点一律不得直接和间接购买国家拍卖的最低收购价小麦。

预案执行期间，原则上停止中央、地方储备库存小麦的大批量集中拍卖活动。对确有长期供货合同的中央和地方储备小麦，分别由中储粮总公司和省级粮食行政管理部门报国家发展改革委、财政部、国家粮食局备案后，定向销售给小麦加工企业。

预案执行期间，粮食经营企业不得故意低价销售，冲击市场。

第十条　委托收储库点按最低收购价收购小麦所需贷款（收购资金和收购费用），由所在地中储粮直属企业统一向农业发展银行承贷，并根据小麦收购情况及时预付给委托收购库点，保证收购需要。对于没有中储粮直属企业的市（地）区域，为保证收购需要，可暂由中储粮分公司指定具有农发行贷款资格、资质较好的收储企业承贷；收购结束后，贷款要及时划转到中储粮公司直属企业统一管理。农业发展银行要按照国家规定的最低收购价格和收购费用及时足额供应。收购费用为每市斤2.5分钱（含县内集并费），由中储粮总公司包干使用，其中由委托收储库点直接用于收购的费用不得低于每市斤2分钱。

第十一条　地方储备粮管理公司（或单位）按最低收购价收购的小麦主要用于充实地方储备，所需收购贷款由农业发展银行按照国家规定的最低收购价格及时足额发放。有关收购、保管费用和利息按地方储备粮管理的有关规定执行。

第十二条　预案执行期间，中储粮总公司和有关省粮食局每五日分别将中储粮分公司和地方储备粮管理公司（或单位）按最低收购价收购的小麦品种、数量汇总后报国家粮食局。中储粮总公司汇总的数据要同时抄送中国农业发展银行。具体报送时间为每月逢五日、十日期后第二天中午12时之前。

省级农发行在每月初5个工作日内将上月最低收购价收购资金的发放情况抄送当地中储粮分公司。同时，中储粮有关分公司将最低收购价小麦每月收购进度情况抄送当地农发行省分行、省级粮食行政管理部门。各收储库点要每5日将收购进度抄报所在地县级粮食行政管理部门。

第十三条　小麦最低收购价执行情况，分别由中储粮总公司和省级粮食行政管理部门，于本预案执行结束后一个月内，报告国家发展改革委、财政部、农业部、国家粮食局、中国农业发展银行。

第十四条　中储粮总公司及其相关分公司执行最低收购价政策收购的小麦，粮权属国务院，未经国家批准不得动用。中储粮总公司及其相关分公司要按有关规定，及时对委托收购库点收购的小麦品种、数量、等级等进行审核验收。对验收合格的小麦，由中储粮有关分公司及其直属企业负责就地临时储存，并与委托收储库点签订代保管合同，明确品种、数量、等级、价格和保管责任等。对验收不合格的小麦，由当地中储粮分公司及其直属企业、农业发展银行分支行与委托收储库点及时研究处理。国家粮食局会同有关部门结合每年的粮食库存检查对委托收储库点进行抽查，对质价不符、账实不符、不按规定及时出库等行为，将参照《粮食流通管理条例》、《中央储备粮管理条例》等有关规定严肃处理。

第十五条　中储粮总公司及其有关分公司管理的临时存储最低收购价小麦，保管费用补贴和贷款利息补贴，由中央财政负担，先预拨，后清算。委托收储库点的保管费用补贴标准为每市斤3.5分钱/年，自小麦收购入库当月起根据月末库存数量进行补贴；贷款利息根据入库结算价与同期银行贷款利率计算。中储粮总公司及其有关分公司执行小麦最低收购价政策发生的质检、监管等日常费用标准，按《财政部关于调整完善中储粮公司最低收购价粮食质检、监管、省内跨县集并及跨省移库包干政策的通知》（财建〔2007〕405号）执行。中央财政根据中储粮总公司上报的最低收购价利息费用补贴的申请报告，按季度将保管费用、贷款利息及质检、监管等日常费用拨付给中储粮总公司。中储粮总公司及其分公司要将保管费用按每市斤3.5分钱/年标准及时足额拨付到存储库点。中储粮总公司要规范储粮行为，对已确定的委托收储库点不得租仓储粮，也不得变相租仓降低保管费用补贴标准，以保证安全储粮的需要。事后，由中央财政根据实际保管数量、核定的库存成本等对中储粮总公司进行清算。

第十六条　中储粮总公司及其有关分公司管理的临时存储最低收购价小麦，由国家有关部门按照顺价销售的原则，在粮食批发市场或网上公开竞价销售，销售盈利上交中央财政，亏损由中央财政负担。中储粮总公司对销售盈亏进行单独核算，中央财政对中储粮总公司及时办理盈亏决算。

第十七条　执行最低收购价的委托收购库点，要在收购场所张榜公布国家最低收购价粮食收购价格、质量标准、水杂增扣量增扣价方式、结算方式和执行时间等政策信息，让农民交"放心粮"；要按照《国家粮食局关于实施新（小麦）国家标准的通知》（国粮发〔2008〕3号）的有关要求，切实做好执行新标准的各项工作；要按时结算农民交售小麦的价款，不得给农民打白条，不得压级压价和代扣各种收费，不得拒收农民交售的符合标准的粮食，不得将农业发展银行贷款挪作他用；要按照国家最低收购价粮食竞价交易规则要求及时出库和及时归还农业发展银行贷款。地方粮食、物价部门和农业发展银行按在地原则对政策执行情况履行监督检查职责，对违反上述规定的，取消委托收储库点资格，并按照《价格法》、《粮食流通管理条例》等有关规定进行查处。

第十八条　国家发展改革委负责协调落实小麦最低收购价政策的工作，监测小麦收购价格变化情况，检查价格政策执行情况，会同有关部门解决最低收购价政策执行中的矛盾和问题。财政部负责及时拨付中储粮总公司按最低收购价格收购小麦所需的费用和利息补贴。农业部负责了解各地执行最低收购价政策情况，监测小麦市场价格，反映农民的意见和要求。国家粮食局负责检查最低收购价政策执行情况和储粮安全等情况，督促国有和国有控股粮食企业积极入市收购，发挥主渠道作用。中国农业发展银行负责向执行最低收购价任务的贷款企业及时提供收购资金和费用贷款。中储粮总公司及其有关分公司作为国家委托的最低收购价政策执行责任主体，对其执行最低收购价政策收购的小麦的数量、质量、库存管理及销售出库等负总责。省级人民政府负责对最低收购价政策的落实情况进行监督检查，切实落实仓库维修工作，确保在新粮收购前投入使用，并督促、协调地方各部门，支持和配合中储粮总公司的工作，共同完成托市收购任务。

第十九条　本预案由国家发展改革委、财政部和国家粮食局负责解释。

关于印发2010年早籼稻最低收购价执行预案的通知

（国家发展改革委 财政部 农业部
国家粮食局 农业发展银行 中储粮总公司
发改经贸〔2010〕1402号 2010年7月5日）

各省、自治区、直辖市发展改革委、财政厅、农业厅、粮食局、物价局、农业发展银行分行，中储粮有关分公司：

为贯彻落实中共中央、国务院中发〔2010〕1号文件关于"落实稻谷最低收购价政策"，做好今年早籼稻收购工作，保护种粮农民利益，现将《2010年早籼稻最低收购价执行预案》印发给你们，并就做好早籼稻收购工作通知如下：

一 明确最低收购价格水平、执行区域和时间

2010年早籼稻最低收购价每市斤0.93元。执行区域为安徽、江西、湖北、湖南、广西等5省（区）。执行期限为2010年7月16日至9月30日。在此期间，当早籼稻市场价格低于上述地区早籼稻最低收购价格时，由各承贷库点和委托收储库点按照国家确定的最低收购价格，在上述主产区自动挂牌收购农民交售的早籼稻。

二 完善委托收储库点确定程序

中储粮有关公司提出的委托收储库点名单，要商省级粮食行政管理部门和农业发展银行省分行研究确定，报中储粮总公司备案后对外公布，并抄报省级人民政府和国家有关部门。在确定委托收储库点时，要统筹考虑中储粮公司直属库、中粮集团有限公司和中国华粮物流集团公司所属企业及地方国有粮库，以充分利用现有仓储资源，确保储粮安全。

三 规范执行企业行为

委托收储库点在收购场所要张榜公布早籼稻最低收购价格、质量标准、水杂增扣量增扣价方式、结算方式和执行时间等政策信息，让农民交"放心粮"；不得拒收农民交售的符合质量标准的粮食。中储粮公司要规范管理，统一最低收购价粮食委托收购合同文本；对委托存储库点要足额拨付保管费用，不得对已确定的委托收储库点实行租仓储粮，不得变相租仓降低保管费用补贴标准，保证安全储粮。

四 强化监督检查

今年预案执行期间，中央和地方储备粮的承储企业以及承担早籼稻最低收购价收储任务的库点一

律不得直接和间接购买国家拍卖的最低收购价早籼稻，防止收购中出现"转圈粮"等问题。中储粮公司执行最低收购价政策收购的早籼稻，粮权属国务院，未经国家批准不得动用。地方粮食、物价部门和农业发展银行按在地原则对政策执行情况履行监督检查职责，对违反有关规定的，取消委托收储库点资格，并按照《价格法》、《粮食流通管理条例》等有关规定进行查处。

| 五 | **加强对早籼稻收购工作的领导** |

各地方、各部门要高度重视，按照《预案》的要求，精心安排，周密部署，密切配合，认真做好今年早籼稻最低收购价执行预案的各项准备和组织实施工作。各地要抓紧腾仓并库和仓库维修，抓好临时存储粮食销售和出库，确保新粮收购仓容。各有关省（区、市）的相关部门要在省级人民政府的统一领导下，认真研究、及时解决早籼稻收购中出现的矛盾和问题，确保早籼稻收购工作的顺利进行。

特此通知。

2010年早籼稻最低收购价执行预案

第一条　为认真贯彻落实早籼稻最低收购价政策，切实保护种粮农民利益，根据《中共中央国务院关于加大统筹城乡发展力度进一步夯实农业农村发展基础的若干意见》（中发〔2010〕1号）和《粮食流通管理条例》有关精神，制定本预案。

第二条　执行本预案的早籼稻主产区为安徽、江西、湖北、湖南、广西5省（自治区）。其他早籼稻产区是否实行最低收购价政策，由省级人民政府自主决定。

第三条　早籼稻最低收购价每市斤0.93元，以2010年生产的国标三等早籼稻为标准品，具体质量标准按稻谷国家标准（GB1350-2009）执行，即：杂质1%以内，水分13.5%以内，出糙率75%~77%（含75%，不含77%），整精米率44%~47%（含44%，不含47%）。执行最低收购价的早籼稻为2010年生产的等内品。相邻等级之间等级差价按每市斤0.02元掌握。最低收购价是指承担向农民直接收购的收储库点的到库收购价。非标准品早籼稻的具体收购价格水平，由委托收购企业根据等级、水分、杂质等情况，按照《国家计委、国家粮食局、国家质检总局关于发布〈关于执行粮油质量标准有关问题的规定〉的通知》（国粮发〔2001〕146号）有关规定确定。对整精米率达不到相应质量等级标准下限要求的，每低1个百分点，扣价0.75%；不足1个百分点，不扣价；高于标准规定的，不增价。

第四条　在安徽、江西、湖北、湖南、广西5个早籼稻主产区执行最低收购价的企业为：（1）中储粮总公司及其有关分公司，中粮集团有限公司、中国华粮物流集团公司所属企业；（2）上述5省（自治区）地方储备粮管理公司（或单位）；（3）北京、天津、上海、浙江、福建、广东、海南等7个主销区省级地方储备粮管理公司（或单位）。

第五条　按照"有利于保护农民利益、有利于粮食安全储存、有利于监管、有利于销售"的原则，合理确定执行早籼稻最低收购价的委托收储库点。委托收储库点应具有农发行贷款资格，有一定的规模和库容量，仓房条件符合《粮油储藏技术规范》要求，具有较高管理水平和良好信誉。在确定委托收储库点时，要统筹考虑中储粮直属库、中粮集团有限公司和中国华粮物流集团公司所属企业及地方国有粮库，以充分利用现有仓储资源，确保储粮安全。

　　中储粮有关分公司按照上述要求负责提出委托收储库点名单，商省级粮食行政管理部门和农业发展银行省分行研究确定，报中储粮总公司备案后对外公布，并抄报省级人民政府和国家有关部门。委托收储库点可根据农民售粮需要设点延伸收购，在不增加国家费用补贴的前提下，必须自行负责将延伸收购点收购的早籼稻集并到委托收储库点。

　　地方储备粮管理公司（或单位）也要根据实际需要，设定一定数量的委托收储库点，并积极入市收购，充实地方储备。地方储备粮管理公司（或单位）设定的委托收储库点要与中储粮公司确定的委托收储库点相互衔接。委托收储库点确定后，由中储粮分公司和地方储备粮管理公司（或单位）分别与其委托收储库点签订委托收购合同，统一规范合同范本，明确有关政策及双方权利、义务等。委托收储库点要严格按照国家有关规定进行收购。中储粮总公司及相关分公司要加强对收购入库粮食数量和质量的监管。

　　第六条　第三条规定的最低收购价适用时间为2010年7月16日至9月30日。在此期间，当早籼稻市场价格低于最低收购价格时，由各承贷库点和委托收储库点按照本预案第三条规定的最低收购价格，在上述早籼稻主产区自动挂牌收购农民交售的早籼稻。

　　第七条　早籼稻上市后，地方各级政府和粮食行政管理部门要引导和鼓励各类粮食经营和加工企业切实履行收购义务，积极入市收购新粮。国有和国有控股粮食企业要按照《粮食流通管理条例》有关规定，切实发挥主渠道作用。农业发展银行要积极为各类收购主体入市收购提供信贷支持，保证具备贷款条件的国有和国有控股粮食企业资金供应。

　　第八条　预案执行期间，中央和地方储备轮入的早籼稻应不低于国家规定的最低收购价格水平。主销区地方政府要督促当地储备粮管理公司（或单位）按照不低于国家规定的最低收购价格积极到主产区收购早籼稻。

　　第九条　预案执行期间，中央和地方储备粮的承储企业应积极入市收购新粮用于轮换。为防止出现"转圈粮"等问题，预案执行期间，中央和地方储备粮的承储企业以及承担早籼稻最低收购价收储任务的库点一律不得直接和间接购买国家拍卖的最低收购价早籼稻。为调动企业参与早籼稻收购和经营的积极性，预案执行期间，原则上停止中央、地方储备库存早籼稻的大批量集中拍卖活动。对确有长期供货合同的中央和地方储备早籼稻，分别由中储粮总公司和省级粮食行政管理部门报国家发展改革委、财政部、国家粮食局备案后，定向销售给稻谷加工企业。预案执行期间，粮食经营企业不得故意低价销售，冲击市场。

　　第十条　委托收储库点按最低收购价收购早籼稻所需贷款（收购资金和收购费用），由所在地中储粮直属企业统一向农业发展银行承贷，并根据早籼稻收购情况及时预付给委托收储库点，保证收购需要。对于没有中储粮直属企业的市（地）区域，为保证收购需要，可暂由中储粮分公司指定具有农发行贷款资格、资质较好的收储企业承贷；收购结束后，贷款要及时划转到中储粮公司直属企业统一管理。农业发展银行要按照国家规定的最低收购价格和收购费用及时足额供应。收购费用为每市斤2.5分钱（含县内集并费），由中储粮总公司包干使用，其中由委托收储库点直接用于收购的费用不得低于每市斤2分钱。

　　第十一条　地方储备粮管理公司（或单位）按最低收购价收购的早籼稻主要用于充实地方储备，所需收购贷款由农业发展银行按照国家规定的最低收购价格及时足额发放。有关收购、保管费用和利息按地方储备粮管理的有关规定执行。

　　第十二条　预案执行期间，中储粮总公司和有关省粮食局每五日分别将中储粮分公司和地方储备粮管理公司（或单位）按最低收购价收购的早籼稻品种、数量汇总后报国家粮食局。中储粮总公司汇总的数据要同时抄送中国农业发展银行。具体报送时间为每月逢五日、十日期后第二天中午12时之前。

省级农发行在每月初5个工作日内将上月最低收购价收购资金的发放情况抄送当地中储粮分公司。同时，中储粮有关分公司将最低收购价早籼稻每月收购进度情况抄送当地农发行省分行、省级粮食行政管理部门。各收储库点要每5日将收购进度抄报所在地县级粮食行政管理部门。

第十三条　早籼稻最低收购价执行情况，分别由中储粮总公司和省级粮食行政管理部门，于本预案执行结束后一个月内，报告国家发展改革委、财政部、农业部、国家粮食局、中国农业发展银行。

第十四条　中储粮总公司及其相关分公司执行最低收购价政策收购的早籼稻，粮权属国务院，未经国家批准不得动用。中储粮总公司及其相关分公司要按有关规定，及时对委托收购库点收购的早籼稻品种、数量、等级等进行审核验收。对验收合格的早籼稻，由中储粮有关分公司及其直属企业负责就地临时储存，并与委托储存库点签订代保管合同，明确品种、数量、等级、价格和保管责任等。对验收不合格的早籼稻，由当地中储粮分公司及其直属企业、农业发展银行分支行与委托收储库点及时研究处理。国家粮食局会同有关部门结合每年的粮食库存检查对委托收储库点进行抽查，对质价不符、账实不符、不按规定及时出库等行为，将参照《粮食流通管理条例》、《中央储备粮管理条例》等有关规定严肃处理。

第十五条　中储粮总公司及其有关分公司管理的临时储存最低收购价早籼稻，保管费用补贴和贷款利息补贴，由中央财政负担，先预拨，后清算。委托收储库点的保管费用补贴标准为每市斤3.5分/年，自早籼稻收购入库当月起根据月末库存数量进行补贴；贷款利息根据入库结算价与同期银行贷款利率计算。中储粮总公司及其有关分公司执行早籼稻最低收购价政策发生的质检、监管等日常费用标准，按《财政部关于调整完善中储粮公司最低收购价粮食质检、监管、省内跨县集并及跨省移库包干政策的通知》（财建〔2007〕405号）执行。中央财政根据中储粮总公司上报的最低收购价利息费用补贴的申请报告，按季度将保管费用、贷款利息及质检、监管等日常费用拨付给中储粮总公司。中储粮总公司及其分公司要将保管费用按每市斤3.5分钱/年标准及时足额拨付到存储库点。中储粮总公司要规范储粮行为，对已确定的委托收储库点不得租仓储粮，也不得变相租仓降低保管费用补贴标准，以保证安全储粮的需要。事后，由中央财政根据实际保管数量、核定的库存成本等对中储粮总公司进行清算。

第十六条　中储粮总公司及其有关分公司管理的临时存储最低收购价早籼稻，由国家有关部门按照顺价销售的原则，在粮食批发市场或网上公开竞价销售，销售盈利上交中央财政，亏损由中央财政负担。中储粮总公司对销售盈亏进行单独核算，中央财政对中储粮总公司及时办理盈亏决算。

第十七条　执行最低收购价的委托收购库点，要在收购场所张榜公布国家最低收购价粮食收购价格、质量标准、水杂增扣量增扣价方式、结算方式和执行时间等政策信息，让农民交"放心粮"；要按照稻谷国家标准（GB1350-2009）做好早籼稻收购工作；要按时结算农民交售早籼稻的价款，不得给农民打白条，不得压级压价和代扣各种收费，不得拒收农民交售的符合标准的粮食，不得将农业发展银行贷款挪作他用；要按照国家最低收购价粮食竞价交易规则要求及时出库和及时归还农业发展银行贷款。地方粮食、物价部门和农业发展银行按在地原则对政策执行情况履行监督检查职责，对违反上述规定的，取消委托收储库点资格，并按照《价格法》、《粮食流通管理条例》等有关规定进行查处。

第十八条 国家发展改革委负责协调落实早籼稻最低收购价政策的工作，监测早籼稻收购价格变化情况，检查价格政策执行情况，会同有关部门解决最低收购价政策执行中的矛盾和问题。财政部负责及时拨付中储粮总公司按最低收购价格收购早籼稻所需的费用和利息补贴。农业部负责了解各地执行最低收购价政策情况，监测早籼稻市场价格，反映农民的意见和要求。国家粮食局负责检查最低收购价政策执行情况和储粮安全等情况，督促国有和国有控股粮食企业积极入市收购，发挥主渠道作用。中国农业发展银行负责向执行最低收购价任务的贷款企业及时提供收购资金和费用贷款。中储粮总公司及其有关分公司作为国家委托的最低收购价政策执行责任主体，对其执行最低收购价政策收购的早籼稻的数量、质量、库存管理及销售出库等负总责。省级人民政府负责对最低收购价政策的落实情况进行监督检查，切实落实仓库维修工作，确保在新粮收购前投入使用，并督促、协调地方各部门，支持和配合中储粮总公司的工作，共同完成托市收购任务。

第十九条 本预案由国家发展改革委、财政部和国家粮食局负责解释。

关于印发2010年加强整顿违法添加非食用物质和滥用食品添加剂工作实施方案的通知

（卫生部 科技部 工业和信息化部 公安部 农业部 商务部
工商总局 质检总局 国家粮食局 国家食品药品监管局
卫监督发〔2010〕72号　2010年7月22日）

各省、自治区、直辖市及新疆生产建设兵团卫生厅（局），科技厅（局、委），工业和信息化主管部门，公安厅（局），农业（农牧、畜牧兽医、农垦、渔业）厅（局、委、办），商务主管部门，工商局，质量技术监督局，出入境检验检疫局，粮食局，食品药品监管局：

根据《国务院办公厅关于印发2010年食品安全整顿工作安排的通知》（国办发〔2010〕17号）和《国务院办公厅关于2010年食品安全整顿工作主要任务分工的通知》（国办函〔2010〕43号），卫生部会同科技部、工业和信息化部、公安部、农业部、商务部、工商总局、质检总局、粮食局和食品药品监管局制定了《2010年加强整顿违法添加非食用物质和滥用食品添加剂工作实施方案》。现印发给你们，请遵照执行。

2010年加强整顿违法添加非食用物质和滥用食品添加剂工作实施方案

为贯彻落实《国务院办公厅关于印发2010年食品安全整顿工作安排的通知》（国办发〔2010〕17号）和《国务院办公厅关于2010年食品安全整顿工作主要任务分工的通知》（国办函〔2010〕43号）精神，全面完成2010年违法添加非食用物质和滥用食品添加剂整顿工作（以下简称整顿工作）任务，制定本实施方案。

一　工作原则和目标

以完善食品添加剂长效监管机制为核心，以惩治违法犯罪为手段，继续巩固前一阶段整顿工作成效，及时查处新的违法添加非食用物质和滥用食品添加剂行为。一是继续深挖和严厉查处违法生产和经营用于向食品中添加的非食用物质行为，依法规范食品添加剂的监管；二是曝光一批违法添加非食用物质和滥用食品添加剂的企业名单，严厉打击食品生产经营企业违法添加非食用物质和滥用食品添加剂的违法犯罪行为；三是加强培训指导，提高食品行业防范违法添加非食用物质和滥用食品添加剂的能力和责任意识。

二　工作任务和措施

（一）深挖食用农产品种养殖和食品生产、流通和餐饮服务中违法添加非食用物质和滥用食品添加剂行为

各监管部门组织采取明查暗访形式，对所有食品生产、流通和餐饮服务企业违法添加非食用物质

行为，以及对食品添加剂生产、流通企业使用和销售含有不符合法规标准的非食用物质行为进行一次全覆盖检查。一是重点检查食品生产场所和库房是否有使用或存放可能违法添加入食品的非食用物质的情况；二是组织排查有关企业是否有违法添加全国整顿办发布的违法添加的非食用物质名单和易滥用的食品添加剂名单（以下简称"黑名单"）物质行为（农业部、商务部、质检总局、工商总局、食品药品监管局、粮食局）。

组织有关行业组织、技术机构和专业人员深入食品行业、科研机构调查研究，及时将涉嫌研制、推广和使用可能违法添加入食品的非食用物质的行为通报相关监管部门，由监管部门核实相关信息并向全国整顿办反馈（卫生部、工业和信息化部、科技部、商务部、粮食局）。全国整顿办及时汇总各成员单位核实后的信息，督办违法使用非食用物质案件。全国整顿办专家组及时收集研究相关信息，向全国整顿办提出"黑名单"。

（二）规范食品添加剂的研制、许可、生产和流通

加强食品添加剂及相关产品的安全性评价研究，开展食品中违法添加的非食用物质检测与筛查方法以及发展趋势研究（科技部牵头）。认真贯彻实施《食品添加剂新品种管理办法》，严格依法实施食品添加剂新品种行政许可制度，及时公布审查后未经批准的物质名单（卫生部牵头）。根据《关于加强食品添加剂监督管理工作的通知》（卫监督发〔2009〕89号），继续督促生产企业落实质量安全主体责任，严格生产许可条件，规范食品添加剂标签和说明书，严厉打击无证生产食品添加剂的行为（质检总局牵头）。依法登记注册食品添加剂经营主体，严肃查处和取缔无照经营食品添加剂的行为（工商总局牵头）。

（三）完善食品添加剂管理法规和标准

开展食品添加剂使用卫生标准及配套标准制（修）订工作，加快建立我国食品添加剂标准体系。完善食品添加剂生产、流通和使用环节的食品安全法规和工作制度。进一步完善行政执法与刑事司法衔接的长效机制，依法打击相关犯罪活动（卫生部牵头）。

（四）提高防范食品生产经营企业滥用食品添加剂的能力

各监管部门要加强对食品生产经营企业的宣传和指导，积极发挥行业协会的作用。加强对农产品种养殖环节农业投入品管理，加强对食品生产经营企业使用食品添加剂的监管，督促餐饮服务单位落实食品添加剂采购索证索票制度和食品添加剂使用、保管制度，严格进出口食品添加剂的检验和监管。根据全国整顿办工作安排，组织针对性抽检工作（农业部、商务部、质检总局、工商总局、食品药品监管局、粮食局）。

三　工作要求

（一）各地各部门要按照《国务院办公厅关于印发2010年食品安全整顿工作安排的通知》（国办发〔2010〕17号）的要求，严格落实整顿工作责任，切实加大整顿工作中的案件查处和责任追究力度，确保工作取得实效。

（二）加强信息沟通，及时报送相关工作信息。各有关部门要及时收集本系统查处的超出"黑名单"之外的非法添加物信息，并按照附件1的格式报送全国整顿办。对地方各部门查处的相关案件情况，由各省级整顿办统一汇总后，按照附件2的格式，于2010年12月25日前报送全国整顿办。有关大案要案和其他重要信息按照全国整顿办相关工作制度及时报送。

（三）各地各部门要结合《关于加强食品添加剂监督管理工作的通知》（卫监督发〔2009〕89号），切实加强食品添加剂生产经营和使用的监督管理，认真梳理本地区、本监管环节工作中的不足和漏洞，深入分析问题产生原因，研究并提出防范措施，不断提高食品安全监管水平。

关于严格执行粮食最低收购价和临时存储粮油收购政策有关问题的通知

（国家发展和改革委员会 财政部 农业部
国家粮食局 中国农业发展银行 中国储备粮管理总公司
发改电〔2010〕273号 2010年7月22日）

各省、自治区、直辖市发展改革委、财政厅、农业厅、粮食局、物价局、农发行分行，中储粮分公司：

我国粮食生产连续六年丰收，今年夏粮再获好收成，国内供需平衡有余，库存充裕，市场供应和价格基本稳定。但是，近来一些地区出现灾害性天气，导致粮价上涨预期增强，一些企业盲目"跟风"抬级抬价在短时间内大量收购粮食，致使出现农民惜售、企业惜卖、市场供求一时骤紧的局面。这种做法扰乱了粮食市场秩序，给正常经营的企业带来困难，也不利于管理好通胀预期。为保证粮油市场健康平稳运行，现就有关要求通知如下：

一　严格执行质价政策

各地要按照国家最低收购价执行预案和临时存储政策的有关规定，指导和督促有关企业严格执行粮油收购质价政策，既不能压级压价损害农民利益，也不能抬级抬价扰乱市场秩序。有政策性收购任务地区的省级价格、粮食、农业部门和农发行分行、中储粮分公司要加强对市场价格的监测，定期进行会商，准确判断市场价格水平。当市场价格高于国家规定的最低收购价和临时存储价格时，有关企业要立即停止政策性收购，严禁通过各种方式抬价或变相抬级抬价收购。中储粮有关分公司及有关部门对委托收储企业挂牌收购政策性粮油的要严格审查，及时坚决制止和纠正企业违规收购行为。

为稳定市场预期，当市场价格明显高于最低收购价较多时，中央和地方储备粮可暂缓轮入，并按管理权限报批后适当延长轮换空库期。

二　加强收储业务管理

中储粮各有关分公司要严格落实政策性粮油管理的有关规定，督促有关企业健全粮油收购的各项手续，及时填写收购码单等原始凭证，如实报送收购数量、等级、价格等情况。要加强对委托收储库点、延伸库点的收购数量、质量、价格的验收和监管，规范企业收储行为。中储粮有关分公司及有关部门要加强政策性粮油收储资格的审查和复查，对收购进度和市场价格要跟踪监测分析，发现异常情况要逐笔进行核查。要加强对政策性库存粮食交易、出入库的管理和跟踪检查，严禁将已销售的库存陈粮转为政策性粮食收购入库，杜绝"转圈粮"的发生。

三　加强收购资金供应管理

　　各级农发行要切实做好收购资金供应管理工作，按照政策性收购的有关要求，严格审核发放政策性粮油收购贷款，及时足额保证资金供应。同时，要加大对粮油收购资金使用情况的核查力度，认真核对收购凭证，根据实际入库进度审核支付贷款，对违反收购质价政策的要坚决停贷。对企业开展自营收购的，要在有效落实风险防范措施的前提下，积极给予信贷支持。

四　加大监督检查和处罚力度

　　各地粮食、价格主管部门要采取抽查、巡查、交叉检查等方式，进一步加强政策性粮油收购政策执行情况的监督检查，切实落实监督检查责任。要按照《价格法》、《粮食流通管理条例》、国家最低收购价和临时存储收购政策等有关规定，严厉查处压级压价、抬级抬价、虚报进度、"转圈粮"、套取补贴等违法违规行为。违法违规行为一经发现，要责成有关部门和单位立即取消企业的政策性粮油收储资格，三年内不得从事政策性收购，已经收购入库的要退出政策性库存统计，扣回费用利息补贴，同时追究有关单位和企业主要负责人的责任。对从事粮食收购活动的其他经营者也要加大监督检查力度，严格规范其经营行为，维护正常的粮食流通秩序。

　　各地各有关部门和单位要按照本通知要求，加大工作力度，切实抓好各项措施的落实，并及时协调解决收购中出现的新情况和新问题，确保粮油收购工作顺利进行。有关情况要及时报告国家有关部门。

关于印发2010年中晚稻最低收购价执行预案的通知

**（ 国家发展改革委 财政部 农业部
国家粮食局 农业发展银行 中储粮总公司
发改经贸〔2010〕2083号 2010年9月11日 ）**

各省、自治区、直辖市发展改革委、财政厅、农业厅、粮食局、物价局、农业发展银行分行，中储粮有关分公司：

为贯彻落实中共中央、国务院中发〔2010〕1号文件精神，做好今年中晚稻收购工作，保护种粮农民利益，现将《2010年中晚稻最低收购价执行预案》印发给你们，并就做好中晚稻收购工作通知如下：

一 明确最低收购价格水平和执行时间

2010年中晚籼稻最低收购价每市斤0.97元、粳稻1.05元。江苏、安徽、江西、河南、湖北、湖南、广西、四川8省（区）执行最低收购价收购的时间为2010年9月16日至2010年12月31日；辽宁、吉林、黑龙江3省为2010年11月16日至2011年3月31日。

二 严格执行国家收购政策

中储粮总公司及其有关分公司对执行最低收购价政策负总责，要按照本预案的有关规定，指导和督促委托收储企业严格执行收购质价政策，既不能压级压价损害农民利益，也不能抬级抬价扰乱市场秩序；对委托收储企业挂牌收购的最低收购价中晚稻质量和数量要严格验收审查，坚决制止和及时纠正企业违规收购行为。各地价格、粮食、农业部门和农发行分行、中储粮分公司要加强对市场价格的监测，定期进行会商，准确判断市场价格水平。当市场价格高于国家规定的最低收购价水平时，中储粮有关分公司及其直属企业和委托收储库点要立即停止最低收购价收购，严禁通过各种方式抬价或变相抬级抬价收购。为稳定市场预期，当市场价格高于最低收购价较多时，中央和地方储备粮可暂缓轮入，并按管理权限报批后适当延长轮换空库期。

三 加强委托收储库点资格审查

中储粮有关分公司及地方有关部门要加强对委托收储库点资格的审查和复查。委托收储库点必须具有粮食收购资格和农发行贷款资格。中储粮有关分公司确定的委托收储库点，报中储粮总公司审核备案后对外公布，并抄报省级人民政府和国家有关部门。在确定委托收储库点时，要统筹考虑中储粮公司直属库、中粮集团有限公司和中国华粮物流集团公司所属企业及地方国有粮库，以充分利用现有仓储资源，确保储粮安全。

四   规范委托收储企业行为

中储粮各有关分公司要依法统一规范最低收购价粮食委托收购合同文本，督促委托收储企业健全粮油收购的各项手续，及时填写收购码单等原始凭证，如实报送收购数量、等级、价格等情况；要加强对委托收储库点、延伸库点的收购数量、等级、价格的验收和监管，规范企业收储行为；对收购进度和市场价格要跟踪监测分析，发现异常情况要逐笔进行核查。

五   加强收购资金供应管理

各级农发行要切实做好收购资金供应管理工作，按照最低收购价政策的有关要求，严格审核发放收购贷款，及时足额保证资金供应。同时，要加大对最低收购价粮食收购资金使用情况的核查力度，认真核对收购凭证，根据实际入库进度审核支付贷款，对违反收购质价政策的要坚决停贷。

六   加大监督检查和处罚力度

地方粮食、价格主管部门要按照在地原则，采取抽查、巡查、交叉检查等方式，进一步加强最低收购价政策执行情况的监督检查，切实落实监督检查责任。按照《价格法》、《粮食流通管理条例》和国家最低收购价收购政策等有关规定，严厉查处压级压价、抬级抬价、虚报进度、"转圈粮"套取补贴、骗取信贷资金等违法违规行为。违法违规行为一经发现，要责成有关部门和单位立即取消企业的政策性粮油收储资格，追究有关单位和企业主要负责人的责任。对从事粮食收购的其他经营者也要加大监督检查力度，严格规范其经营行为，维护正常的粮食流通秩序。

七   加强收购工作的领导

各地方、各部门要高度重视，按照《预案》的要求，精心安排，周密部署，密切配合，认真做好今年中晚稻最低收购价执行预案的各项准备和组织实施工作。各地要抓紧腾仓并库和仓库维修，抓好临时存储粮食销售和出库，确保新粮收购仓容。各有关省（区、市）的相关部门要在省级人民政府的统一领导下，认真研究、及时解决中晚稻收购中出现的矛盾和问题，确保中晚稻收购工作的顺利进行。

特此通知。

2010年中晚稻最低收购价执行预案

第一条　为认真贯彻落实中晚稻最低收购价政策，切实保护种粮农民利益，根据《中共中央国务院关于加大统筹城乡发展力度进一步夯实农业农村发展基础的若干意见》（中发〔2010〕1号）和《粮食流通管理条例》有关精神，制定本预案。

第二条　执行本预案的中晚稻（包括中晚籼稻和粳稻）主产区为辽宁、吉林、黑龙江、江苏、安徽、江西、河南、湖北、湖南、广西、四川11省（区）。

其他中晚稻产区是否实行最低收购价政策，由省级人民政府自主决定。

第三条　中晚籼稻最低收购价每市斤0.97元，粳稻最低收购价每市斤1.05元，以2010年生产的国标三等中晚稻为标准品，具体质量标准按稻谷国家标准（GB1350–2009）执行，即中晚籼稻杂质1%以内，水分13.5%以内，出糙率75%～77%（含75%，不含77%），整精米率44%～47%（含44%，不含47%）；粳稻杂质1%以内，水分14.5%以内，出糙率77%～79%（含77%，不含79%），整精米率55%～58%（含55%，不含58%）。执行最低收购价的中晚稻为2010年生产的等内品。相邻等级之间等级差价按每市斤0.02元掌握。最低收购价是承担最低收购价收购任务的委托收储库点向农民直接收购的到库收购价。非标准品中晚稻的具体收购价格水平，由委托收购企业根据等级、水分、杂质等情况，按照《国家计委、国家粮食局、国家质检总局关于发布〈关于执行粮油质量标准有关问题的规定〉的通知》（国粮发〔2001〕146号）有关规定确定。对整精米率达不到相应质量等级标准下限要求的，每低1个百分点，扣价0.75%；不足1个百分点，不扣价；高于标准上限的不增价。整精米率低于38%的中晚籼稻和整精米率低于49%的粳稻不列入最低收购价范围。

第四条　在辽宁、吉林、黑龙江、江苏、安徽、江西、河南、湖北、湖南、广西、四川11个中晚稻主产区执行最低收购价的企业为：（1）中储粮总公司及其有关分公司，受中储粮总公司委托的中粮集团有限公司所属企业和中国华粮物流集团公司所属企业；（2）上述11省（区）地方储备粮管理公司（或单位）；（3）北京、天津、上海、浙江、福建、广东、海南等7个主销区省级地方储备粮管理公司（或单位）。

第五条　中储粮有关分公司要按照"有利于保护农民利益、有利于粮食安全储存、有利于监管、有利于销售"的原则，合理确定执行中晚稻最低收购价的委托收储库点。委托收储库点应具有粮食收购资格和农发行贷款资格，有一定的规模和库容量，仓房条件符合《粮油储藏技术规范》要求，具有较高管理水平和良好信誉。在确定委托收储库点时，要统筹考虑中储粮直属库、中粮集团有限公司和中国华粮物流集团公司所属企业及地方国有粮库，以充分利用现有仓储资源，确保储粮安全。

委托收储库点名单，报中储粮总公司审核备案后对外公布，并抄报省级人民政府和国家有关部门。

委托收储库点可根据农民售粮需要设点延伸收购，在不增加国家费用补贴的前提下，必须自行负责将延伸收购点收购的中晚稻及时集并到委托收储库点。

地方储备粮管理公司（或单位）也要根据实际需要，设定一定数量的委托收储库点，并积极入市收购，充实地方储备。地方储备粮管理公司（或单位）设定的委托收储库点要与中储粮分公司确定的委托收储库点相互衔接。委托收储库点确定后，由中储粮分公司和地方储备粮管理公司（或单位）分别与其委托收储库点签订委托收购合同，统一规范合同范本，明确有关政策及双方权利、义务等。委托收储库点要严格按照国家有关规定进行收购。中储粮总公司及有关分公司要加强对收购入库粮食数量和质量的监管。

第六条　第三条规定的最低收购价适用时间：江苏、安徽、江西、河南、湖北、湖南、广西、四川8省（区）为2010年9月16日至2010年12月31日，辽宁、吉林、黑龙江3省为2010年11月16日至2011年3月31日。在此期间，当中晚稻市场价格低于最低收购价格时，由各承贷库点和委托收储库点按照本预案第三条规定的最低收购价格，在上述中晚稻主产区挂牌收购农民交售的中晚稻。

第七条　中晚稻上市后，地方各级政府和粮食行政管理部门要引导和鼓励各类粮食经营和加工企业切实履行收购义务，积极入市收购新粮。国有和国有控股粮食企业要按照《粮食流通管理条例》有关规定，切实发挥主渠道作用。农业发展银行要积极为各类收购主体入市收购提供信贷支持，保证具备贷款条件的国有和国有控股粮食企业资金供应。

第八条　预案执行期间，中央和地方储备轮入的中晚稻应不低于国家规定的最低收购价格水平。主销区地方政府要督促当地储备粮管理公司（或单位）按照不低于国家规定的最低收购价格积极到主产区收购中晚稻。

第九条　预案执行期间，中央和地方储备粮的承储企业应积极入市收购新粮用于轮换。当市场价格高于最低收购价较多时，中央和地方储备粮可暂缓轮入，并按管理权限报批后，适当延长轮换空库期，但中央财政不再负担延长期内的保管及利息补贴。为防止出现"转圈粮"等问题，预案执行期间，中央和地方储备粮的承储企业以及承担中晚稻最低收购价收储任务的库点一律不得直接和间接购买国家拍卖的最低收购价中晚稻。

为调动企业参与中晚稻收购和经营的积极性，预案执行期间，原则上停止中央、地方储备库存中晚稻的大批量集中拍卖活动。对确有长期供货合同的中央和地方储备中晚稻，分别由中储粮总公司和省级粮食行政管理部门报国家发展改革委、财政部、国家粮食局备案后，定向销售给稻谷加工企业。

预案执行期间，粮食经营企业不得故意低价销售，冲击市场。

第十条　委托收储库点按最低收购价收购中晚稻所需贷款（收购资金和收购费用），由所在地中储粮直属企业统一向农业发展银行承贷，并根据中晚稻收购情况及时预付给委托收储库点，保证收购需要。对于没有中储粮直属企业的市（地）区域，为保证收购需要，可暂由中储粮分公司指定该区域内具有农发行贷款资格、资质较好的收储企业承贷；收购结束后，贷款要及时划转到中储粮公司直属企业统一管理。农业发展银行要按照国家规定的最低收购价格和收购费用及时足额供应。收购费用为每市斤2.5分钱（含县内集并费），由中储粮总公司包干使用，其中拨付委托收储库点直接用于收购的费用不得低于每市斤2分钱。

第十一条　地方储备粮管理公司（或单位）按最低收购价收购的中晚稻主要用于充实地方储备，所需收购贷款由农业发展银行按照国家规定的最低收购价格及时足额发放。有关收购、保管费用和利息按地方储备粮管理的有关规定执行。

第十二条　预案执行期间，中储粮总公司和有关省粮食局每五日分别将中储粮分公司和地方储备粮管理公司（或单位）按最低收购价收购的中晚稻品种、数量汇总后报国家粮食局。中储粮总公司汇总的数据要同时抄送农业发展银行。具体报送时间为每月逢5日、10日期后第二天中午12时之前。

省级农发行在每月初5个工作日内将上月最低收购价收购资金的发放情况抄送当地中储粮分公司。同时，中储粮有关分公司将最低收购价中晚稻每月收购进度情况抄送当地农发行省分行、省级粮食行政管理部门。各收储库点要每5日将收购进度抄报所在地县级粮食行政管理部门。

第十三条　中晚稻最低收购价执行情况，分别由中储粮总公司和省级粮食行政管理部门，于本预案执行结束后一个月内，报告国家发展改革委、财政部、农业部、国家粮食局、农业发展银行。

第十四条　中储粮总公司及其有关分公司执行最低收购价政策收购的中晚稻，粮权属国务院，未经国家批准不得动用。中储粮总公司及其有关分公司要按有关规定，及时对委托收储库点收购的中晚稻品种、数量、等级等进行审核验收。对验收合格的中晚稻，由中储粮有关分公司及其直属企业负责就地临时储存，并与委托收储库点签订代保管合同，明确品种、数量、等级、价格和保管责任等。对验收不合格的中晚稻，由当地中储粮分公司及其直属企业、农业发展银行分支行与委托收储库点及时研究处理。国家粮食局会同有关部门结合每年的粮食库存检查对委托收储库点进行抽查，对质价不符、账实不符、不按规定及时出库等行为，将按照《粮食流通管理条例》等有关规定严肃处理。

第十五条　中储粮总公司及其有关分公司保管的临时存储最低收购价中晚稻，保管费用补贴和贷款利息补贴，由中央财政负担，先预拨，后清算。委托收储库点的保管费用补贴标准为每市斤3.5分钱/年，自中晚稻收购入库当月起根据月末库存数量进行补贴；贷款利息根据入库结算价与同期银行贷款利率计算。中储粮总公司及其有关分公司执行中晚稻最低收购价政策发生的质检、监管等日常费用标准，按《财政部关于调整完善中储粮公司最低收购价粮食质检、监管、省内跨县集并及跨省移库包干政策的通知》（财建〔2007〕405号）执行。中央财政根据中储粮总公司上报的最低收购价利息费用补贴的申请报告，按季度将保管费用、贷款利息及质检、监管等日常费用拨付给中储粮总公司。中储粮总公司及其分公司要将保管费用按每市斤3.5分钱/年标准及时足额拨付到委托收储库点。中储粮总公司要规范储粮行为，各直属企业不得在其监管区域外租仓储粮，不得向已确定为委托收储库点的企业再租仓储粮，也不得变相租仓降低保管费用补贴标准，以确保安全储粮的需要。事后，由中央财政根据实际保管数量、等级和核定的库存成本等对中储粮总公司进行清算。

第十六条　中储粮总公司及其有关分公司保管的临时存储最低收购价中晚稻，由国家有关部门按照顺价销售的原则，在粮食批发市场或网上公开竞价销售，销售盈利上交中央财政，亏损由中央财政负担。中储粮总公司对销售盈亏进行单独核算，中央财政对中储粮总公司及时办理盈亏决算。

第十七条　执行最低收购价的委托收储库点，要在收购场所张榜公布国家最低收购价粮食收购价格、质量标准、水杂增扣量增扣价方式、结算方式和执行时间等政策信息，让农民交"放心粮"；要按照稻谷国家标准（GB1350-2009）做好中晚稻收购工作；要按时结算农民交售中晚稻的价款，不得给农民打白条，不得压级压价和代扣各种收费，不得拒收农民交售的符合标准的粮食，不得将农业发展银行贷款挪作他用；要按照国家最低收购价粮食竞价交易规则要求及时出库并及时归还农业发展银行贷款。地方粮食、价格部门和农业发展银行按在地原则对政策执行情况履行监督检查职责，委托收储库点应主动配合接受检查，不得阻挠、刁难。对违反上述规定和拒不接受有关执法部门检查的，取消委托收储库点资格，并按照《价格法》、《粮食流通管理条例》等有关规定进行查处。

第十八条　国家发展改革委负责协调落实中晚稻最低收购价政策的工作，监测中晚稻收购价格变化情况，检查价格政策执行情况，会同有关部门解决最低收购价政策执行中的矛盾和问题。财政部负责及时拨付中储粮总公司按最低收购价格收购中晚稻所需的费用和利息补贴。农业部负责了解各地执行最低收购价政策情况，监测中晚稻市场价格，反映农民的意见和要求。国家粮食局负责检查最低收购价政策执行情况和储粮安全等情况，督促国有和国有控股粮食企业积极入市收购，发挥主渠道作用。农业发展银行负责向执行最低收购价任务的贷款企业及时提供收购资金和费用贷款。中储粮总公司及其有关分公司作为国家委托的最低收购价政策执行责任主体，对其执行最低收购价政策收购的中晚稻的数量、质量、库存管理及销售出库等负总责。省级人民政府负责对最低收购价政策的落实情况进行监督检查，切实落实仓库维修工作，确保在新粮收购前投入使用，并督促、协调地方各部门，支持和配合中储粮总公司的工作，共同完成托市收购任务。

第十九条　本预案由国家发展改革委、财政部和国家粮食局负责解释。

关于提高2011年小麦最低收购价格的通知

（国家发展改革委 财政部 农业部 国家粮食局 中国农业发展银行
发改电〔2010〕347号　2010年10月11日）

各省、自治区、直辖市发展改革委、物价局、财政厅（局）、农业厅（局、委、办）、粮食局、农业发展银行分行：

为保护农民种粮积极性，进一步促进粮食生产发展，经国务院批准，决定从明年新粮上市起适当提高主产区2011年生产的小麦最低收购价水平。每50公斤白小麦（三等，下同）、红小麦、混合麦最低收购价格分别提高到95元、93元、93元，比2010年分别提高5元、7元、7元。当前正值冬小麦播种季节，各地要做好宣传工作，以调动农民种粮积极性，促进粮食生产稳定发展。

国家粮食局文件
局发文部分

关于表彰2009年全国粮食清仓查库工作先进单位优秀组织单位和先进个人的决定

（国家粮食局 国粮检〔2010〕3号 2010年1月7日）

各省、自治区、直辖市及新疆生产建设兵团粮食局：

2009年，在党中央、国务院的正确领导和统一部署下，开展了全国范围的粮食清仓查库工作。各级粮食行政管理部门及广大干部职工在当地党委、政府的直接领导下，在各有关部门和社会各界的配合支持下，认真落实"在地检查"原则，充分发挥职能作用，以对党、对国家、对人民高度负责的态度，加强领导，科学组织，周密部署，精心实施，圆满完成了2009年全国粮食清仓查库各阶段、各环节的工作任务。通过清仓查库，全面、准确地摸清了粮食库存实底，夯实了粮食宏观调控的物质基础，增进了社会各界对粮食工作的了解和支持，增强了人民群众应对国际金融危机、保持经济平稳较快发展的信心，强化了各级政府落实"米袋子"负责制的意识，达到了让政府心中有数、使人民群众感到放心的目的。通过这次清仓查库，检验和推进了粮食系统各项工作，展示了行业风采，激发了发展热情，涌现出一大批先进典型。

为鼓舞和激励粮食系统广大干部职工奋发进取，推动粮食库存管理工作再上新水平，根据国务院全国粮食清仓查库工作总结电视电话会议精神，国家粮食局决定：授予北京市粮食局等75个单位"2009年全国粮食清仓查库工作先进单位"荣誉称号；授予天津市粮食局等12个单位"2009年全国粮食清仓查库工作优秀组织单位"荣誉称号。授予卢跃等191名同志"2009年全国粮食清仓查库工作先进个人"荣誉称号。希望被授予荣誉称号的集体和个人再接再厉，扎实工作，争取更大的成绩。

全国粮食系统广大干部职工要以受表彰的先进集体和先进个人为榜样，更加紧密地团结在以胡锦涛同志为总书记的党中央周围，以邓小平理论和"三个代表"重要思想为指导，深入贯彻落实科学发展观，增强大局意识和责任意识，以更加坚定的信心、更加饱满的热情，扎实推进粮食流通事业的科学发展，进一步加强粮食库存管理，确保国家粮食库存数量真实、质量良好、储存安全，为促进国民经济平稳较快发展做出新的更大的贡献。

附件：

2009年全国粮食清仓查库工作先进单位和优秀组织单位名单

一 全国粮食清仓查库工作先进单位（省级，共20个）

北京市粮食局

河北省粮食局

山西省粮食局

内蒙古自治区粮食局

吉林省粮食局

上海市粮食局

江苏省粮食局

浙江省粮食局

安徽省粮食局

福建省粮食局

江西省粮食局

山东省粮食局

河南省粮食局

湖北省粮食局

湖南省粮食局

广东省粮食局

广西壮族自治区粮食局

四川省粮食局

陕西省粮食局

甘肃省粮食局

二 全国粮食清仓查库工作优秀组织单位（共12个）

天津市粮食局

辽宁省粮食局

黑龙江省粮食局

海南省粮食局

重庆市商业委员会

贵州省粮食局

云南省粮食局

西藏自治区粮食局

青海省粮食局

宁夏回族自治区粮食局

新疆维吾尔自治区粮食局

新疆生产建设兵团发展和改革委员会（粮食局）

三 全国粮食清仓查库工作先进单位（市、县级，共55个）

北京市大兴区商务局（粮食局）

天津市宝坻区粮食局

河北省邯郸市粮食局

河北省承德市粮食局

山西省晋中市粮食局

内蒙古自治区呼和浩特市粮食局

内蒙古自治区呼伦贝尔市粮食局

内蒙古自治区赤峰市粮食局

辽宁省铁岭市粮食局

辽宁省沈阳市粮食局

辽宁省大连市商业（粮食）局

吉林省四平市粮食局

吉林省延边朝鲜族自治州粮食局

吉林省农安县粮食局

黑龙江省哈尔滨市粮食局

黑龙江省齐齐哈尔市粮食局

黑龙江省绥化市北林区粮食局

上海市奉贤区粮食局

江苏省南京市粮食局

江苏省张家港市粮食局

浙江省宁波市粮食局

安徽省六安市粮食局

安徽省肥西县粮食局

福建省福州市粮食局

江西省宜春市粮食局

江西省九江市粮食局

江西省吉安市粮食局

山东省烟台市粮食局

山东省济宁市粮食局

河南省郑州市粮食局

河南省新乡市粮食局

河南省滑县粮食局

河南省西平县粮食局

湖北省荆州市粮食局

湖北省宜城市粮食局

湖南省湘潭市粮食局

湖南省宁乡县粮食局

广东省韶关市粮食局

海南省海口市粮食局

海南省儋州市粮食局

广西壮族自治区贵港市粮食局

四川省德阳市粮食局

四川省宜宾市粮食局

重庆市万州区粮食局

重庆市涪陵区商务局

贵州省贵阳市粮食局

云南省昆明市粮食局

西藏自治区山南地区粮食局

西藏自治区日喀则地区粮食局

陕西省西安市粮食局

甘肃省天水市粮食局

青海省海东地区发展和改革委员会

宁夏回族自治区银川市粮食局

新疆维吾尔自治区阿克苏地区粮食局

新疆维吾尔自治区昌吉回族自治州粮食局

2009年全国粮食清仓查库工作先进个人名单
（共191名）

卢　跃　　北京市粮食局监督检查处副处长

焦洪文　　北京市粮食局调控处副处长

李成军　　北京市通州区商务委员会（粮食局）副调研员

张景厚　　北京市延庆县商务委员会（粮食局）调研员

王俊坤　　北京市昌平区商务委员会（粮食局）纪检组长

刘学良　　天津市蓟县粮食局副局长

郭久苓　　天津市武清区粮食局局长

吴海洪　　天津市汉沽区粮食局调研员

李国君　　天津市塘沽区粮食局副局长

张　琳　　　河北省粮食局监督检查处处长

韩长生　　　河北省粮食局监督检查处科员

郑栋梁　　　河北省粮食局财务会计处主任科员

袁桂珍（女）河北省保定市粮食局监督检查处处长

白海良　　　河北省邢台市粮食局监督检查科科长

张大明　　　河北省沧州市粮食局监督检查科科长

张东福　　　河北省唐山市粮食局监督检查处处长

陈立芳（女）河北省井陉县粮食局监督检查科科长

刘　鹏　　　山西省粮食局市场管理处处长

郝海龙　　　山西省长治市粮食局局长

杨　祗　　　山西省平定县粮食局局长

杨静荣　　　山西省阳曲县粮食局局长

李爱梅（女）山西省忻州市粮食局储备科科长

周景慧（女）内蒙古自治区粮食局储备处处长

范宇辉　　　内蒙古自治区粮食局财务处主任科员

陈永光　　　内蒙古自治区包头市粮食局综合业务科科长

于光起　　　内蒙古自治区兴安盟商务局副局长

纪　宇　　　内蒙古自治区通辽市粮食局储备科科长

郭振雷　　　内蒙古自治区正蓝旗粮食局局长

杨晓峰（女）内蒙古自治区乌兰察布市粮食局综合科科长

塔日瓦　　　内蒙古自治区鄂尔多斯市粮食局副局长

赵嘉奇　　　辽宁省粮食局粮食流通监督检查处副调研员

张小洁（女）辽宁省鞍山市粮食局调控检查处副处级调研员

杨士伟　　　辽宁省抚顺市粮食局监督检查处处长

许　冰　　　辽宁省锦州市粮食局市场监督管理处处长

阎家民　　　辽宁省营口市粮食局局长

柳长吉　　　辽宁省盘锦市粮油检验监测站站长

张凤双　　　辽宁省葫芦岛市商业（粮食）局监督检查科科长

祝业辉　　　吉林省粮食局局长

于跃忠　　　吉林省粮食局监督检查处处长

刘十生　　　吉林省粮食局监督检查处科员

刘恒立　　　吉林省粮油卫生检验监测站检验二室主任

李树华（女）吉林省长春市粮食局局长

王文振　　　吉林省吉林市粮食局副局长

李忠林　　　吉林省白城市粮食局副局长

周　福　　　吉林省松原市粮食局局长

肖培尧　　　黑龙江省粮食局副局长

缪新宇（女）黑龙江省粮食局调控处主任科员

李　蔚（女）黑龙江省粮食局财务审计处主任科员

孙亚明　　　黑龙江省粮食局法规监督处科员

李晓典　　　黑龙江省牡丹江市粮食局综合科科长

刘万良　　　黑龙江省佳木斯市粮食局计划科科长

武玉滋　　　黑龙江省鹤岗市粮食局副局长

朱　军　　　黑龙江省大庆市粮食局副局长

鞠　杰　　　黑龙江省伊春市粮食局局长

孙绪良　　　上海市粮食局调控处处长

王晓枫　　　上海市松江区粮食局局长

周国标　　　上海市浦东新区粮食署署长

李守康　　　上海市嘉定区粮食局副局长

顾雅贤（女）江苏省粮食局监督检查处副处长

孙建一（女）江苏省南通市粮食局局长

刘广洲　　　江苏省淮安市粮食局局长

李明安　　　江苏省扬州市粮食局局长

王海永　　　江苏省徐州市粮食局副局长

王明君　　　江苏省宜兴市粮食局局长

安家师　　　江苏省滨海县粮食局购销调控科办事员

庄春晓　　　江苏省泗阳县粮食局业务科科长

陈群华　　　浙江省粮食局管理监督处处长

胡　斌　　　浙江省杭州市粮食局管理监督处处长

李金莎（女）浙江省丽水市发展和改革委员会粮食管理调控处处长

项鹏飞　　　浙江省温州市粮食局购销调控处科员

滕继飞　　　浙江省金华市国内贸易与粮食局粮食管理处副主任科员

黄　刚　　　安徽省粮食局监督检查处处长

刘德胜　　　安徽省宿州市埇桥区粮食局监督检查股股长

曹　杰　　　安徽省颍上县粮食局综合管理股股长

周继红（女）安徽省蚌埠市粮食局仓储科科长

蒋晓云（女）安徽省滁州市粮食局仓储科科长

夏拥军　　　安徽省巢湖市粮食局副局长

陈经平　　　安徽省宣城市粮食局调控科科长

王洪华　　　福建省粮食局监督检查处处长

王　琦（女）福建省粮食局调控处主任科员

林熙熙　　　福建省漳州市粮食局局长

范启有　　　福建省龙岩市粮食局副局长

李　涛　　　福建省南平市粮食局综合业务科科长

肖培坤　　　福建省泉州市泉港区粮食局副局长

杨小林　　　江西省南昌市粮食局局长

曾凡生　　　江西省赣州市粮食局副局长

金　民　　　江西省粮油质量监督检验中心副主任

聂戈剑　　　江西省萍乡市粮食局监督检查科科长

黄文英（女）江西省抚州市粮食局监督检查科科长

许庆德　　　江西省上饶市粮食局监督检查科科长

王顺厚　　　山东省粮食局纪检组长、监察专员

孟　军　　　山东省粮食局监督检查处处长

刘玉竹（女）山东省粮食局财务处副处长

黄润华　　　山东省青岛市粮食局局长

梅海滨　　　山东省枣庄市粮食局局长

杨化云（女）山东省泰安市粮食局纪委书记

李祯祥　　　山东省淄博市粮食局监督检查科科长

曹永刚　　　山东省菏泽市粮食局副局长

曹濮生　　　河南省粮食局局长

刘大贵　　　河南省粮食局副局长

徐富勇　　　河南省粮食局监督检查处处长

安禄芳（女）河南省粮食局调控处处长

冯平勤　　　河南省鹤壁市粮食局局长

魏　冰　　　河南省商丘市粮食局副局长

戚金成　　　河南省周口市粮食局监督检查科科长

武　威　　　河南省平顶山市粮食局调控科副科长

郭才远　　　河南省光山县粮食局局长

白富勤　　　河南省唐河县粮食局局长

刘恩泽　　　河南省清丰县粮食局纪检书记

刘海涛　　　湖北省粮食局监督检查处处长

廖建桥　　　湖北省武汉市粮食局行业管理处副处长

胡明勇　　　湖北省襄樊市粮食局法规监督科副科长

刘　斌　　　湖北省荆门市粮食局监督检查科科长

张金华　　　湖北省鄂州市粮食局监督检查科科长

吕国强　　　湖北省随州市国家粮食质量监测站站长

焦小毅　　　湖南省粮食局副局长

杨夏鸣　　　湖南省株洲市粮食局副局长

瞿　霞（女）湖南省衡阳市粮食局调控科主任科员

彭育陵　　　湖南省娄底市粮食局局长

戴真武　　　湖南省汉寿县粮食局局长

韩小玲（女）湖南省怀化市鹤城区粮食局局长

徐　菱（女）广东省粮食局监督检查处副主任科员

曾　梅（女）广东省广州市发展和改革委员会（粮食局）科长

黄庆明　　　广东省潮州市发展和改革局（粮食局）副局长

成拥党　　　广东省清远市发展和改革局（粮食局）粮管科科长

李日华　　　广东省廉江市粮食局局长

符致勇　　　海南省三亚市粮食局局长

王　权　　　海南省澄迈县粮食局局长

陈洪峰　　　海南省乐东黎族自治县粮食局主任科员

罗大宁　　　广西壮族自治区粮食局监督检查处副处长

赵宝业　　　广西壮族自治区南宁市粮食局监督检查科科长

张泽健　　　广西壮族自治区柳州市粮食局副局长

秦伟民　　　广西壮族自治区桂林市粮食局副局长

黄俊瑾　　　广西壮族自治区上思县粮食局副局长

陈　汲　　　四川省成都市粮食局人事处处长

朱　刚　　　四川省泸州市粮食局监督检查科科长

王扶跃　　　四川省南充市粮食局监督检查科科长

汪伟茜（女）四川省甘孜藏族自治州粮食局行政执法科科长

徐选民　　　四川省威远县粮食局业务股股长

江立奇　　　四川省资阳市雁江区粮食局业务股股长

李清华　　　重庆市商业委员会粮油调控处科员

粟正全　　　重庆市黔江区粮食局储运科科长

周文琼（女）重庆市垫江县粮食局副局长

周庆书（女）重庆市潼南县粮食局储运科主任科员

雷作伟　　　重庆市荣昌县粮食局副局长

龙永嵩　　　贵州省粮食局储备管理处主任科员

于克强　　　贵州省六盘水市粮食局储备管理科科长

章京鸣　　　贵州省普定县粮食局局长

王道英　　　贵州省三穗县粮食局纪检组长

杨　诚　　　云南省玉溪市粮食局局长

郑成才　　　云南省昭通市粮食局副局长

刘　祥　　　云南省楚雄彝族自治州粮食局局长

李兴明　　　云南省保山市粮食局局长

赵毕鉴　　　云南省大理市粮食局局长

旺　加　　　西藏自治区拉孜县粮食局副局长

边巴扎西　　西藏自治区昌都地区粮食局储运科科员

次仁加措　　西藏自治区波密县粮食局局长

苏玉保　　　陕西省粮食局监督检查处处长

张雪梅（女）陕西省粮油产品质量监督检验所所长

史存良　　　陕西省宝鸡市粮食局副局长

李　平　　　陕西省汉中市粮食局办公室副主任

寇　炜（女）陕西省延安市粮食局信息管理科副科长

柴尔桢　　　甘肃省武威市粮食局局长

郭威琴（女）甘肃省平凉市粮食局储运科科长

张　炳　　　甘肃省张掖市粮食局副局长

蒲　林　　　甘肃省定西市安定区粮食局副局长

李　军　　　青海省粮食局监督检查处副处长

刘连生　　　青海省大通回族土族自治县发展和改革局副局长

杨晓岚（女）青海省海南藏族自治州发展和改革委员会粮食科科长

华　谦　　　青海省海北藏族自治州发展和改革委员会副主任

陈建月　　　宁夏回族自治区石嘴山市粮食局监督检查科科长

常　军　　　宁夏回族自治区吴忠市粮食局监督检查科科长

何明儒　　　宁夏回族自治区中卫市粮食局监督检查科科长

侯慧克　　　宁夏回族自治区固原市粮食局办公室科员

高佩信　　　新疆维吾尔自治区喀什地区粮食局副局长

阿布力米提·沙达克　新疆维吾尔自治区阿勒泰地区粮食局综合业务科科长

伊敏江　　　新疆维吾尔自治区伊犁哈萨克自治州粮食局监督检查处副处长

唐蓓娟（女）新疆维吾尔自治区乌鲁木齐市商务局（粮食局）粮油管理处处长

曾丽明（女）新疆生产建设兵团发展和改革委员会（粮食）粮食流通监督检查处副处长

何玉芹　　　新疆生产建设兵团农四师发展和改革委员会（粮食局）主任科员

吴子丹　　　国家粮食局粮食科学研究院党委书记

唐柏飞　　　国家粮食局科技与流通发展司副巡视员

陈　良　　　中纪委、监察部驻国家粮食局监察局二室副司级监察专员

郁士祥　　　国家粮食局办公室综合处处长

张　云（女）国家粮食局调控司信息统计处处长

田　野　　　国家粮食局政策法规司综合处副主任科员

于英威　　　国家粮食局监督检查司检查一处处长

罗守全　　　国家粮食局监督检查司检查二处处长

罗文娟（女）国家粮食局财务司财务一处处长

徐广超（女）国家粮食局标准质量中心质量处主任科员

刘　坚　　　国家粮食局粮油信息中心办公室综合处助理经济师

关于进一步加强粮食库存管理的若干意见

（国家粮食局 国粮检〔2010〕20号 2010年2月11日）

各省、自治区、直辖市及新疆生产建设兵团粮食局，中国储备粮管理总公司、中粮集团有限公司、中国华粮物流有限公司：

为认真贯彻落实国务院领导同志在全国粮食清仓查库工作总结电视电话会议上的讲话精神，进一步加强粮食库存管理，按照全国粮食局长会议作出的具体部署，提出以下实施意见：

一 认真学习贯彻国务院粮食清仓查库总结电视电话会议精神，切实提高对加强粮食库存管理重要性的认识

各级粮食行政管理部门和有关企业要认真学习和深刻领会李克强副总理在全国粮食清仓查库工作总结电视电话会议上的讲话精神，进一步提高对加强粮食库存管理重要性的认识，充分认识到粮食库存关系到粮食安全，关系到国家经济社会发展大局，关系到民心和社会稳定。要以对国家和人民高度负责的态度，增强全局观念和责任意识，认真总结全国粮食清仓查库取得的经验，积极推广好的粮食库存管理做法，全面做好粮食库存管理工作。

当前，全国国有粮食企业库存管理情况总体是好的，但也发现了一些不容忽视的问题。主要是库存分布不够合理，部分政策性粮食质量较差，一些地方基层粮食企业收储功能弱化，少数企业粮食库存统计、会计处理不规范，仓储管理制度不落实，储备粮轮换管理不规范，甚至违规经营，政策执行和监督检查不够到位，体制机制也存在需要完善的地方。各级粮食行政管理部门要充分认识这些问题的危害性，深刻分析存在问题的原因，切实整改，加强企业内部管理，严肃外部监督，落实管理责任，强化监督检查措施，健全和完善规章制度，把新时期粮食库存管理提高到一个新的水平。

二 进一步健全粮食库存管理制度，夯实粮食库存管理基础工作

（一）加强粮食库存统计、会计和保管账管理，确保账账、账实相符

各地要切实做好全社会粮食流通统计，进一步完善统计管理制度，优化统计组织体系，督促企业加强和改进粮食统计工作，不断提高统计数据的及时性、准确性、完整性和一致性。为支持地方政府切实落实粮食省长负责制，强化地方粮食市场调控能力，中储粮各分公司要将相关统计报表抄送省级粮食行政管理部门，其他中央直属企业也要按照属地原则向所在地粮食行政管理部门报送统计报表。要重点规范企业储备粮轮换、商品粮购销及国家临时存储粮购销、移库等重点业务的统计和会计处理，统一账务处理口径。对企业已销售出库的粮食要及时进行账务处理，核减库存统计账，未回笼的销售货款计入相应结算账户，不得以货款未回笼等理由出现任何形式的虚增库存。严禁通过虚购虚销方式掩盖亏库和套取费用补贴。要强化粮食库存保管账管理，账目格式和账务处理要符合《国家粮食

局关于印发〈库存粮油货位卡〉等粮油仓储管理常用表格表样的通知》（国粮展〔2010〕11号）的规定，所有出入库的粮食均应及时、准确记载入账，并做到出入库业务日清月结，档案凭证齐全完整，损失损耗及时核销。为确保粮食库存数量真实，要建立购销双方统计账务处理核对制度，在企业内部要定期核对粮食库存实物保管账、统计账和会计账，分析存在差异的原因，力求做到账账相符、账实相符，确保账务处理能够真实反映粮食库存实际状况。

（二）完善制度，强化粮食库存质量管理

各级粮食行政管理部门要根据《中华人民共和国食品安全法》和《粮食流通管理条例》的有关规定，完善粮食质量管理的相关制度。认真落实粮食质量安全地方责任制，加强对辖区内粮食收购、储存、销售等环节的质量监督检查和原粮卫生监测。健全粮油质量安全检测体系，充实专业人员，增加仪器设备投入，提升检验能力。建立粮食质量安全信息报告和通报制度，健全粮食出入库检验制度和出证、索证制度，完善突发事件应急处理机制和责任追究制度。各地要采取交叉检查和分级抽查等多种方式，督促企业严格执行国家粮食质量管理政策和标准，认真搞好日常质量检测，规范使用储粮药剂，完善粮食质量档案，构建完善的粮食质量安全信用管理体系。

（三）加强粮食仓储管理，规范企业仓储行为

各地要认真贯彻新颁布的《粮食仓储管理办法》，抓紧制定辖区内粮油仓储单位备案办法。粮油仓储单位实行备案以后，要落实办法规定的分类储存、货位卡管理等制度。深入开展粮食仓储企业规范化管理活动，指导企业严格执行储粮技术规范，完善企业仓储管理制度，落实各项责任制，加强对企业的储粮安全和安全生产的监督、检查、指导和管理工作。有条件的企业要建立企业技术标准，逐步实现粮食仓储的全程规范化操作。加强对仓储设施的日常维护和管理，确保储粮设施设备配置齐全、功能完整、运行正常。强化对露天储粮的管理措施，强化安全储粮和安全生产的责任和管理措施，创造良好的储粮条件。采取推广典型经验、技术交流、企业与研究机构合作等多种方式，积极推动储粮新技术的推广应用，努力降低储粮成本，提高企业综合效益。

（四）进一步加强中央和地方储备粮承储资格管理

中央储备粮必须存储在国家有关部门明文上收的中央储备粮直属库的自有仓房或具有中央储备粮代储资格的仓房内，严禁无资格仓房和露天存储。各省（区、市）粮食局要加强对代储资格企业的管理。中国储备粮管理总公司要加强对承储中央储备粮资格企业的管理，确保资格企业符合规定条件。建立和完善中央储备粮承储库点备案和定点变更报告制度，规范承储库点调整的程序和手续。要进一步强化地方储备粮承储资格管理，参照中央储备粮代储资格的管理模式，建立健全地方储备粮承储资格认定制度，努力改善地方储备粮承储条件。

（五）加强最低收购价和国家临时收储粮收储资格审批和定点管理工作

中国储备粮管理总公司要严格按照政策规定，合理布设收储库点。所设库点的仓房条件必须符合《粮油储藏技术规范》要求、具有较高管理水平和良好信誉。具体库点由中储粮分公司提出，商省级粮食行政管理部门和农发行省级分行后，报国家有关部门和省级人民政府备案，并及时向社会公布，接受社会监督，一经确定不得擅自变更。

（六）加强中央储备粮轮换管理，严格规范企业轮换行为

中国储备粮管理总公司下达分批、分省、分品种轮换计划时，要严格按照《中央储备粮管理条例》、《中央储备粮油轮换管理办法（试行）》的有关规定，不得突破国家有关部门下达的计划。有关分公司要统筹兼顾粮食的质量、储存年限和分布情况，合理安排计划任务。下达到承储企业的轮换

计划，要明确轮换粮食的数量、品种、仓号及轮换起止期限等具体要求，增强轮换操作的透明度和约束力。承储企业不得未轮报轮，或因市场变化等原因应轮不轮，导致出现粮食重度不宜存现象。进一步完善中央储备粮轮换机制，大力推动中央储备粮轮换通过批发市场公开操作。当年新粮上市之前，承储企业可以从批发市场采购上年收购的最低收购价和国家临时收储粮作为中央储备粮轮换粮源。新粮上市之后，禁止购买这些粮食作为中央储备粮轮换粮源，防止出现"转圈粮"。

（七）加强粮食补贴拨付的管理，确保企业安全保粮的基本投入

进一步规范中央事权政策性粮食费用补贴拨补管理，明确界定政策性粮食委托收购、委托储存、委托轮换及移库集并等具体业务中，委托方和受托方承担的权责义务，规范相关合同的范式和内容，统一对同一地区、同一品种、储存条件基本相同的承储企业的费用补贴标准。禁止以租仓等名义变相降低费用标准，确保费用补贴及时、足额拨付至承储企业，以保障企业储粮的基本投入。各地要合理确定地方储备粮保管和轮换费用补贴标准，足额拨付地方储备粮利息费用补贴。

（八）加强粮食收购资金使用管理，切实做到"库贷相符"

近年来，一些地方个别民营企业以和国有粮食企业联营为名，将国有粮食企业承贷的收购资金挪用于非粮产业，导致国有粮食企业库存出现虚数的现象，要引起各级粮食行政管理部门的高度重视。各地要严格按照"钱随粮走、库贷挂钩、购贷销还、专款专用、封闭运行"的原则，严格控制粮食收购贷款使用范围，防止出现以联营方式擅自转移贷款使用主体、变更贷款用途以及收购资金体外循环等方面的违规问题，要督促企业及时清理不合理往来账款，及时回笼粮食销售货款，切实做到"库贷相符"，库存真实。

（九）加强业务人员培训，提高粮食库存管理人员素质

各地粮食行政管理部门要采取切实措施，稳定和充实粮食库存管理专业人员队伍。通过在职培训、经验交流、技术练兵、比对考核等多种方式，加强新技术、新知识、新设备和粮食库存管理法规政策、标准规范的培训，全面提高管理人员的业务素质。对仓储、统计、财务、质检等关键岗位的专业人员，要实行持证上岗制度。

三　严格粮食库存检查行政执法，着力构建监督检查长效机制

（一）进一步加强粮食监督检查体系建设

各地要积极争取地方政府和有关部门支持，健全市、县两级粮食行政管理部门监督检查机构，落实编制、人员和经费，充实一线执法力量。要精心选拔熟悉政策、精通业务、经验丰富、作风正派的人员，充实监督检查队伍，通过完善管理制度，规范执法行为，努力建设管理有序、运转顺畅、行为规范的粮食库存监管工作体系。

（二）改进和完善粮食库存监督检查方式

认真总结清仓查库"在地检查"经验，积极探索政策性粮食库存"在地监管"模式，建立健全粮食库存管理制衡与约束机制。大力推进粮食库存监管信息系统建设，及时掌握企业粮食库存的动态变化情况，前移监督检查关口。严格依照国家有关法规政策的规定组织检查工作，规范监管程序。采取例行检查与专项检查、交叉互查、突击检查、暗访相结合的方式，对不同性质的企业和粮食库存实行分类监管，增强监管工作的时效性和针对性，切实做到各类检查工作事前有计划、事后有报告、查处有依据、整改见实效。积极尝试相关监管部门参加的联席会议制度，适时通报信息，共同研究解决问

题，组织联合执法，形成监管合力。结合日常检查工作，向企业提供政策和业务指导，帮助管理人员查找漏洞、规范业务操作，建立问题防范机制，使监督检查真正成为推动企业改进管理的重要手段。

（三）强化粮食库存监管执法监督措施，严肃行政执法工作纪律

粮食监督检查要主动接受纪检监察部门和人大代表、政协委员监督，主动接受社会和新闻媒体监督，采取设置专门电话、信箱和及时接待群众来访等方式，认真做好案件举报和意见投诉受理工作。通过媒体适时向社会发布监管工作信息，加大粮食库存管理法规政策的宣传力度，增加粮食库存管理工作的透明度，为加强监管营造良好的社会氛围。

（四）严查涉粮案件

加强与纪检监察等有关部门的沟通与配合，严厉查处群众反映强烈、社会负面影响严重的案件，加大对违法违规行为的惩治力度，提高案件办理质量和行政执法工作的威慑力。对各类实名举报，要加强与举报人的沟通联系，采取妥善措施保护实名举报人。要进一步规范案件查办工作，完善受理登记、查办、督办、移交转办、结果通报、查办时限等方面的管理制度。

（五）建立健全粮食库存管理和监督检查责任制

认真贯彻粮食省长负责制要求，逐级签订粮食库存管理责任状，明确管理职责，细化考核要求。组织各类粮食库存检查和案件核查，要将检查责任落实到人，因故意或过失造成重大问题未及时发现、重大隐患未及时处理、检查结果与实际情况不符或监管工作不到位导致辖区内出现重大问题的，追究相关负责人责任。要建立企业内部管理岗位待遇与管理责任挂钩的机制，切实强化管理人员的责任意识。

关于公布第三批国家粮食质量监测机构名单的通知

（国家粮食局 国粮发〔2010〕22号 2010年2月22日）

各省、自治区、直辖市及新疆生产建设兵团粮食局，各有关粮食质量检验机构：

为深入贯彻落实《食品安全法》、《农产品质量安全法》和《粮食流通管理条例》及《中央储备粮管理条例》，做好收购、储存环节和政策性用粮购销活动中粮食质量与原粮卫生监管工作，按照《国家粮食局关于建立国家粮食质量监测体系的通知》（国粮发〔2006〕146号）精神，在各省级粮食行政管理部门推荐的基础上，根据国家粮食局组织专家进行考核的情况，经研究，现公布国家粮食局授权挂牌的第三批国家粮食质量监测机构名单。授权挂牌机构的隶属关系不变，人、财、物管理关系不变，有关业务工作接受国家粮食局的监督指导。

附件:

第三批国家粮食质量监测机构名单

序号	挂 牌 机 构 名 称	依 托 单 位
1	河北保定国家粮食质量监测站	保定市粮食局粮油化验中心
2	内蒙古鄂尔多斯国家粮食质量监测站	鄂尔多斯市粮油质检中心
3	内蒙古通辽国家粮食质量监测站	通辽市粮油质量检测中心
4	内蒙古克什克腾国家粮食质量监测站	内蒙古自治区粮油质量检测中心克什克腾旗工作站
5	内蒙古赤峰国家粮食质量监测站	赤峰市粮食质量检测中心
6	辽宁东港国家粮食质量监测站	东港市粮油质量监督检验站
7	辽宁新宾国家粮食质量监测站	新宾满族自治县粮油检验监测站
8	辽宁昌图国家粮食质量监测站	昌图辽宁省粮食质量监测站
9	辽宁旅顺口国家粮食质量监测站	大连市旅顺口区粮油检验监测站
10	辽宁岫岩国家粮食质量监测站	岫岩满族自治县粮食局粮油检验监测站
11	吉林乾安国家粮食质量监测站	乾安县粮油品质卫生检验监测站
12	吉林白山国家粮食质量监测站	白山市粮油卫生检验监测站
13	吉林双辽国家粮食质量监测站	双辽市粮油卫生检验监测站
14	吉林市国家粮食质量监测站	吉林市粮油监测站
15	吉林抚松国家粮食质量监测站	抚松县粮食局粮油品质卫生检验监测站
16	吉林长春国家粮食质量监测站	长春市粮油卫生检验监测站
17	吉林敦化国家粮食质量监测站	敦化市粮油品质卫生检验监测站
18	黑龙江大庆国家粮食质量监测站	大庆市粮食质量检验监测站
19	黑龙江大兴安岭国家粮食质量监测站	大兴安岭地区粮油检验监测站
20	黑龙江绥化国家粮食质量监测站	绥化市粮食质量检验监测中心
21	黑龙江伊春国家粮食质量监测站	伊春市粮油检验监测站
22	江苏泰州国家粮食质量监测站	泰州市粮油质量监测所
23	江苏淮安国家粮食质量监测站	淮安市粮油质量监测所
24	江苏宿迁国家粮食质量监测站	宿迁市粮食局粮油质量监测站

续表

序号	挂 牌 机 构 名 称	依 托 单 位
25	江苏句容国家粮食质量监测站	句容市粮食局中心化验室
26	江苏吴江国家粮食质量监测站	吴江市粮油质量检测中心
27	安徽六安国家粮食质量监测站	六安粮油检测中心
28	安徽颍东国家粮食质量监测站	颍东区粮食局储检中心
29	安徽当涂国家粮食质量监测站	安徽省当涂县求是粮油质量检测中心
30	安徽安庆国家粮食质量监测站	安庆市粮油质量检测站
31	江西余干国家粮食质量监测站	余干县粮油质量监督检验站
32	江西玉山国家粮食质量监测站	玉山县粮油质量监督检验站
33	江西丰城国家粮食质量监测站	丰城市粮油质量监督检验站
34	江西南康国家粮食质量监测站	南康市粮油质量监督检验站
35	江西泰和国家粮食质量监测站	泰和县粮油质量监督检验站
36	江西萍乡国家粮食质量监测站	萍乡市粮油质量监督检验站
37	山东日照国家粮食质量监测站	日照市粮食质量检测中心
38	山东东营国家粮食质量监测站	东营市粮食质量卫生检测中心
39	山东淄博国家粮食质量监测站	淄博市粮食局粮油质量检测中心
40	山东济宁国家粮食质量监测站	济宁市粮食质量检验中心
41	河南焦作国家粮食质量监测站	焦作市粮油质量安全检测中心
42	河南开封国家粮食质量监测站	开封市粮食质量检验监测中心
43	河南息县国家粮食质量监测站	息县粮油质量监督检验中心
44	河南濮阳国家粮食质量监测站	濮阳市粮油质量检测中心
45	河南滑县国家粮食质量监测站	滑县粮油品质检测中心
46	湖北京山国家粮食质量监测站	湖北京山县粮食质量监督检验站
47	湖北仙桃国家粮食质量监测站	仙桃粮油食品质量监督检验站
48	湖北钟祥国家粮食质量监测站	钟祥市粮油检验中心
49	湖北监利国家粮食质量监测站	监利县粮油食品质量监测站
50	湖北鄂州国家粮食质量监测站	鄂州市粮油食品质量监测站
51	四川甘孜国家粮食质量监测站	甘孜藏族自治州粮油产品质量监测站
52	四川广安国家粮食质量监测站	广安市粮油监测站
53	云南昭通国家粮食质量监测站	昭通市粮油产品质量监督检验站
54	云南文山国家粮食质量监测站	文山州粮油产品质量监督检验站
55	陕西延安国家粮食质量监测站	延安市粮油质量监测检验站
56	陕西铜川国家粮食质量监测站	铜川市粮油产品质量监督检验站

粮食战略性问题研究项目管理办法（试行）

（国家粮食局 国粮政〔2010〕43号 2010年3月25日）

一　第一章　总则

第一条　为落实国务院关于"加强对粮食（含食用油，下同）战略性问题的研究"的要求，规范粮食战略性问题研究项目的管理，提高粮食战略性问题研究水平和质量，更好地服务于深化粮食流通体制改革、发展现代粮食流通产业和保障国家粮食安全的需要，特制定本办法。

第二条　粮食战略性问题研究工作由国家粮食局政策法规司负责具体组织实施。

第三条　粮食战略性问题研究项目的评审等相关工作，由国家粮食局软科学评审专家委员会负责。

第四条　粮食战略性问题研究项目面向社会公开招标。每年1月份确定项目题目；3月份完成招标及立项；中标单位9月底前完成项目初步研究工作，11月底前提交项目最终研究成果；12月底前研究项目结题。

二　第二章　项目选题

第五条　研究项目的选题，要紧紧围绕粮食流通的理论与实践问题，坚持基础理论研究和应用研究相结合，突出战略性，注重针对性，体现时效性。研究结论和建议，既要具有可操作性，对实际工作起到指导和借鉴作用，又要具有前瞻性，对粮食工作的长远发展具有指导意义。

第六条　研究项目的题目，由国家粮食局确定。根据选题意义和应用价值，研究项目分为重点项目和一般项目两类，对项目承担单位按不同标准给予资助，其中每个重点项目资助10万～12万元，每个一般项目资助6万～8万元。

第七条　研究项目题目同时是项目研究方向，项目投标单位在选题时，可根据项目研究方向，自定具体题目和研究重点。

三　第三章　项目立项

第八条　国家粮食局按照公平竞争、择优支持的原则，采取发布招标公告、相关单位组织申报、综合评审、择优立项的程序进行。凡符合申请条件的单位，均可单独或联合申报。

第九条　研究项目招标面向科研单位、大专院校以及其他相关研究机构和单位，不面向个人。项目负责人应具备以下条件：

1.具备高级专业技术职称。不具备高级专业技术职称的，须有同领域具备正高级专业技术职称人员的书面推荐。

2.具有较强的组织和协调能力，具备扎实的理论知识和实践经验，在申报项目研究领域有较好的研究基础。

3.具备按时完成研究项目的物质技术条件、手段和时间保证。

4.项目负责人必须是该项目研究实施全过程的真正组织者和指导者，担负实质性研究工作。挂名或不担负实质性研究工作的人员不得作为项目负责人申请研究项目。

鼓励具有高级专业技术职称的中青年学术骨干、高层管理人才和具有粮食政策研究实际工作经验的人员参与项目申报。

第十条　项目投标单位根据自己的研究优势选择项目，如实填写《国家粮食局粮食战略性问题研究项目申请书》，按招标公告规定时间报国家粮食局政策法规司。一个单位限申报一个研究项目。

第十一条　国家粮食局组织有关专家对投标项目进行评审，根据评审结果择优确定中标单位，下达中标通知书。

四　第四章　项目管理

第十二条　研究项目立项后应纳入中标单位研究计划，切实保证研究项目的实施。

第十三条　项目负责人接到立项批准通知书后，应尽快确定具体的研究计划和实施方案，在一个月内组织开展研究工作，并及时将实施方案和开题情况报国家粮食局政策法规司。政策法规司负责了解掌握项目的研究进度。

第十四条　研究项目经立项后，未经批准不得擅自变更项目内容。

第十五条　凡有下列情形之一者，由国家粮食局撤消项目。

1.研究成果有严重政治问题；

2.剽窃他人成果，弄虚作假；

3.研究成果学术质量低劣；

4.以过去的或其他课题的研究成果代替本研究项目成果；

5.与批准的研究项目设计严重不符；

6.不能如期完成研究项目；

7.严重违反财务制度。

第十六条　凡是国家粮食局撤消的研究项目，项目负责人今后两年内不得申请国家粮食局粮食战略性问题研究项目。

五　第五章　项目评审及成果管理

第十七条　研究项目负责人应于当年9月底前完成项目的初步研究成果，提交国家粮食局政策法规司，由国家粮食局软科学评审专家委员会进行初审。

第十八条　项目负责人根据初审意见，对研究项目进一步修改和完善，并于当年11月底前将最终研究成果提交国家粮食局政策法规司，由国家粮食局软科学评审专家委员会进行评审鉴定。

第十九条　研究项目的产权为国家粮食局所有，研究成果未经国家粮食局同意，不得公开发表。

第二十条　国家粮食局有权对研究项目成果进行压缩、提炼和改编，并汇编形成研究参考资料。

六　第六章　经费管理

第二十一条　粮食战略性问题研究项目经费管理按财政部和国家粮食局有关财务管理规定办理。

第二十二条　研究经费根据研究项目进度等情况拨付。

第二十三条　项目达不到评审要求的，国家粮食局财务司将根据评审专家委员会意见或有关规定，扣减项目经费。

七　第七章　附则

第二十四条　本办法在执行期间，如有必要，可由国家粮食局进行修订，或以"管理办法补充规定"下发。

第二十五条　本办法由国家粮食局政策法规司负责解释。

第二十六条　本办法自印发之日起实施。

关于印发重新审定的重点支持
粮油产业化龙头企业名单的通知

（国家粮食局 中国农业发展银行
国粮财〔2010〕54号 2010年3月25日）

各省、自治区、直辖市及新疆生产建设兵团粮食局，农业发展银行各省、区、市分行、总行营业部：

为进一步加大对粮油产业化龙头企业发展的支持和指导，充分发挥重点粮油产业化龙头企业的影响和带动作用，促进粮油产业健康发展，国家粮食局和中国农业发展银行印发了《关于重新审定重点粮油产业化龙头企业的通知》（国粮财〔2009〕197号），决定对重点粮油产业化龙头企业进行重新审定。根据企业的经营情况和资信状况，国家粮食局和中国农业发展银行对各省、自治区、直辖市及新疆生产建设兵团粮食局和农业发展银行分行联合上报的粮油产业化企业进行了审核筛选，确定将北京古船食品有限公司等1938户粮油产业化龙头企业（含加工企业，下同）作为国家粮食局和中国农业发展银行重点支持的粮油产业化龙头企业。现将企业名单印发给你们，请按照国家有关政策，对公布的粮油产业化龙头企业在流动资金、固定资产购置、技术升级改造、技术研发引进、粮食生产基地建设、粮油订单收购等方面给予重点支持。国粮财〔2006〕178号、国粮财〔2007〕252号等2个文件同时废止。

（重点支持粮油产业化龙头企业名单略）

关于印发《2010年全国粮食行业普法依法治理工作要点》的通知

（国家粮食局 国粮政〔2010〕52号 2010年3月31日）

各省、自治区、直辖市及新疆生产建设兵团粮食局：

为做好2010年粮食行业普法依法治理工作，根据全国普法办公室《关于印发〈2010年全国普法依法治理工作要点〉的通知》（司发通〔2010〕4号）和《全国粮食行业法制宣传教育第五个五年规划》（国粮政〔2006〕106号），结合今年全国粮食流通工作重点，我局制定了《2010年全国粮食行业普法依法治理工作要点》，现印发给你们。请结合实际，认真贯彻执行。

2010年全国粮食行业普法依法治理工作要点

2010年全国粮食行业普法依法治理工作总体要求是：全面贯彻党的十七大和十七届三中、四中全会精神，高举中国特色社会主义伟大旗帜，坚持以邓小平理论和"三个代表"重要思想为指导，深入贯彻落实科学发展观，贯彻落实中央经济工作会议、中央农村工作会议、全国政法工作电视电话会议和全国粮食局长会议精神，紧紧围绕粮食流通中心工作，深入开展法制宣传教育，不断创新法制宣传方式方法，逐步健全普法依法治理体制机制，认真开展粮食行业"五五"普法检查验收，加强粮食法制研究，扎实推进依法治理，全面落实《全国粮食行业法制宣传教育第五个五年规划》，努力提高粮食行业广大干部职工的法律意识和法律素质，促进粮食流通事业又好又快发展。

一　立足于服务粮食流通中心工作，深入开展法制宣传教育

1.大力加强宪法学习宣传，不断提高粮食行业广大干部职工的法治意识、法律素质，为粮食行业发展营造良好的法治环境。

2.开展《粮食流通管理条例》和《中央储备粮管理条例》学习宣传。认真组织开展《粮食流通管理条例》六周年和《中央储备粮管理条例》七周年的宣传活动，继续做好两个条例贯彻落实工作。各地要结合工作实际，精心制定周年宣传工作方案，围绕宣传重点，创新形式，扩大影响，提高宣传效果。

3.开展粮食规章、规范性文件学习宣传。组织开展粮食收购市场准入制度、储备制度、统计制度、监督检查制度、质量卫生制度、应急制度、粮食经营者最低最高库存制度等专题学习宣传活动。认真做好《粮油仓库管理办法》和《企业会计准则》的学习宣传，加强财政预算资金使用管理和企业财务管理。

4.做好粮食相关法律法规和新颁布法律法规学习宣传。认真开展与粮食工作密切相关法律法规的学习宣传，有计划、有重点地学习宣传新颁布的法律法规。

5.抓好领导干部和机关公务员的法制宣传教育。认真贯彻落实《中组部、中宣部、司法部关于加

强领导干部学法用法工作的若干意见》和《中宣部、人事部、司法部关于在全国公务员中开展学法用法和进行依法行政培训的意见》，重点落实领导干部学法、行政机关工作人员法律知识测试、行政执法人员法律知识培训等制度，推进粮食行政机关法制宣传教育的深入开展。

6.开展面向全社会粮食经营者的法制宣传。加大对经营者在粮食经营活动中应履行法定义务的宣传，增强粮食经营者法律意识，提高依法经营的自觉性；加强《统计法》的宣传，提高企业依法自觉执行国家粮食统计制度的意识；加强对依法规范国有粮食企业改革改制等相关政策的宣传，切实维护国有粮食企业职工合法权益，保障国有资产安全。

7.加强对粮食生产者和消费者的法制宣传。结合"法律进农村"、"科学储粮"等活动，面向种粮农民重点开展粮食科普知识和法律常识、粮食收购政策、科学储粮技术的宣传；结合"法律进社区"、"放心粮油"等活动，面向消费者重点开展粮食科学消费理念、粮油消费知识的宣传。

二　立足于提高粮食行政管理部门依法行政的能力和水平，扎实推进依法治理

8.认真贯彻落实国务院《关于印发全面推进依法行政实施纲要的通知》和国家粮食局《关于粮食行政管理部门贯彻国务院全面推进依法行政实施纲要的意见》，采取切实可行的措施、方法和形式，完善粮食依法行政标准，推进粮食依法行政。

9.落实依法科学民主决策制度。完善行政决策程序，法制机构要对重大决策进行合法性审查；建立健全决策跟踪反馈和责任追究制度，加强对决策活动的监督，实现决策权和决策责任相统一。

10.完善粮食行政许可服务与管理。严格规范审核程序，提高工作效率，强化服务意识，积极做好粮食收购资格认定，企业代储中央储备粮资格认定，粮油质量监督检验机构资质认定，中央储备粮保管、检验、防治人员资格认定，军粮供应站资格、军粮供应委托代理资格认定等行政许可工作。健全全国粮食收购资格信息共享机制，完善粮食收购资格动态通报制度。

11.改进和规范粮食行政执法。按照《全面推进依法行政实施纲要》提出"加快建立权责明确、行为规范、监督有效、保障有力的行政执法体制"的要求，加强行政执法队伍建设，实行行政执法资格制度和持证上岗制度，完善行政执法程序，严格规范行政执法行为，健全行政执法案卷评查制度，深入推行行政执法责任制，落实行政执法经费保障机制，加大最低收购价、国家临时收储、粮食竞价销售及出库等政策性粮食购销活动专项检查力度，全面履行法律赋予的各项粮食行政执法职能。

12.依法加强粮食质量服务与监管。做好《食品安全法》、《食品安全法实施条例》等与粮食质量监管相关的法律法规，以及粮油质量标准、检测制度及有关技术规范等粮油标准的学习宣传，完善粮食质量安全责任追究制度，加强粮食质量安全监管能力建设，加大对收购、储存、销售出库等重点环节粮食质量安全监管力度。

13.大力推进粮食依法行政示范创建活动的深入开展。认真总结和宣传推广依法行政示范单位的经验和做法，发挥示范单位的模范带动作用，提高粮食行政管理部门特别是基层粮食行政管理部门依法行政的能力和水平。

14.认真做好粮食规范性文件定期清理和备案工作。定期对规范性文件进行修改或者废止，并及

时将清理结果向社会公布，提高粮食部门的社会公信力；依法将规范性文件向上一级主管部门备案，接受上级部门的监督和指导。

| 三 | 立足于全面落实粮食行业"五五"普法规划，认真做好粮食行业"五五"普法检查验收工作 |

15.做好"五五"普法检查验收准备工作。参照《全国粮食行业"五五"普法检查验收指导标准》，制定检查验收方案和措施，做好检查验收的各项准备工作，确保检查验收工作规范有序、客观全面。

16.组织开展"五五"普法检查验收。按照当地党委、政府的统一部署，认真开展自查和互查工作，对粮食行业"五五"普法规划贯彻执行情况进行全面总结，妥善解决工作中存在的不足和薄弱环节，并及时向上级主管部门反馈检查结果。

17.认真总结、积极推广"五五"普法依法治理工作的先进经验。各级粮食行政管理部门要认真总结"五五"普法取得的成效，及时报送"五五"普法自查情况和总结材料，按要求做好粮食行业"五五"普法先进单位和个人的表彰推荐工作。

| 四 | 立足于推动粮食法制宣传教育工作，积极开展粮食法制研究 |

18.加强粮食行业"六五"普法规划研究。按照全国普法办关于加强"六五"普法规划研究的要求，在认真总结借鉴"五五"普法依法治理先进经验的基础上，结合粮食行业法制宣传的特点，积极开展粮食行业"六五"普法规划研究。

19.加强粮食法制研究。立足于粮食工作实际，积极开展涉及粮食工作综合性、全局性问题的理论研究，重点对推进粮食依法行政中的重大问题和普遍性问题进行深入研究；认真总结基层实践经验，及时将经实践检验行之有效且具有普遍意义的经验上升为更高层次的制度规则加以推广运用。

| 五 | 立足于有效化解行政争议和促进社会和谐稳定，提升粮食行政管理部门行政复议能力 |

20.加强行政复议制度学习宣传。重点开展《行政复议法》、《行政复议法实施条例》、《粮食行政复议办法》、《粮食行政复议工作规程（试行）》学习宣传，增强粮食生产者、经营者和消费者利用行政复议依法维护自身合法权益的意识，引导依法理性表达利益诉求，维护合法权益，促进社会矛盾的化解。

21.加强行政复议能力建设。各级粮食行政管理部门要按照《行政复议法》和《行政复议法实施条例》的相关规定，明确工作机构和人员，落实工作经费、场所和必要的技术装备，保证行政复议工作的正常开展。

22.进一步畅通行政复议渠道。依法告知行政相对人的行政复议申请权，积极受理符合法律规定的行政复议申请；主动接受上级粮食行政管理部门对行政复议工作的监督，及时纠正违法和不当行为；对行政相对人提出的行政复议申请依法确定不属于粮食行政复议范围或者应当通过其他途径解决的，要耐心进行解释。

六　立足于增强工作的针对性和实效性，不断创新法制宣传方式方法

23.认真做好"12·4"全国法制宣传日和"10·16"世界粮食日的宣传活动。

24.广泛利用大众媒体开展粮食法制宣传。认真落实全国普法办《关于开展"五五"普法神州行媒体系列宣传活动的通知》要求，创新宣传方式，拓宽宣传渠道，发挥报刊、广播、电视等新闻媒体和互联网等新型媒体的重要作用，着重宣传粮食行业"五五"普法的成功经验和先进典型，宣传粮食相关法律法规，不断扩大粮食法制宣传的受众面和影响力。

25.充分发挥粮食普法工作者的作用，采用以考促学、学工结合等形式，调动广大粮食干部职工学法用法的积极性；采取生动活泼、通俗易懂、群众喜闻乐见的宣传形式，增加粮食法制宣传的吸引力和感染力。有条件的粮食部门可以开展发送法制短信、举办法制文艺汇演、以案释法、组织普法讲师团等形式的粮食法制宣传活动。

七　立足于增强工作的有序性和持续性，逐步健全普法依法治理体制机制

26.各级粮食行政管理部门要从战略高度和全局出发安排部署粮食法制宣传教育工作，加强对粮食法制宣传教育工作的组织领导，做到有领导、有机构、有队伍、有经费，确保粮食法制宣传教育工作的顺利开展。

27.逐步完善粮食法制宣传教育工作的保障机制、监督机制、评估机制、激励机制，为粮食法制宣传教育工作的深入开展提供制度保障。

28.做好粮食普法经费保障工作。粮食普法经费要列入专门预算，做到专款专用，保证粮食普法依法治理工作的正常开展，并根据经济社会发展和普法任务要求逐步调高经费保障标准。

关于切实加强节约粮食反对浪费工作的实施意见

（国家粮食局　国粮调〔2010〕41号　2010年4月6日）

各省、自治区、直辖市及新疆生产建设兵团粮食局，有关中央直属粮食企业：

为贯彻落实国务院办公厅《关于进一步加强节约粮食反对浪费工作的通知》（国办发〔2010〕7号）精神，指导粮食行业切实做好节约粮食、反对浪费工作，现提出以下实施意见。

一　广泛开展爱粮节粮宣传活动，增强爱粮节粮意识

近年来，国家不断完善各项强农惠农政策措施，粮食生产连续6年获得丰收，为保障国家粮食安全打下了坚实基础，但长期保持我国粮食供需基本平衡仍是一项艰巨的任务。同时，目前我国粮食（含食用油，下同）在生产、储存、运输、加工、消费等环节的损失浪费问题仍然比较突出。各级粮食行政管理部门和各类粮食企业要从实践科学发展观、建设资源节约型社会、保障国家粮食安全的战略高度，充分认识爱粮节粮的重要意义，采取有效措施，切实加强节约粮食、反对浪费工作，努力降低粮食损失损耗，提高粮食综合利用率，抑制不合理的消费需求，保障国家粮食安全。

要结合粮食行业实际，发挥自身优势，采取多种形式，加大对节约粮食、反对浪费工作的宣传力度。大力宣传粮食系统干部职工储粮保粮工作先进典型和优秀事迹，发扬"宁流千滴汗，不坏一粒粮"的好传统，树立粮食部门带头节约粮食、反对浪费的良好社会形象。要充分利用"全国爱粮节粮宣传周"、"世界粮食日"、"放心粮油宣传日"、"粮食科技活动周"等平台，广泛开展爱粮节粮科普宣传活动，进一步扩大活动影响，增强全社会爱粮节粮的意识。要积极组织开展征文比赛、研讨会、爱粮节粮公益展览等主题宣传活动，营造"爱惜粮食光荣、浪费粮食可耻"的浓厚氛围。

二　切实做好粮食收购和仓储管理工作，降低收储环节的损失

（一）认真执行国家政策，及时收购农民余粮

各地粮食行政管理部门要加强对粮食收购工作的组织领导，指导企业及时做好各项收购准备工作，认真执行国家粮食收购政策，发挥国有粮食企业主渠道作用，满足农民售粮需要，减轻农户家庭储粮压力。要大力发挥粮食质量检验检测体系的作用，定期开展收获粮食质量监测与调查工作，准确掌握粮食质量状况，及时发现粮食质量安全隐患，避免因质量问题造成的粮食损失。各类粮食企业要加强精细化管理，努力做到粮食颗粒归仓。

（二）加强基础设施建设，改善储粮条件

各地粮食行政管理部门和各类粮食企业要切实做好粮食仓储设施建设和仓房维修改造工作，积极拓展投融资渠道，加大资金投入和指导管理力度，加强中央补助投资项目建设管理，进一步扩大仓储能力，改善储粮条件。在仓储设施建设中，要严格设计标准和技术规范，积极采用先进储粮技术和设施设备，保证工程质量，满足安全储粮和降低粮食损耗等要求。

（三）提高科学储粮水平，防止储粮安全事故，积极推进农户科学储粮

一是积极推广粮食流通各环节低能耗、高产出、高效率、高附加值和综合利用技术，全面提高科学储粮水平。二是严格规范仓储管理。积极开展"四无"粮库创建活动，规范企业仓储行为，努力实现仓储管理的规范化，降低粮油储存过程中的损失损耗，延缓粮油储存品质劣变速度。定期开展储粮质量安全的检验鉴定，确保粮油储存安全。落实仓储管理责任制，防止储粮安全事故的发生。三是积极推进农户科学储粮工作。针对农户储粮分散、面广、装具落后的状况，加强宣传和技术指导，进一步普及科学储粮知识，建立粮食产后技术服务体系，提高农户储粮技能。要加大农户科学储粮资金支持力度，积极推进农户科学储粮专项，大力推广先进适用的新装具、新技术，努力改善农户储粮条件，减少储粮损失。

三　加快粮食现代物流设施建设，减少粮食运输损失

各地粮食行政管理部门要按照《粮食现代物流发展规划》确定的发展目标和主要任务，加强组织协调和行业指导，加快散粮装卸、运输、中转、接收、发放设施及检验检测等配套设施建设，大力发展散粮火车、散粮汽车、散粮船舶、散粮集装箱等新型粮食运输装备，严格执行粮食装卸作业标准和粮食运输管理规则，避免粮食洒漏、受潮、霉变、污染等问题的发生。要大力推广粮食"四散"（散装、散运、散卸、散储）技术，提高粮食物流技术装备水平，简化运输环节，缩短运输周期，减少粮食运输损失。

四　科学制定粮油产品标准，提高粮油加工和转化利用率

一是积极做好粮油标准的制修订工作，增强加工产品标准的科学性、先进性和实用性。要注重将国际标准、发达国家先进管理经验与我国的实际相结合，以粮食的最终用途和最佳品质为指导，科学制修订粮油产品标准，完善加工技术标准体系，提高粮食加工出品率和综合利用率，有效节约粮食资源。二是积极推广使用粮油加工新技术、新工艺和新装备，加快淘汰高耗粮、高耗能的落后产能，实现加工技术改造升级，提高粮食加工出品率。三是加强粮油资源的高效利用，尤其是米糠、胚芽、稻壳等副产物的高效转化。引导和推进加工业规模化和集约化经营，发展粮食循环经济，延长产业链条，促进加工转化增值，发展低消耗、低排放、高效率的加工用粮模式，有效利用粮食资源。四是以大力发展粮油食品加工业为重点，按照"安全、优质、营养、方便"的要求，推进传统主食品工业化生产，树立健康消费观念，鼓励发展全谷物食品，满足多样化消费需求。大力倡导适度加工，改变片面追求"精"、"细"、"白"的消费倾向。五是加强产业政策指导，加快产业结构调整和优化升级，科学布局，逐步建立现代粮油加工体系。

五　加强科技支撑，大力研发和推广节粮减损新技术

一是加大储运科技投入，推进绿色储粮新技术的发展。加大对新型储粮技术研发的投入，加大生态储粮技术、绿色（生物）杀虫剂、节能干燥技术、信息监测监控技术的研发力度。推广以充氮、二氧化碳气调为代表的绿色储粮新技术。研究运输环节减少粮食损失的工艺技术和装备。二是加大粮食

加工高效节粮新技术、新工艺、新装备的研发力度。加强粮油综合利用及高效转化技术研究，推动加工过程减少损失及高效加工技术的发展。研究开发碾米、制粉、食用油加工、发酵、酿造等提高产出效率的新技术、新装备，研究玉米和大豆深加工新技术，提高粮食综合利用效率。三是加强粮食营养健康基础性研究，加大粮食科技宣传引导力度，倡导合理、科学消费粮食理念。

六　　大力推进放心粮油工程，引导粮油企业爱粮节粮和做好相关服务

（一）加强管理，提高质量，改善服务

各地粮食行政管理部门要加强粮油加工企业食品安全检测能力建设，支持企业增加原料检验、生产过程动态监测、产品出厂检测等检测设备，特别是快速检验和在线检测设备，健全企业内部质量控制和产品质量追溯体系。粮食企业要增强质量意识、安全意识、诚信意识、服务意识，建立和完善质量保证体系，落实质量安全责任，严格按照国家标准组织生产，确保产品质量合格、卫生安全。要改善经营方式，提升服务功能，增设服务网点，积极开展"两代一换"、连锁配送等形式多样、行之有效的经营业务，为消费者和种粮农民提供优质周到的服务。

（二）大力抓好放心粮油示范企业，引导和带动全行业健康发展

要发展一大批放心粮油示范企业，包括加工厂、粮店、配送中心、主食厨房、种植基地等，发挥示范带动作用。示范企业要严格执行国家标准和有关规范，强化管理基础，优化经营模式，规范服务行为，实行产业化经营、规范化管理、标准化服务，使企业经营管理水平和服务水平再上一个新台阶，使放心粮油工程成为深受各方面欢迎的名副其实的"民心工程"。

一粥一饭当思来之不易，爱粮节粮是人之美德。各地粮食行政管理部门特别是领导干部，要切实发挥表率作用，带头做好节约粮食、反对浪费工作。全国粮食行业干部职工要继续发扬"宁流千滴汗，不坏一粒粮"的光荣传统，忠于职守、以身作则、厉行节约，做爱粮节粮的榜样和模范。

关于切实做好抗震救灾粮油供应质量安全工作的通知

（国家粮食局 国粮发〔2010〕69号 2010年4月22日）

国务院抗震救灾总指挥生活保障组，各省、自治区、直辖市及新疆生产建设兵团粮食局，中国储备粮管理总公司：

为切实做好青海玉树地震灾区粮油供应质量安全工作，加强粮油质量安全监管和检测检验，严格粮食质量安全责任制，确保灾区人民群众和抗震救灾部队及救援人员的粮油食用安全，现就有关工作要求通知如下：

一　把确保地震灾区粮油供应质量安全作为抗震救灾的一项特殊的任务抓紧抓好

各地粮食行政管理部门要把确保灾区救济粮、军供粮质量安全作为抗震救灾的一项特殊重要任务来重点部署、狠抓落实，切实履行好政策性粮油供应的质量安全监管职责。各级粮食质量监管部门、检验机构和全体质量工作人员都必须坚守岗位，尽职尽责，严防死守，决不让质量不合格、质量不安全的粮油流入灾区、进入军营。

二　严格执行抗震救灾粮油质量安全检验把关制度

要实行严格的灾区救济粮和军供粮质量安全检验制度，加强全过程、各环节的质量检验。粮油调出地区、调入地区和供应网点都要加强抽样检验，严格执行索证、索票制度，严把质量安全关，做到出库必检、出厂必检、严格标识、准确记录，以备溯源监管。

承担国家抗震救灾粮供应任务的企业，必须委托所在省份的国家粮食质量监测机构对拟出库、出厂的原粮和成品粮进行扦样检验并出具检验报告，检验报告随货同行，未经检验合格的不得作为救灾粮源。救灾粮实行定点加工制度，省级粮食行政管理部门负责考核确定定点加工企业，并对原料、成品进行质量把关检验，对生产的全过程进行监督。供应的食用油实行定点采购制度，委托有关地区的国家粮食质量监测机构对采购的食用油逐批进行抽样检验，不得采购和供应散装油。产品包装应标识"军供专用"、"救灾专用"和承检机构名称及联系电话。原粮、成品粮和食用植物油的检验扦样应当在现行国家标准的基础上，适当增加扦样比例和检验密度，对疑似问题的粮油要逐一排查和检验，检验项目应包含主要质量指标和关键卫生指标，对确认有问题的粮油要立即溯源、就地封存。

储存、运输救灾粮油必须做到清洁、干燥、防雨、防潮、防污染，不得与有毒、有害、有异味或水分较高的物质混存混运，应使用符合卫生要求的工具、容器运送，运输途中应注意防止雨淋、污染。调入区和供应网点应对产品包装进行查验，发现产品质量异常、包装污染或破损、标签标识不符合要求的，必须在查明原因、排除质量问题后方可供应。

三　尽快配齐质量安全检验的必要装备

要根据粮油质量安全检验的技术要求，尽快配备、配齐必需的检验仪器设备，年久失准的检验仪器必须尽快更换，以确保检得出、检得准、检得快。各省级粮食行政管理部门要积极争取和安排质量检验装备购置资金，以尽快提高质量安全项目检验能力。

四　全面落实粮油质量安全监管责任制

要全面确立和实施粮油质量安全监管责任制度，按照《食品安全法》的要求，粮食企业要全面承担质量安全主体责任，粮食行政管理部门要严格履行质量安全监管责任。要把质量监管和检验工作责任落实到具体单位和人员。对生产加工救灾粮油的企业，要派专人驻厂监管、检验把关，运输过程中要安排专人押运。要保证信息畅通，发现质量安全事故必须在第一时间逐级上报并及时妥善处置。

五　进一步加强粮油质量安全监督检查

各地粮食行政管理部门要切实加强灾区粮油质量安全的监督检查工作，把监督检查的重点放在重点地区、重要环节和重点企业，确保粮油质量安全责任落到实处。对检查中发现存在质量安全问题的粮油，要立即停止供应，查明来源与流向，及时召回。对违法违规发生质量安全事件的单位及其责任人必须依法依规严肃处理。要设立粮食质量安全监督电话，主动接受社会监督。国家粮食局将于近日派出灾区粮油供应和质量安全督查组赴有关省份开展督查指导。

关于授予北京市西南郊粮食收储库等326户企业全国粮油仓储规范化管理先进企业称号的决定

（国家粮食局　国粮展〔2010〕94号　2010年5月26日）

各省、自治区、直辖市及新疆生产建设兵团粮食局，中国储备粮管理总公司，中粮集团有限公司，中国华粮物流集团公司，中国中纺集团公司：

2009年7月，国家粮食局启动"粮油仓储企业规范化管理活动"以来，各地区、各单位高度重视、加强领导、精心组织、创新方法、严格督导、狠抓落实，积极推动规范化管理活动的开展。在活动中，粮油仓储企业深入查找管理漏洞与不足，认真贯彻落实新颁制度和标准，努力提高从业人员素质和能力，不断完善管理制度，创新管理方法，优化各项作业流程和绩效评价机制，积极促进仓储技术进步，努力发展企业文化，使仓储管理水平显著提高，创造和积累了许多先进的管理经验，涌现出一大批粮油仓储规范化管理先进企业。为表扬先进，巩固成绩，国家粮食局决定授予北京市西南郊粮食收储库等326户企业"全国粮油仓储规范化管理先进企业"称号。

全国粮油仓储规范化管理先进企业以确保国家粮食安全为己任，严格执行国家粮食流通政策，勇于进行管理与技术创新。这些企业的共同特点是：制度健全、流程科学、操作规范、管理严格、人员精干、运转高效。他们是全国粮油仓储企业的楷模。

国家粮食局号召全国广大粮油仓储企业要以全国粮油仓储规范化管理先进企业为榜样，健全企业规章制度，完善工作机制与方法，加强企业日常管理，规范仓储管理行为，努力降低库存粮油损失损耗，延缓库存粮油品质劣变，确保库存粮油的数量真实和品质安全。希望全国粮油仓储规范化管理先进企业戒骄戒躁、相互学习、再接再厉、不断创新，进一步提高粮油仓储的规范化管理水平，为保障国家粮食安全做出新的更大贡献。

荣获"全国粮油仓储规范化管理先进企业"称号企业名单

北京

1. 北京市西南郊粮食收储库
2. 北京市通州粮食收储库永乐店粮库
3. 北京市顺义牛栏山粮食收储库
4. 北京市平谷官庄粮食收储库
5. 北京大兴国家粮食储备库
6. 北京市昌平粮食收储库

天津

1. 天津市粮食储备有限公司分公司
2. 天津西营门国家粮食储备库
3. 天津市宝坻区粮食购销有限公司储备库
4. 天津塘沽国家粮食储备库

河北

1. 河北柏粮集团

2. 承德滦河省级粮食储备有限公司

3. 玉田国家粮食储备有限公司

4. 鹿泉市省级粮食储备有限公司

5. 宣化天丰粮油购销有限公司

6. 秦皇岛青山国家粮食储备库

7. 唐山北环国家粮食储备有限责任公司

8. 文安县国家粮食储备库

9. 雄县国家粮食储备库

10. 东光省级粮食储备库

11. 衡水和鸣省储粮油库有限责任公司

12. 邢台市国家粮油储备有限公司

13. 邯郸国粮粮油储备有限公司

14. 河北省粮食局直属机械化粮油储备库

15. 清苑国家粮食储备库

内蒙古

1. 内蒙古呼和浩特白塔国家粮食储备中转库

2. 内蒙古赤峰元宝山国家粮食储备库

3. 内蒙古包头东河国家粮食储备库有限责任公司

4. 乌兰浩特铁西国家粮食储备库

山西

1. 山西粮油集团有限责任公司鸣李储备库

2. 晋中市粮食储备库

3. 阳曲国家粮食储备库

4. 长治国家粮食储备库

5. 临汾市粮食局侯马直属库

6. 绵山省粮食储备库

7. 阳泉国家粮食储备库

8. 万荣县粮食储备库

辽宁

1. 辽宁大连金州国家粮食储备库

2. 辽宁大连友谊国家粮食储备中转库

3. 盘锦市粮库

4. 辽宁昌图粮食储备库

5. 北镇市恒信粮食购销有限责任公司

6. 辽宁中稻股份有限公司

7. 沈阳市直属粮食储备库

8. 鞍山银珠米业有限公司

9. 抚顺市中心粮库

10. 本溪明山国家粮食储备库

吉林

1. 吉林省储备粮管理有限公司万来粮库

2. 吉林省兴达粮库

3. 吉林省平良储备粮库

4. 吉林通化国家粮食储备库

5. 四平市粮库

6. 白城市谷丰粮库

7. 吉林省镇赉粮食中心库第五分库

8. 农安县滨河粮库

黑龙江

1. 伊春市南岔国家粮食储备库有限责任公司

2. 黑龙江农垦建三江粮库有限责任公司

3. 齐齐哈尔市第二粮库

4. 绥化市第四粮库有限公司

5. 黑龙江建三江农垦前进第二粮库有限公司

6. 齐齐哈尔市第一粮库有限公司

7. 鹤岗市新华粮库有限公司

8. 黑龙江农垦前进粮库有限责任公司

9. 讷河市拉哈粮库有限公司

10. 黑龙江佳木斯莲江口国家粮食储备库

11. 黑龙江北安赵光国家粮食储备库

12. 大兴安岭岭南粮库有限责任公司

上海

1. 上海粮油仓储有限公司邬桥粮油仓库

2. 嘉定区粮食购销有限公司安亭分公司

3. 上海粮油仓储有限公司嘉定粮食仓库

4. 上海浦东新区粮食购销有限公司

江苏

1. 江苏铜山国家粮食储备库

2. 南京铁心桥国家粮食储备库（石埠桥库区）

3. 江苏宿迁国家粮食储备库

4. 张家港市粮食购销总公司乘航库

5. 江苏连云港浦东国家粮食储备库

6. 江苏省洪泽湖粮食储备直属库有限责任公司

7. 江苏扬子江现代粮食物流中心

8. 江苏无锡新安国家粮食储备库

9. 江苏宝应湖粮食物流中心

10. 江苏张家港国家粮食储备库

11. 常州城北国家粮食储备库

12. 江苏盱眙城南国家粮食储备库

浙江

1. 浙江德清国家粮食储备库

2. 浙江省粮食局直属粮油储备库

3. 浙江省富阳市中心粮库

4. 浙江省义乌市粮食收储有限公司

5. 浙江省江山市粮食收储有限责任公司

6. 浙江省温州市粮油储运公司

7. 浙江省台州市路桥区粮食收储有限公司

8. 浙江省丽水市国家粮食储备库

9. 浙江省嘉兴市粮食收储有限公司

10. 浙江省舟山储备中转粮库

11. 浙江越州省级粮食储备库

12. 浙江省杭州市南星桥中心粮库

13. 浙江省诸暨市中心粮库

14. 浙江省瑞安市中心粮库

15. 浙江中穗省级粮食储备库

16. 浙江省平湖市粮食收储有限公司

17. 浙江省长兴县粮食收储有限公司

安徽

1. 安徽明光国家粮食储备库

2. 蚌埠市粮食局第一仓库

3. 安徽利辛省级粮食储备库

4. 安徽潜山国家粮食储备库

5. 临泉县粮食局直属库

6. 合肥市粮食局第二仓库

7. 祁门国家粮食储备库

8. 含山县省级粮食储备库

9. 六安天业集团投资有限公司粮食储备库

10. 寿县堰口粮油有限责任公司

11. 灵璧县黄湾粮食购销有限公司

12. 安徽繁昌省级粮食储备库

福建

1. 厦门市粮食购销有限责任公司

2. 福建省储备粮管理有限公司

3. 福州市粮食购销有限公司

4. 福建漳州岱山国家粮食储备库

江西

1. 江西抚州国家粮食储备库

2. 江西萍乡国家粮食储备库

3. 江西省余干县粮食局瑞洪直属库

4. 江西省南昌市第三粮食仓库

5. 江西奉新国家粮食储备库

6. 江西景德镇国家粮食储备库

7. 江西金佳谷物股份有限公司新干分公司

山东

1. 山东鲁北国家粮食储备库

2. 山东费县鲁南国家粮食储备库

3. 山东齐河国家粮食储备库

4. 山东省军粮储备库

5. 青岛第二粮库

6. 东营市粮食储备库

7. 山东滨州国家粮食储备库

8. 烟台市粮油储备库

9. 山东威海国家粮食储备库

10. 济南第一粮库

11. 山东枣庄国家粮食储备库

12. 山东淄博周村国家粮食储备库

13. 青岛市城阳区粮食收储中心

14. 山东文登国家粮食储备库

15. 青岛即墨市粮食储备库

16. 枣庄市粮食储备库

17. 青岛经济技术开发区粮食收储中心

18. 广饶县粮食储备库

19. 胶南市粮食储备库

河南

1. 河南濮阳国家粮食储备库

2. 河南郑州中原国家粮食储备库

3. 平顶山湛南国家粮食储备有限公司

4. 沁阳市粮食局王占粮库

5. 河南新乡北站国家粮食储备库

6. 河南郾城国家粮食储备库

7. 河南许昌新兴国家粮食储备管理有限公司

8. 河南濮阳皇甫国家粮食储备库

9. 河南开封城东国家粮食储备有限公司

10. 河南济源国家粮食储备库

11. 河南省谷物储贸有限公司

12. 驻马店前进粮油有限公司

13. 河南固始国家粮食储备库

14. 河南国家油脂储备库

15. 河南国家粮食储备库

湖北

1. 湖北省粮油储备公司

2. 武汉市粮油储备公司

3. 十堰市粮油储备公司

4. 湖北公安国家粮食储备库

5. 湖北当阳国家粮食储备库

6. 湖北襄樊樊东国家粮食储备库

7. 湖北荆门余岭国家粮食储备库

8. 湖北荆门北郊国家粮食储备库

9. 湖北鄂州樊口国家粮食储备库

10. 黄石市粮食储备公司

湖南

1. 湖南长沙霞凝国家粮食储备库

2. 湖南赤山国家粮食储备库

3. 湖南金霞粮食产业有限公司

4. 攸县新市国家粮食储备库

5. 常宁市国家粮食储备库

6. 怀化第二粮油直属仓库

7. 聚宝金昊农业高科有限公司

广东

1. 中山市储备粮管理有限公司

2. 广东省储备粮管理总公司

3. 韶关市直属粮食储备库

4. 珠海市粮油储运公司

5. 信宜市粮食购销有限责任公司

广西

1. 广西柳州国家粮食储备库

2. 广西梧州国家粮食储备库

3. 广西南宁粮食储备库

4. 广西壮族自治区粮食局贵港粮食储备库

5. 广西北海国家粮食储备库

6. 南宁市储备粮管理有限公司沙井粮食储备库

海南

1. 海南省秀英粮食储备经营公司

2. 海口铁龙粮食储备库

3. 屯昌县粮食储备库

重庆

1. 重庆铜梁国家粮食储备库

2. 开县新城粮食储备库

3. 重庆万县国家粮食储备库

4. 重庆市上桥粮食中转库

四川

1. 四川巴中国家粮食储备库

2. 四川粮油批发中心直属储备库

3. 四川泸县国家粮食储备库

4. 四川自贡国家粮食储备库

5. 绵阳市游仙粮油购销公司

6. 宜宾黄桷庄粮油集团有限公司

7. 四川乐山五通桥国家粮食储备库

8. 四川简阳国家粮食储备库

贵州

1. 贵州省储备粮管理总公司平坝直属库

2. 遵义市粮油储备库

3. 凯里市五显庄粮食储备库

云南

1. 云南省粮油工业公司

2. 昆明国家粮食储备有限公司

3. 云南玉溪国家粮食储备库

4. 昭通市昭阳区粮油储备购销公司

西藏

1. 西藏拉萨国家粮食储备库

2. 西藏自治区拉孜粮食储备库

3. 西藏那曲国家粮食储备库

陕西

1. 陕西省储备粮咸阳直属库

2. 陕西扶风杏林省粮食储备库

3. 陕西枣园油脂储备库有限公司

4. 西安西粮实业有限公司马腾空储备库

5. 宝鸡市益门堡粮食仓库

6. 陕西神木国家粮食储备库

甘肃

1. 甘肃省王家墩粮油储备库有限公司

2. 甘肃省酒泉粮油储备库有限公司

3. 甘肃省武威南粮油储备库有限公司

4. 甘肃省长城粮油储备库有限公司

5. 武威市粮油储备库有限公司

6. 兰州市土门墩粮食储备库有限公司

青海

1. 青海省西宁粮食储备库

2. 青海省大通粮食储备库

3. 互助县粮食购销总公司

宁夏

1. 宁夏石嘴山国家粮食储备库

2. 宁夏兴庆国家粮食储备库

3. 宁夏青铜峡国家粮食储备库

新疆

1. 新疆乌鲁木齐北站国家粮食储备库

2. 新疆喀什国家粮食储备库

3. 塔城地区金华粮油购销公司

4. 乌鲁木齐市粮食储备库

5. 沙湾县粮油购销有限责任公司

新疆兵团

1. 新疆天山雪米农业有限责任公司

2. 农四师七十一团粮库

中国储备粮管理总公司

1. 中央储备粮霸州直属库

2. 中央储备粮秦皇岛直属库

3. 中央储备粮承德直属库

4. 中央储备粮北京顺义直属库

5. 中央储备粮天津大港直属库

6. 中央储备粮襄垣直属库

7. 中央储备粮忻州直属库

8. 中央储备粮通辽直属库

9. 中央储备粮乌兰浩特直属库

10. 中央储备粮巴彦淖尔直属库

11. 中央储备粮大连直属库

12. 中央储备粮朝阳直属库

13. 中央储备粮阜新直属库

14. 中央储备粮鞍山直属库

15. 中央储备粮长春直属库

16. 中央储备粮榆树直属库

17. 中央储备粮农安直属库

18. 中央储备粮白城直属库

19. 中央储备粮哈尔滨直属库

20. 中央储备粮齐齐哈尔直属库

21. 中央储备粮肇东直属库

22. 中央储备粮上海直属库

23. 中央储备粮扬州直属库

24. 中央储备粮徐州直属库

25. 中央储备粮淮安直属库

26. 中央储备粮嘉兴直属库

27. 中央储备粮金华直属库

28. 中央储备粮六安直属库

29. 中央储备粮淮北直属库

30. 中央储备粮巢湖直属库

31. 中央储备粮泉州直属库

32. 中央储备粮三明直属库

33. 江西中储粮万年直属库

34. 中央储备粮宁都直属库

35. 中央储备粮上高直属库

36. 中央储备粮石城直属库

37. 中央储备粮淄博直属库

38. 中央储备粮乳山直属库

39. 中央储备粮莱州直属库

40. 中央储备粮聊城直属库

41. 中央储备粮平顶山直属库

42. 中央储备粮商丘直属库

43. 中央储备粮沈丘直属库

44. 中央储备粮潢川直属库

45. 中央储备粮荆门直属库

46. 中央储备粮襄樊直属库

47. 中央储备粮荆州直属库

48. 中央储备粮常德直属库

49. 中央储备粮益阳直属库

50. 中央储备粮临澧直属库

51. 中央储备粮广东新沙港直属库

52. 中央储备粮惠州直属库

53. 中央储备粮桂林直属库

54. 中央储备粮成都直属库

55. 中央储备粮北碚直属库

56. 中央储备粮眉山直属库

57. 中央储备粮贵阳直属库

58. 中央储备粮凯里直属库

59. 中央储备粮昆明直属库

60. 中央储备粮曲靖直属库

61. 中央储备粮西安田家湾直属库

62. 中央储备粮宝鸡直属库

63. 中央储备粮中宁直属库

64. 中央储备粮兰州直属库

65. 中央储备粮平凉直属库

66. 中央储备粮酒泉直属库

67. 中央储备粮精河直属库

68. 中央储备粮霍城直属库

69. 中央储备粮阜康直属库

70. 中央储备粮嫩江直属库

71. 中央储备粮东莞油脂直属库

72. 中央储备粮镇江直属库

中粮集团有限公司

1. 北京八达岭华天国家粮食储备库

2. 安徽中谷国家粮食储备库

3. 山东临清中谷国家粮食储备库

4. 吉林德惠新良国家粮食储备库

5. 北京通县徐辛庄国家粮食储备库

6. 黑龙江宝泉岭中谷国家粮食储备库

7. 晋江中谷国家粮食储备库

8. 山东黄岛国家粮食储备库

9. 九江中谷国家粮食储备库

中国华粮物流集团公司

1. 中国华粮物流集团北良有限公司

2. 中国华粮物流集团松原国家粮食储备库

3. 中国华粮物流集团讷河国家粮食储备库

4. 中国华粮物流集团白平国家粮食储备库

5. 中国华粮物流集团扎兰屯国家粮食储备库

6. 中国华粮物流集团前进国家粮食储备库

7. 中国华粮物流集团佳木斯粮食中转库

中国中纺集团公司

1. 中纺油脂（天津）有限公司

2. 中纺粮油（四川）有限公司

3. 中纺粮油（福建）有限公司

关于表彰第二届全国粮食行业职业技能竞赛获奖单位和个人的决定

（国家粮食局 国粮人〔2010〕108号 2010年6月13日）

各省、自治区、直辖市及新疆生产建设兵团粮食局，中国储备粮管理总公司、中粮集团有限公司、中国华粮物流集团有限公司：

为深入贯彻落实党中央、国务院关于高技能人才工作的要求，引导和激励广大粮食行业职工钻研业务、学习技能、创新技术，进一步提高粮食行业职工的技能水平，推动行业技能人才队伍建设工作的发展，国家粮食局、中国就业培训技术指导中心、中国财贸轻纺烟草工会于2010年5月28日至30日共同举办了第二届全国粮食行业职业技能竞赛。在层层选拔的基础上，各省（区、市）粮食局、中国储备粮管理总公司、中粮集团有限公司共30支代表队180名选手参加了决赛。经过理论知识和技能操作比赛，安徽省粮食局等6支代表队分别获得优秀团体一、二、三等奖；江苏省粮食局代表队乔军等25名选手分别获得粮油保管员职业个人一、二、三等奖；湖北省粮食局代表队刘利等8名选手分别获得粮油质量检验员职业（质检机构组）个人一、二、三等奖；中国储备粮管理总公司代表队郭赫等17名选手分别获得粮油质量检验员职业（企业组）个人一、二、三等奖。辽宁省粮食局等8支代表队获得优秀组织奖。

根据国家粮食局办公室、中国就业培训技术指导中心、中国财贸轻纺烟草工会《关于举办第二届全国粮食行业职业技能竞赛的通知》（国粮办人〔2010〕102号），获得一等奖的6名选手将由人力资源和社会保障部授予"全国技术能手"荣誉称号；获得各职业（组）决赛第1名的选手将申报"全国五一劳动奖章"或"全国粮食系统先进工作者、劳动模范"荣誉称号；获得二等奖的24名选手将由国家粮食局授予"全国粮食行业技术能手"荣誉称号。

希望受表彰的单位和个人以此为起点，发扬成绩，再接再厉，在推动粮食行业发展中取得更大成绩。全国粮食行业广大职工要以在竞赛中取得优异成绩的技能人才为榜样，努力学习，刻苦钻研，爱岗敬业，不断提高劳动技能和业务能力。各地区、有关中央企业要认真贯彻落实全国人才工作会议的精神，继续高度重视和加强职业培训和高技能人才培养工作，为技术工人创造岗位成才的环境和氛围，搭建优秀人才脱颖而出的舞台，为行业振兴、企业发展提供人才保障。

附件：

第二届全国粮食行业职业技能竞赛获奖名单

一　优秀团体奖

一等奖：安徽省粮食局代表队

二等奖：中国储备粮管理总公司代表队

江苏省粮食局代表队

三等奖：江西省粮食局代表队

湖北省粮食局代表队

山东省粮食局代表队

二　优秀个人奖

（一）粮油保管员职业：

一等奖：乔　军　江苏省粮食局代表队

　　　　陈正根　安徽省粮食局代表队

　　　　吴文强　中国储备粮管理总公司代表队

二等奖：李学斌　安徽省粮食局代表队

　　　　肖龙芝　江苏省粮食局代表队

　　　　奚正明　安徽省粮食局代表队

　　　　张慧民　中国储备粮管理总公司代表队

　　　　罗细根　江西省粮食局代表队

　　　　郑　颂　福建省粮食局代表队

　　　　郑　伟　中粮集团有限公司代表队

　　　　徐建华　江西省粮食局代表队

　　　　姜　文　湖北省粮食局代表队

　　　　蔡浩飞　江苏省粮食局代表队

　　　　尚　华　山东省粮食局代表队

　　　　陈利香　福建省粮食局代表队

三等奖：张云峰　浙江省粮食局代表队

　　　　王战君　上海市粮食局代表队

　　　　陈　兵　江西省粮食局代表队

　　　　廖爱玲　湖北省粮食局代表队

　　　　周宝新　辽宁省粮食局代表队

　　　　陆爱民　上海市粮食局代表队

　　　　陈素君　辽宁省粮食局代表队

　　　　刘林生　浙江省粮食局代表队

　　　　程益林　湖南省粮食局代表队

　　　　谭建军　广西壮族自治区粮食局代表队

（二）粮油质量检验员职业：

1.质检机构组：

一等奖：刘　利　湖北省粮食局代表队

二等奖：胡　斌　安徽省粮食局代表队

　　　　任凌云　山东省粮食局代表队

　　　　张志航　中国储备粮管理总公司代表队

　　　　滕娇琴　黑龙江省粮食局代表队

三等奖：王佳雅　北京市粮食局代表队

　　　　杨治风　中粮集团有限公司代表队

　　　　张军辉　新疆维吾尔自治区粮食局代表队

2.企业组：

一等奖：郭　赫　中国储备粮管理总公司代表队

　　　　赵艳妍　中国储备粮管理总公司代表队

二等奖：杜汉梅　湖北省粮食局代表队

　　　　苑洁敏　安徽省粮食局代表队

　　　　焦　姬　山东省粮食局代表队

　　　　孟　爽　中粮集团有限公司代表队

　　　　方玖根　江西省粮食局代表队

　　　　翟　晶　江苏省粮食局代表队

　　　　李　翔　上海市粮食局代表队

　　　　崔林霞　宁夏回族自治区粮食局代表队

三等奖：李宪磊　安徽省粮食局代表队

　　　　熊　玲　江西省粮食局代表队

　　　　龚爱军　湖南省粮食局代表队

　　　　曹红玺　河南省粮食局代表队

　　　　张　羽　江苏省粮食局代表队

　　　　张丽华　上海市粮食局代表队

　　　　魏会贞　河北省粮食局代表队

三　优秀组织奖

　　　　辽宁省粮食局代表队

　　　　陕西省粮食局代表队

　　　　湖南省粮食局代表队

　　　　北京市粮食局代表队

　　　　河北省粮食局代表队

　　　　浙江省粮食局代表队

　　　　四川省粮食局代表队

　　　　黑龙江省粮食局代表队

关于表彰全国粮食行业技术能手全国粮食行业技能人才培育突出贡献奖单位和个人的决定

（国家粮食局 国粮人〔2010〕115号 2010年6月21日）

各省、自治区、直辖市及新疆生产建设兵团粮食局，中国储备粮管理总公司、中粮集团有限公司、中国华粮物流集团公司：

根据《全国粮食行业技能人才培育突出贡献奖评选表彰管理办法》、《全国粮食行业技术能手评选表彰管理办法》有关规定和《关于举办第二届全国粮食行业职业技能竞赛的通知》（国粮办人〔2010〕102号）有关精神，在各省、自治区、直辖市粮食局和有关中央粮食企业推荐的基础上，经粮食行业专家评审委员会评审、社会公示和第二届全国粮食行业职业技能竞赛活动产生，国家粮食局决定：

一、授予高玉树等47人"全国粮食行业技术能手"荣誉称号，颁发奖章、荣誉证书；

二、授予南京天悦粮食物流集团有限公司等4家单位全国粮食行业技能人才培育突出贡献奖单位荣誉称号，颁发奖牌、荣誉证书；

三、授予吴爱国等6人全国粮食行业技能人才培育突出贡献奖个人荣誉称号，颁发奖章、荣誉证书。

希望受表彰的个人以这次获得荣誉为新的起点，戒骄戒躁，再接再厉，积极进取，运用自己的职业技能，在工作岗位上为粮食行业的发展再创佳绩，再立新功。希望受表彰的单位继续重视和加强技能人才的培养，建立良好机制，培养造就更多的技能人才。希望粮食行业广大职工要以全国粮食行业技术能手为榜样，立足本职，爱岗敬业，求实创新，努力提高技能水平，进一步增强工作能力，为粮食流通中心工作服务好。

附件1：

全国粮食行业技术能手

（共47人）

高玉树	北京市西南郊粮食仓库
呙　琴（女）	北京市粮油食品检验所
刘振基	天津利金粮油股份有限公司
王　法	内蒙古呼和浩特白塔国家粮食储备中转库
张春华（女）	呼和浩特市第一粮食仓库
吕荣文（女）	沈阳市第一粮库
滕娇琴（女）	哈尔滨市饲料科学研究所
陈小弟	上海福新面粉有限公司
李　翔	上海粮油仓储有限公司岚皋粮食仓库
肖龙芝	江苏无锡国家粮食储备库

蔡浩飞	南京天悦粮食物流集团有限公司
翟　晶（女）	南京天悦粮食物流集团有限公司
邵成国	富阳市粮食收储有限公司
赵美凤（女）	浙江省粮油产品质量检验中心
李学斌	安徽芜湖惠丰省级粮食储备库
胡　斌	安徽省粮油产品质量监督检测站
苑洁敏（女）	界首市天禾粮食购销有限公司
奚正明	芜湖县省级粮食储备库
陈利香（女）	福建省储备粮管理有限公司南平直属库
郑　颂	福建省储备粮管理有限公司龙岩直属库
徐　红（女）	江西省南昌市粮油购销公司
罗细根	新建县粮油收储公司
徐建华	江西景德镇国家粮食储备库
方玖根	江西省樟树粮油公司
尚　华	山东鲁北国家粮食储备库
任凌云（女）	山东省粮油检测站
焦　姬（女）	山东鲁北国家粮食储备库
王　莉（女）	河南郑州兴隆国家粮食储备库
曹红玺	河南郑州中原国家粮食储备库
姜　文	十堰市粮油储备公司
杜汉梅（女）	黄石市粮食储备公司
曹　缙	重庆人和米业有限责任公司
李天军（白族）	云南昆明国家粮食储备中转库
李春艳（女）	宁夏国家粮食储备库
耿　波	宁夏石嘴山国家粮食储备库
崔林霞（女）	宁夏青铜峡国家粮食储备库
冯全虎	昌吉回族自治州粮油购销（集团）有限公司奇台分公司
张慧民	河南东方粮食贸易有限公司
张志航	中储粮北京分公司质量检测中心
康　波	中央储备粮驻马店直属库
温生山	中央储备粮秦皇岛直属库
李敏飞	中央储备粮秦皇岛直属库
王　伟（女）	河南中储粮质量检测中心有限公司
田　笑（女）	河南中储粮质量检测中心有限公司
陈　晶（女）	浙江中谷国家粮食储备库
孟　爽（女）	中粮北海粮油工业（天津）有限公司
郑　伟	吉林德惠新良国家粮食储备库

附件2：

全国粮食行业技能人才培育突出贡献奖单位

（共4家）

南京天悦粮食物流集团有限公司

北京市粮食行业协会

江西省工贸高级技工学校

河南经济贸易高级技工学校

附件3：

全国粮食行业技能人才培育突出贡献奖个人

（共6人）

吴爱国	安徽粮食经济技师学院（安徽科技贸易学校）
董殿文	辽宁省粮食科学研究所
陶丽娟（女）	无锡布勒机械制造有限公司
艾苏龙	江西工贸高级技工学校
肖护林	湖南省经济贸易技工学校
刘永锋	宁夏青铜峡国家粮食储备库

关于印发《国家粮食质量检验监测机构管理暂行办法》的通知

（国家粮食局 国粮发〔2010〕161号 2010年10月14日）

各省、自治区、直辖市及新疆生产建设兵团粮食局：

为加强粮食流通行业管理，推进国家粮食质量监测体系建设，规范国家粮食质量检验监测机构行为，保障粮食质量安全，根据《中华人民共和国食品安全法》、《粮食流通管理条例》、《中华人民共和国标准化法实施条例》及《国家粮食局关于建立国家粮食质量监测体系的通知》（国粮发〔2006〕146号）等法律法规及文件，我局按照粮食行政管理部门的质量监管职责，结合粮食检验监测工作实际，制订了《国家粮食质量检验监测机构管理暂行办法》，现印发给你们，请遵照执行。各省级粮食行政管理部门可参照本办法，制定本省（自治区、直辖市）的管理办法或实施细则。

国家粮食质量检验监测机构管理暂行办法

第一条 为推进国家粮食质量检验监测体系建设，规范国家粮食质量检验监测机构行为，做好粮食质量安全监管工作，根据《中华人民共和国食品安全法》、《粮食流通管理条例》、《中华人民共和国标准化法实施条例》等法律法规及《国家粮食局关于建立国家粮食质量监测体系的通知》的有关规定，制定本办法。

第二条 国家粮食局根据开展粮食质量检验监测工作的需要，依托现有粮食检验资源，择优选用，建立国家粮食质量检验监测体系，直接承担国家粮食局委托的检验监测任务。

国家粮食质量检验监测机构（以下简称国家监测机构）的原隶属关系不变，人、财、物管理关系不变（中央财政给予投入且另有规定的除外）。

第三条 国家粮食局质量管理部门具体负责国家监测机构管理工作。

第四条 国家监测机构分为省级监测中心、区域监测站和综合检验中心三类，实行统一命名挂牌。省级监测中心按"省名+国家粮食质量监测中心"命名，区域监测站按"省名+所在地名+国家粮食质量监测站"命名，综合检验中心按"所在地名+国家粮食检验中心"命名。

第五条 国家监测机构应当具备下列基本条件：

（一）独立法人。科研院所、大专院校的粮食检验机构等属于非独立法人的，须经本单位法人代表授权，能够承担相应的法律责任。

（二）有稳定的公益性事业经费保障。

（三）计量认证有效。

（四）具有与承担的粮食检验监测任务相适应的人员、场所、检验仪器设备、配套设施和环境条件。

（五）具有与承担的粮食检验监测任务相适应的质量管理体系。

第六条 国家监测机构应当具备下列检验能力：

（一）省级中心：能够依据国家和行业粮油标准以及国家有关规定，检验各类粮油产品的质量、内在品质和卫生安全项目；具有结合本省（自治区、直辖市）实际，开展主要粮油产品质量跟踪和标准研究验证检验的能力。

（二）区域监测站：能够依据国家和行业粮油标准以及国家有关规定，检验当地主要粮油品种的各项质量、内在品质和主要卫生安全项目。

（三）综合检验中心：具有比较全面和完备的粮油产品品质和质量安全专业化检验能力，具有较强的粮油标准研究和参与国际验证检验的能力。主要依托有关科研院所、大专院校的粮食检验机构建设。

第七条　国家监测机构应当履行下列职责：

（一）协助当地粮食行政管理部门制订粮食质量安全管理制度，做好有关法律法规、方针政策和粮油标准的宣传贯彻工作。

（二）协助当地粮食行政管理部门制订粮食质量安全监测计划和经费预算，提供相应的技术支持。

（三）承担粮食行政管理部门委托的储备粮及其他政策性粮食的例行监测、质量监督抽查与普查工作。

（四）开展收获粮食的质量调查、品质测报和原粮卫生监测，提出粮食质量安全监管的重点区域、重点环节、重点项目、重点监管对象，以及粮食收购质量控制、当地粮食出库必检项目与强制检验的政策建议。

（五）在当地粮食行政管理部门的组织协调下，指导粮食经营者建立粮食质量安全内部管理制度，包括岗位责任制度、粮食出（入）库检验制度、出证索证制度、储粮药剂使用与管理制度、质量档案制度等；协助开展对粮食经营者履行粮食质量安全责任、执行国家粮油质量安全标准与技术规范情况的监督检查；指导农户科学储粮，减少产后粮食损失。

（六）承担收购、储存环节粮食质量安全的监督检验和超过正常储存年限粮食的出库检验工作。

（七）承担粮食质量安全重大事故与纠纷的调查、鉴定和评价，接受委托、仲裁等检验工作。

（八）收集、报送当地粮食质量安全信息，提出有关工作建议和意见。

（九）开展有关粮食质量安全检验技术、检验方法、检验设备等技术研究，承担国家、行业和地方粮油标准的制修订及验证工作。

（十）开展有关技术培训与咨询服务。

第八条　国家监测机构应当承担下列义务：

（一）按照国家有关法律、法规、政策和标准开展检验工作，客观、公正、及时地出具检验报告，妥善保管备份样品和检验档案，并做到随时备查，可以溯源。

（二）履行检验数据保密义务，未经委托方同意，不得擅自公开或者向他人提供检验数据。

（三）不得从事可能影响检验公正性的经营活动或其他业务，管理与检验技术人员不得在粮食经营企业兼职。

第九条　实行定期监督评审制度。国家粮食局定期组织对国家监测机构的监督评审。

（一）优选粮食质量管理、粮食检验和计量认证等高级专业技术人员，经培训并考核合格后，颁发《国家粮食质量检验监测机构监督评审员聘书》，纳入监督评审专家库。

（二）定期从监督评审专家库中抽调专家，组成监督评审组，对国家监测机构进行监督评审。每个国家监测机构在3年内，至少接受1次监督评审。

（三）监督评审内容主要包括国家监测机构的基本条件、检验能力、工作业绩和履行职责义务等情况，评定结果的认定，按照《国家粮食质量检验监测机构监督评审（自查）表》的要求执行。

第十条　国家监测机构应于每年12月30日前向国家粮食局报送年度工作总结，并附《国家粮食质量检验监测机构监督评审（自查）表》。发现重大粮食质量安全问题以及发生领导班子成员变更情况时，应当及时报告。

第十一条　实行检验技术人员考核制度。国家监测机构应建立检验技术人员考核档案，记录检验技术人员业务培训、技能培训及考核情况，检验技术人员每年参加业务培训和技能培训时间不少于80个学时。国家粮食局定期组织国家监测机构的检验技术比对考核。

第十二条　国家粮食局为授权挂牌的国家监测机构颁发《国家粮食质量检验监测机构证书》（以下简称机构证书），并予以公告。机构证书有效期为3年。

国家监测机构在机构证书有效期满前3个月，须报省级粮食行政管理部门同意，向国家粮食局提出换证申请。国家粮食局根据申请机构完成任务、机构自身建设和专家评审考核结果等情况，确定是否延续授权。准予延续的，核发新的机构证书。

对申请机构的性质、资质、办公场地、检验能力等发生重大变化的，必须重新考核。

第十三条　国家粮食局为国家监测机构颁发"国家粮食质量检验监测机构检验专用章"（以下简称国家检验专用章）。国家检验专用章应当在机构证书有效期内使用。

国家监测机构应专门登记国家检验专用章使用情况，严格审批程序，注明使用事项、时间、经办人和审批人等。国家检验专用章的使用登记应长期保存。

第十四条　国家检验专用章仅限用于执行政府部门下达的检验、监测、抽查等任务时使用，不得用于出具企业委托检验报告和证明等其他业务。

第十五条　国家监测机构存在下列情形之一的，国家粮食局将予以警告、要求限期整改，直至撤消授权挂牌名称并收回机构证书和国家检验专用章：

（一）计量认证失效仍向社会提供数据的；

（二）出具虚假报告的；

（三）监督评审不合格的；

（四）比对考核连续两年出现不满意结果的；

（五）检验能力下降，不适应检验工作要求，或检验数据出现较大错误造成严重影响的；

（六）管理不规范，效率低下，或未履行职责义务的；

（七）瞒报、迟报或不报重大粮食质量安全事件的；

（八）违规使用国家监测机构名称和国家检验专用章的；

（九）违规开展影响检验监测结果公正性业务活动的；

（十）发生严重泄密事件的；

（十一）其他违规行为造成严重后果的。

第十六条　国家粮食局按本办法第十五条做出处罚的，由相关省级粮食行政管理部门负责监督落实。

第十七条　《国家粮食质量检验监测机构监督评审（自查）表》为本办法的组成部分。

第十八条　本办法自印发之日起施行。

关于印发《关于执行粮油质量国家标准有关问题的规定》的通知

（国家发展和改革委员会　国家粮食局
财政部　国家质量监督检验检疫总局
国粮发〔2010〕178号　2010年11月9日）

各省、自治区、直辖市及新疆生产建设兵团发展改革委、粮食局、物价局、财政局、质量技术监督局、中国储备粮管理总公司：

为认真贯彻执行国家粮油质量标准，切实维护粮食生产者、经营者和消费者的利益，确保政策性粮食购销活动顺利进行，现将国家发展和改革委员会、国家粮食局、财政部、国家质量监督检验检疫总局修订的《关于执行粮油质量国家标准有关问题的规定》印发给你们，请认真贯彻执行，该规定自2010年12月1日起执行。原国家发展计划委员会、国家粮食局、国家质量监督检验检疫总局于2001年10月15日发布的《关于执行粮油质量标准有关问题的规定》（国粮发〔2001〕146号）同时废止。

关于执行粮油质量国家标准有关问题的规定

1.主题内容与适用范围

本规定是粮油质量控制、依质论价和非标准品粮油的处理依据。

本规定适用于政策性粮油的收购、储存、销售、调运，其他贸易粮油可参照本规定执行。

本规定所称政策性粮油是指按国家和地方政府有关政策规定收购、储存、销售的小麦、稻谷、玉米、大豆、杂粮等原粮及食用植物油料。

本规定所称粮油质量国家标准是指用于规范粮油质量要求的国家标准。

2.一般原则

2.1 粮油购销按标准中的等级指标确定等级，以其余指标作为增扣量的依据。

2.2 收购和销售的粮油不符合粮油质量国家标准的应当整理达到标准，整理后仍未达到标准的，可采取降等、扣量等办法处理。

不符合食品安全国家标准的粮油，不得作为食用粮油及饲料用粮油收购和销售。

2.3 政策性粮油购销一般以粮油质量国家标准的中等品为计价基础，即1~5等的，以3等为中等品；1~3等和1~2等的，以2等为中等品。等外级粮油不列入政策性粮油收购范围。

2.4 粮油安全储藏水分不作为水分增扣量的依据。

2.5 国家对粮油收购另有规定的，按国家有关规定执行。

2.6 粮油质量检验应依据国家标准和相关规定。列入国家强制检定目录的检验仪器，须经县级以上计量部门检定合格后方可使用。未列入国家强制检定目录的粮油专用检验仪器设备，使用单位应当自行定期检定或者送计量检定机构检定。

3.粮油收购

3.1 所有粮油收购网点，应在显著位置公示粮油收购质量标准、收购价格和作价规定，摆放粮油等级标准参考样品，配备符合规定的检验仪器和设备。粮油验质人员应取得粮油检验员职业资格，持证上岗。售粮者对粮油检验验质结果有异议时，粮油收购站点必须使用符合规定的检验仪器进行复验。

3.2 粮油收购中，按以下规定进行增扣量：

3.2.1 水分含量：实际水分含量低于标准规定的粮油，以标准中规定的指标为基础，每低0.5个百分点增量0.75%，但低于标准规定指标2.5个百分点及以上时，不再增量。实际水分含量高于标准规定的粮油，以标准中规定的指标为基础，每高0.5个百分点扣量1.00%；低或高不足0.5个百分点的，不计增扣量。

3.2.2 杂质含量：实际杂质含量低于标准规定的粮油，以标准中规定的指标为基础，每低0.5个百分点增量0.75%。实际杂质含量高于标准规定的粮油，以标准中规定的指标为基础，每高0.5个百分点扣量1.5%；低于或高于不足0.5个百分点的，不计增量。

矿物质含量指标超过标准规定的，加扣量0.75%（荞麦除外），低于标准规定的，不增量。荞麦中矿物质指标每低或高于标准0.1个百分点，增扣量0.5%，低或高不足0.1个百分点的，不计增扣量。

大豆中的秕食豆按杂质归属。

无使用价值的霉变粒按杂质归属。

3.2.3 不完善粒含量：不完善粒含量高于标准规定的粮油，以标准中规定的指标为基础，每高1个百分点，扣量0.5%；高不足1个百分点的，不扣量；低于标准规定的，不增量。

生霉粒含量:玉米、油菜籽生霉粒含量高于标准规定的，以标准中规定的指标为基础，每高1个百分点，加扣量1.0%，高不足1个百分点的，不加扣量；低于标准规定的，不增量。生霉粒含量超过5.0%的，不得收购。

标准中未规定生霉粒限量的，生霉粒按不完善粒归属，不单独扣量。

3.2.4 整精米率：整精米率低于标准规定的粮油，以标准规定的指标为基础，每低1个百分点，扣量0.75%，低不足1个百分点的，不扣量；高于标准规定的，不增量。整精米率低于38%的早籼稻、中晚籼稻和整精米率低于49%的粳稻，不列入政策性粮食收购范围。

3.2.5 谷外糙米含量：谷外糙米含量高于标准规定的粮油，以标准中规定的指标为基础，每高2个百分点，扣量1.0%，高不足2个百分点的，不扣量；低于标准规定的，不增量。

3.2.6 黄粒米含量：黄粒米含量高于标准规定的粮油，以标准中规定的指标为基础，每高1个百分点，扣量1.0%，高不足1个百分点的，不扣量；低于标准规定的，不增量。

3.2.7 互混率：互混率高于标准规定的，以标准中规定的指标为基础扣量，互混率低于标准规定的，不增量。其中：

3.2.7.1 稻谷：

a.籼、粳谷（糙米、大米）中混入糯谷（糙米、大米），籼、粳谷（糙米、大米）互混，籼糯、粳糯谷（糙米、大米）互混，以标准中规定的指标为基础，每高5个百分点，扣量1.0%，高不足5个百分点的，不扣量。

b.糯谷（糙米、大米）中混入籼、粳谷（糙米、大米），以标准中规定的指标为基础，每高2个百分点，扣量1.0%，高不足2个百分点的，不扣量。

3.2.7.2 荞麦

甜、苦荞麦互混，以标准中规定的指标为基础，每高1个百分点，扣量1.0%，高不足1个百分点的，不扣量。

3.2.7.3 黍、稷：

a.黍（米）中混入稷（米），以标准中规定的指标为基础，每高2个百分点，扣量1.0%，高不足2个百分点的，不扣量。

b.稷（米）中混入黍（米），以标准中规定的指标为基础，每高5个百分点，扣量1.0%，高不足5个百分点的，不扣量。

其他粮油的互混可参照上述规定执行。

3.2.8 各项定等指标及不完善粒含量、谷外糙米含量、损伤粒率、热损伤粒含量超过粮油质量国家标准等级内质量规定的，以及黄粒米含量超过2.0%、互混（率）超过20%的，不得作为政策性粮油收购。

黄粒米超过标准规定的，不得作为各级储备粮油入库。

3.2.9 对因重大自然灾害、病虫害等导致严重不符合质量标准的粮油，其收购根据管理权限，分别按国家和地方有关规定执行。

4.粮油调运与销售

4.1 调运、销售和竞价拍卖粮油，销售（出库、调出）方应当出具能够代表粮油真实质量状况的检验报告并随货同行。接收方（购入、调入）须向销售方索取质量检验报告，并对接收的粮油进行检验验收。双方对粮油质量有争议时，按粮食质量监管办法的有关规定进行复检。

4.2 调运和销售的粮油按以下规定进行增扣量：

4.2.1 水分含量：实际水分含量低于标准规定的，以标准中规定的指标为基础，每低0.5个百分点增量0.75％，但低于标准规定指标2.5个百分点及以上时，不再增量。实际水分含量高于标准规定的粮油，以标准中规定的指标为基础，每高0.5个百分点扣量1.35%；低或高不足0.5个百分点的，不计增扣量。

4.2.2 杂质含量：同3.2.2。

4.2.3 不完善粒含量：同3.2.3。

大豆的损伤粒超过8.0%，或热损伤率超过3.0%的不得作为各级储备粮移库调出。

生霉粒含量：生霉粒含量高于标准规定的粮油，以标准中规定的指标为基础，每高1个百分点，加扣量1.0%，高不足1个百分点的，不加扣量；含量超过5.0%的不得作为各级储备粮移库调出。如接收方发现超过5.0%时，在双方确认的基础上，以5.0%为基础，每超过1个百分点，加扣量1.5%，超过不足1个百分点者不加扣量。生霉粒低于标准规定的，不增量。

4.2.4 整精米率：同 3.2.4。

4.2.5 谷外糙米含量：同3.2.5 。

4.2.6 黄粒米含量（稻谷或大米）：以标准中规定的黄粒米指标为基础，含量在1.0%～2.0%之间的，每超过1个百分点，扣量1.0%，超过不足1个百分点的，不扣量。含量超过2.0%的不得作为各级储备粮移库调出。如调入方发现超过2.0%时，在双方确认的基础上，以2.0%为基础，每超过1个百分点，扣量1.5%，超过不足1个百分点的，不扣量；黄粒米低于标准规定的不增量。

4.2.7 互混率：同3.2.7。

4.3 禁止调运和销售虫粮。虫粮等级达到《粮油储藏技术规范》（LS/T 1211–2008）规定的一般虫粮等级的粮油，接收方必须对虫粮进行灭虫处理，因灭虫而产生的直接费用和造成的损失，据实核算，由发粮方承担。遇有特殊情况时，收发双方协商解决。

4.4 在每个年度的4月1日至9月30日期间，调运和销售出省（自治区、直辖市）的玉米、粳稻水分含量不得超过粮油质量国家标准中的规定或目的地省（自治区、直辖市）确定的相应粮油品种安全储存水分限量。

5.附则

5.1 本规定由国家粮食局会同国家发展和改革委员会、财政部、国家质量监督检验检疫总局负责解释。

5.2 自本规定执行之日起，原国家发展计划委员会、国家粮食局、国家质量监督检验检疫总局2001年10月15日发布的《关于执行粮油质量标准有关问题的规定》（国粮发〔2001〕146号）同时废止。

关于印发《中央粮食企业最低最高库存量标准》的通知

（国家发展和改革委员会　国家粮食局
国粮政〔2010〕179号　2010年11月19日）

各有关中央企业：

根据《粮食流通管理条例》的规定和国务院有关文件精神，按照国家发展改革委、国家粮食局《关于尽快规定并公布粮食经营者最低和最高库存量具体标准的通知》（国粮电〔2007〕21号）的要求，现将《中央粮食企业最低最高库存量标准》印发给你们，请所有从事粮油收购、加工和销售的中央企业认真遵照执行。

中央粮食企业最低最高库存量标准

一、根据《粮食流通管理条例》的规定和国务院有关文件精神，特制定本标准。

二、在国家工商总局注册的从事粮食收购、加工、销售的企业（以下简称中央粮食企业）必须保持符合规定的最低或最高库存量标准。中央粮食企业承担的中央和地方储备、临时存储等政策性粮食业务，不纳入最低最高库存量标准的核定范围；以进口方式采购原料的中央粮食加工企业，在整体满负荷生产的前提下，原料库存数量不受最高库存的限定。

三、在粮食市场供过于求、价格下跌较多时，中央粮食企业应当履行不低于最低库存量的义务。

（一）从事粮食收购的中央粮食企业的最低库存量标准为上年度月均收购量的百分之二十。

（二）从事粮食加工的中央粮食企业的最低库存量标准为上年度月均加工量的百分之二十。

（三）从事原粮销售的中央粮食企业的最低库存量标准为上年度月均销售量的百分之二十，从事成品粮销售的中央粮食企业的最低库存量标准为上年度月均销售量的百分之十五。

（四）新粮集中上市期间（小麦、稻谷以最低收购价执行预案的执行期间为限，玉米、大豆以11月1日至次年4月30日为限。下同），从事粮食收购的中央粮食企业的最低库存量标准为上年度月均收购量的百分之二十五。

四、在粮食市场供不应求、价格上涨较多时，中央粮食企业应当履行不高于最高库存量的义务。

（一）从事粮食收购的中央粮食企业的最高库存量标准为上年度月均收购量的百分之三十。

（二）从事粮食加工的中央粮食企业的原料最高库存量标准为上年度月均加工量的百分之三十，成品粮最高库存量标准为上年度月均加工量的百分之二十。

（三）从事原粮销售的中央粮食企业的最高库存量标准为上年度月均销售量的百分之二十五，从事成品粮销售的中央粮食企业的最高库存量标准为上年度月均销售量的百分之二十。

（四）新粮集中上市期间，从事粮食收购的中央粮食企业的最高库存量标准为上年度月均收购量的百分之三十五。

五、中央粮食企业同时从事粮食收购、加工、销售两种业务以上的，最低库存量标准按其高值执行；最高库存量标准按其低值执行。

六、当年新设立的中央粮食企业的最低库存量、最高库存量以当年度月均收购量（加工量、销售量）为计算依据。

七、国家粮食局负责核定中央粮食企业总部直接经营粮食（包括粮权属于该中央粮食企业的代储库点的粮食）的最低最高库存量。省级粮食行政管理部门按照在地原则组织监督检查，并将检查情况及时上报国家粮食局。

八、中央粮食企业的粮食库存低于规定的最低库存量的，由国家粮食局责令改正，给予警告；情节严重的，处不足部分粮食价值1倍以上5倍以下的罚款，并可以取消粮食收购资格，提请国家工商总局吊销营业执照。

中央粮食企业的粮食库存超出规定的最高库存量的，由国家粮食局责令改正，给予警告；情节严重的，处超出部分粮食价值1倍以上5倍以下的罚款，并可以取消粮食收购资格，提请国家工商总局吊销营业执照。

九、从事大豆、油料和食用植物油的收购、加工、销售的中央企业适用上述规定。

十、本标准由国家发展改革委员会、国家粮食局负责解释，自公布之日起实施。

关于印发《中央粮食企业最高库存量核定办法》的通知

（国家发展和改革委员会　国家粮食局
国粮政〔2010〕186号　2010年11月29日）

各省、自治区、直辖市及新疆生产建设兵团发展改革委、粮食局，各有关中央企业：

为贯彻落实国务院关于秋粮收购工作的精神，做好中央粮食企业最高库存量的核定工作，现将《中央粮食企业最高库存量核定办法》印发给你们，请遵照执行。

中央粮食企业最高库存量核定办法

第一条　为贯彻落实《粮食流通管理条例》有关粮食经营者最高库存量规定和国务院有关文件精神，核定有关中央粮食企业最高库存量，维护粮食市场秩序，制定本办法。

第二条　核定对象。本办法的核定对象为在国家工商总局注册的从事粮食收购、加工、销售的中央粮食企业。核定的范围为中央粮食企业总部直接经营的粮食（包括粮权属于该中央粮食企业的代储库点的粮食）。

中央粮食企业承担的中央和地方储备、临时存储等政策性粮食业务，不纳入最高库存量标准的核定范围；以进口方式采购原料的中央粮食加工企业，在整体满负荷生产的前提下，原料库存数量不受最高库存的限定。

第三条　核定标准。中央粮食企业最高库存量的核定标准，执行《国家发展改革委　国家粮食局关于印发〈中央粮食企业最低最高库存量标准〉的通知》的有关规定，即：

（一）从事粮食收购的中央粮食企业的最高库存量标准为上年度月均收购量的百分之三十；

（二）从事粮食加工的中央粮食企业的原料最高库存量标准为上年度月均加工量的百分之三十，成品粮最高库存量标准为上年度月均加工量的百分之二十；

（三）从事原粮销售的中央粮食企业的最高库存量标准为上年度月均销售量的百分之二十五，从事成品粮销售的中央粮食企业的最高库存量标准为上年度月均销售量的百分之二十；

（四）新粮集中上市期间，从事粮食收购的中央粮食企业的最高库存量标准为上年度月均收购量的百分之三十五；

（五）中央粮食企业同时从事粮食收购、加工、销售两种业务以上的，最高库存量标准按其低值执行；

（六）当年新设立的中央粮食企业的最高库存量以当年度月均收购量（加工量、销售量）为计算依据。

第四条　核定办法和程序。

（一）核定最高库存量前，国家粮食行政管理部门应当书面告知中央粮食企业，要求企业报送粮食收购、加工和销售的相关数据等。

（二）中央粮食企业应当按照告知书的要求和第二条确定的核定范围，及时、准确地向国家粮食行政管理部门报送粮食收购、加工和销售的相关数据等。

（三）国家粮食行政管理部门采取书面审核和现场审核相结合的方式，在收到企业报送数据后的15个工作日内完成审核。

对报送资料不完整的，可以要求企业在5个工作日内补齐。

（四）审核结束后，国家粮食行政管理部门应当按照第三条规定的核定标准，核定企业的最高库存量。

（五）最高库存量核定结束后，国家粮食行政管理部门应当在5个工作日内将核定结果书面告知相关企业及其所在地省级粮食行政管理部门。

企业对核定的最高库存量有异议的，应当在5个工作日内提出书面意见，国家粮食行政管理部门应当重新进行核定，并将重新核定结果及时书面告知相关企业及其所在地省级粮食行政管理部门。

第五条　监督检查和处罚措施。

（一）在粮食市场供不应求、价格上涨较多时，中央粮食企业应当严格履行不高于最高库存量的义务。

（二）省级粮食行政管理部门应当按照在地原则，对中央企业总部直接经营的粮食最高库存量执行情况进行监督检查，并将检查情况及时报送国家粮食局。

（三）中央粮食企业违反最高库存量规定，按照《粮食流通管理条例》和《国家发展改革委国家粮食局关于印发〈中央粮食企业最低最高库存量标准〉的通知》的有关规定进行处罚。

第六条　其他事项。

（一）国家粮食行政管理部门应当及时将中央粮食企业最高库存量核定结果抄送银监会、农业发展银行等相关单位。

（二）企业报送的数据涉及商业秘密的，国家粮食行政管理部门及其工作人员应当为其保守秘密。

第七条　本办法由国家粮食局负责解释，自公布之日起施行。

关于印发《中央储备粮油质量检查扦样检验管理办法》的通知

（国家粮食局 国粮发〔2010〕190号 2010年12月2日）

各省、自治区、直辖市及新疆生产建设兵团粮食局，中国储备粮管理总公司：

为进一步规范中央储备粮油质量检查扦样、检验和判定工作，根据《粮食流通管理条例》（国务院令第407号）和《中央储备粮管理条例》（国务院令第388号）的有关规定，我局在总结近年来粮油质量检查工作经验的基础上，结合粮食质量监管工作发展的新要求，修订和完善了《中央储备粮油质量检查扦样检验管理办法》，现印发给你们，请遵照执行。原《中央储备粮油质量抽查扦样检验管理办法（试行）》（国粮发〔2003〕158号）同时废止。

中央储备粮油质量检查扦样检验管理办法

一　第一章 总 则

第一条　为加强中央储备粮管理，规范中央储备粮质量检查扦样检验活动，推进质量检查工作制度化、规范化，根据《中华人民共和国食品安全法》、《中华人民共和国农产品质量安全法》、《粮食流通管理条例》和《中央储备粮管理条例》等有关法律法规，制定本办法。

第二条　开展中央储备粮（包括中央储备油和国家临时存储油，下同）质量检查扦样检验工作，应当遵守本办法。

第三条　中央储备粮质量检查工作由国家粮食局组织，必要时由国家粮食局会同有关部门联合组织。中国储备粮管理总公司及其分支机构，应配合做好质量检查工作。中央储备粮承储企业（以下简称承储企业）应为检查扦样提供便利条件。

地方粮食行政管理部门，应按在地监管原则，将中央储备粮及其他中央事权粮食的卫生安全状况列为日常监管内容。

第四条　国家粮食局质量管理部门具体负责组织实施中央储备粮质量检查的扦样检验工作，包括制定扦样检验方案，确定检验方式，委托有资质的检验机构承担扦样检验任务等。

第五条　承担中央储备粮扦样和检验任务的机构（以下简称承检机构），应取得国家粮食质量检验监测机构资质。扦样、检验人员，应当熟悉有关法律法规与政策业务知识，具有粮食质量检查扦样、检验实际工作经验。

第六条　扦样、检验要严格执行国家有关标准和规定，并符合委托任务书的要求。

二　第二章 扦样与送样

第七条　检验机构接到委托任务书后，应做好以下工作：

（一）准备扦样器（含深层）、分样器、记录夹、样品袋（瓶）、封条（标签）等工具和用具，复制《中央储备粮质量检查扦样登记表》，做好扦样人员的技术培训工作。

（二）收集和整理本省（区、市）和中储粮分支机构粮食质量管理和粮食安全储存水分规定等文件，并报送国家粮食局质量管理部门备案。

（三）制定样品集并和转送工作方案，明确专人和车辆，确保样品按时送达。

（四）指派专业技术人员赴承储企业扦样，到每个库点的扦样人员不得少于2人。扦样人员到达承储企业后，应出示国家粮食局质量管理部门出具的委托任务书原件或复印件，按要求实施扦样、分样和封样，做好样品记录。

（五）指定专人负责核对、录入检查样品的原始信息。

第八条　承储企业应如实提供粮食库存数量、品种、货位分布、产地或来源、收获及入库年度、检验记录、粮温变化、虫害及施药情况、储粮技术措施等资料，供扦样人员查阅和记录，并派人协助扦样。

第九条　散装粮食扦样。

大型仓房和圆仓均以不超过2000吨为一个检验单位，分区扦样，每增加2000吨应增加一个检验单位。扦样点的布置应以扦取的样品能够反映被扦区域粮食质量的整体状况为原则。扦样人员可根据实际情况对扦样点位置进行适当调整。同一检验单位的各扦样点应扦取等量的样品（每个取样点的样品一般不大于0.5公斤，下同）并合并，充分混合均匀后分样，形成检验样品。

小型仓房可在同品种、同等级、同批次、同生产年份、同储存条件下，以代表数量不超过2000吨为原则，按权重比例从各仓房扦取适量样品合并，充分混合均匀后分样，形成检验样品。

第十条　包装粮食扦样。在同品种、同等级、同批次、同生产年份、同储存条件下，以不超过2000吨为一个检验单位，分区扦样。扦样点的布置应以确保人身安全和尽量避免破坏既有储粮形态为前提，在粮食质量分布很不均匀的情况下，可以翻包打井，扦取中层样品；如翻包打井确有困难，可在粮垛边缘和上层设点扦样。各点等量样品合并，充分混合均匀后分样，形成检验样品。

第十一条　食用植物油扦样。散装油以一个油池、一个油罐、一个车槽为一个检验单位。

扦样按从上至下的位置顺序进行，在罐内油深1/10、1/2、9/10处分别扦取顶部、中部、底部检样。顶部取样点距油面、底部取样点距罐底的距离应不少于50厘米。顶部、中部、底部三层扦样质量比为1:3:1。将各层检样混合，充分摇匀缩分后，形成代表该油罐（池、车槽）的检验样品。

第十二条　委托任务书对扦样有特殊要求的，按其要求进行扦样。发现受潮、发热、结块、生霉、严重生虫、色泽气味异常等情况，应单独扦样和记录。

正在实施熏蒸的仓房一般不安排扦样。但应查验熏蒸记录。

第十三条　扦取的检验样品应在承储企业进行现场封样、编号，经扦样人和承储企业代表签字认可后加贴封口条。样品编号应按国家粮食局质量管理部门的统一要求执行。样品袋中应放入该样品的唯一编号条。食用植物油样品编号条应粘贴在样品瓶外。

第十四条　扦样人应核实承储企业的有关记录和凭证，现场填写《扦样登记表》和扦样布点图，详细记录相关原始信息，表中无填写内容的空格以斜杠填充，所填信息须由扦样人和承储企业负责人签字确认。《扦样登记表》一式两份，一份留承储企业，一份交承检机构。

第十五条　扦取样品应集并到承检机构，由其对照《样品登记表》逐一清点核对样品，填写《粮食质量检查样品登统表》（以下简称《样品登统表》），按照《粮食质量检查专用软件》规定的内容录入样品基本信息，并将纸质文档和电子文档报国家粮食局质量管理部门。

实行跨省交叉检验或集中检验的样品，承担扦样任务的机构应在扦样工作完成后2日内，安排专人专车将样品送达指定的承检机构，并附《样品登统表》。

第十六条　运送样品，应采取低温、密闭和避光等必要措施，防止雨淋，尽量缩短在途时间，确保样品包装完好，确保样品在运送和保管期间不发生质量异常变化。备检样品应在低温条件下保存3个月。

第十七条　承检机构接收样品时，应认真检查样品包装和封条有无破损，样品在运送过程中是否受到雨淋、污染，是否存在其他可能对检验结果产生影响的情况，确认样品编号与《样品登统表》是否相符，并填写样品签收单。

三　第三章　检验与判定

第十八条　承检机构应做好样品接收、保存、检验场地、仪器设备、药剂和样品统一编号等前期准备工作，对检验人员进行专业培训考核，指定专人负责检验数据的录入和汇总分析。

第十九条　承检机构接收样品后应及时检验。样品的领用、传递和处理要严格执行实验室管理规程，全部过程应有详实记录。

第二十条　原粮质量检验的主要项目为：水分、杂质、色泽气味；稻谷的出糙率、整精米率、黄粒米；小麦的容重、硬度、不完善粒、降落数值；玉米的容重、不完善粒、生霉粒；大豆的完整粒率（进口大豆为破碎粒）；其他需要增加的项目。

食用植物油质量检验的主要项目为：气味滋味、水分及挥发物、不溶性杂质、酸值、过氧化值、溶剂残留量，其他需要增加的项目。

第二十一条　质量检验项目有一项不符合国家标准或国家有关规定的，综合判定为不达标。评判是否达标时，对下列指标，应按照相应的国家检验方法标准扣除允许偏差。即：

原粮"杂质"的允许偏差不大于0.3个百分点；

稻谷"黄粒米"的允许偏差不大于0.3个百分点；

小麦"不完善粒"的允许偏差不大于0.5个百分点；

玉米"不完善粒"的允许偏差不大于1.0个百分点。

水分按当地安全储存水分判定。常规储存条件下水分超过安全储存水分的，判定为不达标。当地安全储存水分没有明确规定的，按照国家粮食质量标准规定的水分判定。待烘干新粮不作水分评价，但应加以说明并对代表数量进行单独统计。

第二十二条　稻谷、小麦、玉米和大豆、食用植物油储存品质分别按《谷物储存品质判定规则》、《粮油储存品质判定规则》国家标准及有关文件规定的项目进行检验和判定。判定结果为宜存、轻度不宜存或重度不宜存。

第二十三条　卫生检验项目按照国家粮食、油料、食用植物油卫生标准（安全标准）进行检验和判定，有一项超过卫生标准限量的，即判定为不合格。

第二十四条　承检机构收到样品后，一般应在10～20个工作日内完成检验工作，以纸质文档和电子文档两种形式向国家粮食局质量管理部门报送检验结果。电子文档格式应符合《粮食质量检查专用软件》的汇总格式要求。

承检机构对临界值和超标样品，要认真进行复查，确保检验数据准确、可靠。

第二十五条　国家粮食局质量管理部门负责审核、汇总质量检查检验数据，编写质量检查报告，按照有关规定向有关部门和单位通报。

第二十六条　中国储备粮管理总公司可向国家粮食局质量管理部门查询、复制质量检查扦样检验的详细资料。对检查检验结果有异议的，应自接到通报之日起10日内，以书面形式提出复检申请。

第二十七条　国家粮食局质量管理部门收到复检申请后，认为需要复检的，检验机构应当复检；必要时，可另行安排检验机构进行复检。复检样品原则上调用原承检机构留存的备份样品，不重新扦样。

如有充分证据证明承检机构扦样和检验不规范或存在失误的，应撤销该样品的检验报告。

四　第四章　工作纪律

第二十八条　扦样检验机构的工作人员在执行扦样和检验任务时，必须严格遵守国家有关法律法规，廉洁自律，客观公正，认真负责，如实记录和反映中央储备粮质量状况，发现重大质量安全问题，要立即向国家粮食局质量管理部门报告。

第二十九条　承检机构应如实上报检查检验结果，不得弄虚作假；禁止以任何方式将委托任务对外分包。

承检机构应对委托检验数据承担保密义务，未经许可不得向外提供。

第三十条　国家粮食局质量管理部门发现承检机构承担委托任务时出现重大失误或发生违规、违纪问题，应向其上级行政主管部门通报，要求限期纠正和整改，依法依纪追究有关人员的责任。

五　第五章　附　则

第三十一条　国家临时储存粮、最低收购价粮、临时储存进口粮和地方储备粮（油）等政策性购销粮食质量检查的扦样和检验可参照本办法执行。

国家标准和有关文件有新规定的，按新规定执行。

第三十二条　本办法自发布之日起施行。原《中央储备粮油质量抽查扦样检验管理办法（试行）》（国粮发〔2003〕158号）同时废止。

关于印发《全国粮食行业中长期人才发展规划纲要（2011～2020年）》的通知

（国家粮食局 国粮人〔2010〕216号 2010年12月31日）

各省、自治区、直辖市、计划单列市及新疆生产建设兵团粮食局，中国储备粮管理总公司、中粮集团有限公司、中国华粮物流集团公司、中纺集团公司：

《全国粮食行业中长期人才发展规划纲要（2011~2020年）》已经中共国家粮食局党组会议讨论通过，现印发给你们，请结合实际认真贯彻执行。

全国粮食行业中长期人才发展规划纲要（2011～2020年）
目 录

序言

一、指导思想、基本原则和战略目标

（一）指导思想

（二）基本原则

（三）战略目标

二、主要任务

（一）党政人才队伍

（二）企业经营管理人才队伍

（三）专业技术人才队伍

（四）高技能人才队伍

三、政策措施

（一）完善人才工作管理体制

（二）创新人才培养开发机制

（三）加强产学研合作培养创新人才

（四）加大力度引进海内外高层次人才

（五）创新人才选拔配置机制

（六）完善人才使用评价机制

（七）健全人才激励保障机制

（八）完善人才教育培训体系

（九）加强人才培养基础建设

四、重大人才工程

（一）党政人才素质能力提升工程

（二）企业经营管理人才素质提升工程

（三）专业技术人才培养工程

（四）高技能人才职业能力建设工程

（五）高层次人才引进计划

（六）行业人才结构优化计划

（七）粮食宏观调控体系人才建设工程

（八）粮食现代物流人才开发工程

（九）人才培训基地支撑工程

（十）人才信息服务计划

五、组织实施

（一）切实加强规划纲要实施的组织领导

（二）加大人才工作的投入力度

（三）加强对规划纲要实施的监督检查

（四）营造规划纲要实施的良好社会环境

　　为切实贯彻落实中央关于人才工作的决策部署，深入实施人才兴粮战略，为国家粮食流通工作提供强有力的人才支持，根据《国家中长期人才发展规划纲要（2010~2020年）》总体要求，制定本规划纲要。

序　言

　　粮食行业人才是我国人才队伍的重要组成部分，是保障国家粮食市场供给、确保国家粮食安全的重要力量。加强粮食行业人才队伍建设，着力培养行业各类高层次人才，并以此引导和带动全国粮食行业人才队伍发展，不仅关系到全国粮食流通产业的科学发展，而且关系到国民经济持续健康发展的大局。

　　改革开放特别是2003年全国人才工作会议以来，国家粮食局认真贯彻党中央的决策部署，高度重视并切实加强粮食行业人才队伍建设，大力实施人才兴粮战略，研究制定并实施粮食行业教育培训规划，加强各类人才培养，注重理论教育与实践锻炼相结合，全面推行国家职业资格证书制度，建立粮食行业人才激励机制，行业人才队伍明显壮大，管理体制初步理顺，整体素质稳步提高，成长与发展的环境逐步改善，行业人才队伍建设取得显著成绩。同时必须清醒地认识到，当前我国粮食行业人才发展的总体水平同粮食流通事业发展需要还有一些不相适应的地方。比如，高层次、创新型人才和高技能人才缺乏，人才结构不尽合理，人才培养的体制机制和人才的激励机制有待完善，人才资源开发投入不足，等等。

　　当前和今后一个时期，粮食行业人才发展既面临难得的机遇，又存在严峻的挑战。加快现代粮食流通产业科学发展，全面实现国家粮食安全的战略目标，为进一步做好行业人才工作提供了宝贵的机遇和舞台，对粮食行业人才的发展也提出了更高更紧迫的要求。随着经济全球化深入发展，各种生产要素特别是人才要素的流动将更加频繁，人才竞争日趋激烈。在新的历史起点上，必须进一步认清行业人才竞争的严峻形势，切实增强责任感和使命感，坚定不移地走人才兴粮之路，科学规划、重点突破、整体推进，努力开创人才辈出、人尽其才的新局面。

一　指导思想、基本原则和战略目标

（一）指导思想

高举中国特色社会主义伟大旗帜，以邓小平理论和"三个代表"重要思想为指导，深入贯彻落实科学发展观，遵循人才发展规律，大力推进人才兴粮战略，以人才资源能力建设为核心，以高层次人才和高技能人才为重点，以创新人才发展体制机制为动力，以优化人才发展环境为保障，统筹推进行业各类人才队伍建设，为保障国家粮食安全，加快发展现代粮食流通产业提供坚强的人才保证和广泛的智力支持。

（二）基本原则

坚持服务发展。把服务粮食行业科学发展作为人才工作的根本出发点和落脚点，围绕国家中长期粮食安全战略目标确定人才队伍建设任务，根据现代粮食流通产业科学发展需要制定人才政策措施。

坚持以用为本。把用好用活人才作为粮食人才队伍建设的重要任务，着力提高人才使用效能，努力让各类人才各得其所、才尽其用，用粮食事业发展成果检验人才队伍建设成效。

坚持统筹推进。围绕粮食行业发展战略的实施，促进人才资源和行业发展相协调，坚持高端引领和整体开发相统一，以高层次、创新型人才为先导，以应用型人才为主体，分类指导、统筹推进党政人才、企业经营管理人才、专业技术人才和高技能人才队伍建设。

坚持务实创新。从粮食行业实际出发，根据粮食流通产业结构调整优化升级需要，把改革创新作为推动粮食行业人才发展的强大动力，创新行业人才培养开发、选拔使用、评价发现和激励保障机制，最大限度地激发各类人才的创新激情和创造活力。

（三）战略目标

到2020年，全国粮食行业人才发展的总体目标是：培养造就一支数量充足、结构优化、素质优良、富有竞争优势的行业人才队伍，为全面实现国家中长期粮食安全战略目标和粮食事业又好又快发展奠定人才基础。

——人才规模稳步增长。粮食行业人才资源总量从现在的69万人增加到109万人，较好地满足粮食流通产业发展需要。

——人才素质大幅提升。粮食行业从业人员中受过高等教育的比例达到25%；各类高层次人才总量明显增长；高技能人才占技能劳动者的比例达到28%。人才的结构趋于合理。

——人才竞争优势显著增强。加大在粮食宏观调控、仓储、物流、精深加工、质量安全等重点领域人才开发力度，建成一批人才高地。

——人才发展环境全面优化。人才发展体制逐步完善，人才培养、评价、使用和激励机制逐步健全，人才辈出、人尽其才的环境基本形成，人才使用效能明显提高。

二　主要任务

（一）党政人才队伍

按照加强党的执政能力建设和先进性建设的要求，以提高领导水平和执政能力为核心，以粮食行业各级领导干部为重点，建设一支政治坚定、精通业务、勇于创新、勤政廉洁、求真务实、奋发有为、善于推动粮食事业科学发展的高素质党政人才队伍。到2020年，受过高等教育的干部占党政干部队伍的90%，专业化水平明显提高，结构更加合理，能力进一步增强。

（二）企业经营管理人才队伍

按照提高现代经营管理水平和企业核心竞争力的要求，以企业高端经营管理人才为重点，培养造就一批具有全球战略眼光、市场开拓精神、管理创新能力、社会责任感的粮食行业优秀企业家和一支视野开阔、知识丰富、业务娴熟、能力突出的企业经营管理人才队伍。到2015年，企业经营管理人才总量达到24万人。到2020年，企业经营管理人才总量达到27万人，其中国有及国有控股粮食企业经营管理人才总量达到11.5万人。着力培育10名能够引领粮食企业跻身中国企业500强的战略企业家，重点在粮食产业化龙头企业中培养500名优秀企业家。

（三）专业技术人才队伍

根据现代粮食流通产业发展的需要，以提高专业水平和创新能力为核心，以高层次、创新型人才和紧缺人才为重点，培养和造就一支适应粮食行业发展需要的专业技术人才队伍。到2015年，专业技术人才总量达到20万人。到2020年，专业技术人才总量达到21万人，占从业人员的12%，高级、中级、初级专业技术人才比例为10∶40∶50；重点培养10名国内顶尖、国际知名的粮食科技创新领军人才。

（四）高技能人才队伍

适应粮食流通产业结构优化升级的要求，以提升职业素质和职业技能为核心，以技师和高级技师为重点，形成一支门类齐全、技艺精湛的高技能人才队伍。到2015年，高技能人才总量达到8万人。到2020年，高技能人才总量达到15.4万人，占技能劳动者的比例达到28%，其中技师、高级技师达到3.9万人。到2020年新增粮食行业特有工种技师、高级技师1.8万人，培训粮食经纪人13万人次。

三　政策措施

（一）完善人才工作管理体制

坚持尊重劳动、尊重知识、尊重人才、尊重创造，与时俱进，树立科学的人才观。各级粮食行政管理部门要统筹行业发展和人才发展，切实履行好职责，在粮食行业内营造平等公开和竞争择优的制度环境，促进优秀人才脱颖而出。改进人才管理方式，落实国家重大人才政策，抓好重大人才工程，推动人才事业全面发展。

认真贯彻执行粮食流通法律法规，加强和充实粮食行政管理机构、人员，全面落实职能配置和人员编制，为行业党政人才队伍建设提供基础保障。推进粮食行业事业单位分类改革，逐步建立起权责清晰、分类科学、机制灵活、监管有力、符合粮食行业事业单位特点的人事管理制度。深化国有粮食企业人事制度改革，建立健全现代企业人事制度。消除体制和政策障碍，将非公有制粮食企业人才开发纳入行业人才发展规划。

（二）创新人才培养开发机制

坚持以行业发展需要为导向，注重在粮食流通工作实践中发现、培养、造就人才，构建人人能成才、人人得发展的人才培养开发机制。立足培养全面发展的人才，做到重点人才重点培养，优秀人才优先培养，年轻人才经常培养，紧缺人才抓紧培养。突出培养创新型人才，注重培养应用型人才，加强培养复合型人才。

开展大规模党政干部业务知识培训，强化粮食行政执法干部培训，切实提高依法管粮水平，进一步抓好法律、科技、公共管理及粮食业务知识等方面的学习，不断提高党政干部的业务素质和工作能力。利用挂职交流等多种方式加强党政干部的实践锻炼。对西部地区粮食行业从业人员参加培训、考察学习、挂职锻炼等实施倾斜政策。

粮食行政管理部门直接联系一批优秀企业家。发挥粮食行业协会在人才工作中的桥梁和纽带作用。鼓励和支持粮食企业建立人才发展基金。重点抓好粮食企业急需紧缺的现代营销、国际贸易、资本运作、粮食物流、信息管理、法律人才的培养。鼓励和引导企业经营管理后备人才到发达地区或优秀企业考察学习或挂职锻炼。

在行业内培养一批具有创新思维、在相关学科领域取得重要学术成果、具有发展潜力的科技领军人才和高水平研究团队，在科研项目申报、成果转化、学术交流、国际合作等方面给予资金和政策支持。依托国家工程中心、国家工程实验室、国家粮食工程技术研究中心和国家粮食质量监测中心（站），加强粮食宏观调控、仓储、物流、精深加工、质量安全领域与装备制造、信息、生物、新材料、生态环境保护和现代交通运输等领域的合作，加强跨领域、复合型专业技术人才的培养。强化信息统计分析、市场监测预警、市场交易等人才的培养。加大粮食仓储、物流、电子商务、食品安全等服务业人才的开发力度。

建立以粮食企业为主体、职业院校为基础，学校教育与企业培养紧密联系、政府推动与社会支持相结合的粮食行业技能人才培养机制。加强粮食行业高技能人才培养理论研究。完善粮食行业特有职业目录。着力推进粮食购销、粮食物流和粮油加工领域技能人才培养。重点突出对技能人才的实际操作能力培养，注重在生产一线发现人才，通过重大项目培养和造就高技能人才。加强粮食经纪人培训，建立一支规范化的粮食经纪人队伍。建立"技能大师工作室"，采用"学徒制"等方式，传承粮食行业高技能人才绝技绝活。

（三）加强产学研合作培养创新人才

建立以粮食行政管理部门为指导，市场为导向，企业为主体，形式多样的粮食行业产学研战略联盟。制定实施推动企业、高等院校和科研院所合作培养高层次创新人才的激励政策。支持企业、高等院校和科研院所联合建立研发中心和实验室，在符合条件的大中型企业建立一批工程技术中心和企业技术中心，加速科研成果的转化。

制定重点工程和重点项目人才配置政策，发挥重点工程和重点项目的人才发展带动作用。引导高等院校和科研院所高层次科研人才参与粮食企业重点产品和重要技术的研发工作。支持和鼓励在高等院校、科研院所和企业等单位设立粮食相关专业博士点、博士后科研流动站和博士后科研工作站。实施粮食院校研究生教育创新计划，推行产学研联合培养研究生的"双导师制"。

通过多种渠道，利用现代信息技术，建立以业绩档案、专业背景为主要内容的高层次粮食行业人才信息平台，逐步实现粮食行业人才信息共享，为粮食行业产学研联合提供服务。加大对青年优秀科技人才的发现、培养、使用和资助力度。

（四）加大力度引进海内外高层次人才

鼓励和支持企事业单位从发展的需求出发，以优惠的条件吸引各方人才来粮食行业干事创业，积极引进急需紧缺高层次人才。鼓励和引导有条件的企业面向海内外招聘一流高级经营管理人才。鼓励高等院校、科研院所和大型粮食企业依托粮食行业重点科研项目和重大工程，积极引进粮油科技发展急需、起到骨干和领军作用的学科带头人、技术总监等海内外高层次专业技术人才。

积极拓宽引才渠道，本着"不求所有、但求所用"的原则，实施"柔性引才"政策。鼓励有条件的企事业单位设立"特聘专家"岗位，聘请海内外专家担任管理或学术咨询顾问。引导企业"招商引资"与"招才引智"并举，在引进项目、技术、资金的同时，采取咨询、讲学、兼职、项目聘用、管理合作等方式灵活引进海内外智力为粮食行业所用。落实人才引进政策，对引进的人才要在政治上爱护、事业上支持、生活上关心，确保人才引得进、留得住、用得好，形成人才引进的集聚效应。

（五）创新人才选拔配置机制

各级粮食行政管理部门要优先招录具有基层工作经历、专业对口的高素质优秀人才，优化公务员队伍结构。拓宽党政人才来源渠道，完善从企事业单位和社会组织选拔人才制度。深化党政领导干部选拔任用制度改革，完善党政人才民主推荐、民意测验、民主评议制度，改进民主推荐的方法，提高民主推荐质量。

实施开放的人才政策，打破部门、身份、地域界限。积极引导各类优秀粮食行业人才向西部地区和艰苦地区流动。在注重开发利用现有人才的同时，还要面向海内外选拔高层次人才。建立竞争择优选拔机制，进一步加大公开选拔力度，坚持公开、平等、竞争、择优的原则，大力推行竞争上岗，逐步拓宽竞争上岗范围。引导企事业单位推进人才配置的市场化，利用人才中介等社会力量推荐选拔各类人才，面向海内外招聘高端经营管理人才和高水平专业技术人才。

粮食企业应优先录用职业院校毕业、取得职业资格证书的技能人才。贯通行业高技能人才与工程技术人才的职业发展通道，推动人才的合理流动。

（六）完善人才使用评价机制

完善人才评价标准，坚持"不唯学历、不唯资历、不唯职称、不唯身份"，不求全责备，注重社会和业内认可，注重靠实践和贡献评价人才。建立以实际能力和工作业绩为核心，由品德、知识、能力等要素构成的综合人才评价指标体系。

建立健全粮食行业党政干部岗位职责规范及其能力评价标准，加强工作业绩考核。完善以市场和出资人认可为核心的粮食企业经营管理人才业绩评价体系。在粮食行业建立职业经理人资质评价制度。完善粮食行业专业技术职务任职资格评审办法，提高社会化程度，逐步建立重在业内和社会认可的专业技术人才评价机制。完善专业技术职务任职评价办法，切实落实用人单位在专业技术职务（岗位）聘任中的自主权。深入推进国家职业资格证书制度，在关系国计民生、食品安全的重要职业推行职业准入制度，探索技能人才多元评价机制，提高鉴定考评质量和服务水平。逐步完善社会化职业技能鉴定、企业技能人才评价、院校职业资格认证等考核办法。

（七）健全人才激励保障机制

完善各类人才薪酬制度，合理确定各类人才的收入水平。创新分配制度，完善经营管理和技术人才激励机制。进一步完善年度薪酬管理制度、协议工资制度和股权激励等中长期企业人才激励制度，实现多种激励措施的优化组合。

健全以政府奖励为导向、用人单位和社会奖励为主体的人才奖励体系。研究制定优秀人才奖励办法，重点对做出重大贡献的优秀人才进行奖励。继续在粮食系统开展政府表彰工作。完善粮食行业高技能人才评选表彰制度，指导各地开展高技能人才评选表彰活动。

落实粮食行业技能人才的基本待遇和劳动保护，进一步提高高技能人才的经济待遇和社会地位。企业应根据技能人才的技能水平、职业资格等级、实际岗位确定其工资水平。鼓励企业建立高技能人才岗位津贴制度，对在技术改造、技术革新中作出突出贡献并取得重大经济效益的高技能人才予以重奖。根据职业特点广泛开展各种形式的职业技能竞赛和岗位练兵活动，完善层层选拔的高技能人才成长渠道。

（八）完善人才教育培训体系

分层分类抓好人才的教育培训工作。各级粮食行政管理部门制定人才培训规划和年度实施计划，各企事业单位配合落实，切实抓好本地区、本单位人才培训。

积极选送党政人才参加各级党校、行政学院和干部学院的学习，支持机关干部自主选学或参加学历、学位教育。按照分级负责的原则，做好法律法规及粮食政策业务培训，重点抓好各级粮食行政管理部门新任职领导干部的培训。依托粮食院校、行业组织和培训机构，开展经营管理人才和专业技术人才的培训，每年有重点地举办高层次粮食企业经营管理人才培训班和专业技术人才研讨班。支持粮食行业高层次科研人才参加国际科研计划和学术交流。充分发挥粮食职业院校、科研院所、企业作用，加强高技能人才培训。

大力倡导企业自主培训，进一步强化企业在人才培训中的主体地位。鼓励和引导企业采取在职培训与脱产培训、理论培训与实践锻炼相结合的方法，开展企业各类人才培训工作，重点开展技能培训和安全教育。对参加与工作相关的学习培训人员，在学习时间、工作安排、培训费用等方面给予支持。

建立政府、用人单位、教育培训机构三方的联系机制，加强沟通与合作。推进培训内容和方法的改革，提倡订单式培训和菜单式教学，提高培训的针对性和实效性。改革职业教育办学模式，大力推行校企合作、工学结合和顶岗实习。结合国家发展面向农村的职业教育，促进粮食行业职业教育发展，为现代粮食流通产业发展提供支撑。

（九）加强人才培养基础建设

发挥行业组织作用，整合行业培训资源，建立共享机制。依托粮食院校、科研院所、大中型企业和培训机构，建设一批全国粮食行业培训基地。整合行业教育资源，搭建行业、企业、学校多方联动平台。组建粮食行业职业教育集团。加强粮食院校大学生实习基地和职业院校实训基地建设，依托大中型粮食企业建设一批稳定的、满足实践教学需要的学生实习实训基地。

加强粮食专业建设。鼓励和支持高等院校创办具有粮食行业特色、服务行业发展的院系和专业，突出办学的行业定位，打造一批面向现代粮食仓储物流业和现代粮食加工业的专业品牌。培养优秀教学团队。努力创造条件增加高校、职业院校教师粮食行业实际工作经历。在职业院校建设"双师型"队伍。从粮食行业有经验的经营管理、专业技术和高技能人才中聘请师资，提高教师的教学和实践能力。积极创造条件发挥行业离退休老专家在人才培养中的指导作用。加强培训教材建设，完善培训教程。成立粮食行业各类人才培训教材编写委员会，统筹协调编制粮食行业各类人才培训教材、高校、职业院校专业教材。

四　重大人才工程

（一）党政人才素质能力提升工程

着眼于粮食流通新形势的需要，围绕粮食宏观调控、行政执法、行业服务等工作，以造就领导现代粮食流通产业科学发展的高素质、复合型党政人才队伍为目标，以提高政治理论水平和粮食业务能力为核心开展党政人才教育培训。到2020年，力争使各级粮食行政管理部门领导干部轮训一遍。实施粮食局长培训项目，每年培训1000名各级粮食局长。举办行政执法人员培训班，每年培训2.5万人次。开展干部自主选学试点，鼓励各级党政人才在职参加学历学位教育。进一步加强粮食行业上下之间、地区之间的干部双向挂职锻炼。到2020年培养一批政治素质高、法制观念强、粮食业务精的各级党政人才。

（二）企业经营管理人才素质提升工程

围绕粮食产业结构优化升级，提高粮食企业现代化经营管理水平和市场竞争力，到2020年培养造就10名具备国际视野和战略眼光，能够引领粮食企业跻身中国企业500强的战略企业家。着力在粮食产业化龙头企业中培养500名具有市场开拓精神和管理创新能力的优秀企业家。加大粮食行业职业经理人队伍的开发力度，到2020年，培养5000名管理能力突出、实践经验丰富的粮食企业职业经理人，培训1万名懂管理、熟悉粮食行业的企业经营管理人才。

（三）专业技术人才培养工程

1.粮食科技创新领军人才培养工程。落实科技兴粮战略，以提高粮食科技创新能力为目标，着眼于粮食科技国际顶尖水平，加强科技领军人才培养。到2020年，在粮食仓储、物流、加工、质量安全等领域培养10名国际知名的科技创新领军人才。

2.粮食行业百千万人才工程。着眼于提高粮食行业科技水平，增强粮食科技人才队伍的整体素质。到2020年，依托国家重点科研项目、重大工程和企业重点研发项目，在一些重点领域培养100名具有国内先进水平，保持学科优势的杰出人才，提升粮食科技创新水平；培养1000名具有较高学术水平、起骨干或核心作用的学术技术带头人；依托高等院校、科研院所和大型粮油企业，积极开展专业技术人才知识更新工作，培养1万名发挥基础支撑作用的粮食科技后备人才。

（四）高技能人才职业能力建设工程

重点围绕粮食产业结构升级、现代粮油精深加工技术、现代粮食仓储物流发展的需要，加强行业技能人才队伍建设，培养造就一大批具有精湛技艺的技能人才。到2020年选拔培养500名省级以上技术能手，培养4000名高级技师。

（五）高层次人才引进计划

围绕保障国家粮食安全，提高行业科技支撑力的目标，加强粮食行业高层次人才引进工作，到2020年，在粮食行业高等院校、科研院所和大型企业引进50名能够突破粮食行业重点领域关键技术、发展粮油食品高新技术产业、带动相关学科发展的高层次人才。

（六）行业人才结构优化计划

为加快行业人才结构调整，促进各类人才的合理梯次配备，加强行业人才"进出口"管理和后备人才的孵化培育工作，实行人才结构优化计划。督促行业各单位、各部门采取切实可行的人才优化措施，保证人才队伍的年龄、学历、专业等结构合理配置，协调发展。重点扶持粮食院校加强粮食行业相关专业建设，扩大招生规模，优化人才培养。

（七）粮食宏观调控体系人才建设工程

适应国家粮食宏观调控的需要，大力推进粮食宏观调控体系人才队伍建设。到2020年，培训粮食经纪人13万人次，重点培养5000名宏观调控体系人才。其中，在粮食调控、应急管理等方面培养1000名管理人才；在粮食经济研究、信息统计、监测预警、市场交易等方面培养5000名专业技术人才。

（八）粮食现代物流人才开发工程

满足粮食现代物流工程建设需要，大力推进技术装备、信息管理等专业领域的人才建设，积极做好人才引进、培训和培养工作，到2020年，重点培养1000名粮食物流专业技术人才。

（九）人才培训基地支撑工程

依托高等院校、职业院校、技师学院和大型骨干企业，有计划、有重点地建设一批全国粮食行业人才培训基地和实训基地。到2020年，建设3个面向党政人才、专业技术人才和企业经营管理人才的行业教育培训基地。在粮食行业职业院校、科研院所和大型企业重点建设50个高技能人才培训基地和40个高技能人才实训基地，构建资源共享、品牌示范和辐射带动的行业人才培养基地网络。

（十）人才信息服务计划

依托粮食行业组织搭建人才信息服务平台，构建粮食行业人才信息服务网。建设粮食行业人才数据库，不定期开展行业人才队伍情况调查，摸清行业供需状况，分析行业人才需求和发展趋势。建立企业、科研院所、职业院校之间的人才信息交流与共享机制。定期组织粮食行业人才供需见面会或座谈会，促进行业内部的交流合作和人才流动。

五　组织实施

（一）切实加强规划纲要实施的组织领导

国家粮食局负责规划纲要实施的统筹协调和宏观指导。各省（区、市）粮食行业管理部门及有关中央企业要以规划纲要为指导，结合实际，编制本地区、本单位的人才发展规划和实施办法，将工作任务层层分解，落实到位。粮食行业各单位、各部门要把人才工作作为一项重要工作任务，与其他业务工作同步考虑，统筹安排。粮食行业各级领导干部，特别是党政"一把手"要从全局和战略高度重视人才工作，善于发现人才、培养人才、集聚人才、服务人才。

（二）加大人才工作的投入力度

各级粮食行政管理部门要把人才培养经费列入财政预算，予以重点保证，并随着财政资金增长逐步提高，保证人才规划的贯彻落实，保证重大人才工程的顺利实施。在重点科研项目和重大项目建设经费中要安排一定比例的资金用于人才开发和高层次人才培养。在各级党委、政府的统一领导下，加强与机构编制、发展改革、人力资源社会保障、财政、教育等部门的沟通协调，积极争取政策、项目、资金等方面的支持。粮食行业企业应按国家有关规定提取职工培训经费。各单位、各部门要积极拓宽人才投入渠道，建立健全政府、单位、社会和个人相结合的多元化的人才投入机制，保证人才工作的必要投入。

（三）加强对规划纲要实施的监督检查

各级粮食行政管理部门及有关单位要建立规划纲要实施的过程跟踪、执行监督、信息反馈机制和定期评估制度，对实施情况进行监督和指导，对实施中发现的新情况、新问题，及时采取有效措施，确保各项工作任务和要求落到实处。

（四）营造规划纲要实施的良好社会环境

加强舆论宣传，通过多种媒体，大力宣传人才兴粮战略和实施规划纲要的重大意义，及时总结推广人才工作中的先进经验、做法和成效，树立先进典型，适时表彰先进单位、先进个人，引导和调动各方面的积极性，不断推进粮食行业人才队伍建设。

关于印发《国家粮食流通统计制度》的通知

（国家粮食局　国粮调〔2010〕217号　2010年12月31日）

各省、自治区、直辖市粮食局，中国储备粮管理总公司，中粮集团有限公司，中国华粮物流集团公司，中国中纺集团公司：

为进一步做好新形势下粮食流通统计工作，更好地满足国家粮食宏观调控需要，我局在认真调查研究的基础上，重新修订了《国家粮食流通统计制度》（2011~2012年度），对部分报表统计指标和表式作了修改和完善。该制度已经国家统计局审核批准（国统制〔2010〕221号），现印发给你们，请遵照执行，并就有关事项通知如下：

一　制度修订的主要内容

（一）调整粮食流通统计部分报表、表式和指标

1. 国有、非国有粮食经营企业和转化用粮企业报表中取消"粳稻入关"和"商业储备库存"指标。在不同类型粮食企业报表中增加"港澳台商和外商企业"、"外资企业"指标，以反映在我国境内从事粮食经营活动的港澳台商和外商独资企业、中外合资经营企业、外资企业的购销存情况。

2. 取消原国粮07表，即"国家临时存储粮油收支平衡报表"。

3. 新增"重点大米加工企业产销存和价格情况周报表"、"各类粮油企业基本情况年报表"，进一步加强国内粮油市场重点粮食品种的监测，全面了解和掌握所有纳入统计范围的涉粮涉油企业粮油流通基本情况。

4. 调整"重点粮食批发市场报表"的报送项目，对交易市场原指标进行修改，分设"竞买"和"竞卖"两大项目，细化有关指标，明确报送范围和渠道。

5. 在"粮油收购进度五日报表"中增加"受外省委托收购"、"指定的中央和地方粮食企业收购"2项指标，并结合各粮油品种的生产情况，对报送区域和范围进行调整；重新明确油菜籽、小麦、早籼稻、中晚籼稻、粳稻、玉米和大豆的起报时间。

（二）完善粮食仓储设施和粮油加工业统计指标体系

1. 粮食流通基础设施建设报表。增加了"食用植物油罐项目"、"罩棚"、"农户储粮装具"、"资金到位情况"、"项目审批手续"等指标。

2. 粮油加工业统计报表。一是增加了节能降耗、主要副产物综合利用、主要粮食食品、薯类产品、杂粮及粮机设备制造生产能力以及反映粮油加工产业化、应急加工等企业基本属性等指标；二是按新的大米、食用油国家标准，对大米、棕榈油、橄榄油产品分类指标作了调整，增加了外购国内原油精炼、外购进口毛油精炼、外购成品油分装等指标，调整了玉米深加工产品范围；三是删减了棉籽、葵花籽、米糠等小品种粮油加工产品库存、加工企业主要设备投产年份等指标。

二   基本要求

（一）优化固定粮情调查点布局，切实做好全社会粮油供需平衡调查工作

社会粮食和食用植物油及油料供需平衡调查既是当前粮食流通统计工作的重要内容，也是各级粮食行政管理部门正确判断粮油供需形势、制定粮食政策和做好总量平衡的重要参考依据。各省（区、市）粮食局要按照抽样调查的原理和样本抽取的方法，科学选定固定粮情调查点，逐步完善调查样本的布局，提高样本的代表性。严格按照规定的程序、方法和期限，认真做好全社会粮油供需平衡调查的数据采集、审核汇总、总量推算、分析评估各阶段工作，并提供有参考价值的分析报告。

（二）不断提高数据质量，认真做好日常报表统计工作

1. 继续做好粮油购销存和收购进度等常规性统计工作，在确保重点的基础上，不断扩大统计范围。各地要及时完善和更新企业基本情况名录库，逐步建立完备的调查单位库，有效提高统计调查的科学性、真实性和准确性。

2. 强化市场信息监测预警工作，逐步健全粮油市场监测预警体系，不断优化信息监测点的布局，切实增强市场反应的灵敏性和准确性。各地要加强对重要粮油品种和重要地区市场情况的跟踪监测，进一步做好"重点大米加工企业产销存和价格情况周报"和"大米市场监测旬报"。同时，要加强对国家粮油市场信息监测直报点的业务指导和督促。

3. 准确界定纳入统计范围的涉粮港澳台商和外商企业、外资企业，实行重点统计、单独反映、汇总上报，摸清辖区内从事粮食经营活动的涉粮港澳台商和外商企业、外资企业的购销存情况。

三   认真落实新制度

此次印发的《国家粮食流通统计制度》自2011年1月1日起正式施行。为更好地贯彻落实新制度，各省（区、市）粮食局要顺应形势发展的要求，统筹安排各项统计调查任务，积极推进统计改革、发展和建设，不断提高统计数据质量和统计执行能力，切实履行全社会粮食统计的职责。同时，要加大统计法律法规和新制度的宣传力度，督促企业自觉报送统计报表，营造依法统计的良好氛围。今后，是否规范执行统计制度、按时报送相关统计报表，将成为企业办理粮食收购许可证、申请参加政策性粮食收购和竞买资格的基本要求之一。

各地在本制度实施过程中如发现新情况、新问题，请及时向国家粮食局反映，以便我局进一步完善统计制度，更好地为国家粮食宏观调控服务。

局办公室发文部分

关于同意武汉白沙洲农副产品大市场为国家粮食局重点联系大中城市成品粮批发市场的函

（国家粮食局办公室　国粮办政〔2010〕38号　2010年3月1日）

湖北省粮食局：

你局《关于上报重点联系大中城市成品粮批发市场更名报告》（鄂粮食函〔2010〕15号）收悉。

鉴于武汉武南粮油批发市场已搬迁并更名为武汉白沙洲农副产品大市场，经研究，我局同意将更名后的武汉白沙洲农副产品大市场列为国家粮食局重点联系大中城市成品粮批发市场。同时，武汉武南粮油批发市场不再列为我局重点联系单位。请你局和武汉白沙洲农副产品大市场继续做好重点联系粮食批发市场制度的相关工作。

关于公布国家粮食局2009年度
粮食工作优秀调研报告获奖名单的通知

（国家粮食局办公室　国粮办政〔2010〕84号　2010年4月14日）

各省、自治区、直辖市及新疆生产建设兵团粮食局：

　　为推动粮食行业深入开展调查研究，不断提高粮食调研工作水平，发挥调研报告的借鉴和参考作用，2009年我局组织了粮食系统优秀调研报告征集和评选活动。各有关单位共提交了百余篇调研报告，经国家粮食局软科学评审专家委员会办公室组织有关专家认真评审，共评出获奖调研报告40篇，其中一等奖8篇，二等奖14篇，三等奖18篇。现予公布。

国家粮食局2009年度
粮食工作优秀调研报告获奖名单

一等奖

调研报告题目：关于贵州仁怀粮油购销公司三合镇粮站10·17事故
　　　　　　　的调查报告
调研单位：国家粮食局流通与科技发展司
调研组成员：郄建伟　林风刚　温朝晖　和振宏

调研报告题目：关于吉林黑龙江稻谷生产收购情况的报告
调研单位：国家粮食局调控司
调研组成员：刘冬竹　罗守全　王晓辉　许　策　周　辉　于　涛　李　红　周　波

调研报告题目：关于外资进入我国粮食流通领域并购企业的调查报告
调研单位：国家粮食局财务司
调研组成员：邓亦武　肖春阳

调研报告题目：加快仓储设施建设　确保储粮安全
调研单位：广西壮族自治区粮食局
调研组成员：庞栋春　黄显阳　谢　俊　刘文志　韦尚英　覃泽鲁　周明耀　颜树迅　张秉德　朱其俊

调研报告题目：关于苏州"粮食银行"发展情况的调研报告
调研单位：江苏省粮食局
调研组成员：王元慧　张国钧　李彦光

调研报告题目：四川乡村粮油超市在农村商品流通渠道建设中
　　　　　　　的作用调查

调研单位：四川省粮食局

调研组成员：侯　勇　张书冬　蔡开泉　曾树林　罗　叶　黄玖辉　魏建国　贾爱民　胥　镤

调研报告题目：关于油菜籽托市收购政策执行情况的调研报告

调研单位：湖北省粮食局

调研组成员：马木炎　谭富生　熊贵斌　龚　伟

调研报告题目：对吉林省粮食干燥现状的调查与思考

调研单位：吉林省粮食局

调研组成员：张宏明　朱铁军　吴文福

二等奖

调研报告题目：关于安徽省夏季粮油收购情况的调研报告

调研单位：国家粮食局监督检查司

调研组成员：任正晓　袁　辉　郭晓虹　徐广超

调研报告题目：陕西省夏季粮油收购情况的调查报告

调研单位：国家粮食局财务司

调研组成员：杨　兵　王黎明　肖春阳　张　云　郭　建

调研报告题目：关于黑龙江省粮食收储政策执行情况及完善相关
　　　　　　　政策措施意见的报告

调研单位：国家粮食局调控司

调研组成员：陈家积　刘　平　周　辉　张　潮

调研报告题目：关于我国土地适度规模经营的调研报告

调研单位：中国粮食研究培训中心

调研组成员：何松森　胡文国　唐　成　李文明

调研报告题目：关于建设菜籽油产业园区及粮油贸易食品加工物
　　　　　　　流园区的调研报告

调研单位：青海省粮食局

调研组成员：顾艳华　邓宏岩　李兴明　牛库山　杨文利

调研报告题目：关于四川2009年油菜籽收益成本的调研报告

调研单位：四川省粮食局

调研组成员：张书冬　蔡开泉　罗　叶　黄玖辉　贾爱民　胥　镤

调研报告题目：陕西省粮食流通基础设施建设调研报告

调研单位：陕西省粮食局

调研组成员：王晓森 李 晶 王富超

调研报告题目：关于山东省国有粮食企业经营管理情况的调研报告

调研单位：山东省粮食局

调研组成员：迟心水 李全军

调研报告题目：广东省低收入困难群体粮油保障制度拟定工作调研报告

调研单位：广东省粮食局

调研组成员：张 军 李 敏 林善为 胡连锋 王鸿鸣 吴少宇 胡军辉

调研报告题目：围绕河南粮食核心区建设 加快粮食流通产业发展

调研单位：河南省粮食局

调研组成员：葛巧红 周双喜

调研报告题目：关于广东省早稻收购情况的调研报告

调研单位：广东省粮食局

调研组成员：张 军 李 敏 邵信辉 符策博 仲爱华 彭 愉 马 源 张朝春 朱 健

调研报告题目：河北黑马粮油公司农村粮油连锁经营模式深度调查

调研单位：河北省粮食局 石家庄市粮食局

调研组成员：徐受棠 刘志安 王雪松 米勤练 李绪芬

调研报告题目：依法治粮 任重道远
　　　　　　　——娄底市粮食流通监管工作调查与建议

调研单位：湖南省娄底市粮食局

调研组成员：刘先玺 朱 洁

调研报告题目：加强粮食宏观调控 确保我市粮食安全
　　　　　　　——对我市粮食生产和粮食安全问题的调研与思考

调研单位：甘肃省平凉市粮食局

调研组成员：车兴安 孙云鹏

三等奖

调研报告题目：赴山西、河北专题调研粮食库存清查工作的情况报告

调研单位：国家粮食局监督检查司

调研组成员：任正晓 程传秀 赵文先 于英威 张永刚

调研报告题目：关于湖南、陕西粮食流通产业发展专题调研报告

调研单位：国家粮食局财务司

调研组成员：邓亦武　罗　叶　王　旭　王业东　曲美玉　张建华　赵　鹏　许鹏程　何志勇　王建波
　　　　　　赵　奕

调研报告题目：现代粮食仓储理念创新及实践价值初探

调研单位：四川省粮食局

调研组成员：侯　勇　王亚南　冯　任余　波

调研报告题目：关于江苏省粮食风险基金安全保障作用的调研报告

调研单位：江苏省粮食局

调研组成员：严长俊　赵云芳　王吉富　卢洪清　赵广沐　陈海峰

调研报告题目：发展粮食产业化经营　促进助农增收

调研单位：贵州省六盘水市粮食局

调研组成员：司选权　张朝美　陈玉章

调研报告题目：关于新疆维吾尔自治区"放心粮油"工作进展情况
　　　　　　　的调研报告

调研单位：新疆维吾尔自治区粮食局

调研组成员：黄建庄　任　宏　武继礼　雷义荣

调研报告题目：河北粮食流通监督检查行政执法现状与思考

调研单位：河北省粮食局

调研组成员：杨洲群　张　琳　刘玉领　裴书英　韩长生

调研报告题目：山西"放心粮油"工程调查与思考

调研单位：山西省粮食局

调研组成员：姚高宽

调研报告题目：基层国有粮食企业面临的困境及对策

调研单位：安徽省宣城市粮食局

调研组成员：赵学工

调研报告题目：遵义市有机红粱产销合作的对策和建议

调研单位：贵州省遵义市粮食局

调研组成员：焦　军　杨光虎

调研报告题目：建立健全粮食安全体系及其运行机制
　　　　　　　　　——对福州市粮食安全若干问题调查与建议

调研单位：福建省福州市粮食局

调研组成员：赵时可　郑时藩

调研报告题目：2009年浙江省早稻收购情况调研报告

调研单位：浙江省粮食局

调研组成员：陈聪道 韩鹤忠 张如祖 王路平 孙　强 周　静 李庆光

调研报告题目：关于完善省级储备粮直储体系建设的调研报告

调研单位：吉林省粮食局

调研组成员：冯春梅 吴万军 张立军

调研报告题目：关于郴州市粮食流通及网络建设情况的调查与思考

调研单位：湖南省郴州市粮食局

调研组成员：陈葆春 全天生 黄少勇 黎振光 何军平 张泽荣 刘小丽 陈录仕

调研报告题目：上海粮食仓储行业建设发展若干问题调查

调研单位：上海市粮食局

调研组成员：夏伯锦 孙绪良 杨纵鲸 庄旦鸣 谢　诺 岳　勇 郑亚娟 朱海燕 曹海军 王　菁

调研报告题目：关于庆阳市粮食安全问题的思考
　　　　　　——情系百姓温饱 确保粮食安全 促进科学发展

调研单位：甘肃省庆阳市粮食局

调研组成员：杜学军 强文慧

调研报告题目：关于储备粮油动态运行的思考

调研单位：云南省昭通市粮食局

调研组成员：郑成才

调研报告题目：关于深化江西省地方国有粮食企业改革的调查

调研单位：江西省粮食局

调研组成员：熊根泉 刘福元 崔家楠 杜　伟

关于公布国家粮食局优秀软科学研究成果奖 2009年度获奖项目的通知

（国家粮食局办公室　国粮办政〔2010〕85号　2010年4月14日）

各省、自治区、直辖市及新疆生产建设兵团粮食局：

　　根据《国家粮食局办公室关于公布2009年度国家粮食局软科学课题研究方向及有关事项的通知》（国粮办政〔2009〕37号）要求，各有关单位申报并完成了51项课题。按照《国家粮食局优秀软科学研究成果奖励办法》的有关规定，经国家粮食局软科学评审专家委员会的认真评审，共评出国家粮食局优秀软科学研究成果一等奖4项，二等奖9项，三等奖15项。现予公布。

国家粮食局优秀软科学研究 成果奖2009年度获奖项目名单

一等奖

项目名称：完善我国粮食价格形成机制问题研究
项目单位：国家粮食局政策法规司
项目负责人：聂振邦
项目组成员：颜　波　赵素丽　韩继志　陈玉中　孔伟娟　陈书玉　杨绪珍　亢　霞　周　辉　田　野　贺　伟　肖　玲　于　涛
主要执笔人：陈玉中　亢　霞

项目名称：保障我国粮食安全应对全球化对策的思考
项目单位：国家粮食局外事司
项目负责人：聂振邦
项目组成员：刘　韧　王正友　林　潇　孙　冰　程志良　程任邦
主要执笔人：程任邦

项目名称：浅谈农村粮食经纪人的发展与管理
项目单位：湖北省粮食局
项目负责人：马木炎
项目组成员：熊贵斌　龚　伟　谢支武
主要执笔人：龚　伟

项目名称：关于四川粮食安全与粮油储备战略的研究
项目单位：四川省粮食局 西南财经大学 四川省财政厅
项目负责人：侯　勇 胡小平
项目组成员：侯　勇 帅　克 张书冬 胡小平 汪希成 郭　飞 游佐伦 王辽邦 蔡开泉 潘朝松
　　　　　　王海林 王亚南 朱文川 柏富才 罗　叶 黄玖辉 胥　镁 郭晓慧 钟秋波 杨健苏
　　　　　　星　焱
主要执笔人：胡小平 罗　叶 黄玖辉 胥　镁 郭晓慧 钟秋波 杨健苏 星　焱

二等奖

项目名称：关于粮食行业高层次专业技术人才队伍建设的研究
项目单位：国家粮食局人事司
项目负责人：聂振邦
项目组成员：徐京华 陈军生 李寅铨 林明亮 程继伟 李　涛 曲贵强 匡广忠 麻　婷
主要执笔人：李　涛

项目名称：国有粮食企业改革和发展的成效、障碍与路径选择
项目单位：国家粮食局财务司
项目负责人：任正晓
项目组成员：邓亦武 朱传碧 王耀鹏 肖春阳 王　旭 罗文娟 郭　建 李　红 李亚莉 秦　剑
主要执笔人：王　旭

项目名称：关于粮食储备管理体制与制度的研究
项目单位：国家粮食局调控司
项目负责人：曾丽瑛
项目组成员：卢景波 陈家积 周冠华 姚秀敏 刘冬竹 秦玉云 张　云 唐　茂 李　洵 何少平
主要执笔人：周冠华 刘冬竹 唐　茂 李　洵 何少平

项目名称：对政策性粮食监督检查的思考
项目单位：国家粮食局监督检查司
项目负责人：程传秀
项目组成员：赵文先 袁　辉 刘铁宏 于英威 罗守全 杨卫辰 张永刚 周晓耘 陈　玲 邓　立
　　　　　　刘俭荣
主要执笔人：袁　辉 罗守全

项目名称：基于功能和效率目标的粮食市场体系建设研究
项目单位：江苏省粮食局
项目总顾问：王元慧
项目组成员：王建国 张国钧 郭晓东 李光泗 李　丰 朱　行 李彦光 尤晓萍 王金峰
主要执笔人：郭晓东 张国钧 李光泗 李　丰 朱　行

项目名称：加强粮食现代物流建设 保障浙江粮食安全

项目单位：浙江省粮食局

项目负责人：陈聪道

项目组成员：张如祖 俞颂阳 沈李元 胡淑平 张谷平 胡迎红

主要执笔人：张如祖 张谷平 俞颂阳

项目名称：中国粮食安全的现状、挑战与对策研究

项目单位：江苏省粮食局 南京财经大学粮食经济研究院

项目负责人：曹宝明

项目组成员：李全根 张国钧 李彦光 李光泗 徐建玲 郭晓东 李 丰 朱 行

主要执笔人：曹宝明 李光泗 李全根 徐建玲 郭晓东 李 丰

项目名称：北京市地方储备粮异地代购代储课题研究

项目单位：北京市粮食局

项目负责人：朱 雷

项目组成员：阎维洪 周光俊 成丕强 莫文达 孔 晶

主要执笔人：阎维洪

项目名称：关于进一步完善玉米市场宏观调控政策

项目单位：吉林省粮食局

项目负责人：祝业辉

项目组成员：刘笑然 王 梅 高晓春 曹 洋 任红霞

主要执笔人：王 梅

三等奖

项目名称：新形势下粮食政务信息工作研究

项目单位：国家粮食局办公室

项目负责人：聂振邦

项目组成员：孙鉴奇 张树淼 吴永顺 郁士祥 史京华 杨 正 段建丽 麻国杰
金 贤 刘莉华

主要执笔人：郁士祥

项目名称：国家政策对粮食产业发展的绩效评价

项目单位：中国粮食研究培训中心

项目负责人：何松森

项目组成员：李文明 孙咏梅 唐 成 胡文国

主要执笔人：何松森 李文明 孙咏梅 唐 成 胡文国

项目名称：国家粮食宏观调控能力研究

项目单位：中国粮食研究培训中心

项目负责人：何松森

项目组成员：唐　成　胡文国　李文明　孙咏梅

主要执笔人：何松森　唐　成　胡文国　李文明　孙咏梅

项目名称：陕西省地方储备粮管理体制与制度的研究

项目单位：陕西省粮食局

项目负责人：王　勇

项目组成员：张　翔　姚进房　杜红社　李文锋

主要执笔人：张　翔　姚进房　李文锋

项目名称：国外粮食法律制度研究

项目单位：陕西省粮食局

项目负责人：秦克勤

项目组成员：秦克勤　冯建军　郭　明　闫国强　朱六九　杨照涛

主要执笔人：杨照涛

项目名称：关于全面推进粮食依法行政的研究

项目单位：天津市粮食局

项目负责人：周　海

项目组成员：商树英　路　杰　尚津祥　蔡清泉　邸力军

主要执笔人：邸力军

项目名称：我国粮食立法的几个重要问题研究

项目单位：安徽省粮食局

项目负责人：刘　惠

项目组成员：刘　惠　方　进　杨家祥　魏清松　王志宏

主要执笔人：王志宏

项目名称：现代粮食流通产业发展规制研究

项目单位：黑龙江省粮食局

项目负责人：金　辉

项目组成员：李春艳　卜祥银　孙亚明　孙春艳

主要执笔人：卜祥银

项目名称：中山市粮食安全体系发展研究

项目单位：暨南大学应急管理学院　中山市粮食局

项目负责人：洪　凯

项目组成员：黄桂光　李从东　李永东　陈志航　李庆棠　刘　蕾　侯丹丹　魏祖志

主要执笔人：洪　凯

项目名称：河南省国有粮食购销企业改革路径选择
项目单位：河南省粮食局
项目负责人：黄东民
项目组成员：黄东民 刘大贵 葛巧红 田万林 张建业 潘新超 安禄芳 于　恒 胡心宽 仝俊英
主要执笔人：于　恒

项目名称：关于健全粮食流通监督检查机制的研究
项目单位：山东省粮食局
项目负责人：王顺厚
项目组成员：孟　军 张新荣 张金山 薛　嵬 潘　峰
主要执笔人：张新荣

项目名称：新疆粮食安全战略研究
项目单位：新疆维吾尔自治区粮食局
项目负责人：王卫军
项目组成员：陈天甲 张建梅 苏里唐 党文海
主要执笔人：陈天甲

项目名称：我国建立地方成品粮储备的必要性及管理机制研究
项目单位：河北省粮食局
项目负责人：徐受棠
项目组成员：杨洲群 董志伟 王雪松 王跃进 米勤练 朱晓东
主要执笔人：王雪松 王跃进 朱晓东

项目名称：非正常状态下粮食抢购的产生机理与公共危机管理
项目单位：四川省粮食局
项目负责人：谭嘉林
项目组成员：谭嘉林 张书冬 蔡开泉 罗　叶 黄玖辉 贾爱民 胥　镤 鲜文铎 孙丽颖
主要执笔人：罗　叶 鲜文铎 孙丽颖

项目名称：云南省贯彻落实粮食行政首长负责制的实践与理论研究
项目单位：云南省粮食局
项目负责人：苏全忠
项目组成员：张　睿 马红跃 孙卫平 王　江 张　春 李　昆 王毓华
主要执笔人：王毓华 李　昆

关于同意杭州粮油物流中心批发交易市场有限公司
为国家粮食局重点联系大中城市成品粮批发市场的函

（国家粮食局办公室　国粮办政〔2010〕92号　2010年4月23日）

浙江省粮食局：

你局《关于要求变更杭州"全国大中城市重点粮油市场"企业名称的请示》（浙粮〔2010〕10号）收悉。

鉴于杭州江南粮油批发市场已搬迁并更名为杭州粮油物流中心批发交易市场有限公司，经研究，我局同意将更名后的杭州粮油物流中心批发交易市场有限公司列为国家粮食局重点联系大中城市成品粮批发市场。同时，杭州江南粮油批发市场不再列为我局重点联系单位。请你局和杭州粮油物流中心批发交易市场有限公司继续做好重点联系粮食批发市场制度的相关工作。

关于切实做好2010年粮油食品中违法添加非食用物质和滥用食品添加剂整顿工作的通知

（国家粮食局办公室 国粮办发〔2010〕189号 2010年9月7日）

各省、自治区、直辖市及新疆生产建设兵团粮食局，有关大型国有粮食企业、科研院所、院校及检验机构：

开展违法添加非食用物质和滥用食品添加剂专项整顿，是2010年国务院部署的食品安全整顿工作的一项重要内容。近日，卫生部会同科技部、工业和信息化部、公安部、农业部、商务部、工商总局、质检总局、国家粮食局和食品药品监管局联合印发了《关于印发2010年加强整顿违法添加非食用物质和滥用食品添加剂工作实施方案的通知》（卫监督发〔2010〕72号），并明确了各部门的主要工作任务。为做好粮油食品中违法添加非食用物质和滥用食品添加剂的整顿，根据通知要求，并结合粮食行政管理部门的职责，现提出以下工作要求：

一　开展专题调查，了解粮油食品中违法添加非食用物质和滥用食品添加剂情况

采用发放调查问卷、实地调研座谈、暗访、采样检测、设立举报信箱等方式，重点了解本省（区、市）范围内各类粮油加工企业添加剂使用情况，对照全国整顿办发布的粮油食品中可能违法添加的非食用物质和易滥用的食品添加剂名单（第一至四批），逐项分析是否存在滥用食品添加剂和违法添加非食用物质的现象，以及违法添加物的来源、成分、用途、用量、添加方式和滥用食品添加剂的目的等，必要时可开展有针对性的检验分析。

二　开展专题宣传，指导合理使用添加剂，引导科学消费

一是要结合贯彻实施《食品安全法》、《粮食流通管理条例》等法律法规，严格执行食品安全国家标准，重点开展对粮油加工企业，特别是中小企业正确使用食品添加剂的指导和宣传，引导粮油加工企业树立食品安全主体责任意识，提高粮油产品的质量安全水平；引导粮油加工企业发展适度加工粮油产品，促进粮食资源合理利用。二是要面向消费者开展粮油产品健康消费宣传，充分利用各种媒体和"世界粮食日"等专题活动，重点宣传粮油食品相关营养知识，引导消费者转变片面追求"精加工"产品的消费倾向，大力倡导科学消费、健康消费。我局编制的有关宣传材料，将随后印发各地参考。

三　有关要求

（一）各省级粮食行政管理部门要切实履行行业指导职责，结合本地区的实际，充分调动各方面

的积极性，发挥各方面的作用，认真组织做好本行政区域内粮油食品中违法添加非食用物质和滥用食品添加剂专题调查和宣传工作。

（二）各有关粮食科研单位、院校、检验机构、行业协会要积极配合当地粮食行政管理部门，做好有关调查和宣传工作。

（三）各省级粮食行政管理部门应认真做好专项调查和宣传工作的总结工作，于2010年12月15日前，将总结报告报我局标准质量管理办公室。发现重大问题应及时上报。

（四）总结报告内容应包括调查粮油加工企业的数量、规模、产品（按米、面、油分类）、使用添加剂种类、是否存在违法添加非食用物质和滥用食品添加剂的现象及具体情况；宣传活动主要开展形式、内容、材料发放情况、效果及各方反应等。

关于在部分地区开展2010年新入库小麦质量状况抽查的通知

（国家粮食局办公室　国粮办发〔2010〕190号　2010年9月10日）

江苏、安徽、河南、湖北省粮食局，中国储备粮管理总公司：

2010年夏粮收购期间，我局在例行开展的收获粮食质量调查中，发现部分地区农户小麦赤霉病粒情况比较严重。为此，国家发展改革委会同相关部门进行了专题研究，对有关工作进行了部署。按照专题会议纪要的分工，我局负责开展新收购入库小麦质量安全抽查，尽快摸清有关地区2010年收购入库小麦霉变情况。为做好本次小麦质量安全抽查工作，现就有关事项通知如下。

一　总体安排

本次抽查的目的主要是通过抽查，分析测算相关地区已收购入库小麦受霉菌污染的总体数量、分布和程度等情况，为后续处置工作提供依据。委托安徽、江苏、湖北、河南等4省粮食局会同当地的中储粮分公司、有关市县粮食局，开展抽查扦样，委托所在省份国家粮食质量监测中心对样品进行集中检验。在集中检验阶段，我局选派专家进行现场指导，同时调取部分样品进行复核检验。

二　抽查范围和样品数量

根据前期农户调查检测结果，本次抽查范围主要是对安徽、江苏、湖北3省的主要小麦产区及河南省南阳、驻马店和漯河3市的收购入库小麦进行抽查检验。据统计，截至8月底，上述省份和地区共收购入库小麦2341.8万吨，其中，国有粮食企业共收购入库1886.2万吨。

为确保抽查结果能够反映实际情况，本次库存抽查按上述地区的收购量权重安排样品，重点抽查收购量较大的国有粮食购销企业收购的2010年新产小麦，并适当安排抽查多元主体收购的小麦。4省拟安排扦取样品1500份，其中安徽500份、江苏500份、湖北200份、河南南阳、驻马店和漯河3市300份，每份样品代表数量按2000吨计，预计总代表数量为300万吨。

三　扦样和检验工作安排

扦样按照2009年全国清仓查库扦样工作有关要求开展。每份样品数量不少于1千克，样品1式3份。

委托安徽等4省粮食局组织有关检验机构，组成若干扦样小组分头开展扦样，中储粮分公司督促承储企业配合做好扦样工作。各承储企业派人协助开展扦样，并提供相关工作条件。

检验项目为呕吐毒素和玉米赤霉烯酮。集中检验阶段，采用免疫测定法进行检验，所用试剂盒由我局统一采购。调取部分临界值样品用高效液相法进行复核检验。承担复核检验的机构另行安排。

四　组织协调与督查指导

　　国家粮食局届时将派出由调控司、监督检查司和标准质量管理办公室组成的工作组，赴安徽等4省开展督查指导工作。重点是通报有关情况，指导各地严格按照收购数量权重和均匀分布原则，确定抽查库点和各库点扦样份数，督促落实有关扦样和样品转送事宜，并深入到抽样库点了解实际情况。

五　时间安排

　　扦样工作由我局工作组确定抽查扦样方案后开始实施。要求一周内完成扦样和送样工作；承检机构接到样品后一周内完成集中检验和数据汇总工作。各地应做好扦样和检验统筹工作，确保抽查工作的整体质量和进度。

六　经费预算

　　本次抽查工作所需经费，由我局协调财政部给予补助。

关于开展全国粮食流通监督检查示范单位创建活动的通知

（国家粮食局办公室　国粮办检〔2010〕191号　2010年9月13日）

各省、自治区、直辖市及新疆生产建设兵团粮食局：

为全面总结和推广各地粮食流通监督检查工作先进典型的经验和做法，进一步推动粮食流通监督检查制度建设、机构建设和队伍建设，加快建立权责明确、行为规范、监督有效、保障有力的行政执法体系，不断提高粮食流通监督检查工作整体水平，国家粮食局决定在全国开展粮食流通监督检查示范单位创建活动。请你们按照《全国粮食流通监督检查示范单位创建活动实施方案》要求，加强宣传动员，精心组织实施，对申报的示范单位严格审核把关，并于2010年10月31日前将本省（区、市）开展示范单位申报和推荐工作的有关情况以及《全国粮食流通监督检查示范单位申报表》报送国家粮食局（监督检查司）。我局将对各地申报、推荐的示范单位进行审核确认，开展后续有关工作。

全国粮食流通监督检查示范单位创建活动实施方案

近年来，各地粮食行政管理部门认真贯彻《粮食流通管理条例》等粮食法律法规和政策，积极实践，勇于探索，在粮食流通监督检查工作方面取得了可喜的成绩，并涌现出许多先进典型。为全面总结和推广各地粮食流通监督检查工作先进典型的经验和做法，不断提高粮食流通监督检查工作整体水平，国家粮食局决定在全国开展粮食流通监督检查示范单位创建活动。

一　创建目标

通过开展创建活动，加快建立权责明确、行为规范、监督有效、保障有力的粮食流通监督检查行政执法体系，推动各地粮食流通监督检查制度建设、机构建设和队伍建设，促进粮食流通监督检查各项工作有效开展，保障国家有关粮食法律法规和政策的全面实施。

二　范围和条件

示范单位主要从市、县两级粮食行政管理部门中择优推荐，以县级为主。推荐条件如下：

（一）领导重视

粮食流通监督检查工作列入全局工作重要日程，主要领导亲自抓，分管领导具体抓。粮食流通监督检查工作实行归口管理，权责明确。

（二）职能落实

根据同级编委的批复设立粮食流通监督检查机构，并成立监督检查行政执法队。监督检查人员满足需要，素质较高，执法队伍稳定。监督检查工作经费已列入同级财政预算，配备了必要的交通工具和调查取证装备。

（三）制度完善

结合工作实际，建立健全本级粮食流通监督检查配套制度，有根据上级部门的规章制度制定的实施细则、举报投诉受理制度、执法责任追究制度、执法案卷评审制度、日常工作制度等，各项制度合法、合理、有效、可行。

（四）文明执法

执法人员持证上岗，执法证件管理规范。执法标准统一，裁量合理。执法人员行为规范，公正廉洁。行政复议无变更或撤销，行政诉讼无败诉。案卷分类合理、归档及时、管理规范。

（五）监管有力

及时有效开展国家粮食政策落实情况监督检查，适时组织面向全社会的粮食流通监督检查工作，认真受理并规范查处粮食违法违规案件，执法工作成效显著。建立健全运行高效的执法协调机制。积极探索创新监管方式方法。

三　方法和步骤

示范单位通过申报推荐、逐级审核的方式产生，分三个阶段：

第一阶段：安排部署。国家粮食局印发实施方案，对创建活动进行总体安排。各地加强宣传动员，做好示范单位申报和推荐的各项准备工作。

第二阶段：申报推荐。市（地）、县（市）两级粮食行政管理部门对照示范单位标准严格衡量，符合条件的可向上级粮食行政管理部门积极申报。市（地）和省级粮食行政管理部门对申报单位要严格审核，各省（自治区、直辖市）择优推荐1~2个示范单位。

第三阶段：审核确认。国家粮食局对各地推荐的单位通过审核和公示等相关程序后，行文确定为"全国粮食流通监督检查示范单位"。

四　示范单位需承担的工作任务

被授予的"全国粮食流通监督检查示范单位"，同时也是国家粮食局监督检查工作联系单位。为充分发挥示范单位的模范作用，促进粮食流通监督检查执法整体水平的提高，示范单位需按照我局要求做好以下工作：

（一）按照上级机关的工作部署，依据《粮食流通管理条例》和政策规定，结合本地实际，积极开展粮食流通监督检查执法工作。

（二）定期向国家粮食局报送监督检查执法情况和执法案例分析。

（三）探索对各类市场主体经营活动进行有效监管和服务的办法及措施。

（四）探索建立一支高素质执法队伍、落实执法经费和收支两条线的做法和经验。

（五）探索建立开展粮食流通市场监管、层级监督、评议考核、行政执法责任制等监督检查工作制度。

（六）按照要求积极开展粮食流通监督检查工作专题调研，保证工作质量。

（七）及时反映监督检查工作中面临的困难和问题，提出进一步做好监督检查工作的意见和建议。

五　　其他事项

　　国家粮食局对示范单位实行动态管理，对不再具备条件的示范单位将及时进行调整。省级粮食行政管理部门配合国家粮食局做好示范单位的审核、推荐、指导和管理工作，始终保持示范单位的先进性、规范性。

关于同意郑州庆丰粮油大米市场为国家粮食局
重点联系大中城市成品粮批发市场的复函

（国家粮食局办公室　国粮办政〔2010〕200号　2010年10月9日）

河南省粮食局：

你局《关于调整国家粮食局重点联系大中城市成品粮批发市场的请示》（豫粮文〔2010〕62号）收悉。

经研究，我局同意将郑州庆丰粮油大米市场列为国家粮食局重点联系大中城市成品粮批发市场。同时，河南省方欣粮油批发市场不再列为我局重点联系单位。请你局和郑州庆丰粮油大米市场继续做好重点联系粮食批发市场制度的相关工作。

关于调整河南省重点联系粮食批发市场的批复

（国家粮食局办公室 国粮办政〔2010〕223号 2010年11月18日）

河南省粮食局：

你局《关于将河南省粮食交易物流市场有限公司的国家重点联系粮食批发市场资格变更为河南省粮食交易中心有限公司的请示》（豫粮文〔2010〕100号）收悉。经研究，现批复如下：

根据你省深化粮食流通体制改革的需要，同意将国家粮食局重点联系单位由河南省粮食交易物流市场有限公司变更为河南省粮食交易中心有限公司。请你局和河南省粮食交易中心有限公司按照《国家粮食局办公室关于确定重点联系粮食批发市场的通知》（国粮办政〔2001〕273号）的有关要求，继续做好相关工作。

公告部分

粮油仓储企业仓房（油罐）编号暂行办法

（国家粮食局 公告2010年第1号 2010年1月22日）

　　第一条　为规范粮油仓储企业的仓房（油罐）编号行为，提高企业规范化管理水平，特制定本办法。

　　第二条　本办法适用于各类粮油仓储企业仓房和油罐编号行为。

　　第三条　仓房（油罐）的编号由库区代码、仓型（油罐）代码、序列码和功能码等四部分组成。

　　第四条　库区代码在企业有多个库区时使用，表明仓房（油罐）所在库区。库区代码用阿拉伯数字表示，从0开始依次编排，0即主库区，1即1分库，依此类推。企业只有一个库区，此代码可省略。

　　第五条　仓型代码在企业拥有多种仓型时使用，表明仓房（油罐）的类型。仓型代码一般用仓型首字拼音首个字母大写表示，平房仓为"P"，楼房仓为"L"，立筒仓为"T"，浅圆仓为"Q"，星仓为"X"，砖圆仓为"Z"，地下仓（含隧道式地下仓）为"D"，其他仓型为"S"，油罐为"Y"。企业只有一种仓型，此代码可省略。

　　第六条　序列码表示仓房（油罐）的顺序，用阿拉伯数字表示，从"1"开始依次编排，位数不限。原则上每个库区同类仓型的仓房及油罐的序列码独立编排，编号方法为从最靠近库区正门的一排仓房开始，遵循由左至右、由前到后的方法逐一连续编号。

　　第七条　平房仓的序列码编号方法。平房仓以廒间为单位依次编号。

　　第八条　楼房仓的序列码编号方法。楼房仓以独栋仓房为单位依次编号，并通过加后缀"–1"、"–2"、"–3"的方式来区别一栋楼房仓的不同楼层。

　　第九条　立筒仓和浅圆仓的序列码编号方法。立筒仓和浅圆仓以一个筒为单位依次编号，从靠近工作塔的一个筒开始，按顺时针方向逐一编号。

　　第十条　星仓的序列码编号方法与立筒仓相同，独立编号。

　　第十一条　地下仓的序列码编号方法。地下喇叭仓以一个独立洞体为单位依次编号；隧道式地下仓以一个相对封闭的独立洞体为单位，从靠近隧道门的一个洞体开始逐一编号。

　　第十二条　油罐的序列码编号方法。油罐以独立罐体为单位，从靠近泵房的一个罐体开始，按顺时针方向逐一编号。

　　第十三条　功能码可用来表明仓房的结构形式、主要用途、特殊功能等。企业可根据需要设置功能码，也可省略。

　　第十四条　仓房（油罐）编号号码可制作标牌悬挂在仓房明显位置上。标牌制作规格为：圆形。

外圆直径50cm，内圆直径45cm，两圆间用绿色，编号字体为红色宋体，字高28cm，字体总宽度约40cm。仓号也可按比例放大后直接喷涂在仓房的明显位置上。

第十五条　简易仓等其他仓型可参照本办法编号；仓房（油罐）编号一经确定，不得随意变更。

第十六条　本办法供各类粮油仓储企业参照执行。

第十七条　本办法由国家粮食局负责解释。

中央储备粮代储资格认定办法实施细则

（国家粮食局 公告2010年第8号 2010年10月26日）

为进一步规范中央储备粮代储资格认定行为，提高中央储备粮代储资格认定质量，强化对中央储备粮代储资格企业的管理，我局对2004年以国粮通〔2004〕3号发布的《中央储备粮代储资格认定办法实施细则》进行了修订。现将修订后的《中央储备粮代储资格认定办法实施细则》公布，自2011年1月1日起施行，原《中央储备粮代储资格认定办法实施细则》（国粮通〔2004〕3号）作废。

特此公告。

中央储备粮代储资格认定办法实施细则

为规范中央储备粮代储资格的认定行为，依据《中央储备粮管理条例》和《中央储备粮代储资格认定办法》，制定本细则。

一 第一章 中央储备粮代储资格的申请

第一条 中央储备粮代储资格认定受理实行属地管理。各省、自治区、直辖市及新疆生产建设兵团粮食行政管理部门（以下简称省级粮食行政管理部门）负责本行政区域内企业的中央储备粮代储资格申请受理工作。

中粮集团有限公司、中国华粮物流集团公司、中国中纺集团公司、黑龙江省农垦总局以及其他由国务院国有资产监督委员会管理的从事粮食仓储业务的企业集团公司（以下简称企业集团）直属企业申请中央储备粮代储资格，由企业集团负责进行现场考察，汇总后报至国家粮食局，同时抄报申请企业所在地省级粮食行政管理部门。

第二条 中央储备粮代储资格包括粮食类和油脂类中央储备粮代储资格。粮食类、油脂类中央储备粮代储资格均需单独申请。

第三条 申请企业提交中央储备粮代储资格的申请材料应使用中央储备粮代储资格认定申请软件制作，包括纸制文本（三份）和电子文本（一份），其中纸质文本应使用A4纸印制（总平面示意图除外）。

申请企业应保证申请材料的真实性。

第四条 中央储备粮代储资格认定申请软件可从国家粮食局政府网站（www.chinagrain.gov.cn）下载。

第五条 申请企业有多个独立库区的，每个独立库区的仓容量、交通条件、设备种类和数量、化验室、检化验仪器品种和数量等条件必须符合中央储备粮代储资格认定条件。其中，每个独立库区提出申请的有效仓容不得低于2.5万吨或者有效罐容不得低于0.3万吨。

第六条　申请企业的粮油保管员和粮油质量检验员应取得国家职业技能鉴定证书，且数量满足以下规定：

粮食类：2.5万~5万吨（含2.5万吨，不含5万吨，下同）仓容，粮油质量检验员不少于2人，粮油保管员不少于4人；5万~10万吨仓容，粮油质量检验员不少于3人，粮油保管员不少于7人；10万吨及以上仓容，粮油质量检验员不少于4人，粮油保管员不少于10人。

油脂类：0.3万~5万吨（含0.3万吨，不含5万吨，下同）容量，粮油质量检验员不少于2人，粮油保管员不少于2人；5万吨及以上容量，粮油质量检验员不少于3人，粮油保管员不少于3人。

第七条　含有地下仓（含洞库）的申请企业除满足通用条件外，地下仓仓门前应有能满足80吨额定载重量货车进出的场地。

二　第二章　中央储备粮代储资格的受理核报

第八条　省级粮食行政管理部门应建立规范的中央储备粮代储资格受理工作制度，并以一定方式向社会公布负责中央储备粮代储资格受理工作的机构名称、联系方式和工作流程。

第九条　中央储备粮代储资格认定受理工作于每年五月和十月的第三个星期一开始的5个工作日内进行，如受理时间发生变化，国家粮食局提前向社会公告。

省级粮食行政管理部门在收到企业书面申请材料后5个工作日内做出是否受理的决定，并向申请企业发出行政许可受理通知书。

第十条　省级粮食行政管理部门受理企业申请后应直接派人到现场复核企业申报材料的真实性。

第十一条　省级粮食行政管理部门应对企业提交的申请材料进行初步审查，并在受理时间截止后10个工作日内将有关材料报送至国家粮食局。省级粮食行政管理部门需要上报的资料包括：

（一）企业申请材料（二份）；

（二）行政许可受理通知书、中央储备粮代储资格认定审查意见表、省级粮食行政管理部门现场核查情况表（各一份）；

（三）中央储备粮代储资格认定申请企业汇总表、本地区开展中央储备粮代储资格认定工作情况说明（各一份）；

（四）通过中央储备粮代储资格认定省级受理软件制作的电子数据（一份）；

（五）省级粮食行政管理部门正式文件（二份）；

（六）其他应说明的情况。

企业集团也应按照本条规定的要求向国家粮食局提交材料（行政许可受理通知书、中央储备粮代储资格认定审查意见表除外）。

第十二条　取得中央储备粮代储资格后连续3年未承储中央储备粮的企业，其中央储备粮代储资格自动失效。企业再代储中央储备粮时，需要重新申请中央储备粮代储资格。

第十三条　中央储备粮代储资格的有效期为5年。企业应在有效期届满前30个工作日按照《中央储备粮代储资格延续申请办法》的规定提出延续申请。

第十四条　出现《中央储备粮代储资格认定办法》第三条规定的特殊情况，由中国储备粮管理总公司在粮食入库后15个工作日内向国家粮食局备案。备案内容包括：执行代储任务的企业名称、所有制性质、代储中央储备粮的数量等。

三 第三章 中央储备粮代储资格的审核

第十五条 国家粮食局负责对省级粮食行政管理部门和企业集团提交的申请材料实行预审。预审内容包括：申请企业是否属于本批认定范畴，企业名称是否符合有关规定，省级粮食行政管理部门和企业集团是否直接派人到现场复核。预审通过后交评审专家组审核。

第十六条 中央储备粮代储资格需要经过专家评审。专家评审组对企业的申请材料进行评审并提出是否授予企业中央储备粮代储资格的建议，然后由国家粮食局决定是否授予企业中央储备粮代储资格。

第十七条 国家粮食局建立由粮油储藏、粮油检验、粮库建设、仓储管理和财务管理等方面的专业人员组成的专家库。根据评审工作需要，组成专家评审组。专家评审组由不少于5人的单数组成。

第十八条 国家粮食局在接到省级粮食行政管理部门上报资料后20个工作日内完成审核工作。如不能按期完成，经局长批准可适当延长审核时间，但最长不能超过30个工作日，并告知申请企业。

第十九条 中央储备粮代储资格认定审核实行公示制度。国家粮食局将审核结果在国家粮食局政府网上公示，公示期限为7个工作日。

国家粮食局鼓励实名举报并保护举报人信息，对于匿名举报信息，将视情况处理。

第二十条 各级粮食行政管理部门及相关单位、申请企业和其他有关单位有义务对公示期间反映的问题进行核实和澄清。

第二十一条 国家粮食局向社会公告取得中央储备粮代储资格企业名单，并向企业颁发中央储备粮代储资格证书。符合政务公开规定的信息同时在国家粮食局政府网及相关媒体上公布。

第二十二条 国家粮食局向未取得中央储备粮代储资格的企业发出不予行政许可决定书，并抄送相关省级粮食行政管理部门和企业集团。

第二十三条 中央储备粮代储资格申请企业如果对审核过程或结果有异议，可依法申请行政复议或提起行政诉讼。

四 第四章 中央储备粮代储资格的管理

第二十四条 国家粮食局应加强对中央储备粮代储资格企业的监督检查，省级粮食行政管理部门和企业集团有责任协助国家粮食局加强对中央储备粮代储资格企业的监督检查，并及时向国家粮食局报告检查结果。

第二十五条 中国储备粮管理总公司应定期对承储中央储备粮的资格企业仓储管理行为进行检查，并在每年6月30日、12月30日向国家粮食局通报有关检查结果。

第二十六条 中央储备粮代储资格企业的资格条件发生重要变化，企业应及时报告。资格企业需要报告的变更事项有：

（一）企业名称、法定代表人、所有制性质已经发生变化；

（二）取得中央储备粮代储资格的仓房灭失；

（三）申请中央储备粮代储资格时申报的设备、设施及检验仪器损坏、灭失后数量已不能满足中央储备粮代储资格认定条件；

（四）粮油保管员、粮油质量检验员数量减少后已不能满足中央储备粮代储资格认定条件；

（五）企业库区环境及交通条件发生变化后已不能满足中央储备粮代储资格认定条件或出现了可能危及库存粮食储存安全的危险源、污染源。

第二十七条　企业变更中央储备粮代储资格的程序：企业应在变更事项发生后30个工作日内报告省级粮食行政管理部门或企业集团。涉及企业名称、法定代表人、所有制性质变化的，企业应同时上报企业法人营业执照等有关变更证明资料的复印件；省级粮食行政管理部门或企业集团对企业报告的变更事项进行核实，汇总后随同每年的中央储备粮代储资格申请资料一并上报国家粮食局；国家粮食局确认变更事项。

涉及企业名称、资格仓容、资格仓号等变化的，国家粮食局应同时将变更情况向社会公告。涉及证书内容变化的，国家粮食局应重新向企业颁发资格证书。

第二十八条　中央储备粮代储资格企业出现下列情况，企业应在5个工作日内报告省级粮食行政管理部门或企业集团，省级粮食行政管理部门或企业集团应在接到报告后3个工作日内将有关情况报至国家粮食局。

（一）企业出现违反粮食法规、政策的事件；

（二）企业发生较大及以上等级储粮安全事故，发生人员死亡或3人及以上重伤的安全生产事故。

五　第五章　中央储备粮代储资格证书的管理

第二十九条　中央储备粮代储资格证书由国家粮食局颁发。证书包含以下内容：证书编号、资格类别、企业名称、取得中央储备粮代储资格的仓容仓号、有效期等。

第三十条　有效期届满或因其他原因被国家粮食局注销的中央储备粮代储资格证书不再具有法律效力，由省级粮食行政管理部门或企业集团负责收回并销毁。

第三十一条　中央储备粮代储资格证书遗失或损坏，企业可向省级粮食行政管理部门或企业集团提出补发中央储备粮代储资格证书的书面申请。经省级粮食行政管理部门或企业集团核实后，报国家粮食局核准补发。

六　第六章　附　则

第三十二条　本细则自2011年1月1日起施行。国家粮食局2004年3号通告、2006年1号通告、 2006年第2号公告、2007年第1号公告同时废止。

第三十三条　以下附件为本细则的组成部分：

附件1.中央储备粮代储资格认定审核标准

附件2.中央储备粮代储资格申请表

附件3.中央储备粮代储资格认定省级管理表

附件4.中央储备粮代储资格企业变更报告表

附件5.中央储备粮代储资格证书补发申请表

通告部分

大米、小麦粉加工精度行业标准样品目录

（国家粮食局 国粮通〔2010〕2号 2010年1月19日）

为配合《大米》、《小麦粉》国家标准的实施，保证大米、小麦粉加工精度检验结果的一致性，现发布2010年度大米、小麦粉加工精度行业标准样品。

大米、小麦粉加工精度行业标准样品目录

标准样品名称	等级	标准样品编号	代替标准	制作单位	适用标准
早籼米加工精度标准样品	一级	LS/T 15121：1－2010		宜兴市粮油集团大米有限公司	GB 1354－2009
	二级	LS/T 15121：2－2010	LS/T 15121：1－2009		
	三级	LS/T 15121：3－2010	LS/T 15121：2－2009		
	四级	LS/T 15121：4－2010	LS/T 15121：3－2009		
晚籼米加工精度标准样品	一级	LS/T 15122：1－2010			
	二级	LS/T 15122：2－2010	LS/T 15122：1－2009		
	三级	LS/T 15122：3－2010	LS/T 15122：2－2009		
	四级	LS/T 15122：4－2010	LS/T 15122：3－2009		
粳米加工精度标准样品	一级	LS/T 15123：1－2010		吴江市绿世纪米业有限公司	
	二级	LS/T 15123：2－2010	LS/T 15123：1－2009		
	三级	LS/T 15123：3－2010	LS/T 15123：2－2009		
	四级	LS/T 15123：4－2010	LS/T 15123：3－2009		
南方小麦粉加工精度标准样品	特制一等	LS/T 15111：1－2010	LS/T 15111：1－2009	张家港市面粉食品有限公司	GB 1355－1986
	特制二等	LS/T 15111：2－2010	LS/T 15111：2－2009		
	标准粉	LS/T 15111：3－2010	LS/T 15111：3－2009		
北方小麦粉加工精度标准样品	特制一等	LS/T 15112：1－2010	LS/T 15112：1－2009	新乡市新良粮油加工有限责任公司	
	特制二等	LS/T 15112：2－2010	LS/T 15112：2－2009		
	标准粉	LS/T 15112：3－2010	LS/T 15112：3－2009		

注：标准样品有效期限为一年。

上述标准自2010年2月1日起实施。

特此通告。

发布稻谷整精米率标准样品行业标准

（国家粮食局　国粮通〔2010〕7号　2010年6月29日）

为配合《稻谷》国家标准（GB 1350—2009）和《稻谷整精米率检验法》国家标准（GB/T 21719—2008）的实施，保证稻谷整精米率检验结果的一致性，现发布稻谷整精米率标准样品行业标准。

标准名称：稻谷整精米率标准样品。

标准编号：LS/T 15321—2010（籼稻谷），LS/T 15322—2010（粳稻谷）。

标准值：籼稻谷46.0%，粳稻谷57.0%。

不确定度：1.5%。

适用标准：《稻谷整精米率检验法》国家标准（GB/T 21719—2008）。

研制单位：国家粮食局标准质量中心、湖北省粮油食品质量监测站、辽宁省粮油检验监测所、辽宁省盘锦市粮油检验监测站。

上述标准自2010年7月1日起实施。有效期至2011年11月30日。

发布3项推荐性行业标准

（国家粮食局 国粮通〔2010〕12号 2010年10月20日）

现发布3项推荐性行业标准，其编号和名称如下：

LS/T 6103—2010《粮油检验 粮食水分测定 水浸悬浮法》

LS/T 3705—2010《水浸悬浮法水分快速测定仪技术条件与试验方法》

LS/T 1216—2010《稻谷整精米率标准样品制备技术规范》

上述标准自2010年12月1日起实施。

特此通告。

电报部分

关于做好当前粮油购销和市场供应工作的通知

（国家粮食局　国粮电〔2010〕1号　2010年1月15日）

各省、自治区、直辖市及新疆生产建设兵团粮食局：

　　2010年新春佳节将至，为确保节日和"两会"期间粮油市场供应和价格基本稳定，现就做好当前粮油购销和市场供应工作的有关事项通知如下：

一　正确认识形势

　　在中央一系列支农惠农政策的有力推动下，我国粮食生产实现连续六年丰收，供需总量基本平衡，国家粮食库存充裕，调控市场的物质基础雄厚，完全可以满足人民生活基本需要，市场供应是有物质保障的。目前粮油消费进入旺季，地方各级粮食行政管理部门要把维护粮食市场和价格基本稳定作为当前粮食流通工作的首要任务，进一步加大工作力度，切实把保证市场供应、稳定市场价格的各项政策措施落到实处。

二　抓好收购工作

　　当前，正值秋粮收购高峰，各地粮食行政管理部门要认真落实好粮食收购政策措施，引导各类粮食经营企业积极入市收购，充分发挥国有粮食企业收购主渠道作用，争取多掌握粮源，为国家宏观调控打好物质基础。要严格执行粮食质价政策，坚持依质论价，不准压级压价，损害农民利益，切实保护好种粮农民的生产积极性。要主动加强与农发行沟通协调，配合农发行做好粮食收购资金供应工作，积极支持具备条件的粮食企业入市收购，保证收购资金需要，确保收购工作顺利进行。

三　保证市场供应

　　做好粮油市场供应工作，是各级粮食行政管理部门的重要职责，也是事关国计民生和国民经济平稳运行的政治责任。各地粮食行政管理部门要认真贯彻落实《国家粮食局关于做好强降雪期间粮食供应和安全生产的紧急通知》（国粮电〔2009〕17号）精神，采取有效措施，积极应对强降雪、降雨天气带来的不利影响，切实做好粮油调运和调配，加强货源组织调度，确保春节和"两会"期间市场供应不断档、不脱销。要重点关注大中专学生、低收入困难群众和厂矿企业的粮油供应情况，认真做好受灾居民、水库移民、退耕还林等缺粮地区的口粮供应工作，及早安排落实粮源。为进一步加强粮食市场调控，满足市场需求，国家继续安排最低收购价和国家临时存储粮的竞价销售，并适时增加投放数量，各地要督促有关承储企业认真履行销售合同，按规定积极出库，确保销售工作顺利进行。对干扰客户正常交易和设置障碍影响粮食出库的承储企业，要按有关规定进行严肃处理，并追究企业负责人的责任。

四　加强产销衔接

当前，销区粮食行政管理部门要做好当地粮食企业到产区采购的组织工作，定期统计采购数量和运输需求；产区粮食行政管理部门要加强粮食运输的组织协调，及时与铁路、交通部门进行沟通，做好粮源组织和调度工作，均衡安排运输，尽可能实现同方向整列发运，提高运输效率。要积极引导企业实行铁水联运，减轻铁路运输压力。对于粮食运输确有困难的，各地要及时上报，以便协调铁路、交通等部门统筹安排运力。近期，国家将加大向南方销区的粮食调运力度，各地要紧密配合，确保调运工作顺利进行。

五　做好应急准备

各地要进一步细化和完善粮油应急动用方案，满足应急工作需要。要认真落实充实地方储备粮油（含成品储备粮油）的有关要求，建立和增加必要的地方成品粮油储备。同时，根据市场需求，不断优化地方储备布局和品种结构。京津沪等36个大中城市及价格易波动地区，要做好投放地方储备成品粮油预案，保证成品粮油应急储备数量，特别是大米、面粉、食用油等小包装成品粮油，确保随时投放市场，发挥应急保障作用。各地粮食行政管理部门要及时开展对成品粮油储备承储企业的定期检查，确保数量真实、质量良好，确保调得动，用得上，有保障。

六　加强市场监测

各地粮食行政管理部门要加强对粮油市场的监测和预警工作，密切关注粮油购销存及价格变化，分析国际市场行情，科学预测粮油供求形势及其变化趋势，定期发布粮油供求及价格信息，指导粮食企业努力做好粮油购销工作，正确引导粮油生产和流通。要注意粮油市场出现的新情况、新变化，重要情况要及时向省级人民政府和国家有关部门报告。同时，要正确引导社会舆论，稳定群众心理预期，为促进粮油市场价格基本稳定创造良好的社会环境。

七　强化市场监管

各地粮食行政管理部门要按照《粮食流通管理条例》的规定，认真履行粮油市场监管职责，切实加强对国家实施的各项粮油收购政策和市场调控措施落实情况的监督检查。要主动配合有关部门进一步加大对粮油加工、批发、零售等重点环节的监督检查力度，加强对大型粮油批发市场、超市和农贸市场的巡查，坚决打击囤积居奇、哄抬价格等违法行为，维护正常的市场流通秩序，确保广大人民群众度过一个欢乐祥和的新春佳节。

关于严肃纪律切实做好政策性粮食出库工作的通知

**（国家发展和改革委员会 国家粮食局 财政部 中国农业发展银行
国粮电〔2010〕19号 2010年9月3日）**

中国储备粮管理总公司，各省、自治区、直辖市发展改革委、粮食局、财政厅（局）、物价局，农发行各省、自治区、直辖市分行：

近一段时间，有些地方和企业反映部分最低收购价和国家临时存储粮食承储企业在销售出库过程中存在一些问题，如设置障碍阻挠出库、超过规定标准乱收费以及粮食质量不符要求等，这对保证市场供应和价格基本稳定带来了不利影响。为切实做好政策性粮食销售出库工作，增强宏观调控效果和国家政策的权威性、严肃性，现就有关问题通知如下：

一 严格遵守政策性粮食销售出库的各项规定

中储粮总公司及其有关分公司要督促承储企业认真履行销售合同，严格按照合同规定的品种、数量、质量及时组织出库，除不可抗力原因并经有关部门确认外，不得以任何理由阻挠、拖延出库。政策性粮食承储企业要严格执行国家规定的出库费用标准，对出库粮食水分、杂质、不完善粒等高于或低于国家标准的，要严格按照原国家发展计划委员会、国家粮食局、国家质量监督检验检疫总局《关于执行粮油质量标准有关问题的规定》（国粮发〔2001〕146号）执行。除此之外，严禁以任何名目向买方额外收取或索要其他费用，变相抬高出库价格，增加买方负担。中储粮有关分公司和直属企业要及时跟踪掌握出库进展情况，按句统计各承储企业实际出库数量，及时报送中储粮总公司，并分别抄送相关地方省级和市、县级粮食行政管理部门及农发行分支机构。中储粮分公司及其直属库对经采取有关措施仍不能按期出库的情况，要及时分别向当地省级和市、县级粮食行政管理部门、农发行分支机构反映，并报告中储粮总公司。中储粮总公司要按月将出库情况报告国家有关部门。

二 严格落实政策性粮食出库责任制

各有关部门和单位要建立严格的工作责任制，把有关责任落实到人，确保出库顺利。对出现违法、违规和违纪问题的，要实行严格的问责制。中储粮总公司作为粮食最低收购价政策和临时收储政策的执行责任主体，对政策性粮食的销售出库负总责；中储粮分公司对政策性粮食的销售出库负全责，实行分公司总经理负责制；直属库对政策性粮食的销售出库负直接责任，具体负责粮食出库、商务处理等工作；实际储存库点按照销售合同和交易细则的规定，具体承担出库工作并负相应责任。有关粮食批发市场按照政策性粮食交易细则的规定，承担政策性粮食进场资格审核、交易、结算、商务纠纷调解等责任。地方粮食行政管理部门和农发行分支机构按照在地原则，对政策性粮食的销售出库负监督检查责任，督促承储库及时出库，对违法违规行为依法依规严格行政处罚，积极支持和配合中储粮分公司和直属库做好出库有关工作。

中储粮分公司在竞拍前负责对拟拍粮食的库点进行严格把关，确保竞拍的粮食具备出库条件。中储粮直属库应派专人巡查督促粮食出库，协调解决粮食出库中出现的问题，对故意阻挠出库、索取不合理费用等行为，要采取相关措施及时制止。执行仍有困难的，书面报告中储粮分公司、省级和市、县级粮食行政管理部门及农发行分支机构及时查处。承储库点属于中储粮总公司以外其他中央企业的，还需上报其上级单位查处。责任各方都要切实负起责任，合力做好销售出库工作，对工作不力，出现问题的，要严肃追究责任。

三　严格执行政策性粮食出库质量标准

中储粮有关分公司在提交拍卖标的时，要提报标的粮食所在货位混合扦样等级和收购等级，以及水分、杂质、不完善粒等指标。如买方对出库粮食数量、质量有异议，按照政策性粮食交易细则的有关规定处理。对因数量、质量等与挂牌标的不符造成损失的，由承储企业承担经济损失（具体由负责监管的中储粮直属企业按照代保管合同的有关规定处理），并追究承担对政策性粮食数量、质量等进行审核验收的中储粮分公司（或直属库）和有关人员的责任。

对2010年收购入库的最低收购价小麦，中储粮总公司和有关分公司要按照预案规定抓紧审核验收，并建立质量档案，作为以后安排拍卖标的的质量依据。在拍卖时如发现粮食实际质量与标的质量严重不符的，要查明原因。属于审核验收环节的问题，要追究审核验收单位和个人的责任。对验收中发现小麦质量指标与收购码单等原始凭证标注的质量指标明显不符的，要全部退出政策性库存统计，扣回全部费用利息补贴，由承贷企业追回粮款归还农发行贷款；当地有关部门负责收回企业不当得利，并上交中央财政。中储粮有关分公司要严格组织验收，对政策性粮食库存验收结果负责，并将各承储库点质量验收结果于2010年10月底前汇总报中储粮总公司、有关省级粮食行政管理部门和农发行分行。中储粮总公司要及时将情况报告国家有关部门。

四　加大监管和处罚力度

中储粮总公司及其有关分公司和地方粮食行政管理部门、农发行分支机构要加强对政策性粮食竞价销售出库工作的监管和检查，加大处罚力度。各级价格主管部门要严肃查处压级压价、抬级抬价、超过规定标准乱收费，以及不按规定实行增扣量、增扣价等价格违法行为。承担交易组织任务的批发市场要切实负责对交易过程和合同履约情况的监督。对违法违规行为发现一起，查处一起，绝不姑息。对中储粮直属库等中央企业、地方国有粮食企业、民营企业干扰客户正常交易、设置出库障碍、向买方额外收取或索要费用，以及出库粮食质量与拍卖标的质量（货位混合扦样的等级、质量）严重不符等违法违规行为，一经查实，有关部门和单位根据各自职责，立即停止向其拨付费用利息补贴，取消其政策性粮食收储资格，三年内不得从事政策性粮食收购、储存等业务，限期收回政策性粮食贷款，并公开予以通报。对购买企业拒不执行质量增减价增减量政策规定（国粮发〔2001〕146号文件），提出超出交易细则的无理要求，按违约处理，由批发市场扣除其履约保证金，暂停其交易资格。对违法违规企业，粮食行政管理部门要依据《粮食流通管理条例》进行严厉处罚。情节严重的，按照人事管理权限，责成有关部门和单位对违法违规企业负责人和直接责任人员给予就地免职、撤职直至开除的行政处分，构成犯罪的依法追究刑事责任。对中储粮直属库以外其他承储企业出库中违法违规，承担直接监管责任的中储粮直属库监管不到位的，也要追究中储粮直属库和相关人员的责任。

对违法违规事实清楚、拒不出库的承储企业，中储粮分公司要安排人员实施强制出库，发生费用从出库费用中列支。地方粮食、价格主管部门、农业发展银行和中储粮分公司要向社会公布举报电话，积极接受并认真对待有关举报、投诉，并根据举报线索深入跟踪检查，及时查处各类违法违规案件，做到举报、投诉查处有结果，件件有回音。国家有关部门和单位将定期进行会商，分析了解进展情况。

各地各有关部门和单位要按照本通知要求，加大工作力度，完善相关措施，始终保持高压态势，从根本上解决出库难问题，确保国家粮食购销政策和各项宏观调控措施的贯彻落实。重大问题要及时向国家有关部门报告。

与粮食有关的文件

关于做好夏季粮油收购信贷工作的通知

（中国农业发展银行　农发银发〔2010〕109号　2010年5月20日）

各省、自治区、直辖市分行，总行营业部：

为了认真贯彻落实全国分行行长会议和粮油客户信贷工作会议精神，促进夏季粮油收购工作顺利进行，有效防控贷款风险，现就做好夏季粮油信贷工作通知如下：

一　切实增强做好夏季粮油收购信贷工作的责任感

今年以来，我国西南干旱、北方低温冻害、青海玉树地震等自然灾害和异常天气频繁发生，夏季粮油生产购销形势比较严峻和复杂。确保粮油市场供应、维护粮油市场稳定和国家粮食安全面临新的压力，农民持续增产增收难度加大。主要粮食品种价格高位运行，已成为拉动CPI上升的主要因素，同时促使粮油市场价格与国家确定的政策性托市收购价格之间的差距进一步扩大，最低收购价执行预案及粮油临储收购政策启动的不确定性增加。市场性收购与政策性收购并存，收购主体和收购资金渠道多元化趋势明显，夏季粮油信贷工作任务异常繁重。各级行要认清形势，充分认识夏季粮油购销形式的复杂性和收购信贷工作的极端重要性，努力做到"多收粮、收好粮、防风险"，增强做好夏季粮油收购信贷工作的责任感和使命感。要站在全局的高度，把支持夏季粮油收购作为当前全行工作的重中之重，超前研究应对之策，制定有效工作措施，切实做好收购信贷资金的供应和管理工作，防止任何麻痹松懈思想，确保收购不出现大的问题。

二　准确把握夏季粮油收购信贷政策

（一）保证政策性粮油收购的信贷资金供应

一是确保储备粮油增储和轮换计划的顺利实施。及时足额发放中央储备粮油贷款，确保企业执行国家粮油增储和轮换计划的资金需求。积极配合地方政府进一步落实国家下达的地方储备粮油指导性计划，促进地方储备粮油规模的有效增长，在确保增储后地方粮食风险基金足额支付农发行贷款应计利息的前提下，进一步加大对地方储备粮油增储与轮换的信贷支持力度。

二是认真做好粮食最低收购价贷款的发放与管理工作。今年的执行预案将按规定时间启动，不再履行审批程序，各级行要提前做好相关准备工作，密切关注粮食市场价格走势和收购动态，严格按照粮食最低收购价执行预案的政策要求，密切配合有关部门落实好贷款企业和委托收储库点，及时足额发放粮食最低收购价贷款，促使粮食最低收购价政策有效实施。

三是保证国家临储粮油收购贷款的及时足额供应。今年国家对油菜籽和新疆小麦继续实行临储收购政策，各级行要严格按照国家下达的临储收购计划，及时足额供应收购贷款，确保企业执行国家临储收购政策的信贷资金需要，切实保护农民利益。

（二）积极支持各类主体自主入市收购粮油

一是继续坚持"保收购、保优质企业、不保劣质企业"的原则，择优支持"机制好、资信好、效益好"的企业和风险承受能力强的企业，按市场化原则积极入市收购。

二是合理确定贷款支持对象。粮油收购旺季来临之前，各级行要结合当地粮油商品量，企业历年粮油经营量和企业类型，完成对企业的收购贷款资格认定工作，合理确定参与收购的企业数量，确保在一个县域区不出现收购空白点。并主动向当地政府和有关部门通报收购贷款资格认定情况，采取适当形式向社会公布认定结果和农发行支持参与夏季粮油收购的企业名单。

三是安排好贷款规模，确保信贷计划安排、贷款授权和客户授信的有效衔接。各级行要在提前测算夏季粮油收购贷款需求的基础上，依据贷款企业前几年粮油收购和销售平均经营量，以及今年粮油收购价格，分品种核定最高贷款额度。开户行在落实贷款发放条件后，根据企业实际收购进度分次发放贷款。

四是把握好贷款发放节奏。在支持多渠道收购过程中，各级行要讲究信贷支持策略，加强部门和地区间沟通衔接，协调组织好政策性收购和企业自主收购，维护良好的收购秩序。要服从和服务于国家关于维护粮油市场稳定的宏观调控政策，绝不允许发放贷款支持企业盲目抢购，要通过信贷杠杆引导企业理性收购。对当地粮油收购价格明显高于正常水平的，要放慢贷款发放节奏；对盲目抬价抢购的企业要坚决停止贷款；对超过企业风险承受能力的粮油收购，要及时调减企业的收购贷款额度。

（三）因企制宜采取有效信贷支持策略

农发行现有的粮油政策性、准政策性和商业性流动资金贷款品种，都可按相应规定用于解决开户企业粮油收购资金需要，都是农发行确保收购不出问题的重要手段。具体贷款品种的使用和信贷支持方式的选择，要根据贷款企业要根据其行业特点，采取贷款品种组合支持策略。凡是能够通过政策性收购解决当地卖粮难问题的，原则上要予以控制。对粮油加工和产业化龙头企业，要通过商业性短期贷款解决企业的一般经营周转所需流动资金；确需解决旺季粮油收购的资金需要，可按规定发放收购贷款，凡符合封闭运行管理条件的企业，在有效资产应抵尽抵的基础上，可发放信用贷款；对上年度发放的夏季粮油收购贷款，原则上要在今年夏季粮油收购旺季到来之前全部收回贷款本息，对贷款本息仍未全额归还又确需收购贷款的粮油企业，发放新的收购贷款必须由省级分行审批。

三　强化支持粮油收购各项工作措施的有效落实

为全面完成夏季粮油收购信贷工作任务，各级行必须强化责任落实，务必做到无论在任何情况下，都绝不允许因农发行工作不到位而出现农民"卖粮难"问题，绝不允许因操作和管理不到位而出现新的贷款风险。

一要切实加强组织领导。对夏季粮油收购信贷工作要实行一把手负责制，各级行一把手要亲自抓、分管领导具体抓，要深入基层，靠前指挥，帮助一线员工解决工作中的实际问题。

二要落实部门责任制。行内各有关职能部门要通力合作，各司其职，粮油客户部门要全力以赴做好贷款的发放与管理工作；资金计划部门要做好资金计划安排，加强资金调度，确保资金供应不断档；财务会计部门要做好现金支付等结算服务，强化对资金支付的柜台监督。

三要强化信贷管理。要按照总行《关于严格规范粮油准政策性贷款管理的通知》（农发银发〔2010〕28号）要求，认真落实各项贷款管理措施，确保执行粮食收购资金贷款管理规范操作十条底线不走样，坚决杜绝挤占挪用问题的发生。

四要改进信贷服务。特别是各基层行在收购旺季要采取有效措施，保证节假日和双休日收购资金的正常供应。在节假日和双休日之前一定要加强与贷款企业、人民银行等相关部门的沟通，主要岗位人员要坚持照常营业或值班制度。

五要搞好沟通协调。各级行要强化责任意识和大局观念，多向当地党政部门、人民银行、银监部门汇报，加强与中储粮分公司、贷款企业、各级粮食行政管理部门及其他有关部门的协调与配合，特别是省级分行要与中储粮分公司建立定期联席会议制度，加强信息交流和情况沟通。

六要加大对外宣传和信息反馈力度。要通过各主流媒体，加强对我行信贷政策和支持夏季粮油收购情况的报道。要增强敏锐性，对工作中出现的新情况和新问题要及时采取措施予以解决，对于把握不准、解决不了的问题，要第一时间向上级行报告，同时向当地党政及相关部门通报，争取工作主动，为我行夏季粮油收购信贷工作营造良好的外部环境。

附　录

2010年大事记

一月

1月5日，《粮食大辞典》首发仪式在河南工业大学举行。《粮食大辞典》是由国家粮食局组织全国粮食系统几百位专家学者，历时三年编写的一部具有较强的科学性、实用性、权威性的工具书。《粮食大辞典》共收词目近7600条，主要包括粮食储藏、小麦加工、稻谷加工、杂粮加工、油料加工、饲料加工、粮仓机械、通用技术和设备、粮食检测及标准、粮食工程建设、粮食信息处理、粮食物流、粮食经济等13个门类。聂振邦局长、郄建伟副局长出席首发仪式。

1月5日，河南省人民政府、国家粮食局共建河南工业大学协议签字仪式在河南省人民会堂举行，河南省人民政府省长郭庚茂、国家粮食局局长聂振邦代表双方在共建协议上签字。国家粮食局副局长郄建伟和河南省副省长徐济超出席仪式并讲话。

1月11～12日，经国务院批准，全国粮食局长会议在北京召开。会议的主要任务是：深入学习贯彻党的十七大、十七届三中、四中全会和中央经济工作会议、中央农村工作会议精神，总结2009年粮食流通工作，分析面临的新形势，研究部署2010年粮食流通工作。聂振邦局长在会上作了题为《大力发展现代粮食流通产业，加强和改善粮食宏观调控，切实保障国家粮食安全》的工作报告。郄建伟、任正晓、张桂凤、曾丽瑛副局长出席会议。

1月15～16日，全国粮食人事处长会议在广西壮族自治区南宁市召开。会议的主要任务是：贯彻落实全国组织部长会议、全国人力资源和社会保障工作会议和全国粮食局长会议精神，总结2009年工作，研讨今后一段时期行业人事人才工作为粮食流通中心工作服务的新思路并部署2010年工作。

1月26日，国家粮食局聂振邦局长和郄建伟副局长会见了来访的阿根廷外交部长豪尔赫·塔亚纳先生，并出席《中国国家粮食局科学研究院与阿根廷国家农牧业技术研究院合作谅解备忘录》的签字仪式。该备忘录旨在加强两个研究院在粮油科技研发、技术交流和人员培训等方面的协作。

1月31日，新华社播发《中共中央国务院关于加大统筹城乡发展力度 进一步夯实农业农村发展基础的若干意见》。《意见》中关于粮食工作的内容主要包括：落实小麦最低收购价政策，继续提高稻谷最低收购价，扩大销区粮食储备规模，适时采取玉米、大豆、油菜籽等临时收储政策，支持企业参与收储，健全国家收储农产品的拍卖机制；全面实施全国新增千亿斤粮食生产能力规划，加快建立健全粮食主产区利益补偿制度，有关扶持政策要向商品粮调出量大、对国家粮食安全贡献突出的产粮大县（农场）倾斜，继续减少直至取消主产区粮食风险基金地方资金配套等。

二月

2月4日，《粮食法（草案）》起草工作组成员第二次会议在京召开。会议通报了《粮食法（草案）》起草工作进展情况和《粮食法（草案）》起草工作专家组组成情况，研究了提交《粮食法（草案）》起草工作领导小组会议审议的有关事项。国家粮食局副局长、《粮食法（草案）》起草工作领导小组成员兼工作组组长任正晓主持会议并讲话。

2月5日，由科技部、中宣部、国家粮食局、山东省政府主办的"送科技下乡、保粮食安全"2010年科技下乡示范活动在山东省东营市广饶县大王镇举行。启动仪式上，国家粮食局向大王镇政府捐赠100套"丰产仓"。科技部副部长张来武、山东省副省长李兆前和国家粮食局副局长郄建伟出席了活动启动仪式。

2月20日，为保护农民种粮积极性，进一步促进粮食生产发展，国家决定2010年继续在稻谷主产区实行最低收购价政策，并适当提高最低收购价水平。2010年生产的早籼稻（三等，下同）、中晚籼稻、粳稻最低收购价分别提高到每50公斤93元、97元、105元，比2009年分别提高3元、5元、10元，提高幅度分别为3.3%、5.4%、10.5%。

三月

3月1日，全国2009年粮食清仓查库档案交接仪式在中央档案馆举行。中央档案馆馆长、国家档案局局长杨冬权，国家粮食局副局长、全国粮食清仓查库工作部际联席会议成员兼办公室主任任正晓在交接仪式上讲话并共同签署《档案交接证书》。

3月5日，国家发展改革委、国家粮食局、财政部和中国农业发展银行决定，开展2010年度全国粮食库存检查工作。检查范围包括所有中央储备粮、国家临时存储粮、地方储备粮，以及国有及国有控股粮食企业储存的商品粮。检查内容包括粮食库存账实相符和账账相符情况、库存粮食质量和卫生安全情况、储备粮轮换情况、政策性粮食补贴拨付使用情况、粮食仓储管理情况、涉及粮食库存管理的其他情况。

3月18～19日，全国粮食行业"十二五"规划编制工作会议在北京召开。会议的主要任务是：贯彻落实党中央、国务院关于编制"十二五"规划的决策部署和国家发展改革委的工作要求，研究布置全国粮食行业"十二五"规划编制工作，明确规划编制工作的基本思路和工作重点。聂振邦同志作动员讲话，郄建伟、任正晓、张桂凤、杨兵同志出席会议。

3月25～26日，全国粮食流通监督检查工作会议在河南省郑州市召开。会议主要内容是：总结2009年度全国粮食流通监督检查工作，部署2010年工作；交流各地开展粮食流通监督检查工作的经验；讨论《食用植物油库存检查方案》、《关于创建粮食流通监督检查规范执法示范单位的实施方案》；分析研究当前监督检查工作中的新情况和新问题，并提出工作建议；公布2009年度全国粮食流通监督检查工作考核结果。任正晓副局长出席会议并讲话。

3月29～30日，全国粮食财会工作会议在湖南省长沙市召开。会议主要内容是：深入学习实践科学发展观，认真贯彻落实全国粮食局长会议精神，总结2009年粮食财会工作，会审汇编2009年度国有粮食企业会计决算报表，研究部署2010年粮食财会工作。中共湖南省委常委、常务副省长于来山到会致辞。任正晓副局长出席会议并讲话。

四月

4月6日，为贯彻落实国务院办公厅《关于进一步加强节约粮食反对浪费工作的通知》精神，指导粮食行业切实做好节约粮食、反对浪费工作，国家粮食局提出关于切实加强节约粮食反对浪费工作的实施意见：广泛开展爱粮节粮宣传活动，增强爱粮节粮意识；切实做好粮食收购和仓储管理工作，降低收储环节的损失；加快粮食现代物流设施建设，减少粮食运输损失；科学制定粮油产品标准，提高粮油加工和转化利用率；加强科技支撑，大力研发和推广节粮减损新技术；推进放心粮油工程，引导粮油企业爱粮节粮和做好相关服务。

4月7日，《粮食法（草案）》起草工作专家组第一次会议在北京召开。会议宣布成立了《粮食法（草案）》起草工作专家组，并通过了专家组工作规则。国家发展和改革委员会副主任、《粮食法（草案）》起草工作领导小组组长张晓强讲话，国家粮食局局长、《粮食法（草案）》起草工作领导小组副组长聂振邦主持会议并介绍了《粮食法（草案）》的立项情况和起草工作进展情况，国家粮食局副局长、《粮食法（草案）》起草工作领导小组成员兼工作组组长任正晓宣读了《粮食法（草案）》起草工作专家组组长、副组长及成员名单。

4月8日，全国粮食系统纪检监察工作会议在江苏省南京市召开。会议的主要任务是：传达贯彻中纪委五次全会和国务院第三次廉政工作会议精神，学习胡锦涛总书记的重要讲话和贺国强同志的工作报告，部署2010年粮食系统党风廉政建设和反腐败工作。聂振邦同志出席会议并讲话，杨兵同志做工作报告。

4月8～9日，全国粮食调控与统计工作会议在广东省广州市召开。会议主要内容是：总结2009年粮食调控和统计工作，讨论并部署2010年工作；研究分析2010年粮食供求和购销形势；会审、汇编2009年度全国粮油统计年报；公布2009年度全国粮食流通统计工作考核结果。曾丽瑛同志出席会议并讲话。

4月13日，聂振邦局长、张桂凤副局长会见了来访的加拿大农业部长格里·雷兹和加拿大豆类协会总裁戈丹·培根，并共同出席了中国粮油学会与加拿大豆类协会合作协议备忘录的签字仪式。

4月14日，国家粮食局紧急研究部署开展对青海省玉树地震灾区粮食救助等工作，提出和落实以下几项工作措施：一是急电青海和相邻省区粮食部门紧急行动，在确保灾区粮油正常供应、维护粮食市场和价格稳定的同时，扎实做好抗震救灾部队的粮油供应保障工作，确保灾区军需民食粮油的数量充足、质量安全。二是指导、督促青海省粮食部门紧急启动省级粮食应急预案，及时筹措粮油及救灾物资紧急调往灾区。三是派出工作组，紧急奔赴抗震救灾一线，组织协调和检查督促灾区市场粮油供应和军粮供应、粮油质量保障等工作。四是安排落实为灾区困难群众发放临时救济粮。

4月16日，根据国务院抗震救灾总指挥部的会议精神，国家发展改革委、国家粮食局等4部门下达中央储备粮或国家临时存储粮出库计划6749吨，用于因灾生活困难群众的口粮供应。由国家统一安排抗震救灾粮源，青海省人民政府负责及时组织抗震救灾粮的出库、加工和调运，并免费发放给因灾无房可住、无生产资料和无收入来源的困难群众。

五月

5月13日，为做好油菜籽收购工作，保护农民利益和发展油料生产的积极性，经国务院批准，国家发展改革委、财政部、国家粮食局、中国农业发展银行、中国储备粮管理总公司等5部门单位联合印发《关于做好2010年油菜籽收购有关工作的通知》。通知规定2010年油菜籽临时收储价格为每市斤1.95元。具体执行区域为湖北、四川、安徽、江苏、湖南、河南、贵州、江西、青海、陕西、浙江、甘肃、重庆、内蒙古、云南、新疆、西藏等17个油菜产区。其中，冬播油菜产区执行期限为2010年5月21日至10月底；春播油菜产区为2010年9月1日至2011年2月底。油菜籽临时收储数量暂按500万吨掌握。

5月14日，根据国务院抗震救灾总指挥部会议和国务院领导同志批示精神，为确保灾区生活困难群众的口粮供应，国家发展改革委、国家粮食局、财政部、中国农业发展银行发出通知，下达第二批中央储备粮油抗震救灾计划9686吨。抗震救灾粮油由国家按照就地就近、保质保量的要求，从现有中央储备或国家临时存储粮油库存中无偿划拨给地方。

5月14日，为做好2010年小麦收购工作，保护农民利益，经国务院批准，国家发展改革委、国家粮食局等6部门单位联合印发《2010年小麦最低收购价执行预案》。预案规定了2010年小麦最低收购价格水平，白小麦（国标三等，下同）每市斤0.90元，红小麦和混合麦每市斤0.86元。执行区域为河北、江苏、安徽、山东、河南、湖北等6个主产省。执行期限为2010年5月21日至9月30日。

5月15~21日，2010年粮食科技活动周在广东省拉开序幕。活动周的主题为"标准——粮油食品安全的保障"，突出宣传《中华人民共和国食品安全法》，以关注食品安全、保障百姓健康为主要宣传内容。重点宣传政府为保障粮油食品安全建立的规章制度和保障体系、科技保障食品安全的作用和食品安全生活常识。郗建伟同志出席开幕式并讲话。

5月18日，夏季粮油收购工作座谈会在山东省济南市召开。会议对2010年小麦收购工作做出具体部署：一是在新粮上市前，及时对当年夏季粮油产量、商品量、收购量等情况进行详细调查摸底；二是通过多种形式，将2010年小麦最低收购价政策和油菜籽托市收购政策向农民、企业和社会进行广泛宣传；三是积极采取措施，加快粮食销售出库、腾仓并库、仓房维修，为收购做好仓容准备；四是加强夏季粮油收购组织领导，积极与农发行进行沟通协调，确保夏季粮油收购资金供应。曾丽瑛同志出席会议并讲话。

5月24日，国家粮食局召开党组会议，传达学习中央新疆工作座谈会精神，研究部署粮食部门支持新疆发展和稳定的相关工作：一是认真学习贯彻中央新疆工作座谈会精神，结合粮食流通工作实际，将促进新疆发展和稳定作为当前和今后粮食流通工作的重点之一列入重要议事日程。二是进一步加强与新疆有关部门的联系与交流，及时研究提出粮食部门支持新疆发展和稳定的工作措施，将重点事项纳入粮食流通发展规划。三是研究提出新疆粮食工作纳入粮食流通"十二五"规划的主要内容。

5月28日，为帮助有关国家驻华使馆外交官了解中国粮食储藏、质量检测、粮食物流和交易市场等方面的情况，以及中国政府为保障粮食安全所做出的努力，国家粮食局邀请了阿根廷、加拿大、日本、韩国、巴基斯坦等国家驻华使馆主管农业和粮食事务的参赞或专员，参观了大连商品交易所和华粮集团北良公司的粮食仓储、物流设施。

5月28~30日，第二届全国粮食行业职业技能竞赛在湖北省武汉市举行。竞赛由国家粮食局、中国就业培训技术指导中心和中国财贸轻纺烟草工会共同主办，武汉工业学院承办，中国粮食行业协会和湖北省粮食局协办。竞赛设置粮油保管员和粮油质量检验员两个职业。

六月

6月2日，由国家粮食局和马来西亚种植与原产业部主办，国家粮食局发展交流中心、马来西亚棕榈油委员会和马来西亚棕榈油总署承办的2010中国—马来西亚国际棕榈油研讨会及展示会在北京召开。国家粮食局副局长张桂凤、马来西亚种植与原产业部部长丹斯里柏纳·东博、马来西亚棕榈油委员会主席李耀祖等嘉宾出席研讨会并致辞，国家粮食局副局长曾丽瑛主持研讨。来自中国、马来西亚、美国、英国、法国、日本、印度尼西亚、意大利、中国香港等国家和地区的260多位代表出席了本次研讨会。

6月10～11日，全国粮油仓储企业规范化管理活动总结会议在山东省青岛市召开。会议主要内容是：对粮油仓储企业规范化管理活动进行全面总结；交流各地创建粮油仓储企业规范化管理活动的工作经验；表扬全国粮油仓储规范化管理先进企业。郄建伟同志出席会议并讲话。

6月11日，为贯彻国务院关于严厉打击囤积居奇、哄抬农产品价格等违法行为的精神，保证粮食市场供应，稳定市场价格，确保国家粮食调控政策落实到位，国家发展改革委、国家粮食局、财政部联合发出关于开展政策性粮食销售专项检查维护粮食市场秩序的通知，决定在全国范围内开展国家政策性粮食销售专项检查，以整顿粮油市场秩序。

6月12日，全国放心粮油进农村进社区暨粮食经纪人培育发展工作经验交流会在陕西省西安市举行。会议为首批放心粮油示范企业颁发了标牌，并讨论通过了《放心粮油示范企业质量安全诚信公约》。曾丽瑛同志出席会议并讲话。

6月22日，国家粮食局发出通知，部署粮食企业安全度汛工作。通知要求，各地粮食行政管理部门和粮食企业要强化防汛意识，加强对本地区、本单位防汛工作的领导，把防汛责任层层分解落实到位。要全面、准确掌握辖内库存粮油分布情况，提高应急保障能力，完善汛期各项预案，提高应变和救援能力。要加强对储粮安全工作的监督指导，重点加强库存粮的粮情监测，特别是露天存放的粮食。粮食收购企业要做好夏收期间各项防汛准备，保证夏粮收购工作。充分发挥企业在设施、设备和人员上的优势，帮助受灾农民晾晒粮食，减少农民损失。

6月23日，《粮食法（草案）》起草工作组第三次会议在北京召开。会议通报了（草案）起草工作领导小组第二次会议以来起草工作的进展情况，强调具体条文的起草和修改是整个《粮食法（草案）》起草工作的关键阶段，各成员单位要高度重视，认真研究修改，按时反馈意见。会议对《粮食法（草案）》的有关内容及工作安排进行了讨论。国家粮食局副局长、《粮食法（草案）》起草工作领导小组成员兼工作组组长任正晓主持会议并讲话。

6月24～25日，全国军粮供应应急保障经验交流会在甘肃省兰州市召开。会议主要内容是：总结军粮供应应急保障工作，交流应急保障经验，提出政策建议，加强应急体系建设；征求《军粮供应管理办法》、《军粮供应应急预案》的制修订意见。任正晓同志出席会议并讲话。

七月

7月5日，为做好2010年早籼稻收购工作，保护种粮农民利益，国家发展改革委、国家粮食局等6部门单位联合印发《2010年早籼稻最低收购价执行预案》。《预案》规定：2010年早籼稻最低收购价每市斤0.93元。执行区域为安徽、江西、湖北、湖南、广西等5省（区）。执行期限为2010年7月16日至9月30日。

7月5日，21名来自巴勒斯坦、布隆迪、喀麦隆、马里等9个发展中国家负责农业和粮食管理部门的官员到国家粮食局访问，了解我国粮食宏观调控和粮食安全政策等方面的情况。国家粮食局有关负责同志向他们介绍了我国粮食生产、消费、流通、粮食安全及粮食宏观调控等情况，并回答了关于粮食安全和粮食科技等方面的问题。

7月7日，国有粮食企业改革和发展工作联系点座谈会在黑龙江省哈尔滨市召开。会议总结和交流了各地推进国有粮食企业改革和发展的情况，研究讨论了"十二五"国有粮食企业改革和发展规划。任正晓同志出席会议并讲话。

7月7日，部分主产区早籼稻收购工作座谈会在湖北省武汉市召开。会议对当年早籼稻收购工作做出具体部署：一是要充分认识做好早籼稻收购工作的重要意义，确保各项政策措施落实到位。二是要认真落实早籼稻最低收购价执行预案，保护种粮农民利益。三是要引导和鼓励各类企业积极入市收购，搞活粮食流通。四是要做好各项收购准备工作，确保储粮安全。五是要密切关注粮食市场形势变化，妥善解决好收购资金问题。六是要正确履行监管职责，及时解决收购中出现的新情况和新问题，切实维护粮食市场秩序。曾丽瑛同志主持会议并讲话。

7月7日，为建立中国国家粮食局与巴基斯坦食品、农业和畜牧部之间的长期合作关系，依照两国有关法律与规定，遵循有效保护知识产权、共同平等的贡献和利益分享原则，就巴基斯坦建立粮食储备、发展相关技术及其他相关领域开展合作，建立长期稳定的粮食流通合作交流机制，聂振邦局长在人民大会堂与巴基斯坦伊斯兰共和国食品、农业和畜牧部代表签订合作谅解备忘录。胡锦涛主席和扎尔达里总统共同出席了有关备忘录的签字仪式。

7月15～16日，2010年农户科学储粮专项工作会议在吉林省长春市召开。会议的主要内容是：部署2010年农户科学储粮专项实施工作，了解各省（区）专项进展情况，研究、交流做好专项建设组织管理方法和经验，参观项目农户和储粮装具制造企业。郄建伟同志出席会议并讲话。

7月20～21日，全国粮食政策法规工作座谈会在浙江省杭州市召开。会议主要内容是：总结全国粮食政策法规工作，研究部署下一步工作重点；专题研究下一阶段粮食流通工作的总体思路；交流在粮食流通产业发展、依法行政、市场体系建设、成本利润调研等方面的做法和经验；征求《粮食法（草案）》、《粮食批发市场管理办法》和《全国粮食市场体系建设与发展"十二五"规划》初稿的意见；表彰获得《粮食流通管理条例》颁布实施6周年宣传活动优秀组织奖等奖项的单位和个人。聂振邦同志出席会议并讲话。

7月21日，国家粮食局重点联系粮食批发市场会议在宁夏回族自治区银川市召开。会议总结交流了过去一年重点联系粮食批发市场经营发展情况，讨论了"十二五"粮食市场体系建设与发展的思路，对下一步粮食批发市场发展提出要求。会议专题征求对《粮食批发市场管理办法》初稿的意见。会议还对下一步完善重点联系粮食批发市场制度提出了要求。

7月21日，经国务院批准，国家发展改革委、国家粮食局等12个部门联合印发《关于发挥骨干企业积极作用健全和完善政府对大宗农产品市场调控体系和机制的通知》，就各地发挥骨干企业积极作用，健全和完善政府对大宗农产品市场调控体系和机制的有关事项通知如下：一是尽快建立工作机制；二是确定市场调控的品种范围；三是合理选择部分骨干企业参与市场调控；四是明确骨干企业的权利和义务；五是加强对骨干企业的监管；六是积极支持骨干企业的发展。

7月22日，为保证粮油市场健康平稳运行，国家发展改革委、国家粮食局等6部门单位联合印发《关于严格执行粮食最低收购价和临时存储粮油收购政策有关问题的通知》。通知要求：各地要按照国家最低收购价执行预案和临时存储政策的有关规定，指导和督促有关企业严格执行质价政策；中储粮各有关分公司要严格落实政策性粮油管理的有关规定，加强收储业务管理；各级农发行要切实做好收购资金供应管理工作，按照政策性收购的有关要求，加强收购资金供应管理；各地粮食、价格主管部门要按照《价格法》、《粮食流通管理条例》、国家最低收购价和临时存储收购政策等有关规定，加大监督检查和处罚力度。

八月

8月11日，"中非农业合作论坛"在北京举行。此次"中非农业合作论坛"是由中共中央对外联络部和农业部共同主办的，有18个非洲国家的领导人和农业部长出席了论坛并发言。郐建伟副局长出席论坛并作了题为"开创中非粮食合作的新阶段"的讲话。

8月24日，《粮食法（草案）》起草工作组第四次会议在北京召开。会议通报了《粮食法（草案）》起草工作组第三次会议以来起草工作的进展情况，对草案征求意见稿进行了集中修改。国家粮食局副局长、《粮食法（草案）》起草工作领导小组成员兼工作组组长任正晓主持会议并讲话。

8月30～31日，粮油仓储节能减排专题技术会议在山东省济南市召开。会议安排两场技术沙龙，分别就粮食储藏通风技术和粮食干燥技术进行了深入研讨。另安排11篇论文进行现场展示，16家粮油仓储装备配套企业进行现场展览。郐建伟同志出席会议并讲话。

九月

9月3日，为保证粮食市场供应和价格基本稳定，切实做好政策性粮食销售出库工作，增强宏观调控效果和国家政策的权威性、严肃性，国家发展改革委、国家粮食局、财政部、中国农业发展银行联合发出通知，要求严肃纪律，切实做好政策性粮食销售出库工作：一是严格遵守政策性粮食销售出库的各项规定；二是严格落实政策性粮食出库责任制；三是严格执行政策性粮食出库质量标准；四是加大监管和处罚力度。

9月10日，部分主产区中晚稻收购工作座谈会在四川省成都市召开。会议对当年中晚稻收购工作做出具体部署：一是要正确把握形势，积极稳妥做好中晚稻收购工作；二是要认真落实中晚稻收购价格政策，保护种粮农民利益；三是要发挥国有粮食企业主渠道作用，引导各类企业理性入市收购，维护好粮食市场秩序；四是要做好各项收购准备工作，确保储粮安全；五是要密切关注粮食市场形势变化，妥善解决好收购资金问题；六是要正确履行监管职责，及时解决收购中出现的新情况和新问题。曾丽瑛同志主持会议并讲话。

9月11日，国家发展改革委、财政部、农业部、国家粮食局、农业发展银行、中储粮总公司联合印发2010年中晚稻最低收购价执行预案。执行本预案的中晚稻主产区为辽宁、吉林、黑龙江、江苏、安徽、江西、河南、湖北、湖南、广西、四川11省（区）。中晚籼稻最低收购价每市斤0.97元，粳稻最低收购价每市斤1.05元，以2010年生产的国标三等中晚稻为标准品，具体质量标准按稻谷国家标准（GB1350-2009）执行。执行最低收购价的中晚稻为2010年生产的等内品。相邻等级之间等级差价按每市斤0.02元掌握。

9月14日，国家粮食局在新疆维吾尔自治区乌鲁木齐市召开粮食系统对口支援新疆工作会议，深入贯彻落实中央新疆工作座谈会精神，全面动员和部署粮食系统对口援疆工作，明确对口支援的基本思路、工作目标和主要任务。会议期间，国家粮食局向新疆维吾尔自治区粮食局赠送了粮食职业技能鉴定培训教材。江苏省粮食局与新疆伊犁州粮食局签订了对口支援合作框架协议。郄建伟同志出席会议并讲话。19个对口支援省（市）粮食部门、对口援疆前方指挥部、新疆受援地区粮食部门、部分中央和地方粮食企业的相关负责同志参加了会议。

9月15日，由大连市政府和大连商品交易所共同举办的第四届国际玉米产业大会在大连召开。来自国家相关部委官员、地方粮食管理系统负责人、国内外大型玉米流通加工企业代表以及来自美国、英国、新加坡、日本、韩国、中国香港等国家和地区的农业、金融机构负责人及期货公司、期货投资者代表参加了本次大会。曾丽瑛副局长出席大会并作主题演讲。

9月27～28日，全国食用植物油库存检查试点工作动员培训会在湖北省武汉市召开。培训内容：食用植物油库存检查试点工作安排、库存实物检查及测量差率试验方法、统计账检查方法（含统计报表分解登统方法）、库存会计账和费用补贴检查方法、库存库贷挂钩检查方法、库存质量和卫生检查方法、库存仓储管理检查方法。培训对象：地方粮食系统、中储粮和农发行系统参加试点工作的检查人员；各省（区、市）参加实物数量检查测量差率试验专家组人员。任正晓同志出席培训会。

9月28日，东北地区秋粮收购工作座谈会在吉林省长春市召开。会议听取了内蒙古、辽宁、吉林、黑龙江四省（区）秋粮收购及产需形势等情况的汇报，认真分析了当前秋粮购销形势和价格走势，对当年秋粮收购面临的新情况、新问题进行了认真研究，提出了做好秋粮收购工作的有关意见和建议。聂振邦同志主持会议并讲话。

十月

10月10～16日，是第20个全国爱惜粮食节约粮食宣传周。期间，国家粮食局在宁波组织了2010年爱粮节粮公益展览，以图片展览展示了我国目前粮食损失浪费情况以及近几年取得的一些重要节粮成绩。16日晚，在宁波举行2010年世界粮食日——烛光守夜活动。国家粮食局还与农业部、教育部、联合国粮农组织等单位联合，组织开展了"长三角地区中小学生爱粮节粮征文活动"，散发了《节粮宣传手册》，重点介绍了当前国际国内粮食安全形势，介绍农户储粮减损活动开展情况以及辨别粮油产品质量的一些小常识。郄建伟、张桂凤同志出席活动。

10月11日，为保护农民种粮积极性，进一步促进粮食生产发展，国家继续在小麦主产区实行最低收购价政策，并适当提高2011年最低收购价水平。经报请国务院批准，2011年生产的白小麦、红小麦和混合麦最低收购价分别提高到每50公斤95元、93元和93元，比2010年分别提高5元、7元和7元。

10月12日，中国粮食市场20年高峰报告会在河南省郑州市举办。此次报告会由中国粮食行业协会和郑州粮食批发市场共同举办。来自全国24家粮食批发市场和国家粮食交易中心的代表、近30家大型粮食企业的代表以及20多家中央及省市新闻界人士参加报告会。曾丽瑛同志出席报告会并致辞。

10月14～16日，第十届中国国际粮油产品及设备技术展览会在浙江省宁波市举办。展会实现粮油产品交易总量100.59万吨，交易金额38.57亿元。来自国内28个省（区、市）、计划单列市以及中国香港、意大利、瑞士、法国、英国等国家和地区的700余家粮油粮机企业参加了本届展会。郄建伟、张桂凤同志出席展览会。

10月14日，为加强粮食流通行业管理，推进国家粮食质量监测体系建设，规范国家粮食质量检验监测机构行为，保障粮食质量安全，国家粮食局根据有关法律法规，结合粮食检验监测工作实际，制订了《国家粮食质量检验监测机构管理暂行办法》。

10月19日，国家粮食局召开党组会议，传达中共十七届五中全会精神、学习胡锦涛总书记重要讲话和温家宝总理关于制定"十二五"规划建议的说明，以及"十二五"规划建议（草案），并就贯彻落实会议精神、做好当前粮食流通工作提出了具体措施和意见。

10月21日，《粮食法（草案）》起草工作组第五次会议在北京召开。会议对《粮食法（草案）》征求意见稿进行了认真研究修改，并对进一步修改作出了具体安排。国家粮食局副局长、《粮食法（草案）》起草工作领导小组成员兼工作组组长任正晓主持会议并讲话。

10月26日，为进一步规范中央储备粮代储资格认定行为，提高中央储备粮代储资格认定质量，强化对中央储备粮代储资格企业的管理，国家粮食局对2004年以国粮通〔2004〕3号发布的《中央储备粮代储资格认定办法实施细则》进行了修订并发布。《中央储备粮代储资格认定办法实施细则》自2011年1月1日起施行。

10月28日，《粮食法（草案）》起草工作领导小组第四次会议在北京召开。国家发展和改革委员会副主任、《粮食法（草案）》起草工作领导小组组长张晓强主持会议并作总结讲话，国家粮食局局长、《粮食法（草案）》起草工作领导小组副组长聂振邦出席会议，国家粮食局副局长、《粮食法（草案）》起草工作领导小组成员兼工作组组长任正晓汇报了《粮食法（草案）》起草工作及下一步工作安排建议。

10月28～29日，全国粮油市场信息工作会议在江苏省南京市召开。会议主要内容是：研讨如何围绕粮食流通中心工作，进一步做好粮油市场信息服务工作；研讨如何围绕粮食流通中心工作，进一步做好政策性粮油竞价交易工作。曾丽瑛同志出席会议并讲话。

10月29日，为深入实施西部大开发战略，认真贯彻落实国务院办公厅《关于进一步支持甘肃经济社会发展的若干意见》精神，促进甘肃省粮食流通产业又好又快发展，国家粮食局印发《关于支持甘肃省粮食流通产业发展的意见》。《意见》主要包括：实行支持性收购政策，增强甘肃省粮食供需平衡能力；加强粮食流通基础设施建设，提高甘肃省粮食仓储现代化水平；完善粮食流通市场服务和监督检查体系，提升甘肃省粮食流通服务水平；积极支持和指导甘肃省深化粮食流通体制改革，推动现代粮食流通产业创新发展；加快干部和人才队伍建设，构建甘肃省粮食流通科学发展长效工作机制。

十一月

11月4日，秋粮购销工作座谈会在安徽省合肥市召开。会议对2010年秋粮收购工作做出具体部署：一要高度重视当年的秋粮收购工作，维护粮食市场稳定，确保秋粮收购工作平稳有序进行。二要认真做好粮食收购资格核查工作，切实规范粮食收购秩序。三要积极做好粮食经营者最高库存量核查工作，督促粮食经营者履行最高库存量义务。四要认真做好政策性粮食收购工作，切实把政策性粮食收好管好。五要指导各类粮食企业理性入市有序采购，维护好正常的粮食收购和市场秩序。六要加强粮食收购资金供应和监管，协调和配合农业发展银行及时做好粮食收购资金贷款供应和监管工作。七要积极做好粮食收购统计和市场监测工作，及时掌握收购进展情况。八要切实加强对秋粮收购市场的监督检查，严厉查处违法违规行为。九要继续做好政策性粮食销售工作，保证市场供应和价格基本稳定。十要做好舆论宣传引导工作，稳定市场预期。聂振邦同志主持会议并讲话，曾丽瑛同志作会议总结。

11月17～18日，2010年食用植物油库存检查试点及粮食流通监督检查工作座谈会在广西壮族自治区北海市召开。会议主要内容是：总结食用植物油库存检查试点工作，讨论食用植物油库存检查实物测量差率试验情况，修改完善食用植物油库存检查方案和方法；总结2010年粮食流通监督检查工作，研究2011年主要工作；通报2010年案件核查处理情况。

11月18日，为贯彻落实《国务院关于稳定消费价格总水平保障群众基本生活的通知》精神，进一步做好当前粮油市场调控工作，保证粮油市场供应，稳定粮油市场价格，国家粮食局召开专题会议，做出具体安排部署。具体措施有：及时派出工作组督促各地切实贯彻落实有关政策措施；积极做好政策性粮油销售工作，保证供应稳定价格；认真做好秋粮收购工作，规范市场秩序；严格粮食收购资格审核，落实经营者最低最高库存量的规定；加强粮食市场价格监测预警；配合有关部门开展玉米深加工项目清理；加强舆论引导。

十二月

12月2日，为进一步规范中央储备粮油质量检查扦样、检验和判定工作，根据《粮食流通管理条例》和《中央储备粮管理条例》的有关规定，国家粮食局在总结近年来粮油质量检查工作经验的基础上，结合粮食质量监管工作发展的新要求，修订和完善了《中央储备粮油质量检查扦样检验管理办法》，明确该《办法》自发布之日起施行。

12月8日，农业部在北京举行新闻发布会，介绍农业生产形势的有关情况：2010年，我国粮食实现两个"七连增"，两个"创新高"，即总产、面积均"七连增"，总产、单产均"创新高"。总产达到10928亿斤，比上年增加312亿斤，增长2.9%，再创历史新高，实现半个世纪以来首次连续七年增产，粮食产量连续四年稳定在1万亿斤以上；粮食播种面积达到16.48亿亩，比上年扩大1329万亩，实现半个世纪以来首次连续七年增加；亩产达到331.5公斤，比上年提高6.9公斤，再创历史新高。油料面积在连续2年增加的基础上继续稳步扩大，总产与上年基本持平。

12月22日，为表彰先进，弘扬正气，进一步激发全国粮食系统广大干部职工的积极性和创造性，人力资源社会保障部、国家粮食局决定，授予北京市顺义区粮食局等87个单位"全国粮食系统先进集体"荣誉称号；授予张小军等85名同志"全国粮食系统劳动模范"荣誉称号，授予黄燕等44名同志"全国粮食系统先进工作者"荣誉称号。

12月31日，为认真贯彻落实国务院《关于稳定消费价格总水平保障群众基本生活的通知》和中共中央办公厅、国务院办公厅关于切实做好元旦、春节期间有关工作的通知精神，确保"两节"和"两会"期间粮油市场供应和价格基本稳定，国家发展改革委、国家粮食局发出《关于做好当前粮油购销和市场供应工作的通知》，对"两节"和"两会"期间粮油购销和市场供应工作进行安排部署。

12月31日，为贯彻落实中央关于人才工作的决策部署，深入实施人才兴粮战略，为国家粮食流通工作提供强有力的人才支持，根据《国家中长期人才发展规划纲要（2010~2020年）》总体要求，国家粮食局制定并印发《全国粮食行业中长期人才发展规划纲要（2011~2020年）》。

全国粮食系统先进集体、劳动模范、先进工作者表彰名单

全国粮食系统先进集体名单

（共87个）

北京市

北京市顺义区粮食局

天津市

天津利金粮油股份有限公司

河北省

河北柏乡国家粮食储备集团有限公司

廊坊市民生源早（快）餐有限责任公司

张家口市宣化区粮食局

山西省

太原市粮食局

乡宁县粮食服务中心

山西晋粮植物油库

内蒙古自治区

内蒙古自治区兴安盟粮食局

通辽国家粮食交易中心

辽宁省

鞍山银珠米业有限公司

新宾满族自治县粮食局

丹东蛤蟆塘粮库

辽阳市宏伟粮库

开原市粮食局

吉林省

吉林省储备粮管理有限公司

吉林粮食集团进出口有限公司

吉林市粮油批发市场

四平市粮食局

九台市粮食局

黑龙江省

哈尔滨市呼兰区粮食局

桦川县粮食局

七台河桃南国家粮食储备库有限责任公司

嫩江县伊拉哈粮库有限责任公司

漠河县军粮供应站

上海市

上海市松江区粮食局

江苏省

南京天悦粮食物流集团有限公司

江苏无锡国家粮食储备库

徐州国家粮食储备库

如东县粮食局

扬州市粮食局

浙江省

浙江省储备粮管理有限公司

安徽省

安徽粮食批发交易市场管委会

黄山市粮食局

来安县粮食局

桐城市粮食局

肥东县粮食局

福建省

福建省储备粮管理有限公司

福鼎市粮食局

江西省

奉新县粮食局

遂川县巾石粮油购销公司

南昌市粮食局

新余市粮食局

江西省粮油集团有限公司

山东省

东营市粮食局

潍坊市粮食局

德州市粮食局

即墨市粮食局

济南民天面粉有限责任公司

河南省

郑州市粮食局

平顶山湛南国家粮食储备有限公司

焦作隆丰粮食储备有限公司

河南省粮食局浚县直属粮库

河南省谷物储贸有限公司

湖北省

襄樊市粮食局

赤壁市粮食局

武汉市粮油储备公司

随州市曾都区何店中心粮油管理所

湖南省

岳阳市粮食局

桃源县粮食局

安化县粮食局

聚宝金昊农业高科有限公司

广东省

广东省储备粮管理总公司

台山市粮食局

广西壮族自治区

广西五丰粮食集团有限公司

永福县粮食局

海南省

屯昌县粮食储备库

重庆市

重庆市沙坪坝区军队粮食供应站

四川省

崇州市粮食局

遂宁市粮食局

广安市粮食局

四川巴中国家粮食储备库

甘孜藏族自治州粮食局

若尔盖县粮食局

贵州省

安顺市粮食局

桐梓县金穗粮油有限公司

毕节市燕子口粮油购销有限公司

云南省

云南省迪庆藏族自治州粮食局

西藏自治区

察隅县粮油公司

陕西省

西安爱菊粮油工业集团

富平县粮食局

陕西省储备粮咸阳直属库

甘肃省

甘肃省武威南粮油储备库有限公司

宁夏回族自治区

宁夏石嘴山国家粮食储备库

青海省

青海省玉树粮食储备库

新疆维吾尔自治区

伊犁哈萨克自治州阿勒泰地区粮食局

国家粮食局

国家粮食局政策法规司法规处

全国粮食系统劳动模范名单

（共85个）

河北省

张小军	石家庄市家家惠粮油食品服务中心经理、党委书记
张庆儒（满族）	承德滦河粮食储备有限公司总经理
路　标	衡水前么头国储粮库有限责任公司董事长、总经理
董升亮	邯郸市国粮粮油储备有限公司董事长、党委书记

山西省

李应祥	山西大同口泉国家粮食储备库主任
薛耀华	山西阳泉西河滩国家粮食储备库主任
梁荣伟	定襄县粮食局蒋村粮油食品购销站站长

内蒙古自治区

李学师	扎赉特旗巴彦高勒粮库主任

辽宁省

姚　群（满族）	辽宁省储备粮管理有限公司董事长、总经理、党委书记
陈兆斌	辽宁大连金州国家粮食储备库主任、党总支书记
赵新明（女）	抚顺市中心粮库总经理
洪忠奇	辽宁辽阳铁西国家粮食储备库总经理
刘国江	朝阳粮食储备库总经理

吉林省

王　有	长春金谷米业有限责任公司总经理
左　安	四平市平西粮库主任
原贵林	吉林省通化县粮食收储经销有限责任公司董事长
龚　坤	吉林抚松国家粮食储备库主任
付　刚	洮南市黑水粮食储备库主任

黑龙江省

张殿林	隆绥粮食集团有限公司董事长
张文红	穆棱市穆棱粮库主任、党支部书记
王维学	大庆市粮食局第三粮库主任
原秀梅（女）	饶河县军粮供应站站长
王立新	鹤岗市新华粮库有限公司主任
丁　锐	伊春市南岔国家粮食储备库有限责任公司董事长
李志文	黑龙江农垦建三江粮库有限责任公司总经理

上海市

俞海明　　　　　　　上海垠海贸易有限公司董事长

范善庭　　　　　　　上海东辰粮油有限公司销售部经理

江苏省

杜秀珍（女）　　　　张家港市粮食购销总公司总经理

薛金成　　　　　　　连云港齐春阁早餐工程有限公司经理

倪同忠　　　　　　　射阳县粮食购销总公司总经理

李先国　　　　　　　宿迁粮食物流发展有限公司副董事长

浙江省

屠建民　　　　　　　浙江省粮食集团有限公司董事长、党委书记

陈国强　　　　　　　杭州粮油发展有限公司董事长、总经理、党委书记

安徽省

戴冬和　　　　　　　无为县粮油食品局牛埠粮油中心站练溪分站保管员

苑洁敏（女）　　　　界首市粮油质量检测中心主任

杨良华　　　　　　　安徽繁昌省级粮食储备库主任

福建省

林铭亨　　　　　　　福州市粮食购销有限公司总经理、党委书记

江西省

张来生　　　　　　　上饶市枫岭头粮食储备库主任

肖晓玲（女）　　　　抚州市临川区上顿渡粮食购销公司经理

徐建华　　　　　　　江西景德镇国家粮食储备库保管员

胡国萍　　　　　　　江西萍乡国家粮食储备库主任

山东省

田洪文　　　　　　　山东枣庄国家粮食储备库主任、党委副书记

郭见强　　　　　　　日照东辰企业集团有限公司董事长、总经理

李培禄　　　　　　　临沂金谷经贸有限责任公司董事长、总经理

刘学俭　　　　　　　山东滨州国家粮食储备库主任、党总支书记

焦念云　　　　　　　莱芜市粮食局直属库主任、党支部书记

王志山　　　　　　　菏泽旺达饲料有限公司科长

河南省

屈新明　　　　　　　河南省粮食交易物流市场有限公司董事长、总经理

张培贤　　　　　　　河南世通谷物贸易公司总经理

窦　武　　　　　　　开封市天丰面业有限责任公司董事长、总经理

雷臣泽　　　　　　　濮阳市粮食储备库主任

任中成　　　　　　　河南新乡新华国家粮食储备库主任

刘丽伟（女）　　　　卢氏县为民粮油储备储运有限责任公司董事长

湖北省

肖生红（女）　　　　鄂州樊口国家粮食储备库经理

赵兴元	十堰市粮油储备公司总经理、党总支书记
倪学松	荆州市荆州区马山国有粮食购销公司经理、党支部书记

湖南省

陈 彤	湖南新化国家粮食储备库主任
符立鹏（土家族）	慈利县燕子洞粮库主任、党支部书记
李太平	祁东县星源米业有限责任公司董事长
龙 湘	湖南邵阳小江湖国家粮食储备库主任

广东省

梁榕森	广州市粮食集团有限责任公司副董事长、总经理、党委书记

广西壮族自治区

孙永文	广西柳州国家粮食储备库主任、党委书记
李志华	广西梧州国家粮食储备库主任、党支部书记

海南省

钟衍陆	文昌市军粮供应管理中心职工

重庆市

胡君烈	重庆粮食集团有限责任公司董事长、党委书记

四川省

周玉敏	宜宾黄桷庄粮油集团有限公司董事长、总经理
喻建军	四川乐山五通桥国家粮食储备库主任
张旭军	绵阳市高新粮油购销公司经理、党支部书记
潘生禄	四川什邡方亭省粮食储备库主任
陈 林	泸州市龙马潭区天绿粮油购销有限公司总经理

贵州省

杨小园（女，侗族）	贵州省储备粮管理总公司天柱直属库职工

云南省

付 兴	云南昆明国家粮食储备中转库主任、党委书记
李海平	云南省粮油工业公司经理、党委书记
陆秦方	曲靖市麒麟区粮油购销有限责任公司西山粮站站长

西藏自治区

次仁旦增（藏族）	西藏自治区比如县粮食公司经理

陕西省

宦 奇	陕西油脂集团有限公司董事长、总经理
白泽澄	陕西靖边省粮食储备库主任
张建祥	宜川县新丰粮油收储有限责任公司总经理

甘肃省

杨文科	平凉市粮油购销储备有限责任公司总经理兼平凉市十里铺粮库主任
喻大川（女）	嘉峪关市军队粮油供应站有限责任公司总经理、党支部书记

宁夏回族自治区

王希银（回族）　　　吴忠市红寺堡区粮食购销公司经理

青海省

王海明　　　　　　　青海省西宁粮食储备库主任

姜金明　　　　　　　玉树藏族自治州州级粮食储备公司储备科科长

新疆维吾尔自治区

艾里·牙哈甫（维吾尔族）　　博乐市粮食局小营盘粮站站长

中国储备粮管理总公司

郭　赫（女）　　　　中央储备粮吉林直属库检验员

全国粮食系统先进工作者名单

（共44个）

北京市

黄　燕　　　北京市粮油食品检验所党支部书记、所长

天津市

李凤禄　　　静海县粮食局党委书记、局长

河北省

王会生　　　唐山市粮食局党委书记、局长

张　杰　　　高碑店市粮食局党委书记、局长

张焕良　　　抚宁县粮食局党组书记、局长

山西省

郝海龙　　　长治市粮食局局长

内蒙古自治区

王敬国（蒙古族）　赤峰市粮食局党组书记、局长

郭振雷　　　正蓝旗粮食局党支部书记、局长

辽宁省

崔国华　　　辽宁省粮油检验监测所所长

吉林省

孙立军　　　吉林省粮食局机关服务中心主任

由　阳　　　龙井市粮食局副局长

曹占文　　　吉林省粮油卫生检验监测站粮油质量检验员

黑龙江省

王世夫　　　齐齐哈尔市粮食局党委书记、局长

江苏省

刘广洲　　　淮安市粮食局党组书记、局长

刘争鸣　　　靖江市粮食局党委书记、局长

浙江省

胡应栓　　　舟山市粮食局党组书记、局长

安徽省

陈　灵（女）　固镇县粮食局局长

彭成汉　　　石台县粮食局党组书记、局长

李延华　　　宿州市埇桥区粮食局综合管理股股长

董玉才　　　全椒县粮食局党组书记、局长

福建省

林熙熙	漳州市粮食局党组书记、局长

江西省

张炳生	宁都县农业和粮食局党总支书记兼宁都县粮食流通服务中心主任
冯承倜	都昌县粮食局党总支书记、局长

山东省

曲衍斌	烟台市粮食局党委书记、局长
董兆清	桓台县粮食局党委书记、局长
张　青（女）	荣成市粮食局党委副书记、副局长

河南省

荆今文	洛阳市粮食局办公室主任
耿源洪	南阳市粮食局调控储运（监督检查）科科长
袁宪章	河南工业贸易职业学院高级讲师

湖北省

刘　利（女）	湖北省粮油食品质量监测站检测室主任
李先明	罗田县粮食局副局长
杨泽宏	钟祥市粮食局局长
王玉锁	云梦县粮食局党总支书记、局长
李　勇	宜昌市粮食局党组成员、副局长

湖南省

陈葆春	郴州市粮食局党组书记、局长
刘宁平	炎陵县粮食局局长
唐　彪（苗族）	凤凰县粮食局党组书记、局长

广东省

梁守强	阳江市江城区粮食局党总支书记、局长
曾　韬	惠州市粮食局监督检查科科长

四川省

徐盛惠	达州市粮食局党组书记、局长

贵州省

王鲁黔	贵阳市粮食局党委书记、局长

甘肃省

马有成	天水市粮食局党委书记、局长

新疆维吾尔自治区

容金明（女）	皮山县粮食局党支部书记、局长

国家粮食局

王　威	国家粮食局军粮供应服务中心供应管理处处长

国家粮食局优秀软科学研究成果奖2010年度获奖项目名单

一等奖

项目名称：关于全国粮食行业事业单位改革工作的思考

项目单位：国家粮食局人事司

项目负责人：聂振邦

项目组成员：徐京华　陈军生　李寅铨　林明亮　李　涛　程继伟　曲贵强　匡广忠　麻　婷

主要执笔人：程继伟

项目名称：大型国有粮食企业资本运营研究

项目单位：中国粮食研究培训中心

项目负责人：聂振邦

项目组成员：何松森　唐　成　李文明　胡文国　石雪花

主要执笔人：何松森　唐　成　李文明　胡文国　石雪花

项目名称：关于保障国家粮食安全长效机制的研究

项目单位：浙江省粮食局

项目负责人：陈聪道

项目组成员：韩鹤忠　夏　永　项慈若　方淑萍　项鹏飞

主要执笔人：项慈若　方淑萍

项目名称：粮食供应链风险控制机制研究

项目单位：武汉工业学院

项目负责人：陈　倬

项目组成员：祁华清　谭　勇　龙子午　张阐军　汪普庆　王　锐

主要执笔人：陈　倬

二等奖

项目名称：**粮食危机及应对策略**

项目单位：国家粮食局办公室

项目负责人：聂振邦

项目组成员：孙鉴奇　张树淼　吴永顺　郁士祥　史京华　金　贤　刘莉华　麻国杰　张永强
　　　　　　智振华

主要执笔人：智振华

项目名称：**《粮食法》重要制度研究**

项目单位：国家粮食局政策法规司

项目负责人：聂振邦　任正晓

项目组成员：颜　波　韩继志　杨绪珍　肖　玲　于　涛　罗　叶

主要执笔人：颜　波　韩继志　杨绪珍　肖　玲　于　涛　罗　叶

项目名称：**关于国有粮食企业融资问题研究**

项目单位：国家粮食局财务司

项目负责人：任正晓

项目组成员：邓亦武　朱传碧　王耀鹏　肖春阳　罗文娟
　　　　　　李亚莉　王　旭　秦　剑　郭　建　李　红　洪　荣

主要执笔人：郭　建

项目名称：**江苏发展现代粮食流通产业实践与思考**

项目单位：江苏省粮食局

项目负责人：王元慧　于国民

项目组成员：何广龙　张国钧　高　巍　吴征光　李彦光　周　华　李善良

主要执笔人：高　巍

项目名称：**我国粮食法制建设存在的问题及其对策**

项目单位：安徽省粮食局

项目负责人：刘　惠

项目组成员：方　进　杨家祥　魏清松　王志宏

主要执笔人：王志宏

项目名称：**河南省粮食企业集团化发展研究**

项目单位：河南省粮食局

项目总顾问：黄东民

项目组成员：葛巧红　于　恒　田万林　张建业　胡心宽　杨平士　闫献秋　李可义　仝俊英

主要执笔人：于　恒

项目名称：粮食经纪人队伍现状及发展问题研究

项目单位：湖北省粮食局

项目负责人：朱运清

项目组成员：祁华清   张玉莲   夏佐铎   李援亚   丁兆松

主要执笔人：祁华清

项目名称：湖南省粮油产品质量安全监管工作创新思路研究

项目单位：湖南省粮食局

项目负责人：夏文星

项目组成员：向才昂   邓德林   覃世民   田力民   王伟宜   邓志坚   黄 力   曾晓辉

主要执笔人：覃世民   邓志坚   黄 力

项目名称：外资进入对我国粮食安全的影响及对策研究

项目单位：南京财经大学粮食经济研究院

项目负责人：曹宝明

项目组成员：李 丰   李光泗   郭晓东   赵 霞   徐建玲   李全根   朱 行   王晓华

主要执笔人：李 丰   李光泗   郭晓东   赵 霞

项目名称：非常规突发事件粮食应急物流管理研究

项目单位：河南工业大学

项目负责人：丁四波

项目组成员：孟丽莎   魏明侠   王 焰   宋庆波   杨银良   王玉琪   李德富   洪运华   张红丽

主要执笔人：丁四波   孟丽莎   魏明侠   王 焰   宋庆波   杨银良   王玉琪

三等奖

项目名称：浅议粮食系统违纪案件的特点、成因及对策

项目单位：驻国家粮食局纪检组监察局

项目负责人：杨 兵

项目组成员：辛志光   王黎明   陈 良   于振峰   梁燕东   蒋例怡   王立彦   张雯凌

主要执笔人：辛志光   王黎明   陈 良   于振峰   梁燕东   蒋例怡   王立彦   张雯凌

项目名称：关于粮油仓储企业规范化管理的研究

项目单位：国家粮食局流通与科技发展司

项目负责人：何 毅

项目组成员：唐柏飞   梁凌云   彭 扬   林凤刚   王亚南   唐学军   朱建军   兰盛斌

主要执笔人：何 毅   唐柏飞   彭 扬   梁凌云

项目名称：北京市粮食行业"十二五"战略问题研究

项目单位：北京市粮食局

项目负责人：李广禄

项目组成员：马长旺　张　强　任昌坤　冯兰敏　石红兵　梅　伟　胡蕴桐

主要执笔人：任昌坤　梅　伟

项目名称：完善行政执法方式，规范行政执法行为

项目单位：天津市粮食局

项目负责人：周　海

项目组成员：商树英　路　杰　尚津祥　邸力军　邹　乐

主要执笔人：邸力军

项目名称：吉林省粮食物流现状及发展趋势的研究

项目单位：吉林省粮食局

项目负责人：祝业辉

项目组成员：鞠永平　董长宇　王　梅　康有红　冯锡仲
　　　　　　杨肖萍　吴　迪　曹　洋　李　洋　单　玥

主要执笔人：王　梅　冯锡仲

项目名称：关于黑龙江省粮食流通产业转变发展方式研究

项目单位：黑龙江省粮食局

项目负责人：胡东胜

项目组成员：李春艳　卜祥银　白生波　孙亚明　孙春艳

主要执笔人：卜祥银

项目名称：上海"十二五"粮食安全保障的政策措施研究

项目单位：上海市粮食局

项目负责人：张新生　夏伯锦

项目组成员：曹宝明　庄旦鸣　孙绪良　朱曙光　郑亚娟　顾　全

主要执笔人：曹宝明　顾　全

项目名称：关于粮食质量安全监管机制研究

项目单位：江苏省粮食局

项目负责人：王建国

项目组成员：叶如生　顾雅贤　邹友云　吕　轶　戴　波　滕立轩

主要执笔人：滕立轩

项目名称：四川发展现代粮食流通产业对策研究

项目单位：四川省粮食局

项目负责人：侯　勇

项目组成员：张书冬　王亚南　王海林　黄　敏　周　琳　徐小彬

主要执笔人：王亚南　黄　敏

项目名称：贵州粮食经济"十二五"发展战略研究

项目单位：贵州省粮食局

项目负责人：张和林

项目组成员：杨光荣　李建国　徐晓明　赵　刚

主要执笔人：杨光荣

项目名称：陕西省粮食部门服务三农问题研究

项目单位：陕西省粮食局

项目负责人：王　勇

项目组成员：张　翔　姚进房　李文锋

主要执笔人：李文锋

项目名称：政策粮进入规范化粮食批发市场交易必要性研究

项目单位：郑州粮食批发市场

项目负责人：肖永成

项目组成员：刘正敏　陈艳军　杨　京　刘　霞　王克强

主要执笔人：陈艳军　杨　京

项目名称：关于推进搞活市场经营　促进粮食批发市场壮大发展的研究

项目单位：河北省粮油批发交易中心

项目负责人：赵学敏

项目组成员：安永涛　张文波　董　霁

主要执笔人：董　霁　张文波

项目名称：粮食价格与农业补贴动态关系研究

项目单位：武汉工业学院　湖北省钟祥市人民政府

项目负责人：杜为公

项目组成员：周　坚　沈翠珍　李艳芳　胡宗宪　周富平　杨泽宏　丁子福　卜明华

主要执笔人：杜为公

国家粮食局2010年度粮食工作优秀调研报告获奖名单

一等奖

调研报告题目：关于河南省夏粮收购情况调研报告

调研单位：国家粮食局调控司

调研组成员：曾丽瑛　周冠华　刘冬竹　刘　平　李　玥

调研报告题目：全国粮食行业人才队伍建设情况调研报告

调研单位：国家粮食局人事司

调研组成员：徐京华　陈军生　于亦文　雷银生　吕　明　罗立高　赵　奕　周光林　李　涛

调研报告题目："十二五"粮食科技发展规划调研报告
　　　　　　　——总体报告

调研单位：国家粮食局流通与科技发展司

调研组成员：张　雪　张成志　亢　霞　王　弘　姚　磊　屈凌波　李　明　张小超　袁　玮

调研报告题目：关于当前我国食用植物油市场的调研报告

调研单位：中国粮食研究培训中心

调研组成员：何松森　唐　成　李文明　胡文国　石雪花

调研报告题目：关于粮食流通体制改革和产业发展的调研报告

调研单位：黑龙江省粮食局

调研组成员：胡东胜　卜祥银　赵会明　丁大年　王国富

调研报告题目：湖北省粮食局关于落实"四个一批"工程
　　　　　　　战略情况的调研报告

调研单位：湖北省粮食局

调研组成员：孙永平　赵启玉　余日福　熊贵斌　吴国勇　叶　勇　宋玉玲

调研报告题目：陕西省国有粮食企业购销经营情况调研报告

调研单位：陕西省粮食局

调研组成员：王　勇　张　翔　姚进房　李文锋

调研报告题目：对发展宁夏优质大米产业的思考

调研单位：宁夏回族自治区粮食局

调研组成员：刘金定

二等奖

调研报告题目：关于安徽夏季粮油收购情况的调研报告

调研单位：国家粮食局调控司

调研组成员：杨　兵　周冠华　王立彦

调研报告题目：关于小麦成本利润情况分析和2011年最低收购价格
　　　　　　　水平及相关政策措施建议的报告

调研单位：国家粮食局政策法规司

调研组成员：颜　波　陈玉中　陈书玉　周　辉　张亚奇

调研报告题目：关于四川省夏粮收购资金情况的调研报告

调研单位：国家粮食局财务司

调研组成员：朱传碧　罗文娟　郭　建

调研报告题目：关于湖北省随州市大米及小麦粉加工中使用
　　　　　　　非法添加物等情况的调查报告

调研单位：国家粮食局标准质量中心

调研组成员：龙伶俐　严　涛　李　玥　赵滨敬　于　涛　温朝晖　丁乐民

调研报告题目：对地方国有粮食购销企业改革发展路径的思考

调研单位：河北省粮食局

调研组成员：刘志安　李新年　龚军强　许　兵

调研报告题目：转变粮食流通产业发展方式　促进少数民族地区
　　　　　　　经济发展——对发展延边粮食流通产业的调查

调研单位：吉林省粮食局

调研组成员：李志敏　律永发　成　军　陈　阳　崔新民

调研报告题目：关于江苏省沛县国有粮食企业改革发展的调研报告

调研单位：江苏省粮食局

调研组成员：张国钧　李彦光

调研报告题目：关于浙江省早稻收购情况的调研报告

调研单位：浙江省粮食局

调研组成员：陈聪道　韩鹤忠　张如祖　王路平　孙　强　吴彤政　周　静

调研报告题目：2007～2009年江西农户粮情调查报告

调研单位：江西省粮食局

调研组成员：熊根泉　戴杭生　刘龙恩　袁志强　蒋　薇

调研报告题目：关于进一步加强湖北省粮食流通监督检查行政执
　　　　　　　法工作的调研和思考

调研单位：湖北省粮食局

调研组成员：卜崇军　丁乐民　田祖恩　肖　竞

调研报告题目：从乐山市金口河区粮食安全现状调查看粮食安全
　　　　　　　工作面临的危机与对策

调研单位：四川省粮食局

调研组成员：侯　勇　张书冬　王亚南　王海林　黄　敏　汪泽君

调研报告题目：沈阳市现代粮食流通产业发展目标任务研究

调研单位：辽宁省沈阳市粮食局

调研组成员：刁永桐　高　潮　吴　铭　高志新　满石彬　王子方　杨丽萍　李雅莲
　　　　　　　李　宾　严曙光　许　伟

调研报告题目：关于皖北四市粮食流通监督检查情况的调研思索

调研单位：安徽省淮北市粮食局

调研组成员：邹新民

调研报告题目：做大做强粮食产业　为全市粮食安全夯实基础

调研单位：甘肃省白银市粮食局

调研组成员：苗映青　高世玲

三等奖

调研报告题目：新疆粮食工作调研报告

调研单位：国家粮食局流通与科技发展司

调研组成员：郄建伟　孙鉴奇　何　毅　赵素丽　肖春阳　郁士祥　李福君　贺　伟
　　　　　　　秦玉云　杨　扬　齐朝富

调研报告题目：关于河南省食用植物油库存检查的专题调研报告

调研单位：国家粮食局监督检查司

调研组成员：任正晓　程传秀　赵文先　袁　辉　于英威　罗守全　张永刚　周晓耘

调研报告题目：陕西夏季粮油收购情况调研报告

调研单位：国家粮食局财务司

调研组成员：任正晓　王耀鹏　陶　英　徐广超　郭　峰

调研报告题目：食品加工过精过细损失巨大

调研单位：中国粮食行业协会

调研组成员：刘与忠　姚惠源　谢　健　刘　英　唐　炜　梁　昆

调研报告题目：关于北京地区稻谷储藏技术调研报告

调研单位：北京市粮食局

调研组成员：葛云瑞　石红兵　刘小青

调研报告题目：山西粮食安全再思考

调研单位：山西省粮食局

调研组成员：姚高宽

调研报告题目：关于长三角粮食信息平台建设运行情况的调查与思考

调研单位：上海市粮食局

调研组成员：姚　海　吴国梁　庄旦鸣　金巍巍　顾　全

调研报告题目：关于进一步落实和完善粮食财务政策促进粮食宏观
　　　　　　　调控的调研报告

调研单位：山东省粮食局

调研组成员：刘玉竹　李全军

调研报告题目：关于广东省"十一五"粮食流通情况的调研报告

调研单位：广东省粮食局

调研组成员：张　军　李　敏　林善为　胡连锋　魏松青　吴少宇　王鸿鸣　杨雪丽

调研报告题目：重庆三峡库区粮食供给安全的现状与对策

调研单位：重庆市商业委员会

调研组成员：蒋寿光　王　伶　张　年　周　斌　赵吉龙

调研报告题目：赴河北、福建两省考察调研报告

调研单位：贵州省粮食局

调研组成员：沈　健　章　萍　王鲁黔　焦　军　杨洪立　王世祥　曹　洋

调研报告题目：关于云南粮食收购资格许可工作情况的调研报告

调研单位：云南省粮食局

调研组成员：何庄元　李　昆　左兴顺　夏　渊　张　昊

调研报告题目：陕西省粮油仓储设施建设调研报告

调研单位：陕西省粮食局

调研组成员：岳万民　闫国强　李　晶

调研报告题目：关于近期青海省粮油市场行情及调控措施的调研报告

调研单位：青海省粮食局

调研组成员：顾艳华　乔正善　郭亚辉　阿　鹰　王秀娟　但启淮　侯　勇　李　莎
　　　　　　李　军　张小娟　杨文利

调研报告题目：关于保障我区粮食安全的几点思考

调研单位：宁夏回族自治区粮食局

调研组成员：赵银祥

调研报告题目：加强粮食流通市场监管　认真做好秋粮收购工作

调研单位：新疆维吾尔自治区阿克苏地区粮食局

调研组成员：刘力平　杨维兵

调研报告题目：发挥港口优势　推进莆田现代粮食物流和粮食
　　　　　　　批发市场建设

调研单位：福建省莆田市粮食局

调研组成员：陈长荣　林靖常　黄金国　赵鲜明

调研报告题目：衡阳市2010年粮食收购仓容问题调研报告

调研单位：湖南省衡阳市粮食局

调研组成员：邹学铭　彭定秋　张　畲　瞿　霞

粮食行业统计资料

表1	全国主要农作物播种面积（1978～2010年）					

单位:千公顷

年 份	粮食	稻谷	小麦	玉米	大豆	油料
1978	120587.2	34421	29183	19961	7144	6222
1979	119262.7	33873	29357	20133	7247	7051
1980	117234.267	33878	28844	20087	7226	7928
1981	114957.667	33295	28307	19425	8024	9134
1982	113462.4	33071	27955	18543	8419	9343
1983	114047.2	33136	29050	18824	7567	8390
1984	112883.933	33178	29576	18537	7286	8678
1985	108845.133	32070	29218	17694	7718	11800
1986	110932.6	32266	29616	19124	8295	11415
1987	111267.8	32193	28798	20212	8445	11181
1988	110122.6	31987	28785	19692	8120	10619
1989	112204.667	32700	29841	20353	8057	10504
1990	113465.867	33064	30753	21401	7560	10900
1991	112313.6	32590	30948	21574	7041	11530
1992	110559.7	32090	30496	21044	7221	11489
1993	110508.7	30355	30235	20694	9454	11142
1994	109543.7	30171	28981	21152	9222	12081
1995	110060.4	30744	28860	22776	8127	13102
1996	112547.92	31406	29611	24498	7471	12555
1997	112912.1	31765	30057	23775	8346	12381
1998	113787.4	31214	29774	25239	8500	12919
1999	113160.98	31283	28855	25904	7962	13906
2000	108462.54	29962	26653	23056	9307	15400
2001	106080.033	28812	24664	24282	9482	14631
2002	103890.827	28202	23908	24634	8720	14766
2003	99410.3697	26508	21997	24068	9313	14990
2004	101606.034	28379	21626	25446	9589	14431
2005	104278.38	28847	22793	26358	9591	14318
2006	104958	28938	23613	28463	9304	11738
2007	105638	28919	23721	29478	8754	11316
2008	106793	29241	23617	29864	9127	12825
2009	108986	29627	24291	31183	9190	13652
2010	109876	29873	24257	32500	8516	13890

数据来源：国家统计局统计资料。

表2		全国主要农作物产量（1978~2010年）				

单位：万吨

年 份	粮食	稻谷	小麦	玉米	大豆	油料
1978	30476.5	13693.0	5384.0	5594.5	756.5	521.8
1979	33211.5	14375.0	6273.0	6003.5	746.0	643.5
1980	32055.5	13990.5	5520.5	6260.0	794.0	769.1
1981	32502.0	14395.5	5964.0	5920.5	932.5	1020.5
1982	35450.0	16159.5	6847.0	6056.0	903.0	1181.7
1983	38727.5	16886.5	8139.0	6820.5	976.0	1055.0
1984	40730.5	17825.5	8781.5	7341.0	969.5	1191.0
1985	37910.8	16856.9	8580.5	6382.6	1050.0	1578.4
1986	39151.2	17222.4	9004.0	7085.6	1161.4	1473.8
1987	40297.7	17426.2	8590.2	7924.1	1246.5	1527.8
1988	39408.1	16910.7	8543.2	7735.1	1164.5	1320.3
1989	40754.9	18013.0	9080.7	7892.8	1022.7	1295.2
1990	44624.3	18933.1	9822.9	9681.9	1100.0	1613.2
1991	43529.3	18381.3	9595.3	9877.3	971.3	1638.3
1992	44265.8	18622.2	10158.7	9538.3	1030.4	1641.2
1993	45648.8	17751.4	10639.0	10270.4	1530.7	1803.9
1994	44510.1	17593.3	9929.7	9927.5	1599.9	1989.6
1995	46661.8	18522.6	10220.7	11198.6	1350.2	2250.3
1996	50453.5	19510.3	11056.9	12747.1	1322.4	2210.6
1997	49417.1	20073.5	12328.9	10430.9	1473.2	2157.4
1998	51229.5	19871.3	10972.6	13295.4	1515.2	2313.9
1999	50838.6	19848.7	11388.0	12808.6	1424.5	2601.2
2000	46217.5	18790.8	9963.6	10600.0	1540.9	2954.8
2001	45263.7	17758.0	9387.3	11408.8	1540.6	2864.9
2002	45705.8	17453.9	9029.0	12130.8	1650.5	2897.2
2003	43069.5	16065.6	8648.8	11583.0	1539.3	2811.0
2004	46946.9	17908.8	9195.2	13028.7	1740.1	3065.9
2005	48402.2	18058.8	9744.5	13936.5	1634.8	3077.1
2006	49804.2	18171.8	10846.6	15160.3	1508.2	2640.3
2007	50160.3	18603.4	10929.8	15230.0	1272.5	2568.7
2008	52870.9	19189.6	11246.4	16591.4	1554.2	2952.8
2009	53082.1	19510.3	11511.5	16397.4	1498.2	3154.3
2010	54647.7	19576.1	11518.1	17724.5	1508.3	3230.1

数据来源：国家统计局统计资料。

| 表3 | 全国主要农作物单位面积产量（1978～2010年） |

单位:公斤/公顷

年 份	粮食	稻谷	小麦	玉米	大豆	油料
1978	2527.3	3978.1	1844.9	2802.7	1059.0	838.6
1979	2784.7	4243.8	2136.8	2981.9	1029.4	912.7
1980	2734.3	4129.6	1913.9	3116.4	1098.8	970.0
1981	2827.3	4323.7	2106.9	3047.9	1162.2	1117.2
1982	3124.4	4886.3	2449.3	3265.9	1072.6	1264.8
1983	3395.7	5096.1	2801.7	3623.3	1289.8	1257.4
1984	3608.2	5372.6	2969.1	3960.3	1330.6	1372.5
1985	3483.0	5256.3	2936.7	3607.2	1360.5	1337.7
1986	3529.3	5337.6	3040.2	3705.1	1400.2	1291.1
1987	3621.7	5413.1	2982.9	3920.6	1476.0	1366.5
1988	3578.6	5286.7	2968.0	3928.1	1434.1	1243.3
1989	3632.2	5508.5	3043.0	3877.9	1269.3	1233.1
1990	3932.8	5726.1	3194.1	4523.9	1455.1	1479.9
1991	3875.7	5640.2	3100.5	4578.3	1379.5	1421.0
1992	4003.8	5803.1	3331.2	4532.7	1427.0	1428.4
1993	4130.8	5847.9	3518.8	4963.0	1619.1	1619.0
1994	4063.2	5831.1	3426.3	4693.4	1734.9	1646.9
1995	4239.7	6024.8	3541.5	4916.9	1661.4	1717.6
1996	4482.8	6212.4	3734.1	5203.3	1770.2	1760.7
1997	4376.6	6319.4	4101.9	4387.3	1765.1	1742.5
1998	4502.2	6366.2	3685.3	5267.8	1782.5	1791.0
1999	4492.6	6344.8	3946.6	4944.7	1789.2	1870.5
2000	4261.2	6271.6	3738.2	4597.5	1655.7	1918.7
2001	4266.9	6163.3	3806.1	4698.4	1624.8	1958.1
2002	4399.4	6189.0	3776.5	4924.5	1892.9	1962.0
2003	4332.5	6060.7	3931.8	4812.6	1652.9	1875.2
2004	4620.5	6310.6	4251.9	5120.2	1814.8	2124.6
2005	4641.6	6260.2	4275.3	5287.3	1704.5	2149.2
2006	4745.2	6279.6	4593.4	5326.3	1620.9	2249.3
2007	4748.3	6433.0	4607.7	5166.7	1453.7	2270.0
2008	4950.8	6562.5	4762.0	5555.7	1702.8	2302.3
2009	4870.6	6585.3	4739.0	5258.5	1630.2	2310.5
2010	4973.6	6553.0	4748.4	5453.7	1771.2	2325.6

数据来源:国家统计局统计资料。

| 表4 | 各地区粮食播种面积（2009~2010年） | | | |

单位：千公顷

| 地 区 | 2009年 | 2010年 | 2010年比2009年增加 | |
			绝对数	%
全国总计	108985.8	109876.1	890.3	0.8
东部地区	24734.9	24841.1	106.2	0.4
中部地区	31852.1	32112.4	260.3	0.8
西部地区	33456.0	33796.4	340.4	1.0
东北地区	18942.8	19126.2	183.4	1.0
北 京	226.3	223.5	−2.8	−1.2
天 津	306.6	311.8	5.1	1.7
河 北	6216.5	6282.2	65.7	1.1
山 西	3146.7	3239.2	92.6	2.9
内 蒙 古	5424.0	5498.7	74.7	1.4
辽 宁	3124.1	3179.3	55.2	1.8
吉 林	4427.7	4492.2	64.5	1.5
黑 龙 江	11391.0	11454.7	63.7	0.6
上 海	193.3	179.2	−14.1	−7.3
江 苏	5272.0	5282.4	10.3	0.2
浙 江	1290.1	1275.8	−14.3	−1.1
安 徽	6605.6	6616.4	10.8	0.2
福 建	1231.0	1232.3	1.3	0.1
江 西	3604.6	3639.1	34.5	1.0
山 东	7030.1	7084.8	54.7	0.8
河 南	9683.6	9740.2	56.6	0.6
湖 北	4012.5	4068.4	55.8	1.4
湖 南	4799.1	4809.1	10.0	0.2
广 东	2538.5	2531.9	−6.6	−0.3
广 西	3067.5	3061.1	−6.4	−0.2
海 南	430.4	437.2	6.8	1.6
重 庆	2229.5	2243.9	14.4	0.6
四 川	6419.4	6402.0	−17.4	−0.3
贵 州	2984.7	3039.5	54.8	1.8
云 南	4200.1	4274.4	74.3	1.8
西 藏	169.4	170.2	0.7	0.4
陕 西	3134.0	3159.7	25.7	0.8
甘 肃	2740.0	2799.8	59.8	2.2
青 海	275.7	274.5	−1.2	−0.4
宁 夏	826.9	844.1	17.2	2.1
新 疆	1984.7	2028.6	43.9	2.2

数据来源：国家统计局统计资料。

表5	各 地 区 粮 食 总 产 量（2009～2010年）			

单位: 万吨

地　区	2009年	2010年	2010年比2009年增加	
			绝对数	%
全国总计	53082.1	54647.7	1565.6	2.9
东部地区	13817.4	13869.9	52.5	0.4
中部地区	16615.2	16720.7	105.4	0.6
西部地区	14245.4	14436.4	191.0	1.3
东北地区	8404.0	9620.7	1216.7	14.5
北　京	124.8	115.7	−9.1	−7.3
天　津	156.3	159.7	3.5	2.2
河　北	2910.2	2975.9	65.7	2.3
山　西	942.0	1085.1	143.1	15.2
内蒙古	1981.7	2158.2	176.5	8.9
辽　宁	1591.0	1765.4	174.4	11.0
吉　林	2460.0	2842.5	382.5	15.5
黑龙江	4353.0	5012.8	659.8	15.2
上　海	121.7	118.4	−3.3	−2.7
江　苏	3230.1	3235.1	5.0	0.2
浙　江	789.2	770.7	−18.5	−2.3
安　徽	3069.9	3080.5	10.6	0.3
福　建	666.9	661.9	−5.0	−0.7
江　西	2002.6	1954.7	−47.9	−2.4
山　东	4316.3	4335.7	19.4	0.4
河　南	5389.0	5437.1	48.1	0.9
湖　北	2309.1	2315.8	6.7	0.3
湖　南	2902.7	2847.5	−55.2	−1.9
广　东	1314.5	1316.5	2.0	0.2
广　西	1463.2	1412.3	−50.9	−3.5
海　南	187.6	180.4	−7.2	−3.8
重　庆	1137.2	1156.1	18.9	1.7
四　川	3194.6	3222.9	28.3	0.9
贵　州	1168.3	1112.3	−56.0	−4.8
云　南	1576.9	1531.0	−45.9	−2.9
西　藏	90.5	91.2	0.7	0.7
陕　西	1131.4	1164.9	33.5	3.0
甘　肃	906.2	958.3	52.1	5.7
青　海	102.7	102.0	−0.7	−0.7
宁　夏	340.7	356.5	15.8	4.6
新　疆	1152.0	1170.7	18.7	1.6

数据来源：国家统计局统计资料。

| 表6 | 各地区粮食单位面积产量（2009～2010年） | | | |

单位：公斤/公顷

地　区	2009年	2010年	2010年比2009年增加	
			绝对数	%
全国总计	4870.6	4973.6	103.0	2.1
东部地区	5586.2	5583.5	−2.7	0.0
中部地区	5216.4	5206.9	−9.5	−0.2
西部地区	4258.0	4271.6	13.6	0.3
东北地区	4436.5	5030.1	593.6	13.4
北　京	5513.7	5176.5	−337.2	−6.1
天　津	5096.9	5123.5	26.6	0.5
河　北	4681.4	4737.0	55.7	1.2
山　西	2993.6	3349.9	356.2	11.9
内蒙古	3653.6	3924.9	271.3	7.4
辽　宁	5092.7	5552.8	460.1	9.0
吉　林	5555.9	6327.6	771.6	13.9
黑龙江	3821.4	4376.2	554.8	14.5
上　海	6295.9	6607.9	312.0	5.0
江　苏	6126.9	6124.3	−2.5	0.0
浙　江	6117.0	6040.5	−76.5	−1.3
安　徽	4647.4	4655.8	8.4	0.2
福　建	5417.2	5371.2	−46.0	−0.8
江　西	5555.6	5371.3	−184.3	−3.3
山　东	6139.8	6119.7	−20.1	−0.3
河　南	5565.1	5582.1	17.1	0.3
湖　北	5754.7	5692.2	−62.5	−1.1
湖　南	6048.4	5921.0	−127.4	−2.1
广　东	5178.3	5199.5	21.3	0.4
广　西	4770.0	4613.8	−156.2	−3.3
海　南	4358.5	4125.8	−232.7	−5.3
重　庆	5100.7	5152.2	51.5	1.0
四　川	4976.5	5034.2	57.7	1.2
贵　州	3914.2	3659.5	−254.7	−6.5
云　南	3754.5	3581.8	−172.7	−4.6
西　藏	5343.2	5360.0	16.8	0.3
陕　西	3610.1	3686.7	76.6	2.1
甘　肃	3307.3	3422.8	115.5	3.5
青　海	3724.4	3715.7	−8.7	−0.2
宁　夏	4120.3	4223.7	103.4	2.5
新　疆	5804.4	5770.9	−33.5	−0.6

数据来源：国家统计局统计资料。

| 表7 | | | 2010年各地区分季粮食播种面积和产量（一） | | | |

单位:千公顷；万吨；公斤/公顷

地 区	全 年 粮 食 总 计			1. 夏 收 粮 食		
	播种面积	总 产 量	每公顷产量	播种面积	总 产 量	每公顷产量
全国总计	109876.1	54647.7	4973.6	27440.3	12315.0	4487.9
东部地区	24841.1	13869.9	5583.5	9151.2	4737.2	5176.6
中部地区	32112.4	16720.7	5206.9	9988.0	5023.5	5029.6
西部地区	33796.4	14436.4	4271.6	8241.6	2515.1	3051.8
东北地区	19126.2	9620.7	5030.1	59.5	39.2	6588.2
北 京	223.5	115.7	5176.5	61.6	28.4	4608.8
天 津	311.8	159.7	5123.5	110.5	53.2	4814.0
河 北	6282.2	2975.9	4737.0	2455.2	1243.7	5065.6
山 西	3239.2	1085.1	3349.9	751.3	234.2	3118.0
内 蒙 古	5498.7	2158.2	3924.9	0.0	0.0	0.0
辽 宁	3179.3	1765.4	5552.8	59.5	39.2	6588.2
吉 林	4492.2	2842.5	6327.6	0.0	0.0	0.0
黑 龙 江	11454.7	5012.8	4376.2	0.0	0.0	0.0
上 海	179.2	118.4	6607.9	59.6	23.0	3853.4
江 苏	5282.4	3235.1	6124.3	2340.4	1105.3	4722.8
浙 江	1275.8	770.7	6040.5	176.1	59.1	3354.7
安 徽	6616.4	3080.5	4655.8	2408.3	1211.7	5031.1
福 建	1232.3	661.9	5371.2	86.2	31.7	3671.2
江 西	3639.1	1954.7	5371.3	56.9	7.4	1300.5
山 东	7084.8	4335.7	6119.7	3564.3	2060.0	5779.5
河 南	9740.1	5437.1	5582.1	5306.7	3090.7	5824.2
湖 北	4068.4	2315.8	5692.2	1266.5	420.6	3321.1
湖 南	4809.1	2847.5	5921.0	198.3	58.9	2970.2
广 东	2531.9	1316.5	5199.5	224.1	103.7	4627.8
广 西	3061.1	1412.3	4613.8	91.1	16.7	1834.9
海 南	437.2	180.4	4125.8	73.2	29.1	3983.6
重 庆	2243.9	1156.1	5152.2	524.1	155.6	2968.8
四 川	6402.0	3222.9	5034.2	1787.3	558.9	3127.1
贵 州	3039.5	1112.3	3659.5	950.3	166.8	1755.4
云 南	4274.4	1531.0	3581.8	1122.4	127.7	1137.6
西 藏	170.2	91.2	5360.0	0.0	0.0	0.0
陕 西	3159.7	1164.9	3686.7	1320.7	449.3	3402.1
甘 肃	2799.8	958.3	3422.8	1053.2	330.8	3140.9
青 海	274.5	102.0	3715.7	0.0	0.0	0.0
宁 夏	844.1	356.5	4223.7	243.6	73.3	3008.9
新 疆	2028.6	1170.7	5770.9	1149.0	636.0	5535.8

数据来源：国家统计局统计资料。

表7	2010年各地区分季粮食播种面积和产量（二）

单位:千公顷；万吨；公斤/公顷

地区	2.早 稻 播种面积	总 产 量	每公顷产量	3.秋 粮 播种面积	总 产 量	每公顷产量
全国总计	5795.8	3133.7	5406.8	76640.0	39199.0	5114.7
东部地区	1407.4	766.2	5444.2	14282.5	8366.6	5857.9
中部地区	3383.6	1810.0	5349.3	18740.9	9887.2	5275.7
西部地区	1004.9	557.5	5547.9	24549.9	11363.8	4628.9
东北地区	0.0	0.0	0.0	19066.7	9581.5	5025.2
北 京	0.0	0.0	0.0	161.9	87.3	5392.6
天 津	0.0	0.0	0.0	201.3	106.5	5293.4
河 北	0.0	0.0	0.0	3827.0	1732.2	4526.2
山 西	0.0	0.0	0.0	2488.0	850.9	3419.9
内蒙古	0.0	0.0	0.0	5498.7	2158.2	3924.9
辽 宁	0.0	0.0	0.0	3119.8	1726.2	5533.0
吉 林	0.0	0.0	0.0	4492.2	2842.5	6327.6
黑龙江	0.0	0.0	0.0	11454.7	5012.8	4376.2
上 海	0.0	0.0	0.0	119.6	95.4	7981.1
江 苏	0.0	0.0	0.0	2942.0	2129.8	7239.3
浙 江	117.6	63.4	5393.6	982.1	648.2	6599.5
安 徽	263.4	140.3	5327.8	3944.7	1728.5	4381.8
福 建	208.0	120.3	5782.9	938.0	509.9	5436.2
江 西	1401.1	705.5	5035.4	2181.2	1241.8	5693.3
山 东	0.0	0.0	0.0	3520.5	2275.7	6464.1
河 南	0.0	0.0	0.0	4433.5	2346.4	5292.4
湖 北	358.6	199.6	5566.9	2443.3	1695.6	6939.7
湖 南	1360.5	764.5	5619.3	3250.3	2024.1	6227.4
广 东	941.3	511.1	5429.5	1366.5	701.7	5134.9
广 西	964.8	531.5	5508.9	2005.2	864.1	4309.4
海 南	140.4	71.4	5083.5	223.7	79.9	3571.1
重 庆	0.0	0.0	0.0	1719.8	1000.50	5817.6
四 川	1.2	0.7	5833.3	4613.5	2663.3	5772.8
贵 州	0.0	0.0	0.0	2089.2	945.5	4525.6
云 南	38.9	25.3	6506.4	3113.1	1378.0	4426.5
西 藏	0.0	0.0	0.0	170.2	91.2	5360.0
陕 西	0.0	0.0	0.0	1839.0	715.6	3891.2
甘 肃	0.0	0.0	0.0	1746.6	627.5	3592.7
青 海	0.0	0.0	0.0	274.5	102.0	3715.7
宁 夏	0.0	0.0	0.0	600.4	283.2	4716.5
新 疆	0.0	0.0	0.0	879.7	534.7	6078.1

数据来源：国家统计局统计资料。

表8　2010年各地区分品种粮食播种面积和产量（一）

单位:千公顷；万吨；公斤/公顷

地区	谷　物			（一）稻谷		
	播种面积	总产量	每公顷产量	播种面积	总产量	每公顷产量
全国总计	89850.6	49637.1	5524.4	29873.4	19576.1	6553.0
东部地区	22496.8	12955.1	5758.6	6621.7	4425.3	6683.1
中部地区	28395.6	15886.5	5594.7	12261.5	7777.2	6342.8
西部地区	24685.0	12179.5	4934.0	6870.3	4503.6	6555.2
东北地区	14273.2	8616.0	6036.5	4119.9	2870.0	6966.2
北　京	213.6	113.2	5296.9	0.3	0.2	6333.3
天　津	296.3	157.4	5310.8	15.8	11.2	7093.1
河　北	5831.8	2844.3	4877.2	79.7	54.2	6805.1
山　西	2714.8	1035.2	3813.0	1.0	0.5	4423.1
内蒙古	3707.7	1821.2	4912.0	92.2	74.8	8115.0
辽　宁	2948.3	1677.1	5688.4	677.5	457.6	6754.2
吉　林	3865.0	2654.1	6867.0	673.5	568.5	8440.6
黑龙江	7459.9	4284.8	5743.7	2768.8	1843.9	6659.5
上　海	172.5	116.3	6738.7	108.5	90.3	8327.6
江　苏	4887.0	3110.4	6364.6	2234.2	1807.9	8091.9
浙　江	1052.5	699.0	6641.0	923.2	648.2	7021.0
安　徽	5424.4	2911.2	5366.7	2245.4	1383.4	6161.2
福　建	903.1	525.8	5822.7	854.8	507.9	5942.0
江　西	3350.0	1869.7	5581.2	3318.4	1858.3	5599.9
山　东	6670.7	4105.3	6154.3	128.2	106.4	8294.3
河　南	8920.9	5207.1	5837.0	628.0	471.2	7503.0
湖　北	3602.0	2174.1	6035.9	2038.2	1557.8	7643.2
湖　南	4383.4	2689.2	6135.0	4030.5	2506.0	6217.6
广　东	2123.9	1135.9	5348.1	1952.7	1060.6	5431.3
广　西	2648.0	1332.5	5032.1	2094.4	1121.3	5353.5
海　南	345.5	147.6	4271.8	324.3	138.5	4269.7
重　庆	1319.7	822.1	6229.4	683.9	518.57	7582.6
四　川	4781.6	2656.9	5556.5	2004.5	1512.1	7543.5
贵　州	1831.2	911.6	4978.2	695.8	445.7	6404.8
云　南	3063.4	1278.0	4171.7	1021.0	616.6	6038.9
西　藏	163.0	88.5	5429.8	1.0	0.6	6020.4
陕　西	2610.6	1042.1	3991.7	121.6	81.0	6662.0
甘　肃	1955.5	737.7	3772.3	5.8	4.1	7049.7
青　海	151.6	57.0	3755.9	0.0	0.0	0.0
宁　夏	573.4	310.3	5410.5	83.2	70.0	8416.3
新　疆	1879.4	1121.9	5969.5	66.9	59.0	8812.2

数据来源:国家统计局统计资料。

表8	2010年各地区分品种粮食播种面积和产量（二）

单位:千公顷；万吨；公斤/公顷

地 区	（二）小 麦			其中：冬 小 麦		
	播种面积	总产量	每公顷产量	播种面积	总产量	每公顷产量
全国总计	24256.5	11518.1	4748.4	22551.5	10886.3	4827.3
东部地区	8367.4	4424.1	5287.3	8355.9	4419.1	5288.6
中部地区	9423.8	4876.2	5174.3	9423.2	4876.0	5174.4
西部地区	6174.2	2120.3	3434.2	4772.4	1591.2	3334.1
东北地区	291.1	97.4	3347.5	0.0	0.0	0.0
北 京	61.6	28.4	4609.5	61.6	28.4	4609.4
天 津	110.5	53.2	4814.0	103.5	50.1	4838.7
河 北	2420.3	1230.6	5084.5	2415.9	1228.8	5086.3
山 西	728.5	232.2	3188.1	727.9	232.0	3187.7
内 蒙 古	566.2	165.2	2918.4	0.0	0.0	0.0
辽 宁	7.5	3.7	4933.3	0.0	0.0	0.0
吉 林	3.6	1.2	3473.2	0.0	0.0	0.0
黑 龙 江	280.0	92.5	3303.4	0.0	0.0	0.0
上 海	49.4	19.3	3896.8	49.4	19.3	3896.8
江 苏	2093.1	1008.1	4816.4	2093.1	1008.1	4816.4
浙 江	66.2	24.7	3729.8	66.2	24.7	3729.8
安 徽	2365.7	1206.7	5100.8	2365.7	1206.7	5100.8
福 建	3.6	1.0	2840.1	3.6	1.0	2840.1
江 西	10.4	2.1	2030.8	10.4	2.1	2030.8
山 东	3561.9	2058.6	5779.5	3561.8	2058.6	5779.5
河 南	5280.0	3082.2	5837.5	5280.0	3082.2	5837.5
湖 北	1000.1	343.1	3430.3	1000.1	343.1	3430.3
湖 南	39.2	9.9	2525.5	39.2	9.9	2525.5
广 东	0.9	0.2	2825.6	0.9	0.2	2825.6
广 西	4.2	0.6	1357.1	4.2	0.6	1357.1
海 南	0.0	0.0	0.0	0.0	0.0	0.0
重 庆	150.5	45.9	3051.2	150.5	45.9	3051.2
四 川	1265.7	427.7	3379.2	1256.5	425.4	3385.6
贵 州	260.8	24.8	952.2	260.8	24.8	952.2
云 南	428.9	46.0	1072.0	426.8	45.4	1063.0
西 藏	37.1	24.3	6553.3	28.0	19.8	7054.2
陕 西	1148.9	403.8	3514.7	1148.9	403.8	3514.7
甘 肃	879.7	250.9	2852.3	593.4	148.1	2495.7
青 海	101.0	37.3	3692.6	0.0	0.0	0.0
宁 夏	211.4	70.3	3327.3	101.5	31.1	3064.1
新 疆	1120.0	623.5	5566.8	801.7	446.3	5566.9

数据来源：国家统计局统计资料。

| 表8 | 2010年各地区分品种粮食播种面积和产量（三） |

单位:千公顷；万吨；公斤/公顷

地 区	（三）玉 米			（四）谷 子		
	播种面积	总 产 量	每公顷产量	播种面积	总 产 量	每公顷产量
全国总计	32500.1	17724.5	5453.7	808.7	157.3	1945.6
东部地区	6941.3	3947.7	5687.2	174.5	45.1	2584.5
中部地区	6098.6	3151.1	5166.9	241.5	30.4	1259.9
西部地区	9952.1	5146.9	5171.6	272.3	42.8	1571.2
东北地区	9508.1	5478.9	5762.3	120.4	39.0	3242.5
北 京	149.8	84.2	5620.5	1.5	0.3	1948.1
天 津	168.9	92.7	5489.8	0.1	0.0	3333.3
河 北	3008.6	1508.7	5014.7	154.8	39.3	2537.6
山 西	1548.9	766.0	4945.3	205.0	20.3	990.4
内 蒙 古	2485.6	1465.7	5896.7	174.2	25.9	1485.2
辽 宁	2093.0	1150.5	5496.9	76.8	24.7	3216.1
吉 林	3046.7	2004.0	6577.5	31.9	10.2	3205.9
黑 龙 江	4368.4	2324.4	5321.0	11.7	4.1	3516.3
上 海	4.4	3.0	6659.1	0.0	0.0	0.0
江 苏	403.7	218.5	5412.0	0.1	0.0	1485.0
浙 江	27.3	12.2	4455.4	0.0	0.0	0.0
安 徽	761.1	312.7	4109.1	0.1	0.0	444.3
福 建	40.1	15.2	3793.3	0.1	0.0	3104.7
江 西	18.2	8.4	4642.5	0.0	0.0	0.0
山 东	2955.3	1932.1	6537.7	17.6	5.4	3054.1
河 南	2946.0	1634.8	5549.2	36.4	10.1	2779.8
湖 北	531.4	261.0	4912.1	0.1	0.0	1666.7
湖 南	293.0	168.1	5737.2	0.0	0.0	0.0
广 东	162.3	72.1	4442.9	0.3	0.1	2362.8
广 西	538.6	208.7	3874.8	2.7	0.7	2481.8
海 南	21.0	9.1	4322.8	0.0	0.0	0.0
重 庆	461.9	251.6	5446.4	0.0	0.0	0.0
四 川	1355.4	669.0	4935.8	0.0	0.0	0.0
贵 州	781.1	415.4	5318.3	1.5	0.2	1533.3
云 南	1417.8	613.0	4323.5	0.3	0.0	1290.3
西 藏	4.2	2.8	6540.3	0.0	0.0	0.0
陕 西	1182.4	532.2	4501.0	74.7	12.2	1637.2
甘 肃	835.5	390.4	4672.8	12.4	2.0	1625.1
青 海	12.3	10.7	8702.4	0.0	0.0	0.0
宁 夏	223.4	165.8	7421.6	5.4	0.4	747.7
新 疆	653.8	421.6	6448.4	1.1	1.3	11681.4

数据来源：国家统计局统计资料。

| 表8 | | | 2010年各地区分品种粮食播种面积和产量（四） | | |

单位:千公顷；万吨；公斤/公顷

地　区	（五）高　粱			（六）大　豆		
	播种面积	总产量	每公顷产量	播种面积	总产量	每公顷产量
全国总计	547.7	245.6	4484.9	8515.8	1508.3	1771.2
东部地区	24.0	7.0	2922.2	736.8	173.0	2348.2
中部地区	45.2	8.6	1904.0	1877.8	289.9	1543.6
西部地区	287.3	110.2	3837.3	1853.0	339.8	1833.5
东北地区	191.2	119.8	6264.8	4048.0	705.7	1743.2
北　京	0.3	0.1	2812.5	6.4	1.1	1669.3
天　津	0.8	0.2	1875.0	14.1	1.9	1327.2
河　北	16.2	4.6	2803.5	147.9	27.7	1872.6
山　西	34.1	5.3	1560.6	195.1	15.5	792.0
内蒙古	147.9	56.4	3814.6	812.0	133.4	1642.7
辽　宁	70.6	35.2	4985.8	123.4	34.1	2763.4
吉　林	95.6	66.8	6988.1	376.8	86.6	2297.7
黑龙江	25.0	17.8	7111.4	3547.9	585.0	1648.9
上　海	0.0	0.0	0.0	4.2	1.1	2600.5
江　苏	0.0	0.0	2340.0	226.9	59.8	2637.0
浙　江	0.0	0.0	0.0	52.6	13.0	2465.8
安　徽	1.0	0.2	1998.7	938.9	119.8	1276.3
福　建	1.5	0.6	4304.8	61.1	14.4	2363.8
江　西	0.9	0.4	3977.3	99.1	20.4	2062.4
山　东	5.1	1.6	3063.2	156.9	38.6	2458.9
河　南	3.9	0.4	909.1	453.0	86.4	1906.7
湖　北	2.9	1.4	4793.1	102.0	25.7	2518.1
湖　南	2.5	1.0	—	89.8	22.1	2461.0
广　东	0.1	0.0	3938.9	63.6	14.7	2311.9
广　西	2.3	0.7	2844.8	108.8	16.7	1534.4
海　南	0.0	0.0	3294.9	3.1	0.8	2442.7
重　庆	14.5	4.0	2744.3	91.2	18.1	1987.1
四　川	46.4	19.5	4202.6	221.1	53.1	2401.6
贵　州	47.8	17.4	3632.0	131.8	16.0	1213.1
云　南	2.7	0.3	1176.5	128.4	27.1	2114.0
西　藏	0.0	0.0	0.0	0.1	0.1	3571.4
陕　西	9.5	3.0	3200.0	178.6	39.7	2223.4
甘　肃	10.3	5.2	5043.6	90.4	15.9	1755.4
青　海	0.0	0.0	0.0	0.0	0.0	0.0
宁　夏	0.1	0.0	1250.0	16.4	1.0	586.1
新　疆	5.8	3.8	6521.7	74.3	18.8	2523.2

数据来源：国家统计局统计资料。

| 表9 | 2010年各地区油料作物播种面积和产量（一） |

单位:千公顷；吨；公斤/公顷

地区	2009年			2010年		
	播种面积	总产量	每公顷产量	播种面积	总产量	每公顷产量
全国总计	13653.9	31542893	2310.2	13889.6	32301308	2325.6
东部地区	2593.8	8090122	3119.1	2571.1	8026701	3121.9
中部地区	5980.7	13856649	2316.9	6057.1	14005548	2312.3
西部地区	4356.2	8257069	1895.5	4443.8	8293305	1866.3
东北地区	723.3	1339053	1851.3	817.7	1975753	2416.3
北　京	6.1	18136	2968.2	5.4	15528	2880.9
天　津	2.0	5412	2719.6	2.2	6437	2939.3
河　北	496.6	1432691	2885.0	464.4	1402880	3021.0
山　西	169.9	170188	1001.5	157.0	175892	1120.7
内蒙古	702.2	1196204	1703.6	693.6	1281483	1847.7
辽　宁	277.3	553499	1995.7	347.4	995980	2866.7
吉　林	242.9	503976	2074.4	303.1	704449	2324.3
黑龙江	203.0	281578	1387.0	167.2	275324	1647.1
上　海	15.5	33879	2192.8	10.3	22929	2226.1
江　苏	593.3	1622317	2734.3	574.4	1519720	2646.0
浙　江	210.1	432433	2057.8	208.8	394701	1890.8
安　徽	968.8	2403472	2480.8	944.3	2276036	2410.4
福　建	110.4	262662	2378.8	111.7	266442	2386.2
江　西	716.4	1020240	1424.1	731.7	1075715	1470.1
山　东	787.6	3345121	4247.0	815.9	3421584	4193.5
河　南	1541.2	5329800	3458.2	1564.1	5407248	3457.1
湖　北	1455.0	3140500	2158.4	1448.7	3118038	2152.3
湖　南	1129.3	1792449	1587.3	1211.4	1952619	1611.9
广　东	331.4	846429	2553.9	337.4	881616	2612.8
广　西	181.2	420771	2322.6	192.9	458067	2374.6
海　南	40.7	91042	2238.6	40.7	94864	2331.0
重　庆	237.0	405388	1710.3	255.2	444499	1743.2
四　川	1205.3	2617646	2171.7	1218.9	2685235	2203.0
贵　州	513.1	786782	1533.3	529.1	603365	1140.3
云　南	317.3	501562	1580.9	333.3	342253	1026.9
西　藏	24.5	57855	2362.4	24.0	58647	2441.6
陕　西	295.5	543788	1840.4	301.2	560750	1861.5
甘　肃	351.9	585447	1663.8	345.7	640537	1852.8
青　海	172.4	366016	2122.9	177.9	343816	1933.0
宁　夏	85.8	136473	1590.6	98.8	208453	2109.8
新　疆	270.1	639137	2366.7	273.4	666200	2437.0

数据来源：国家统计局统计资料。

| 表9 | 2010年各地区油料作物播种面积和产量（二） | | | | | |

单位:千公顷；吨；公斤/公顷

地区	其中:花生			油菜籽		
	播种面积	总产量	每公顷产量	播种面积	总产量	每公顷产量
全国总计	4527.3	15643871	3455.5	7369.7	13081860	1775.1
东部地区	1767.8	6349766	3591.8	703.5	1555451	2211.0
中部地区	1647.9	6486650	3936.3	3885.9	6862619	1766.0
西部地区	621.1	1425851	2295.6	2779.2	4661397	1677.3
东北地区	490.4	1381604	2817.1	1.1	2392	2174.5
北　京	5.0	15042.0	2990.5	0.1	22.0	440.0
天　津	1.4	5002.0	3572.9	0.0	0.0	0.0
河　北	367.4	1292279	3517.4	22.0	28907	1311.6
山　西	9.0	21085	2332.4	6.1	6360	1047.8
内蒙古	16.5	28812	1751.4	223.4	223943	1002.6
辽　宁	332.4	961477	2892.9	0.3	546	1950.0
吉　林	135.4	370861.0	2738.6	0.0	0.0	0.0
黑龙江	22.7	49266	2175.1	0.8	1846	2251.2
上　海	0.9	2458	2761.8	9.3	20371	2195.2
江　苏	103.4	376960	3646.0	460.1	1124437	2444.0
浙　江	19.0	53708	2826.7	184.5	332581	1803.0
安　徽	194.6	864012	4439.8	691.0	1337270	1935.3
福　建	99.1	250291	2526.7	11.2	14521	1293.0
江　西	152.4	407959	2677.4	547.0	638423	1167.2
山　东	805.0	3390438	4211.8	9.5	26609	2792.1
河　南	989.5	4276133	4321.6	393.3	888652	2259.7
湖　北	189.3	644495	3405.3	1159.7	2325700	2005.4
湖　南	113.1	272966	2412.6	1088.9	1666214	1530.2
广　东	328.5	871254	2652.1	6.8	8003	1171.1
广　西	170.3	435045	2554.1	15.6	14696	943.3
海　南	38.2	92333.8	2419.9	0.0	0.0	0.0
重　庆	49.3	90527	1836.4	191.8	342193	1783.7
四　川	259.3	615347	2373.2	947.2	2052080	2166.4
贵　州	40.8	76804	1881.8	479.2	516189	1077.2
云　南	49.0	70074	1430.2	269.8	259822	963.2
西　藏	0.1	245	2450.0	23.9	58402	2441.6
陕　西	31.2	89844	2884.2	201.8	372741	1847.3
甘　肃	0.7	1690	2522.4	182.9	332217	1816.0
青　海	0.0	0.0	0.0	173.2	337323	1947.6
宁　夏	0.0	63	1575.0	0.2	392	1781.8
新　疆	4.0	17400	4350.0	70.2	151400	2158.2

数据来源：国家统计局统计资料。

| 表9 | 2010年各地区油料作物播种面积和产量（三） |

单位:千公顷；吨；公斤/公顷

地 区	胡 麻 籽			向 日 葵 籽		
	播种面积	总产量	每公顷产量	播种面积	总产量	每公顷产量
全国总计	324.4	352812	1087.5	984.0	2297979	2335.3
东部地区	41.0	27114	662.0	24.7	39415	1593.5
中部地区	62.8	55026	876.1	56.0	75685	1352.0
西部地区	220.6	270673	1226.7	684.4	1766531	2581.2
东北地区	0.0	0.0	0.0	218.9	416348	1901.8
北 京	0.0	0.0	0.0	0.3	425	1574.1
天 津	0.0	0.0	0.0	0.5	989	2104.3
河 北	41.0	27114	662.0	23.9	37613	1577.1
山 西	62.8	55026	876.1	43.0	57025	1324.9
内 蒙 古	48.3	29108	602.2	395.5	992088	2508.5
辽 宁	0.0	0.0	0.0	12.0	20507	1713.2
吉 林	0.0	0.0	0.0	150.1	290971	1938.0
黑龙江	0.0	0.0	0.0	56.8	104870	1846.0
上 海	0.0	0.0	0.0	0.0	0.0	0.0
江 苏	0.0	0.0	0.0	0.1	249	3112.5
浙 江	0.0	0.0	0.0	0.0	0.0	0.0
安 徽	0.0	0.0	0.0	0.0	10	1000.0
福 建	0.0	0.0	0.0	0.0	58	1300.4
江 西	0.0	0.0	0.0	0.8	899	1109.9
山 东	0.0	0.0	0.0	0.0	81	4050.0
河 南	0.0	0.0	0.0	5.4	10267	1897.8
湖 北	0.0	0.0	0.0	6.7	7451	1118.8
湖 南	0.0	0.0	0.0	0.1	33	660.0
广 东	0.0	0.0	0.0	0.0	0.0	0.0
广 西	0.0	0.0	0.0	1.8	2465	1400.6
海 南	0.0	0.0	0.0	0.0	0.0	0.0
重 庆	0.0	0.0	0.0	3.7	4258	1152.1
四 川	0.0	0.0	0.0	2.6	3530	1357.7
贵 州	0.0	8	2000.0	6.9	8946	1288.9
云 南	0.1	40	618.8	5.2	8345	1613.2
西 藏	0.0	0.0	0.0	0.0	0.0	0.0
陕 西	2.9	3321	1129.6	32.5	49396	1520.3
甘 肃	105.5	151492	1436.6	33.8	118964	3524.9
青 海	4.7	6493	1390.4	0.0	0.0	0.0
宁 夏	50.4	66911	1326.8	37.6	137339	3650.7
新 疆	8.8	13300	1520.0	164.9	441200	2676.0

数据来源：国家统计局统计资料。

表10			2010年各地区粮油产量及人均占有量排序					

单位:万吨；吨；公斤

地　区	粮食产量		粮食人均占有量		油料产量		油料人均占有量	
	绝对数	位次	绝对数	位次	绝对数	位次	绝对数	位次
全国总计	54647.7		408.7		32301308		24.16	
北　京	115.7	29	62	30	15528	30	0.84	30
天　津	159.7	27	127	29	6437	31	0.51	31
河　北	2975.9	7	419	11	1402880	8	19.73	16
山　西	1085.1	21	310	20	175892	26	5.03	28
内蒙古	2158.2	11	882	3	1281483	9	52.38	4
辽　宁	1765.4	13	406	13	995980	11	22.91	14
吉　林	2842.5	9	1036	2	704449	13	25.68	11
黑龙江	5012.8	2	1309	1	275324	23	7.19	27
上　海	118.4	28	56	31	22929	29	1.09	29
江　苏	3235.1	4	415	12	1519720	7	19.49	17
浙　江	770.7	23	145	27	394701	20	7.43	25
安　徽	3080.5	6	510	7	2276036	5	37.68	5
福　建	661.9	24	181	26	266442	24	7.28	26
江　西	1954.7	12	440	9	1075715	10	24.20	13
山　东	4335.7	3	455	8	3421584	2	35.92	6
河　南	5437.1	1	576	4	5407248	1	57.25	2
湖　北	2315.8	10	405	14	3118038	3	54.49	3
湖　南	2847.5	8	439	10	1952619	6	30.10	10
广　东	1316.5	16	131	28	881616	12	8.79	23
广　西	1412.3	15	299	23	458067	18	9.69	22
海　南	180.4	26	208	24	94864	27	10.96	21
重　庆	1156.1	19	403	15	444499	19	15.48	19
四　川	3222.9	5	397	16	2685235	4	33.10	8
贵　州	1112.3	20	306	22	603365	16	16.59	18
云　南	1531.0	14	334	18	342253	22	7.47	24
西　藏	91.2	31	309	21	58647	28	19.87	15
陕　西	1164.9	18	310	19	560750	17	14.94	20
甘　肃	958.3	22	369	17	640537	15	24.67	12
青　海	102.0	30	182	25	343816	21	61.40	1
宁　夏	356.5	25	568	5	208453	25	33.21	7
新　疆	1170.7	17	539	6	666200	14	30.70	9

数据来源：国家统计局统计资料。

表11	农产品生产价格指数（2005～2010年）					

（上年＝100）

指　标	2005年	2006年	2007年	2008年	2009年	2010年
农产品生产价格指数	101.4	101.2	118.5	114.1	97.6	110.9
农业产品	101.6	104.5	109.8	108.4	102.9	116.6
谷物	99.2	102.1	109.0	107.1	104.9	112.8
小麦	96.4	100.1	105.5	108.7	107.9	107.9
稻谷	101.6	102.0	105.4	106.6	105.2	112.8
玉米	98.0	103.0	115.0	107.3	98.5	116.1
大豆	94.2	99.2	124.2	119.7	92.3	107.9
油料	91.3	104.8	133.4	128.0	94.2	112.1
棉花	111.8	97.1	109.6	90.6	111.8	157.7
糖料	111.6	121.1	100.0	98.4	101.5	106.0
蔬菜	107.2	109.3	106.9	104.7	111.8	116.8
水果	107.4	111.4	101.3	101.4	107.0	118.9
林业产品	104.8	112.8	104.4	108.5	94.9	122.8
畜牧产品	100.5	94.3	131.4	123.9	90.1	103.0
猪（毛重）	97.6	90.6	145.9	130.8	81.6	98.3
牛（毛重）	101.7	100.6	117.5	123.6	101.0	104.7
羊（毛重）	101.7	101.8	121.0	118.8	101.1	108.7
家禽（毛重）	105.6	97.2	117.0	111.9	102.2	107.0
蛋类	106.4	96.0	115.9	112.2	102.8	107.5
奶类	99.6	102.9	106.2	125.5	91.6	115.3
渔业产品	104.7	103.9	108.1	111.2	99.0	107.6
海水鱼类	104.2	109.6	110.1	109.4	99.9	110.5
淡水鱼类	106.2	99.9	106.8	114.6	101.3	104.9

数据来源：国家统计局统计资料。

表12	各地区农产品生产价格指数（2005～2010年）					

（上年=100）

地 区	2005年	2006年	2007年	2008年	2009年	2010年
全 国	101.4	101.2	118.5	114.1	97.6	110.9
北 京	103.5	99.1	114.4	112.3	98.3	106.5
天 津	103.4	103.4	107.8	107.1	103.0	110.2
河 北	102.5	100.2	116.2	109.0	99.7	115.1
山 西	103.5	100.2	113.0	109.2	100.4	110.2
内蒙古	103.2	103.6	114.9	111.0	99.8	111.4
辽 宁	101.5	105.8	116.6	109.8	102.9	110.6
吉 林	100.3	104.6	114.0	104.5	103.8	111.8
黑龙江	101.0	100.0	119.9	117.0	98.1	109.2
上 海	105.7	101.9	110.2	109.7	102.2	107.1
江 苏	100.3	99.9	112.6	114.3	99.9	108.8
浙 江	105.9	102.7	108.6	112.9	100.3	114.8
安 徽	98.7	99.3	114.1	114.7	99.1	110.8
福 建	103.9	102.7	112.6	110.7	98.0	111.5
江 西	100.5	101.4	115.0	114.2	96.8	107.5
山 东	102.9	103.4	114.0	112.5	101.2	118.8
河 南	100.7	100.9	117.7	115.0	99.1	112.5
湖 北	100.3	99.5	117.0	117.0	96.3	112.3
湖 南	99.5	100.7	130.6	126.7	90.6	109.9
广 东	103.5	102.6	109.7	113.9	95.0	107.6
广 西	100.0	106.8	121.5	113.0	89.3	107.6
海 南	102.2	105.6	104.7	112.5	101.9	107.9
重 庆	100.0	93.6	121.8	120.2	89.0	103.2
四 川	103.2	102.7	120.8	118.4	96.9	105.9
贵 州	101.8	101.4	113.0	115.5	96.1	106.7
云 南	104.0	106.6	117.5	115.5	96.5	112.5
西 藏						
陕 西	104.9	103.2	115.4	111.2	95.8	121.7
甘 肃	103.1	102.6	111.4	114.0	100.2	113.8
青 海	103.3	104.5	119.0	114.9	94.6	124.3
宁 夏	103.3	101.2	115.0	118.7	99.4	117.0
新 疆	108.3	98.4	114.7	119.8	92.9	131.5

数据来源：国家统计局统计资料。

表13	人均主要农业产品产量（1978～2010年）					

单位：公斤

年 份	粮食	棉花	油料	糖料	水果	水产品
1978	318.7	2.3	5.5	24.9	6.9	4.9
1980	326.7	2.8	7.8	29.7	6.9	4.6
1985	360.7	3.9	15.0	57.5	11.1	6.7
1990	393.1	4.0	14.2	63.6	16.5	10.9
1991	378.3	4.9	14.2	73.2	18.9	11.7
1992	380.0	3.9	14.1	75.6	20.9	13.4
1993	387.4	3.2	15.3	64.7	25.6	15.5
1994	373.5	3.6	16.7	61.6	29.4	18.0
1995	387.3	4.0	18.7	65.9	35.0	20.9
1996	414.4	3.5	18.2	68.7	38.2	27.0
1997	401.7	3.7	17.5	76.3	41.4	25.4
1998	412.5	3.6	18.6	78.8	43.9	27.2
1999	405.8	3.1	20.8	66.5	49.8	28.5
2000	366.0	3.5	23.4	60.5	49.3	29.4
2001	355.9	4.2	22.5	68.1	52.3	29.9
2002	357.0	3.8	22.6	80.4	54.3	30.9
2003	334.3	3.8	21.8	74.8	112.7	31.6
2004	362.2	4.9	23.7	73.8	118.4	32.8
2005	371.3	4.4	23.6	72.5	123.6	33.9
2006	379.9	5.7	20.1	79.8	130.4	35.0
2007	380.6	5.8	19.5	92.5	137.6	36.0
2008	399.1	5.7	22.3	101.3	145.1	37.0
2009	398.7	4.8	23.7	92.2	153.2	38.5
2010	408.7	4.5	24.2	89.8	160.0	40.2

注：本表计算中所使用的人口数为年平均人口数（下表同）。2003年起水果产量含果用瓜。
数据来源：国家统计局统计资料。

表14　居民消费价格指数（2005～2010年）

（上年=100）

项　　目	2005年	2006年	2007年	2008年	2009年	2010年
居民消费价格指数	101.8	101.5	104.8	105.9	99.3	103.3
食品	102.9	102.3	112.3	114.3	100.7	107.2
#粮食	101.4	102.7	106.3	107.0	105.6	111.8
油脂	94.3	98.6	126.7	125.4	81.7	103.8
肉禽及其制品	102.5	97.1	131.7	121.7	91.3	102.9
蛋	104.6	96.0	121.8	104.3	101.6	108.3
水产品	105.9	101.2	105.1	114.2	102.5	108.1
菜	109.1	108.2	107.9	111.0	113.6	118.5
糖	104.0	111.2	101.6	104.0	102.5	108.3
茶及饮料	100.1	101.0	101.5	103.7	101.8	101.3
干鲜瓜果	102.2	117.9	102.2	110.8	107.1	114.6
液体乳及乳制品	100.9	100.9	102.7	117.0	101.5	102.8
烟酒及用品	100.4	100.6	101.7	102.9	101.5	101.6
#烟草	100.4	100.2	100.8	100.4	100.4	100.5
酒	100.6	101.2	103.5	107.5	103.4	103.6
衣着	98.3	99.4	99.4	98.5	98.0	99.0
#服装	98.1	99.0	99.4	98.3	97.8	99.1
鞋袜帽	98.3	100.2	99.0	98.2	97.8	98.2
家庭设备用品及服务	99.9	101.2	101.9	102.8	100.2	100.0
#耐用消费品	98.8	100.8	101.6	101.2	98.1	98.5
室内装饰品	99.5	100.0	100.3	100.2	99.7	99.9
家庭服务及加工维修服务	104.4	105.8	107.2	109.0	105.2	106.7
医疗保健和个人用品	99.9	101.1	102.1	102.9	101.2	103.2
医疗保健	99.5	100.2	102.1	102.2	101.4	103.3
个人用品及服务费	100.8	103.2	102.1	104.4	100.8	103.0
交通和通信	99.0	99.9	99.1	99.1	97.6	99.6
交通	101.5	103.2	100.8	102.2	98.6	101.7
通信	96.6	96.4	97.1	95.6	96.3	97.3
娱乐教育文化	102.2	99.5	99.0	99.3	99.3	100.6
文娱用耐用消费品及服务	93.8	94.2	93.1	92.3	90.6	94.3
教育	105.1	100.0	99.6	100.5	101.6	101.4
文化娱乐用品	101.2	101.0	101.0	101.3	102.5	101.0
旅游	99.6	103.1	102.3	101.1	97.5	104.9
居住	105.4	104.6	104.5	105.5	96.4	104.5
建房及装修材料	102.6	103.9	105.1	107.1	100.2	103.3
租房	101.9	102.7	104.2	103.5	101.6	104.9
自有住房	105.6	103.7	107.0	102.8	85.3	103.6
水电燃料	108.6	105.9	103.0	106.4	97.9	105.5

数据来源：国家统计局统计资料。

表15	粮食成本收益变化情况表（1991~2010年）

单位：元

年份	每50公斤平均出售价格				每亩总成本				每亩净利润			
	粮食平均	稻谷	小麦	玉米	粮食平均	稻谷	小麦	玉米	粮食平均	稻谷	小麦	玉米
1991	26.1	28.5	30.0	21.1	153.9	188.4	138.4	135.3	34.3	62.4	6.3	34.0
1992	28.4	29.3	33.1	24.3	163.8	192.3	149.3	150.6	44.0	67.7	21.2	42.3
1993	35.8	40.4	36.5	30.2	178.6	211.2	169.8	155.2	92.3	145.1	35.6	95.8
1994	59.4	71.2	56.5	48.2	239.4	298.1	213.2	206.7	190.7	316.7	82.3	173.3
1995	75.1	82.1	75.4	67.0	321.8	391.4	281.7	292.2	223.9	311.1	130.5	230.1
1996	72.3	80.6	81.0	57.2	388.7	458.3	359.5	351.2	155.7	247.5	92.9	123.8
1997	65.1	69.4	70.1	55.8	386.1	450.2	349.5	358.4	105.4	171.8	74.8	69.8
1998	62.1	66.9	66.6	53.8	383.9	437.4	357.5	356.6	79.3	155.9	−6.2	88.2
1999	53.0	56.6	60.4	43.7	370.7	425.2	351.5	337.2	25.6	75.8	−12.1	11.2
2000	48.4	51.7	52.9	42.8	356.2	401.7	352.5	330.6	−3.2	50.1	−28.8	−6.9
2001	51.5	53.7	52.5	48.3	350.6	400.5	323.6	327.9	39.4	81.4	−27.5	64.3
2002	49.2	51.4	51.3	45.6	370.4	415.8	342.7	351.6	4.9	37.6	−52.7	30.8
2003	56.5	60.1	56.4	52.7	368.3	419.1	339.6	347.6	42.9	94.9	−30.3	62.8
2004	70.7	79.8	74.5	58.1	395.5	454.6	355.9	375.7	196.5	285.1	169.6	134.9
2005	67.4	77.7	69.0	55.5	425.0	493.3	389.6	392.3	122.6	192.7	79.4	95.5
2006	72.0	80.6	71.6	63.4	444.9	518.2	404.8	411.8	155.0	202.4	117.7	144.8
2007	78.8	85.2	75.6	74.8	481.1	555.2	438.6	449.7	185.2	229.1	125.3	200.8
2008	83.5	95.1	82.8	72.5	562.4	665.1	498.6	523.5	186.4	235.6	164.5	159.2
2009	91.3	99.1	92.4	82.0	630.3	716.7	592.0	582.3	162.4	217.6	125.5	144.2
2010	103.8	118.0	99.0	93.6	672.7	766.6	618.6	632.6	227.2	309.8	132.2	239.7

数据来源：国家发展改革委统计资料。

| 表16 | | 2010年粮食收购价格分月情况表 | | | | | | |

单位：元/50公斤

月份	三种粮食平均	稻谷				小麦	玉米	大豆
		平均	早籼稻	晚籼稻	粳稻			
1月	93.3	101.9	95.5	96.5	113.8	99.2	78.6	188.4
2月	94.3	103.9	96.9	97.5	117.3	99.3	79.8	187.0
3月	95.3	105.6	97.7	99.0	120.2	99.6	80.6	186.1
4月	96.6	108.2	97.9	100.3	126.5	99.2	82.5	185.3
5月	98.5	110.0	98.4	101.9	129.7	99.1	86.4	182.7
6月	99.6	110.2	99.0	103.4	128.4	98.4	90.0	179.2
7月	100.5	110.5	99.3	104.4	127.8	99.4	91.5	179.0
8月	101.0	110.7	100.7	105.1	126.4	100.0	92.4	176.1
9月	101.2	110.8	102.0	105.6	124.8	100.1	92.7	178.6
10月	100.6	111.0	102.8	107.2	123.0	100.6	90.4	187.1
11月	102.3	115.6	104.9	111.6	130.3	102.5	88.8	190.8
12月	104.2	119.8	106.8	115.9	136.6	103.0	89.8	189.8
全年平均	98.9	109.9	100.2	104.0	125.4	100.0	87.0	184.2

数据来源：国家发展改革委统计资料。

表17   2010年成品粮零售价格分月情况表

单位：元/500克

月份	标一早籼米	标一晚籼米	标一粳米	标准粉	富强粉
1月	1.62	1.78	2.01	1.70	1.91
2月	1.63	1.79	2.03	1.70	1.92
3月	1.65	1.80	2.08	1.72	1.93
4月	1.69	1.84	2.15	1.74	1.95
5月	1.71	1.86	2.21	1.75	1.96
6月	1.72	1.87	2.23	1.75	1.95
7月	1.72	1.88	2.25	1.76	1.95
8月	1.73	1.88	2.27	1.77	1.96
9月	1.73	1.89	2.31	1.78	1.97
10月	1.75	1.90	2.33	1.79	1.99
11月	1.78	1.95	2.38	1.83	2.04
12月	1.83	2.02	2.43	1.87	2.09
全年平均	1.71	1.87	2.22	1.76	1.97

数据来源：国家发展改革委统计资料。

| 表18 | | 2010年粮食主要品种批发市场价格 | | | | |

单位：元/吨

月份	三等白小麦	二等黄玉米	标一早籼米	标一晚籼米	标一粳米	三等大豆
1月	1996	1779	2798	2970	3460	3801
2月	1979	1777	2809	2942	3480	3828
3月	1996	1783	2842	2981	3490	3810
4月	1980	1803	2885	3027	3650	3753
5月	1966	1896	2889	3099	3780	3749
6月	1949	1937	2931	3105	3720	3660
7月	1976	1940	2922	3118	3677	3565
8月	1983	1950	2977	3130	3667	3610
9月	1996	1947	2971	3153	3680	3644
10月	1997	1908	3023	3168	3680	3696
11月	2044	1964	3240	3427	3873	3947
12月	2060	1983	3299	3464	3882	3912
全年平均	1993	1889	2966	3132	3670	3748

数据来源：国家发展改革委统计资料。

| 表19 | 2010年国内期货市场小麦、玉米、早籼稻、大豆分月价格表 |

单位：元/吨

品种	小麦1	小麦2	玉米	早籼稻	大豆1	大豆2	豆粕
1月	1880	2130	1789	1980	4107	4316	3200
2月	1817	2253	1780	1989	3850	4190	2934
3月	1852	2193	1760	2007	4022	4210	2920
4月	1818	2220	1926	1908	3922	4272	2984
5月	1825	2241	1881	1915	3760	4022	3058
6月	1879	2200	1948	1837	3715	3951	2715
7月	1960	2325	2113	1873	3629	4224	2678
8月	1872	2404	2040	2038	3728	4101	3138
9月	2046	2399	1970	1991	3772	4300	3131
10月	2020	2497	2080	2182	3935	4560	3350
11月	2058	2475	2099	2305	4176	4360	3100
12月	1988	2400	2005	2249	4050	4650	3338

注：1. 小麦1为郑州商品交易所硬冬白小麦，小麦2为郑州商品交易所优质强筋小麦。
　　2. 玉米为大连商品交易所玉米。
　　3. 早籼稻为郑州商品交易所早籼稻。
　　4. 大豆1为大连商品交易所国产大豆，大豆2为大连商品交易所进口大豆。
　　5. 豆粕为大连商品交易所豆粕。
　　6. 均为最近交割期月末收盘价格，按整数四舍五入计算。
数据来源：国家粮油信息中心统计资料。

| 表20 | 2010年美国芝加哥商品交易所谷物和大豆分月价格表 | | | |

单位：美元/吨

品种	小麦	大米	玉米	大豆
1月	174	312	140	336
2月	186	302	149	349
3月	165	280	136	346
4月	185	270	148	367
5月	168	257	141	345
6月	176	214	147	332
7月	243	239	160	369
8月	252	252	173	371
9月	248	277	195	407
10月	264	318	229	450
11月	254	306	214	457
12月	300	315	243	509

注：1. 各品种均为美国芝加哥商品交易所标准品。
　　2. 按美元整数四舍五入计算。
　　3. 均为最近交割期月末当日收盘价格。
数据来源：国家粮油信息中心统计资料。

表21	全国国有粮食企业主要粮食品种收购量（1978～2010年）

单位：贸易粮，万吨

年份	粮食合计	小麦	大米	玉米	大豆	其他
1978	5110.15	1176.80	1995.70	1046.65	216.00	675.00
1979	5925.00	1562.55	2200.95	1280.95	205.00	675.55
1980	5882.10	1396.10	2214.50	1357.75	296.50	617.25
1981	6255.50	1418.30	2421.05	1408.00	412.60	595.55
1982	7367.45	1933.60	2900.30	1427.40	401.65	704.50
1983	9879.55	2763.30	3312.40	2337.75	409.80	1056.30
1984	11165.85	3427.00	3858.10	2588.05	382.35	910.35
1985	7925.50	2666.10	3012.90	1374.20	503.30	369.00
1986	9453.20	2842.00	3258.70	2183.10	653.70	515.70
1987	9920.10	2816.20	3143.70	2848.60	609.70	501.90
1988	9430.40	2673.90	3185.90	2414.70	693.50	462.40
1989	10040.20	2855.50	3622.90	2587.70	620.00	354.10
1990	12364.50	3646.60	4316.00	3372.80	661.20	367.90
1991	11423.00	3392.45	3810.00	3338.40	582.20	299.95
1992	10414.35	3841.40	3272.60	2621.70	406.10	272.55
1993	9233.95	3373.10	2505.00	2469.95	606.20	279.70
1994	9226.41	3230.41	2697.60	2185.00	732.20	381.20
1995	9443.80	3125.00	3061.40	2435.60	522.50	299.30
1996	11919.80	3614.80	3382.15	4224.65	437.80	260.40
1997	11535.40	4600.20	3510.55	2692.15	515.20	217.30
1998	9654.50	2795.60	2562.00	3867.40	351.00	78.50
1999	12807.70	3863.30	3186.10	5425.10	246.60	86.60
2000	11695.10	4018.20	3327.30	4019.20	237.90	92.50
2001	11784.15	4437.85	2798.80	4128.20	326.80	92.50
2002	10826.25	4201.30	2189.60	4181.95	140.40	113.00
2003	9717.05	3682.00	2109.80	3702.45	120.30	102.50
2004	8919.45	3448.10	2138.05	3158.10	91.00	84.20
2005	11493.75	3745.20	2572.25	4529.90	506.00	140.40
2006	12256.50	6039.95	2153.45	3424.70	492.20	146.20
2007	10167.40	4733.15	1985.05	3008.30	321.45	119.45
2008	15470.88	6712.73	3604.84	4754.18	313.47	85.65
2009	15223.00	6833.95	2637.45	4988.45	653.00	110.15
2010	12406.00	6177.70	2135.95	3333.65	648.80	109.90

注：1978~2002年粮食购销存数字按粮食年度统计，粮食年度是指当年4月1日至翌年3月31日。从2003年开始，粮食统计
　　年度改为日历年度。
数据来源：国家粮食局统计资料。

表22		2010年国有粮食企业粮食收购情况统计表					

单位：万吨

项目	原粮	贸易粮	小麦	大米	玉米	大豆	其他
全国	13352.15	12406.00	6177.70	2135.95	3333.65	648.80	109.90
北 京	93.60	91.80	34.90	4.10	51.90	0.10	0.80
天 津	47.95	47.60	40.75	0.60	6.15		0.10
河 北	636.20	635.20	259.20	1.70	371.30	0.35	2.65
山 西	276.75	276.75	80.35	0.20	188.75	0.40	7.05
内蒙古	340.50	339.40	30.25	2.30	184.95	119.80	2.10
辽 宁	474.30	446.25	9.25	63.70	357.70	13.70	1.90
吉 林	692.70	665.55		56.70	591.20	16.25	1.40
黑龙江	1449.00	1317.65	39.15	281.25	533.80	457.95	5.50
上 海	42.15	32.45	8.55	23.10			0.80
江 苏	1571.95	1442.85	1062.45	301.35	50.35	3.10	25.60
浙 江	93.55	66.55	4.30	57.70	3.45	0.80	0.30
安 徽	812.55	742.50	546.05	163.50	28.95	0.85	3.15
福 建	56.65	39.90	0.75	39.05	0.10		
江 西	363.35	260.85	3.00	239.20	18.65		
山 东	1081.80	1081.00	651.25	1.85	398.95	28.40	0.55
河 南	2712.45	2693.70	2408.10	46.55	234.75	3.50	0.80
湖 北	504.30	405.65	163.45	230.05	12.05		0.10
湖 南	257.00	185.05	2.65	168.05	13.95	0.05	0.35
广 东	172.35	128.05	15.80	94.95	17.30		
广 西	126.00	90.10	2.35	83.70	4.05		
海 南	10.80	7.75		7.75			
重 庆	91.35	70.95	12.50	40.85	12.50	0.30	4.80
四 川	293.75	237.75	78.50	120.15	34.45		4.65
贵 州	64.95	52.65	2.50	27.85	10.50	0.05	11.75
云 南	82.90	69.75	6.10	30.25	31.70		1.70
西 藏	1.40	1.40	1.40				
陕 西	356.30	352.95	273.00	6.80	71.25	0.85	1.05
甘 肃	143.25	142.20	62.65	2.45	47.85	0.20	29.05
青 海	4.90	4.85	1.40		0.60		2.85
宁 夏	58.30	52.05	11.20	13.55	27.30		
新 疆	439.15	424.85	365.90	26.70	29.20	2.15	0.90

数据来源：国家粮食局统计资料。

| 表23 | | | 全国国有粮食企业主要粮食品种销售量（1978～2010年） | | | |

单位：贸易粮，万吨

年份	粮食合计	小麦	大米	玉米	大豆	其他
1978	5343.45	1869.50	1773.90	876.10	162.45	661.50
1979	5679.05	1940.30	1826.00	1067.90	179.80	665.05
1980	6416.80	2256.75	2014.30	1301.45	204.40	639.90
1981	7223.25	2563.50	2122.90	1622.25	239.00	675.60
1982	7710.40	2858.05	2289.45	1596.70	271.80	694.40
1983	8003.20	3005.90	2497.65	1458.50	288.75	752.40
1984	10417.85	3699.65	3438.50	1931.95	355.25	992.50
1985	8564.90	3078.50	3006.30	1328.10	322.90	829.10
1986	9347.70	3618.10	3243.90	1357.00	321.30	807.40
1987	9190.80	3643.30	3080.00	1423.80	355.50	688.20
1988	10091.00	3885.20	3038.00	1898.60	406.70	862.50
1989	8931.10	3521.80	2566.20	1846.10	346.50	650.50
1990	9033.30	3574.90	2770.50	1723.10	341.70	623.10
1991	10433.00	4085.00	3267.40	1046.30	1402.60	631.70
1992	9000.00	3247.00	3044.43	1637.30	256.80	814.47
1993	6700.30	2848.50	2128.50	1088.20	229.90	405.20
1994	7648.40	3328.20	2609.40	1121.30	234.00	355.50
1995	9264.20	3707.60	2896.80	1570.00	620.30	469.50
1996	7340.55	3090.25	2259.48	1346.72	356.80	287.30
1997	6830.65	2439.29	2042.94	1632.34	429.40	286.70
1998	6115.95	2137.10	1795.45	1648.50	348.60	186.30
1999	9353.25	3137.15	2420.90	3197.60	439.40	158.20
2000	12556.90	3961.88	3029.80	4718.50	645.50	201.20
2001	8528.70	3225.60	2155.60	2574.90	439.20	133.40
2002	12070.00	4733.00	3155.50	3551.50	510.50	119.50
2003	13453.70	5500.30	3559.05	3800.85	422.20	171.30
2004	11944.00	4640.60	3246.20	3574.50	309.30	173.40
2005	12138.30	4276.90	2556.75	4348.75	841.70	114.20
2006	12034.15	4246.10	2671.35	4133.20	847.60	135.90
2007	12958.25	5104.00	2896.00	3890.35	892.75	175.15
2008	15324.79	7352.83	3120.00	3985.40	755.91	110.65
2009	16693.18	7094.24	3054.12	5261.36	1145.71	137.75
2010	18911.24	7569	3047.63	6454.77	1662.9	176.94

注：1978~2002年粮食购销存数字按粮食年度统计，粮食年度是指当年4月1日至翌年3月31日 。从2003年开始，粮食统计年度改为日历年度。
数据来源：国家粮食局统计资料。

| 表24 | | | 2010年国有粮食企业粮食销售情况统计表 | | | | |

单位：万吨

项目	原粮	贸易粮	小麦	大米	玉米	大豆	其他
全国	20280.33	18911.25	7569.00	3047.63	6454.77	1662.90	176.94
北 京	613.02	596.45	68.75	33.80	155.20	333.05	5.65
天 津	364.36	349.27	132.45	36.24	33.35	147.00	0.24
河 北	1057.14	1050.82	532.95	18.83	483.25	13.04	2.75
山 西	391.10	389.60	165.75	4.10	213.35		6.40
内蒙古	709.15	694.75	114.80	16.95	543.75	13.85	5.40
辽 宁	1264.44	1229.18	143.90	82.93	761.55	238.30	2.50
吉 林	1230.70	1192.26	28.65	84.04	1045.77	27.70	6.10
黑龙江	1700.44	1509.92	68.85	411.53	781.25	240.99	7.30
上 海	384.55	358.21	76.00	61.21	130.40	87.60	3.00
江 苏	1922.25	1782.39	1007.75	325.34	155.10	254.70	39.50
浙 江	280.26	242.83	99.20	76.53	60.55	4.55	2.00
安 徽	1227.05	1142.93	855.10	196.59	86.30	0.65	4.30
福 建	275.80	242.49	64.95	65.20	104.75	7.49	0.10
江 西	591.26	449.75	41.40	328.55	78.55	0.90	0.35
山 东	1336.17	1333.37	767.21	7.05	509.95	46.39	2.78
河 南	2550.90	2526.75	2163.95	56.00	288.30	18.15	0.35
湖 北	584.38	464.00	161.00	279.55	22.30		1.15
湖 南	532.40	429.10	94.00	240.80	91.90	0.05	2.35
广 东	649.43	564.03	90.35	168.85	219.90	70.25	14.68
广 西	386.80	342.25	21.85	103.40	77.65	139.35	
海 南	81.05	73.90	7.45	17.90	48.35	0.20	
重 庆	201.00	172.35	41.10	57.95	65.10	2.50	5.70
四 川	562.65	474.80	100.35	187.50	167.90	13.10	5.95
贵 州	98.50	84.30	10.25	32.85	33.85	0.05	7.30
云 南	204.45	169.10	23.65	80.70	61.55		3.20
西 藏	15.60	14.75	12.75	2.00			
陕 西	425.45	411.75	271.75	31.05	107.55	0.15	1.25
甘 肃	222.80	220.65	92.45	5.35	80.95	0.05	41.85
青 海	25.55	24.95	17.50	0.85	2.65		3.95
宁 夏	66.28	60.85	25.00	11.55	24.30		
新 疆	325.40	313.50	267.90	22.45	19.45	2.85	0.85

数据来源：国家粮食局统计资料。

| 表25 | | 全国粮油进口情况表（1980~2010年） | | | | | | |

单位：万吨

年份	粮食进口总量	谷物	小麦	大米	玉米	大麦	大豆	食用植物油
1980	1444	1391	1097	15	164	2	53	9
1981	1444	1387	1305	9	68	5	57	4
1982	1608	1572	1380	22	157	8	36	6
1983	1349	1349	1111	8	211	7	–	4
1984	1037	1037	987	13	6	5	–	1
1985	596	596	541	21	9	3	–	68
1986	769	740	611	32	59	20	29	46
1987	1628	1597	1320	54	154	–	31	51
1988	1534	1519	1455	31	11	8	15	21
1989	1654	1654	1488	93	7	25	–	106
1990	1369	1369	1253	6	37	6	–	112
1991	1343	1343	1237	14	0	75	–	61
1992	1174	1162	1058	10	0	83	12	42
1993	742	732	642	10	0	77	10	24
1994	909	904	718	51	0	132	5	308
1995	2069	2040	1159	164	518	127	29	353
1996	1194	1083	825	76	44	131	111	264
1997	705	417	186	33	0	187	288	275
1998	707	388	149	25	25	152	319	206
1999	771	339	45	17	7	227	432	208
2000	1357	315	88	24	0	197	1042	179
2001	1738	344	69	27	0	237	1394	165
2002	1417	285	60	24	1	191	1132	319
2003	2282	208	43	26	0	136	2074	541
2004	2998	975	723	76	0	171	2023	676
2005	3286	627	351	52	0	218	2659	621
2006	3183	359	61	73	7	214	2824	671
2007	3237	155	10	49	4	91	3082	838
2008	3898	154	4	33	5	108	3744	753
2009	4570	315	90	36	8	174	4255	816
2010	6050	571	123	39	157	237	5480	687

数据来源：国家发展改革委统计资料。

表26	2010年国有粮食企业粮食进口情况统计表

单位：万吨

项目	原粮	贸易粮	小麦	大米	玉米	大豆	其他
全国	1529.41	1528.36	24.95	2.15		1495.86	5.40
北 京	314.86	314.86				314.86	
天 津	182.96	182.96				182.96	
河 北	15.73	15.73				15.73	
山 西							
内蒙古							
辽 宁	255.60	255.60				255.60	
吉 林	15.70	15.70				10.80	4.90
黑龙江							
上 海	75.01	75.01				75.01	
江 苏	332.74	332.69		0.05		332.64	
浙 江	5.70	5.70	5.20				0.50
安 徽							
福 建	16.38	15.98	11.70	0.80		3.48	
江 西							
山 东	26.48	26.48	2.75			23.73	
河 南	14.98	14.98	3.20			11.78	
湖 北							
湖 南							
广 东	71.44	70.84	2.10	1.30		67.44	
广 西	169.03	169.03				169.03	
海 南							
重 庆							
四 川	32.80	32.80				32.80	
贵 州							
云 南							
西 藏							
陕 西							
甘 肃							
青 海							
宁 夏							
新 疆							

数据来源：国家粮食局统计资料。

表27	全国粮油出口情况表（1980～2010年）

单位：万吨

年份	粮食出口总量	谷物	小麦	大米	玉米	大豆	食用植物油
1980	156	145	0	112	8	11	4
1981	98	84	0	58	14	14	6
1982	78	63	0	47	7	15	10
1983	110	75	0	58	6	35	16
1984	313	229	0	116	95	84	14
1985	918	804	0	101	634	114	16
1986	888	751	0	95	564	137	19
1987	739	568	0	102	392	171	6
1988	718	570	0	70	392	148	3
1989	609	484	0	32	350	125	6
1990	507	413	0	33	340	94	14
1991	1006	895	0	69	778	111	10
1992	1268	1202	0	95	1031	66	7
1993	1364	1327	0	143	1110	37	14
1994	1187	1104	11	152	874	83	27
1995	102	64	2	5	11	38	52
1996	143	124	0	26	16	19	47
1997	852	833	0	94	661	19	82
1998	906	889	1	375	469	17	31
1999	758	738	0	270	431	20	10
2000	1399	1378	0	295	1047	21	11
2001	901	876	45	186	600	25	13
2002	1510	1482	69	199	1167	28	10
2003	2221	2194	224	262	1639	27	6
2004	506	473	78	91	232	33	7
2005	1054	1014	26	69	864	40	23
2006	643	605	111	125	310	38	40
2007	1032	986	307	134	492	46	17
2008	228	181	31	97	27	47	25
2009	167	132	25	79	13	35	11
2010	136	120	28	62	13	16	9

数据来源：国家发展改革委统计资料。

表28	2010年国有粮食企业粮食出口情况统计表

单位：万吨

项目	出口						
	原粮	贸易粮	小麦	大米	玉米	大豆	其他
全 国	40.60	30.70	0.70	22.90		0.40	6.70
北 京	0.10	0.10					0.10
天 津							
河 北	0.20	0.20					0.20
山 西							
内蒙古							
辽 宁	8.80	6.20		6.20			
吉 林	6.40	4.40		4.40			
黑龙江	1.90	1.90				0.30	1.60
上 海							
江 苏	3.60	3.60					3.60
浙 江							
安 徽							
福 建							
江 西	17.60	12.30		12.30			
山 东							
河 南							
湖 北							
湖 南							
广 东	0.70	0.70	0.70				
广 西							
海 南							
重 庆							
四 川							
贵 州							
云 南							
西 藏							
陕 西	1.30	1.30				0.10	1.20
甘 肃							
青 海							
宁 夏							
新 疆							

数据来源：国家粮食局统计资料。

| 表29 | 2010年国有粮食企业退耕还林用粮情况统计表 |

单位：万吨

项目	原粮	贸易粮	小麦	大米	玉米	大豆	其他
全国	11.10	10.40	8.30	1.30	0.80		
北京	3.90	3.70	3.30	0.40			
天津							
河北							
山西							
内蒙古							
辽宁							
吉林							
黑龙江							
上海							
江苏							
浙江							
安徽							
福建							
江西							
山东							
河南							
湖北							
湖南							
广东							
广西							
海南							
重庆							
四川							
贵州							
云南							
西藏							
陕西	0.60	0.60	0.30		0.30		
甘肃							
青海							
宁夏	6.60	6.10	4.70	0.90	0.50		
新疆							

数据来源：国家粮食局统计资料。

表30					2010年全国国有粮食企业经营情况调查表							

截至2010年12月31日　　　　　　　　　　　　　　　　　　　　　　　　　　　　　　　　　　　　　　　单位：万元

地区或单位	利润（或亏损）总额		主营业务收入		主营业务成本		费用总额		资产总额		负债总额	
	合计	其中：购销企业	合计	其中：购销企业	合计	其中：购销企业	合计	其中：购销企业	合计	其中：购销企业	合计	其中：购销企业
合 计	600119	484150	49542288	42523580	48347167	41823883	4705714	3972745	80705971	69136086	71215285	61228868
北 京	45721	3082	1449842	426990	1383907	419079	126908	42856	1626855	624234	1221811	518784
天 津	10840	5006	404467	224633	386939	218743	51779	42848	784175	511451	473047	278270
河 北	7099	7508	1277541	1229720	1260280	1209136	99688	90373	1893140	1672326	1572009	1365054
山 西	-7224	-1685	427285	383510	415070	372983	77933	58713	1471454	947086	1398297	837814
内蒙古	-1799	-1977	244937	244184	237712	235700	55491	53106	739215	649336	594461	509851
辽 宁	3318	4384	594523	518375	596201	511372	83038	66248	2483524	1961996	2607343	2000928
吉 林	45711	25686	1315088	211910	1205283	181122	118536	25274	1470684	352440	1251715	290370
黑龙江	7010	1640	1502577	1405650	1447771	1366169	177078	145665	3688181	3341494	3916814	3480252
上 海	12787	11291	976356	397085	926871	404005	158029	90019	1746678	938062	1269242	773615
江 苏	25360	21595	3001299	2907638	2893303	2806549	225029	205859	4624084	4226705	4016762	3727277
浙 江	11679	2600	527035	365331	505182	366315	130571	101200	1578584	1157448	1131201	852517
安 徽	14331	14356	738372	701837	719529	684215	128819	125929	1648274	1527070	1348204	1233363
福 建	5440	5760	854669	807772	832707	779491	100838	88853	1036636	842910	807533	655091
江 西	8020	5863	580825	477238	565237	466749	84286	67684	1513534	1030703	1407566	1015961
山 东	32802	10904	3287938	1719507	3158793	1682173	199843	125511	3337612	2092672	2718967	1766975
河 南	8515	10785	1490385	1412569	1458569	1382379	241701	230698	2613369	2335452	2686325	2404357
湖 北	6566	6448	392213	358523	386926	354057	65964	62170	1116309	823631	1281200	981994
湖 南	5181	4714	403293	374760	392766	367668	58829	52547	1268395	1135833	1036877	904035
广 东	10275	10132	1384538	1291828	1358593	1275259	184447	163864	2659582	2286797	2186132	1808057
广 西	3031	4673	461528	456040	454016	450171	72903	66620	1080396	857947	985774	719206
海 南	-2223	-1827	121412	121412	121957	121957	9967	9610	139282	99591	140825	89773
四 川	2958	4200	905686	842834	885792	831745	114750	104629	1934350	1778925	1572802	1399763
重 庆	5702	5397	608093	607081	589330	589175	56115	55679	855996	848099	534384	528125
贵 州	1556	1046	149356	107779	142969	104768	38517	31541	554304	389926	524604	380457
云 南	6033	2842	533896	462309	511320	446834	64361	55527	1048557	916712	804301	687934
陕 西	5149	3947	507250	366238	492633	355695	66451	51904	1761573	1376575	1647798	1253931
甘 肃	1483	1717	248674	234983	241286	228668	42832	40022	722394	545536	622010	465295
青 海	269	380	24851	24583	26811	26526	9995	9667	135035	126959	111968	104522
宁 夏	1759	2008	75923	73696	73718	70869	14030	12628	215023	195230	176051	159181
新 疆	10696	9792	646200	560215	611442	520657	94880	80455	1122541	937205	1048928	894669
中央粮食企业	312074	301883	24406236	23207350	24064254	22993654	1752106	1615046	33836235	32605735	30120334	29141447

数据来源：国家粮食局统计资料。

表31　2010年全国国有粮食企业改革情况调查表

截至2010年11月30日

单位:个、人

地区或单位	1.企业数	2.改制企业数				3.粮食产业化龙头企业	4.职工人数			5.粮食部门新增就业岗位		6.安置企业富余职工再就业人数			
		当年改制企业数		现有企业中已改制企业数			(1)小计	(2)在岗人数	(3)不在岗人数	当年数	1998~2010年	当年安置数		1998~2010年	
		小计	其中:股份制公司	小计	其中:股份制公司							小计	其中:粮食部门	累计	其中:粮食部门
总　计	16549	1560	362	10766	3979	929	603334	380191	223143	11397	150310	22003	14577	1324451	811314
北　京	181	1	1	3	3	1	8985	7120	1865	28	164	0	0	5878	5010
天　津	137	3	1	36	4	6	4478	2954	1524	226	415	166	155	5875	5385
河　北	1043	41	25	863	548	56	37245	17573	19672	188	4270	475	252	97759	57061
山　西	989	40	40	195	195	14	30985	17876	13109	295	4100	588	497	10867	8119
内蒙古	250	65	2	228	29	11	8258	6715	1543	10	1807	5	5	26140	9185
辽　宁	540	6	2	221	35	39	10909	8089	2820	133	2742	910	806	19892	18823
吉　林	113	0	0	44	0	4	4544	4420	124	0	0			26444	9094
黑龙江	869	10	5	685	428	28	33394	26989	6405	206	6968	607	105	114533	81280
上　海	200	1	1	133	96	4	9487	6153	3334	4	4625	353	211	16485	12601
江　苏	1719	67	35	1402	313	60	35634	20894	14740	85	32385	389	320	74393	49073
浙　江	301	0	0	301	0	27	13224	10982	2242	0	0	0	0	30862	17196
安　徽	805	163	18	562	244	66	35723	25070	10653	309	10150	388	373	50046	37951
福　建	491	16	0	189	37	11	9147	6496	2651	65	1113	1001	564	15145	5612
江　西	1183	349	10	851	46	37	33519	19907	13612	1081	5499	2260	1130	50459	31844
山　东	858	28	5	830	371	70	67120	25385	41735	3067	16860	3334	2842	92027	63264
河　南	1204	163	73	1164	720	61	86976	48867	38109	2027	19855	2748	1634	146463	99908
湖　北	406	83	49	304	142	42	15635	10778	4857	275	4430	1043	397	156019	62985
湖　南	317	91	35	290	177	65	11781	8457	3324	362	3346	471	449	84953	51409
广　东	690	35	0	296	11	16	16535	10451	6084	265	2857	517	468	51135	25512
海　南	59	0	0	56	0	2	1074	1053	21	47	444	27	25	4223	2355
广　西	932	49	1	453	55	11	11687	7151	4536	257	1329	881	506	9733	7159
四　川	700	60	12	452	149	124	17643	14903	2740	523	13536	2112	999	68165	49702
重　庆	282	3	3	31	31	21	5298	4481	817	0	0	0	0	25517	18461
贵　州	326	20	4	208	20	43	11867	5609	6258	232	4443	160	135	11774	9613
云　南	249	82	11	196	59	41	6338	4992	1346	452	2713	690	674	9902	8751
西　藏	95	0	0	0	0	0	1353	1306	47	28	106	1	1	18	18
陕　西	453	152	18	344	131	25	13729	7710	6019	779	3400	2298	1609	74585	30657
甘　肃	205	21	8	205	114	10	10689	5306	5383	173	772	307	252	24551	17527
青　海	68	0	0	59	4	2	1073	795	278	7	207	36	7	4121	3774
宁　夏	103	2	0	39	0	10	1360	1055	305	15	88	15	6	4250	3753
新　疆	137	9	3	76	14	17	8361	6428	1933	143	1496	221	155	9949	6994
兵　团	51	0	0	13	1	2	1948	1948	0	0	75	0	0	2288	1238
中储粮	413	0	0	0	0	0	25834	22143	3691	0	0	0	0	0	0
中　粮	116	0	0	35	0	3	3487	3348	139	115	115	0	0	0	0
华　粮	64	0	0	2	2	0	8014	6787	1227	0	0	0	0	0	0

数据来源:国家粮食局统计资料。

| 表32 | | | | | | 2010年全国国有粮食购销企业改革情况调查表 | | | | | | | | |

截至2010年11月30日　　　单位：个、人

地区或单位	1.企业数	2.改制企业数				3.粮食产业化龙头企业数	4.职工人数			5.粮食部门新增就业岗位		6.安置企业富余职工再就业人数			
		当年改制企业数		现有企业中已改制企业数			（1）小计	（2）在岗人数	（3）不在岗人数	当年数	1998~2009年	当年安置数		1998~2010年	
		小计	其中：股份制公司	小计	其中：股份制公司							小计	其中：粮食部门	累计	其中：粮食部门
总　计	11618	1097	251	8045	3172	722	447195	308639	138556	8205	104945	15011	10313	877976	568078
北　京	50	0	0	0	0	0	4026	2853	1173	13	95	0	0	3417	3320
天　津	71	1	0	12	1	4	3316	2018	1298	34	134	56	47	2323	1833
河　北	829	36	23	789	516	54	28642	15671	12971	139	3818	428	212	68039	42370
山　西	350	39	39	137	137	10	18250	12135	6115	262	4054	488	483	9499	7648
内蒙古	241	18	2	220	29	9	7922	6639	1283	10	1675	5	5	22366	8789
辽　宁	418	6	2	187	27	24	9112	7044	2068	128	2563	678	628	16938	15252
吉　林	52	0	0	44	0	4	1307	1307	0	0	0	0	0	26152	7706
黑龙江	598	0	0	598	361	24	28857	23712	5145	198	6151	566	97	78132	62220
上　海	102	1	1	77	77	1	4012	2594	1418	3	889	238	158	6212	4325
江　苏	1388	50	21	1057	193	44	25433	17651	7782	90	16575	290	243	52806	35916
浙　江	129	0	0	129	0	22	7442	6795	647	0	0	0	0	12997	6827
安　徽	612	144	18	483	233	60	28500	22749	5751	304	7430	336	321	30824	28904
福　建	262	22	8	93	33	6	6918	5070	1848	42	807	333	213	9989	3486
江　西	895	270	10	620	26	30	28080	17445	10635	979	4987	1943	925	29507	17159
山　东	602	23	6	554	245	24	40734	13832	26902	1185	6597	863	761	52390	34303
河　南	700	0	0	700	560	38	59058	40630	18428	1782	16265	1904	1397	64513	63194
湖　北	326	69	49	243	121	26	12601	9961	2640	355	3397	560	205	89124	36136
湖　南	275	73	24	247	147	62	9521	7306	2215	300	2733	404	238	72398	44798
广　东	559	34	0	166	13	15	13957	8524	5433	231	2194	496	449	40113	21955
海　南	48	0	0	46	0	2	991	983	8	47	420	29	27	2211	1386
广　西	547	25	2	294	16	7	9241	6079	3162	123	962	441	441	7073	5648
四　川	513	58	9	375	89	108	15174	12743	2431	423	12059	2001	931	55314	40323
重　庆	210	3	3	31	31	22	4165	3974	191	0	0	0	0	18226	13235
贵　州	158	8	1	153	25	29	7027	4576	2451	178	3789	137	116	9066	7510
云　南	197	47	7	157	44	40	6077	4833	1244	310	2431	544	529	8554	7700
西　藏	88	0	0	0	0	0	1125	1104	21	28	58	1	1	18	18
陕　西	399	142	16	278	112	19	9630	6258	3372	719	2914	1771	1527	56202	22301
甘　肃	196	21	8	196	110	19	10391	5079	5312	173	772	307	252	22980	15904
青　海	55	0	0	49	3	1	795	711	84	7	207	23	7	2322	2316
宁　夏	84	2	0	19	13	0	1167	968	199	15	86	15	6	1992	1811
新　疆	106	5	2	61	8	15	6625	5347	1278	125	806	154	94	6043	3549
兵　团	0	0	0	0	0	0	0	0	0	0	75	0	0	236	236
中储粮	413	0	0	0	0	0	25834	22143	3691	0	0	0	0	0	0
中　粮	81	0	0	28	0	3	3251	3118	133	2	2	0	0	0	0
华　粮	64	0	0	2	2	0	8014	6787	1227	0	0	0	0	0	0

数据来源：国家粮食局统计资料。

| 表33 | | | 2010年全国粮食仓储企业数量表 | | | |

单位：户

地区或单位	合计	其中非国有	分规模企业构成			
			2.5万吨以下	2.5~5万吨	5~10万吨	10万吨以上
全国总计	18326	5290	14432	2019	1220	655
一、地方小计	17843	5290	14407	1969	1041	426
北　京	96	17	46	22	16	12
天　津	64	9	32	8	11	13
河　北	977	172	796	116	45	20
山　西	648	31	577	31	30	10
内蒙古	718	419	566	91	48	13
辽　宁	805	428	657	75	47	26
吉　林	850	399	674	100	53	23
黑龙江	1164	466	845	187	104	28
上　海	100	34	68	8	11	13
江　苏	1405	296	1167	142	76	20
浙　江	162	40	89	25	32	16
安　徽	1057	277	793	173	66	25
福　建	742	164	676	39	19	8
江　西	1240	69	1144	66	23	7
山　东	869	417	671	91	69	38
河　南	1799	247	1386	239	112	62
湖　北	890	443	720	100	52	18
湖　南	529	266	390	75	54	10
广　东	526	187	403	71	33	19
广　西	293	28	242	28	14	9
海　南	40	2	38	1	1	
重　庆	108	26	76	14	13	5
四　川	779	225	621	110	38	10
贵　州	202	12	176	22	4	
云　南	258	89	222	21	9	6
西　藏	91	4	91			
陕　西	454	146	388	45	16	5
甘　肃	278	84	237	23	16	2
青　海	61	13	52	7	1	1
宁　夏	206	78	185	8	11	2
新　疆	353	197	301	30	17	5
新疆兵团	79	5	78	1		
二、中央单位小计	483		25	50	179	229
中储粮	350		2	25	134	189
中　粮	77		22	10	22	23
华　粮	56		1	15	23	17

注：2.5万吨以下不包括2.5万吨，2.5~5万吨包括2.5万吨，5~10万吨包括5万吨，10万吨以上包括10万吨。
数据来源：国家粮食局统计资料。

表34　2010年取得中央储备粮代储资格企业名单

单位：万吨

序号	企业名称	类别	总仓（罐）容	取得资格仓（罐）容	取得资格仓（罐）号	证书编号	备注
	北京						
1	北京市顺义上辇粮食收储库	粮	10.1895	4.2030	45-47	11000600-1	
2	北京市延庆粮食收储库	粮	15.1300	9.9970	主库区:1-8、11-14；1分库:1-5；2分库:1-3、8	11000800-2	
3	北京门头沟三家店粮食收储库	粮	12.8046	3.4229	1分库:85-90	11000400-2	
4	北京市顺义牛栏山粮食收储库	粮	14.2400	2.0400	1-6	11001200-3	
5	北京市密云溪翁庄粮食收储库	粮	5.4926	1.8914	平房仓8-11	11001100-2	
6	北京门头沟三家店粮食收储库	粮	19.1290	3.3644	2分库:55-58	11000400-3	
	天津						
7	天津津南国家粮食储备库	粮	9.7243	2.2613	新6仓、新7幢1仓、新7幢2仓、新8幢1仓、新8幢2仓	12001700-1	
8	天津北仓国家粮食储备库	粮	4.3500	1.4500	7-9	12001600-1	
9	天津西营门国家粮食储备库	粮	42.0887	9.8576	1分库:33-48	12000600-3	
10	天津静海国家粮食储备库	粮	57.9005	12.9360	101-116	12000900-3	
11	天津市油脂公司新港油脂库	油	4.4225	0.2505	11-15	12001401-1	
	河北						
12	河北宁晋国家粮食储备有限公司	粮	4.8818	4.3460	1-20	13016400	
13	正定县惠华省级粮油储备有限公司	粮	4.2400	4.2400	1-12	13016500	
14	秦皇岛中泰裕丰国家粮食储备有限公司	粮	4.0006	1.4500	7号	13008800-1	
15	廊坊市安次区省级粮食储备库	粮	3.7124	3.7124	1-8	13016900	
16	河北兴龙粮食生化有限公司	粮	15.2000	6.0000	主库区:1-2	13017000	
17	唐山市丰润区金谷省级粮食储备有限公司	粮	5.4000	2.6366	1分库:1-p1、1-p2、1-p3、1-p4、1-p5、1-p6	13016200-1	
18	武安市裕民粮食购销有限公司	粮	2.5038	2.5038	1-8	13017100	
19	河北藁城永安国家粮食储备库	油	0.4246	0.4246	Y1-Y6	13016701	
20	邯郸市海力油脂购销有限公司	油	0.9800	0.9800	1-7	13016801	
	山西						
21	忻州播明国家粮食储备库	粮	7.5021	4.1130	5-8、12-15	14003900-1	
22	山西永济省粮食储备库	粮	2.5000	2.5000	1-10	14006200	
	内蒙古						
23	通辽西国家粮食储备库	粮	4.8000	3.6160	15-18	15009900	
24	通辽大华物流有限责任公司	粮	11.4793	1.1716	11-12	15001200-1	
25	内蒙古天义国家粮食储备库	粮	10.9814	5.2992	16-19	15000700-1	
26	内蒙古赤峰元宝山国家粮食储备库	粮	14.0345	1.0024	59-62	15000500-2	
27	内蒙古赤峰平庄国家粮食储备库	粮	4.2814	0.7144	13-14	15000400-1	
28	内蒙古赤峰经棚国家粮食储备库	粮	6.5015	6.0660	1-12	15004500-1	
29	呼伦贝尔合适佳食品有限公司	油	3.6036	3.0000	1-15	15010001	
	辽宁						
30	朝阳粮食储备库	粮	4.0295	3.6468	普通平房仓P01-P10、钢板平房仓P11-P12、普通浅圆仓Q15-Q21	21011300	
31	康平县方家屯粮库	粮	4.0000	3.6826	立筒仓T1-8（2个星仓合0.5个筒仓），普通平房仓P1-P5、P7-P12，钢板平房仓P13-P16	21011400	
32	铁岭市四合粮食储备库	粮	6.0000	4.5500	P1-P7	21011500	
33	沈阳南方谷物实业公司	粮	6.9568	2.7722	P10、P11	21004400-2	

序号	企业名称	类别	总仓（罐）容	取得资格仓（罐）容	取得资格仓（罐）号	证书编号	备注
34	辽宁昌图粮食储备库	粮	13.5000	3.3699	P12、T27－T40	21004300－1	
35	辽宁北票国家粮食储备库	粮	2.8875	2.8875	D01－D11	21011600	
36	北镇市恒信粮食购销有限责任公司	粮	9.0971	6.4683	P8－P11	21011700	
37	本溪明山国家粮食储备库	粮	19.4720	10.4199	16－18、22－31、40－43	21006300－1	
38	喀左县国家粮食储备库	粮	3.4620	3.4620	1－14	21011800	
39	新宾满族自治县木奇粮库	粮	3.0000	2.6000	P1－P13、Q14－Q26、T27－T30	21011900	
40	盘锦市粮库	粮	6.1500	2.8207	P1－10	21012000	
41	本溪明山国家粮食储备库	油	0.9740	0.9740	1－21	21005801－1	
	吉林						
42	白城市高平粮库	粮	3.0000	3.0000	1－6	22010700	
43	舒兰市法特粮库	粮	3.0000	3.0000	1－7	22010800	
	黑龙江						
44	黑龙江省大兴安岭地区行署粮食局大杨树粮库	粮	3.7700	1.2000	9	23012700－1	
45	嘉荫国家粮食储备库有限责任公司	粮	4.6600	2.5600	1－16	23023000	
46	克山县北联粮库	粮	3.0000	2.8400	1－14、19－24	23023100	
47	克山县发展粮库	粮	3.1853	3.1853	1－13	23023200	
48	兰西县北安粮库	粮	3.8800	3.3000	1、2	23023300	
49	兰西县长岗粮库有限责任公司	粮	4.5580	4.2000	1－3	23023400	
50	兰西县奋斗粮库	粮	3.0000	3.0000	1号、2号	23023500	
51	兰西县红卫粮库	粮	3.5100	3.5100	8－13	23023600	
52	兰西县粮库有限责任公司	粮	9.1000	6.0000	1分库:11－15	23023700	
53	明水县通达粮库有限公司	粮	3.4524	2.5000	1－9	23023800	
54	讷河市学田粮库有限公司	粮	3.1500	2.6417	0、1－13	23023900	
55	齐齐哈尔市雅尔塞粮库有限公司	粮	5.1500	0.8000	9－12	23000700－1	
56	杜尔伯特蒙古族自治县石人沟粮库有限责任公司	粮	5.1260	2.5500	8、9	23020900－1	
57	绥化市第二粮库有限公司	粮	4.2401	3.0401	101－103、106、107、111、112	23024100	
58	绥化市四方台粮库有限公司	粮	5.4000	3.4150	110－112、207－209、305－306、313、401－404	23024200	
59	依兰县德裕粮库有限公司	粮	5.0953	1.0000	11、12	23003500－1	
60	兰西县团结粮库	粮	5.0000	3.6000	1－3	23024400	
61	饶河县西通粮食经销有限责任公司	粮	2.5668	2.5668	1－11	23024500	
62	饶河县饶河粮库	粮	3.0000	3.0000	1－20	23004500－1	
63	大庆市粮食局兴无粮库	粮	7.1971	4.7161	ZL07－05、ZL07－06、ZL07－08、ZL07－09、ZL07－13、ZL07－14	23024600	
64	饶河县小佳河粮食经销有限责任公司	粮	2.5346	2.5346	1－19	23024700	
65	绥滨县绥东粮库有限公司	粮	15.9480	2.5000	62－63	23002400－2	
66	克山县西城粮库	粮	2.9500	2.9500	1－8、5－14	23024800	
67	鹤岗市粮食局第四粮库	油	0.4800	0.4500	1－2	23024901	
	江苏						
68	新沂市新店粮油管理所	粮	4.0163	1.4564	11－14	32013500－1	
69	江苏赣榆国家粮食储备库	粮	3.9929	1.1040	23－26	32007500－2	
70	新沂市粮食局直属库	粮	2.6076	2.6076	1、3－11	32017200	
71	连云港苏垦商贸有限公司	粮	2.5308	2.5308	1－8	32017300	
72	江都市永安粮油管理所	粮	3.6000	2.9911	01－17	32017400	
73	邳州市炮车粮食储备库	粮	2.6056	2.6056	1－20	32017500	

续表

序号	企业名称	类别	总仓（罐）容	取得资格仓（罐）容	取得资格仓（罐）号	证书编号	备注
74	灌南县三口粮食储备库	粮	3.2544	3.2544	1-12	32017600	
75	徐州经济开发区大庙镇粮油管理所	粮	4.0395	4.0395	1-15	32017700	
76	邳州平祥粮食储备有限公司	粮	2.5053	2.5053	1-7	32017800	
77	江苏常州城北国家粮食储备库	粮	13.8297	13.8297	P1-P51	32004000-1	
78	南京现代粮食物流有限公司	粮	5.3335	5.3335	P1-P10	32017900	
79	徐州沿湖粮油储备库	粮	4.7306	1.0923	14-18	32018000	
80	江苏省农垦米业有限公司	粮	5.5704	2.5170	1分库:1-14	32008400-1	
81	江苏丹阳西郊国家粮食储备库	粮	4.1378	1.1674	西郊主库区:19-25	32003500-1	
82	句容市郭庄粮食储备（省级）库	粮	3.2625	2.2275	15、16、19-27	32018100	
83	江苏省新海粮食储备直属库	粮	16.4592	6.5432	1分库:109-136	32001100-2	
84	徐州沿湖粮油储备库	粮	6.5565	1.8259	29-34	32018000-1	
85	江苏宜兴国家粮食储备库分库	粮	5.6199	1.9281	1-3、10-13	32008100-1	
86	泗洪县城东国家粮食储备库	粮	6.8536	3.6904	13-26	32005200-2	
87	徐州市贾汪区塔山粮油管理所	粮	2.7906	2.7906	1-24	32018500	
88	如东县马塘粮管所	粮	2.8957	2.8957	马塘中心库1-11	32018600	
89	泗洪县龙集粮食储销有限责任公司	粮	2.6112	2.6112	1-8	32018700	
90	大丰新团国家粮食储备库	粮	3.8743	1.3640	主库区:32-36	32002300-1	
91	江苏铜山国家粮食储备库	粮	4.9248	1.5801	31-36	32003900-1	
92	江苏赣榆国家粮食储备库	粮	6.5554	2.5625	27-34	32007500-3	
93	泗洪县粮食购销公司	粮	2.9650	2.7334	1-7	32018800	
94	张家港江海粮油港务有限公司	油	24.0000	3.5420	T4-1至T4-4、T6-1至T6-4	32018201	
95	丹阳市正大油脂有限公司	油	3.0709	3.0709	01-11	32018301	
96	张家港苏粮储备油库有限公司	油	8.3000	3.6235	T4-5至T4-8、T8-1至T8-3	32018401	
97	南京铁心桥国家粮食储备库	油	5.5206	4.0180	1分库8010-8014	32013001-1	
	浙江						
98	杭州市粮食收储有限公司	粮	13.3310	9.6474	T101-T109、T301-T309、T501-T509、P1-P12	33002600	
99	常山粮食收储有限责任公司	粮	3.5208	3.5208	1-26	33002700	
100	德清县粮食收储有限公司	粮	3.0839	3.0839	0-P-1至0-P-10、0-P-11至0-P-13	33002800	
101	平湖市粮食收储有限公司	粮	2.6700	2.6700	乍浦粮食中转库1-16	33000900-2	
102	衢州市衢江区粮食收储有限公司	粮	3.5200	3.4145	01-30	33002900	
103	武义县粮食收储有限责任公司	粮	3.0256	3.0256	1-23	33003000	
104	浙江省义乌市粮食收储有限公司	粮	4.3960	4.3960	01-28	33003100	
105	湖州华金康粮油储备库有限公司	油	2.0310	2.0310	1-6	33003201	
	安徽						
106	安徽桐城国家粮食储备库	粮	5.9500	1.2500	17-24	34002800-1	
107	安徽省粮油储运公司	粮	5.0382	2.5270	1分库:1-7	34010900-1	
108	安徽潜山国家粮食储备库	粮	3.3128	3.3128	1-10	34005600-1	
109	歙县粮食购销有限公司	粮	5.8943	0.5408	1、2、7、8	34007800-1	
110	安徽省粮油储运公司	粮	6.2262	1.1880	主库区:7、8	34010900-2	
111	安徽省阜南国家储备粮库	粮	5.3400	3.9000	1-8	34004800-1	
112	巢湖市国粮饲料有限公司	油	1.0000	1.0000	Y1、Y2	34011501	
113	安徽芜湖惠丰省级粮食储备库	油	0.3000	0.3000	0Y1-0Y3	34011601	
114	安徽省淮南市罗山国家粮食储备库	油	0.3500	0.3500	y1-y5	34011701	

续 表

序号	企业名称	类别	总仓（罐）容	取得资格仓（罐）容	取得资格仓（罐）号	证书编号	备注
	福建						
115	厦门市翔安粮食购销有限责任公司	粮	4.5600	3.8000	502、504−512	35002900	
116	厦门市集美区粮食购销有限公司	粮	7.0398	5.9398	主库区:楼房仓311−314、321−324、331−334、341−344	35003000	
117	漳州市芗城区粮食购销有限公司	粮	5.0618	5.0618	鳌门粮库1−16	35003100	
118	福建省明溪县粮食购销有限公司	粮	3.8043	1.1176	12−14、23	35001700−1	
119	福建省三明市粮食购销有限公司	粮	5.3015	2.6455	主库区:0P1−0P10	35001500−1	
	江西						
120	宁都县粮食收储公司	粮	4.0000	4.0000	1−9	36016100	
121	江西省樟树东站国家粮食储备库	粮	9.8110	2.8026	1、2、13−15、17、19、22−23、27−29、32−36、40	36003900−1	
122	进贤县梅庄粮油购销公司	粮	2.5700	2.5700	1−29	36016200	
123	江西省安义县粮食局石鼻粮管所	粮	2.6304	2.5051	1−12、15−32	36016300	
124	信丰县粮食收储公司	粮	2.5308	2.5308	工业园仓库1−6	36016400	
125	上高县粮食局泗溪粮油管理所	粮	2.5350	2.5350	1−20	36016500	
126	江西省温圳粮库	粮	8.3080	0.6228	10	36009000−1	
127	靖安县粮食局高湖粮管所	粮	2.7100	2.7100	1−21	36016600	
128	进贤县池溪粮油购销公司	粮	2.7050	2.7050	1−35	36016700	
129	奉新县赤岸粮食购销公司	粮	6.5116	3.8398	1−8、29−31、40−41、44−45、47−63	36009800−1	
130	南昌县广福粮食管理所	粮	3.2375	3.2375	1−25	36016800	
131	南昌县冈上粮食管理所	粮	2.6890	2.6890	1−21	36016900	
132	新建县粮食局象山粮油管理所	粮	2.7402	2.7402	1−22	36017000	
133	广昌县粮油收储公司	粮	4.8773	4.8773	1−17	36017100	
134	奉新县澡下粮食购销公司	粮	2.9835	2.8469	主库区:1、1厫、2−19、新1−新3	36017200	
135	江西新余国家粮食储备库	粮	4.6110	3.7448	1−8、14−17	36017300	
	山东						
136	枣庄市山亭区粮食储备库	粮	4.0250	3.4240	1−26	37004700−1	
137	滕州市地方粮食储备库	粮	4.8120	4.8120	主库区:1−24	37013800	
138	日照市东港区粮食储备库	粮	3.0297	3.0297	1−19	37013900	
139	济宁运河粮食收储有限公司	粮	2.5915	2.5915	1−20	37014000	
140	莒县粮食储备库	粮	2.5362	2.5362	1−22	37014100	
141	山东邹城国家粮食储备库	粮	9.5560	4.7780	5−8、13−16、21−24、29−32、37−40	37014200	
142	山东济南历城国家粮食储备库	粮	8.1815	5.6245	1分库:1−21	37009900−1	
143	山东威海国家粮食储备库	粮	9.1356	9.1356	1−24	37001200−1	新库区
144	山东荏平国家粮食储备库	粮	6.3442	2.9332	2分库:1−12	37007800−2	
145	山东潍坊粮油储备库	粮	9.6500	8.5508	3−26	37014300	
146	山东省巨野粮食储备库	粮	12.4216	5.7334	1分库:37−58	37004300−2	
147	青岛莱西市金谷粮油有限公司	粮	3.4352	3.4352	1−8	37014400	
148	德州市第五粮油仓库	粮	6.3276	6.3276	1−9、11−16	37004600−1	
149	德州联众博亚粮油有限公司	粮	9.6430	9.6430	1−25	37014500	
150	山东兴泉油脂有限公司	油	2.0123	2.0123	1−29	37014601	
151	日照金粮油脂有限公司	油	3.6292	3.6292	1−13	37007101−1	
	河南						
152	河南辉县国家粮食储备库	粮	5.7149	1.4192	14−16	41009100−1	
153	河南封丘国家粮食储备库	粮	5.0499	2.7186	7−11	41003600−1	

序号	企业名称	类别	总仓（罐）容	取得资格仓（罐）容	取得资格仓（罐）号	证书编号	备注
154	焦作国家粮食储备有限公司	粮	9.0478	5.5718	主库区:12–13、1分库:17–26	41003700–1	
155	舞阳县舞泉第二粮库	粮	6.9058	6.9058	1–11	41022200	
156	漯河市天宇油脂有限责任公司	粮	2.5108	2.5108	1–14	41022300	
157	武陟县鑫粮物流有限公司	粮	5.4356	5.4356	1–22	41022400	
158	滑县滑南粮油贸易有限公司	粮	5.5420	5.5420	1、3–10	41022500	
159	河南德盛国家粮食储备管理有限公司	粮	8.0683	8.0683	主库区:1–8，一分库:1–14	41009200–2	
160	兰考裕盛粮油有限公司	粮	11.0000	11.0000	1–11	41022600	
161	河南原阳国家粮食储备库	粮	9.0518	3.3152	1分库:46–53	41003400–2	
162	河南封丘国家粮食储备库	粮	5.0499	2.3313	1–6、12–14	41003600–2	
163	潢川一七O四河南省粮食储备库	粮	34.6281	31.2558	1分库:1–18	41009900–1	
164	河南信阳罗山国家粮食储备库	粮	9.3879	0.4318	42–43	41017500–1	
165	漯河市天宇油脂有限责任公司	油	2.0900	1.6191	12–20	41022701	
166	河南信阳平桥国家粮食储备库	油	0.3046	0.3046	1–8	41014301–1	
	湖北						
167	湖北黄冈国家粮食储备库	粮	8.8500	2.9189	1–3、6–9	42006700–1	取消原有的1–9号仓房资格
168	湖北蕲春国家粮食储备库	粮	7.0600	1.9800	1分库:1分库1–6、1分库11–13	42004600–1	
169	湖北建元农业发展有限公司	粮	3.7571	3.7571	1–11	42011300	
170	鄂州市兴粮油脂储备有限公司	油	1.4000	0.6000	208–210	42010601–1	
171	武汉长江沙鸥植物油有限公司	油	9.0253	3.8159	29–47	42007601–1	
172	湖北建元农业发展有限公司	油	1.3982	1.3982	1–7	42011401	
173	潜江市粮油储备公司	油	1.0010	1.0010	辉煌油库1–8	42007501–1	
174	沙洋汇龙新星粮油收储有限公司	油	2.9200	2.9200	主库区:1–13、1分库:1–8	42011201	
	湖南						
175	湖南金健粮油实业发展有限责任公司	粮	4.8275	3.4651	1–5	43010200	
176	宁乡县亮之星米业有限公司	粮	7.6962	7.6962	平房仓1–10、浅圆仓11–14	43010300	
177	芷江国家粮食储备库	粮	2.8000	2.5000	1–6	43003400–1	
178	常德市德山粮油公司	粮	2.5279	2.5279	1–8	43010400	
	四川						
179	广元市利州区城区粮油食品站	粮	3.6974	2.6974	主库区:1–12	51013200	
180	四川温江国家粮食储备库	粮	2.6470	2.6470	1–10	51013300	
181	四川江油国家粮食储备库	粮	5.5000	0.3068	9、10	51002100–1	
182	四川渠县国家粮食储备库	粮	10.6080	1.6717	29–43	51001900–1	
183	四川剑阁国家粮食储备库	粮	2.9282	2.9282	普安库区1–27	51008100–1	
184	四川宜宾孔滩省粮食储备库	粮	3.3732	3.3732	1–26	51013400	
185	仁寿国家粮食储备库	粮	5.6348	2.5364	15–31	51008000–1	
186	雅安市雨城区粮油购销储备总公司	粮	2.9078	2.9078	主库1–12	51013600	
187	四川彭山凤鸣国家粮食储备库	粮	4.9720	1.3128	主库35–39	51010800–1	
188	四川射洪国家粮食储备库	粮	9.5960	5.7078	主库区:1–18	51009600–1	
189	四川粮油批发中心直属储备库	油	2.3898	1.5470	1–17	51006801–1	原取得资格的油罐6–10变更为24–28
190	绵阳市游仙粮油购销公司	油	1.8898	1.8898	1–16、18–21	51013701	
191	眉山市东坡区思蒙粮食购销公司	油	0.3114	0.3114	1–8	51013801	
192	遂宁市国丰粮油管理公司	油	0.4456	0.4456	1–8	51013901	
193	通江县康源油脂有限公司	油	0.3220	0.3200	1–11	51014001	

续 表

序号	企业名称	类别	总仓（罐）容	取得资格仓（罐）容	取得资格仓（罐）号	证书编号	备注
194	青神县国粮管理有限公司	油	1.3315	1.3315	1–17	51014101	
195	四川阆中国家粮食储备库	油	0.3009	0.3009	1–3	51014201	
196	眉山市粮食储备库	油	0.6036	0.3018	太和库1–3	51014301	
197	四川简阳国家粮食储备库	油	0.3799	0.3799	3–1、3–2、3–3、3–4、3–5、3–6、3–7	51014401	
198	四川彭山凤鸣国家粮食储备库	油	0.3300	0.3300	1–4、11–13	51014501	
199	四川射洪国家粮食储备库	油	0.8491	0.8491	主库区:1–12, 2分库:1–17	51005701–1	
	重庆						
200	重庆荣昌国家粮食储备库	粮	7.7745	2.9736	18–26	50001000–1	
201	重庆长寿国家粮食储备库	粮	5.8380	3.2508	主库区:1–6、11–22	50002200	
	云南		13.7554	5.3554			
202	昆明市粮油购销有限责任公司	粮	13.1000	4.7000	1–10	53001400–1	
203	昆明市粮油购销有限责任公司	油	0.6554	0.6554	1–10	53001601–1	
	甘肃						
204	甘肃省武威南粮油储备库有限公司	粮	10.1990	2.0088	25–28	62001000–2	
205	兰州花庄粮食储备库有限公司	粮	7.3399	1.2472	8–9、11、14	62002600–1	
206	景泰县北滩粮库	粮	4.7367	1.5186	10–11	62004800	
207	金昌市金禾粮油商贸有限公司	粮	4.7500	2.7246	1–10、12–14	62004900	
208	甘肃省武威南粮油储备库有限公司	粮	12.2210	2.0220	T1–4	62001000–3	
209	陇西县穗丰粮油购销公司	粮	3.1925	2.6802	1–12	62005000	
210	甘肃省武威南粮油储备库有限公司	油	1.1132	1.1132	Y01–Y16	62005101	
211	兰州市土门墩植物油库	油	1.7322	1.0322	12–21	62002501–1	
	新疆						
212	新疆乌鲁木齐北站国家粮食储备库	粮	13.6547	1.9699	21–26	65000400–1	
213	新疆喀什国家粮食储备库	粮	6.5000	6.5000	1–13	65000300–1	
214	乌鲁木齐市粮食储运公司	粮	10.9694	3.4968	1分库:L09–1——L12–1、L13–2——L16–2	65000500–2	
	中粮油						
215	中粮生化能源（肇东）有限公司	粮	9.0000	9.0000	1–8、19、25	23000820	
216	安徽中谷国家粮食储备库	油	6.0209	4.8209	7–17	34003011–1	
	华粮						
217	中国华粮物流集团曲家中心粮库	粮	9.0758	3.6858	钢板平房仓1–6，立筒仓Q1–Q6	21002170	
218	中国华粮物流集团开鲁国家粮食储备库	粮	7.4008	0.3300	21–26	15002270	
219	中国华粮物流集团乌兰浩特国家粮食储备库	粮	11.7200	6.4602	浅圆仓2–4、6–8，平房仓9–16，立筒仓1、5、18–25	15001170–1	
220	中国华粮物流集团城陵矶港口库	粮	11.4000	3.7764	2–3、20	43001000–2	

表35　2010年粮油加工业企业数汇总表

单位：个

项目类别	企业数量	按生产能力规模（吨/天）						
		30以下	30~50（含30）	50~100（含50）	100~200（含100）	200~400（含200）	400~1000（含400）	1000以上（含1000）
全国总计	16457	1707	2063	4103	4237	2635	1199	430
其中：国有及国有控股企业	1371	151	180	304	404	213	73	39
外商及港澳台商投资企业	536	84	18	25	59	109	133	100
民营企业	14550	1472	1865	3774	3774	2313	1831	291
一、大米加工业	8519	370	1441	2974	2605	910	172	47
其中：国有及国有控股企业	799	43	119	220	283	113	15	6
外商及港澳台商投资企业	41	2		8	14	8	5	4
民营企业	7679	325	1322	2746	2308	789	152	37
二、小麦粉加工业	3027	263	294	553	779	711	345	82
其中：国有及国有控股企业	278	18	32	49	85	61	27	6
外商及港澳台商投资企业	44			1	2	14	18	9
民营企业	2705	245	262	503	692	636	300	67
三、食用植物油加工业	1486	253	83	183	314	344	163	146
其中：国有及国有控股企业	118	33	15	14	13	15	14	14
外商及港澳台商投资企业	103	5	1	2	9	17	18	51
民营企业	1265	215	67	167	292	312	969	81
四、玉米加工业	371	75	9	27	48	70	73	69
其中：国有及国有控股企业	19	3	1	2	3	2	2	6
外商及港澳台商投资企业	31	1			1	3	6	20
民营企业	321	71	8	25	44	65	65	43
五、粮食食品加工业	687	491	61	61	42	22	9	1
其中：国有及国有控股企业	43	35	1	5		2		
外商及港澳台商投资企业	107	70	12	4	13	7	1	
民营企业	537	386	48	52	29	13	8	1
六、杂粮及薯类加工业	253	92	31	44	37	31	11	7
其中：国有及国有控股企业	23	11	3	2		3		4
外商及港澳台商投资企业	9	1	2		2	1	3	
民营企业	221	80	26	42	32	30	8	3
七、饲料加工业	2031	163	144	261	412	547	426	78
其中：国有及国有控股企业	84	8	9	12	17	20	15	3
外商及港澳台商投资企业	193	5	3	10	18	59	82	16
民营企业	1754	150	132	239	377	468	329	59
八、粮机设备制造业	83	－	－	－	－	－	－	－
其中：国有及国有控股企业	7	－	－	－	－	－	－	－
外商及港澳台商投资企业	8	－	－	－	－	－	－	－
民营企业	68	－	－	－	－	－	－	－

数据来源：国家粮食局统计资料。

表36		**2010年粮油加工业年生产能力汇总表**						

单位：万吨

项目类别	合计	按生产能力规模（吨/天）						
		30以下	30~50 （含30）	50~100 （含50）	100~200 （含100）	200~400 （含200）	400~1000 （含400）	1000以上 （含1000）
一、大米加工业	24339.3	147.4	1300.6	4711.8	8096.1	5616.9	2337.8	2128.9
其中：国有及国有控股企业	2889.2	17.6	106.2	354.1	859.6	701.1	216	634.6
外商及港澳台商投资企业	340	0.5		15.1	49.5	55.4	103.5	116
民营企业	21110.2	129.3	1194.4	4342.6	7187	4860.4	2018.3	1378.2
二、小麦粉加工业	15953.7	103.7	261	901.2	2598.9	4560.5	4642.7	2885.9
其中：国有及国有控股企业	1439	7.6	30.3	82	290.2	374	345	310
外商及港澳台商投资企业	699.2			1.5	6.3	93	292.2	306.3
民营企业	13815.5	96.1	230.7	817.7	2302.5	4093.5	4005.6	2269.6
三、食用植物油加工业	–	–	–	–	–	–	–	–
（一）油料处理	13111.1	58	63.5	273.8	982.3	2159.8	2054.9	7518.9
其中：国有及国有控股企业	1161	8.7	9.3	23.4	42.5	98	163.3	815.8
外商及港澳台商投资企业	3579.1	0.8		3.1	24.6	88	100.1	3362.6
民营企业	8371	48.5	54.2	247.3	915.3	1973.8	163.3	3340.5
（二）油脂精炼	3972.5	55.9	127.3	341.6	550.2	635.6	932	1330
其中：国有及国有控股企业	356.8	7.2	10.2	19.3	26	53.8	105.5	135
外商及港澳台商投资企业	1428.6	1.2	1.8	4.3	26.6	89.9	407.5	897.5
民营企业	2187	47.6	115.4	318.1	497.6	491.9	419	297.5
（三）小包装油脂灌装	853.4	18.3	26.6	48.3	70.4	156.6	125.8	407.5
其中：国有及国有控股企业	72.7	1.4	6	4.5		18.3	10	32.5
外商及港澳台商投资企业	169.1	0.4	1.2	1.3	13	27.5	75.8	50
民营企业	611.7	16.5	19.4	42.5	57.4	110.9	40	325
四、玉米加工业	6717.0	21.1	13.0	57.5	202.6	626.3	1392.0	4404.8
其中：国有及国有控股企业	526.2	0.7	2.2	4.2	9.7	37.0	31.6	441.0
外商及港澳台商投资企业	1558.2	0.1		1.8	3.6	23.4	109.0	1420.3
民营企业	4632.7	20.4	10.8	51.5	189.2	565.9	1251.6	2543.4
五、粮食食品加工业	954	99.7	84.6	148.5	188.2	219.7	146.9	66.4
其中：国有及国有控股企业	46.3	10	5.2	10.8	3	17.2		
外商及港澳台商投资企业	165	7.6	10.5	10.5	40.2	46.5	19.8	30
民营企业	742.8	82.1	69	127.2	145	156	127.2	36.4
六、杂粮及薯类加工业	928.4	28.5	29.6	71.4	124.4	208.8	142.8	323
其中：国有及国有控股企业	218	2.3	2.3	4	10			199.5
外商及港澳台商投资企业	60.1	0.1	2		10	5.5	42.5	
民营企业	650.4	26.1	25.3	67.5	104.4	203.3	100.3	123.5
七、饲料加工业	14604.6	79.6	131.5	459.6	1396.1	3732.8	6216.5	2588.6
其中：国有及国有控股企业	635.1	10	8.3	31.8	72.8	160.3	202	150
外商及港澳台商投资企业	2355.5	2	3.6	19.2	69.1	432.3	1287	542.3
民营企业	11614	67.6	119.6	408.7	1254.2	3140.2	4727.5	1896.3

注：大米加工业、小麦粉加工业、食用植物油加工业以及玉米加工业的生产能力指年设计处理原料量；粮食食品加工业、饲料加工业生产能力指年设计生产产品量；生产能力规模：大米加工业、小麦粉加工业、食用植物油加工业、玉米加工业均按日处理原料的能力划分（除玉米加工业按300天计算，其他行业均按250天计算）；粮食食品加工业和饲料加工业按日生产产品能力划分（按250天计算）。
数据来源：国家粮食局统计资料。

表37		2010年各地区粮油加工业年生产能力汇总表（一）									

单位：万吨；吨

地区	处理稻谷	处理小麦	处理油料	其中：处理大豆	其中：处理菜籽	油脂精炼	其中：豆油精炼	其中：菜油精炼	灌装小包装油脂	大豆分离蛋白	大豆浓缩蛋白
全国总计	24339.3	15953.7	13111.1	7063.6	2585.5	3972.5	1660.2	865.7	853.4	3085.0	2477.6
北 京	139.6	100.1	12.8	2.5		11.1	5.0		10.7		
天 津	72.3	84.9	232.5	232.5		220.8	128.9	5.0			
河 北	109.7	1190.8	583.0	456.6	0.2	122.1	84.1	0.2	15.7		
山 西	11.4	300.5	74.0	62.8		3.0					
内蒙古	43.6	127.3	108.6	36.3	77.1	40.2	1.7	20.8	9.3	625.0	
辽 宁	981.6	57.3	562.0	519.6		108.8	107.7		301.2		
吉 林	1002.6	8.3	309.4	249.0		54.1	43.2	0.9	0.1		231.4
黑龙江	4528.1	225.4	1471.4	1442.1		201.0	187.1		19.3	1875.0	1250.0
上 海	142.0	45.0	105.3		3.8	117.3	24.8	7.0	1.1		
江 苏	1728.3	1409.4	1770.4	881.0	486.3	617.2	239.8	150.8	106.7		
浙 江	450.0	106.0	330.6	242.5	13.0	102.2	62.3	4.1	10.8		
安 徽	2448.3	1427.5	488.1	50.1	266.5	135.9	15.0	82.9	13.3		
福 建	625.1	207.0	338.4	217.5		91.0	50.3		22.5		
江 西	3016.6	13.0	150.4	1.5	70.4	58.8	1.3	10.7	2.3		
山 东	134.5	2906.1	1722.7	1030.8	1.3	362.2	155.0	8.8	66.5	460.0	846.2
河 南	524.4	4699.2	452.3	214.0	68.5	117.1	59.8	23.3	10.6	125.0	
湖 北	2996.2	507.6	1134.5	69.0	780.5	398.2	30.0	258.3	41.0		150.0
湖 南	2294.3	41.0	327.7	0.9	212.0	137.8	12.1	77.1	47.8		
广 东	526.0	333.3	721.6	622.5	80.0	489.9	262.7	82.6	16.8		
广 西	458.1	34.0	516.2	425.0	87.5	113.6	100.0	1.5	38.6		
海 南	73.3	7.5	0.1								
重 庆	304.2	42.7	123.8	76.3	15.2	29.0	15.0	1.0	37.4		
四 川	935.2	331.9	321.4	67.3	161.5	100.6	7.5	51.8	15.0		
贵 州	190.5	11.5	105.2		46.2	30.9	1.3	10.5	1.3		
云 南	194.1	53.8	39.8	10.0	22.8	21.8	10.0	8.5	4.2		
西 藏	0.2	6.0	0.7								
陕 西	106.0	612.1	197.9	72.8	59.8	69.7	15.5	15.2	34.0		
甘 肃	7.5	398.8	89.4	2.5	37.3	21.6	2.0	17.3	11.4		
青 海		36.3	78.2		27.5	25.8		6.8	0.5		
宁 夏	201.8	155.0	15.6	3.3	1.5	6.5			0.8		
新 疆	94.1	474.7	727.3	75.5	67.0	164.7	38.5	21.0	15.1		

数据来源：国家粮食局统计资料。

| 表37 | | | 2010年各地区粮油加工业年生产能力汇总表（二） | | | | | | | | |

单位：万吨；吨

地区	处理稻谷	处理小麦	处理油料	其中:处理大豆	其中:处理菜籽	油脂精炼	其中:豆油精炼	其中:菜油精炼	灌装小包装油脂	大豆分离蛋白	大豆浓缩蛋白
全国总计	6717.0	928.4	442.0	308.5	107.7	95.9	71.9	75.7	888.6	14604.6	463606
北 京	1.2		0.7	0.5	1.9			1.4	0.2	180.8	
天 津		0.8	19.8		6.2			0.6		143.8	
河 北	698.4	90.3	56.3	51.5	2.6	2.5	1.6	3.4	9.7	635.8	3750
山 西	84.6	2.6		3.0						184.1	
内蒙古	528.5	60.7		0.1						261.6	5
辽 宁	291.2	26.8	1.9	7.4	0.4		0.3	1.4	2.4	1053.2	100
吉 林	1588.8	4.3		2.6						412.7	
黑龙江	768.7	284.0	3.6	11.9	1.3		0.4	0.6	1.3	246.5	300
上 海	0.4		2.3	0.9	2.6	9.8	5.7	12.6	3.6	112.2	8500
江 苏	40.6	51.8	17.8	18.0	2.1	10.3	0.3	12.8	26.9	934.0	210186
浙 江	3.4	5.0	2.4		2.7	1.2	2.0	2.5	19.4	516.4	18000
安 徽	353.3	23.1	63.0	27.2	10.4	17.1	0.4	2.4	53.0	411.5	11191
福 建	16.2		8.9	22.7	6.4	1.0	1.1	0.2	6.3	538.1	280
江 西	26.2	2.8	23.3	0.9	0.2	14.9	1.0	0.2	15.3	754.1	2812
山 东	1351.3	42.8	56.2	18.5	10.4		0.9	17.1	25.2	2089.7	3612
河 南	442.3	30.2	50.5	62.8	10.7		48.6	0.6	506.8	619.5	61200
湖 北	17.2	80.7	32.9	16.5	26.6	4.7		6.9	177.5	524.0	133267
湖 南	19.3	45.7	40.1	7.9	4.7	12.1	2.6	9.0	14.2	1035.1	5280
广 东	3.6	30.1	2.5	12.1	6.6	3.5	2.2	0.6	4.7	1311.7	45
广 西	5.9	10.8	5.6		0.1	13.7		0.2	6.9	689.7	
海 南										143.0	
重 庆	0.4	3.8	7.3	5.8			0.7		0.6	8.4	255.7
四 川	85.0	19.2	25.1	6.1	9.9	4.1	4.6	0.5	6.1	842.5	4733
贵 州	0.7		25.0	1.7					0.3	41.7	
云 南			3.8			0.2				198.9	
西 藏		1.6									
陕 西	216.5	0.6	7.5	7.2	1.5			0.2	0.3	153.8	300
甘 肃	29.3	36.6	0.2	0.9						86.6	
青 海										14.9	
宁 夏	100.8	75.4	3.8		0.5	0.2	0.4	2.0	0.4	50.8	45
新 疆	43.8		1.0	2.9						162.7	

数据来源：国家粮食局统计资料。

表38			2010年各地区粮油加工产品产量情况表					

单位：万吨；台（套）

地区	大米	小麦粉	食用植物油	玉米加工产品	粮食食品	杂粮及薯类	饲料	粮机设备
全国总计	7294.8	7528.6	2242.5	3373.7	1047.2	299.9	10847.2	361194
北 京	41.7	54.2	9.9	0.2	5.0		161.5	
天 津	47.8	59.6	176.9		25.6		111.7	
河 北	33.1	649.0	149.5	366.5	106.7	21.6	431.6	3444
山 西	2.1	51.1	7.8	69.2	1.0	0.5	94.7	
内蒙古	9.0	33.0	17.1	191.6	0.2	10.8	169.0	6
辽 宁	203.8	27.6	108.8	130.1	15.4	7.6	548.5	40
吉 林	243.5	1.0	38.0	719.4	0.4	0.9	266.7	
黑龙江	826.2	62.6	104.2	262.7	5.9	18.5	152.7	51
上 海	56.7	19.9	144.4	0.2	28.7		102.4	4402
江 苏	645.3	798.7	540.3	16.1	66.2	43.9	592.0	142199
浙 江	140.4	59.7	68.5	4.0	19.9	3.4	332.6	7942
安 徽	961.1	744.2	88.6	155.0	126.0	18.8	365.2	8302
福 建	219.4	86.8	116.8	9.4	47.9		319.4	310
江 西	940.8	1.8	40.6	3.5	38.3	1.2	714.9	1522
山 东	49.0	1378.0	408.0	911.4	94.0	22.8	1722.5	3169
河 南	201.5	2297.9	82.5	231.5	152.8	34.4	408.3	58311
湖 北	1062.4	214.1	219.8	6.2	102.4	19.6	363.3	122142
湖 南	678.9	23.0	103.3	0.6	78.4	23.6	815.9	5506
广 东	214.7	206.3	375.2	0.4	34.5	39.9	1181.9	45
广 西	129.1	18.8	109.0	1.6	15.8	1.5	607.9	
海 南	13.2	2.7					124.7	
重 庆	92.2	17.0	21.3		14.2	0.9	151.2	
四 川	277.1	135.7	63.5	31.6	44.4	6.3	603.5	3638
贵 州	44.9	5.5	13.4	0.1	4.6		30.1	
云 南	43.6	8.0	8.7		1.6		168.3	
西 藏		1.3				0.8		
陕 西	36.8	284.3	58.1	160.9	10.5	0.5	101.8	120
甘 肃	0.7	88.4	5.5	16.3	1.3	18.9	64.8	
青 海		7.9	9.3				2.2	
宁 夏	60.0	57.1	5.4	71.7	3.4	3.7	29.7	45
新 疆	19.8	133.2	60.1	13.4	2.0		108.2	

注：食用植物油产量合计为核减重复计算量后全国实际产量数据。
数据来源：国家粮食局统计资料。

表39	2010年各地区粮油加工企业主要经济指标汇总表					
						单位: 亿元
地区	工业总产值	工业增加值	产品销售收入	出口交货值	利税总额	利润总额
全国总计	15408.9	1994.1	15283.8	194.1	624.8	432.8
北 京	124.5	13.8	126.9	2.0	5.5	5.0
天 津	330.7	42.8	344.8		13.4	8.1
河 北	833.0	107.4	816.2	18.2	50.0	31.1
山 西	68.0	7.9	66.7	0.2	2.7	2.3
内蒙古	208.4	43.9	193.0	0.5	23.8	18.7
辽 宁	489.4	52.3	486.2	10.2	19.6	12.7
吉 林	722.6	86.6	696.1	23.0	42.2	25.5
黑龙江	714.3	99.2	765.9	7.9	18.3	11.7
上 海	259.7	26.1	279.4	1.1	8.8	5.6
江 苏	1434.1	181.1	1412.9	26.8	43.9	27.0
浙 江	305.2	28.6	314.7	0.4	10.9	7.6
安 徽	1044.1	118.4	1025.4	14.7	37.0	26.5
福 建	427.8	40.8	407.3	0.6	14.2	11.4
江 西	558.3	57.3	559.5	1.6	14.0	11.2
山 东	2118.2	274.9	2114.8	56.4	97.8	69.0
河 南	1224.6	141.1	1185.7	2.7	44.5	31.9
湖 北	1010.1	258.4	987.4	4.7	34.7	24.8
湖 南	642.7	77.0	625.1	1.1	22.8	18.1
广 东	980.4	100.4	1000.5	8.8	36.1	26.4
广 西	432.8	37.4	424.1	2.5	17.5	12.1
海 南	37.9	1.7	37.9		0.5	0.2
重 庆	145.6	21.5	157.6		9.5	7.2
四 川	531.0	77.2	517.0	0.1	27.6	17.5
贵 州	48.4	6.6	45.3	0.1	1.1	0.8
云 南	81.0	11.2	83.4		2.7	1.6
西 藏	0.9		1.0		0.1	0.1
陕 西	272.9	26.8	256.6	0.7	11.5	9.0
甘 肃	67.0	7.2	65.2	0.4	1.9	1.2
青 海	11.2	1.6	12.3		0.5	0.4
宁 夏	117.8	21.0	112.2	8.2	8.1	5.3
新 疆	166.4	24.1	162.9	0.9	3.6	2.8

数据来源: 国家粮食局统计资料。

表40　　**2010年全国粮食质量情况表**

单位：个，%，克，克/升

粮食种类	地区	样品数	覆盖市、县数	出糙率	中等以上	整精米率			不完善粒
						平均值	其中≥50的比例	其中≥44的比例	
早籼稻	六省（区）合计	396	51市144县	77.3	87	57.6	80	91	5.4
	江西	100	6市21县	77.1	89	52.0	59	83	5.8
	湖南	100	12市45县	77.4	90	59.3	84	90	4.8
	广西	70	12市34县	78.4	94	59.9	84	93	4.9
	湖北	40	8市12县	76.5	80	61.4	93	98	6.1
	安徽	40	4市10县	75.5	65	57.4	88	93	6.4
	广东	46	9市22县	77.7	91	59.7	91	98	4.8
中晚籼稻	八省（区）合计	881	73市216县	78.0	95	60.9	90	96	4.6
	湖南	135	11市44县	77.5	88	57.1	80	91	5.1
	湖北	143	13市29县	77.9	99	61.4	94	97	4.3
	江西	110	6市20县	77.8	95	60.0	89	97	5.2
	安徽	89	6市18县	77.6	94	58.3	88	100	4.4
	河南	44	1市8县	77.6	93	57.3	80	91	4.1
	四川	150	16市51县	78.1	95	60.8	92	97	5.3
	广东	185	13市34县	78.4	96	65.8	95	98	3.7
	广西	25	7市12县	78.8	100	64.4	92	92	3.7

粮食种类	地区	样品数	覆盖市、县数	出糙率	中等以上	整精米率			不完善粒
						平均值	其中≥61的比例	其中≥55的比例	
粳稻	五省合计	452	48市105县4农场	80.3	93.1	68.7	92.5	96.0	7.3
	黑龙江	149	10市20县4农场	80.6	96.6	67.8	93.3	96.6	—
	吉林	60	8市22县	79.5	86.7	68.7	90.0	96.7	—
	辽宁	50	11市17县	79.9	92.0	68.7	92.0	94.0	—
	江苏	150	13市38县	80.6	91.3	70.9	97.3	100.0	6.7
	安徽	43	6市8县	79.5	97.7	74.2	74.2	100.0	9.2

续 表

粮食种类	地区	样品数	覆盖市、县数	千粒重	容重	中等以上	白硬麦比例	白软麦比例	白麦合计比例	不完善粒
小麦	九省合计	1168	88市304县	42.9	778	89	72	3	76	9.4
	河北	120	6市36县	41.9	787	99	98	0	98	3.1
	山西	40	5市15县	36.1	778	90	88	3	90	3.3
	江苏	132	13市44县	39.5	775	92	42	0	42	7.0
	安徽	200	8市21县	42.6	774	90	54	9	63	19.8
	山东	185	16市43县	40.3	778	92	85	2	87	2.6
	河南	305	17市86县	47.2	791	98	74	3	78	8.5
	湖北	106	10市24县	42.6	746	44	89	5	94	14.9
	四川	40	8市17县	49.3	756	63	13	17	30	15.2
	陕西	40	5市18县	39.6	783	100	76	0	76	6.7

粮食种类	地区	样品数	覆盖市、县数	容重	中等以上	不完善粒率		蛋白质	淀粉
						总量	其中≤8		
玉米	九省（区）合计	1159	89市304县	728	100	3.2	94	73.0	10.3
	吉林	228	7市27县	744	100	1.8	99	-	-
	黑龙江	188	11市35县	720	100	2.9	93	-	-
	辽宁	120	13市41县	739	100	3.3	93	-	-
	内蒙古	35	3市3县	725	100	1.4	97	-	-
	山东	176	16市42县	717	100	4.2	95	73.1	10.3
	河北	150	11市47县	734	100	2.9	98	73.0	10.3
	河南	147	15市71县	718	100	5.8	86	73.4	10.0
	山西	65	8市17县	721	92	1.7	100	72.7	10.3
	陕西	50	5市21县	729	100	4.6	90	72.2	10.8

粮食种类	地区	样品数	覆盖市、县数	完整粒率	中等以上	损伤粒率		粗脂肪	粗蛋白
						总量	其中≤3		
大豆	三省（区）合计	253	17市40县	86.0	62.1	8.1	55.3	19.5	39.5
	黑龙江	210	9市32县	85.9	62.4	7.9	56.2	19.6	39.3
	吉林	30	6市9县	86.7	63.3	10.7	40.0	19.6	41.1
	内蒙古	13	2市4县	85.6	53.8	5.7	76.9	17.7	38.5

数据来源：国家粮食局2010年度全国收获粮食质量会检。

表41		2010年中央和地方储备粮质量与储存品质情况统计表				
地区	中央储备粮			地方储备粮		
	样品份数	质量达标率%	宜存率%	样品份数	质量达标率%	宜存率%
全国总计	1740	98	99.1	1421	96.9	98.8
北　京	35	100	100	36	100	100
天　津	36	98.7	100	24	100	100
河　北	95	100	100	431	98.2	100
山　西	44	100	100	47	100	97.7
内蒙古	120	100	98.9	18	100	100
辽　宁	100	100	100	59	95.9	98.3
吉　林	102	100	100	33	100	100
黑龙江	142	100	100	15	100	100
上　海	25	100	95.8	35	95.5	91.5
江　苏	86	92.8	96	43	87.3	100
浙　江	26	100	100	71	91.8	100
安　徽	56	100	100	26	91.9	100
福　建	28	100	100	40	97.4	94.6
江　西	99	94.4	100	26	94.8	98.2
山　东	109	95.1	100	64	95.1	100
河　南	138	100	100	45	94.9	100
湖　北	54	98.4	100	22	90.7	100
湖　南	53	96.2	100	21	94.3	100
广　东	39	100	97.8	94	96.9	96.2
广　西	32	93.7	88.5	41	98.9	97.4
海　南	5	84.8	100	5	100	100
重　庆	44	100	100	12	100	100
四　川	44	97.1	95.7	42	100	100
贵　州	35	100	98.5	25	89.5	89.1
云　南	2	100	98.2	7	100	93
西　藏	20	97.1	100	23	96.5	100
陕　西	55	94.6	100	41	100	100
甘　肃	44	100	100	19	100	100
青　海	10	100	100	17	100	100
宁　夏	15	100	100	8	100	100
新　疆	47	100	100	34	100	100

数据来源：国家粮食局标准质量中心统计资料。

表42	2010年粮食部门检验机构统计表						
地区	截至2010年底粮食检验机构个数（通过计量认证）				2010年新增粮食检验机构个数		
	合计	省级	市级	县级	合计	市级	县级
全国总计	416	32	167	217	34	19	15
北 京	1	1					
天 津	1	1					
河 北	5	1	4		1	1	
山 西	2	1	1		5	5	
内蒙古	8	1	6	1	2		2
辽 宁	58	1	14	43	2		2
吉 林	46	1	9	36			
黑龙江	16	1	12	3			
上 海	1	1					
江 苏	29	1	12	16	4		4
浙 江	5	1	4				
安 徽	12	1	6	5	1		1
福 建	15	1	8	6			
江 西	74	1	11	62			
山 东	12	1	10	1	3	2	1
河 南	15	1	11	3	1	1	
湖 北	42	1	11	30	6	4	2
湖 南	9	1	8				
广 东	3	1	1	1	1		1
海 南	1	1			1	1	
广 西	1	1					
四 川	24	1	13	10	1		1
重 庆	3	1	2				
贵 州	3	1	2		2	2	
云 南	13	1	12				
西 藏	1	1					
陕 西	8	1	7		1		1
甘 肃	2	1	1		3	3	
青 海	1	1					
宁 夏	3	1	2				
新 疆	1	1					
新疆兵团	1	1					

数据来源：国家粮食局标准质量中心统计资料。

表43	2010年发布粮油国家标准和行业标准统计表		
序号	标准名称	标准号	实施日期
1	粮油检验 一般规则	GB/T 5490-2010	2011-1-1
2	粮油检验 粮食及制品酸度测定	GB/T 5517-2010	2011-3-1
3	动植物油脂 折光指数的测定	GB/T 5527-2010	2011-3-1
4	粮油工业用图形符号、代号 第5部分：仓储工业	GB/T 12529.5-2010	2011-3-1
5	大米及米粉糊化特性测定 快速粘度仪法	GB/T 24852-2010	2011-1-1
6	小麦、黑麦及其粉类和淀粉糊化特性测定 快速粘度仪法	GB/T 24853-2010	2011-1-1
7	粮油机械 产品包装通用技术条件	GB/T 24854-2010	2011-1-1
8	粮油机械 装配通用技术条件	GB/T 24855-2010	2011-1-1
9	粮油机械 铸件通用技术条件	GB/T 24856-2010	2011-1-1
10	粮油机械 板件、板型钢构件通用技术条件	GB/T 24857-2010	2011-1-1
11	粮油检验 大豆粗蛋白质、粗脂肪含量的测定 近红外法	GB/T 24870-2010	2011-1-1
12	粮油检验 小麦粉粗蛋白质含量测定 近红外法	GB/T 24871-2010	2011-1-1
13	粮油检验 小麦粉灰分含量测定 近红外法	GB/T 24872-2010	2011-1-1
14	动植物油脂 在开口毛细管中熔点（滑点）的测定	GB/T 24892-2010	2011-1-1
15	动植物油脂 多环芳烃的测定	GB/T 24893-2010	2011-1-1
16	动植物油脂 甘三酯分子2-位脂肪酸组分的测定	GB/T 24894-2010	2011-1-1
17	粮油检验 近红外分析定标模型验证和网络管理与维护通用规则	GB/T 24895-2010	2011-1-1
18	粮油检验 稻谷水分含量测定 近红外法	GB/T 24896-2010	2011-1-1
19	粮油检验 稻谷粗蛋白质含量测定 近红外法	GB/T 24897-2010	2011-1-1
20	粮油检验 小麦水分含量测定 近红外法	GB/T 24898-2010	2011-1-1
21	粮油检验 小麦粗蛋白质含量测定 近红外法	GB/T 24899-2010	2011-1-1
22	粮油检验 玉米水分含量测定 近红外法	GB/T 24900-2010	2011-1-1
23	粮油检验 玉米粗蛋白质含量测定 近红外法	GB/T 24901-2010	2011-1-1
24	粮油检验 玉米粗脂肪含量测定 近红外法	GB/T 24902-2010	2011-1-1
25	粮油检验 花生中白藜芦醇的测定 高效液相色谱法	GB/T 24903-2010	2011-1-1
26	粮食包装 麻袋	GB/T 24904-2010	2011-7-1
27	粮食包装 小麦粉袋	GB/T 24905-2010	2011-7-1
28	粮油机械 产品涂装通用技术条件	GB/T 25218-2010	2011-3-1
29	粮油检验 玉米淀粉含量测定 近红外法	GB/T 25219-2010	2011-3-1
30	粮油检验 粮食中赭曲霉毒素A的测定 高效液相色谱法和荧光光度法	GB/T 25220-2010	2011-3-1
31	粮油检验 粮食中麦角甾醇的测定 正相高效液相色谱法	GB/T 25221-2010	2011-3-1
32	粮油检验 粮食中磷化物残留量的测定 分光光度法	GB/T 25222-2010	2011-3-1
33	动植物油脂 甾醇组成和甾醇总量的测定 气相色谱法	GB/T 25223-2010	2011-3-1
34	动植物油脂 植物油中豆甾二烯的测定 第2部分：高效液相色谱法	GB/T 25224.2-2010	2011-3-1
35	动植物油脂 挥发性有机污染物的测定 气相色谱-质谱法	GB/T 25225-2010	2011-3-1
36	大米 蒸煮过程中米粒糊化时间的评价	GB/T 25226-2010	2011-3-1
37	粮食加工、储运设备现场监测装置技术规范	GB/T 25227-2010	2011-3-1
38	粮油检验 玉米及其制品中伏马毒素含量测定 免疫亲和柱净化高效液相色谱法和荧光光度法	GB/T 25228-2010	2011-3-1
39	粮油储藏 平房仓气密性要求	GB/T 25229-2010	2011-3-1

序号	标准名称	标准号	实施日期
40	粮油机械 打麸机	GB/T 25230−2010	2011−3−1
41	粮油机械 喷风碾米机	GB/T 25231−2010	2011−3−1
42	粮油机械 刷麸机	GB/T 25232−2010	2011−3−1
43	粮油机械 袋式除尘器	GB/T 25233−2010	2011−3−1
44	粮油机械 叶轮闭风器	GB/T 25234−2010	2011−3−1
45	粮油机械 组合清理筛	GB/T 25235−2010	2011−3−1
46	粮油机械 检验用锤片粉碎机	GB/T 25236−2010	2011−3−1
47	粮油机械 淀粉洗涤旋流器	GB/T 25237−2010	2011−3−1
48	粮油机械 重力曲筛	GB/T 25238−2010	2011−3−1
49	粮油机械 微量喂料器	GB/T 25239−2010	2011−3−1
50	粮油机械 螺旋脱水机	GB/T 25727−2010	2011−3−1
51	粮油机械 气压磨粉机	GB/T 25728−2010	2011−3−1
52	粮油机械 撞击松粉机	GB/T 25729−2010	2011−3−1
53	粮油机械 清粉机	GB/T 25730−2010	2011−3−1
54	粮油机械 长管蒸发器	GB/T 25731−2010	2011−3−1
55	粮油机械 液压榨油机	GB/T 25732−2010	2011−3−1
56	南方小麦粉加工精度标准样品特制一等	LS/T 15111：1−2010	2010−2−1
57	南方小麦粉加工精度标准样品特制二等	LS/T 15111：2−2010	2010−2−1
58	南方小麦粉加工精度标准样品标准粉	LS/T 15111：3−2010	2010−2−1
59	北方小麦粉加工精度标准样品特制一等	LS/T 15112：1−2010	2010−2−1
60	北方小麦粉加工精度标准样品特制二等	LS/T 15112：2−2010	2010−2−1
61	北方小麦粉加工精度标准样品标准粉	LS/T 15112：3−2010	2010−2−1
62	早籼米加工精度标准样品一级	LS/T 15121：1−2010	2010−2−1
63	早籼米加工精度标准样品二级	LS/T 15121：2−2010	2010−2−1
64	早籼米加工精度标准样品三级	LS/T 15121：3−2010	2010−2−1
65	早籼米加工精度标准样品四级	LS/T 15121：4−2010	2010−2−1
66	晚籼米加工精度标准样品一级	LS/T 15122：1−2010	2010−2−1
67	晚籼米加工精度标准样品二级	LS/T 15122：2−2010	2010−2−1
68	晚籼米加工精度标准样品三级	LS/T 15122：3−2010	2010−2−1
69	晚籼米加工精度标准样品四级	LS/T 15122：4−2010	2010−2−1
70	粳米加工精度标准样品一级	LS/T 15123：1−2010	2010−2−1
71	粳米加工精度标准样品二级	LS/T 15123：2−2010	2010−2−1
72	粳米加工精度标准样品三级	LS/T 15123：3−2010	2010−2−1
73	粳米加工精度标准样品四级	LS/T 15123：4−2010	2010−2−1
74	稻谷整精米率标准样品（籼稻）	LS/T 15321−2010	2010−7−1

续 表

序号	标准名称	标准号	实施日期
75	稻谷整精米率标准样品（粳稻）	LS/T 15322－2010	2010-7-1
76	粮油检验 粮食水分测定 水浸悬浮法	LS/T 6103－2010	2010-12-1
77	水浸悬浮法水分快速测定仪技术条件与试验方法	LS/T 3705－2010	2010-12-1
78	稻谷整精米率标准样品制备技术规范	LS/T 1216－2010	2010-12-1

数据来源：国家粮食局标准质量中心统计资料。

2010年粮食行业机构与从业人员情况年报表

表44
填报单位：全国　　2010年度　　单位：个、人

项目	机构总数(1)	中央(2)	省、自治区、直辖市(3)	省辖市、自治州、行署(4)	县（市、区）及以下(5)	人员总数(6)	其中：女(7)	其中：少数民族(8)	其中：中共党员(9)	1.在岗职工(10)	其中：专业技术人员(11)	其中：技术人员(12)	长期职工(13)	临时职工(14)	2.其他从业人员(15)	中央(16)	省、自治区、直辖市(17)	省辖市、自治州、行署(18)	县（市、区）及以下(19)	研究生(20)	大学本科(21)	大学专科(22)	中专(23)	高中(24)	初中及以下(25)	35岁及以下(26)	36岁至45岁(27)	46岁至54岁(28)	55岁及以上(29)	离开本单位仍保留劳动关系的职工(30)
甲	1	2	3	4	5	6	7	8	9	10	11	12	13	14	15	16	17	18	19	20	21	22	23	24	25	26	27	28	29	30
总　计	47979	639	653	4760	41927	990164	284793	47251	252911	961620	114722	150802	881937	79683	28544	64263	42360	152219	731322	5180	74203	171296	170165	317758	251562	305864	387155	241389	55756	133202
一、行政管理部门	2672	2	38	384	2248	45812	10719	3975	36865	45746	938	4263	45528	218	66	142	1782	8636	35252	1178	12729	19984	5519	4988	1414	4712	13527	21313	6260	1021
二、事业单位	2832	10	167	634	2021	37693	13108	2561	19762	37360	11462	7084	36689	671	333	333	7351	7711	22298	1004	8817	12576	5733	7128	2435	8532	13480	12611	3070	1821
三、粮食经营企业单位	42475	627	448	3742	37658	906659	260966	40715	196284	878514	102322	139455	799720	78794	28145	63788	33227	135872	673772	2998	52657	138736	158813	305642	247713	292620	360148	207465	46426	130360
其中：国有及国有控股企业	15370	627	355	1454	12934	469577	143842	20790	143686	460034	64882	83235	440612	19422	9543	63788	30031	79177	296581	1906	28871	85240	87517	158176	107867	128561	195706	120751	24559	127974

注：
1. "机构总数"：指具有法人资格的独立核算单位。
2. "从业人员"：指报告期期末最后一天，在各级国家机关、政党机关、社会团体企业、事业单位中工作，取得工资或其他形式的劳动报酬的全部人员。包括在岗职工，不包括离开单位人员和第二职业者。不包括的外单位人员、再就业的离退休人员、民办教师以及各单位中工作的外方人员及兼职人员、借用的外单位人员，以及有工作岗位，但由于学习、病伤产假（六个月以内）等原因暂未工作，仍由单位支付工资的人员。
3. "在岗职工"：指在本单位工作并由本单位支付工资的人员，且由本单位支付工资的。其中，长期职工是指用工期限在一年以上（含一年）的职工。当年新分配的大中专技校毕业生应视为长期职工；临时职工是指用工期限在一年以内的临时性、季节性用工、动临时用工的消洁工、司炉工等。
4. "其他从业人员"：是指劳动统计制度规定不作在岗职工统计，但实际参加各单位工作并取得劳动报酬的人员。包括：聘用和留用的离退休人员，聘用人员及外籍人员和港、澳、台方人员；使用外单位离岗职工。
5. "离开本单位仍保留劳动关系的职工"：指与本单位的工作由外单位支付劳动报酬的人员等。已经离开本人的生产或工作岗位，并已与本单位从事其他工作，但仍与本单位保留劳动关系的职工。包括：内部退养、长期病休、协保、轮流放长假、停薪留职的在校学生，内部退养、长期病休、协保、轮流。
6. "学历"：指被国家认可的各类学历。参加各种脱产进修学习获结业证书的，不作为学历依据。
7. "粮食经营单位"：指辖区内所有从事粮食收购、销售、存储、加工、进出口等经营活动的企业单位。其中，研究生含博士研究生、硕士研究生。

表45　2010年粮食行业取得国家职业资格证书人员统计表

2010年1月1日~2010年12月31日

地区或单位	合计	粮油保管员 初级	中级	高级	技师	高级技师	粮油质量检验员 初级	中级	高级	粮油质量检验师	高级粮油质量检验师	粮油竞价交易员 助理粮油竞价交易员	粮油竞价交易师	高级粮油竞价交易师	制米工 初级	中级	高级	技师	高级技师	制粉工 初级	中级	高级	技师	高级技师	制油工 初级	中级	高级	技师	高级技师
总计	7572	2126	1771	639			1228	1184	269	65		23	37				65			51	46				68				
北京	145		73				39	33																					
天津	123	64	33	15			5		6																				
河北	53		53																										
山西	146	110					36																						
内蒙古	459	184	52				144	79																					
辽宁	172	68	22				46	36																					
吉林	512		274				173	28									37												
黑龙江	795	495	30	7			217	41	5																				
上海																													
江苏	612	104	117	53			136	160									28				14								
浙江	235	21	60	67			44	28	15																				
安徽	352	160		79			75	38																					
福建	73	31	42																										
江西																													
山东	513	36	236	35			10	152												44									
河南	116		4	57				1	15											7	32								
湖北	344		100				39	205																					
湖南	36	7	27	2																									
广东	440	229	94				57					23	37																
海南																													
广西	122	54	61	7																									
四川	342	233					109																						
重庆	114		29	50				35																					
贵州	153	81	40					32																					
云南	126	16	80	1			17	10	2																				
西藏																													
陕西	71	10	14					22	25																				
甘肃	90		43	15				20	12																				
青海	9		8	1																									
宁夏																													
新疆	40						20	14	6																				
新疆生产建设兵团																													
中储粮总公司	1262	223	259	250			61	230	174	65																			
中粮集团	117		20					20	9																68				
华粮物流集团																													

数据来源：国家粮食局统计资料。

表46		国民经济与社会发展总量指标（1978～2010年）（一）				
指　标	单　位	1978年	1990年	2000年	2009年	2010年
人口						
总人口（年末）	万人	96259	114333	126743	133474	133972
城镇人口	万人	17245	30195	45906	62186	66557
乡村人口	万人	79014	84138	80837	71288	67415
就业和失业						
就业人员	万人	40152	64749	72085	77995	
#城镇就业人员	万人	9514	17041	23151	31120	
城镇登记失业人员	万人	530	383	595	921	908
国民经济核算						
国内生产总值	亿元	3645.2	18667.8	99214.6	340902.8	397983.3
第一产业	亿元	1027.5	5062.0	14944.7	35226.0	40497.0
第二产业	亿元	1745.2	7717.4	45555.9	157638.8	186480.9
第三产业	亿元	872.5	5888.4	38714.0	148038.0	171005.4
支出法国内生产总值	亿元	3605.6	19347.8	98749.0	346316.6	394307.6
最终消费支出	亿元	2239.1	12090.5	61516.0	166820.1	186905.3
资本形成总额	亿元	1377.9	6747.0	34842.8	164463.2	191690.8
货物和服务净出口	亿元	−11.4	510.3	2390.2	15033.3	15711.5
固定资产投资						
全社会固定资产投资总额	亿元		4517.0	32917.7	224598.8	278139.8
城　镇	亿元		3274.4	26221.8	193920.4	241414.9
#房地产开发	亿元		253.3	4984.1	36241.8	48267.1
农　村	亿元		1242.6	6695.9	30678.4	36724.9
对外贸易和实际利用外资						
货物进出口总额	亿美元	206.4	1154.4	4742.9	22075.4	29727.6
出口额	亿美元	97.5	620.9	2492.0	12016.1	15779.3
进口额	亿美元	108.9	533.5	2250.9	10059.2	13948.3
外商直接投资	亿美元		34.9	407.2	900.3	1057.3
外商其他投资	亿美元		2.7	86.4	17.7	30.9
财政和金融						
国家财政收入	亿元	1132.3	2937.1	13395.2	68518.3	83080.3
国家财政支出	亿元	1122.1	3083.6	15886.5	76299.9	89575.4
金融机构人民币各项	亿元	1155	13943	123804	597741	718238
存款余额						
金融机构人民币各项	亿元	1890	17511	99371	399684.82	479196
贷款余额						
主要农业、工业产品产量						
粮食	万吨	30476.5	44624.3	46217.5	53082.1	54647.7
棉花	万吨	216.7	450.8	441.7	637.7	596.1
油料	万吨	521.8	1613.2	2954.8	3154.3	3230.1
肉类	万吨			6013.9	7649.9	**7925.8**
原煤	亿吨	6.18	10.80	13.84	29.73	32.40
原油	万吨	10405	13831	16300	18949	20301

续 表

指　标	单　位	1978年	1990年	2000年	2009年	2010年
发电量	亿千瓦小时	2566	6212	13556	37147	42065
粗钢	万吨	3178	6635	12850	57218	62696
水泥	万吨	6524	20971	59700	164397.78	188000

数据来源：国家统计局统计资料。

表46			国民经济与社会发展总量指标（1978～2010年）（二）			
指　标	单　位	1978年	1990年	2000年	2009年	2010年
建筑业						
建筑业企业从业人员	万人		1011	1994	3673	4043
建筑业总产值	亿元		1345	12498	76808	95206
交通和邮电						
客运量	万人	253993	772682	1478573	2976898	3269508
货运量	万吨	248946	970602	1358682	2825222	3241807
沿海主要港口货物吞吐量	万吨	19834	48321	125603	475481	548358
邮电业务总量	亿元	34.1	155.5	4792.7	27193.5	32940.2
移动电话年末用户	万户		1.8	8453.3	74721.4	85900.3
固定电话年末用户	万户	192.5	685.0	14482.9	31373.2	29438.3
国内贸易和旅游						
社会消费品零售总额	亿元	1559	8300	39106	132678	156998
入境过夜旅游者人数	万人次	71.6	1048.4	3122.9	5087.5	5566.5
国际旅游外汇收入	亿美元	2.6	22.2	162.2	396.8	458.1
教育、科技、文化、卫生						
在校学生数						
#普通高等学校	万人	85.6	206.3	556.1	2144.7	2231.8
普通中学	万人	6548.3	4586.0	7368.9	7867.9	7703.2
普通小学	万人	14624.0	12241.4	13013.3	10071.5	9940.7
研究与试验发展经费支出	亿元			895.7	5802.1	6980.0
技术市场成交额	亿元		75	651	3039	3906
图书总印数	亿册（张）	37.7	56.4	62.7	70.4	74.0
期刊总印数	亿册	7.6	17.9	29.4	31.5	32.0
报纸总印数	亿份	127.8	211.3	329.3	439.1	448.0
医院、卫生院数	个	64311	62126	66095	59918	59681
执业（助理）医师	万人	97.8	176.3	207.6	232.9	241.3
医院、卫生院床位数	万张	184.7	259.2	290.8	408.1	440.1

注：1.由于计算误差的影响，按支出法计算的国内生产总值不等于按生产法计算的国内生产总值。
　　2.本表价值量指标中，邮电业务总量2000年及以前按1990年不变价格计算，2001年起按2000年不变价格计算，其余按当年价格计算。
数据来源：国家统计局统计资料。

2010年国民经济与社会发展速度指标（一）

表47

指　　标	2010年为下列各年%				平均每年增长%		
	1978年	1990年	2000年	2009年	1979~2010年	1991~2010年	2001~2010年
人口							
总人口（年末）	139.2	117.2	105.7	100.4	1.0	0.8	0.6
城镇人口	386.0	220.4	145.0	107.0	4.3	4.0	3.8
乡村人口	85.3	80.1	83.4	94.6	-0.5	-1.1	-1.8
就业和失业							
就业人员							
#城镇就业人员							
城镇登记失业人员	171.3	237.1	152.6	98.6	1.7	4.4	4.3
国民经济核算							
国内生产总值	2056.8	730.1	270.7	110.3	9.9	10.5	10.5
第一产业	419.1	219.8	151.3	104.3	4.6	4.0	4.2
第二产业	3196.4	1051.1	295.5	112.2	11.4	12.5	11.4
第三产业	2762.3	762.9	288.9	109.5	10.9	10.7	11.2
固定资产投资							
全社会固定资产投资总额		6157.6	845.0	123.8		22.6	23.0
城　镇		7372.8	920.7	124.5		23.8	24.2
#房地产开发		19059.1	968.4	133.2		31.2	25.5
农　村		2955.5	548.5	119.7		18.3	17.3
对外贸易和实际利用外资							
货物进出口总额	14402.9	2575.2	626.8	134.7	16.8	17.6	20.1
出口额	16183.9	2541.4	633.2	131.3	17.2	17.6	20.3
进口额	12808.3	2614.5	619.7	138.7	16.4	17.7	20.0
外商直接投资		3032.1	259.7	117.4		18.6	10.0
外商其他投资		1153.0	35.8	174.5		13.0	-9.8
财政和金融							
国家财政收入	7337.6	2828.7	620.2	121.3	14.4	18.2	20.0
国家财政支出	7982.9	2904.9	563.8	117.4	14.7	18.3	18.9
金融机构人民币各项存款余额	62185.1	5151.3	580.1	120.2	22.3	21.8	19.2
金融机构人民币各项贷款余额	25348.9	2736.5	482.2	119.9	18.9	18.0	17.0
主要农业、工业产品产量							
粮食	179.3	122.5	118.2	102.9	1.8	1.0	1.7
棉花	275.1	132.2	134.9	93.5	3.2	1.4	3.0
油料	619.0	200.2	109.3	102.4	5.9	3.5	0.9
肉类			131.8	103.6			2.8
原煤	524.3	300.0	234.1	109.0	5.3	5.6	8.9
原油	195.1	146.8	124.5	107.1	2.1	1.9	2.2
发电量	1639.3	677.2	310.3	113.2	9.1	10.0	12.0
粗钢	1972.8	944.9	487.9	109.6	9.8	11.9	17.2
水泥	2881.7	896.5	314.9	114.4	11.1	11.6	12.2

数据来源：国家统计局统计资料。

表47	2010年国民经济与社会发展速度指标（二）						
指　标	2010年为下列各年%				平均每年增长%		
	1978年	1990年	2000年	2009年	1979～2010年	1991～2010年	2001～2010年
建筑业							
建筑业企业从业人员		400.1	202.7	110.1		7.2	7.3
建筑业总产值		7078.4	761.8	124.0		23.7	22.5
交通和邮电							
客运量	1287.2	423.1	221.1	109.8	8.3	7.5	8.3
货运量	1302.2	334.0	238.6	114.7	8.4	6.2	9.1
沿海主要港口货物吞吐量	2764.7	1134.8	436.6	115.3	10.9	12.9	15.9
邮电业务总量	129688.9	28422.6	922.4	121.1	25.1	32.6	24.9
移动电话年末用户		4694005	1016.2	115.0		71.2	26.1
固定电话年末用户	15289.1	4297.4	203.3	93.8	17.0	20.7	7.4
国内贸易和旅游							
社会消费品零售总额	10073.0	1891.5	401.5	118.3	15.5	15.8	14.9
入境过夜旅游者人数	7774.4	530.9	178.2	109.4	14.6	8.7	6.0
国际旅游外汇收入	17418.3	2065.4	282.4	115.5	17.5	16.3	10.9
教育、科技、文化、卫生							
在校学生数							
#普通高等学校	2607.2	1081.8	401.3	104.1	10.7	12.6	14.9
普通中学	117.6	168.0	104.5	97.9	0.5	2.6	0.4
普通小学	68.0	81.2	76.4	98.7	−1.2	−1.0	−2.7
研究与试验发展经费内部支出			779.3	120.3			22.8
技术市场成交额		5201.1	600.2	128.5		21.8	19.6
图书总印数	196.3	131.2	118.0	105.1	2.1	1.4	1.7
期刊总印数	421.1	178.8	108.8	101.6	4.6	2.9	0.9
报纸总印数	350.5	212.0	136.0	102.0	4.0	3.8	3.1
医院、卫生院数	92.8	96.1	90.3	99.6	−0.2	−0.2	−1.0
执业（助理）医师	246.7	136.9	116.2	103.6	2.9	1.6	1.5
医院、卫生院床位数	238.3	169.8	151.3	107.8	2.8	2.7	4.2

注：本表价值量指标中，除国内生产总值和邮电业务总量按可比价格计算，其他按当年价格计算；
　　平均每年增长速度除固定资产投资额按累计法计算外，其他按水平法计算。
数据来源：国家统计局统计资料。

新疆乌鲁木齐市粮食储备库简介

新疆乌鲁木齐市粮食储备库隶属于乌鲁木齐市商务局（粮食局），是集收购、储藏、经营于一体的国有粮油仓储企业。担负着中央、自治区、市三级储备粮油的管理任务。

乌鲁木齐市粮食储备库总占地面积308亩，总仓容11万吨。现主要经营：小麦、玉米、大米、食用油脂、粮油机械及相关农副产品等。

乌鲁木齐市粮食储备库遵循以人为本、和谐发展的管理理念，倡导绿色储粮的新技术，坚持科学、规范的管理手段，追求可持续发展的经营方针。企业已取得ISO9001质量管理体系、ISO14001环境管理体系、GB/T28001职业健康安全管理体系的认证，是全疆首家获得三体系认证的粮食储备企业。多年以来，企业紧紧围绕安全储粮第一要务，充分运用和推广现代化的储粮新技术，有效地保证了储粮安全。

乌鲁木齐市粮食储备库日新月异的变化，来自于各级领导的关心和支持，来自于全库员工的不断创新和大胆探索。随着企业管理水平的不断升级，企业文化氛围的日渐浓厚，市粮食储备库企盼着与同行及社会各界朋友真诚合作，为储粮新技术的提升和经营管理业务的拓展，并肩同行。

新建的、每栋仓容七千吨的高大平房仓库群，大大改善了储粮条件。

新建的、单罐1000吨储油罐群，进一步扩大了储备规模，提升了储备功能。

企业认真贯彻落实"粮油仓储技术规范"和"三体系"文件控制程序，有效地提高了企业管理水平，从而被国家粮食局命名为"全国粮油仓储规范化管理"先进企业。

地址：新疆乌鲁木齐市乌昌公路2015号
电话：0991-3967259 传真：0991-3967259 邮编：830074
E-mail :wslscbk@21cn.com Http://www.lscbk.com